商用飞机系统工程与项目管理丛书

中国商用飞机有限责任公司
系统工程手册

（第 8 版）

COMAC Systems Engineering Manual

（Eighth Edition）

贺东风 沈 波 戚学锋 钱仲焱 等 著

上海交通大学出版社
SHANGHAI JIAO TONG UNIVERSITY PRESS

内容提要

本书是《中国商用飞机有限责任公司系统工程手册》第 8 版,基于商用飞机产品研制实践,提出了中国商飞公司系统工程定义,围绕商用飞机产品生命周期的系统工程活动,对系统工程的工具、方法及过程集成进行了具体描述,并提出推行和实施系统工程的方法和要求。

本书面向的读者群体包括商用飞机主制造商、供应商等从业人员,尤其是系统工程师、技术管理及项目管理人员,飞机设计和特性工程师(人为因素、可靠性、安全性工程师等),亦可供高校、研究所、民航管理机构等的相关人员参考使用。

图书在版编目(CIP)数据

中国商用飞机有限责任公司系统工程手册／贺东风
等著. -- 8 版. -- 上海：上海交通大学出版社,2024.12.
ISBN 978-7-313-32400-9

Ⅰ. F426.5-62

中国国家版本馆 CIP 数据核字第 2025XM8876 号

中国商用飞机有限责任公司系统工程手册(第 8 版)
ZHONGGUO SHANGYONG FEIJI YOUXIAN ZEREN GONGSI XITONG GONGCHENG SHOUCE(DI - BA BAN)

著　　者：贺东风　沈　波　戚学锋　钱仲焱 等				
出版发行：上海交通大学出版社		地　　址：上海市番禺路 951 号		
邮政编码：200030		电　　话：021 - 64071208		
印　　制：上海万卷印刷股份有限公司		经　　销：全国新华书店		
开　　本：710 mm×1000 mm　1/16		印　　张：42.5		
字　　数：639 千字				
版　　次：2017 年 2 月第 1 版 　　　　　2024 年 12 月第 8 版		印　　次：2024 年 12 月第 11 次印刷		
书　　号：ISBN 978 - 7 - 313 - 32400 - 9				
定　　价：200.00 元				

商用飞机系统工程与项目管理丛书
编委会

《中国商用飞机有限责任公司系统工程手册》(第8版)

编 委 会

主　　　　任：贺东风

常务副主任：沈　波

副　主　任：戚学锋　钱仲焱

编　　　委：

吴卜圣	杨艳红	朱林刚	刘泽林	叶叶沛
徐　州	魏　博	涂　睿	熊　俊	查振羽
张　超	李慧颖	郭晋之	孙宇辉	唐玉军
阮宏泽	禹梦泽	彭焕春	沙　江	张莘艾
迟悦臻	王浙波	张馨元	孟　旭	龚文秀
喻靖宇	梁德刚	房　峰	张　驰	姜文博

总 序

　　大型商用飞机项目是一项极其复杂的系统工程，是一个国家工业、科技水平和综合实力的集中体现。在当今全球经济环境下，飞机全生命周期活动是分布式的，从单个设计区域分配到各个供应商网络，到完成后返回进行最终产品集成。许多政治、经济和技术因素都影响其中的协作过程。在全球协作网络中，过程、方法和工具的紧密、高效整合是现代商用飞机型号项目成功的关键因素。商用飞机的研制需要将主制造商作为一个复杂系统，从企业层级统筹考虑产品系统的设计研发和生产制造，并将供应链管理也纳入系统工程的过程中，用系统工程的视角，组织、整合和利用现有资源，以更加快速、高效地开展企业的生产活动；同时需要在更大的范围内整合资源，将型号研制纳入全球民用航空运输系统的范畴中，以期生产出更优质的、更具竞争力的产品。通过开展基于系统工程的项目管理，对研制过程各要素进行整合，以满足客户及适航要求，利用有限的时间、经费等资源，打造一款飞行员愿意飞、乘客愿意坐、航空公司愿意买的飞机，是我国民用航空产业面临的主要挑战，同时也是实现项目商业成功和技术成功的必由之路。

　　经过几十年的发展，欧美工业界形成了《ISO/IEC/IEEE 15288：2023 系统和软件工程——系统生命周期过程》等一系列系统工程工业标准；美国国家航空航天局、美国国防部、美国联邦航空局、美国海军和空军等都制定了本行业的系统工程手册；民用航空运输领域制定了 SAE ARP 4754B《商用飞机与系统研制指南》等相关指南。同时，航空工业界也一直在开展系统工程实践，尤其是以波音777 项目为代表，首次明确地按照系统工程方法组织人员、定义流程和建立文档规范，并通过组织设计制造团队，实现数字化的产品定义和预装配，从而较大地改进研制过程，提高客户满意度，降低研发成本。其后的波音 787 项目、空客 A350 项目更是进一步大量使用最新的系统工程方法、工具，为项目成功带来实实在在的好处。

目前，我国在系统工程标准方面，也制定了一些工业标准和针对特定领域（如商用飞机领域）的指南和手册，但总的来说，相较国外先进工业实践还存在一定的差距。通过中短程新型涡扇支线客机、单通道干线客机和远程宽体客机三大型号的积累，我国商用飞机产业在需求工程、安全性与可靠性工程、变更管理、系统集成与验证以及适航和运行合格审定等方面取得了长足进步，在项目群管理、风险管理、集成产品团队（IPT）项目组织建设等方面也进行了全面的探索，初步形成了以满足客户需求为目的，围绕产品全生命周期，通过产品集成与过程集成实现全局最优的技术和管理体系，并探索出适用商用飞机领域的系统工程是"以满足客户需求为目的，围绕产品全生命周期，通过产品集成与过程集成实现全局最优的一种跨专业、跨部门、跨企业的技术和管理方法"。

随着 5G、人工智能、大数据等新一代信息技术飞速发展，不仅推动了传统产业的升级换代，还催生了全新的应用场景和商业模式。其中一个重要的主题是要解决整个生命周期内工程学的一致性。要让现实世界和虚拟世界在各个层次融合，要在机械制造、电气工程、计算机科学领域就模型达成共识。因此，系统工程方法在这个新的时代变得尤为重要，是使产品、生产流程和生产系统实现融合的基础。对于我国航空工业而言，面对标准的挑战、数据安全的挑战、战略及商业模式的挑战、企业组织的挑战、过程管理的挑战、工具方法（SysML 管理工具）的挑战、工业复杂性的挑战、系统工程人才培养与教育的挑战，统筹推进人工智能与系统工程的深度融合，构建支撑大飞机产业转型升级的系统工程新业态，既是顺应时代潮流、把握历史机遇的迫切要求，也是破解当前复杂系统工程难题、提升大飞机研制效率和产品品质、实现大飞机事业安全发展和高质量发展的必然选择。

编著这套丛书的目的，一是介绍国内外商用飞机领域先进的系统工程与项目管理理念、理论和方法，为我国航空领域人员提供一套系统、全面的教材，满足各类人才对系统工程和项目管理知识的迫切需求；二是将商用飞机领域内已有型号的系统工程与项目管理实践的重要成果和宝贵经验以及专家、学者的知识总结继承下来，形成一套科学化、系统化的理论知识体系；三是提供一套通用的技术概念，理清并定义商用飞机领域的所有接口，促进一系列技术标准的制定，加快推动系统工程和项目管理技术体系的建立与完善，推动科技创新与产业创新融合发展，将大飞机产业打造成为我国加快形成新质生产力的重要支撑力量。

　　"商用飞机系统工程和项目管理"丛书编委会由美国南加州大学、清华大学、浙江大学、上海交通大学、中国商用飞机有限责任公司等国内外高校和企业的航空界系统工程与项目管理领域的专家和学者组建而成，凝结了国内外航空界专业人士的智慧和成果。最后，要感谢丛书专家顾问组和参与本丛书编撰工作的所有编著者，以及所有直接或间接参与本丛书审校工作的专家、学者的辛勤工作，希望本丛书能为商用飞机产业中各有关单位系统工程和项目管理能力的提升做出应有的贡献。

（贺东风　中国商用飞机有限责任公司董事长）

第 8 版前言

中国商用飞机有限责任公司（简称"中国商飞公司"）从成立之初至今，管理体系日趋完善，正在致力于构建完整的商用飞机技术创新体系和商用飞机产业体系。中国商飞公司通过 C909、C919 和 C929 三个型号的历练和多年的公司建设，已在系统工程的多个方面取得了长足进步，并在型号研制中取得了显著成就，但同时由于商用飞机产品和商用飞机产业均具有规模庞大、要求众多、技术领先、界面复杂等特点，属于典型的复杂高端产品系统，其全生命周期的集成活动存在诸多挑战。如何将系统各类要素有机结合，形成一个整体，满足客户需求和适航要求，是飞机主制造商必须解决的难题。

系统工程为飞机的高度复杂系统集成提供了行之有效、最佳实践的方法，被各国航空制造企业普遍采用，并被这些企业视为自身的核心竞争力。只有继续深化系统工程研究和建设工作，形成科学、完整、有效的流程方法并进行全面推广实施，才能进一步有效解决目前面临的系统的高度复杂性所带来的产品全生命周期过程中出现的问题及风险，更好地满足市场和客户的需要，创造更大的企业价值和社会价值。实施系统工程已经成为中国商飞公司战略发展的需要，它有利于建立中国商飞公司的有效研制体系，为项目保驾护航，成为实现"两个建成"的内在需求。同时系统工程的实施可以用先进的理念、流程和方法工具将一线技术人员及管理人员武装起来，更好地完成型号工作。

在这个背景下，在时任中国商飞公司总经理贺东风的倡导和要求下，公司成立了中国商飞公司系统工程工作组，并于 2015 年 6 月启动工作。贺东风担任领导小组组长，时任中国商飞公司副总经理赵越让担任领导小组副组长，时任中国商飞公司总经理助理郭博智参加领导小组；时任中国商飞公司质量适航安全部部长杨军担任工作组组长，钱仲焱担任副组长，中国商飞公司办公厅、规划部、适航部、质量部、研发中心共计 20 人参加工作组。工作组集中对国际标准、各家航空企业成熟的做法、现有的流程、工具方法、中国商飞公司现状及成功的经验等，经过近五个月的调查研究，形成了近 35 万字的研究报告，并以此研究成果为基础形成中国商飞公司系统工程的定义、中国商飞公司系统工程政策以及中国商飞公司系统工程手册的框架等。工作组于 2015 年 12 月启动《中国商用飞机有限责任公司系统工程手册》的编制工作。2016 年 1 月，公司总部成立系统工程与项目管理研究部，继续《中国商用飞机有限责任公司系统工程手册》的编制，查振羽、刘泽林负责具体的编写组织工作，并于 2017 年 2 月正式出版首版图书。

此外，在本书初稿形成之后，系统工程与项目管理部就主体内容多次征询了斯科特·杰克逊（Scott Jackson）先生（《商用飞机系统工程：特定领域应用》一书的作者）的意见和建议，得到了肯定和认可，并获得了很多改进建议。

本书重点在于解决顶层方法学的问题，主要阐述了中国商飞公司业务工作中应贯彻的系统工程要求，给出了系统工程的定义以及针对商用飞机产品全生命周期的系统工程活动，对系统工程的通用方法以及过程集中的过程定义、范畴、输入、输出、方法工具进行了具体描述，并给出系统工程在型号项目实践中推行和实施的方法和要求。本书是中国商飞公司各层级展开系统工程过程的依据。

自 2017 年 2 月首次出版以来，在中国商飞公司内部掀起了学习系统工程理论、推广系统工程方法的热潮，同时也得到了国内航空航天领域一线技术人员的广泛关注。随着系统工程方法、工具在商用飞机型号研制中的应用推广，本书在型号团队的使用过程中也得到了大量反馈信息，中国商飞公司对于商用飞机系统工程的理解也在不断加深。因此本书也随着型号实践的推进和认识的加深而持续更新，2018 年至 2023 年编委会对本书依次进行了六次升版，在原有内容的基础上进行了大幅扩充。为了更加方便型号技术人员使用本书，同时使其更加具有商飞特色，2024 年对本书进行第七次升版，结合中国商飞公司系统工程与项目管理最新研究成果及应用场景进行了修订与扩充，并按照突出重点、详略均衡的原则，对有关章节内容进行了提炼和精简。主要修订内容包括以下方面：

（1）增加 SAE ARP 4754B 相关内容。

（2）补充敏捷系统工程相关理论研究。

（3）在"系统工程的发展"章节新增"AI4SE 与 SE4AI"内容，在"产品全生命周期管理过程集"新增"决策分析过程"。

（4）将"度量管理过程"更名为"量化管理过程"，补充量化指标体系内容。

（5）在"中国商飞公司系统工程的建设与运用"章节新增"人工智能系统工程探索"。

（6）新增"未来展望"章节。

（7）对部分章节的内容进行了完善、扩展和勘误。

在本书编制和升版过程中，得到了国内外同行、专家的指导和帮助，中国商飞公司 C909 项目团队、C919 项目团队和 C929 项目团队深度参与，中国商飞公司办公室、发规部、科技部、质量适航部、设计研发中心、客服中心、总装制造中心、试飞中心、北研中心和档案中心积极支持，本书的编制和完善是群策群力的结果。本书第 8 版统稿由总部系统工程与项目管理部策划，项目中心组织实施；同时，特别感谢付昱、黄二利、梁德刚、黄浏、涂睿、董宝玉、迟悦臻、董喆、池巧君、李小光、施志坚、于德森、杨学蕊、沈世磊、梁若曦、夏坚、王晶、贾婷婷、张悦焕、张洁、夏邹骏、於真玲、邓磊、杨李、赵毅、徐剑、邝丽丽、张利辉、汤超、余乔、何燕、张新宇、王奕、黄君凯、张凯丽、戴露豪、于苗、陈冬生、杨洋、蔡昀彤、孙楠、孙洪洋、钱首尚、赵之乔、张诣钧对此次修订工作所做的重要贡献。

由于编制人员经验水平有限，本书存在不足之处，敬请批评指正。

目　录

1　绪　论

中国商飞公司系统工程（CSE）活动主要以"复杂商用飞机产品系统"为核心，贯穿从"概念设计"到"最终退役"的产品全生命周期，通过跨学科的全生命周期过程集成和产品集成方法，形成一组协同高效的产品概念设计、产品定义与实现、批生产运行与产品运行支持、退役与报废飞机产品的全生命周期系统工程过程集，用于组织公司内外部跨企业、跨部门、跨专业的人、财、物、技术等资源的全局优化协同，把产品研制活动的全部目标聚焦于最大限度地满足客户和利益攸关方的需要，从而成功实现产品和项目的目标，并实现价值的最大化。

本书是在中国商飞公司系统工程政策要求下，通过研究 SAE ARP 4754A/B、ISO/IEC/IEEE 15288：2023、EIA－632、CMMI、PMBOK Guide、SAE 1001 等标准，在参考业界其他相关系统工程标准和指南的基础上，结合中国商飞公司自身的特点和已有的产品研制经验编制的一套面向商用飞机型号研制的系统工程方法。本书承接了由公司顶层系统工程政策到具体实施方案（流程、程序、作业指导书、模板和检查单）的过渡：对上，是对中国商飞公司系统工程政策的贯彻和落实；对下，构建了中国商飞公司系统工程实施的总体框架，为公司各系统工程业务流程、程序的建立和编制提供了统一规划，并给予实施方向和策略上的引导。

本书对中国商飞公司系统工程过程的定义、范畴、输入、输出、活动内容、方法工具进行了具体描述，并给出系统工程在商用飞机型号项目上实施应用的指导。

撰写本书的主要目的包括如下 5 点：

（1）按照政策文件要求，统一具有商用飞机研制特点的系统工程范围和定义。

（2）阐述中国商飞公司系统工程的内容和实施要求，是商用飞机项目中具体实施系统工程活动的基本法规和行动准则。

（3）作为构建中国商飞公司系统工程体系的顶层方法学文件，为下层级流程、程序、作业文件提供框架。

（4）为培训和贯彻中国商飞公司系统工程提供理论依据。

（5）为中国商飞公司系统工程体系实施的评价和审核提供依据。

1.1　系统工程理论基础

系统（system）是为了满足某些目标或解决某些问题，而由一组相互作用的组件形成的有机整体。

系统可以有多种分类方法，例如可以分成以下几类：

（1）抽象系统和具体系统。抽象系统由概念组件组成，具体系统由具体实物组件组成。

（2）开放系统和封闭系统。开放系统与外界环境有交互，而封闭系统与外界环境无交互。

（3）自然系统、社会系统和工程系统。自然系统是完全由自然组成的系统（如太阳系），社会系统是完全由人作为组件组成的系统（如政府体系），工程系统是为了满足人的某些需要创造的系统，可能包括物理实体、信息、人、自然和社会组件（如商用飞机产品系统）。

作为飞机主制造商，主要关注的研制主体飞机系统，是属于具体的、开放式的工程系统。工程系统定义是由不同视角的利益攸关方需要驱动产生，并由一个企业、团队或者个人按照一定的目标或任务通过一个工程化的生命周期，使用一定的资源创造、使用并维持的系统。工程系统由工程化的软硬件、人、服务的一个或多个部分组合组成，并在一个环境中运行。此环境影响系统的设计特征及创建、使用和维护活动。工程系统也是系统工程研究的主要对象。

概括而言，系统具备如下特点：

（1）部分系统具有复杂性（complexity）。复杂性是一个对系统或问题理解困难程度的度量指标，包括静态结构关系复杂性、动态状态复杂性以及人和群体的复杂性。同时，系统复杂性也考虑了系统达到目标的复杂性、系统的动态演变的复杂性、系统生命周期过程中人的组织和活动的复杂性等因素。系统工程本质上是一门解决系统复杂性的应用科学。

（2）系统具有边界（boundary）。任何系统均处于某个环境（context）中，都要和环境有联系，应充分理解系统的环境。

（3）系统具有完整性（wholeness），又称"系统性"。人们在认识、创造和改造系统时，必须从整体出发，从组成系统的各元素间的相互关系中探求系统整体的本质和规律，把握住系统的整体效应。

（4）系统具有涌现性（emergence）。所谓涌现性，通常是指多个元素组成系统后，出现了系统组成前单个元素所不具有的性质，这个性质并不存在于任何单个元素当中，而是系统在低层次构成高层次时才表现出来，所以人们形象地称其为"涌现"。系统功能之所以往往表现为"整体大于部分之和"，就是系统涌现了新的特征的缘故，其中"大于部分"就是涌现性，涌现性是系统作为一个整体表现出来的特性，而这些特性无法在系统下一层级组件中表现和理解。

（5）系统具有目的性（purpose）。不管是工程系统（由人创造）、社会系统（由人形成），还是自然系统，都具有目的性。尤其针对工程系统，其被创造的意义是为了满足一定的目标或解决一些问题，应在创建过程的前期充分理解系统的目标、要解决的问题和创造的动机。

（6）系统具有时限性（time-limited）。任何系统都有一个从酝酿、诞生、存在/演进到消亡的过程，即系统均存在一个系统的生命周期（life cycle）。

（7）系统具有层次性（hierarchy）。任何较为复杂的系统都有一定的层次结构，其中低一级的元素是它所属的高一级系统的有机组成部分。系统和系统组件、系统与环境是相对的，系统的层次性对于有效管理的实行和实现具有重要的意义。

（8）系统具有熵变特性（entropy）。随着时间的推移，系统会逐步出现无序、老化、衰退的现象，因此一般需要进行支持、维护、更新等维持过程，这种现象普遍存在于工程系统和非工程系统中。

（9）各类系统可以组合（grouping），形成更加复杂的系统，如系统之系统（SoS），各单独系统作为复杂系统的组成部分。组合系统的内部关系比单独系统的简单累加关系更加复杂，同时整体对外则表现出了超出单个系统累加所能提供的系统之系统的能力。

系统工程理论是在综合考虑上述系统的完整性、关联性、涌现性、层次性等因素后，解决系统复杂性问题的认知和实践理论，是一个用于简化系统复杂性的理论，此理论用于指导具体复杂系统活动的实践。

系统工程活动包括如下各项要点：

（1）系统工程活动应识别、确定并分析问题和机遇，对问题和机遇进行探索，在系统环境下，利用系统的不同视角分析并定位问题。

（2）系统工程活动应理解系统环境，在此环境下定义利益攸关方需要，并通过实施技术活动，选择最优方案来提升价值。

（3）系统工程活动应针对识别的问题及环境，通过设计形成潜在方案，解决识别的问题，包括确定系统边界、确定系统功能、系统内部组件划分、分组和关联关系。

（4）系统工程活动应进行分析并选择最优方案，包括综合各类分析方法，进行权衡研究，进行有效决策。

（5）在从问题到方案的过程中，应考虑系统的完整性。同时，由于系统的复杂性和层次性，应逐层进行从问题到方案的演变工作。

（6）系统工程活动应针对方案开展整个过程正确性和完整性的证明，包括进行有效的验证和确认。

（7）系统工程活动应考虑系统的完整生命周期，包括后期的部署、使用支持、维护到最终报废。

（8）系统工程活动应囊括针对全生命周期的系统工程活动与产品的支持和管理类工作。

　　系统工程的研究范围，可通过与传统工程概念的对比进行界定。传统工程技术（如机械工程、电子工程、土木工程等）中"工程"的概念是指应用某一专业领域的自然科学原理和方法，设计生产出如机床、电机、仪表和建筑物等有形产品的技术过程。

　　而系统工程则侧重于与上述"工程"中紧密相关的技术管理和综合集成等活动的过程，即系统工程像"胶水"一样，将传统工程项目中包含的多个子项目、子系统或子过程衔接起来。这就包括对不同子项目/子系统/子过程之间接口的定义，这种接口的定义是统一化和一致化的，并要以文件［如接口控制文件（ICD）和合约文件等］的形式固化下来，成为项目中不同部门、不同团队之间共同遵循的标准，从而使跨部门、跨专业的任务衔接"平顺化"，减少不必要的协调。

　　这方面如在兰德公司报告及系统工程国际委员会（INCOSE）的《系统工程知识框架》（*Systems Engineering Book of Knowledge*）中指出的，通常系统工程一方面包含复杂系统的通用主要生命周期活动，如需求分析、验证与确认、产品维护等活动；另一方面包含那些"性"（-ility）的专业，即特性工程（specialty engineering）活动。在系统工程领域，特性工程定义为非传统主流意义的系统工程活动，偏向于专业技术本身的通用非专有系统的工程，运用于各类系统的需求定义、设计分析、权衡决策和实施验证等工作。例如，安全性、可靠性、测试性、维修性、支持性、生产性、人为因素、价值工程、承受性和环境工程等，这些活动不局限于哪一类系统，而是普遍适用于各类复杂系统的应用要求及其研制过程中，并通过这些活动，把相关传统工程中的活动和专业技术能力的应用进行关联。

　　具体特性工程介绍见附录 E4。

1.2　系统工程定义

　　系统工程作为一门学科，是人们在社会实践中，特别是在大型工程或经济活动的组织、规划、生产、管理及复杂产品系统的设计与研制过程中，针对系统实施所面临的共性问题，综合考虑各方面因素，统筹兼顾，并总结实践经验，借鉴和吸收了一些基础和邻近学科逐步形成的理论方法。

关于系统工程的基本概念，国际上系统工程相关的组织、机构和国内外著名的系统工程专家有着不同的解释，下面主要引述一些比较有代表性的定义。

（1）MIL‑STD‑499B。一种用于逐步形成并验证某个产品集的跨学科方法，该产品集由满足客户需要的系统产品和过程方案构成，具备集成特性并经产品生命周期权衡。

（2）ISO/IEC/IEEE 15288：2023。一种使系统得以成功实现的跨学科的方法和手段。

（3）EIA/IS 632。一种跨学科的方法，此方法能够整合所有的技术力量，不断演进和验证形成一个综合的、全生命周期均衡的系统、人、产品和过程方案集合，用于满足用户需求。

（4）IEEE 1220。一种跨学科的协同方法，用于发展和验证一个全生命周期权衡的系统方案，能够满足用户期望并获得公众认可。

（5）《FAA 系统工程手册》。系统工程是一门专注于整个系统，而非其中某个组件的设计及应用的学科；它强调从整体的视角看待某个问题，包括问题的各个方面、所有相关因素，并将管理和技术层面有机统一起来。

（6）《NASA 系统工程手册》。系统工程是一种面向产品系统的设计、实现、技术管理、运营和报废全过程的跨学科的方法学。

（7）波音 777 项目。在波音 777 的研制过程中，系统工程被理解为"定义飞机级顶层需求、综合系统架构、分配需求、确认需求、定义系统元素、实现系统元素、验证和确认系统级设计、交付飞机的全过程"。

（8）钱学森《论系统工程》。"把极其复杂的研制对象称为系统，即由相互作用和相互依赖的若干组成部分结合成具有特定功能的有机整体，而且这个系统本身又是它所从属的一个更大系统的组成部分……系统工程则是组织管理这种系统的规划、研究、设计、制造、试验和使用的科学方法，是一种对所有系统都具有普遍意义的科学方法。"

（9）斯科特·杰克逊《商用飞机系统工程：特定领域应用》。系统工程对于商用飞机的重要之处在于：首先，具有严格的设计评审和回顾，尤其是在飞机级；集成产品团队（IPT）的组建对于飞机每一个重要组成部分的研发、实施和需求验证都至关重要。其次，供应商管理过程也是 IPT 活动的重要部分。另外，IPT 还负责保证正确的、自顶向下的研制过程，例如飞机的可维护性在研制初期就要考虑。通过构型管理进行整机集成非常重要；风险管理对于新技术的引用和应用也是必不可少的。最后，系统工程管理强调安全性是不能向企业的组织方式/组织要素妥协的。

通过以上对典型系统工程定义的综述，可以看出，系统工程具有如下特点：

（1）系统工程目的在于满足最初的用户需求。

（2）系统工程是一种跨学科的方法。

（3）系统工程是一种产品的集成与过程的集成。

（4）系统工程强调对全生命周期中各组成元素的权衡分析，实现全局最优。

总之，系统工程以技术为基础，用科学的方法规划和组织人力、财力、物力，通过最有效途径的选择，使项目参与者的工作在一定期限内获得最合理、最经济、最有效的结果。所谓科学的方法，就是从整体出发，通盘筹划，合理安排整体中的每一个局部，以求得整体的最优规划、最优管理和最优控制，使每个局部都服从一个整体目标，做到人尽其才、物尽其用，从而发挥整体的优势，提高资源利用的效率。

1.3　系统工程的历史

1.3.1　系统工程标准的发展

系统工程是在 20 世纪 20 年代开始兴起的一门新兴实用学科，最早起源于贝尔电话实验室。第二次世界大战以来，随着材料、电子、控制、信息等技术的爆炸式发展，系统工程在飞机、军事装备、火箭、卫星等复杂系统研制中的应用越来越广泛，对现代工程产生了巨大而深远的影响。系统工程不仅仅是一门综合性很强的实用科学技术，也是一种现代化的组织管理技术。

随着系统工程的发展及其在工业中的应用，系统工程相关的标准应运而生，并且仍处于不断演进的过程中。最早的系统工程概念出现于 1969 年美国国防部的美军标 MIL‑STD‑499 中，系统工程被描述为"将用户需求转化为一个系统方案的多学科方法"；到 1974 年，该文件进行了大量的修订，升级为 MIL‑STD‑499A 版；接下来，1992 年产生了 MIL‑STD‑499B 草案版。

从 1994 年开始，美国国防部为了保证军用产品和服务能尽量采用先进的、通用的民用技术，因此规定"除了产品性能类规范之外，不再考虑新发其他类的军用标准"（Perry 备忘录），因此 MIL‑STD‑499B 和后续的 MIL‑STD‑499C 一直处于草案阶段未得到发布。尽管如此，MIL‑STD‑499 标准仍然被广泛应用于美国军方，尤其是空军类项目和其他高科技项目中。同时，鉴于此项规定，应美国国防部部长办公室的系统工程部要求，由美国电子工业协会（EIA）牵头，联合美国国防部、美国飞机工业协会（AIA）、美国国家安全工业协会（NSIA）、美国电气与电子工程师协会（IEEE）以及 INCOSE，在 MIL‑STD‑499B 的基础上进行少量的修改完善，形成并发布了 EIA/IS 632，完成了军用到民用的系统工程标准的转换。

几乎同期，IEEE 提出了针对商用系统（commercialized systems）的系统工程标准，即 IEEE 1220，最终完整的使用版在 1999 年发布。同时，国际标准化组织（ISO）联合国际电工委员会（IEC）于 2002 年发布了定义系统全生命周期的标准 ISO/IEC 15288。其后这两家组织又联合 IEEE，发布了 ISO/IEC/IEEE 15288 的 2008 版，目前已更新至 2023 版。

上述系统工程标准的发展和演进过程如图 1‑1 所示。围绕一个组织内部系统工程能力的评估和改进路线，也产生了相关的组织系统工程能力模型标准，一方面用于评价组织的系统工程能力，另一方面提供系统工程过程改进的实施路径，即评价组织系统工程水平的"当前状态"和"未来方向"。最早的能力成熟度模型是软件能力成熟度模型（SW‑CMM），来源于软件工程行业，推出后得到广泛的使用。企业过程改进联盟（EPIC）基于 SW‑CMM 概念，在 1994 年开发了系统工程能力成熟度模型（SE‑CMM）。同时，INCOSE 的一个工作组在 SW‑CMM 基础上开发并发布了系统工程能力评估模型（SECAM）。此后，INCOSE 与 EPIC 进行了合作，发布了系统工程能力模型 EIA/IS 731。美国联邦航空局（FAA）也基于 SW‑CMM，针对其内部系统工程、软件采购能力，研究发布了 FAA 综合能力成熟度模型 FAA‑CMM。此外，全球各行业组织也发布了很多的能力成熟度衍生模型。而为了解决当时过多的能力成熟度衍生框架的问题［框架沼泽（frameworks quagmire）］，CMM 最早发起组织，美国国防部和美国卡耐基·梅隆大学的软件工程研究院（SEI），在充分吸收各类能力成熟度框架的基础上，联合业界 50 多家著名公司成员在 2000 年开发并发布了能力成熟度模型集成（CMMI），该模型融合了系统工程和集成产品开发（IPD）。目前 CMMI 已发展到了 V2.0 版，包括开发模型、服务模型、采购模型以及新增的人

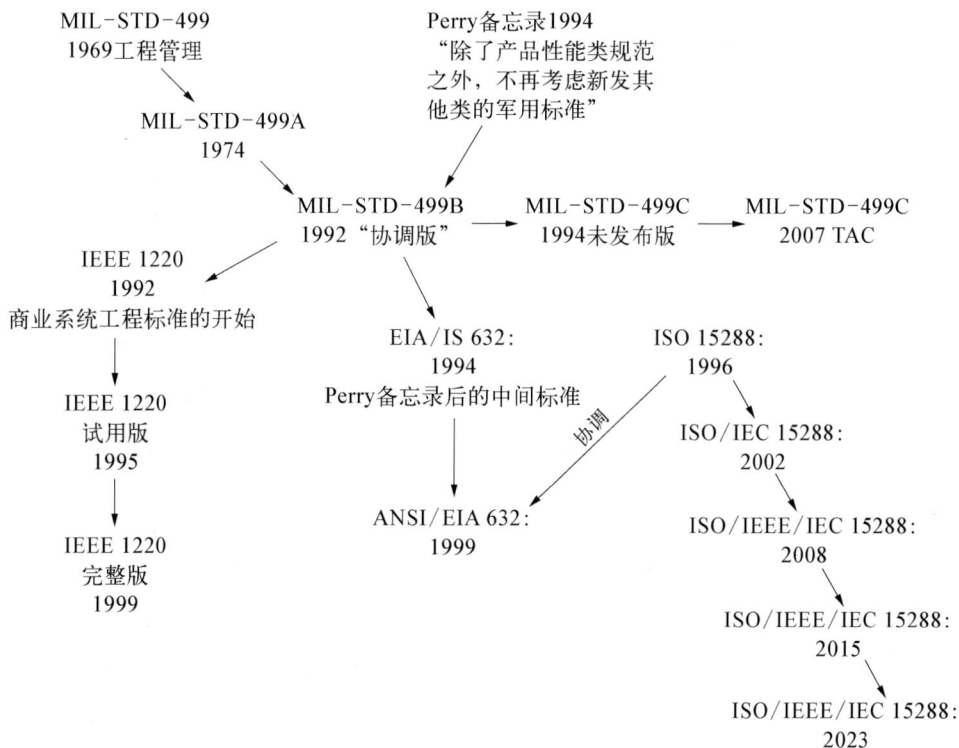

图 1‑1　系统工程标准的发展和演进过程

力资源管理模型。

1.3.2　系统工程在商用飞机领域的应用过程

随着人类航空技术的进步和发展，商用飞机经历了一个由相对简单到高度复杂的发展过程。

以波音 707 到波音 787 的实质性变革为例：波音 707 系统功能相对简单，复杂性也相对较低，功能和分系统之间相互独立性较强，系统小组设计飞机零部件时只需要进行少量的协调；但到了研制波音 757 和波音 767（约在 1980 年）的时候，系统功能的复杂性和相互依赖性急剧增加，这些飞机系统的研制不能像以前那样独立进行，每个系统的设计师要与其他系统的设计师进行更多的协调和交流，单个系统功能性的增加也大大增加了各个系统的相互依赖性，因而飞机整体的复杂性也随之增加。

另外，空客公司从 20 世纪 80 年代的空客 A300B 至今，已衍生出空客 A320、空客 A330、空客 A340、空客 A380 和空客 A350 等一系列成功运营的机型。据记载，空客公司为了制造出超大型的空客 A380 飞机，动用了约 6 000 名内部员工和 3 400 名外部供应商员工参加该项目。

由此可见，现代商用飞机的系统集成度越来越高，专业交叉程度越来越大。另外，工程周期长、投入资金大、项目风险大、管理难度大、安全性和可靠性要求高等特点，使商用飞机研制成为一项极度复杂的工程。这些因素都导致了传统的设计思路、设计流程和管理方法无法保证在预期的开发周期和预算成本内开发出既满足规章要求，又高效、经济、舒适的大型客机。因此，波音公司和空客公司在最新的型号研制中都广泛采用了系统工程的方法。

据报道，在波音 777 项目中，波音公司首次明确按照系统工程方法来组织人员、定义流程和建立文档规范。在项目启动时，波音公司就与 8 家航空公司一起形成工作组织（working together），全面捕获客户需要，并通过组织设计建造团队，第一次实现数字化的飞机产品定义和预装配，从而改进研制过程，提高客户满意度，大幅降低了研制成本。

在波音 777 的研制过程中，系统工程被理解为"定义飞机级顶层需求、综合系统架构、分配需求、确认需求、定义系统元素、实现系统元素、验证和确认系统级设计、交付飞机的全过程"。波音 777 研制的"系统性"一方面体现在从飞机级需求（requirement）出发，将需求向下分配到各系统元素，并及时验证（verification）和确认（validation）；另一方面体现在所有研制人员遵循了统一的有序流程，共享相同的里程碑，以保证沟通和协作的顺畅。同时，系统工程也是一种思维方式和态度，一旦研制人员达成共识并努力实践，研制流程将很快变得清晰有序。波音 777 的研制经验表明，系统工程的方法应该尽早被更多相关人员使用。

空客公司的系统工程发展主要从空客 A380 项目开始，在此过程中逐步形成了一系列相关的政策、指令和程序类文件，用于规范飞机研制的方方面面。系统工程的关注面也从飞机单系统向飞机多系统进行全范围覆盖。

相比之下，我国商用飞机项目起步较晚，型号经验积累也相对较少。因此，在商用飞机项目中大力推广和实施系统工程是确保商用飞机型号研制成功，以及我国航空事业实现跨越式发展的必然选择。

1.4 产品系统工程

产品系统工程，又称"传统系统工程"，即将系统工程理论运用到产品系统领域，聚焦产品，把系统工程的定义、分析、实现、控制和持续改进等工程方法用于产品系统生命周期活动的系统工程。

所谓"产品系统"，是需要开发并交付给客户，提供给内部或外部用户使用产品的系统。参考 INCOSE 的系统工程知识框架（SEBoK）中的定义，产品系统属于工程系统（engineered systems）的一部分。按照分类，工程系统除了产品系统之外，还包括服务系统（service systems）和企业系统（enterprise systems）。

根据 EIA/IS 632 定义，如图 1 - 2 所示，产品系统（product systems）由最终产品（end products）和使能产品（enabling products）组成。最终产品执行预期的功能，以满足客户等利益攸关方的需要，而使能产品则支持系统在某一过程中的功能实现，但不直接实现系统的运行功能，包括如下几项：

（1）产品实现类使能产品，包括概念使能产品、研制使能产品、测试使能产品、制造使能产品等。

（2）产品支持类使能产品，包括培训使能产品、维修使能产品、运营支持使能产品等。

（3）其他类使能产品，包括报废使能产品等。

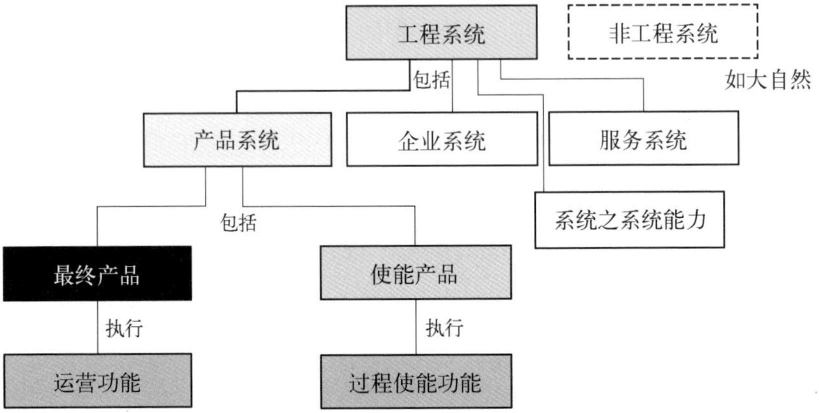

图 1-2　产品系统的定位和组成

使能产品的开发和使用需要与最终产品紧密结合，使能产品是为最终产品的研制、生产、使用维护和报废服务而产生的，而最终产品如果没有使能产品提供的支持服务，则可能无法开展全生命周期从概念定义到最终报废的有关活动。因此，系统工程应从开始就考虑产品系统全生命周期过程活动、系统运行环境和产品系统对使能产品的需求，并考虑是否需要提前开始相关使能系统的配套研制工作，使得各使能系统能够按照预定计划在对应阶段完成且提供给最终产品相应的服务，从而支持最终产品系统的生命周期活动。使能系统与最终产品系统的关系如图 1-3 所示。

创造价值是产品系统工程的核心，给制造企业、客户、用户等利益攸关方提供最大价值，是产品系统工程的核心驱动力。因此在产品系统工程前期，可以结合产品集成研制过程中的第一步，即产品策划工作，以实现一个完整价值创造过

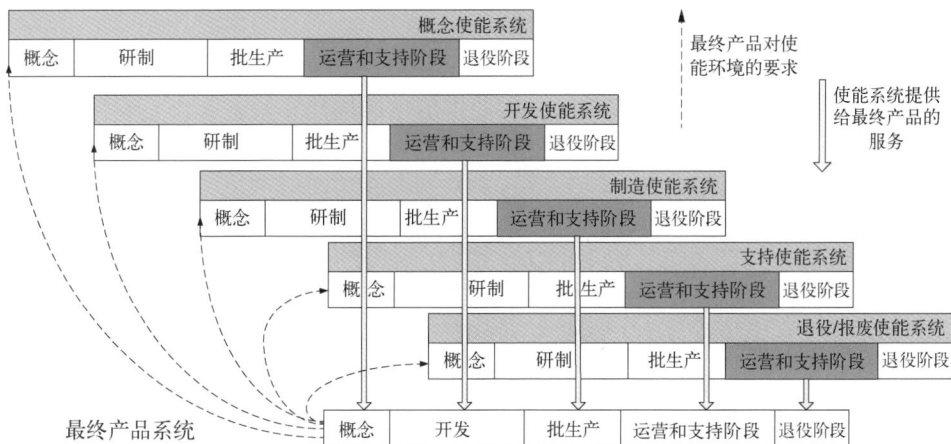

图 1-3　使能系统与最终产品系统的关系

程。产品策划工作主要执行企业战略分析、市场需求调研、新技术风险和投资回报分析等工作，从创造价值出发，分析不同产品战略的投资回报率、机遇和风险，最终形成与客户需要匹配、市场定位和地区范围明确、与企业核心竞争力挂钩的产品战略并进一步对该产品战略开展商业利润分析，从而确定应启动研制的产品，再进行系统工程的活动。

产品系统工程具有如下主要特点：

（1）新研制和改型产品应以客户和市场为导向，对全球持续的技术革新、不断变化的市场和做出快速反应的客户需要，要求产品过程的灵活性和可适配性，并在费用、研发周期、性能和质量上具备竞争优势。同时新研制产品与公司的商业目标、市场定位、财务目标、内部能力和企业核心竞争力紧密联系。

（2）产品本身具备多学科综合特性，各学科领域之间应紧密合作，包括工程内部团队（如机械、电气、结构、材料等）之间，以及工程与市场、销售、制造、分销、客户支持、法律等专业之间的合作。

（3）产品系统工程应考虑"从摇篮到坟墓"的全生命周期产品系统，包括最终产品和使能产品的使用环境。

（4）单个型号产品一般属于某个家族产品线，应同时考虑单个型号产品和产品线的关联关系。

（5）复杂产品通常由多层级的部件、组件、设备、子系统和系统组成，其中很多部分是由供应商来提供实现的，因此供应链的构建和紧密合作是确保产品成功实现的关键。

（6）大型复杂产品系统需要一个漫长且不断迭代的集成和测试过程，在这过程中，保持最初的项目需要和假设是具有挑战性的。

（7）鉴于公众安全、环境保护和兼容性等要求，一般产品均需要官方组织进行外部认证。

（8）产品一般有一套复杂的分销网络来实现把产品交到客户手中，由于产品用户和生成方的地理位置不同，使得产品的交付、维护和支持具备了一定的挑战性。

1.5　系统工程的发展

1.5.1　企业系统工程

企业系统工程（ESE）是将系统工程的原理、概念、方法应用于企业的整体规划、产品设计、生产、改进及运营活动中。

ESE 中的企业（enterprise）是由人员、组织机构、过程、技术和资金等独立性资源共同构成的统一体，能够对外提供某种产品或服务以创造价值。ESE 就是把企业本身看作一个有机的整体，是一个内部有序的大系统，而不是一堆职能部门的简单组合。ESE 的目的在于用系统工程的视角，组织、整合和利用现有资源，实现更加快速、高效的企业生产经营活动。ESE 的内容要点如下：

（1）在企业范围内，有效地管理和组织团队（teams）来完成某工程项目（projects），从而成功地进行某种商业活动（business），在这个过程中为社会和股东创造价值。

（2）在上述过程中，通过不同的团队、项目和商业活动之间资源（包括人员、技术和设备等）的配置优化，实现企业利润的最大化。

（3）将具体的系统性方法对于企业的适用度（enterprise fitness）作为系统工程是否成功实施的评价标准。

（4）通过调整、权衡、决策和试验来有效处理企业生产、经营活动中面临的不确定性和矛盾。

传统的产品系统工程（PSE）主要着眼于复杂产品系统的设计和研制。例如，SAE ARP 4754A/B 是传统系统工程在商用飞机领域的应用指南，提供了一种商用飞机产品的正向设计过程，包括自顶向下的需求分解过程和自底向上的系统综合过程；而 ESE 是将企业作为一个复杂系统，从企业的层级上统筹考虑产品系统的设计研发和生产制造，并将供应链管理也纳入了系统工程的过程中。"供应链"包括上游的原材料采购，中游的产品研制和生产制造，下游的产品销售、后期运营等活动，以及在这个过程中所需的供应商管理。在这种视角下，复杂产品的研制实际上是一种集成化的工业生产活动，不仅仅包括产品系统本身的设计研制，也是整合企业范围内所有的相关资源，将产品系统由最初的用户需求最终付诸实现（成为实体产品，满足用户需求）的工业过程。

从产品研制过程的角度上，传统系统工程的"V"模型主要针对产品的活动，包括产品利益攸关方需要捕获、需求分析与定义、需求确认、架构设计、产品实现、集成和验证；而 ESE 除包含上述内容以外，还包含行业和企业的需要捕获、需求定义、企业架构设计、供应链设计与分析、企业流程定义等左半边的设计过程，以及流程能力、供应商表现、企业绩效评估等右半边的验证过程等（见图 1-4）。

1.5.2 系统之系统工程

系统之系统（SoS），又称为"超级系统"（super-system），是在一系列已有系统的基础之上，以任务为导向，整合所有相关资源，构筑一个崭新的、更为复杂的大系统，并且该系统能够呈现超越单个系统所能提供的全新的功能和性能。

基于以上定义，系统之系统工程（SoSE）也是一种系统化的、结构化的系

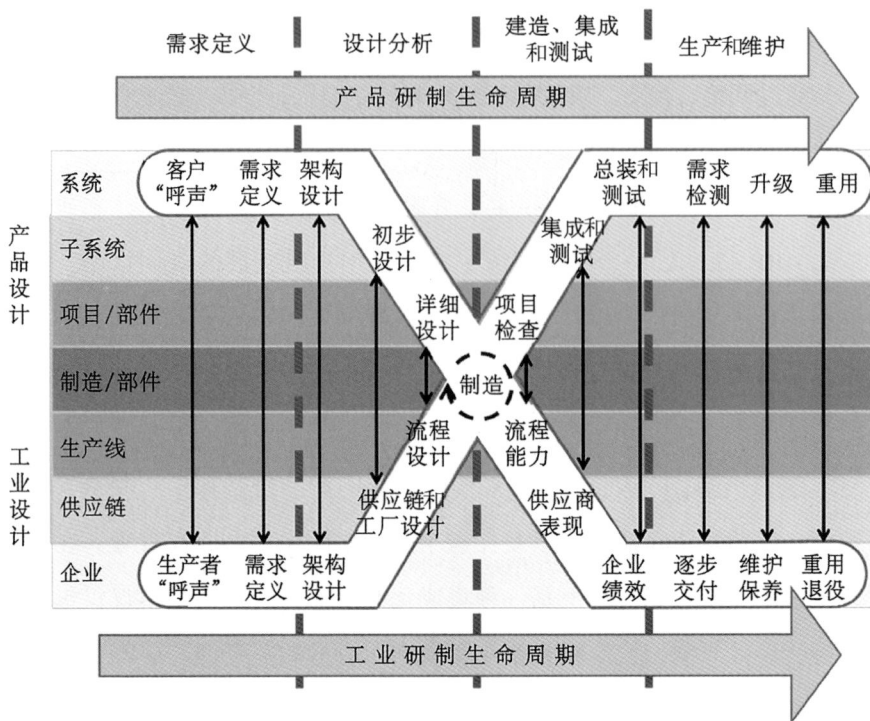

图1-4 传统 SE 与 ESE 在产品研制过程的内容区别

统工程过程，用于构建和定义某 SoS 及其预期的作用/能力（capabilities），并将这种作用/能力分配到其各个组成部分（包括系统、子系统）上，制订各组成系统的协同策略，用于 SoS 设计、生产、运营和维护的全生命周期过程。SoSE 实际上是传统系统工程概念的拓展和延伸，这里的系统工程不仅是一个过程，更是一套方法学，是利用系统工程的思想、方法在更大范围、更高层级上构建新的体系，所以 SoSE 也称为"体系工程"。如图1-5 所示，民用航空运输系统以及与陆地运输系统、航海运输系统一起组成的交通运输系统，都是较为典型的系统之系统。

SoSE 包含的内容要点如下：

（1）SoSE 的构建是以目标/任务为导向的（mission-oriented）。

（2）每一个构成 SoS 的系统都是独立的系统，能够单独运转，这些系统相互

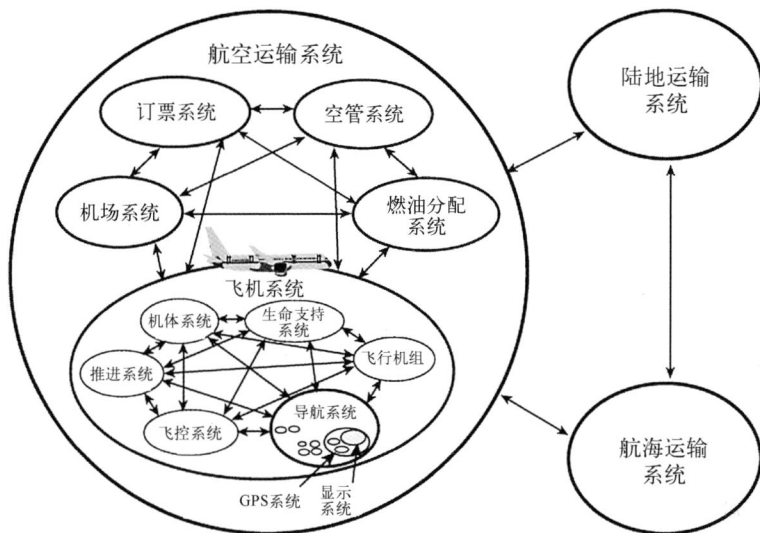

图 1-5 典型的系统之系统——民用航空运输系统

之间能够进行交互，并依据一定的策略进行协同。

（3）SoSE 是跨企业的，由一系列的企业系统、服务系统和产品系统动态地组合在一起，形成超越任何个体企业所能提供的系统能力。

（4）在一种协同运行环境中，是以架构为中心（architecture-centric），基于模型方法的基础上，构建 SoS 的框架体系。

相比传统系统，系统之系统的活动具有更大的挑战，具体包括如下特点：

（1）系统之系统的组件都是可以自主的系统，可以独立运行。

（2）系统之系统的各系统组件有着不同的生命周期。

（3）系统之系统的初始需求是比较模糊的。

（4）系统之系统的复杂性大于单个系统的累加。

（5）系统之系统中各系统由不同的组织研制，存在更加复杂的组合式的项目管理模式。

（6）系统之系统的边界具有不确定性。

（7）系统之系统将持续演进。

1.5.3 基于模型的系统工程

美国学者 A. Wayne Wymore 教授在 1993 年最早提出了"基于模型的系统工程"（MBSE）一词，提倡用数学的方法来描述系统工程中各元素及其之间的关系，是系统工程模型化描述的雏形。随后十几年期间，大量学者、工程师和研究组织对 MBSE 进行了探索与实践，形成一系列标准规范和建模语言。

2007 年，INCOSE 在《系统工程愿景 2020》中第一次正式定义了 MBSE：基于模型的系统工程是对系统需求、设计、分析、验证与确认等活动的建模行为的形式化与标准化的应用，这种建模应用从系统概念设计阶段开始并贯穿系统开发及之后的生命周期。

如图 1-6 所示，与传统的系统工程相比，MBSE 依靠大型软件平台，将之前通过文档方式传递的各层级需求、设计与相应的系统方案元素模型化，以集中统一的模型化方式改变系统工程方法流程，贯彻系统的研制。

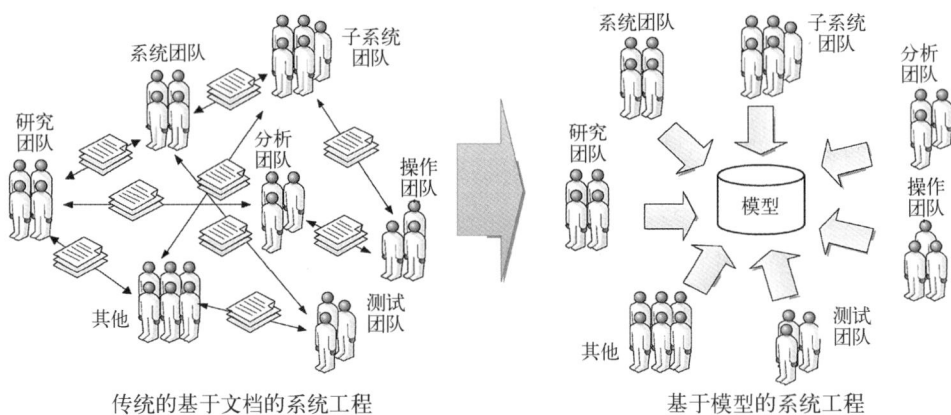

图 1-6 MBSE 与传统系统工程的区别

随着民用航空（民航）业不断涌现的新技术、新需求和新规章，市场对商用飞机研制提出了更高的要求，而采用 MBSE 就是为了应对这些新的机遇和挑战。此外，更复杂的生态圈也促使民航制造业积极拥抱 MBSE，如全球化和国际标准。其中，全球化泛指涉及全世界范围的研发、采购、制造和运营活动；国际标准特指政府法规、环保要求、行业标准和企业规范等。飞机全球化研制给分布在世界各地的研发部门和供应商的集成工作带来了挑战，尤其是在产品设计初期，如何通过系统内部不同组成部分的高度集成协调来确保飞机设计的成熟度，是全球飞机研制始终面临的棘手问题。此外，新材料和技术的应用，使得飞机系统日趋复杂，不同子系统之间的交联程度急剧上升，使得传统系统工程在飞机研发中的应用愈发复杂。以上这些机遇和挑战，无论是对航空产品研制的周期还是成本，都会造成重大影响。

MBSE 主要内容要点如下：

（1）为多学科之间实施系统工程提供统一的跨专业、跨学科模型表达语言，为系统工程的逐级分析与验证提供基础。

（2）可根据系统需求来定义功能，进而设计系统的功能架构。根据该功能架构，在设计活动早期将物理系统的模型与控制系统的模型相互结合，建立机电一体化的复杂系统模型，并在此基础上对整体方案进行分析和优化来完成各子系统的性能指标设定。

（3）在子系统开发阶段中，通过子系统模型的建立与细化，一方面可比对系统设计阶段定义的性能指标来进行符合性检查；另一方面可对功能模型进行迭代完善，在整个系统环境中对子系统进行优化。

（4）在设计活动后期，随着不同部件或者子系统物理样机的出现，又可以将这些物理样机和虚拟的模型结合起来进行硬件在环仿真，加速物理试验的进程。

与传统的系统工程相比，MBSE 具有很多优势。传统的系统工程是基于文档来传递静态信息，文档之间的依赖性很难追踪，尤其当数据量庞大的时候，容易失去对数据的有效管控，还会引起文档版本、版次等大量管理问题。而 MBSE 针对产品设计的不同阶段，依靠软件平台建立了大量"模型"，各专业领域工程人员之间可以通过使用统一的"模型"语言来交流系统设计方案，从而减少了由专业壁垒造成的误解和障碍。因为摒弃了传统基于文档的管理方式，系统模型与需求之间的关系更加明确，系统设计更改造成的影响也更加透明（如可执行的功能模型使得在产品设计的各阶段都能分析系统对需求的符合性，验证系统需求是否符合利益攸关方需要）。另外，由于不同专业部门都在统一的平台架构下进行子系统开发，因此来自不同部门的子系统模型将更加易于进行集成，实现系统的虚拟产品集成和实施验证。

MBSE 本身也是一种不断发展的新技术，技术成熟度和能力范围还在不断拓展，如图 1-7 所示。MBSE 标准初现于 2010 年前后，随着标准持续的完善，逐步形成了相对成熟的 MBSE 方法与工具，并与对应的系统研制模型相结合，随后结构化的系统研制模型进一步与系统的仿真、分析和可视化方法进行了耦合。INCOSE 则在 2020 年正式建立了 MBSE 完整成熟的理论体系，其中包括相关术语、概念和形式化的方法。在 21 世纪 30 年代，MBSE 将朝着跨学科的分布式模型和模型数据库的方向发展。

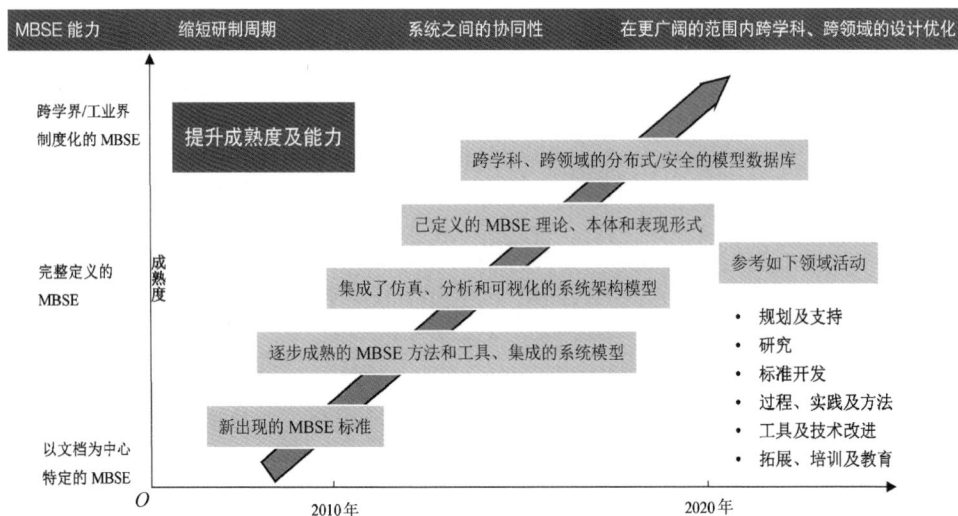

图 1-7　INCOSE 的 MBSE 发展路线

此外，INCOSE 在《系统工程愿景 2035》中指出，到 2035 年，MBSE 将重点围绕"建模仿真""人工智能""数据科学""人机交互"四个方向开展研究及实践，通过借助这一系列前沿技术，以更好应对系统日益增长的复杂性和不确定性，进而将 MBSE 更广泛深入地应用于工程以及社会、经济等各个方面。

（1）建模仿真：通过总结提炼前期设计经验，采用基于模式的方法〔如基于模式的系统工程（PBSE）］快速搭建系统模型，进一步提升模型的正确性和一致性。借助先进仿真技术对系统从设计、制造、维护到退役的全生命周期进行模拟与评估，对多个设计备选方案进行全方位、多角度、可视化的权衡分析。利用云计算资源建立数字孪生，与实体系统同步运行，及时监测并处理系统异常，实现系统的敏捷响应。

（2）人工智能：结合大数据、专家知识的人工智能将深刻影响系统工程的工作方式。系统工程师将会从烦琐、重复的文档工作中解放出来，将更多的精力投入人工智能模型和算法的设计中。在需求分析方面，应用自然语言处理技术可有效提升需求质量，减少语义不一致和二义性；在方案设计方面，人工智能工具与仿真模型的结合有助于产生更满足需求的设计参数与架构。

（3）数据科学：随着系统复杂性日益增加，分析和预测系统行为的难度日趋加大。对于在仿真、试验及运行过程中产生的海量数据，借助数据科学、大数据技术进行挖掘分析，从而更深入地了解系统运行特点，更精确地建立系统模型，更有效地监测、管理系统不确定性，研制产生更加安全、可靠、适应力强的系统。

（4）人机交互：随着系统的复杂和智能程度显著增加，人机交互更为频繁和深入，人机相互作用逐渐成为系统设计的重要组成部分。通过提前建立系统及环境仿真模型，并应用人与系统集成方法、人的行为仿真、人在回路仿真等技术手段，对与系统交互的运行者、维护者、用户等人员，以及人员的各种人为因素、行为表现进行全面分析和评估，从而提升系统的使用体验。

在传统飞机研制各个过程中，MBSE 通过采用不同的方式来支持产品的开发活动，例如在需求定义阶段，MBSE 采用了结构化的需求分析、分解和追踪方法；在功能分析阶段，MBSE 采用基于 SysML 等建模语言进行功能架构设计；在系统架构设计阶段，MBSE 采用基于 Modelica 等仿真软件进行多物理域建模，并联合仿真、功能性能优化、需求验证与优化，在未形成实物的项目前期来实现快速形成原型，同时开展基于模型仿真的相关验证和确认活动，即采用数字化手段，实现无纸化"功能样机"。

目前，MBSE 已在波音公司、空客公司、洛克希德·马丁、巴西航空、达索航空以及国内的航空工业、中国商飞公司等一些航空制造企业都有不同程度的探索和应用，成了系统工程发展的一个主流方向。具体介绍如下：

欧洲航天局（ESA）在 MBSE 标准的制定与产品全生命周期的应用都做了一系列工作，如虚拟系统环境工程（VSEE）、空间系统数据库等，并且形成了概念数据建模方法（FBM）。

美国国家航空航天局（NASA）在航天通信和导航等多个项目中也大量应用 MBSE，其下属的喷气推进实验室（JPL）在积极推动 MBSE 全面实施的过程中建立了状态分析（state analysis）方法论。

空客公司最早在空客 A380 的研制过程中尝试运用 MBSE 来解决飞机复杂功能逻辑问题与需求捕获。在空客 A350 研制过程中，进一步运用 MBSE 搭建起层次化的系统架构模型、接口模型、行为模型和性能模型，通过仿真分析的方法减少了研发早期的错误数量，缩短了研制周期，并且降低了研制成本，成功使得空客 A350 首飞后的故障比之前型号减少了 25%。目前，MBSE 在空客公司已经不再仅局限于产品，而是拓展到了整个企业。空客公司特别成立了专门的建模仿真部门，以型号为主线，通过模型和数据串联起了产品全生命周期的研发活动。

波音公司早在研制波音 777－200 时，就已经开始使用电源负载分析模型、实时飞行仿真模型等手段。在波音 787 飞机研制过程中，波音公司组织了 1 300 名左右的工程师，搭建了约 2 300 个功能、10 000 条数据流和近百万项数据属性，总计 14 GB 的飞机架构模型来帮助工程师提升设计质量和效率。同时，波音公司进一步将基于模型的系统工程（MBSE）理念上升为基于模型的企业（MBE），将传统系统工程的"V"模型进化为"钻石"模型。

1.5.4　敏捷系统工程

随着系统的复杂性、软件化程度越来越高，需要一种适应性强、迭代快的方法，以应对快速的技术变革、不断变化的需求和动态的市场条件。敏捷系统工程（ASE）通过将敏捷方法的敏捷性和响应能力与 SE 的系统化和规范化方法相结

中国商用飞机有限责任公司系统工程手册（第 8 版）

22

合，为敏捷环境中复杂系统工程管理和实践提供灵活性和响应力，逐渐成为 SE
发展的重要方向。

ISO/IEC/IEEE 24748－1 将"敏捷"定义为一种基于迭代开发、频繁检查和
适应，以及增量交付的方法。在该方法中，需求和解决方案通过跨职能团队的协
作以及持续的利益攸关方反馈不断演进。INCOSE 将 ASE 定义为在面对知识不确
定或环境动态变化情况下，一种基于原则的设计、制造、维护以及不断演进的产
品系统的方法。ASE 与传统 SE 的最大不同在于系统生命周期谱系。图 1－8 展示
了这两种生命周期模型的极端形态，所有系统工程生命周期模型处于该谱系两端
之间的某一点，具体位置取决于 SE 流程对知识与环境动态变化的感知和响应
能力。

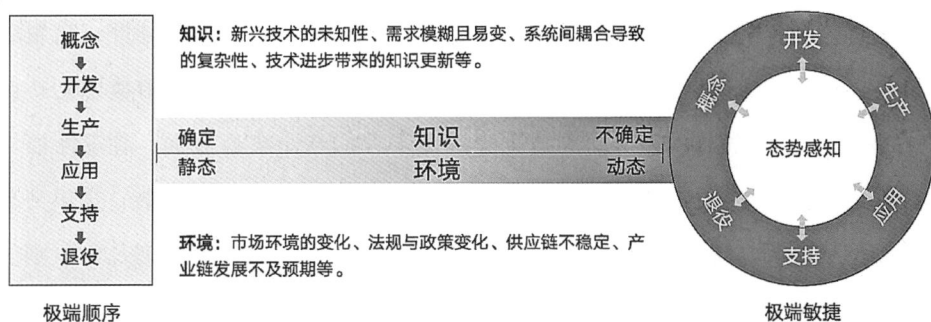

图 1－8　系统生命周期谱系：从顺序开发到敏捷开发示意图

ASE 的发展可以追溯至 20 世纪 80 年代，美国国防部的查尔斯·基姆西
（Charles Kimsey）将在不确定性日益增长的运行环境中能够做出有效、有竞争力
的反应，称为"敏捷性"。2001 年，软件开发行业发布"敏捷宣言"，主张"个
体和交互胜过流程和工具、工作软件胜过详尽的文档、客户协作胜过合同协商、
响应变更胜过遵循规划"四大价值观，提倡一种迭代和适应性的过程。随后敏捷
方法论被广泛采用，并拓展至各行各业。

为促进将敏捷方法整合到复杂系统的生命周期中，2012 年，INCOSE 成立敏
捷系统与系统工程工作组，研究人员和实践者逐渐形成了调和敏捷方法论的迭代

性与传统系统工程严谨性的框架和指南，为从严格的顺序方法向更具适应性模型的转变奠定了基础。2021 年，《系统工程愿景 2035》发布，其中提出了一个根本性要求：系统工程应当预见并有效应对日益动态化和不确定性的环境。INCOSE 将 ASE 列为需重点解决的首要议题，在其主导的未来系统工程（FuSE）项目中，计划将敏捷性整合到系统工程生命周期中四个关键领域，包括的敏捷操作、敏捷系统工程技术、敏捷系统工程过程和敏捷劳动力。未来，人工智能和机器学习的集成、对可持续性的重视、协作平台的扩展以及混合框架的制定将成为 ASE 发展的关键趋势。

ASE 的核心是将敏捷开发原则应用与 SE 全过程。针对大型复杂项目跨专业协作，菲利斯·马尔巴赫（Phyllis Marbach）以系统工程为焦点重申了 12 项敏捷开发原则。这些原则被写入 INCOSE《系统工程知识框架》（SEBoK）用于指导行业实践，其强调要持续关注工作能力、保持小规模工作、技术卓越性、自组织团队等。规模化敏捷框架（SAFe）则主张在大型项目中采用精益敏捷原则。此外，里克·达夫（Rick Dove）提出敏捷系统工程的八个核心方面：适应性模块化架构、迭代增量开发、敏锐的态势感知、审慎决策、共同使命团队、知识共享管理、持续集成与测试、敏捷文化。综合来看，以上原则均是对传统 SE 原则的补充，应用于生命周期的各个阶段。

ASE 由各种框架和模型提供支持，里克·达夫等提出了敏捷系统工程生命周期模型（ASELCM）。该模型（见图 1-9）在 ISO/IEC/IEEE 15288 与 ISO/IEC/IEEE 24748-1 定义的概念、开发、生产、应用、支持、退役六个系统生命周期阶段基础上增加了第七个阶段——态势感知（situational awareness），这个阶段是对过程、产品周围环境中的机遇、风险的主动感知，贯穿系统工程过程和目标系统的全生命周期。这些框架为系统开发提供了一种结构化而灵活的方法，确保设计、测试和需求在内的所有方面都不断被重新审视和完善，以适应不断变化的需求。

在具体项目实践层面，ASE 主要是通过灵活运用各类敏捷实践框架。敏捷实践框架是为系统化实施敏捷原则而设计的结构化方法论，包含具体的实施模式、

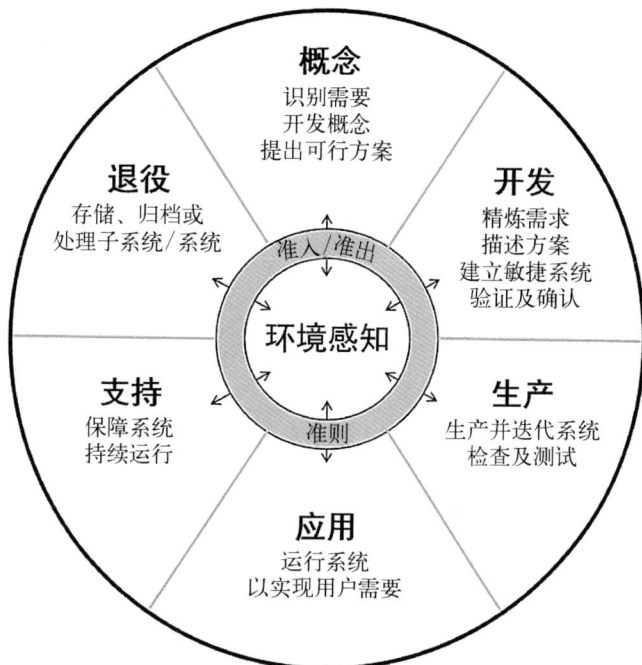

图 1-9　ASELCM 示意图

协作机制和流程规范。其中最著名的实践框架包括 Scrum[①]、看板、极限编程
（XP），面向规模化应用的 SAFe、大规模 Scrum（LSS）、规范化敏捷（DA）
等。其中 Scrum 是应用最广的敏捷实践框架，是 SAFe 成为系统工程中大规模敏
捷实施的重要方法论（见图 1-10）。SAFe 原则强调系统思维、精益-敏捷实践
和增量交付，它将敏捷开发从团队影响层面拓展至企业经营层面。SAFe 主要围
绕精益敏捷领导力、团队与技术敏捷性、敏捷产品交付、企业解决方案交付、精
益组合管理、组织敏捷性、持续学习文化这七个核心敏捷竞争力。在灵活应用这
些框架时，需要根据所处行业特性、自身特点通过剪裁、组合等方式定制适合自
身的框架才能实现效益最大化。

---

　　① Scrum 的原意是指橄榄球比赛中的"争球"。杰夫·萨瑟兰（Jeff Sutherland）和肯特·贝克（Kent
Beck）在真实的软件开发项目中尝试了这种新的管理方法，结合精益、面向对象设计等思想，于 1995 年
发布了第一版规范化的 Scrum 框架。以 Scrum 来命名，意指类似橄榄球的打法，团队作为一个整体通过不
断传球的方式保持前进，以更好地提高竞争能力。

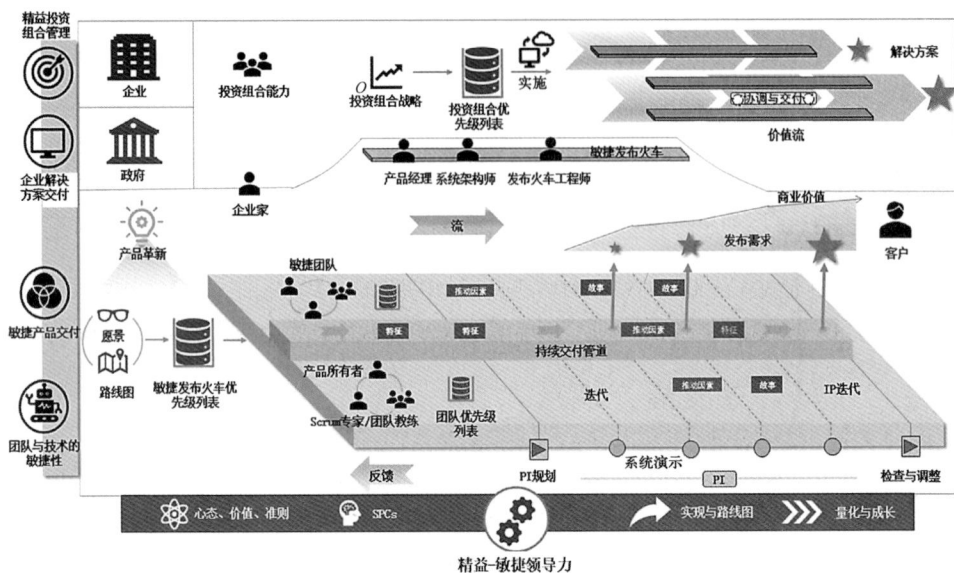

图 1-10　规模化敏捷框架示意图

在 ASE 适用范围方面，美国项目管理协会（PMI）《敏捷项目实践》将斯泰西复杂性模型作为选择正确生命周期模型的决策工具，同时也提出了敏捷适用性筛选工具，协助组织和项目团队从文化、团队、项目特性三个方面量化判断评估使用哪种方法实施项目。例如，是否具有敏捷开发文化？团队规模和成员是否具备敏捷开发所需技能和知识？项目的创新程度、变更速度、增量交付可行及关键性是否与敏捷开发匹配？在具体的项目团队工作流程中，系统工程师以迭代、增量的方式工作，不断建模、分析、开发和权衡方案，以集中系统解决方案的形式来定义，如分析和维护需求、分析和维护需求架构模型、需求分解和关联、定义和验证接口。项目团队在敏捷思维的文化中工作，始终专注于交付工作能力，通过定期演示验证和回顾来改进产品和流程，经常性总结经验教训并持续改进，做到精益求精。此外，ASE 的实施不仅要求技术上的灵活性，还强调团队成员之间的协作与沟通，以促进知识的共享与创新，从而在复杂多变的环境中提升系统的整体适应能力与响应速度。

自太空探索技术公司（SpaceX）通过快速迭代研发模式在商业航天领域取

得巨大成功后，越来越多的主制造商和供应商采用敏捷系统工程理念研发航空航天软硬件产品，在整机、系统、设备和软硬件层面开展敏捷实践、应用敏捷方法。罗克韦尔柯林斯公司（Rockwell Collins）采用产品线工程（PLE）方法，为包含软件、硬件与电子电路板的无线电产品族构建持续集成平台，支持混合域系统元素在制品（work in process）的异步演进。诺斯罗普·格鲁曼公司（Northrop Grumman）以六个月为周期持续升级软件系统的中枢平台功能，该平台可接入 22 个独立后勤数据库，始终保持三代系统版本处于活跃的生命周期管控中。洛克希德·马丁公司（Lockheed Martin）采用定制化 SAFe 框架，通过约六个月的开发周期渐进增强 F16/F22/F35 战机的武器能力。泰雷兹航电（Thales Avionics）采用敏捷开发为空客研制空气数据惯性基准组件（ADIRU）计算设备，结果表明在满足 DO–178C 要求情况下，开发周期从一年缩短到 20 天，产品集成的成本从占项目预算的 30% 降低到了接近 5%。空客直升机开发新型航空电子系统（嵌入式软件）时采用 Scrum 框架，实践证明，通过合理策划，敏捷实践与航空电子软件适航认证完全可以兼容，并且在质量、进度和成本方面都取得了显著改善。

目前，在商用飞机领域，复杂性和变化正在加速，特别是专业复杂性、跨职能协作复杂性、软件复杂性不断加大。例如，新技术不断涌现，飞机主制造商需保持敏锐嗅觉，抢抓机遇构建差异性竞争优势，新技术应用带来不确定性和复杂性提升不可避免。此外，产品功能越来越多的由软件来实现，未来商用飞机必定是软件密集型产品，采用敏捷开发模式已不是是与否的问题，而是在多大范围内采用的问题。与此同时，随着系统复杂性增加，开发团队越来越庞大，团队之间的沟通和交流会日趋频繁，研制流程也会越来越复杂。这些变化都会拖累项目进度，延长项目周期。因此，在系统工程过程中应用敏捷方法和原则，把握需求要点，采用迭代增量开发，缩短项目开发流程，对于商用飞机研制的意义越来越重大。

1.5.5 基于模式的系统工程

MBSE 自公布以来，在各行各业产品研发的过程中得到广泛应用，大幅提升了产品整体的研制效率，尤其是在大型民用飞机这类复杂产品研制领域更是得到广泛推广。然而，在 MBSE 建模过程中，项目所投入的资源往往随着产品系统的复杂度呈指数级上升态势，叠加市场需求与监管政策等外部环境无可预计的动态扰动，使得 MBSE 在企业从事大型复杂工程项目应用过程中受到了不同程度的制约。

PBSE 是在 MBSE 基础上，利用**可复用**、**可配置**的 S* MetaModel（Systematica™ MetaModel）来针对企业过往数据进行总结、提炼与精简，进而构建企业自上而下、横跨不同业务领域（研发、批产、服务、财务、法务等）、产品家族谱系和生产线的全生命周期特定 S* Pattern，敏捷应对外部环境不同程度变化影响，支持 MBSE 在企业得到更为全面的部署与提升。

在过去 20 多年中，通过福布斯排行前 100 企业的不断探索、研究与实践，证明了 PBSE 是面对诸如以上问题时行之有效的方法，同时也被国际各类机构组织〔如 INCOSE、FAA、国际自动机工程师学会（SAE International）、美国航天航空学会（AIAA）、美国机械工程师学会（ASME）、美国海军航空系统司令部（NAVAIR）、美国食品药品监督管理局（FDA）等〕广泛认可，已经在各领域沉淀形成了 20 余种典型模式，并在航空制造业广泛实施，如洛克希德·马丁公司、罗尔斯·罗伊斯公司、诺思罗普·格鲁曼公司、穆格公司、罗克韦尔柯林斯公司等均有应用。

1.5.5.1　基本理论与方法

1）基本理论

S* 方法论（methodology）是三层递进的，由易到难依次为 MBSE、PBSE 和 IBSE，其中 PBSE 是基于使用 S* MetaModel 的 MBSE 应用拓展。相比传统系统工程聚焦过程，PBSE 同时更侧重过程中产生并传递的数据信息，是实现数据驱动设计的重要手段之一，其中主要概念包括了 S* MetaModel、S* Model 与 S* Pattern（见图 1-11）。

（1）S* MetaModel 用以描述关注系统（systems of interest）内在体系。类似于物理领域中利用"标准模型"来描述或解释所关注的现象，S* MetaModel 则是经 MBSE 方法论与系统表达标准（ISO10303-233：2012）提炼与浓缩而形成

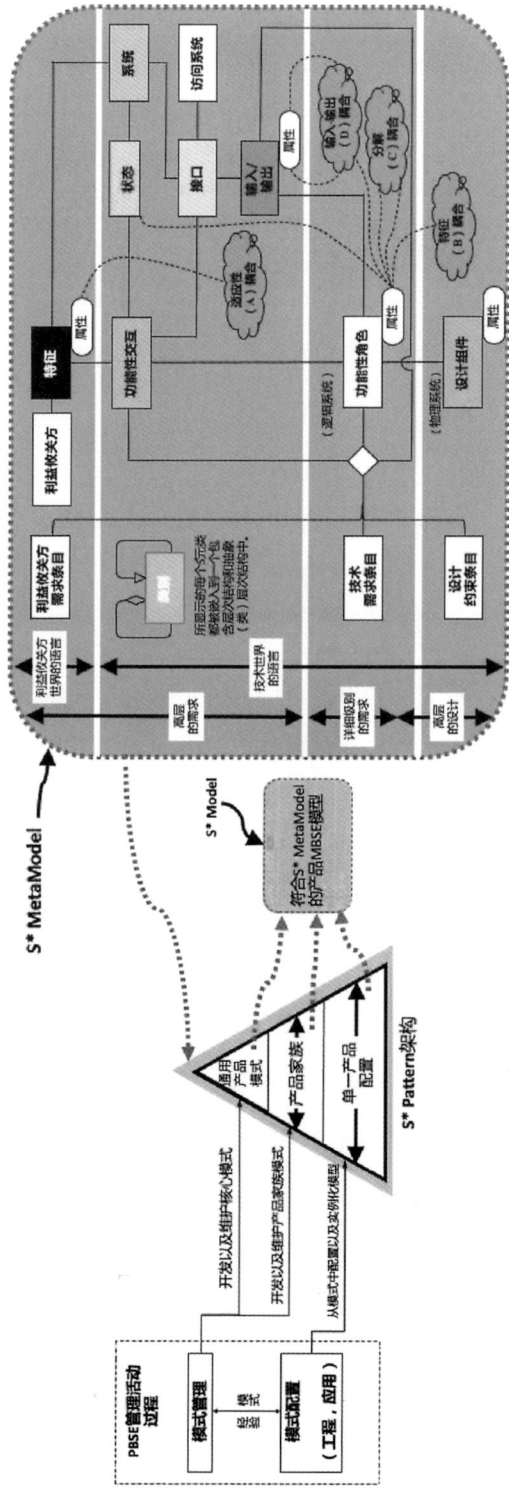

图 1-11　S* Pattern、S* Model 与 S* MetaModel 关系

的"标准模型"，用以描述**系统现象**，并通过模型数据间更清晰的关系来更科学地**理解系统**。S* MetaModel 是对系统现象的高度抽象，内容包含特征（feature）、功能交互（functional interaction）、功能角色（functional role）、状态（state）、设计组件（design component）、接口（interface）、需求（requirement）、属性（attribute）、属性关联性（coupling）等。

（2）S* Model，是指遵循 S* MetaModel 的 MBSE 模型，是产品采用符合 S* MetaModel 范式的具象化模型，同时反映了建模对象的关键实质（如满足的利益攸关方的需要、对应实现的一系列功能、物料信息等）。

（3）S* Pattern，是指由 S* Model 所构建的一个比具体系统实例更宽广的**系统配置空间**。S* Pattern 是能够完全参数化使用的，这就意味着更多特定的 S* Model 能够被迅速配置出来，以实现复用。

2）基本实施方法

PBSE 实施本质是利用 S* MetaModel 对 MBSE 的深度改造与赋能，通过将原有采用了 MBSE 的业务流程，结合典型模式或企业自身创新模型，来实现与业务紧密耦合。

航空制造企业较为常用的方法是利用 ASELCM 模式与企业特定业务域模型的结合来建立 PBSE 架构（见图 1 – 12）。

在构建好企业自上而下各业务域、各家族谱系、生产线的 S* Pattern 后，通过信息化手段来完整映射、复刻 S* Pattern 中 S* Model 之间的配置关系，使得企业一旦受到扰动（包括内外部、不同业务域各层级），就能通过"模式管理"对其进行快速分析、隔离与应对，将影响限制在有效区域与层级范围内，并通过"配置"来达到敏捷反应的最终目的。

1.5.5.2　转变与作用

在民用飞机（简称"民机"）研制过程中，通常会受到来自外部环境持续变化（如国际油价波动、环保政策倒车、单边主义高涨、贸易壁垒加固、长臂管辖制约、全球疫情反复等）的挑战，这些因素可能会对公司型号项目的市场预期、性能指标、研制模式、产线规模等方方面面造成无法估量的影响与冲击。民

可配置为指定的全生命周期管理模式——

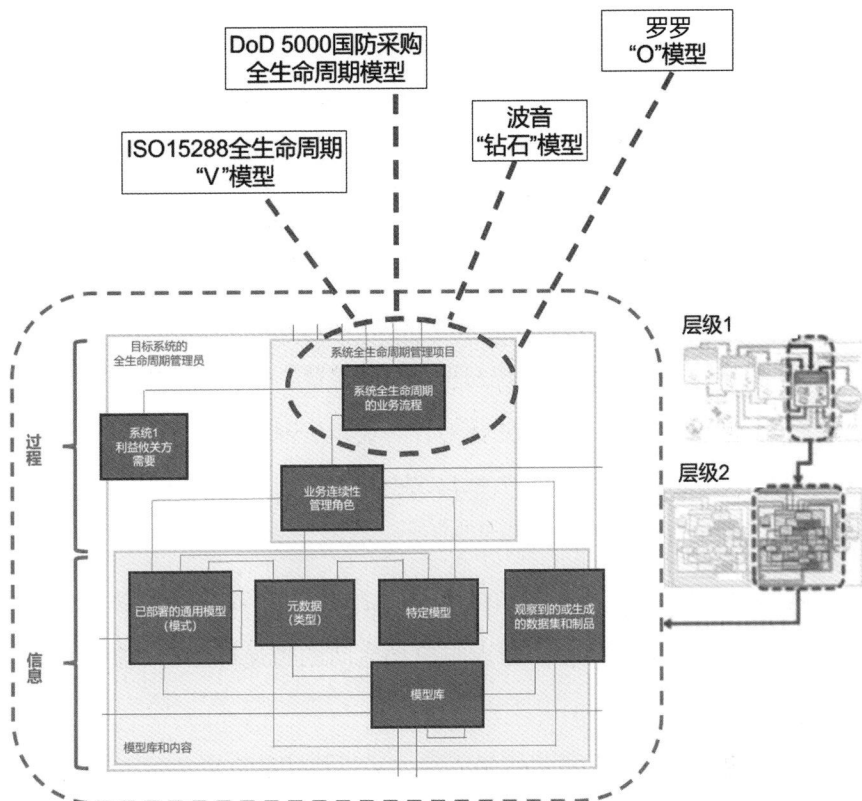

图 1-12　ASELCM 模式与企业指定业务域模型的结合

机主制造商如若利用 PBSE 理念对这些变化做出低风险、低成本、高质量、高收益的敏捷应对，并且同时将企业所积累的研制与运营经验数据赋予到当前的项目研制中，与产品开发模型做深度耦合，实现"数据驱动的设计"，是提升公司产品"核心竞争力"有效手段之一。PBSE 对 MBSE 的改造有以下几点显著的转变与作用。

（1）从"建立模型"到"配置模型"，实现产品研制高收益稳定批生产。

MBSE 建模活动一般始于产品研制初期，即从无到有场景建模、捕获需要、分析需求、形成方案等，并对模型进行仿真验证和确认等。这既需要对建模语言、建模工具熟练掌握，又需要对系统本身（建模对象）的深入理解，这就导致建模过程常常需要投入大量的时间和精力。

而 PBSE 构建的产品研发模式，是对全生命周期和系统运行状态的分层表达，是对前期项目经验的高度提炼。在新项目中通过对顶层模式自上而下的配置赋值，快速生成家族谱系模式和具体产品系统模型，如诺思罗普·格鲁曼公司F－16 战斗机系列。

对 PBSE 模式的引入使得工作重点从"学习建模（技能）"转移到"学习模型（模式）"，学习过程更聚焦于业务本源，减少重复建模，项目成本持续降低。与此同时，在模式的完善过程中持续提升对模型的理解与表达，实现跨项目、跨组织的交流与沟通，系统交付物从经验证、确认的模式中配置而成，其一致性、正确性和完整性得到有力保障，企业投资回报率显著上升。

（2）从"局部聚焦"到"整体策划"，实现流程模型与数据模型连续性透视。

MBSE 通常仅聚焦于局部、个体、孤立的模型（如单个用例图、活动图、时序图等），针对模型与模型、需求与模型之间的传递链路与数据没有严格要求，模型的作用发挥受到制约。

PBSE 则着眼于对全局整体的表征，通过模式建立起需求与模型间、模型视图间（如特征视图、功能交互视图、状态视图、逻辑架构视图、物理架构视图等）的逻辑关系，实现产品全生命周期连续的产品开发体系。基于模式的开发理念加强了系统需求、安全性分析数据与其他模型的语义整合，对选择、权衡、改进、决策、创新、配置、风险管理等提供全景展示，实现贯穿全局的数据链。对于来自外界的扰动，借助模式中已建立的数据网络，便可快速定位影响范围，识别影响内容，实现敏捷反应。

（3）从"系统工程"到"创新系统"，实现以数据为驱动的产品创新开发模式。

系统工程将"创新"定义为一个系统，PBSE 利用 ASELCM 模式，通过构建工程系统、全生命周期领域系统以及创新生态系统（innovation ecosystem）三个不同维度依次嵌套的架构，利用对数据信息的挖掘来打造一个全新的系统性创新开发模式。

通常来讲，人类的创新是由信息构成的，如同在不断进化的生物领域中，基因信息被编码进了 DNA。因此，相比于传统一款产品仅需满足利益攸关方需要的开发（包括改进）模式，ASELCM 模式更加强调在开发过程中，在原先基础上融入不同维度（工程系统、全生命周期领域系统以及创新生态系统）的历史经验数据。例如，飞机作为一类"工程系统"，在其飞行过程中会与周遭环境交互产生大量历史数据，而更外一层级"全生命周期领域系统"的工程管理过程（如系统工程部、设计评审、数字孪生、制造流程、服务流程、产品全生命周期管理系统等）将结合历史研制数据（如起落架需求、MBSE 模型、CFD 仿真等）与当前外部环境（如疫情、市场趋势等）信息，在全面贯彻实施 PBSE 的前提下，实现对生产线或新研产品系统性创新。最外一层"创新生态系统"的机理同样如此，只是数据范围更广泛、更抽象、更加形而上学（如企业经营模式、政策、组织架构、系统工程手册等）。

（4）从"物理现象"到"系统现象"，实现系统工程底层理念重大转折。

距今 300 多年前科学、技术和工程的蓬勃发展给人类社会各个方面带来了极大的推动与"转折"，并逐渐演化出了许多学科，至今仍深刻影响着我们。但相比于其他传统工程学科（如机械工程、电子工程、化学工程等），系统工程始终缺少基于现象的理论基础（如物理、化学等）。

PBSE 的出现不仅赋予了系统工程"现象级"的理论基础，更是能向其他传统工程学科提供另一种理论基础，以"系统现象"来重新诠释这个世界。即将指定范围内存在交互关系的组件定义为一个"**系统**"，其中组件之间通过"**交互**"（包括了能量、力、质量或信息等）来影响或改变其各自所处的**状态**，并进一步**推导**出当前状态是如何影响未来交互过程中的种种行为。

1.5.6　AI4SE 与 SE4AI

随着人工智能领域的技术涌现（深度学习、卷积运算、Transformer 模型等），系统工程同样经历着数字化转型（digital transformation）。在 2019 年由

INCOSE 主办的系统工程未来（FuSE）研讨会上，为促进"数字工程"（digital engineering）的发展，进而提出了人工智能用于系统工程（AI4SE）和系统工程用于人工智能（SE4AI）的概念，它们分别描述了系统工程和人工智能之间的双向转化。

1.5.6.1 AI4SE

AI4SE 使用增强智能（augmented intelligence）和机器学习（machine learning，ML）技术来支持系统工程实践，目标包括在模型构建和设计空间探索中实现规模和信心，其具体实施方法主要包括如下方面：

（1）增强智能和机器学习技术：利用这些技术自动化系统工程任务，以提高效率和减少错误。

（2）模型构建和设计空间探索：应用 AI 技术在大规模和复杂的设计空间中自动化地构建和优化模型。

（3）自动化决策支持：利用 AI 为系统工程师提供实时的、基于数据的决策支持，帮助用户更有效地解决问题和管理项目。

而当前 AI 领域的多模态、认知偏差、混合系统等技术仍处于市场应用初期，因此，AI4SE 研究重点如下：

（1）有效工具、域分类方法和本体，即通过建立有效的分类方法，对基本数据建立本体，为 AI 进行推断提供有效的数据源。

（2）语义规则，即为数据本体建立完备的语义规则，以保证 AI/ML 训练数据的一致性、完整性。

（3）企业级数据集成平台，即为数据/信息提供实时无缝交换，以保证数据的实时性。

（4）自动决策框架，即基于源数据，由本体、描述性模型及分析自动生成决策框架。

（5）权威数据自动识别，即通过训练成熟的 AI/ML 协助，实现自动识别权威数据的功能。

（6）数字协助，即在工程设计和决策过程中，AI 为过程提供有效可靠的协助。

（7）数字孪生的自动生成，即通过 AI 自动将真实系统的运行状态实时平行传输至数字镜像，生成数字孪生。

1.5.6.2　SE4AI

SE4AI 则是使用系统工程方法来设计和操作基于学习的系统，其实施方法主要集中在以下几个关键领域：

（1）AL/ML 技术应用，以确保 AI/ML 技术的进步能够被系统工程应用。

（2）人与 AI 的自动化团队构建，建立合适的团队保证有效利用自动化技术的同时保证结果的可靠性，包括且不限于自动化过程中采用的方法及工具。

（3）系统工程过程朝着数据驱动方向的演化，将系统工程适配全新的 ML 及自动化技术，最终实现自动化的自主学习的数据驱动系统工程数字化转型。

SE4AI 的重点研究领域包括基于学习的系统设计原则、生命周期演化模型和模型管理方法三个方向。

（1）基于学习的系统设计原则：研发和应用原则，以指导基于学习的系统的设计，确保这些系统能够适应不断变化的环境和需求。

（2）生命周期演化模型：开发模型，以管理和优化基于学习的系统在其整个生命周期中的性能和可靠性。

（3）模型管理方法：制定和实施策略，以确保模型的准确性、可靠性和安全性，同时满足不断变化的业务需求。

以上这些方法实施以及技术研究将促使 AI 和系统工程之间的紧密集成，推动两者相互发展和创新，从而实现更加智能和高效的系统设计和运营，而转型后的系统工程将为"基于模型的学科"（model-based discipline）和"数据驱动的学科"（data-driven discipline）赋予更多功效。举例如下：

（1）健全的数据管理体系，尤其是在系统工程数字化转型过程中最需要的数据管理、数字工程数据及模型管理，从而使 AI/ML 能够进一步使用规范化的数据进行 AI 能力训练。

（2）自动化搜索、建模及成本估算。运用 ML 对历史数据和数据间关系进行分析将会大幅提升系统工程过程的速度及连贯性，并大幅提升原有自动化的搜索、建模及成本估算功能的范围及准确性。

（3）认证过程自动化。通过模型和质量保证实现认证过程的自动化，尤其是针对系统之系统的系统工程。

（4）可预期的设计。AI/ML 能够有效估计系统设计方案的实际表现及缺陷，使整个设计过程可以被预期，从而大幅提升系统工程产品的质量。

（5）数字孪生自动化生成。系统能够自动生成实时的数字孪生，并进一步将数字孪生从静态实物与镜像模拟拓展至动态模拟。

（6）高速敏捷的系统，具有快速且灵活等特征，包括系统开发过程及系统维护过程。开发过程将与运营过程融合，两者间的界限将会变得越来越不明显。

AI4SE 与 SE4AI 的诞生必将促使全球整个系统工程生态圈迈入更为敏捷（agile）的演化阶段。这种演化将影响系统工程的实践，推动新的研究方向和应用领域的发展。为此，美国系统工程研究中心（SERC）的研究委员会制定了基于 SE4AI 与 AI4SE 的战略研究路线图，以结构化并指导 AI 和自主性方面的研究。

未来，AI4SE 和 SE4AI 将持续发展并推动系统工程和人工智能的创新。通过融合这两个领域的研究和实践，我们可以期望能实现更加先进、高效和智能的系统，以满足不断变化的技术需求和社会挑战。

2   中国商飞公司系统工程

2.1   商用飞机产品系统

中国商飞公司的产品属于商用飞机产品系统，属于 CCAR－25 部定义的运输类飞机的范畴。商用飞机产品系统具有如下特点：

（1）作为"复杂高端产品"，复杂性体现在产品规模、系统组织、设计要求、研制过程、成本、周期、客户化、项目组织与管理、公共关系等诸多方面。其中，集成是产品研制的核心，应遵循 SAE ARP 4754A/B 对飞机和系统的研制保证体系要求、DO－178C 和 DO－254 对软件和复杂电子硬件的研制要求、DO－160 对设备的鉴定等诸多要求；应遵循高端复杂产品项目管理规律，采用 IPT 团队的项目组织形式，通过围绕产品全生命周期管理（PLM）流程、工具和方法，以确保产品的实现。

（2）作为现代"高科技应用、集成产物"，商用飞机产品系统是典型的技术密集型、高附加值、基础科学与前沿科技的综合应用产物。应秉承创新引领原则，集中力量突破核心关键技术，有效促进基础性和原理性创新，实现重要技术领域的跨越式发展，持续提升自主创新能力。

（3）作为参与国际市场竞争的"商品"，要遵循市场发展的规律，响应市场和客户的需求，在产品全生命周期内持续为客户创造价值，实现"好制造、好维修、好运行、降成本、能竞争"。

（4）作为运送旅客和货物的"公共交通运输工具"，要满足公众利益需求，遵循安全第一的原则，接受政府对商用飞机的监管，满足适航规章、运行要求以及环保要求。

（5）作为"大型装备"，民用航空产业技术含量高、产业链长和产业带动性强，要遵循国际主流主制造商的普遍发展规律，选择联合研制、风险共担和全球协作的"小核心、大协作"主制造商－供应商模式。

商用飞机产品系统属于民航运输系统的一部分，而民航运输系统（见图 2-1）属于典型的系统之系统（SoS），由一系列的人、组织、设施和系统等组成。

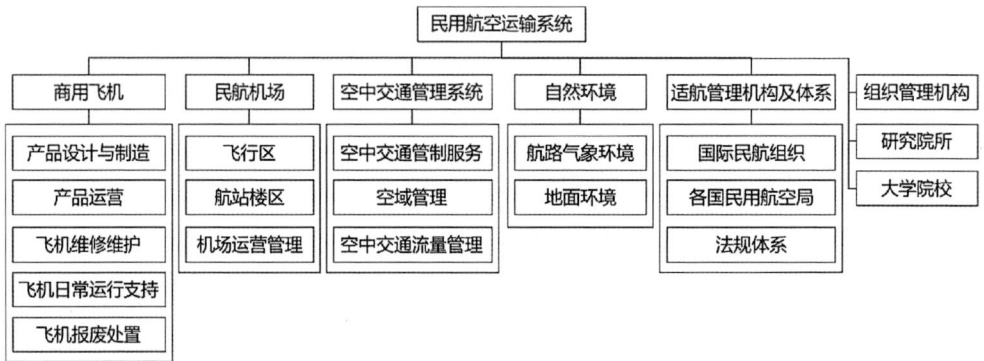

图 2-1　民航运输系统

（1）商用飞机这一运输器的全生命周期过程，包括如下内容：

a. 产品设计与制造，包括飞机主制造商、系统/设备供应商等，具体由设计人员、制造人员、服务人员、设计环境、试验验证环境、零部件加工、运输、总装线等人和设施构成。

b. 产品运营，包括航空公司、租赁公司等组织，内设航务管理、工程维修、航班营销和行政管理等部门，人员由飞行员、乘务员以及空中交通管理、签派、培训、地面机务、维修人员等组成。

c. 飞机维修维护，包括维修组织维修、修理和大修，以及航材提供商等。

d. 飞机日常运行支持，包括提供燃油、航食、清扫、飞机清洗除冰等服务的组织、设施和人员。

e. 飞机报废处置，包括飞行器处置公司等。

（2）民航机场，包括如下内容：

a. 飞行区，包括跑道、滑行道、机坪、机场导引导航设施、气象设施等。

b. 航站楼区，包括旅客和行李处理系统、货运处理系统、管理服务、机场信息服务系统等。

c. 机场运营管理，包括道面维护、除雪防冰、鸟害防护、应急救援与消防、地勤、安全保卫等。

（3）空中交通管理系统，包括如下内容：

a. 空中交通管制（ATC）服务，包括机场管制、进近管制、区域航路管制、航行情报服务系统等。

b. 空域管理、空中交通流量管理等。

具体由雷达、卫星、导航、通信、人员和地面控制中心等组成。

（4）运行的自然环境，包括如下内容：

a. 航路气象环境，包括大气、风、温度、湿度、雨雪、云、冰雹、雷暴、结冰、雾、霾、沙尘等因素。

b. 地面环境，包括高原、跑道污染等机场环境。

（5）适航管理机构及体系，如国际民航组织、各国的民用航空局、法规体系等。

（6）相关的组织管理机构、研究院所、大学院校等。

商用飞机产品系统是 COMAC 的关注系统（SOI），产品系统的组成结构通常包括两部分：最终产品和使能产品。最终产品是指产品系统本身，通常由若干个子系统所组成，能够实现产品系统的预期功能/行为操作。使能产品是指支持产品系统实现，以及保障其正常运行的一个或多个辅助支持系统。例如，研发使能子系统、生产使能子系统、试验测试使能子系统、运行支持使能子系统和报废回收使能子系统等，如图 2-2 所示。

对于飞机而言，应包括如下产品：

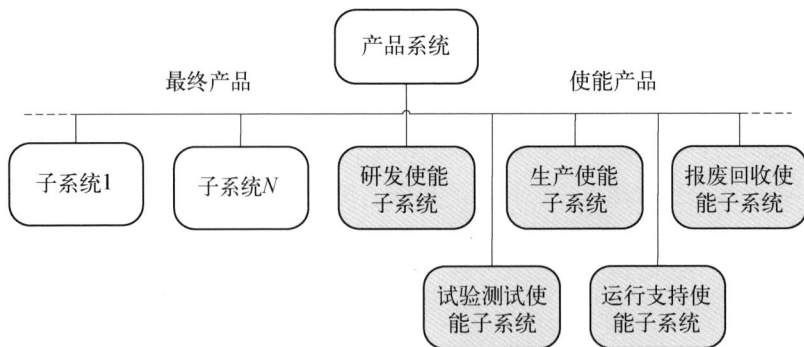

图2-2 产品系统的通用组成结构

(1)最终产品,即商用飞机本身。

(2)使能产品。它可分为两类,一类支持最终产品生产出来的研发和制造过程的产品,称为"研制类使能产品",包括飞机研发子系统、飞机生产子系统;另一类支持研制后最终产品运行和退役的产品,称为"服务类使能产品",包括飞机交付部署子系统、飞机培训子系统、飞机运行与维修支持子系统以及飞机处置子系统。具体包括如下几方面:

a.飞机研发使能子系统包括但不限于飞机各研发团队、各类设计文件、数据库、计算机模型、各类开发设备(如CAD/CAE工具环境等)、测试设备(如风洞、铁鸟台等)、设施(如集成试验厂房等)。

b.飞机生产使能子系统包括但不限于飞机制造和装配所需的各类生产文件、生产设备、生产人员和生产设施,具体如生产计划、进度安排、操作手册、作业文件、生产实物模型、飞机装配设施、飞机制造设施、工装、材料、测量装置、计算机、车辆、制造人员、装配人员、检查人员、管理人员等。

c.飞机交付部署使能子系统包括交付飞机所需的所有使能要素,包括但不限于交付部署计划、交付安排、政策、过程文件、交付说明及交付各类文件说明书、图纸等,还包括主制造商和航空公司客户间的合同规范以及飞机交付部署所需的设备、人员或设施等。

d.飞机培训使能子系统包括但不限于飞机运营培训所需的飞行员、乘务员、维护人员和服务人员等进行培训的设备（如模拟机）、软件、文件、培训人员和设施等。

e.飞机运行与维修支持使能子系统，包括支持飞机运行和维修的支持设备、软件、文件、人员和设施，包括但不限于飞机运行和维修所需的操作和签派所需文件、运行支持工具、维修测试设备、支持人员、航空公司或机场设施、航材备件采购网络系统等。

f.飞机处置使能子系统包括飞机处置所需的文件、设备、人员和设施。处置文件包括用于确保符合规章和环保要求的表格和手册等。

飞机产品系统是由使飞机能够有效执行其预计功能的使能产品和飞机自身所组成的有机整体，具体包含培训、支持、设施和人员，飞机产品系统不包括上述的研制类使能产品，即研发和生产使能子系统。商用飞机产品本身按照复杂系统的层次化特点，应逐级进行层级划分分解，如图2-3所示，商用飞机内部系统组成可以参考ATA2200的方式进行分解。

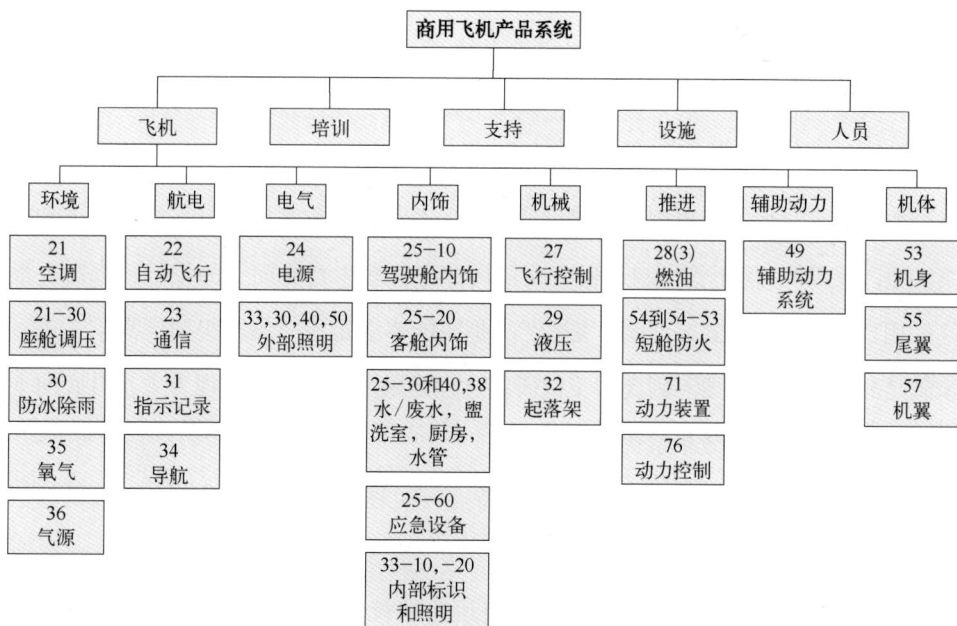

图2-3 通用的商用飞机产品系统组成

2.2 商用飞机产品系统层级划分

作为复杂系统,商用飞机研制应严格遵守自顶向下(top down)的设计过程,即从高到低的逐级细化和反向的逐级综合(从低到高)的渐进式过程,主要原因如下:

(1)充分考虑产品系统的完整性和涌现性特征,应从整个所关注的系统层面及所处的外部大系统环境出发,先考虑系统的整体问题,再分解到低层各子系统,才能确保整个设计的完整性,降低后续出现遗漏和反复的风险。

(2)充分考虑商用飞机的复杂性特点,为了解决"大而复杂"的系统问题,通过"分而治之"的方式逐级明晰,把一个抽象的大问题分解成多个具体的小问题,逐个击破,直到每个小问题可以被有效地理解和管理,这样便于大问题的解决以及过程资源的管理,最后逐个击破。

同时需要注意的是,尽管自底向上(bottom up)设计并不推荐在商用飞机这一类要求严谨的复杂系统工程化研制中占主导,但是在目前飞机研制过程中,鉴于并行工程的思想,可能很多飞机子系统产品同时属于供应商提供的成熟货架产品,因此主制造商一般希望能够把供应商的经验、先进技术、高成熟度、低风险的设计等内容在项目早期引入,因此也允许存在局部有自底向上的设计思路(如在联合概念定义过程中获得供应商提供的各类子系统解决方案后,对飞机级需求和方案的输入反馈),但不管研制过程中项目局部存在多少自底向上的设计,都需要最终采用自顶向下的方式来证明:飞机产品是否能够满足所有飞机级顶层需求,进一步满足利益攸关方需要。因此,飞机研制过程是采用自顶向下过程为主,自底向上过程为辅,从而达到效果最优的混合过程。

考虑商用飞机系统及构成子系统的特点(见图2-4),可以把商用飞机的层级划分成如下6个层级:

(1)-1级(负一级)——民用航空运输系统级,从系统工程角度进行系统设计,首先应从关注系统的背景来理解,而商用飞机产品系统之上应是民用航空

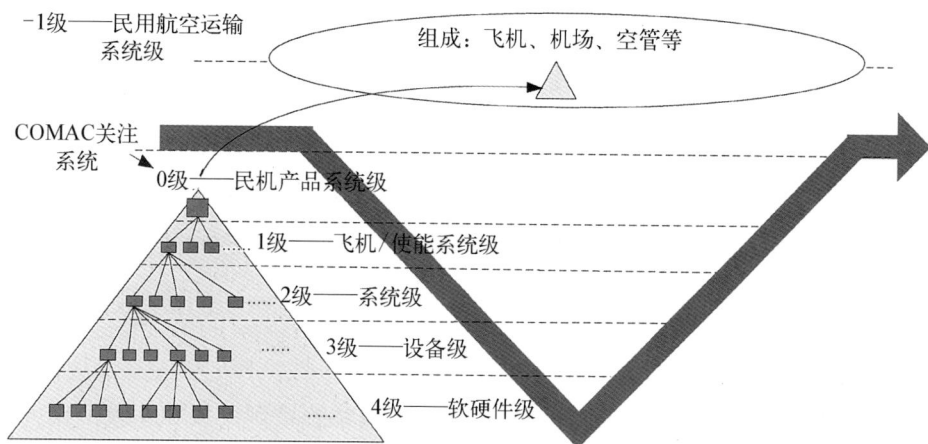

图2-4 商用飞机产品系统层级划分

运输系统，即是由商用飞机产品系统、机场系统和空中交通管理系统等系统组成的一个系统之系统来提供民用航空运输业务等功能，民用航空运输系统具体定义参见2.1节。

（2）0级——商用飞机产品系统级，即中国商飞公司研制交付的产品系统，此系统内容包括最终产品（商用飞机）和飞机服务使能产品（包括飞机培训、运行、维修等使能系统），此层级系统为中国商飞公司的关注系统（SOI）。这里的商用飞机产品系统不仅仅是飞机本身，还包括培训、支持和人员相关使能系统，具体定义参见2.1节。

（3）1级——飞机/使能系统级，即把商用飞机系统进行了分解，形成最终产品（商用飞机），来作为一个完整的系统，同时还包括对应的各使能系统作为单独的完整系统。

（4）2级——系统级，系统级划分原则上参照美国航空运输协会（ATA）的ATA2200标准，按飞机系统章节进行分类，如ATA21（指ATA2200标准的第21章，简称ATA21，下同）空气管理系统、ATA57机翼系统等，每个章节对应的系统实现飞机中的一类具体功能。但如果多个ATA章节之间存在较强耦合性或出于对组织架构和分工界面便于管理的角度考虑，允许在系统级内部存在多层关系，可以有大系统/部段级，如"航电系统"作为一个"大系统"，包括

ATA34 导航、ATA23 通信、ATA31 指示记录、ATA42 IMA 等多个 ATA 系统级内容。

（5）3 级——设备级，等同于传统意义上的航线可更换单元（line replaceable unit，LRU），即飞机现场可更换的一个单独的物理实体。

（6）4 级——软硬件级，即设备中的软件或硬件。鉴于软硬件构型项的规模和复杂性，可以在具体实现组织（如供应商）上进行进一步的层级划分，这里不再详述。

系统工程理论主要覆盖从－1 级民用航空运输系统级到 3 级和 4 级工作（主要涉及软硬件工程，对应于 RTCA DO－178 和 DO－254 等部件级标准）。

根据业界常见的分工模式，一般 3 级和 4 级大量工作由供应商负责，2 级的研制也可能由系统供应商负责。因此，主制造商主要关注 0 级至 2 级的工作内容。

上述划分主要基于以下原则：不同层级组织的关注系统的范畴、每一层级构建块上下级之间的复杂度分解程度、分工界面等原则定义。但这并不是唯一的划分方法，如 SAE ARP 4754A/B 中分成了飞机级（aircraft）、系统级（system）和物项级（item）三个层级，其中物项级对应软硬件，把飞机级功能设计保证等级分解到了软硬件中；另如斯科特·杰克逊在《商用飞机系统工程：特定领域应用》一书中，对飞机层级的分解从商用飞机产品开始，分成商用飞机产品级、飞机和使能系统级、部段级和 ATA 系统级。

参考 EIA/IS 632 的要求，复杂系统由分层的构建块（building block）组成，每一个构建块针对一个不同层级的系统，包括需求、方案等所有相关构型项内容组成。基于 EIA/IS 632 的商用飞机产品系统分层构建块组成如图 2－5 所示。

每一个层级的构建块接收来自上一层级提供的非正式要求或正式规范需求，以及同一层级的其他利益攸关方的需要作为输入，进行该层级的需求、功能和方案设计，并分解到详细实现的需求，形成该层级的构建块内容。如果此构建块因复杂度较高而无法直接实现，则输出相关规范需求，作为下一层级的输入。如果可以实现或有重用的解决方案满足要求，或可以由供应商实现，则层级到此结

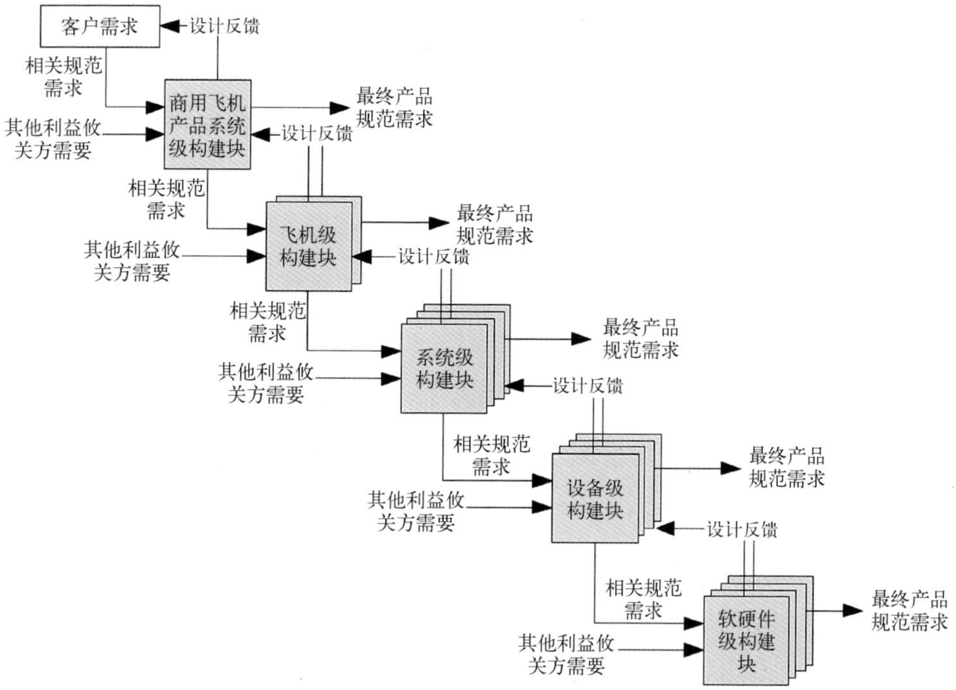

图 2-5　基于 EIA/IS 632 的商用飞机产品系统分层构建块组成

束，转入实现。而集成则属于一个逆向过程，每一层级在获得下一层级交付的产品后，实现集成验证确认等工作，确保满足上一层级传递下来的规范要求，再依次提交给上一层级。

2.3　中国商飞公司系统工程定义

中国商飞公司系统工程定义如下："**中国商飞公司系统工程是以满足客户需求为目的，围绕产品全生命周期，通过产品集成与过程集成，实现全局最优的一种跨专业、跨部门、跨企业的技术和管理方法。**"

上述定义是在研究系统工程一般原理的基础上，结合大型商用飞机产品系统的特点，并相应考虑中国商飞公司型号研制的实际情况提出的。

"以满足客户需求为目的"体现了中国商飞公司系统工程本质上是为了实现

中国商飞公司的核心价值观，即"安全至上、客户为本、自主创新、合作共赢"，也就是以客户为中心，为客户创造价值。这里的"客户"，不仅仅指航空公司、租赁公司等这种飞机型号产品的直接购买者（传统意义上的"狭义的客户"），而是型号项目所有的"利益攸关方"，这还包括政府、企业集团等项目投资方；民航局等政府监管方，机场、空管等运营保障方等，即"广义的客户"。

"围绕产品的全生命周期"体现了中国商飞公司系统工程活动的范围，即中国商飞公司系统工程覆盖了从产品（型号）概念的产生，到初步设计、详细设计；再到生产制造、试飞取证，继而进行交付、运行，直至产品报废回收的全生命周期过程。中国商飞公司系统工程活动在时间域上围绕上述过程进行，并在每个生命周期阶段深入展开。

"产品集成与过程集成"是中国商飞公司系统工程的两大实施手段。所谓"产品集成"包括两层含义：一方面，飞机作为一种复杂产品系统，其最终产品的形成必然经过一个系统化的、自顶向下的正向设计过程和自底向上的集成验证过程；另一方面，提供给客户的"产品"，不仅仅是飞机系统本身，还包括支持其运行的一系列相关服务等使能产品，最终产品及其使能产品密不可分。因此，中国商飞公司系统工程强调飞机产品及服务的集成。所谓"过程集成"，是指在中国商飞公司现有的型号研制流程基础上，根据系统工程过程域（功能分析、需求分析、设计综合、实施验证等）对现有流程进行优化和整合，关注过程间的接口，固化成融合产品研制和管理产品研制过程的过程集，实现"全业务流程"，最终形成全生命周期产品研制系统。

"全局最优"强调了中国商飞公司系统工程的全局性视角，即在时间域上覆盖型号的研制、生产和运行各阶段，考虑产品全生命周期成本，进行研制工作。例如，在设计早期全面捕获利益攸关方的需要，并充分进行需求确认工作，从而尽可能地为客户提供最优的产品；在广度上覆盖客户、设计单位、制造单位、试验试飞单位、客户服务单位、供应商等整个价值链上的相关单位，尽可能实现"全价值链"的最优；在管理维度上覆盖"计划、经费、质量、适航、人员和技术"六个维度，满足"六维管理"的要求。

"跨专业、跨部门、跨企业"体现了中国商飞公司系统工程活动专业和组织上的集成性特点。"跨专业"是指中国商飞公司系统工程的多学科性，由于飞机的研制是机、电、液、光和热等多学科综合，因此围绕产品研制过程开展的系统工程活动也是跨专业的；"跨部门"是指中国商飞公司系统工程要起到"胶水"的作用，即重点关注各部门、各团队之间的过程接口，并采用统一的形式将其固化下来；"跨企业"是指中国商飞公司系统工程最终将朝着"系统之系统工程"的方向发展，即以共同的目标和价值取向为导向，整合相关行业的资源，构筑民用航空运输系统的生命共同体，体现了中国商飞公司系统工程的发展方向是践行中国商飞公司的企业目标，即"把大型客机项目建设成为新时期改革开放的标志性工程和建设创新型国家的标志性工程，把中国商飞公司建设成为国际一流航空企业（两个建成）"。

"技术和管理方法"体现了中国商飞公司系统工程活动的两大类别。系统工程活动中既有需求分析、设计综合、产品集成、验证和确认等技术过程，也有构型管理、过程保证、风险机遇管理和接口管理等管理过程，两类活动有机结合，相互促进，互为补充，缺一不可。只有全面、系统地实施系统工程的技术和管理过程、方法和工具，才能实现更好、更优地为客户创造价值的目标。

中国商飞公司的产品系统工程的产品对象是"商用飞机产品系统"，是将产品系统工程的原理运用到商用飞机领域的原则、理论和实践方法。

2.4　中国商飞公司系统工程"X"模型

中国商飞公司系统工程"X"模型是上述中国商飞公司系统工程定义的具体表现，融合了"产品系统工程""企业系统工程"和"系统之系统工程"的思想，展现了产品实现、企业经营和产业链发展的相互关系，建立了要求与目标评估的系统方法，在传统系统工程"V"模型的基础上，结合商用飞机产品实现和企业经营实践开展进一步深化和拓展，形成了产品实现"V"模型、企业经营"V"模型和产业链发展"V"模型三者合一的中国商飞公司系统工程"X"模型，如图2-6所示。

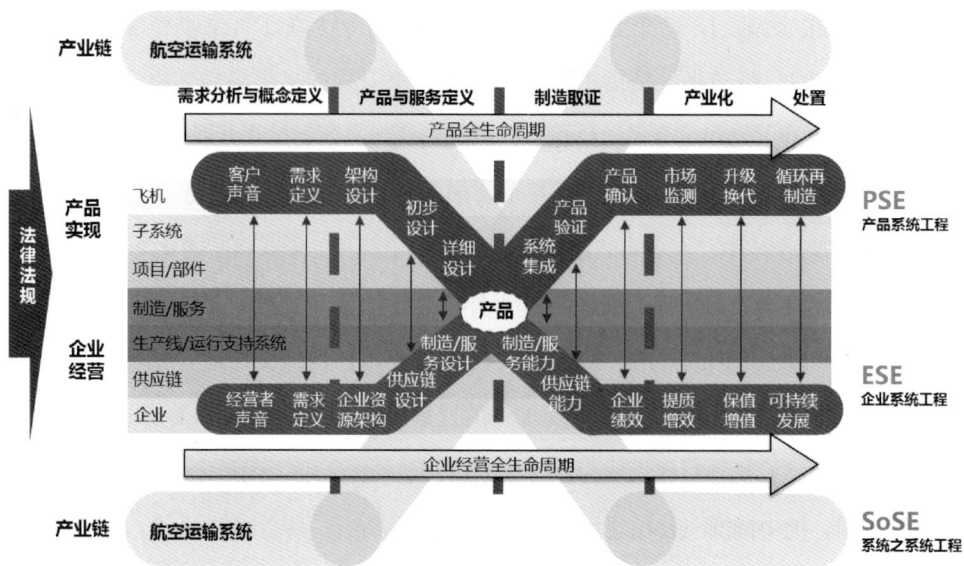

图 2-6 中国商飞公司系统工程 "X" 模型

产品实现"V"模型覆盖产品全生命周期,包括需求定义、初步定义、更新换代、循环再制造等 12 个主要任务。企业经营"V"模型主要范畴是企业生产和运营服务,包括经营者的声音、需求定义、企业资源架构、供应链设计、制造/服务设计、产品、制造/服务能力、供应链能力、企业绩效、提质增效、保值增值、可持续发展等 12 个主要经营活动,与产品实现"V"模型主要任务一一对应、相互关联。产业链发展"V"模型关注航空运输系统,包括企业为实现社会、经济和生态效益进行航空产业资源架构设计、能力整合以及持续改进的产业链全生命周期。

中国商飞公司系统工程"X"模型的核心内涵:"倾听三个声音,围绕三个维度,理解三个相互,秉承三同原则,通过三个集成,实现三个目标。"

1)倾听三个声音

中国商飞公司系统工程"X"模型强调倾听**客户的声音**、**法律法规的声音**和**企业经营者的声音**。

倾听客户的声音,对接客户的需要和期望,真正做到"以客户为中心,准确理解客户需求，及时满足客户需求，为客户创造价值"。倾听客户的声音，不光是倾听客户显性表达的声音，还应挖潜客户未表达出来或是不知如何表达的，但是埋藏在心里的声音，以培育市场。

倾听法律法规的声音，目的是落实好国家法律法规、适航规章、运行规章和环境保护等监管要求。

倾听企业经营者的声音，除主制造商自身外，还包括政府、协会、维修机构等行业参与者的声音，整合全球产业资源，支撑公司战略落地，实现可持续发展。

2）围绕三个维度

中国商飞公司系统工程"X"模型主要围绕**产品实现**、**企业经营**以及**产业链构建和引领**三个维度。

产品实现维度主要面向产品实现过程，即把系统工程的需求捕获、产品定义、确认、验证、集成、持续改进、循环再利用等方法应用于商用飞机产品系统的全生命周期活动。产品分解结构（PBS）是产品数据组织管理的依据和核心，是飞机构型信息输出的基础和源头。对于商用飞机这一复杂的系统，采用合适的PBS有利于产品全生命周期管理，有利于开展产品实现，有利于支撑产品功能及性能评估。

企业经营维度主要面向企业经营过程，把商用飞机主制造商及其供应链看成一个有机整体，用系统工程的方法融合关键核心要素，有效组织、整合和利用现有资源，更加有效率、有效益地开展企业的生产服务和经营活动。通过建立工作分解结构（WBS）对型号项目的工作任务进行系统规划和分解，WBS的建立以PBS为基础，以产品实现过程为依据，通过组织分解结构（OBS）将相关部门和单位与工作包分层次、有条理地联系，通过成本分解结构（CBS）对型号项目的成本构成进行分解。通过WBS、CBS和OBS的有效结合和应用，可有利于提高企业的效率和效益，支持企业投入和产出评估。

产业链构建和引领维度主要面向产业链构建和引领，在商用飞机航空运输系统范围内，以三个声音为导向，统筹、推动整合相关行业资源，构建并引领有机的、更可持续发展的商用飞机航空产业链。通过航空产业链创造就业机会、推动经济增长和实现环境友好等方面，支撑产业链社会、经济和生态效益评估。

3）理解三个相互

产品实现、企业经营以及产业链构建和引领这三个维度是三位一体的，三者缺一不可，是**相互依托**、**相互制约**和**相互促进**的，产品实现关注产品输出，企业经营关注经营环境，产业链构建和引领关注产业生态发展。

相互依托，对商用飞机主制造商而言，产品是有形的产品加上无形的服务。产品是产品实现的对象、企业经营的主体和产业链构建的纽带。产品的质量和成本由产品实现决定，制造企业的产品实现是企业经营活动的基础，而企业经营带来的效率和效益可以用于产品的质量提升和更新换代，是产品实现的重要支撑。商用飞机作为高端复杂产品，其产品实现和经营都依赖产业链资源的有效整合。

相互制约，产品实现如果输出低质量、高成本的产品，会影响产品的市场前景，影响企业的经营活动，拉低产业链的整体绩效，使得整个产业链无法得到健康发展。如果未整合好产业链的各个环节，就无法获得高质量、低成本的产品，也无法有效打开市场，影响企业的可持续发展。

相互促进，产品实现的目标是能够提升产品质量、降低成本、增强产品竞争力，从而推动企业经营产生更多的效益。同时，高质量的产品、高效率的生产和高效益的经营都能助推产业链的生态发展，反之亦然。

4）秉承三同原则

对三个相互充分理解之后，应更能够清楚地认识到秉承"**同一团队、同样精力、同步推进**"的三同原则的重要性。

同一团队指的是研发、制造、服务、支持、管理等人员应形成一个团队，拧成一股绳，明确统一的目标，制订统一的行动方向，能够就如何制订工作进度，如何调配资源，如何解决矛盾冲突，以及如何做出或修改决策方面达成有效共识。

同样精力能够保证统筹好三个维度工作重点和工作任务，不应仅仅将精力局限于单个维度的工作开展，要明确各条线的长期和短期目标，使三个维度的工作有效推进，相互促进。

同步推进要求把握好三个维度之间的关联关系，步伐一致地做好阶段性工作。

5）通过三个集成

产品集成、**过程集成**和**资源集成**是"X"模型实施的重要手段。

采用产品集成将低层次产品组件进行集成，形成高层次产品，从而保证实现产品功能。

采用过程集成明确产品实现、企业经营以及产业链运作活动及其相互关系，实现端到端的控制。

采用资源集成整合公司内外部相关资源，实现产品实现、企业经营以及产业链运作之间的有效协调。

三个集成本质是实现全局最优的一种跨专业、跨单位、跨团队和跨企业的技术、管理和经营方法。

6）实现三个目标

产品的质量和成本，企业的效率和效益以及**产业链的生态发展**分别是产品实现、企业经营以及产业链构建和引领的三个目标，同时也是商用飞机主制造商共同的目标。

一是着眼于高端复杂产品的实现，以客户为中心，围绕产品实现过程，实现产品功能、性能和成本的最优平衡，研制出高质量的商用飞机。

二是将企业作为一个复杂系统，统筹考虑系统的生产和运营服务，整合全球资源，协同高效，持续为利益攸关方创造价值，保证企业的效率和效益。

三是用系统工程的思想、方法在更大范围、更高的层级上形成中国商飞公司与供应商、政府、客户以及产业链相关方的生命共同体，构建并引领生态的和更可持续发展的商用飞机航空产业链。

为更好地应对日益增长的市场竞争环境，需要进一步统筹推进产品实现、企业经营和产业链发展。中国商飞公司系统工程"X"模型提供的理念和方法能进一步推动公司实现更高质量、更有效率、更可持续的发展。

3　产品生命周期模型

3.1　生命周期模型

产品生命周期模型（LCM）是企业为了产品的全生命周期管理建立的一系列过程的集成，用于指导与产品相关的全部周期活动。

生命周期模型的建立一般按照时间顺序关系，从市场分析开始，听取市场和客户的声音，获得利益攸关方需要，并逐步明确形成产品方案；将飞机需要逐步转化为功能、需求以及架构，开展各个层级的设计；为了保证需求的正确性和完整性，开展需求的确认工作，同时为了保证系统架构的合理性，开展设计的验证工作；在层层分解形成详细设计方案后，接下来进行设备、系统、飞机的制造、组装、集成、试验工作，对应前期确认后的需求，进行对应产品的实现验证工作。在整机验证工作结束后，进行飞机系统的确认，确保满足市场、客户的需要，后续进入飞机的批生产、运营支持等工作，最后考虑飞机的处置和退役。

生命周期模型中具体活动分为两个方面工作：技术方面和管理方面工作。其中考虑到技术方面工作的复杂系统的层次性，一般飞机产品通过如下4个层级进行描述：商用飞机产品系统级、飞机及使能系统级、系统级以及设备级。

在产品全生命周期的阶段性工作关键时间节点上，一般是通过控制点（gate）来实现对上一阶段工作的回顾，以及实现对是否转出进入下一阶段工作的控制。根据产品生命周期活动的阶段性特点，一般是完成了本阶段的主要和重要的工作，其工作成果将作为下一步工作的输入，其正确性和完整性对后续工作有重要影响，而这些关键的工作成果将会纳入转阶段的评审内容中，通过评审判断是否满足一定准则的条件，判断是否可以顺利开展后续工作。

3.2 控制点

控制点又称为门禁、决策门或里程碑节点，是项目中一种正式的、可记录的、系统化的和可控的工作检查方式，是在整个产品研制实施过程中，对产品研制阶段的成熟度进行控制。在产品生命周期阶段性工作的关键时间节点上，一般设置控制点。控制点主要是通过评审的方式，对阶段性工作结果进行确认，并实现对下一阶段工作是否转入的控制。其中对关键的工作内容进行评审，判断在满足项目目标前提下，确保所有项目阶段性状态、活动和输出物已经执行并且满足项目阶段性的成熟度和需求，符合进入下一阶段要求的一系列评判准则，具备开展后续阶段工作的"准出"条件。

控制点的设置主要根据产品演化的时间阶段特点和工作内容，定义产品在该时间点应该具备的阶段特征，包含需完成的任务以及任务的成熟度等，为管理活动提供依据。

控制点确保了产品系统按照预期的阶段成熟度演进，避免项目冒进可能带来的问题，同时控制正确、科学的工作步骤，确保相关前置工作达到标准后，才能开始后续工作，最终实现项目上严控风险的目标，提升研制效率，促进实现产品研制的商业成功。

除了技术内容之外，项目的市场需要、可承受性、费用成本和进度安排等均要在所有决策点上更新并确认，从而确保整个项目和产品的风险可控。

每个控制点都应该获得决策，一般决策包括如下几项：

（1）继续（go）："闸门打开"，同意进入下一阶段，可能还包括附加行动项进入。

（2）打回（no-go）："闸门关闭"，不同意进入下一阶段，需要重新进行或补充本阶段的工作，即需要返工。

（3）终止：如果通过评审，发现项目的风险、问题已超出其预期范围和阈值，并无法通过有效方式进行缓解，为了避免后续更大损失，会对项目进行终止。

每个控制点评审的详细内容一般包括控制点目标、会议安排、主持和参与人员、准入准出准则、待评审证据、行动项和决策项等。

3.3 商用飞机系统生命周期

鉴于商用飞机产品的生命周期中不同阶段活动的特点，并考虑一个阶段内多个过程的高度关联性和完整性，为了方便产品系统工程过程集的描述，参考一般产品系统的生命周期阶段，把商用飞机系统生命周期划分成4个阶段（见图3-1）。

（1）需求分析与概念论证阶段：这是逐步形成一个可行的产品概念方案，并启动项目的过程，包括从市场和潜在商业机会分析开始，酝酿形成飞机与服务产品方案、对方案进行经济和技术可行性分析，最终正式形成项目的过程，在这个过程中形成产品系统基本概念和可行性方案。具体可以细分为概念开发阶段、立项论证阶段以及可行性论证阶段三个子阶段。

（2）产品与服务定义阶段：在项目立项、可行性获批之后，整个研制阶段即进入开始飞机研制到最终形成飞机产品的全过程，是开发一个满足客户需求的产品系统的过程，这个阶段针对商用飞机这一类高度复杂产品的特点，主要采用一个"V"字形的、自顶向下的研制过程。其中的产品与服务定义阶段是位于这个"V"字形研制过程的左半部分，主要是基于概念方案的需求定义及设计分解的不断细化的活动，最终完成飞机产品和服务的详细设计的过程。具体可以分为初步设计阶段和详细设计阶段两个子阶段。

（3）试制与验证阶段：位于"V"字形研制阶段的右边，主要是逐级进行产品的制造、集成、实现验证和产品确认的飞机产品及其服务实现过程，最终形成飞机产品并完成首架或者首批飞机的交付。具体可以分为全面试制阶段和试飞取证阶段两个子阶段。

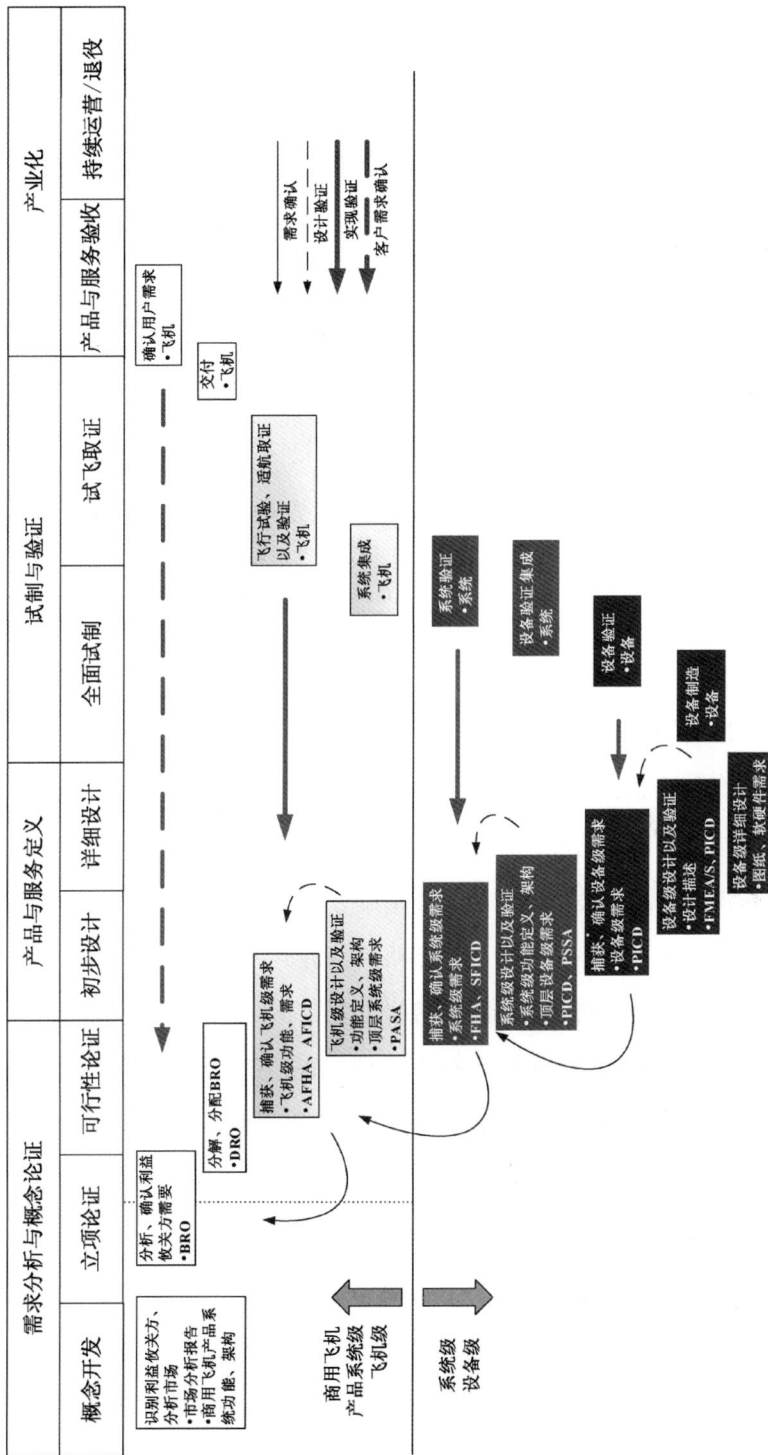

图 3-1 商用飞机产品生命周期模型

（4）产业化阶段：完成产品研制后，根据运营情况，进行产品和服务的改进，完成产品和服务的确认，最终验收项目。同时，产品转入批生产阶段，根据市场订单进行生产，根据需要开展使用改进，并进行产品支援和客户服务工作，逐步实现规模化和产业化，并随着时间的推移，根据实际情况进行型号的退役过程。具体可以分为产品与服务验收阶段和持续运营/退役阶段两个子阶段。

3.3.1 需求分析与概念论证阶段

需求分析与概念论证阶段包括"概念开发""立项论证"以及"可行性论证"三个子阶段。

进入项目第一个子阶段"概念开发"阶段的控制点是**机会识别**控制点，机会识别控制点相当于研制项目的起点。

达到此节点要求进入项目，所需完成市场分析与产品规划方面的主要工作如下：

（1）进行市场分析和预测。

（2）进行竞争产品、竞争威胁分析。

（3）根据市场研究的情况，提出潜在的产品构想。

（4）进行潜在产品的技术基础、工业基础分析。

（5）进行组织发展战略、对外合作战略的分析。

（6）形成潜在的项目商业机会论证报告。

退出项目第一个子阶段"概念开发"阶段，进入第二个子阶段"立项论证"阶段的控制点是启动**项目筹划启动**控制点。为了达到此控制点要求，"概念开发"阶段应完成概念方案论证、关键技术、项目管理等方面的主要工作如下：

（1）识别潜在项目的利益攸关方。

（2）针对潜在项目计划，综合分析细分市场、竞争产品以及技术发展情况，编制潜在项目机会的市场分析和预测报告。

（3）根据市场分析情况以及型号经验，提出产品的纲要性需求和基本的客户服务目标。

（4）根据细分市场的分析情况以及初步的项目研制目标，提出产品概念方案，包含产品概念和系列化发展概念，以及产品应用场景等。

（5）根据潜在项目的产品要求以及概念方案，提出需开展攻关的关键技术。

（6）进行工业能力调研，形成条件保障建设方案。

（7）分析潜在的国内外合作对象和供应商。

（8）编制初步的里程碑计划，初步测算潜在项目研制周期。

（9）初步测算潜在项目人力资源。

（10）初步测算潜在项目经费概算。

（11）编制立项论证阶段的工作计划。

退出项目第二个子阶段"立项论证"阶段，进入第三个子阶段"可行性论证"阶段的控制点是**市场需求确定**控制点，该控制点评审是对项目立项准备情况进行审查。为了达到此控制点要求，"立项论证"阶段应完成概念方案论证、关键技术、客户服务、试验试飞、市场营销与交付、项目管理等方面的主要工作如下：

（1）综合分析细分市场、竞争产品、技术发展情况，以及产业发展态势，结合潜在用户的需要，提出商业需求与目标，并完成商业需求和目标的确认工作。

（2）确定商用飞机产品系统的主要技术指标。

（3）提出满足商用飞机产品系统商业需求和目标的初步概念方案（一般产生多个概念方案），并开展权衡论证。

（4）编制顶层的产品分解结构（PBS）。

（5）分析制造技术和制造能力，提出资源需求和产能初步规划。

（6）初步确定民用飞机研制目标与基本要求。

（7）针对商用飞机产品系统技术要求，开展关键技术前期研究，进行相关关键技术的技术和制造成熟度评估，确定潜在项目的关键技术及解决途径。

（8）针对形成的商用飞机产品系统方案，开展与潜在客户的沟通，捕获客户的需要，对方案进行优化。

（9）形成项目的立项建议书，基于 PBS 编制初步的工作分解结构（WBS），确定项目里程碑计划。

（10）制订初步的项目管理计划，落实项目的组织保障。

（11）确定项目总概算及阶段投资强度，设定单机成本目标，进行盈亏平衡点的初步分析。

（12）分解项目可行性论证阶段经费。

退出项目第三个子阶段"可行性论证"阶段，并进入下一大阶段"产品与服务定义"阶段的控制点是**初步技术方案遴选**控制点，该控制点评审是对项目可行性论证工作情况进行审查。

为了达到此控制点要求，"可行性论证"阶段应完成概念方案论证、关键技术、客户服务、试验试飞、市场营销与交付、项目管理、质量管理、采供管理、构型管理、成本管理等方面的主要工作如下：

（1）基于商用飞机产品系统商业需求和目标，细化各个研发工作领域的顶层要求，形成商用飞机产品系统研制需求和目标，其中包含设计、制造、客服、项目管理等方面的要求。

（2）完成商用飞机产品系统研制需求和目标的确认工作。

（3）定义商用飞机产品系统功能。

（4）根据商用飞机产品系统的研制需求和目标，提出并权衡分析多个候选的民用飞机研制初步技术方案，对方案的技术可行性和经济可行性进行权衡分析，确定最优的民用飞机产品系统方案。

（5）完成飞机级功能、需求以及架构的初步设计，以支持商用飞机产品系统方案。

（6）冻结需求基线。

（7）与审查方讨论拟申请 TC 的型号设计以及大致的项目规划。

（8）分析新技术、新工艺、新材料应用，确定关键技术，进行技术和制造成熟度评估。

（9）确定项目的造买策略以及国内外供应商选择原则。

（10）与潜在供应商建立技术沟通，协调联合定义工作计划。

（11）编制项目可行性论证报告。

（12）制订项目管理计划。

（13）根据 PBS 细化 WBS，定义初步的成本分解结构（CBS）、组织分解结构（OBS）。

（14）分解项目初步设计阶段经费。

（15）编制初步的项目质量保证大纲。

（16）根据竞争策略，开展潜在用户的市场推介，寻求先锋用户并签订意向协议。

（17）分解目标成本，评估其合理性，并将目标成本的分解结果纳入研制需求文件。

3.3.2 产品与服务定义阶段

产品与服务定义阶段包括初步设计和详细设计两个子阶段。在初步设计阶段中完成总体技术方案后，需要进入**总体技术方案审查**控制点。本控制点是初步设计阶段中的一个阶段性评审点，达到此节点所需完成的功能分析、需求分析、需求确认、设计综合、合格审定、关键技术、产品实施、客户服务、试验试飞、市场营销与交付、项目管理、质量管理、采供管理、构型管理、成本管理等方面的主要工作如下：

（1）基于民机产品系统研制需求和目标（ADRO）定义飞机需求，开展飞机级功能定义与分析工作，定义飞机功能接口控制文件，确立通用技术规范（GTS），并完成飞机级需求的确认工作。

（2）完成初步的系统级需求定义工作。

（3）根据飞机级需求和通用技术要求，确定民用飞机基本构型和系列化概念，制订总体技术方案，确定飞机三面图、总体布置方案，并验证飞机总体技术方案能够满足飞机级需求。

（4）根据初步的系统需求，开展系统的初步设计，定义初步的系统架构和方案。

（5）形成飞机气动布局方案，完成选型风洞试验。

（6）制订结构设计强度分析的顶层原则和规范，包含动静强度、疲劳、损伤容限、载荷以及结构设计等。

（7）完成第一轮载荷计算分析、颤振特性分析，建立有限元分析模型，完成结构总体方案。

（8）开展结构、强度、标准材料等研发试验件制造，进行相关研发试验。

（9）完成驾驶舱设计理念定义，进行驾驶舱布局方案、人机界面功能分配、机组任务定义等工作，开展驾驶舱相关设计的人为因素评估。

（10）开展安全性、可靠性、维修性、测试性、可制造性等通用特性的技术设计。

（11）开展初步飞机安全性和可靠性评估工作，分解、分配飞机级安全性和可靠性的需求至系统，包含各个功能研制保障等级（FDAL）和定量概率要求。

（12）飞机级可靠性、测试性、维修性指标分配至系统。

（13）提出适航准则，编制适航取证总方案，开展适航取证 CP 规划；开展设计保证系统建设。

（14）与局方建立联系，开展第一阶段要求确定的申请人工作，协调适航审查工作。

（15）根据民机产品系统研制需求和目标，提出部装、总装、运输及工装工具概念，制订制造总方案。

（16）提出整机级的集成验证规划，提出审定飞行试验概念，提出飞行试验、地面试验/台架试验、静力试验、疲劳试验规划安排，制订试验试飞总方案。

（17）根据民机产品系统研制需求和目标，确定客户服务体系目标和要求，开展客户服务体系分析，制订客户售后服务方案以及客户服务研制方案。

（18）总体技术方案征询潜在用户以及先锋用户意见，分析研究飞机运营环境的适应性。

（19）开展与主要供应商的联合概念定义工作，根据信息征询书（RFI）的回复情况，结合初步飞机和系统级需求初步筛选供应商，开展机体、系统主要供应商的遴选。

（20）进行自制和采购的权衡和决策，执行项目的造买策略。

（21）根据项目研制实际情况，更新项目管理计划，根据 PBS 细化 WBS，细化 OBS、CBS，开展经费使用监控。

（22）提出功能基线。

（23）根据成本目标偏离情况，迭代优化技术方案与工作分解，进一步细分目标成本。

在完成"初步设计"阶段后，要从初步设计转到详细设计，需要进入**初步设计审查**控制点，本控制点是对初步设计方案的详细审查。作为"初步设计"阶段的控制点，达到退出"初步设计"阶段所需完成的工作如下：

（1）根据飞机功能定义以及描述，开展系统级的功能定义，完成系统功能分析，确定系统的功能接口，定义系统架构，制订系统设计方案。

（2）定义系统级需求，确立系统级需求和设计约束条件，进行系统级需求确认。

（3）确定系统接口、系统与结构接口。

（4）基于系统级需求，验证系统技术方案可以满足功能要求。

（5）初步定义设备级需求。

（6）确定气动外形，继续开展所需的高低速风洞试验。

（7）开展结构强度的初步设计工作，确定民用飞机的基本结构，进行第二轮载荷计算。

（8）制订工艺总方案、装配协调方案以及质量检测方案。

（9）制订生产线的工厂布局规划。

（10）完善试飞总方案，确定试验样机任务分工方案。

（11）编制试飞要求和测试总方案，确定专项改装需求。

（12）根据系统设计方案，开展初步系统安全性（PSSA）、可靠性、维修性、测试性评估。

（13）根据系统初步设计方案，完善和调整分配至系统的特性指标。

（14）向局方提出型号合格证申请。

（15）确定审定基础，将确定的审定基础纳入设计的飞机级和系统级需求体系。

（16）开展航空器评审（AEG）准备工作。

（17）完善设计保证系统建设。

（18）制订客户服务相关飞行/运行支持、维修支持以及培训的体系需求和技术方案。

（19）对飞机级方案进行设计验证，完成系统设计方案的运行/维修符合性分析。

（20）制订质量保证大纲。

（21）根据确认的飞机技术说明书，开展正式的市场推介活动准备工作。

（22）与主要系统、机体供应商开展必要的联合定义。

（23）在 MOU 或 LOI 框架下，开展与主要供应商的合同谈判，完成合同签署的相关工作，并得到供应商性能担保。

（24）启动长周期采购项的订货。

（25）完善项目管理计划。

（26）根据细化飞机、系统的技术方案，确定经细化的 WBS、CBS、OBS。

（27）分解项目详细设计阶段经费。

（28）评估项目风险，并制定应对措施。

（29）开展构型管理工作，提出分配基线。

（30）开展目标成本跟踪和超额分析，并提出解决措施。

（31）根据成本目标偏离情况，迭代优化技术方案与工作分解。

在完成详细设计阶段工作后，则进入了"V"字形研制过程的底端，后续将转入试制、集成和试验工作，在此之前，需要进入**详细设计审查**控制点，本控制点是对详细设计方案的详细审查，完成后将进入试制与验证阶段。

作为详细设计阶段的控制点，达到退出详细设计阶段所需完成的主要工作如下：

（1）基于详细设计工作，冻结飞机级、系统级的功能分析类文件。

（2）基于详细设计工作，冻结飞机级、系统级的需求分析类文件。

（3）根据系统级的设计输入以及其他的设计约束，定义设备级需求，开展设备和零部件研制工作，完成设备需求的确认工作。

（4）基于详细设计工作，冻结飞机级、系统级的设计类文件。

（5）定义设备架构，制订设备设计方案，细化确定接口控制文件。

（6）开展气动、载荷、操控与稳定性、强度、结构、重量与平衡等专业的详细设计，确定飞机外形质量控制要求。

（7）开展结构的详细设计工作，进行结构详细方案的强度校核，完成第三轮载荷计算。

（8）发放全机结构数模成套产品图样（模型）和技术资料等结构类生产数据。

（9）完成系统、飞机的集成程序。

（10）完成设备、系统、飞机的验证程序。

（11）开展全机生产数据工艺方案、检验检测方案和装配协调方案审查工作。

（12）根据设计数据，开展制造指令（FO）和装配指令（AO）的编制。

（13）完成主要工艺工装设计工作。

（14）根据合格审定计划、专项合格审定计划以及试飞要求等，编制试飞大纲、测试任务书等。

（15）完成系统试飞要求，制订初步的试飞大纲。

（16）完善测试总方案，编制测试任务书，研制测试系统。

（17）完善改装方案，进行改装设计。

（18）制订试验件要求和文件，制订试验室试验方案并进行试验准备。

（19）根据系统详细设计方案，开展系统和飞机安全性和可靠性评估。

（20）开展可靠性、维修性和测试性指标预计，评估系统详细设计方案是否满足飞机级特性指标。

（21）开展符合性计划制订阶段的申请人工作，确定系统的适用条款，制订飞机级、各系统和专业级审定计划（PSCP 和 CP）。

（22）与局方共同确定制造符合性检查项目。

（23）配合开展航空器评审方面的工作，确定航空器评审项目。

（24）编制型别等级、运行文件与持续适航文件、维修计划要求、维修培训规范等航空器评审项目工作计划。

（25）组建飞行标准委员会（FSB）、飞行运行评估委员会（FOEB）、维修审查委员会（MRB）、飞行技术委员会（FTC）、维修技术委员会（MTC）。

（26）制订客户服务相关飞行/运行支持、维修支持以及培训的产品需求和技术方案。

（27）完成初步的维修工程、飞行/运行工程和培训需求分析。

（28）与先锋用户签署销售合同或谅解备忘录（MOU）。

（29）与主要供货商（供应商）签订供货合同或协议。

（30）完善项目管理计划。

（31）修正完善项目经济性分析模型。

（32）分解试制与验证阶段的经费。

（33）开展构型管理工作，提出设计基线。

（34）依据项目工作包目标成本，开展采购、外协及内部研制等成本管控。

（35）开展目标成本跟踪和超额分析，并提出解决措施。

（36）更新系统、飞机的集成、验证计划。

3.3.3 试制与验证阶段

试制与验证阶段主要分成全面试制和试飞取证两个子阶段。

在从全面试制到试飞取证阶段之间需要进行首飞工作，需要执行**首飞审查**控制点，此节点作为退出全面试制阶段的决策点，达到节点所需完成的工作如下：

（1）各专业完成首飞必需的风洞试验、静力试验（67%）、开展必要的疲劳试验。

（2）完成系统、飞机的集成工作，包括试验室试验、机上地面试验、滑行试验等。

（3）确定试飞性能包线，完成飞机性能校核计算。

（4）完成第四轮载荷计算。

（5）基于设备和系统的需求，完成设备和系统的首飞前验证工作。

（6）各专业开展必要的飞行试验检查和评估，准备设备、系统和整机的初步设计性能声明（PDDP）。

（7）开展生产制造，进行制造符合性检查，达到首飞要求。

（8）针对首飞飞机和系统状态进行安全性评估，验证飞机设计架构满足安全性要求。

（9）开展首飞安全的评估分析，确保首飞安全。

（10）开展首次飞行试验以及转场前的相关调整和试验工作。

（11）完善飞行试验计划，制订飞行试验大纲。

（12）制订飞行安全应急程序。

（13）准备首飞场务和转场场地的保障。

（14）申请获取首飞特许飞行证，开展相应的准备工作。

（15）更新 AEG 评审计划。

（16）完成研制批原材料、标准件、研制批机体结构和机载系统、成品件，以及必要的客服产品的采购配套。

（17）完成本阶段维修工程、飞行/运行工程分析。

（18）编制飞行试验所需的飞行手册、持续适航文件、培训教材。

（19）开展飞行员、试飞机务和场务人员的培训。

（20）准备飞行试验所需的地面支持设备、航材备件。

（21）分解试飞取证阶段的项目经费。

（22）完成项目风险分析与评估工作。

在完成试飞取证阶段工作后，需要执行**型号合格证（TC）取证**控制点，此节点作为试飞取证阶段的控制点，达到节点所需完成的工作如下：

（1）开展飞机以及民机产品系统级的验证活动（包含试验、计算、分析等），证明设计实现可以满足设计阶段定义的飞机级需求和民机产品系统研制需求和目标。

（2）开展研发试飞、合格审定飞行试验、功能和可靠性飞行试验，完成飞行试验数据的收集、分析和报告。

（3）完成全机静力试验（100%），开展全机疲劳试验。

（4）根据试飞结果更新特性各层级文件数据，完成 TC 前 SSA、ASA 等相关安全性、可靠性、测试性和维修性验证文件。

（5）根据购机合同，开展交付机预投产。

（6）开展适航符合性试验、分析、计算以及检查等工作。

（7）开展航空器评审方面的工作，准备持续适航方面的文件。

（8）开展交付批原材料、标准件、研制批机体结构和机载系统、成品件，以及客服产品的采购配套。

（9）培训设备、地面支援设备、培训教材和技术出版物（包含维修手册、飞行手册）等客户服务产品得到批准，完成 AEG 评审符合性报告的编制。

（10）开展构型管理工作，冻结产品基线。

3.3.4　产业化阶段

产业化阶段包括产品与服务验收和持续运营/退役两个子阶段。

在进入产品与服务验收阶段前，需要进入**首家交付使用**控制点，确保已建立了有效的持续运营体系，并完成了一定程度的产品确认。

本节点是进入产品与服务验收的阶段性控制点，达到节点所需完成的工作如下：

（1）完成获取维修许可证准备工作，具备颁证条件。

（2）完成获取维修培训机构合格证准备工作，具备颁证条件。

（3）完成获取飞行培训机构合格证准备工作，具备颁证条件。

（4）取得单机适航证（AC）。

（5）按照交付计划完成交付前的准备工作，获得先锋用户的认可。

（6）编制产品与服务验收阶段经费预算，明确经费来源。

在进行了一段时间工作，确保项目的产品和服务达到了预期目标的时候，需要进入项目关闭评审控制点，即项目本身作为阶段性工作可以关闭，后续进入稳定的批生产和持续运营工作。本节点作为"产品与服务验收"阶段的退出节点，达到节点所需完成的工作如下：

（1）完善质量控制系统，开展稳定批产的准备，达到生产许可证（PC）取证状态。

（2）完成全机剩余的疲劳试验。

（3）按销售合同批量生产产品。

（4）经过先锋用户的实际运行，确认商业需求与目标的实现，完成民用飞机产品系统的确认。

（5）收集和研究的先锋用户实际运营数据，确保客户服务产品可用，改进产品和服务以满足先锋用户要求。

（6）完成项目总结、资料归档和经营决算。

（7）完成项目设定目标任务，开展项目关闭相关工作。

3.4　N－F－R－P正向设计方法

3.4.1　N－F－R－P正向设计模型

中国商飞公司系统工程在飞机/系统设计中应用的重要实现手段是N－F－R－P（need-function-requirement-physics）过程模型，该模型强调面向产品全生命周期捕获利益攸关方的需要，开展基于需求的产品正向设计。

中国商飞公司在总结复杂产品系统研制一般规律的基础上，采用了基于利益攸关方需要捕获、功能分析、需求分析和设计综合4个相互关联的活动构成的正向设计实现机制，用于系统化的商用飞机产品研制，具体如图3－2所示。对于飞机这种复杂产品系统，系统工程技术过程会在产品研制的不同层级展开。其中，由"需要"到"功能"，由"功能"到"需求"，再由"需求"到"设计综合"的产品正向设计过程构成了系统工程"V"模型的左半边。

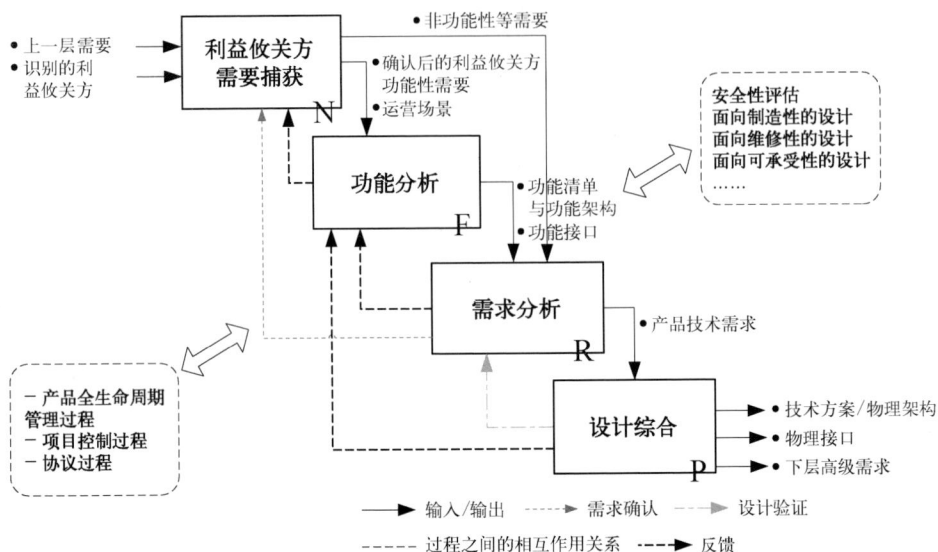

图3-2 N-F-R-P系统工程正向设计模型

"N"指代"需要"（need），描述了客户希望预期产品能够帮助他们达到某种目的，或为他们带来某些好处。当然，这里的"客户"是指广义的客户，即不仅仅局限于最终产品的购买者，更是整个产品项目的利益攸关方。这些利益攸关方的诉求表达了用户对预期产品的一些初步构想，具体体现为希望产品能够具有某些用户期望的功能或特性。实际上，任何产品的设计都始于利益攸关方的需要，为满足某些特定的利益攸关方需要而形成的解决方案。在系统工程正向设计过程中，形成的"N"的主要过程是利益攸关方需要捕获，包括识别项目的利益攸关方，了解和获取他们的需要。在这个过程中，通常需要分析产品的使用/运营场景，即用户将来如何使用产品，在哪些场景下使用产品等，从而结合具体场景准确理解和捕获利益攸关方的需要。

"F"指代"功能"（function），描述了产品的作用或使用效果，实际上是对利益攸关方需要的概括和抽象。从表达上讲，功能是一种工程技术语言，通常采用"动-名词"或"输入流-输出流"的方式进行表达，具有高度的抽象性。功能抽象的目的在于拓宽设计求解的范围，由于设计师都习惯于用自身熟悉的知识/经验解决问题，因此需求描述得越具体，越容易让设计师难以跳出自身既有的知识体系，从而难以产生更新颖、更为优化的设计方案。在利益攸关方需要捕获过程中形成的需要（更准确地说是功能性的需要）为功能分析过程提供了输入，通过基于产品运营场景的分析，将每个场景中的用户需要进行归类、概括和抽象，并采用特定的方式表达出来，是功能分析的重要前提。对于复杂产品而言，在此基础上，建立父/子功能之间的层级关系，形成功能架构；同时，明确功能架构中同层级功能之间的接口关系，即功能分析过程的主要结果。

"R"指代"需求"（requirement），或译为"要求"，是对某种产品/系统特性或过程特征特定的、清晰的、独立的和一致性的描述。需求能够被验证，并且能够为用户（利益攸关方）所接受。与"需要"相比，"需求"是设计师在理解和把握用户意图基础上，结合自身的知识、经验，在其认知架构中将前者解析成为的一种对产品定性或定量的描述，例如定义产品的技术参数或性能指标等。因此，需求是一种经过加工和处理的用户需要，同时也是一种工程技术语言，表达上更加清晰和严谨。与"需求"相比，功能本身也是一种需求，但需求包括的范围更广泛；另外，功能描述通常是一种定性描述，而需求的表达往往是定性和定量描述相结合。在系统工程正向设计过程中，需求分析是形成需求的主要过程，包括对基于系统的其他利益攸关方的需要、项目目标和约束进行分析，并进行一系列的定义活动，形成产品非功能性需求，最后用标准的语言对需求进行描述，形成一致的、可追溯的、可验证的产品设计需求。

"P"指代"设计综合"（physics），即根据功能和需求设计形成的产品物理方案。在产品的不同研制阶段，产品方案的详细程度和表现形式不同。当处于概念开发阶段时，产品物理实现主要以原理、方案的形式呈现；经初步设计，产品方案中各部分物理单元组成及其相互之间的接口关系将逐步以逻辑视图的形式表达出来，逻辑组件承接一个或多个功能，为功能的物理实现打好基础；详细设计阶段结束后，产品的物理实现通常以三维数模或图纸的形式表达出来，能够用于生产制造，从而形成产品的物理实体。在系统工程产品研制技术过程中，这个根据需求形成方案，将"功能架构"逐步演化为"逻辑架构"和"物理架构"的过程称为"设计综合"过程。在产品的不同研制阶段，通过设计综合会形成不同详细程度的产品设计方案，包括设计方案技术数据包和相应的物理接口控制文件。

此外，如图3-2所示，在上述N-F-R-P正向设计过程中，每一步都会对上一层级产生反馈，其中包括需求确认和设计验证活动，如需求分析形成的需求对初始利益攸关方需要的确认；以及通过建模、仿真开展的设计验证活动等。并且，上述正向设计过程还涉及安全性评估的交互过程。围绕这些技术过程，会开展过程保证、风险和机遇管理、构型管理、需求管理、接口管理、取证过程等技术管理和控制过程。

以下所展示的设计案例是中国商飞公司系统工程N-F-R-P正向设计过程模型在实际型号项目中使用的案例，首先，从"利益攸关方需要捕获"入手，捕获利益攸关方的需要和期望；其次，通过"功能分析"和"需求分析"，将利益攸关方抽象的需要转化成产品的功能架构和具有物理可实现性的技术需求；最后，在"设计综合"过程中，将功能域映射至物理域，将需求分配至物理架构，并形成若干备选概念方案。通过建立方案关键指标，权衡分析各备选方案，得到最优解决方案。

3.4.2 案例——飞机窄跑道运行N-F-R-P正向设计

3.4.2.1 案例背景

飞机窄跑道运行是商用飞机运营使用中遇到的一类特殊场景。什么是窄跑道？简单来说，每一种机型的设计参数决定了其适用的跑道宽度，当实际跑道的宽度小于标准值时，这种跑道对该型飞机而言属于窄跑道。显然，窄跑道运行对飞机而言会带来额外的风险，主要体现在如下4个方面：

（1）方向偏差。飞机在窄跑道上起飞和降落时，需要更加注意飞机的运动方向，应使其运动轨迹与跑道中线保持一致。当发生方向偏差时，相比正常跑道，窄跑道留给飞行员纠正方向的安全余量更小，对飞行员反应能力的要求更高。

（2）视线错觉。飞机在窄跑道上进近时，飞行员容易产生飞机高度偏高的视线错觉，从而盲目地降低飞机高度，偏离正常的进近轨迹。而当飞行员能够清楚地看到跑道时，飞机的高度已经偏低，此时再去修正飞行轨迹，会导致低空进近的偏差和不稳定。这种偏差往往会影响飞机落地后的滑跑距离，增加危险性。

（3）运行限制。飞机在窄跑道上运行时，相比正常跑道，会增加许多内外限制。例如，对机场天气情况、跑道污染情况等外界条件的要求更高，对飞机自身的起降重量、设备性能的要求也更高。

（4）心理压力。由于上述几条原因，因此在窄跑道上起降飞机时，飞行员的工作负担会增加，心理压力会变大。如果遇到气流不稳、大风、大雨等恶劣天气，那么飞行员心理上的紧张和焦虑会在一定程度上影响其技术水平的发挥，对飞机安全造成威胁。

飞机窄跑道运行存在以上这些风险，但是这并不表示飞机在窄跑道上的运行必须被禁止。事实上，飞机窄跑道运行是一种较为"普遍"的现象，最有名的案例就是空客 A380 飞机。空客 A380 飞机的设计跑道宽度要求是 60 米，然而这并不影响它在全世界多个跑道宽度为 45 米的机场运行。

3.4.2.2　利益攸关方需要捕获

对于本案例而言，首先需要完整识别利益攸关方，而问题的核心利益是某型号飞机如何在窄跑道上正常运行。围绕这个核心利益，借助"面向供应链过程的利益攸关方模型"（见 5.2.5.4 节），分析与之有关的利益攸关方。在合理裁剪后，可以得到本案例的利益攸关方，如图 3-3 所示。

在这些利益攸关方中，核心是该型飞机的主制造商。作为主制造商，首先必须解决窄跑道运行的问题，然后才能得到这部分市场为其带来的商业回报。其次是客户，如航空公司、租赁公司和飞行员等。窄跑道运行问题解决的程度决定了客户是否愿意购买或使用这款飞机。此外，利益攸关方还包括监管方、机场、供应商和投资方等。

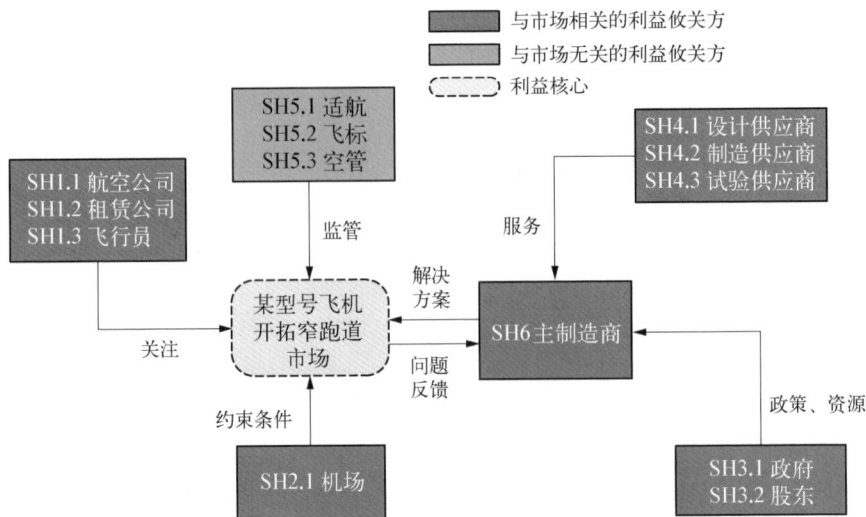

图3-3　本案例中的利益攸关方

在明确了某型飞机窄跑道运行问题的利益攸关方后，应组建一支包括市场分析、总体设计、适航工程和客服运行支持等多专业组成的利益攸关方需要捕获团队，该团队通过对每一个利益攸关方进行采访、交流、调查和问卷等，充分获取他们的需要。在这个案例中，部分初级的利益攸关方需要如表3-1所示。

表3-1　初级的利益攸关方需要

利益攸关方类型	利益攸关方	需　要　捕　获
SH1 客户	SH1.1 航空公司	飞机物美价廉，运行约束和限制少
	SH1.2 租赁公司	飞机物美价廉，运行约束和限制少
	SH1.3 飞行员	在窄跑道运行时，对飞机操作的影响尽可能少；提供针对窄跑道运行的指导程序和充分的培训
SH2 运营保障	SH2.1 机场	飞机在窄跑道运行情况下与在正常跑道运行具有同等的安全性
SH3 投资方	SH3.1 政府	国家民用航空业得到进一步发展，提升国家影响力
	SH3.2 股东	飞机获得更多订单，通过项目成功盈利

针对表 3-1 罗列的利益攸关方需要，通过分析、筛选、合并和排序等工作，可以得到最终的利益攸关方需要清单，部分需要如表 3-2 所示。

表 3-2　利益攸关方需要清单

需要编号	利益攸关方需要	利益攸关方
SH_001	某型飞机在窄跑道运行情况下与在正常跑道运行具有同等的安全性	所有利益攸关方
SH_002	开拓市场，增加该型号飞机的市场接受度，获得更多飞机订单	SH3.1 政府、SH3.2 股东、SH6 主制造商、SH4 供应商
SH_003	国家民用航空业得到进一步发展，提升国家影响力	SH3.1 政府、SH6 主制造商
SH_004	运行约束和限制少	SH1.1 航空公司、SH1.2 租赁公司
SH_005	物美价廉	SH1.1 航空公司、SH1.2 租赁公司
SH_006	在窄跑道运行情况下，对飞机操作影响没有或尽可能少	SH1.3 飞行员
SH_007	如在窄跑道运行情况下对飞机操作有影响，则需有明确的指导程序和充分的培训	SH1.3 飞行员

3.4.2.3　功能分析

在本案例中，功能分析是为了识别飞机在窄跑道安全运行所需的飞机功能，针对这些功能展开分析，形成功能架构，并指导技术方案的开发。

在功能识别时，可以借助"场景分析"的工具。显而易见，与飞机窄跑道运行直接相关的场景主要是飞机起飞和着陆两个阶段，如图 3-4 所示。

下一步，可以利用顺序图分析工具，将这两个场景展开分析，了解在这两个场景下，塔台、飞行员和飞机分别处于什么状态，对飞机窄跑道运行会产生什么样的影响。通过分析可知，在窄跑道运行时，飞机最敏感的阶段是飞机处于高速滑行的时候。此时飞机对自身和外界的不利因素抵抗力最弱。正常跑道运行时可以应对的不利影响在窄跑道情况下可能存在风险。如因为飞行员操作失误导致的飞机滑行方向偏差，在窄跑道上就更加需要及时地纠正，这对飞机的地面操控性能提出了更高的要求。

基于这样的考虑，在进行功能识别时，不但需要识别飞机正常起降所需的功

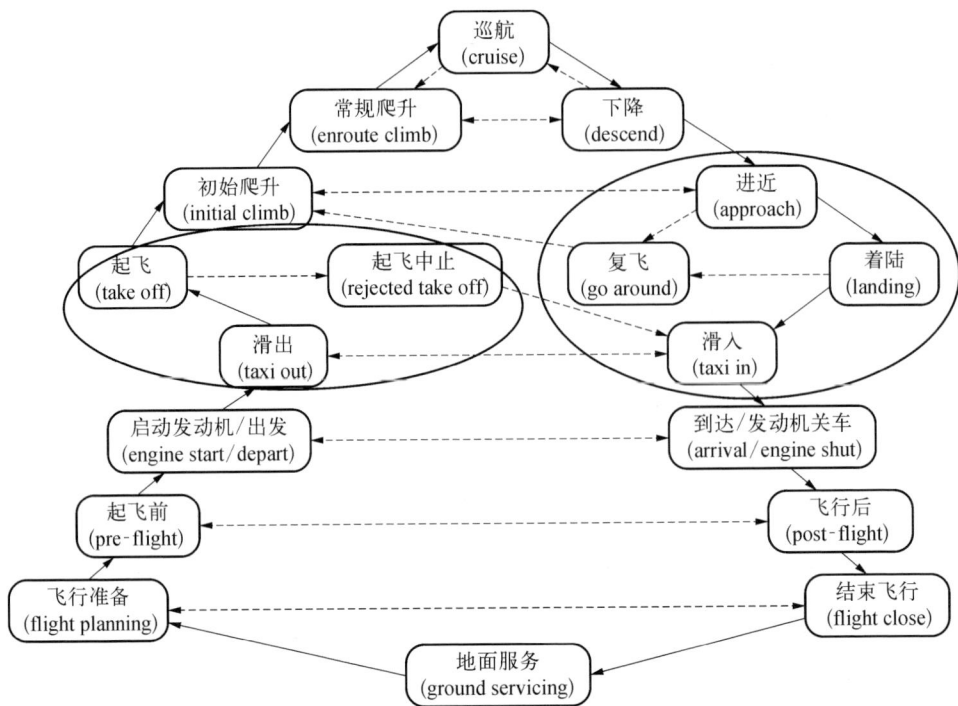

图3-4 飞机窄跑道运行场景分析

能,而且需要额外关注飞机地面滑行时的各项性能指标。针对其中每一项功能,又可以分解为若干项子功能,并和相关的物理域建立映射关系,这个过程产生了功能架构。其中,"提供推力控制"和"提供地面控制"两项子功能与飞机窄跑道运行的关联性最强。

功能分析得到的功能架构将利益攸关方需要从抽象逐步转化为具体,而功能架构到物理域的映射,使得问题的解决有了方向,从一开始的千头万绪到现阶段的有的放矢。

3.4.2.4 需求分析

1)对于利益攸关方需要的进一步分析

在需求分析过程中,有必要对利益攸关方需要做进一步分析。"该型号飞机在窄跑道上可以安全运行"这条需要包含了一个关键信息,即"窄跑道"。多窄的跑道称为窄跑道?作为利益攸关方之一的监管方又是如何规定飞机适用的跑道宽度的？这方面有两份相关的国际标准。

第一份标准是国际民用航空组织（ICAO）的机场设计和运营标准（*ICAO Annex 14, Volume 1: Aerodrome Design and Operations*）。这份标准是通过飞机翼展、主起落架外侧轮距以及标准状态下飞机的平衡场长确定飞机适用的跑道宽度。

第二份标准是 FAA 发布的咨询通告 AC 150/5300‑13。这份标准是通过飞机的翼展、垂尾高度以及飞机的进近速度确定飞机适用的跑道宽度。通过查阅标准，该型号飞机的设计参数对应了该标准的 D3 类，适用的跑道宽度是 45 米（约 150 英尺[①]）。这两份标准都表明该型号飞机适用的跑道宽度为 45 米。

通过仔细对比上述两份标准和该型号飞机的设计参数，可以发现，如果将该型号飞机的翼展做一定幅度的减小，那么就能够对应上 AC 150/5300‑13 标准中的 D2 类，其跑道要求是 30 米（约 100 英尺）。这样，目标市场普遍存在的 30 米宽跑道对于该型号飞机而言就不再属于窄跑道，本案例关心的问题似乎迎刃而解。然而，将飞机的翼展做这种幅度的减小，无异于重新设计一架飞机。这个方案对于主制造商而言，无论是研制周期还是研制成本，都是无法接受的。因此，在分析问题之前，有必要定义相应的约束，用于过滤和排除一些不合理的方案。具体到本案例，对应的约束主要包含外部约束和内部约束。

外部约束如下：

（1）行业标准。如 *ICAO Annex 14* 和 AC 150/5300‑13。

（2）CCAR‑25‑R4 适航条款。25.149（e）地面最小操纵速度，25.235 航向稳定性和操纵性，25.237 风速，25.933 反推力系统，《飞机飞行手册》（25.1581、25.1583、25.1585 和 25.1587）等。

内部约束主要包括项目成本和周期等。

在内外部约束条件下，为了更好定位问题的本质，找到可能的解决方案，需要对飞机窄跑道运行的场景做进一步分析。窄跑道相比于正常跑道，最主要的差别就是宽度窄。在理想情况下，跑道宽度只需要大于飞机主起落架外侧轮距就能

[①]　英尺为长度单位，1 英尺 = 3.048×10^{-1} 米。

满足飞机滑行。但是在现实场景中，会有多种因素导致飞机滑行时发生侧偏，如图3-5所示。正因为飞机侧偏的存在，所以要求跑道的宽度必须具有一定的安全余量。

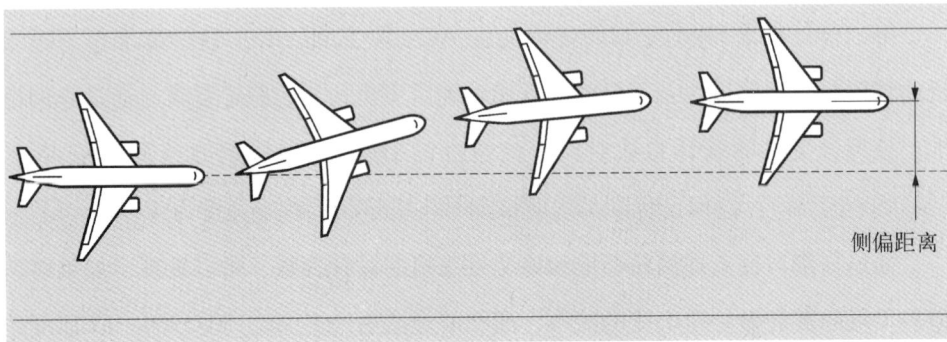

图3-5　飞机方向偏差场景

如果飞机滑行时发生的侧偏越小，则对跑道宽度的要求也越小。所以寻求该型号飞机在窄跑道上可以安全运行的技术方案，必须首先分析有哪些因素导致飞机发生侧偏。一般而言，主要有4个因素会导致飞机发生侧偏，包括飞行员、气象条件、跑道污染和发动机故障。需要从这4个因素出发，进而找到减小飞机侧偏的方法。

2）定义功能性/非功能性需求

通过上述分析，将"某型号飞机在窄跑道上安全运行"的利益攸关方需要转化为"减小飞机侧偏"的设计优化目标。围绕这个目标，可以将功能架构进一步分解为具体的功能性需求，如图3-6所示。

对于飞行员、气象条件和跑道污染这3个使飞机产生侧偏的因素，可以提出相应的非功能性需求，如表3-3所示。

通过本节"需求分析"，针对某型号飞机窄跑道安全运行的需要，一共提出7条技术需求，包括4条功能性需求和3条非功能性需求。通常，需要经过"需求确认"过程对需求的正确性和完整性进行确认，常用方法有追溯法、分析法和工程评审法等，此处不再展开。

```
          ┌─────────────────────────────┐
          │     具有在短窄跑道起降的能力      │
          └──────────────┬──────────────┘
                         │
          ┌──────────────┴──────────────┐
          │        F5 提供飞机控制          │
          └──────────────┬──────────────┘
              ┌──────────┴──────────────────────┐
  ┌───────────────────┐          ┌──────────────────────┐
  │ F5-1 提供推力控制    │          │  F5-4 提供地面控制       │
  └─────────┬─────────┘          └───────────┬──────────┘
            │              ┌──────────────┬──┴────────────┬──────────────┐
```

Req1 发动机应减小 推力	Req2 方向舵效率应 增加	Req3 地面最小操纵速度 V_{MCG} 应增加	Req4 飞机重心位置 应靠前

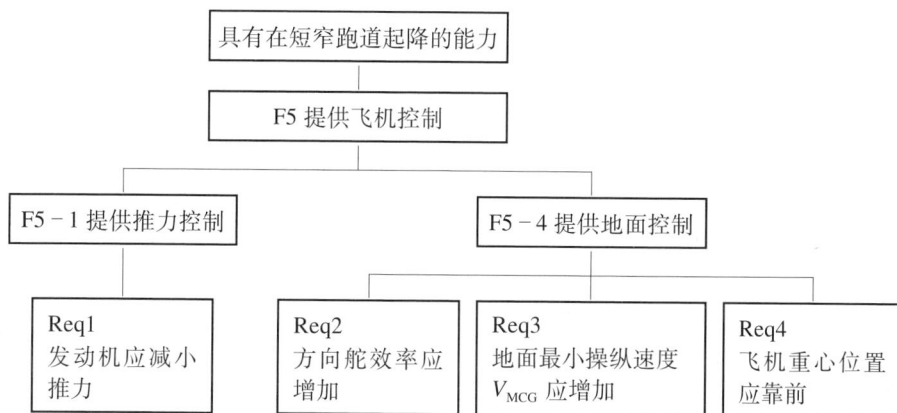

图 3-6 飞机窄跑道运行的功能性需求

表 3-3 飞机窄跑道运行的非功能性需求

影响飞机侧偏的因素	非 功 能 性 需 求
飞行员	Req5 飞行员应针对窄跑道起降接受特殊培训
气象条件	Req6 飞机在窄跑道运行时，应对气象条件做出限制
跑道污染	Req7 飞机在窄跑道运行时，应对跑道污染情况做出限制

3.4.2.5 设计综合

1）开发备选概念方案

根据需求集，设计人员可以开发出若干备选概念方案。部分需求对应技术的
备选概念方案如表 3-4 所示。

表 3-4 备选概念方案

需　　　求	概 念 方 案	实 现 方 式
Req1 发动机在起飞滑跑时应 减小推力	在窄跑道起降时，减小发动 机推力	分析计算、模拟器试验、 飞行试验
Req2 方向舵效率应增加	增加方向舵面积	方向舵设计、模拟器试验
	在窄跑道起降时，增加滑行 速度	分析计算、飞行试验

（续表）

需　求	概 念 方 案	实 现 方 式
Req3 地面最小操纵速度 V_{MCG} 应增加	在窄跑道起降时，增加 V_{MCG}	飞行试验
Req4 飞机重心位置应靠前	机载设备安装位置适当靠前	机载设备安装位置再设计
	在窄跑道起降时，将乘客和货物布置尽量靠前	飞行手册修订

2）分析并选择最佳方案

在开发备选概念方案时，往往会针对某条需求提出多个方案，这些方案的目的都是满足对应的需求，但是在经济性、有效性和实现难易程度上存在差别。因此，需要对这些概念方案进行评估，通过科学、全面的决策分析，选出最佳方案。

本案例的第 2 条需求和第 4 条需求都有两个备选方案，通过措施有效性和措施经济性两个维度对备选方案进行分析。其中，措施有效性的权重是0.6，措施经济性的权重是 0.4，经过综合评估，得到最佳方案，如表 3-5所示。

表 3-5　分析并选择最佳方案

需　求	概 念 方 案	有效性 0.6	经济性 0.4	综合评估	方案选择
Req2 方向舵效率应增加	增加方向舵面积	9	5	7.4	备用
	在窄跑道起降时，增加滑行速度	8	8	8	优先选择
Req4 飞机重心位置应靠前	机载设备安装位置适当靠前	7	5	6.2	备用
	在窄跑道起降时，将乘客和货物布置尽量靠前	6	8	6.8	优先选择

至此，一套针对飞机窄跑道运行问题的设计优化方案已经形成，主要是通过增加飞机滑行速度、减小推力和调整飞机重心的方式满足窄跑道问题的功能性需

求，减小飞机侧偏；同时，通过对飞行员、气象条件和跑道污染情况做出限制，满足非功能性需求，从而提高飞机窄跑道运行的安全性。

3）围绕最佳方案开展设计优化

针对该设计优化方案，可以开展如下工作：

（1）与适航管理单位积极沟通。由于适航条款没有针对飞机窄跑道运行做特殊规定，每个国家的适航管理单位对飞机窄跑道运行的要求不尽相同。因此应该和目标市场地区的各国适航局方积极沟通，共同商定针对该型号飞机在 30 米宽跑道运行的问题纪要，形成审定基础。

（2）确定窄跑道上起降的操作程序。针对跑道宽度为 30 米的情况，需要制订特定的操作程序，包括地面最小操纵速度（V_{MCG}）、推力控制等。这些参数，需要通过分析计算、飞行试验和模拟器试验等方式确定。

（3）侧风和跑道污染情况限制。飞机在窄跑道上运行时，对侧风和跑道污染的要求会更高。在干跑道、湿跑道和结冰跑道等不同的情况下，侧风限制也不同，需要通过分析计算和飞行试验确定。

（4）飞行员训练。在飞行员培训课程中，增加跑道宽度为 30 米的场景。

（5）飞行机组操作手册（FCOM）修订。在 FCOM 中补充针对 30 米跑道的附加说明，指导飞行员安全操作。

4　中国商飞公司系统工程过程集

中国商飞公司系统工程过程集可分成"产品全生命周期技术过程集""产品全生命周期管理过程集"和"项目群使能过程集"3个主要的过程子集，具体如下：

（1）"产品全生命周期技术过程集"指的是针对飞机产品生命周期的产品研制技术类活动的集合，主要包括市场分析过程、利益攸关方需要捕获过程、功能分析过程、需求分析过程、设计综合过程、安全性评估过程、可靠性评估过程、需求确认过程、产品实施过程、产品集成过程、实施验证过程、产品确认过程、交付过程、运行支持过程和报废回收过程，共15个子过程。

（2）"产品全生命周期管理过程集"指的是围绕针对飞机全生命周期的系统工程技术过程开展的监控和评估等技术管理活动，包括需求管理过程、构型管理过程、门禁管理过程、接口管理过程、过程保证过程、量化管理过程、风险与机遇管理过程、取证管理过程、产品数据管理过程和决策分析过程，共10个子过程。

（3）"项目群使能过程集"指的是面向飞机产品项目的控制过程，包括项目群管理、项目计划进度管理、项目成本经费管理、项目人力资源管理、项目评估和控制、项目质量管理、项目知识库管理和采购过程，共8个子过程。

中国商飞公司系统工程过程集的主要内容如图4-1所示。

中国商飞公司系统工程过程集之间的关系如图4-2所示。从图中可以看出，由14个子过程构成的"V"模型的"产品全生命周期技术过程集"是中国商飞公司系统工程过程集的主体内容，围绕着飞机全生命周期不同阶段有不同的形式，根据生命周期不同阶段的过程相关性，中国商飞公司系统工程过程集可以进

图4-1 中国商飞公司系统工程过程集

一步分成3个过程子集，具体如下：

（1）需求分析与概念阶段的技术过程。此过程子集主要关注正式研制阶段之前的需求分析与概念设计活动，主要包括市场分析活动和概念定义活动。概念定义活动主要是通过一个不甚严谨的设计过程（包括利益攸关方需要捕获、功能分析、需求分析和设计综合活动），快速形成满足市场分析结果的初步概念方案，用于可行性评估和项目立项决策。

（2）研制阶段的技术过程。此过程子集主要贯彻自顶向下（top-down）的正向设计原则，适用于飞机各层级不同类别的产品，包括飞机产品、系统产品、设备产品和使能子产品等。每一层级的产品对应不同研制团队（包括飞机主制造商

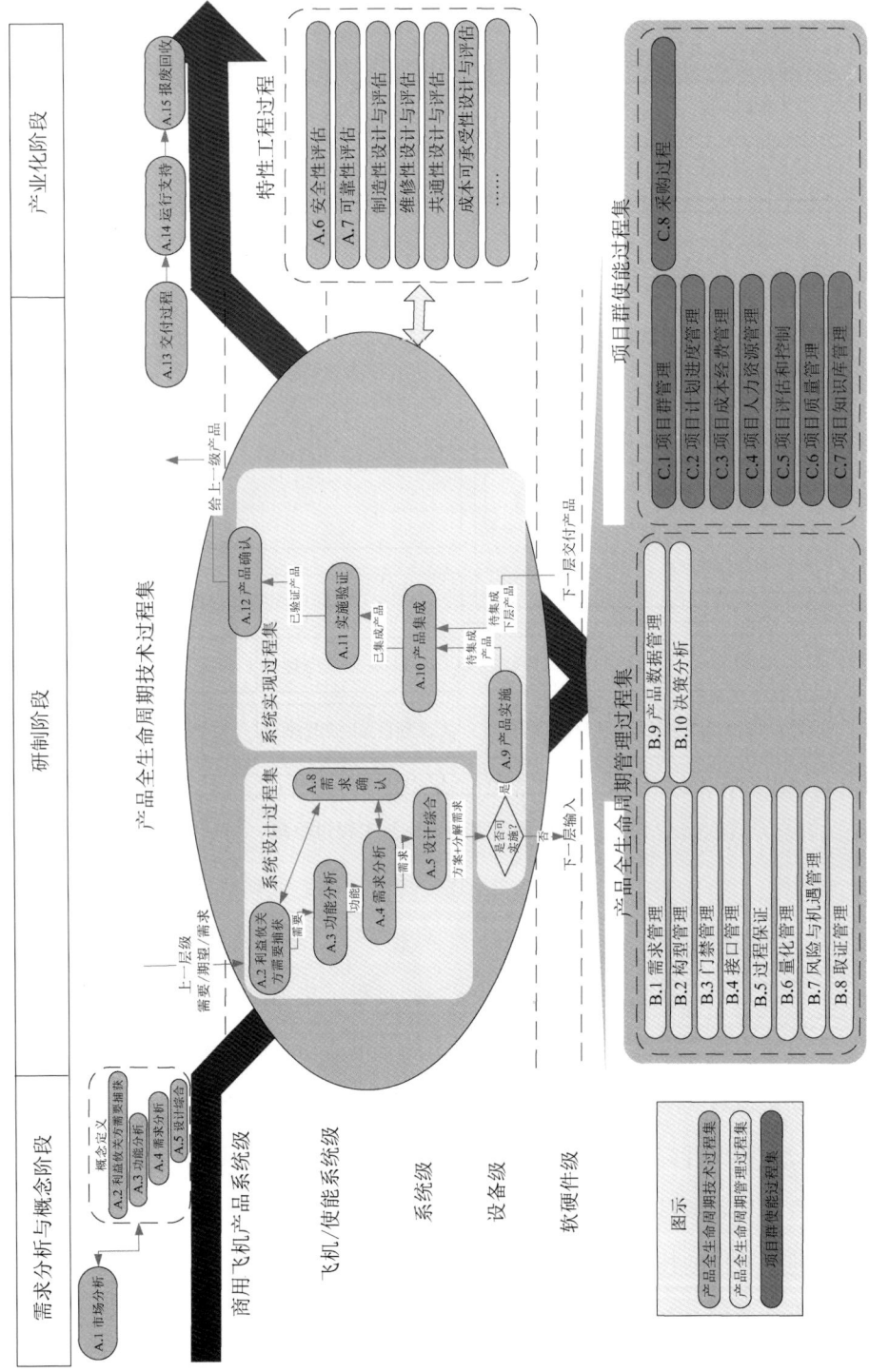

图 4-2 中国商飞公司系统工程过程集之间的关系

内部不同团队以及供应商）的关注系统（system of interest），均需要开展此研制过程模型进行重复的"递归"（recursive）工作，包括通过上游利益攸关方的需要捕获、功能分析、需求分析、设计综合和需求确认活动，实现上游需要和需求的捕获，进行功能需求分组并形成正式需求，基于需求形成架构方案，并针对架构方案实现下一层级的需求分解过程。在产品方案细化到可实施的程度后，通过产品实施、产品集成、实施验证、产品确认和交付等活动，逐级地进行下游产品组件的实施、集成和验证，并进行产品的确认过程，上述研制阶段中技术过程集如图 4-2 所示。

（3）产业化阶段的技术过程。该过程子集（包括飞机交付、运行支持和报废回收过程）在研制阶段之后，主要是进行批生产和运行支持以持续维持达到的设计性能指标，以及最终报废处置的过程。

另外，特性工程也属于系统工程的范畴，如产品的安全性设计与评估、可靠性设计与评估、制造性设计与评估、维修性设计与评估和成本可承受性设计与评估等，也伴随着产品全生命周期技术过程集的展开而展开。

在图 4-2 下部，随着技术过程的进行，另外 2 个系统工程过程子集，包括"产品全生命周期管理过程集"和"项目群使能过程集"对商用飞机型号技术研制过程的开展也起到了支撑作用。

4.1 产品全生命周期技术过程集

4.1.1 需求分析与概念阶段技术过程

需求分析与概念阶段子集为正式研制阶段之前的系统工程活动，主要针对产品需求分析与概念阶段，其活动主要包括此阶段的市场分析活动和概念定义活动，这两项活动属于产品系统的需求分析与概念阶段活动，同时也属于企业系统中商业机遇研究阶段的活动。

此阶段的市场分析活动是针对飞机产品的商业机遇的持续评估，主要是通过敏锐的对市场变化（如航线和座机市场等）和新技术发展等需求动态进行捕捉，从而获得商机，谋求可能的潜在产品立项机遇，具体参见 5.1 节市场分析过程。概念定义活动是基于市场分析活动的定位结果、先进技术预研结果和已有项目经验能力，进行商用飞机产品系统的综合概念定义，随后基于这个初步概念对技术项目可行性、利润、市场定位和占有率等因素评估，从而确认投入回报率和可行性分析结论，最终进行立项的决策，而这一块也属于企业的投资管理活动的范畴。

需求分析与概念定义活动属于开发产品与服务相关的技术活动，但与项目研制阶段的系统工程活动不同的是，在项目最早期主要是快速获得一个满足市场定位要求的具有竞争力和可行性的产品系统的概念方案，包括飞机的主要方案、顶层的指标确定、主要的构型确定和运用的新技术方法等，而这个概念定义的产生过程更多的是一个创新过程。

形成概念方案过程的活动主要包括如下几项：

（1）针对市场分析结果和初步理解的客户等利益攸关方需要，基于经验和预研探索获得的能力，执行概念定义活动，形成多套可行的架构。

（2）充分运用风险管理、量化管理和决策分析等技术管理活动，目标瞄准可实施性、市场盈利经济性和可实施性等诸多可行性方面，进行多套方案的设计和评估选择。

（3）概念定义活动本身由 5.2 节（利益攸关方需要捕获过程）、5.3 节（功能分析过程）、5.4 节（需求分析过程）和 5.5 节（设计综合过程）的产品系统工程正向研制过程组成，同时也大量运用如 6.6 节（量化管理过程）和 6.7 节（风险和机遇管理过程）等方法和手段。但形成概念方案的过程主要强调结果，即概念方案本身，并对概念方案进行各类分析，包括方案的先进性、可行性和可实施性等特点，而不强调在正式研制阶段的产品形成过程中由于质量和安全性要求而产生的对于过程严格控制要求。因此，此活动对过程要求的严谨程度比形成初步或者详细设计方案过程要低。

4.1.2 研制阶段技术过程

研制阶段技术过程即从利益攸关方需要捕获、功能/需求分析、设计综合到产品实施、集成、验证和产品确认结束，主要由系统设计过程（systems design processes）和系统实现过程（systems realization processes）两个部分组成，如图4-3所示。在商用飞机产品系统的每一个层级中，都应完成一个完整的系统设计和系统实现工作，即系统工程研制阶段的技术过程活动。

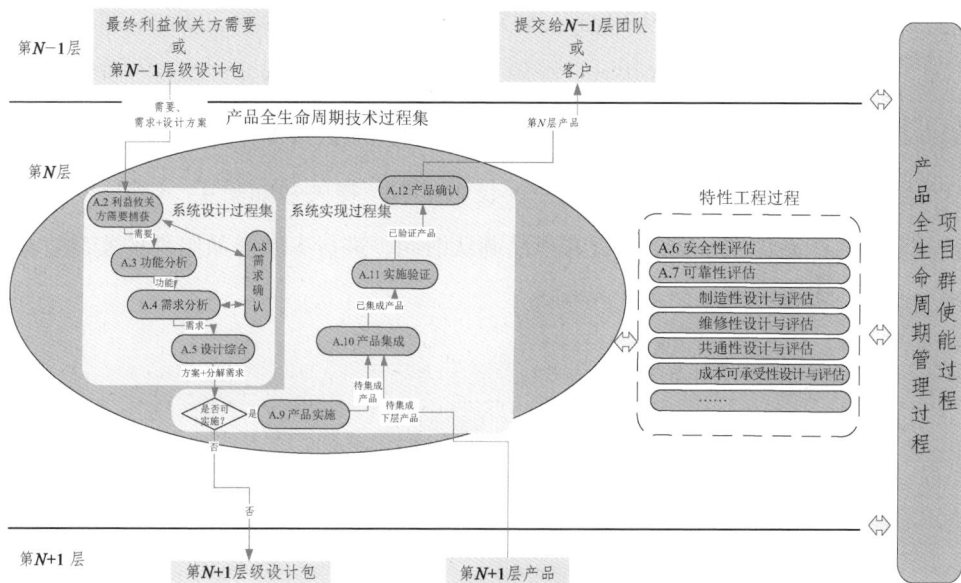

图4-3　研制阶段技术过程

如图4-3所示，系统设计过程集活动包括利益攸关方需要捕获、需求分析、功能分析和设计综合，把上一层级的利益攸关方需要或者上层设计包（包括上层的架构和分解后的需求）以及利益攸关方需要一起作为输入，进行需求捕获、分析、功能架构、物理架构定义和需求的分解，给下一层设计包或在本层级进行产品实施。

系统实现过程活动包括获得本层级产品实施结果或下一层产品，逐步进行下游产品的集成、集成产品针对规范要求的验证、集成产品针对上游利益攸关方需要的确认和确认后产品的交付活动。

研制阶段的技术过程活动主要是针对产品的自顶向下过程，也是该过程中形成产品的核心活动。同时，还需要有产品全生命周期管理和项目群使能过程中的相关管理过程，以及实现对这些活动过程和产物的管理、控制过程。

研制阶段的技术过程主要贯彻自顶向下的正向设计原则，适用于飞机的各层级不同类别产品，包括飞机产品、系统产品、设备产品和使能子产品等。每一层级的产品是不同对应研制团队（包括飞机主制造商内部不同团队以及供应商）的关注系统（system of interest），均需要此研制过程模型进行重复的"递归"（recursive）工作，包括通过上游利益攸关方的需要捕获、功能分析、需求分析、设计综合和需求确认活动，实现上游需要和需求的捕获，进行功能需求分组并形成正式需求，基于需求形成架构方案，并针对架构方案实现下一层级的需求分解的过程。在上述研制阶段中主要技术过程产物关系如图4-4所示。通过产品实施、产品集成、实施验证和产品确认活动，进行下游产品组件的实施、集成和验证，并进行产品的确认和交付。

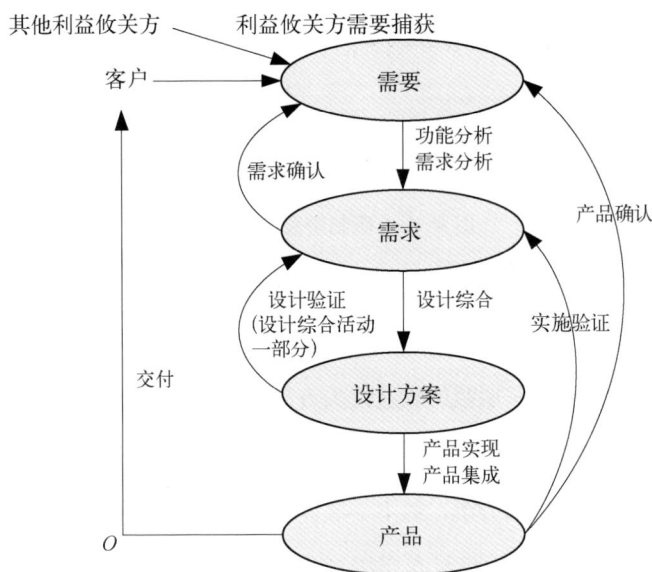

图4-4 研制阶段的主要技术过程产物关系

由于系统研制过程的工作模式本身具有重复性，区别只在于关注系统（SOI）的层级不同，因此此阶段系统工程技术活动具备"递归"特性，即系统设计活动是每一层级都应该重复进行类似的系统设计过程集活动，直到分解到可以有效理解和管理的层级（软硬件层），而系统实现是自底向上每一层重复进行系统实现过程集活动，直到完成最终产品，如图4-5所示。

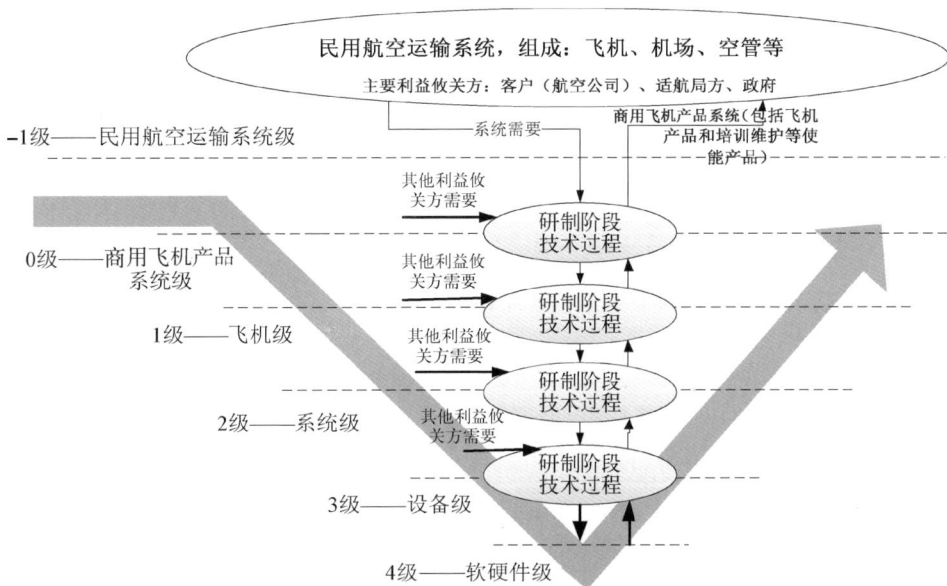

图4-5 研制阶段技术过程集在各层级运用

这是复杂系统特性的表征，即在不同利益攸关方关注系统层级是不一致的。但无论是上层系统、本层系统还是其组成的子系统，都属于复杂系统的范畴，而复杂系统应有类似的系统方法，即系统工程活动解决其复杂性，所以就出现了不同层级用相同的、可重复的系统工程活动模式。

另外，系统实现过程是指产品从图纸方案到形成具体物理实体的过程，主要包括产品实施、产品集成、实施验证和产品确认4个主要的技术过程，如图4-3所示"V"模型的右半部分。这4个技术过程相互依赖，构成一个自底向上、逐层集成和验证的过程。在这个系统实现的过程中，首先通过底层软硬件的生产或采购形成产品最底层的物理实体；其次，在不同的产品实施层级上进行集成，并在该层级上进行相应的测试和分析等验证活动，保证不同层级的产品实施和集成能够满足相应层级的设计要求和规范，继而提交到更高层级的系统层面继续开展此类活动，即"实施验证"；最后，通过最终集成形成商用飞机产品成品，并与最初的利益攸关方进行需要确认，使得最终产品能够满足最初的利益攸关方需要。

4.1.3　产业化阶段技术过程

技术活动针对产品研制阶段完成后的产业化阶段，主要包括如下两个阶段：

（1）批生产、运行和支持阶段。

（2）退役阶段。

对应研制阶段后过程子集包括3个过程：5.12节交付过程、5.13节运行支持过程和5.14节报废回收过程。

针对产业化阶段的批生产活动，传统意义的系统工程的考虑范围如下：

（1）在研制的飞机使能系统中应包括飞机制造使能子系统，飞机制造使能子系统应如其他复杂系统一样，开展自顶向下的研制工作，从飞机制造使能系统需求开始，形成制造总方案，最终形成飞机制造使能系统的过程。

（2）在飞机设计过程中应重点考虑产品的面向制造的设计（DFM）和面向装配的设计（DFA），将可装配性和可制造性等制造需求完整地纳入产品需求，并在设计综合过程中进行系统分析，在研制后半段考虑可制造性需求的验证工作。

具体的批生产（serial production）过程的流程一般归类于工业工程（industrial engineering）的范畴，暂时不在本书的讨论范围内。

4.1.4　特性工程过程

特性（-bility）指代产品的某种特定属性，如维修性和制造性等，也属于系统工程的范畴。特性工程针对商用飞机产品特定的专业领域，用于产品特性需求的确定、评估、架构分析、设计决策、系统性能和可实施性的平衡、验证等。由于安全性工作在商用飞机研制过程中的重要性，因此5.6节将对特性工程中的安全性评估进行展开介绍。另外，特性工程还包括各类面向 X 的设计，如维修性设计与评估、制造性设计与评估、共通性设计与评估和成本可承受性设计与评估等，详见本手册的附录 E。

4.2　产品全生命周期管理过程集

产品全生命周期管理过程集主要对核心生命周期系统工程活动进行管理、分析和支持。产品全生命周期管理过程偏重于产品系统工程活动中的技术管理部分，通过对产品的技术方面开展规划、监控、评估、管理和控制等活动，来对执行活动进行控制，从而确保系统能够成功实现。产品全生命周期管理活动一般具有全局性和跨阶段性，即在产品整个生命周期或跨多个阶段中均会进行。

产品全生命周期管理过程是技术管理人员和产品开发人员之间的纽带，能够提供统一和完整的技术管理方法，用于支持项目的有效实现，以保证系统最终能够满足各利益攸关方的需要。

商用飞机产品全生命周期管理过程包括需求管理过程、构型管理过程、门禁管理过程、接口管理过程、过程保证过程、量化管理过程、风险与机遇管理过程、取证管理过程、产品数据管理过程和决策分析过程。

产品全生命周期管理过程与技术过程紧密相关，尽管不是每个技术团队的成员都直接参与技术管理的过程，但他们都直接或间接地受到了这些过程的影响。技术过程的实现依赖需求管理、构型管理、门禁管理、接口管理、过程保证、量化管理、风险与机遇管理、取证管理、产品数据管理和决策分析等全局性管理活动的实施和约束。没有这些相互关联的过程，单个开发产品与服务过程和任务过程就不能集成到一个整体的产品实现系统中。

4.3　项目群使能过程集

系统工程方法必须通过项目管理才能有效落地，服务于商用飞机产品系统的研制和开发，在操作层面将系统工程的理念和方法转换为实施细则和流程，供各级项目管理人员使用。项目群使能过程集包含了在项目管理中项目控制的关键要素及过程。这些要素和过程包括项目群管理过程、项目计划进度管理过程、项目成本经费管理过程、项目人力资源管理过程、项目评估和控制过程、项目质量管理过程、项目知识库管理过程和采购过程。

项目计划进度管理过程包括为确保项目能按时完成所需开展的过程与活动，通过项目计划作为规划进度和制订进度计划的载体，并确立项目顶层规划框架和实施路径计划进度安排。每一层级的项目团队都应有其自身的主集成规划（IMP）和对应的主集成计划（IMS），并能追溯到项目顶层的 IMP 和 IMS。IMP和 IMS 包含项目计划进度管理过程所需的里程碑、主要事件和阶段成果等内容，由项目顶层管理团队负责制订、发布和维护，各下层级项目团队逐层分解。连接IMP 和 IMS 的纽带是项目工作分解结构（WBS）。在 IMP 的基础上，各级项目团队制订相应的 IMS 和项目分进度计划（若需）。同时，项目团队可以基于 IMS产生对应的计划管理视图，包括但不限于项目里程碑计划、各级网络计划图、年度计划和月计划等，并通过信息化手段保障计划实现动态关联与实时联动。

项目成本经费管理过程包括对项目所需的成本和实际使用的经费进行规划、概算、预算、管理和控制而开展的相关过程与活动。基于商用项目的财务目标，商用飞机产品系统的研制不但需要严格定义并控制研发成本（即非重复成本），更需要定义和控制单机成本（即重复成本），并将相关的目标需求转换成可操作的设计需求与目标（DRO）。项目成本经费管理过程就是在上述 DRO 基础上，在项目实施过程中开展相关活动。合理有效的成本经费管理可以保证项目在完成时达到其预算目标。成本概算和成本预算是成本管理中的重要活动，两者所用的工具和技术各不相同，但对项目的有效实施影响都很大。这两项活动合并在规划项目预算中介绍。

项目人力资源管理过程包括组织、管理与领导项目团队所需开展的过程与活动。项目团队由为完成项目而承担不同角色与职责的人员组成。项目团队成员可能具备不同的技能，可能是全职或兼职的，可能随项目进展人数增加或减少。这里的项目团队特指为研制高端复杂的商用飞机产品系统而组建的跨专业、跨部门和跨企业的强矩阵式集成产品团队（IPT）。顶层项目团队需包含客户和供应商等利益攸关方，而基层团队需兼顾设计、制造、维修、运行和测试（DBMOT）等专业要素。尽管项目团队成员被分派了特定的角色和职责，但需要让他们全员参与项目规划和决策。团队成员在规划阶段就参与进来，既可使他们对项目规划工作贡献专业技能，又可以增强他们对项目的责任感。项目管理团队是项目团队的一部分，负责项目管理和领导活动，如各项目阶段的启动、规划、执行、监督、控制和收尾。为了项目利益，项目发起人应该与项目团队一起工作，特别是协助筹集项目资金、明确项目范围、监督项目进程及影响买方和执行组织中的利益攸关方。

项目评估和控制过程包括为项目顺利开展和进行的项目实施监控手段和方法，特别是基于项目计划进度安排下的实施现状、进展预测和变更控制流程等。项目评估和控制过程的基准是项目管理规划（PMP）中确立的项目范围和项目主集成进度计划（IMS）。由于 IMS 不但包含了工作任务和进度节点，还包含了按时完成这些任务所需的资源和经费，所以 IMS 是受控的基线文件之一。当项目的进展影响到 IMS 的顺利实施时，可以通过项目变更控制流程加以评估和调整。项目评估和控制过程的实施是动态的，需要适应项目的发展以及实施主体的环境和文化因素，其效率直接影响到项目目标的最终实现。

项目质量管理过程包括执行组织确定的质量政策、目标与职责的过程和活动，从而使项目满足其预定的需求。质量管理在项目环境内使用政策和程序，实施组织的质量管理体系，并以执行组织的名义，适当支持持续的过程改进活动。质量管理确保项目需求（包括产品需求）得到满足和确认。质量管理需要兼顾项目管理和项目可交付产品两个方面。质量的测量方法和技术则需专门针对项目所产生的可交付产品类型而定。特别需要指出的是，项目的质量管理过程不是为了建立项目自身的质量体系，而是为了在企业组织的质量体系框架内，裁剪并定制项目需执行的质量管理流程，并表明符合性。

项目知识库管理过程是在项目实施过程中恰当地积累所产生的知识，并对知识进行有效的管理。其主要作用是确保在最恰当的时间，将最恰当的知识传递给最恰当的人，使本项目和本企业组织内从事相同工作的人员能够有效地利用这些知识，采取恰当行动或做出基于充分信息的决策（informed decision），支持项目目标的实现。

采购过程是项目协议过程的重要组成部分。协议过程定义了两个组织之间建立协议的相关活动。在全球供应链体系中，由于中国商飞公司在"主制造商-供应商"模式中扮演着"飞机制造商"的角色，因此在本书中的协议过程主要是指采购过程。采购过程描述了飞机主制造商如何与供应商之间建立合同协议，如何有效管理供应商以经济、有效并及时的方式满足主制造商需求的相关活动。

5 产品全生命周期技术过程集

5.1 市场分析过程

从波音公司 20 世纪 60 年代第一架四发波音 747 宽体客机到空客公司 20 世纪 70 年代空客 A300 双发宽体客机,再从波音公司早期波音 737 窄体客机到第一款使用数字电传的空客 A320 客机,商用飞机制造商在确保安全性的同时,一直致力于满足客户和市场的需求。

自 20 世纪 40 年代以来,全球共有 15 个国家和地区的 32 家主制造商研制了 88 款喷气式客机,其中 53 款进入市场但未能实现盈亏平衡,被迫退出市场;28 家主制造商未能度过成长期,最终退出历史舞台。行业内的经典案例:一个是英法研制的“协和号”超声速飞机,由于油耗过高、载量偏小、航程过短、噪声污染严重,导致其受到当时各大航空公司的抵制,仅生产了 20 架,最终在 2003 年结束了飞行生涯。另一个是空客公司的空客 A380 客机,从 2007 年首架飞机交付,到 2021 年停产,只用了 15 年的时间,原因是空客公司在研制空客 A380 的前期认为,未来市场运力将向大型枢纽机场集中,枢纽机场时刻容量会日趋饱和,飞机越大单座成本越低,波音 747 退役后的市场空缺将由空客 A380 填补。而现实是同时期波音公司研发的适合远程点对点直飞的长航程波音 787 系列宽体客机取得了巨大的市场成功。

飞机研制的投资巨大,研制周期长,准确把握未来市场趋势对于飞机研制至关重要。故从研制初期,对航空市场的预测与分析、飞机航程和座级的确定、产品竞争力评估和市场分享量预测等市场分析，运营经济性分析和飞机的定价等经济性研究，航空公司需求的捕获，以及公司的技术能力和产品发展战略等公司战略都需要综合及迭代考虑。

本节通过讨论市场分析过程的目的、必要性、典型的方法和工具，以及在飞机研制过程中的适用阶段、输入、输出、过程活动等（见表5-1），以帮助读者了解和学习中国商飞系统工程的市场分析理念。

5.1.1　描述

市场分析过程，贯穿飞机项目研制的全过程。市场需求预测是商用飞机系统工程活动启动的必要输入和重要依据。在项目启动之前，通常需要对航空市场开展分析预测和客户需求调研工作，提出潜在的产品构想来作为项目需求分析与概念设计阶段的最初输入。

在需求分析与概念论证阶段，通过市场需求预测分析和市场机会识别工作，并结合公司战略和研制能力，提出项目的商业需求与目标，为产品研制需求与目标提供顶层输入。该阶段的航空市场需求预测分析和机会识别工作，即市场可行性分析（包括宏观经济环境和市场环境分析、航空运输市场发展信息、航空运输基础设施分析、行业竞争和经营模式变化、政策与法规研究、客户需求分析、市场机会分析等），可形成《市场可行性分析报告》，该报告将是立项申请报告的重要部分。同时形成产品的商业需求与目标，作为型号研制的顶层指导文件之一。

在初步设计阶段，市场分析的基本任务是开展产品的市场需求符合性评估和市场竞争力评估，同时在该阶段持续开展市场预测分析、目标市场和客户群的筛选、市场适应性分析、运营经济性分析等工作，编写产品简介和宣传手册、客户选型目录，最终选定项目启动的先锋客户并征求设计方案的意见。

在详细设计与全面试制阶段，是开拓市场和收获订单的重要时期。其中，市场分析的任务主要包括如下内容：

表 5-1　市场分析过程 SIPOC

中国商飞　过程名：市场分析过程（A.1）	CMMI 过程域：N/A

下一层级过程：利益攸关方需要捕获过程

过程目的：在项目需求预测分析阶段，通过市场预测分析和市场机会识别，并结合公司战略和研制能力，提出项目商业需求与目标，为产品研制需求与目标提供顶层输入，在产品实现过程中，开展产品竞争力和市场符合性及评估。自初步设计起，通过市场开发活动输出销售线索，制订客户解决方案。最终为产品全面进入初步设计阶段提供必要的输入和保障

必要性：是公司项目筹划启动的基础和产品设计的顶层指导，也是项目进入初步设计阶段的必要条件和产品竞争力的保障

输入（Inputs）：
— 宏观经济环境和市场环境
— 航空运输市场发展信息
— 航空运输基础设施
— 行业竞争和经营模式变化
— 替代交通的发展
— 同类竞争机型信息
— 政策与法规
— 同类机型市场价值信息
— 金融市场信息

提供方（Suppliers）：
— 航空公司、租赁公司
— 机场
— 民航局方
— 科研院校
— 其他利益攸关方和信息来源

过程活动（Processes）：
1. 各类市场信息的收集、汇总和分析
2. 各类数学模型的完善、修订和补充
3. 客户走访和市场调研
4. 产品竞争对比分析和符合性评估
5. 开展市场开发活动

适用阶段：
☑ 概念开发阶段　☑ 全面试制阶段
☑ 立项论证阶段　☑ 试飞取证阶段
☑ 可行性论证阶段　☑ 产品与服务验收阶段
☑ 初步设计阶段　☑ 持续运营/退役阶段
☑ 详细设计阶段

输出（Outputs）：
— 市场可行性分析报告
— 商业需求与目标（BRO）
— 产品竞争力和符合性评估报告
— 市场预测年报
— 产品简介手册和推介材料
— 客户解决方案

使用方（Customers）：
— 客户
— 产品策划团队
— 需求管理团队
— 项目管理团队
— 制造团队
— 客服团队

方法与工具：
方法：商用飞机市场预测模型、商用飞机运行成本分析模型、市场竞争力评估模型、航线适应性分析方法、机场适应性分析方法、市场适应性分析方法、*SWOT 分析法和*波特五力分析方法等
工具：无
注：*表示 DFSS 方法工具

（1）持续开展产品的市场需求符合性评估和市场竞争力评估。

（2）针对每个潜在客户开展航线和机场适应性、运营经济性和销售策略等分析。

（3）为客户提供一揽子解决方案。

（4）完善各类产品简介和宣传手册。

（5）遍访客户并获得反馈意见。

在全面试制和适航验证阶段，市场分析人员应依据各类描述产品的正式技术文件，完善各类产品的市场分析和销售支持文件，按客户要求通过持续完善一揽子解决方案等工作来促进销量。

5.1.2 输入

5.1.2.1 宏观经济环境和市场环境

影响航空运输业发展的宏观经济环境因素包括经济发展水平、经济开放程度、产业结构布局、金融市场融资条件、全球经济波动状况以及政府政策导向等，这些因素共同作用于航空运输市场，影响其需求增长、运营成本及行业竞争力。

宏观市场环境通常指一个国家或地区的政治、经济、科技、社会、文化、自然等外部因素，这些因素是企业不可控制的。其中，油价和基础设施都属于宏观市场环境中的经济因素，对航空业的发展具有重要影响。

5.1.2.2 航空运输市场发展信息

航空运输市场发展信息包括航空运输量、航空公司机队规模、运营的航线、运营成本和收益。航空运输市场发展是航空公司获得经济效益的基础和投入运力的依据，也是飞机制造商研发新机的驱动力。

航空运输量信息包括各市场区域历年来的航空运输总周转量、客公里总量、总客流量和上座率等。

航空公司机队规模信息包括航空公司机队的构成、机龄、飞机所有权（购置或租赁）、订单、交付和退役时间等。

航空公司运营航线信息包括航线距离、运营机型、航班频率和上座率等。

航空公司运营成本和收益信息包括机组和机务人员小时成本、维修工时成本、座公里机票收益和吨公里货邮收益等。

5.1.2.3 航空运输基础设施

航空运输基础设施信息包括机场地理位置、跑道长度、宽度、标高和月平均最高气温、空管系统、航空器维修设施和其他辅助设施（油料设施、消防与救援设施、安全检查设施）等。航空运输基础设施的现状和未来发展是对航空运输市场和经济性有持续性影响的制约因素。

5.1.2.4 行业竞争和经营模式变化

航空公司商业模式决定了企业的运营方式，还决定了企业的竞争优势和市场地位。典型的模式包括网络型、低成本、区域/支线、包机、ACMI、货运等，由于市场需求、技术创新、竞争环境等因素的变化，商业模式不断演变。不同商业模式的航空公司，其价值主张、客户细分、核心资源等均有所不同，对控制成本和提高收益有不同的着眼点，进而对飞机产品和服务的需求也有着不同。

5.1.2.5 替代交通的发展

替代航空的交通方式包括高铁、高速公路等。尤其要关注来自高铁的竞争，它对航线网络、机型和运力的配置都产生了重要的影响。

5.1.2.6 同类竞争机型信息

同类竞争机型的技术信息包括三面图、几何尺寸、客舱布置、设计重量、基本性能、商载航程、发动机、系统配置和供应商、系列化和共通性、取证年份等。

同类竞争机型的市场信息包括总订单数、确认订单数、储备订单数、订单分布、目录价以及市场现价等。

5.1.2.7 政策与法规

政策是指由国家或地方政府发布的，涵盖飞机销售、运营、处置环节的非商业性政策，包括飞机引进、市场准入、运营收费、运营补贴、航权与时刻分配、国有航司经营考核等方面政策。

法规是指规范民航领域的法律法规，包括宪法、法律、行政法规、地方法规、国际条约、部门规章等，主要涉及民用航空、航空运输、航空制造、航空安全等方面的规定和要求。

政策与法规是政府规范市场行为和维持经济可持续发展的有效措施，对飞机运行经济性起到制约性的作用。

5.1.2.8 同类机型市场价值信息

同类机型的市场价值信息是公司产品定价的主要参考因素之一。商用飞机的目录价格由制造商公开公布，而销售价格属于商业秘密，通常只可以用第三方机构对飞机的估值来进行分析。同类机型的市场价值并不代表真实的合同成交价格，但是在稳定的市场环境下，会接近于合同成交价格。影响飞机价值的因素较为复杂，不仅与国家、行业的宏观经济因素有关，而且与特定机型乃至某架飞机使用情况密切相关。

在进行市场价值分析时，首先需要确定具体对标机型，对其市场行情、价格趋势进行分析，对比历史价格，识别价格波动的规律，分析不同型号飞机价格差异的原因，在了解影响因素的基础上创建模型进行价格预测，使用统计和经济模型，结合收集的数据，总结同类机型市场价值趋势、影响因素以及未来预期，同时考虑外部市场环境的动态变化，需要保证数据和分析的时效性和准确性。

5.1.2.9 金融市场信息

融资支持作为航空公司飞机引进过程中不可或缺的部分，突出了公司产品金融属性的重要性。金融市场信息主要包括航空市场的融资成本、融资偏好和融资渠道。与飞机的引进成本直接相关，进而影响飞机的经济性。

5.1.3 过程中的活动

5.1.3.1 各类市场信息的收集、汇总和分析

利用各种渠道，收集各类市场信息，并进行汇总、分析和更新，提出分析结论、分析报告或专题报告。

5.1.3.2　各类数学模型的完善、修订和补充

各类数学模型（市场预测、DOC 分析、竞争力评估、市场适应性评估、机场适应性分析、航线适应性分析、航线规划和机队规划等）需要不断完善、修订和补充。

5.1.3.3　客户走访和市场调研

客户走访和市场调研是获取市场信息和客户需求的重要渠道。客户走访和市场调研的单位包括航空公司、航空租赁公司、民航研究机构、大专院校、飞机制造商、航空发动机和机载系统供应商等。

5.1.3.4　产品竞争对比分析和符合性评估

在产品研制的过程中，通过开展市场需求符合性评估和产品竞争力评估，及时掌握飞机研制需求与目标、飞机研制状态与商业需求与目标（BRO）之间的偏差，以及与竞争机型相比的优劣势，提出优化改进建议，确保飞机产品的研制满足市场与客户的需求。

5.1.3.5　开展市场开发活动

市场开发活动的目标是通过各种有效方式寻求新用户，开辟新市场，包括把新产品推广到目标市场或目标客户群，或者把现有产品推广到新的目标市场或新的目标客户群，以求扩大市场范围，增加销售量，延长市场成熟期。市场开发活动包括但不限于参加航展或展会、举办会议或论坛、举办推广活动（演示飞行/客户体验/地面展示）、现场推介、发布广告；可供使用的市场开发工具包括信息化平台、飞机、数据库（适航政策/竞争对手信息/客户信息/航线网络/机队）、选型中心。

5.1.4　输出

5.1.4.1　市场可行性分析报告

从全球航空市场分析、全球航空市场需求预测、竞争机型及竞争态势分析、客户需求分析等方面来论证产品所处的市场环境和竞争态势，结合产品的市场定位和预期的分享量目标给出市场可行性论证的建议，形成分析报告，支持项目立

项工作。

5.1.4.2 BRO

BRO 是型号项目研制的顶层要求，通常包括使命与愿景、项目需求与目标、产品需求与目标、服务需求与目标、产业需求与目标等内容。BRO 必须在全面分析和预测航空市场、充分开展竞争分析并综合评估技术风险的基础上，深入进行市场调研、广泛听取航空公司等客户的意见与建议，反映市场对特定类型飞机产品的具体要求，同时考虑产业、企业和项目等发展要求，并以需求的形式进行概括描述，以供公司产品战略决策和飞机产品设计目标定义使用，是覆盖飞机产品全生命周期的顶层指令性文件。

5.1.4.3 产品竞争力和符合性评估报告

依据市场竞争力评估模型开展竞争机型数据收集、分析和对比评估，通常需同时评估公司产品的 BRO 状态、ADRO 状态、现状等不同状态，形成市场竞争力评估报告，使产品在研制过程中能及时掌握所处的竞争状态，针对不足之处尽早制订优化改进的计划。

根据所处研制阶段的不同，市场需求符合性评估需要将 ADRO、产品现状与 BRO 的符合性进行分析评估，形成市场符合性评估报告，使产品在研制过程中能及时掌握飞机状态与研制目标的偏离情况，尽早制订纠偏措施，以确保飞机能够满足市场与客户的需求。

5.1.4.4 市场预测年报

民用航空市场预测是通过对航空市场供求变化相关影响因素进行研究，分析历史航空市场发展规律，判断未来航空市场发展趋势，从而预测未来航空市场旅客的市场需求。其输出结果是未来航空市场各个区域各个座级的飞机数量。中国商飞公司自 2010 年起持续向全球发布二十年航空市场预测年报，预测年报是公司市场研究和公司战略研究的工作基础，也是行业内机场、航空公司、供应商未来资金投入、战略规划的参考依据。

5.1.4.5 产品简介手册和推介材料

依据品牌推广、市场开拓、飞机销售等不同目的和阶段或不同类型的客户，编写各类侧重点不同的产品推介材料。材料内容包括公司介绍、产品里程碑、订单和客户、产品市场定位、主要性能参数、客舱和货舱布置、机体和系统供应商、主要系统特点、产品特色和竞争优势、运营情况等，同时在销售阶段还会按需要增加客户化解决方案、或根据客户需求进行内容调整。

5.1.4.6　客户解决方案

1）技术解决方案

技术解决方案旨在飞机销售、运营和处置环节，在满足合法合规性的基础上，基于对客户的需求分析，为客户策划和制订技术解决方案，如开展机场航线适应性分析、开展飞行计划制订、飞机市场需求分析、开展机队和航线网络规划、开展运营经济性分析、机场运营能力评估、开展性能担保和 DMC 担保，帮助客户更好地运营飞机产品，丰富航线网络，提升盈利能力。

2）客户服务解决方案

客户服务解决方案旨在飞机销售、运营和处置环节，在满足合法合规性的基础上，基于对客户的需求分析，为客户策划和制订客户服务解决方案，包括但不限于维修支持解决方案、航材支援方案、培训方案等。

3）客户金融解决方案

客户金融解决方案是一系列为飞机购买客户定制的金融服务组合，用于帮助客户解决购买飞机时的资金难题。

从融资支持方式上看，融资目前以银行贷款和飞机租赁为主，辅助其他的增信工具，同时也会涉及金融风险管理，通过对交易结构的设计协助和金融工具的使用为客户规避汇率波动，利率变化等风险。降低客户的飞机引进成本。

4）客户资产管理解决方案

资产管理解决方案是贯穿产品全寿命周期的一套综合服务，目的是帮助客户更有效地管理飞机资产，同时在阻击竞争对手、增加公司销售方案吸引力、扫除已有订单交付障碍等方面都起到了积极作用。目前主要的服务是在飞机处置环节，当客户想要出售或退役飞机时，提供资产处置策略。这可能包括寻找合适的卖家，改装或者拆解销售，以最大限度地回收资产价值。

5）客户支持政策解决方案

客户支持政策是指国家或地方政府以公开或非公开方式出台的政策中，有利于航空公司客户开展飞机引进、公司运营、飞机处置等事项的相关条款。在飞机的销售、运营和处置环节，根据客户在不同时期、不同阶段提出的支持政策诉求，充分利用现有政策及正在争取中的政策，制订相应的解决方案。

5.1.5　方法与工具

5.1.5.1　商用飞机市场预测模型

商用飞机市场预测模型由如下三部分构成：

（1）利用全球民用航空运输量、经济数据历史数据进行回归分析，得到航空运输量需求预测模型（需求模型），代入经济预测数据得到未来航空运输量预测。

（2）将过去20年机队变化（机队规模、交付量、订单、退役情况）整理，形成机队预测模型（供给模型），分析未来各市场区域不同座级机队的退役、替换、交付和增长，得到各市场区未来机队交付及规模预测。

（3）将需求模型和供给模型的预测结果转化为可供座公里（ASK），通过反复迭代和协调，得到各市场区不同座级飞机未来20年需求量的预测。

5.1.5.2　商用飞机运营经济性分析模型

运营经济性分析模型是通过飞机主要技术参数、航空公司主要运营参数、经济环境参数、价格与税收参数、薪酬参数与飞机各项运营成本之间的函数关系，对飞机运营成本进行分析和评估的模型。飞机运营经济性是航空公司引进飞机的重要考虑因素之一。从制造商角度，主要关注直接运行成本（DOC），DOC分为所有权成本和现金运营成本，其中所有权成本指的是航空公司以自购、租赁等方式获得飞机使用权所付出的成本；现金运营成本是与飞机运营直接相关的成本，包括燃油成本、维修成本、机组成本、机场收费、地面服务费、导航费和民航发展基金等。DOC分析模型主要用于设计优化和竞争分析。从航空公司角度，部分地区的航空公司将运营成本分为变动成本和固定成本。不同市场区有不同的市场和经济环境，测算条件和条目需要相应调整，特别是在销售阶段与航空公司对接时，运营成本结构和测算条件需要与航空公司保持一致。

5.1.5.3 民用飞机市场竞争力评估模型

民用飞机市场竞争力评估模型构建的目的是将民用客机的多个指标合成为一个综合指标，令该综合指标能反映民用飞机的市场竞争力。该模型包含八个一级指标，分别是运营参数、舒适性、环保性、可靠性和维修性、灵活性和共通性、经济性、售后支持、企业因素，每个一级指标又可细分为若干二级指标、三级指标，通过德尔菲法和层次分析法确定指标权重，针对支线机、单通道客机、双通道客机、货机有不同的指标体系和权重设置。

5.1.5.4 机场适应性分析方法

机场适应性分析是航空公司选择机型的重要依据，也是飞机制造商产品销售的基本工具。机场适应性分析指的是以飞机技术性能数据为基础，以适航条例（CCAR-25部、CCAR-121部和CCAR-91部）为准则，分析飞机在特定机场的起降能力和限制（限制起飞重量、着陆重量和商载），要求考察的主要因素包括起飞机场、目的地机场以及备降机场的跑道长度、标高、月平均最高气温、跑道坡度、障碍物和道面承载能力等。

5.1.5.5 航线适应性分析方法

航线适应性分析是航空公司选择机型的重要依据，也是飞机制造商产品销售的基本工具。航线适应性分析指的是以飞机技术性能数据为基础，以适航条例（主要是CCAR-25部、CCAR-121部和CCAR-91部）为准则，分析飞机运营特定航线的能力和限制（限制起飞重量和商载），要求考察的主要因素包括在给定航路、巡航高度、飞行速度、起降机场和目的地机场、携带符合适航要求的备份油和考虑航路风、温条件下的起飞着陆重量限制及商载能力，并考虑单发失效条件下的飞越航路最低安全高度的能力、客舱释压后紧急下降过程中飞越航路障碍物的能力，以及在给定条件下（如特定起飞重量、给定商载、飞行剖面和备份油规则）的航程能力等。

5.1.5.6 市场适应性分析方法

市场适应性分析是航空公司选择机型的重要依据。飞机座位数的选择，与航线客流量、航班频率以及上座率之间存在相互作用，直接影响航空公司的市场份额、竞争力和运营经济性。市场适应性分析方法是飞机制造商产品销售的基本工具。

5.1.5.7　SWOT 分析法

SWOT 分析法是用来确定企业自身的竞争优势、竞争劣势、机会和威胁，从而将公司的战略与公司内部资源、外部环境有机地结合起来的一种科学的分析方法。运用这种方法，可以对研究对象所处的情景进行全面、系统、准确的研究，从而根据研究结果制订相应的发展战略、计划以及对策等。SWOT 中的 S（strengths）是优势，W（weaknesses）是劣势，O（opportunities）是机会，T（threats）是威胁。所谓 SWOT 分析，即基于内外部竞争环境和竞争条件下的态势，将与研究对象密切相关的各种主要内部优势、劣势和外部的机会和威胁等，通过调查列举出来，并按照矩阵形式排列，然后用系统分析的思想，把各种因素相互匹配起来加以分析，从中得出一系列相应的结论。

5.1.5.8　波特五力分析

波特五力模型由迈克尔·波特（Michael Porter）于 20 世纪 80 年代初提出，对企业战略制订产生全球性的深远影响，是企业分析所在行业竞争特征、制订竞争战略时利用的战略分析工具。这五种竞争力如下：供应商讨价还价能力、购买者的议价能力、潜在进入者的威胁和替代品的威胁、同一行业的公司间的竞争。波特的"五力"分析法是对一个产业盈利能力和吸引力的静态断面扫描，说明的是该产业中的企业平均具有的盈利空间，所以这是一个产业形势的衡量指标，而非企业能力的衡量指标。因此，用于外部环境的分析。本方法可以结合 SWOT 方法，利用"五力"可更系统的找出产品在行业竞争中面临的主要外部机遇和挑战。

5.1.6　注意事项与经验

飞机的研制具有周期长和投资大的特点，而市场具有时效性、多变性的特点。因此，市场研究应强调前瞻性。

航空运输业已进入大众化时代。成本的压力，已使得航空公司把对技术先进性的追求，转向了对市场经济性的追求。因此，现代商用飞机的研发比以往任何时期都更重视市场经济性，先进技术只有在有利于降低成本和提升安全性时才能为航空公司所接受。

"客户需求就是设计需求"的概念，对于飞机研制是错误和有害的。如果把所有的客户需求都加以考虑，飞机将变得"臃肿不堪"，毫无经济性可言。成功的机型都有一个共同的特点：聚焦于大多数客户所关心的同一方面而非所有的客户需求。

5.1.7 与 SAE ARP 4754A/B 的符合性

无。

5.1.8 型号案例分析

5.1.8.1 引言

结合销售实际工作，以某航司某型飞机销售项目为例，展示如何为客户提供机场适应性、航线适应性以及运营经济性测算分析等技术解决方案。

5.1.8.2 典型航线选择

针对某型飞机，根据西北地区某中小航空公司（简称"AA航空"）的战略规划，以该AA航空初期运营的主基地兰州和备选过夜基地敦煌为中心，选取在政策导向、市场运营、航路特征等有代表性的10条省内、省外航线，包括干线和支线、远程和短程特征，如兰州—庆阳、兰州—银川、兰州—成都等。

上述典型航线涉及的机场和航线部分信息如表5-2、表5-3所示。

表5-2 机场基本信息

机　　场	机场三字码	跑道长度/m	标高/m	月平均最高温/℃
兰州中川	LHW	4 000	1 947.2	26.1
敦煌	DNH	3 400	1 124.7	33.1
……	……	……	……	……

表 5-3　航线基本信息

航　段	航线	航距/km	风速/kn[①]	ISA 偏离/℃	巡航高度/ft	滑出时间/min	滑入时间/min
兰州—敦煌（支线）	去程	1 098	−75	12	35 000	10	10
	回程	1 098	32	12	35 000	10	10
兰州—金昌（支线）	去程	375	−39	14	25 000	10	10
	回程	375	5	14	25 000	10	10
……	去程	……	……	……	……	……	……
	回程	……	……	……	……	……	……

注：① 节（kn），速度（航速）法定单位，1 kn＝1.852 km/h。

5.1.8.3　机场适应性分析结果

经分析，典型航线共涉及 11 个机场，部分信息如表 5-4 所示。通过检查机场条件是否满足飞机起降包线、使用温度包线、飞机等级号（ACN）值、道面等级号（PCN）值、消防保障等级等运营要求，可推断出该型飞机均能在这些机场开展运营活动。

表 5-4　机场信息及适应性分析结果

序号	IATA	机　场	机场标高/m	飞行区等级	月平均最高气温/℃	月平均最低气温/℃	PCN	消防保障等级	跑道长度/m	跑道宽度/m
1	LHW	兰州中川	1 947.2	4E	26.1	−14.1	75	8 级	4 000	45
2	DNH	敦煌	1 124.7	4D	33.1	−12.6	73	6 级	3 400	45
……	……	……	……	……	……	……	……	……	……	……

考虑各机场月平均最高温度、标高、干跑道、无风等条件，分析可得该型飞机在给定起飞重量下的起飞场长和最终起飞限重值（考虑场长限重、二阶段爬升限重、最终爬升限重、越障爬升限重）。由此可见，部分机场由于跑道长度原因存在少量限重，在花土沟和嘉峪关存在一定的二阶段爬升梯度限重，其余均可全

重起飞。由于分析时考虑了相对极端的月平均最高温度条件，因此实际的适应性会更好。

5.1.8.4 航线适应性分析结果

基于以下假设条件开展航线适应性分析：

（1）构型：某型飞机90座，90千克/人。

（2）航路风/温：主航段考虑85%概率年度平均风/温；备降段无风，国际标准大气压（ISA）。

（3）备份油规则：考虑200海里①备降段距离，在目的地机场上空450米（约1500英尺）高度等待45分钟。

（4）滑入滑出时间：成都、深圳机场滑出时间30分钟，滑入时间20分钟，乌鲁木齐机场滑出时间20分钟，滑入时间10分钟，其余机场滑入滑出均为10分钟。

（5）巡航速度：主航段以0.76马赫定速巡航，备降段以远程巡航（LRC）。

分析得到典型航线的轮挡时间及油耗数据，部分数据结果如表5-5所示。因此，该机型飞机在所有航线上均能满客运营。

表5-5 航线适应性分析结果

序号	起飞机场		到达机场		航路距离/km	载客数/人
1	LHW	兰州	DNH	敦煌	1 098	90
2	DNH	敦煌	LHW	兰州	1 098	90
……	……	……	……	……	……	……

5.1.8.5 航线运营经济性分析结果

针对选定的航线开展运营经济性分析，计算条件如表5-6所示。其中，运营环境、经济环境等数据来自相应数据库，机组薪酬数据来自AA航空公司；在

---

① 海里（n mile），长度法定单位，1 n mile≈1 852 m。

收入方面，经济舱票价来自 IATA 数据库，补贴收入参考民航局发布的支线航空补贴标准。

表 5-6 运营经济性计算条件

序　号	项　　目	条　　件
1	贷款年利率	3.85%
2	机体备件比例	6%
3	发动机备件比例	20%
4	美元汇率	7 RMB/USD
5	燃油价格（含税）	6 RMB/kg
6	日利用率	8 h
7	飞机残值	5%
8	客舱布局	90 座全经济舱
9	经济舱客座率	87%
10	餐食费	5 元/客
11	机长薪酬	××万元/年
12	副驾薪酬	××万元/年
13	乘务薪酬	××万元/年
14	飞机折旧年限	20 年

运营经济性通过测算包括变动成本（如燃油费、维修成本、餐食费、导航及进近指挥费和地面服务费等）与固定成本（如所有权成本、机组固定薪酬、专业人员培训费和管理费用等）来求得小时的总成本、客票收入、补贴收入、总收益以及利润等经营经济性指标。

5.2 利益攸关方需要捕获过程

从传统狭义的角度来讲，对于飞机制造商而言，大型商用客机客户主要是指航空公司或租赁公司，即产品的"买家"。但从现代广义的角度来讲，客户则指的是所有相关利益攸关方（stakeholders），包括客户、使用方、投资方、供应商、监管方以及飞机主制造商等，其中每一个利益攸关方的需要都非常重要，是驱动商用飞机产品设计的原动力。例如，作为飞机产品使用方之一，飞机副驾驶，他们某些需要很大程度上将会影响飞机的安全驾驶。在紧急飞行状况下，机长必须全神贯注控制飞机姿态，这时就需要副驾驶通过翻阅飞行手册，来查询标准的应急处理程序，并告知机长。此时，副驾驶就需要在驾驶舱合适的位置有亮度适宜的照明灯来进行照明支持，这就变成了飞机内部照明系统的需求之一。

飞机主制造商必须在每一个型号项目设计之初，首先要做的就识别出尽可能全面的利益攸关方，充分捕获他们的需要，并通过权衡分析的方法，将"客户之声"转化为设计需求，从而保证产品最终交付给客户时，能够最大限度满足核心利益攸关方的需要。

本节通过讨论利益攸关方需要捕获过程的目的、必要性、典型的方法和工具，以及在飞机研制过程中的适用阶段、输入、输出、过程活动等（见表5-7），以帮助读者了解和学习中国商飞系统工程的利益攸关方需要捕获理念。

5.2.1 描述

利益攸关方需要捕获的目的是完整识别利益攸关方，并识别、获得、协调和维护利益攸关方的需要，此过程是系统工程技术过程中的初始过程，为的是规范项目研制范围，为系统设计和产品实现奠定基础。

5.2.2 输入

5.2.2.1 初步识别利益攸关方

利益攸关方指能影响项目决策、活动或结果的个人、群体或组织，以及会受或自认为会受项目决策、活动或结果影响的个人、群体或组织。通俗地讲，利益攸关方不仅仅是指传统上某种产品或服务的购买者，即客户，而是所有与产品设计研发、生产制造、销售运行等全生命周期活动相关的个人、群体或组织。例如，对于某商用飞机项目，其利益攸关方不仅包括传统意义上的客户，即航空公

表 5-7 利益攸关方需要捕获过程 SIPOC

中国商飞

过程名：利益攸关方需要捕获过程（A.2）　　　　　　　　　　　　　　CMMI 过程域：3 级过程——RD 需求开发

下一层级过程：功能分析过程

过程目的：识别项目的利益攸关方并捕获利益攸关方的需要

必要性：用于规范项目的研制范围，为系统设计和产品实现奠定基础

输入（**I**nputs）：
— 初步识别利益攸关方
— 型号设计的市场要求
— 上一层级设计方案与需求

提供方（**S**uppliers）：
— 市场分析团队

过程活动（**P**rocesses）：
1. 识别完整的利益攸关方
2. 捕获并综合利益攸关方需要
3. 利益攸关方需要确认

适用阶段：
☑ 概念开发阶段　　　　　☐ 全面试制阶段
☑ 立项论证阶段　　　　　☐ 试飞取证阶段
☑ 可行性论证阶段　　　　☐ 产品与服务验收阶段
☑ 初步设计阶段　　　　　☑ 持续运营/退役阶段
☑ 详细设计阶段

输出（**O**utputs）：
— 利益攸关方清单
— 利益攸关方需要
— 产品概念文档
— 效能指标

使用方（**C**ustomers）：
— 需求团队

方法与工具：
方法：*头脑风暴、*调查问卷和采访、原型与仿真、面向供应链过程的利益攸关方模型（如用例图、活动图、建模和仿真）等
工具：无
注：* 表示 DFSS 方法工具

司和租赁公司，还包括其供应商、分包商、适航审查方等。

由于不同的利益攸关方进入项目的阶段不同，实际上，识别利益攸关方活动发生在项目研制的多个阶段。对于商用飞机项目而言，在项目初期，重点考虑在研型号将来是不是有市场，这直接关系到项目能否成功，因此，这个阶段更多地关注市场客户的需要，市场上竞争者同级别产品的情况，以及对目标机场的运营保障条件的适应性等方面；随着型号产品研制过程的进行，在产品开发阶段，更多地关注产品未来的使用者，包括飞机飞行员、机务、乘务、场务人员等的使用需要；随着产品方案的逐步实现和不断细化，将更多地考虑飞机主制造商及其供应商当前的设计研制能力，需要邀请供应商更多地参与产品方案的形成；在这个过程中，产品设计需求会不断细化，对于型号产品的适航要求、行业标准要求等就需要充分纳入其中。在产品交付给客户之后，客户对产品不断提出的意见也属于产品改进的"利益攸关方需要"。

5.2.2.2　型号设计的市场要求

通过市场分析活动对市场和商机的研究和预估，形成综合企业发展策略后，依据公司的研发能力和市场战略，在概念设计阶段提出指导性文件。

5.2.2.3　上一层级设计方案与需求

在产品逐层分解研制过程中，每一层的设计结果，都将成为下一层级利益攸关方需要的一部分，即下一层级的需要。

5.2.3　过程中的活动

5.2.3.1　识别完整的利益攸关方

识别利益攸关方是进行利益攸关方需要捕获的第一步，而建立利益攸关方清单最大的挑战是如何完整地识别利益攸关方。利益攸关方可以概要地分为客户和其他利益攸关方两大类。客户是指产品或服务的直接接收方。在商用飞机研制过程中，客户是指飞机购买方，如航空公司、租赁公司等。

利益攸关方清单包含飞机全生命周期内所有可能存在直接或间接"利益"影响的个人、群体或组织，因此，在考虑利益攸关方过程中，一方面需要充分关注系统的全生命周期；另一方面，可以从价值链的角度，考虑所有可能的利益攸关方，尽量确保清单的完整性。

一般而言，商用飞机研制的利益攸关方包括但不限于飞机主制造商、飞机客户、飞机运营商、适航当局、系统供应商、机场、空管机构、机组、乘客、地勤人员、维护人员、售后支持人员、环境保护组织、培训人员、市场人员、法律人员、制造人员和子系统供应商等。每一个利益攸关方都是潜在的需要来源，尽早识别利益攸关方对项目来说至关重要。

5.2.3.2　捕获并综合利益攸关方需要

基于利益攸关方清单，应建立利益攸关方需要捕获团队来捕获并综合利益攸关方需要。

利益攸关方需要捕获团队应针对不同的利益攸关方，由市场、维护、培训支持、法律、适航、设计、制造等不同团队的人员组成。这个团队需要理解项目任务和目标，清晰地描述和记录项目任务和目标有利于确保项目团队朝一个共同的目标开展工作。

该团队与设计部门中需求分析与设计团队不同，这包括大量与利益攸关方的交互、协调和确认的工作，因此应成立面向客户的工作团队来执行此工作。

1）捕获利益攸关方需要

需要往往隐藏在利益攸关方内部，属于隐性而非显性的信息。因此将此类信息显性化的工作，需要有效主动的需要捕获过程，进行需要的引出（elicitation）。在整个系统工程过程中，要反复地、主动地与利益攸关方进行交流和沟通，搜集利益攸关方的需要和期望，使得所有参与者在项目任务和目标上达成一致的理解。

获得并引出利益攸关方需要的方法有头脑风暴、调查问卷和采访、原型与仿真、面向供应链过程的利益攸关方模型等。

利益攸关方需要也包含产品/系统的运行使用目标，主要描述产品/系统如何运行、如何使用和如何操作。这些内容用于支持本节建立运营概念活动的开展。

在获得原始需求的同时，还需要考虑可能存在的约束条件，约束条件可能来自外部，例如业界技术水平、客户特定约束等；也可能来自内部，如现有能力、先进技术研究状态、项目的成本约束和进度约束等。约束条件非常重要，也属于必须要满足的要求，在项目一开始就应主动识别，在确定了约束条件后需要对其进行条目化管理。

2）利益攸关方需要的综合

不同利益攸关方的原始需要相互制约和冲突的情况大量存在，并不是需要在一款产品中满足所有利益攸关方的所有需要，应重点满足关键的、核心的需要。因此，在捕获原始的利益攸关方需要的基础上，应进行有效综合，包括取舍、合并、妥协折中和排序。如不同的航空公司对座机市场的前景预估的不同导致不同的座机需要，对飞机技术先进性的需要和单架成本的需要相互制约，系统研制的现实约束和能力水平与利益攸关方诉求的矛盾。针对这些部分，须进行权重分析、权衡取舍和综合等活动，并与相关利益攸关方反复沟通和协调，最终获得一个可行的、能被多方认可的利益攸关方需要。

对于不同类型的利益攸关方，在型号项目决策中的侧重点是不同的，即针对不同决策时利益攸关方的优先级别是不同的，因此须根据其重要程度确定优先级。

3）建立运行等概念

在利益攸关方需要捕获阶段，为了一方面与客户等利益攸关方进行功能确认，另一方面便于后续的功能分析工作，转换形成有效的功能清单和架构，应在早期建立系统运行等场景。运行场景描述待开发的产品系统的预期运行行为，同时还包括产品的制造、维护、更新和退役报废概念行为。因此需要综合尽量广泛的利益攸关方需要的输入，如运行人员、维护人员和管理人员等。运行场景分析从系统之系统的视角，基于当前和未来潜在的商用运行环境，分析不同运行场景下飞机的运行任务和外部交互，充分捕获众多飞机利益攸关方的需要，具体示例如图 5-1 所示。运行场景在项目前期非常重要，是形成产品功能和需求的必要手段，在利益攸关方需要捕获阶段形成，并逐步细化。运行场景后续广泛用于概念分析、需求分析和需求确认过程中。

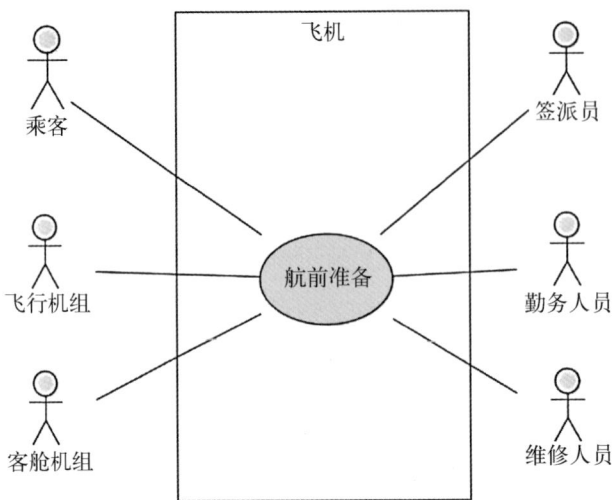

图 5-1　航前准备场景利益攸关方用例图

运行场景包括对产品/系统的关键的、顶层的性能需求和目标的描述，以及简略的系统初步功能框图。

运行场景应考虑系统生命周期的各方面，包括但不限于以下方面：

（1）运行概念（ConOps），从产品运行中操作人员（如飞行员、地勤人员、机场其他工作人员、空管工作人员等）和用户（如乘客、航空公司）等角度，描述预期的系统如何在预定环境中运行。

（2）制造概念（production concept），从产品制造角度，描述系统将会如何制造。

（3）支持概念（support concept），描述对系统正常运行的维护支持，包括维护、培训、后勤物流、支持等活动、设施和人员。

（4）退役报废概念（disposal concept），描述系统如何退出运营并退役的，包括各类退役相关的处置。

4）建立效能指标

效能指标（MOE）是用来反映利益攸关方的总体满意度的指标，代表了利益攸关方对产品/系统性能、安全性、可靠性、派遣性、可维修性等要求的量化程度。

建立 MOE 后，可以实现对其进行控制和分解，衡量利益攸关方要求被系统的需求、方案和最终产品满足的程度，直到最终产品确认。通过分析利益攸关方需要和 MOE，不断与利益攸关方沟通交流，以达到规范利益攸关方需要的目的。

5.2.3.3 利益攸关方需要确认

利益攸关方需要文档是产品/系统设计需求的重要输入和基础。在前面活动的基础上，利益攸关方需要文档已经基本成熟，相关内容已与利益攸关方充分沟通，应通过评审等正式的方式，与利益攸关方一起进行需要文档的确认和认可。

对获得利益攸关方承诺的需要文件进行文档管理，确定基线。该文件作为后续产品/系统设计需求文件的正式输入文件。

利益攸关方需要经权衡分析（即后续的功能分析和需求分析等活动）后进入不同需求文件，只要利益攸关方需要与设计需求实现了同步关联，随着需求在产品方案中的落实，从利益攸关方需要、需求到产品方案落实的闭环便能够建立，确保了最终的产品是能够满足利益攸关方需要。

5.2.4 输出

5.2.4.1 利益攸关方清单

形成正式的利益攸关方清单，常见的产品系统利益攸关方类型包括但不限于以下各方：

（1）客户（customers）。

（2）运营保障（host-country corporation）。

（3）投资方（investors）。

（4）供应商（suppliers）。

（5）监管方（government）。

（6）主制造商（enterprise）。

（7）竞争者（competitors）。

（8）非政府组织/政府团体（NGO/political groups）。

（9）地方社区（local communities）。

（10）分包商（sub-contractor）。

详细的利益攸关方清单参见本书附录 B4。

5.2.4.2　利益攸关方需要

正式成文、确定基线且通过批准的利益攸关方需要，包括系统能力、功能或服务、成本和进度等约束。以下是一种典型的飞机级利益攸关方需要的分类：

（1）市场。

（2）系列化发展。

（3）适航取证要求。

（4）商载航程。

（5）设计特征重量。

（6）舱室。

（7）发动机和系统选用。

（8）性能。

（9）经济性。

（10）飞机内外环境。

（11）运营要求。

（12）维修。

（13）客户服务和担保。

（14）材料选用。

（15）制造需求。

（16）主制造商/供应商。

（17）培训。

（18）报废。

5.2.4.3　产品概念文档

从系统生命周期（包括制造、运营、维护、报废，不包括研制）来描述产品/系统的行为。概念文档包括对客户/用户和系统的描述，对需要和目标的概述，同时包括对运营方、维护人员和保障人员的描述。

产品概念文件通常包括如下内容：

（1）顶层运行等概念方案，包括通过批准的运行行为模型（可形式化为功能流框图）和事件记录，对应的模型和事件记录可以往回追溯到原需求。

（2）背景环境图。

（3）任务分析结果，包括对产品/系统的关键性能要求和目标的描述。

5.2.4.4　效能指标

对5.2.3.2节第4）条所述"建立效能指标"活动中收集到的MOE指标进行文档化管理，形成MOE文件。MOE文件内容如下：

（1）MOE指标清单，确保其可以被考核。

（2）MOE指标描述。

（3）MOE指标与客户/利益攸关方需要的追溯关系。

（4）MOE与产品概念的追溯关系（如果有）。

5.2.5　方法与工具

利益攸关方需要捕获方法包括头脑风暴、调查问卷和采访、原型与仿真、面向供应链过程的利益攸关方模型等。

5.2.5.1　头脑风暴

头脑风暴法的一般形式是集中有关专家召开专题会议，主持人以明确的方式向所有参与者阐明问题，说明会议的规则。主持人一般不发表意见，专家们自由提出尽可能多的方案。确定利益攸关方清单可采用头脑风暴法。

5.2.5.2　调查问卷和采访

调查问卷也称问卷法，它是运用统一设计的问卷向被选取的调查对象了解情况或征询意见的调查方法。问卷法是以书面提出问题的方式搜集资料的一种研究方法。研究者将所要研究的问题编制成问题表格，以邮寄方式、当面作答或者追踪访问方式填答。问卷法的运用，关键在于编制问卷、选择被试者和结果分析。

采访是一种信息的采集和收集方式，通常通过和利益攸关方面对面交流来获取信息。

5.2.5.3 原型与仿真

通过建立原型（prototype）或仿真模型（simulation），可以比较具体、形象地再现某些飞机或具体系统的使用场景，从而便于与利益攸关方进行沟通和交流，以准确地捕获利益攸关方的真实意图。

5.2.5.4 面向供应链过程的利益攸关方模型

图 5-2 所示是一个面向供应链过程的利益攸关方模型，描述了主要的与某个工程项目有关的利益攸关方类型。其中，项目是组织整个模型的核心，深色的模块是与市场有关的利益攸关方，浅色的模块是与市场无关的利益攸关方。

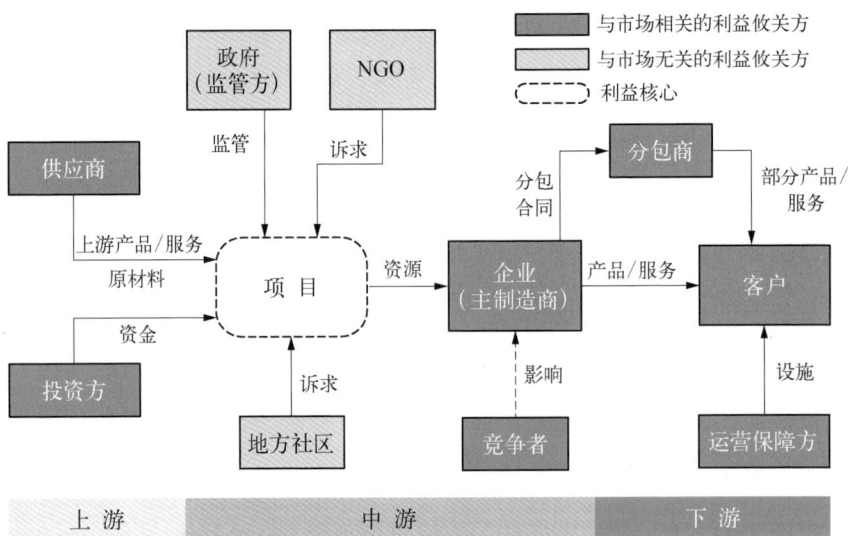

图 5-2　面向供应链过程的利益攸关方模型

上游的利益攸关方包括两种：投资方和供应商。投资方为项目提供了资金，供应商提供了项目所需的原材料、上游产品或服务等。

中游最重要的利益攸关方是企业（主制造商）。项目为企业提供了资源，而企业是整个项目的实施者和载体，负责形成/生产项目预期的成果（产品或服务）。同行业的竞争者对于企业的研制、生产活动必然带来一定的影响，因此，也是项目的利益攸关方。另外，项目中的研制活动还将受到政府（如适航、飞标、环保等部门）的监管，并需要考虑一些非政府组织（NGO）（如环境保护组织、动物保护组织等）的诉求。此外，对于企业所在地方社区的诉求，如就业机会和环保诉求等，也需要考虑到。

下游的利益攸关方主要是客户，以及分包商和运营保障方。企业提供产品/服务给客户，其中可能分包一部分产品/服务给经过资质认证的分包商（如维修），为客户提供售后支持，而运营保障方（如机场）为客户使用产品提供了必要的公共设施和客观条件。

利益攸关方的识别就是在上述模型的基础上，对每种利益攸关方进行进一步分类，并梳理、填写具体的利益攸关方实例。例如，对于商用飞机而言，供应商又可进一步细分为设计供应商/系统供应商、制造供应商和试验供应商。

按照上述方式识别其他几种类型的利益攸关方，图 5-3 已逐一列举实例，此处不再赘述。图 5-3 是将图 5-2 中每种具体的利益攸关方类型置换为与商用

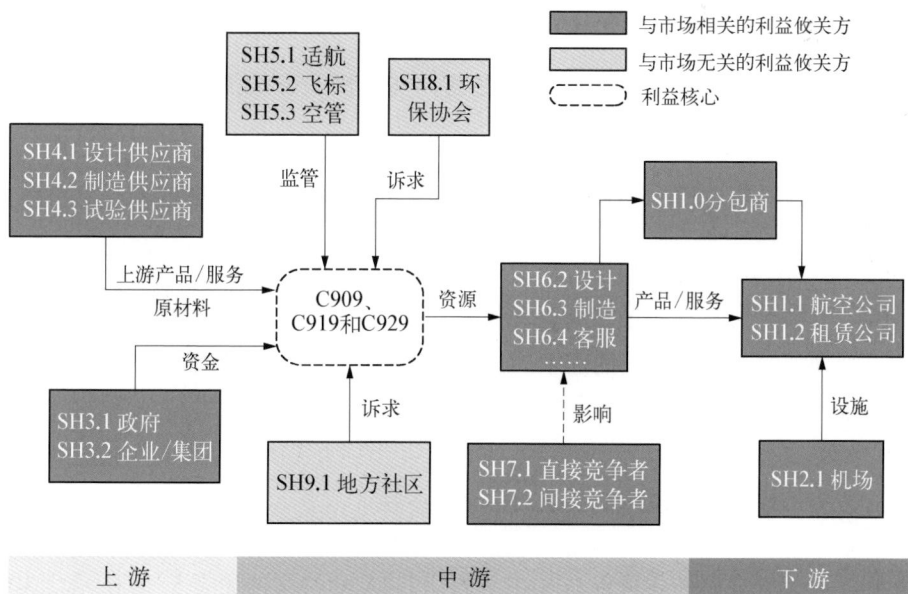

图 5-3　商用飞机项目的利益攸关方模型

飞机项目相关的利益攸关方。详细的利益攸关方列表参见本书附录 B4。在以上基础上，按照具体的利益攸关方实例清单，有侧重地通过现场调研、电话访谈、邮件问询等方式调查他们对于项目的不同需要。

5.2.6 注意事项与经验

注意事项与经验包括如下内容：

（1）应完整地识别所有利益攸关方，最重要的是识别出关键的利益攸关方，例如客户和适航局方。

（2）邀请客户如航空公司中技术、管理专家参与利益攸关方需要捕获工作。

（3）设置专职的客户代表，定期与客户进行沟通，及时捕获客户需求。

（4）无法直接与利益攸关方进行沟通时，可以通过市场和其他机构间接获得利益攸关方需要。

（5）尽早在项目前期让利益攸关方介入。

（6）在利益攸关方需要中注明原理（rational），充分记录捕获需要的过程和前因后果，便于后续的需求工作开展。

（7）在开始正式需求和设计工作之前，利益攸关方的需要应尽可能全面和完整。

（8）可以利用建模、仿真和原型等可视化的技术，更好地辅助捕获利益攸关方需要。

（9）对利益攸关方需要进行充分甄别、分析和处理后，把得到的有效内容纳入需求管理范畴，便于后续的需求确认和产品确认，最终证明客户需要能够被系统所满足。

5.2.7 与 SAE ARP 4754A/B 的符合性

利益攸关方需要捕获过程与 SAE ARP 4754A 的符合性如表 5-8 所示，表中 R（recommended for certification）为推荐用于合格审定。

表 5-8　利益攸关方需要捕获过程与 SAE ARP 4754A 的符合性

过程描述		SAE ARP 4754A 章节	对应 FDAL 等级的独立性与适用性				
章节	活动		A	B	C	D	E
5.2.3.1	识别完整的利益攸关方	—	R	R	R	R	R
5.2.3.2	捕获并综合利益攸关方需要	—	R	R	R	R	R
5.2.3.2	利益攸关方需求确认	—	R	R	R	R	R

利益攸关方需要捕获过程与 SAE ARP 4754B 的符合性如表 5-9 所示。

表 5-9　利益攸关方需要捕获过程与 SAE ARP 4754B 的符合性

过程描述		SAE ARP 4754B 章节	对应 FDAL 等级的独立性与适用性				
章节	活动		A	B	C	D	E
5.2.3.1	识别完整的利益攸关方	—	R	R	R	R	R
5.2.3.2	捕获并综合利益攸关方需要	—	R	R	R	R	R
5.2.3.2	利益攸关方需求确认	—	R	R	R	R	R

5.3　功能分析过程

国内外商用飞机研制经验表明，功能分析的价值在航空器研制的最初阶段（在项目规划、预研、概念和定义等阶段）就得到了充分体现。空客公司在空客 A330/A350/A380 等飞机项目中，绘制了从飞机级到系统级完整的功能树，针对复杂功能及新功能开展了大量功能分析工作，并基于飞机功能开展了安全性分析和系统研制工作，我国大型商用飞机 C919 飞机系统层级以上的功能条目数就将近上千条。功能明确了飞机/系统/设备为完成某项特定任务要做什么，而非怎么做。如飞机的减速功能，其物理实现方式有很多，执行机构可以是刹车片、发动机反推、扰流板，甚至某些超声速客机（如图-144 飞机）采用了打开降落伞的方式来实现飞机的减速功能。

功能分析在大型商用飞机研制过程中扮演着重要角色。通过分析飞机和利益攸关方活动来定义飞机级功能，将这些功能分配到各专业和系统，形成飞机级功能以及系统顶层功能，并根据功能开展 FHA、PASA 和 CCA 等安全性分析，都是型号研制早期阶段的关键工作。由此可见，功能分析是型号研制的关键环节之一，是飞机系统安全性工作和系统级设计工作的重要输入。

本节通过讨论功能分析过程的目的、必要性、典型的方法和工具，以及在飞机研制过程中的适用阶段、输入、输出、过程活动等（见表 5 - 10），以帮助读者了解和学习中国商飞公司系统工程的功能分析理念。

5.3.1　描述

根据 SAE ARP 4754A/B，"功能是一种用户期望的产品行为，建立在对一组用户需求的定义之上，且定义功能时不考虑其具体实现"。

如图 5 - 4 所示，SAE ARP 4754A/B 表明：飞机级功能及其相关需求的开发是飞机研制生命周期的首要过程。飞机功能及其功能接口、相关的安全性需求是进行系统架构设计和其他工作的基础。

功能分析的目的在于描述飞机的功能特性，包括自顶向下地对飞机预期功能的识别和定义，通过功能分解建立飞机的功能架构，从而指导飞机系统的物理实现。

功能分析主要包括功能的识别和定义、功能分解和功能分配。其中，功能识别和定义是前提，即通过对利益攸关方需要的分析，识别和定义飞机的功能，并对其进行组织、整理以形成功能清单；接下来，通过功能分解将复杂功能分解为若干独立的子功能，并且梳理、分析同一层级的子功能之间可能存在的逻辑关系，从而形成飞机的功能架构。

5.3.2　输入

5.3.2.1　利益攸关方需要

利益攸关方需要是飞机型号研制项目中功能（function）和需求（requirement）最初的源头。这里主要指上一节利益攸关方需要捕获活动形成

表 5-10 功能分析过程 SIPOC

中国商飞 过程名：功能分析过程（A.3） CMMI 过程域：3 级过程——RD 需求开发

下一层级过程：需求分析过程

过程目的：描述系统的功能特性，建立系统的功能架构，继而围绕功能进行需求捕获、接口定义、权衡分析等

必要性：SAE ARP 4754A/B 中定义的推荐过程

输入（Inputs）：
— 利益攸关方需要
— 上一层级设计输入
— 运行场景

过程活动（Processes）：
1. 功能识别
2. 功能定义
3. 功能架构生成
4. 功能架构确认

输出（Outputs）：
— 功能清单
— 功能架构
— 功能接口

提供方（Suppliers）：
— 需求团队

适用阶段：
☑ 概念开发阶段
☑ 立项论证阶段
☑ 可行性论证阶段
☑ 初步设计阶段
☑ 详细设计阶段
☐ 全面试制阶段
☐ 试飞取证阶段
☐ 产品与服务验收阶段
☐ 持续运营/退役阶段

使用方（Customers）：
— 需求团队
— 安全性分析团队
— 其他特性工程团队

方法与工具：
方法：IDEF0 功能建模方法、FFBD 功能流框图、N² 图等
工具：功能建模与分析工具，如 IBM Rational Rhapsody、Enterprise Architect 等

123

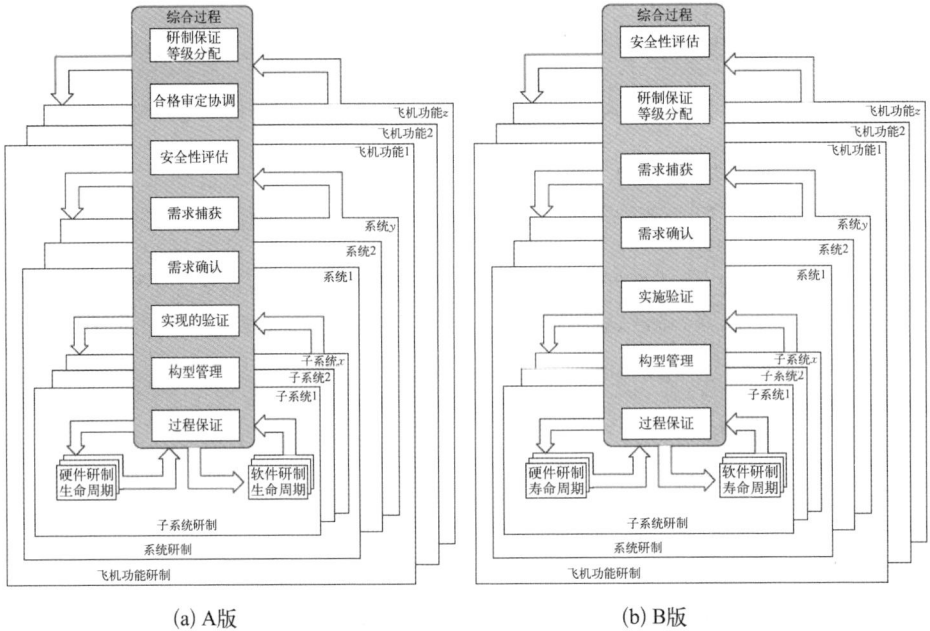

综合过程	综合过程
研制保证等级分配	安全性评估
合格审定协调	研制保证等级分配
安全性评估	需求捕获
需求捕获	需求确认
需求确认	实施验证
实现的验证	构型管理
构型管理	过程保证
过程保证	

(a) A版   (b) B版

图 5-4　SAE ARP 4754A/B 中飞机功能实现过程

的结果。

5.3.2.2　上一层级设计输入

上一层级设计的相关内容是形成下一层级系统功能的基础，包括上一层级系统需求、功能清单和功能架构、物理架构、分配后的系统级需求等。

5.3.3　过程中的活动

5.3.3.1　功能识别

功能识别指在多方收集利益攸关方需要的基础上，分析待设计产品对象在特定运行场景下与其环境要素（包括操作者、作用对象、自然环境）之间的交互过程/相互作用关系，从而识别产品的功能。

飞机与其运行环境之间的相互作用可以通过"场景"（scenario）来描述，如日常飞行、维修改装、退役拆解等典型场景。飞机运行环境中的环境要素主要包括各种角色的人员，如机上的飞行员、空乘人员、乘客，以及机下的地勤人员、维修/维护人员等；各类自然因素，如风、雨、雷、电等；各类交互系统，如空管系统、其他飞机、塔台等，这些环境要素与飞机之间的相互作用很大程度上影响着飞机的功能和物理属性，如形状、位置、重量、材质和表面特性等，最终决定了飞机的各项设计特征。识别飞机（待设计产品）未来使用过程中的各项场景，分析场景中的要素对飞机设计的影响，实际上就是飞机功能识别、分析和建模的过程。

基于场景的产品功能识别过程主要包括如下步骤：

（1）描述飞机在某个预期环境中的工作过程。

（2）识别过程中包含的使用场景。

（3）标识场景中的参与者，包括飞机或其某部分系统/分系统、相关人员（涉众）以及各种自然、非自然的环境要素。

（4）从利益攸关方的需要出发，归纳和概括产品的功能。

5.3.3.2 功能定义

功能定义是在功能识别的基础上，将识别出的功能以一种统一的、结构化的语言进行表达；并且定义功能时应尽可能地保持中立（neutral），即不偏向于任何一种既有的解决方案，也不考虑功能具体的实现方式。

目前主要有两种广泛采用的功能表示方法：动名词对（verb-noun pair）表示法和输入、输出流（input/output flow）表示法。动名词对表示法采用一组动词和名词描述"做什么"。其中，动词表示操作，名词表示被操作对象（即功能作用的客体），功能的主体默认为待设计的产品，如"降低转速""支持载荷""传递力矩"等。在输入、输出流表示法中，功能定义为一个系统的输入和输出之间，以完成某种任务为目的的相互关系。因此，这种表示法通常采用一对输入流和输出流来描述某系统输入和输出对象之间状态的变化，如图5-5所示。

另外，需要注意的是，由于功能具有概括性和抽象性等特点，功能定义往往比较简短、精练，因此，为了便于理解，可适当加上注释，用于描述该功能的环境条件。

图 5‑5　功能的输入、输出流表示法

5.3.3.3　功能架构生成

功能架构生成首先在于功能分解。功能分解是将复杂功能分解为若干可辨识的子功能，这些子功能实际上分别对应于总设计任务下的若干子任务。功能分解的目的是促进设计求解，即通过分别实现一组子功能，从而联合起来实现一个总功能。因此，如果根据一个子功能仍无法找到其对应的解，则需要将其进一步分解，直至能够对应到具体的物理实现方案。

通过功能的逐级分解，并将子功能有意义地、相容地联结成总功能，就形成了所谓的"功能架构"（function structure）。图 5‑6 显示的是按照"输入、输出流"方式表达的对总功能进行功能分解，从而形成功能架构的一般模式。需要注意的是有两种类型的功能分解：一种是按照作用对象类型来分解，如功能"提供和分配能源"可以分解为"提供和分配液压源""提供和分配电源"及"提供和分配气源"等子功能，在这种情况下，这些子功能之间相对独立，没有直接的关联关系；另一种是按照作用对象状态变化或过程场景来进行功能分解，在这种情

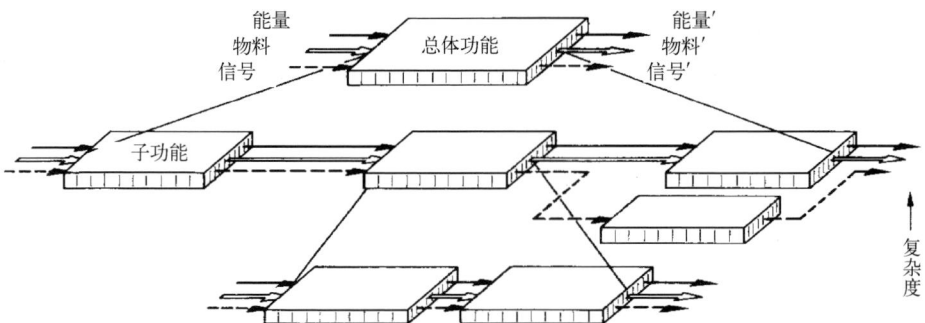

图 5‑6　通过功能分解形成功能架构

况下，子功能之间往往存在着一定的逻辑关系，只有先实现某些子功能后，接着实现其他子功能才是有意义的。例如，发动机的功能"提供推力"可分解为"产生推力"和"控制推力"，两者具有先后关系。

任何架构包括功能架构的产生过程，都应该会产生多个备选方案，需要基于方案选择要求，权衡研究后进行决策选择。

在功能分解过程中，功能架构的分解应考虑分解后子功能之间的控制流和数据流关系，可以考虑利用 FFBD、N^2图等方式进行明确，这其中将会产生功能接口控制文件（FICD），用于功能接口控制文件定义功能与功能之间的数据流和控制流关系。

例如，飞机的功能"A 自动驾驶功能"分解成"A1 提供导航参数生成功能""A2 提供操控指令生成功能"和"A3 提供飞机自动操控功能"，相互之间存在 FICD，包括 A1 功能给 A2 功能提供实时导航参数，以及 A2 功能给 A3 功能提供实时的自动操控指令。

5.3.3.4　功能架构确认

功能架构确认主要是把功能架构针对上一层级的功能需求、利益攸关方需要和各类概念方案进行确认，确保能够满足上一层级要求，最终确认内容应形成书面的正式文件。

5.3.4　输出

5.3.4.1　功能清单和功能描述

通过功能的识别和定义，建立功能清单和功能描述，从而围绕这些功能识别其相关的需求。功能是顶层工作，未必与单个的物理系统的实现相关联。

其中，飞机级的功能清单和功能描述是安全性分析中飞机功能危险性评估（AFHA）的输入，系统级的功能清单和功能描述是进行系统功能危险性评估（SFHA）的输入。

功能清单能够较为清晰地表达功能条目，功能描述定义了功能与时间轴的关系以及功能活动。

5.3.4.2 功能架构

功能架构是通过功能定义和功能分解之后形成的待设计产品的功能框架体系。功能架构通常包括功能分解之后形成的纵向层级关系，以及每一层级中若干子功能之间（横向的）的逻辑关系。

5.3.4.3 功能接口

接口是飞机与外部物理和运行环境之间，以及飞机系统内部不同组成部分之间交互的界面。功能接口对应（经功能分解产生的）不同功能模块之间的输入输出关系。

定义和描述产品功能不同模块之间接口的文件是FICD。当设计需求发生变更时，需要对相应的功能接口进行更改，并且将这些更改修订记录在FICD中。

5.3.5 方法与工具

5.3.5.1 IDEF0功能建模方法

IDEF方法是美国空军于20世纪70年代末提出的一种结构化的方法，用于复杂系统的分析与设计，包括IDEF0功能建模、IDEF1信息建模、IDEF2系统模拟仿真、IDEF3过程描述、IDEF4面向对象的设计方法等。

IDEF0方法用于描述系统的功能活动及其联系，采用自顶向下，逐层分解的结构化方法建立系统的功能模型。IDEF0模型的基本要素包括功能活动框、输入、输出、控制和机制等。功能活动框指某种系统功能，一般用动宾短语来描述。输入是指完成某项活动所需的内容；输出是指执行活动产生的内容；控制指外部控制条件或环境；机制说明活动由什么来完成，如图5-7所示，图5-8是一个"进行飞行操作"功能的IDEF0模型示例。

5.3.5.2 功能流框图

功能流框图（FFBD）又称"功能流图"或功能框图（functional block diagrams），是一种多层的、与时间顺序有关的、步骤化的系统FFBD。用于描述

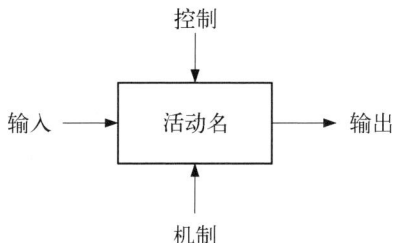

图 5－7　IDEF0 基本模型

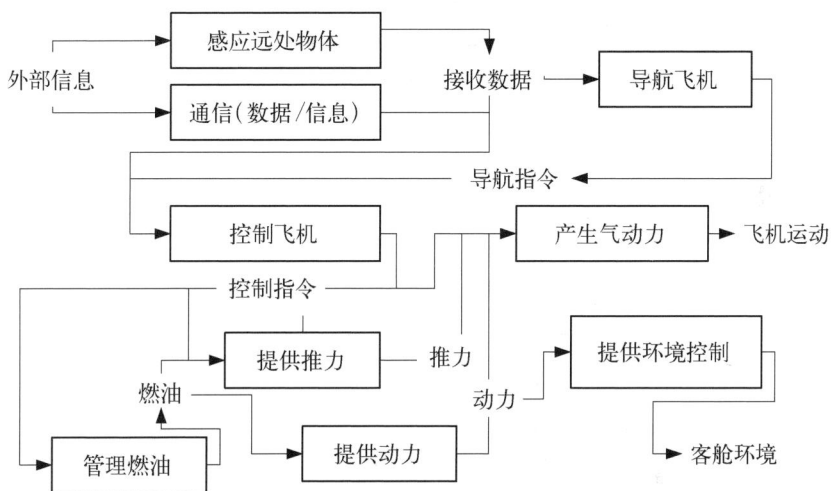

图 5－8　"进行飞行操作"功能的 IDEF0 模型示例

不同子功能（任务）之间的逻辑关系和顺序。

　　FFBD 在 1950 年前后提出，并在 20 世纪 60 年代开始被 NASA 等广泛用于系统工程领域中的业务流程建模。图 5－9 是 FFBD 的基本模型，图 5－10 是一种 FFBD 的表达形式，当功能流框图完成后，可以展示完整的活动网络，从而引导系统功能的实现。

　　5.3.5.3　N^2 图

　　N^2 图实际上就是一种 $N×N$ 的交互矩阵，用来从系统的观点表达和确认主要功能之间的交互关系或接口，具体 N^2 图方法请参考附录 B3 N^2 图。

　　N^2 图主要用于定义 FICD 接口。

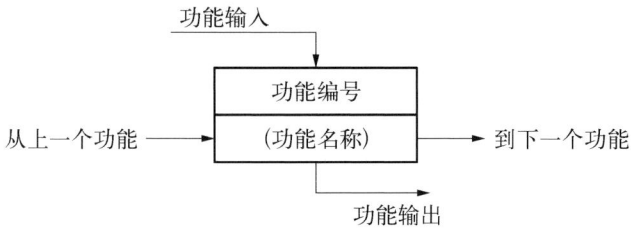

图 5-9　FFBD 基本模型

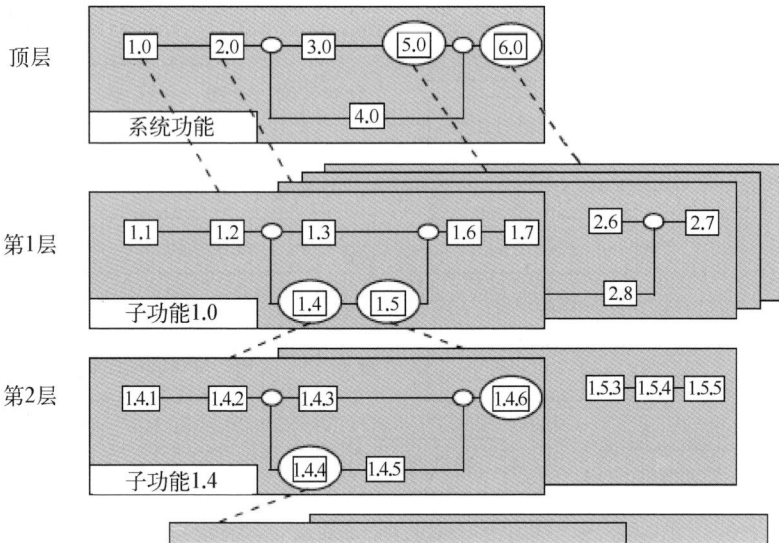

图 5-10　一种功能流框图的表达形式

5.3.5.4　SysML 建模方法

系统建模语言（SysML）基于 UML，通过块建模替换类和对象的建模，以获得更适合系统工程的词汇表。块包含所有软件、硬件、数据、流程甚至人员管理概念。SysML 重用了 UML2 的一部分，它还提供了自己的定义（SysML 扩展）。

SysML 建模语言中的图模型可以概括为"四类九种"。SysML 可以分为行为图、需求图、参数图和结构图。四类图又具体化为共计九种模型图。同时，SysML 模型图与 UML 图存在交互，如图 5-11 所示。SysML 和 UML 共有的图，包括顺序图、用例图、状态机图、包图，SysML 基于 UML 扩展而来的图，包括活动图、模块定义图、内部模块图。还有一部分是 SysML 语言所特有的图，包括需求图和参数图，它们既是一种图，又是一种图的类型。

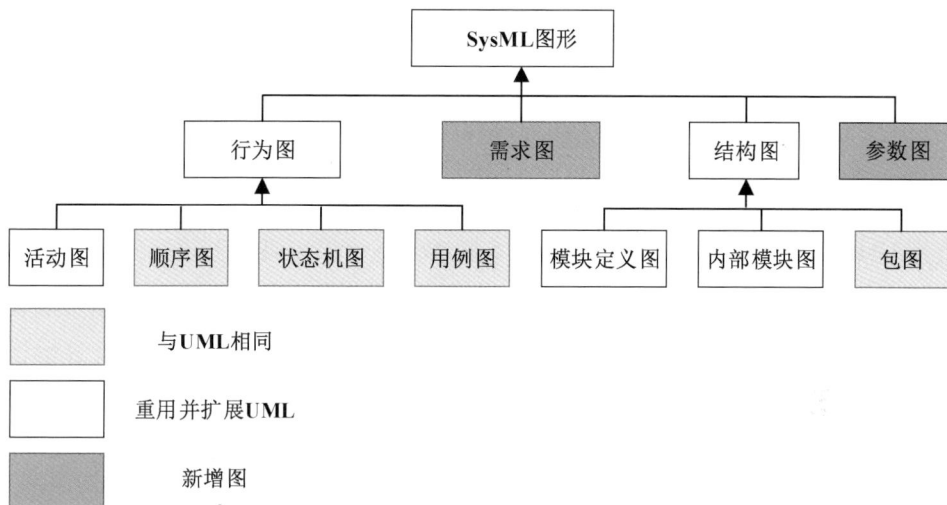

图 5-11　SysML 与 UML 比较

SysML 建模方法内容可参见附录 B2 UML/SysML 建模语言。

5.3.5.5　功能建模与分析工具

常用的功能建模和分析工具包括 IBM 公司的 Rational Rhapsody 和 Sparx 公司的 Enterprise Architect（EA），以及 No. Magic 公司的 Magicdraw。

（1）Rational Rhapsody。

IBM 公司的 Rational Rhapsody 是基于 SysML 开发的系统建模软件工具，专注于嵌入式和实时系统。通过将 Rhapsody 的模型驱动体系构建于 Rhapsody 的实时框架之上，可以快速地将与平台无关的应用模型部署到实时嵌入式操作系统。可通过用例图、活动图、顺序图、状态图等模型图针对飞机系统进行功能建模。

（2）EA。

Sparx 公司的 EA 是一个完全的 UML/SysML 分析和设计工具，它能完成从需求收集经步骤分析、模型设计到测试和维护的整个系统和软件开发过程。通过

UML/SysML 可以构建严格的可追踪的软件系统模型。EA 的基础构建于 UML/SysML 建模语言之上，为使用 UML/SysML 构建飞机系统的功能模型提供了一个快速便捷的应用环境，支持各种 UML 图表和相关图表元素的构建，包括实体模型，如类、对象、接口、包、用例、组件等；关系模型，如关联关系、泛化关系等；动态建模机制下的用例图、活动图、顺序图等。

（3）Magicdraw。

MagicDraw 是 No. Magic 公司基于 SysML 语言设计的一款 MBSE 建模工具，支持 UML 各种版本和 SysML1.0 到 1.5 版本。基于该工具能够进行产品的正向设计，形成产品研制的 MBSE 框架。可以通过模块定义图、内部模块图、活动图、顺序图、状态图、用例图等模型进行功能建模。如图 5 - 12 所示，采用 Magicdraw 进行功能分析示例，通过模块定义图描述了功能之间的层次结构和结构关系。

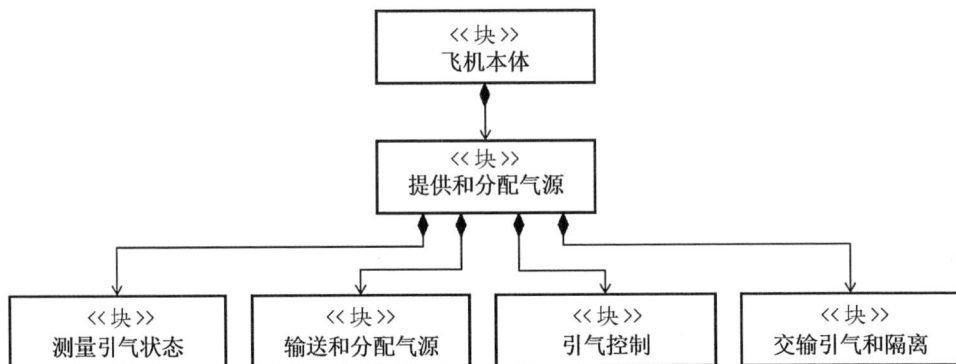

图 5 - 12　采用 Magicdraw 进行功能分析示例

5.3.6　注意事项与经验

注意事项与经验如下：

（1）功能分析是形成产品需求的第一步，也是安全性分析工作的第一步，因此，应充分利用相关建模等形式化手段，完成从客户对产品要求的问题域向产品本身特征的解决域的转换过程。

（2）在功能分析过程中，可借鉴已有产品的相关概念，通过与客户需要进行追溯，从而建立与需要的关联关系，对已完善的功能进行重用。

5.3.7　与 SAE ARP 4754A/B 的符合性

功能分析过程与 SAE ARP 4754A 的符合性如表 5 – 11 所示，表中 R（recommended for certification）为推荐用于合格审定，N（not required for certification）为无合格审定要求。

表 5 – 11　功能分析过程与 **SAE ARP 4754A** 的符合性

过 程 描 述		SAE ARP 4754A 章节	对应 FDAL 等级的独立性与适用性				
章 节	活 动		A	B	C	D	E
5.3.3.1	功能识别	4.1.4　飞机级功能、功能需求和功能接口的确立 4.2　飞机功能的研制 4.3　飞机功能分配到系统	R	R	R	N	N
5.3.3.2	功能定义	4.1.4　飞机级功能、功能需求和功能接口的确立 4.2　飞机功能的研制 4.3　飞机功能分配到系统	R	R	R	N	N
5.3.3.3	功能架构生成	4.1.4　飞机级功能、功能需求和功能接口的确立 4.2　飞机功能的研制 4.3　飞机功能分配到系统	R	R	R	N	N

功能分析过程与 SAE ARP 4754B 的符合性如表 5 – 12 所示。

表 5 – 12　功能分析过程与 **SAE ARP 4754B** 的符合性

过 程 描 述		SAE ARP 4754B 章节	对应 FDAL 等级的独立性与适用性				
章 节	活 动		A	B	C	D	E
5.3.3.1	功能识别	4.2　飞机功能和需求开发 4.4　系统功能和需求开发	R	R	R	R	N

过程描述		SAE ARP 4754B 章节		对应 FDAL 等级的独立性与适用性				
章 节	活 动			A	B	C	D	E
5.3.3.2	功能定义	4.2	飞机功能和需求开发	R	R	R	R	N
		4.4	系统功能和需求开发					
5.3.3.3	功能架构生成	4.2	飞机功能和需求开发	R	R	R	R	N
		4.4	系统功能和需求开发					
		4.3	飞机架构与飞机功能往系统分配					

5.4 需求分析过程

　　飞机研制需求是从产品工程研制的角度来把利益攸关方非功能性等需要和功能分析结果，完整转化成待设计产品的"技术要求集"，它是对飞机各层级产品对象（系统、分系统、设备等）属性、行为等的定义，描述其"是什么、能做什么、能做多好"等。同时，飞机研制需求是飞机研制过程应遵守的约束条件，其中包括了功能性需求、可靠性需求、维修性需求、安全性需求等。如一般支线飞机辅助燃油箱控制指示系统的功能性需求就包括了"具有压力加油控制功能""具备测量燃油箱燃油量功能"和"丧失信号时提示告警"等，非功能性需求包括了如"人机功效好""强度高、重量轻"和"避免耦合和冗余"等。

　　本节通过讨论需求分析过程的目的、必要性、典型的方法和工具，以及在飞机研制过程中的适用阶段、输入、输出、过程活动等（见表5-13），以帮助读者了解和学习中国商飞系统工程的需求分析理念。

5.4.1 描述

　　需求分析过程是将捕获的利益攸关方需要和功能分析结果（功能清单、功能接口和功能架构）转化为正式的技术需求的过程。此过程中，需要首先对功能定

表5-13 需求分析过程 SIPOC

中国商飞

过程名：需求分析过程（A.4）　　　　　　　　CMMI 过程域：3 级过程——RD 需求开发

下一层级过程：需求确认

过程目的：基于功能分析的结果，评审、评估、排序、平衡所有利益攸关方和衍生的需求，并将这些需求转化为能够满足利益攸关方需要的系统的技术需求

必要性：SAE ARP 4754A/B 中定义的推荐过程。以确定飞机和各层级系统的需求，是飞机研制过程中必需的一个重要过程。需求的正确性和完整性决定了整个飞机研制是否能顺利和成功地进行

输入（**I**nputs）：
— 利益攸关方需要
— 功能清单、功能架构和功能接口
— 安全性分析评估结果
— 上一层级设计输入

提供方（**S**uppliers）：
— 需求团队

过程活动（**P**rocesses）：
1. 分析约束
2. 分析使用环境
3. 分析利益攸关方需要
4. 定义产品的功能性需求
5. 定义产品的非功能性需求
6. 用需求标准来描述需求

适用阶段：
☑ 概念开发阶段
☑ 立项论证阶段
☑ 可行性论证阶段
☑ 初步设计阶段
☑ 详细设计阶段
□ 全面试制阶段
□ 试飞取证阶段
□ 产品及服务验收阶段
□ 持续运营/退役阶段

输出（**O**utputs）：
— 产品需求集

使用方（**C**ustomers）：
— 设计团队

方法与工具：
方法：*质量功能展开（QFD），需求分配矩阵等
工具：DOORS，QFD Capture 等
注：*表示 DFSS 方法工具

义及其描述结合外部团队的分析结果（如安全性分析）开展分析工作，进行性能和关键逻辑的量化定义，形成功能性需求（functional requirements），同时对基于系统的其他利益攸关方的需要、产品所处环境条件、项目目标和设计约束进行分析，并通过一系列的定义活动，形成产品非功能性需求，最后用标准的语言对需求进行描述，形成一致的、可追溯的、可验证的需求。

5.4.2 输入

5.4.2.1 利益攸关方需要

利益攸关方需要是利益攸关方需要捕获过程的输出，参见本书5.2节。利益攸关方需要应包括如下几个方面：

（1）飞机或系统应具备什么功能。

（2）每个功能应该表现得怎么样。

（3）应满足什么样的运营条件和环境。

（4）飞机或系统的限制是什么。

5.4.2.2 功能清单、功能架构和功能接口

需求分析在功能分析工作的基础上实施，因此，功能分析的结果应作为需求分析的主要输入，包括功能清单、功能架构和功能接口。

5.4.2.3 安全性分析评估结果

安全性分析评估结果主要包括 AFHA 和 SFHA，分析结果作为输入，形成功能的安全性定性和定量的需求。

5.4.2.4 上一层级设计输入

在上一层级设计结果输入本层级系统的需求分析过程中，内容包括上一层级设计综合过程中形成的系统设计描述和分解后的子系统高层需求，接口控制文件等。

5.4.3 过程中的活动

5.4.3.1 分析约束

首先需要分析影响需求的内外部约束。

内部约束主要包括项目约束和公司约束。项目约束的内容覆盖如下各方面：

（1）已经存在的标准规范。

（2）项目的组织架构。

（3）现有工具的可用程度。

（4）现有技术进展。

（5）其他方面产生的限制，如成本、进度、技术等。

公司约束包括如下内容：

（1）公司级的标准、规范和手册等。

（2）公司级的政策和战略。

（3）公司级的产品全生命周期模型。

（4）其他如技术、财务以及人力资源等方面产生的约束。

除了分析内部约束之外，还需要考虑外部约束。外部约束主要包括如下内容：

（1）本国以及其他国家的法律和法规。

（2）行业标准、规范和指南。

（3）全球范围内技术发展的情况。

（4）客户的特定约束条件等。

5.4.3.2 分析使用环境

每个运营场景的使用环境都需要进行分析，这些环境因素可能会影响系统的性能，或形成一些非功能性需求，如材料应具有足够的强度、电磁兼容性或限定范围内的重量等。另外，还需要明确那些能使出现伤亡事故概率最小的影响因素。特别像天气条件（如雨、雪、晴天、刮风、沙尘、雾霾等）、温度范围、地形（如海洋、山脉、沙漠、平原、草原等）、生物因素（如动物、昆虫、鸟类、真菌等）、诱导因素（如振动、电磁、超声、X射线、化学物质等）以及其他能够对飞机或系统运行产生影响的环境因素。

5.4.3.3 分析利益攸关方需要

利益攸关方需要往往范围很广，并且层级差异比较大。有些需要可以转化为飞机或系统的需求，有些则不能，因此在捕获初始的利益攸关方需要的基础上，须对这些需求进一步分析。可以使用质量功能展开（QFD）的方法，根据上一个步骤确定的关键的度量指标，对利益攸关方的需要进行分类和排序，根据其重要性和优先级，对这些需求进行后续的处理和分解，以得到飞机或系统的技术指标。

5.4.3.4　定义产品的功能性需求

产品的功能性需求由产品的功能架构分析得到，其主要步骤可以分为如下几步：

（1）列出所有的功能。

（2）列出产品或系统的特征和主要活动。

（3）根据功能及特征把功能转化成需求，明确功能对应的性能指标。

（4）根据主要活动和场景映射关系，捕获功能关键逻辑需求。

（5）形成功能性需求。

定义需求的形式常见的有文本和图形。当用图形来定义需求时，应包括如下内容：

（1）确定模型的使用。

（2）确定要使用的工具及其在研制过程中的用途。

（3）定义建模标准及数据库，使模型易于理解。

对于 DAL 等级为 A 级、B 级、C 级、D 级的系统，必须定义其系统需求，对于 DAL 等级为 A 级、B 级、C 级的系统，还要定义和解释系统的衍生需求（包括安全性相关的衍生需求），对于 DAL 等级为 D 级的系统，衍生需求是否需要定义和解释可以与局方进行商议，对于 DAL 等级为 E 级的系统则不做要求。

5.4.3.5　定义产品的非功能性需求

产品的非功能性需求主要是为了支持功能更好地实现，而对产品或系统特性的要求，这些特性随着产品或系统的设计方案而产生。产品的非功能性需求主要通过对利益攸关方需要的分析、对使用环境的分析以及对内外部约束的分析得到。

具体来讲，产品的非功能性需求主要包括如下方面：

（1）可靠性、维修性和测试性需求。

（2）人为因素需求。

（3）电磁环境需要。

（4）重量需求。

（5）结构强度需求。

（6）运行环境需求。

（7）安装需求。

（8）材料需求。

（9）标识需求。

（10）机载软硬件的要求等。

5.4.3.6　用需求标准来描述需求

一条好的需求应该具有如下特征：

（1）必要性。需求应该是对飞机或系统的功能或性能产生影响的，删除该条需求会导致飞机或系统产生缺陷。如果删除某条"需求"对飞机或系统没有影响，那么这条"需求"不属于真正的需求。

（2）简洁。需求应该是简洁并且易于理解的。需求不应该包含描述性的内容和词语。

（3）中立性。需求中不应该出现如何满足该需求的描述。满足一条需求应该可以有多个方案，需求不应该有倾向性。

（4）可行性。某条需求的满足应该在可控的技术风险和成本风险的范围内实现。

（5）独立性。每条需求应该能够单独说明某一个方面，而不需要其他需求或者说明进行支撑。

（6）一致性。一条需求不应该与别的需求产生冲突，也不能简单地复制别的需求。需求的描述应该统一，需求里的词语或词组应该与所有需求都一致。

（7）追溯性。需求应该有其对应的上一层级需求，或能够追溯到某个源头。

（8）清晰。每条需求的意思应该明确，不会给人带来模棱两可的感觉，不同人读该条需求应该有同样的理解。

（9）可验证。需求应该至少能有一种方法进行验证，否则不能成为需求。

对于一个需求集来讲，应该具有如下属性。

（1）完整性。对一个需求集来讲，完整性意味着这个集里的需求能够完整地描述某个系统或飞机，需求集的需求应该包含了飞机或系统的所有方面，不再需要别的说明或描述来进行补充。

（2）一致性。一个需求集里的需求在意思和指标上不应该互相矛盾，相互冲突。

需求语句在编写时，应该遵循需求标准架构。需求的主要结构如下："主语+应（shall）+动词+描述"，需求中不能用诸如"很快""很好""最大""最小""差不多"等形容词。

5.4.4　输出

需求分析的输出是满足利益攸关方需要的"产品需求集"。

需求集针对不同层级，商用飞机产品系统级的需求包括商务需求、研制需求，而飞机级的需求包括功能性需求和非功能性需求，系统级的需求包括各个系统的系统级需求文件（SRD），还有设备级的需求产品规范（PS）等。

对于 FDAL 等级为 A 级、B 级、C 级的系统和部件，其需求集文件应该按照 SAE ARP 4754A 中定义的一类构型控制文件（SC1）的要求进行管理，对于 FDAL 等级为 D 级的系统和部件，其需求集文件应该按照 SAE ARP 4754A 中定义的二类构型控制文件（SC2）的要求进行管理，对于 FDAL 等级为 E 级的系统和部件不做强制要求。

需求分析的输出可能还有一些中间过程产物，如衡量利益攸关方需要重要性的指标、需求分配矩阵表格等。这些都可以为需求确认提供输入证据。

在不同层级的开发活动中，可能存在的需求类别包括如下几类：

（1）功能需求。系统须执行的任务、行为、动作，以及相应的逻辑，即明确系统要做什么。

（2）用户需求。用户的需求可根据飞机类型、特定的功能和系统类型而变化。它主要是通过当前实际情况和假设条件来定义任务目标、运行环境、运行效率等。对于飞机系统而言，需考虑飞行员作为重要用户，对人机接口等需求进行考虑。

（3）性能需求。主要指需求定义的任务或者功能需要被执行的程度，通常用定性、定量、覆盖率、时间等来衡量。性能需求包括精度、分辨率、速度、响应时间等。性能需求定义了对于飞机有用的系统和功能的属性。

（4）物理和安装需求。物理和安装需求主要针对系统的物理属性，它包括尺寸、托架规范、功率、制冷、环境限制、储存等。

（5）维护需求。维护需求包括计划性和非计划性的维护要求，例如故障隔离和故障检测等需求，为外界的测试设备提供信号和接口等。

（6）接口需求。接口需求包括功能和物理上的系统或部件的互相联络所需要的特定信息的特性，接口需求应该定义输入的源端和输出的目的端。

（7）适航需求。适航规章可能要求的附加功能，或者要求明确对于适航规定的符合性。此类需求须与适航当局一起确认。

（8）衍生需求。不是由上一层级需求分解直接产生，而是来源于设计决策或者本层级利益攸关方需要等转换形成。例如，采用主从双备份通道的设计需求，需要注意的是此类需求不存在父级需求。

（9）假设及基于假设的需求。在设计的最初阶段，由于一些原始的设计输入无法确定，因此必须进行相应的假设。在这些情况下，任何基于假设的需求均需进行确认和追溯，而且，对于所有的假设条件也需要进行检查。

5.4.5 方法与工具

5.4.5.1 质量功能展开

质量功能展开（QFD）是把客户对产品的需求进行多层次的演绎分析，转化为产品的设计要求、零部件特性、工艺要求、生产要求的质量工程工具，用来指导产品的鲁棒设计和质量保证。

QFD 的基本原理就是用"质量屋"的形式，量化分析客户要求与工程措施间的关系度，经数据分析处理后找出对满足客户要求贡献最大的工程措施，即关键措施，从而指导设计人员抓住主要矛盾，开展稳定性优化设计，开发出满足客户要求的产品。具体 QFD 方法可参考附录 B1 质量功能展开。

在需求分析过程中，主要是衡量需要与需求之间的关联关系，因此其基本结构要素如下：

（1）左墙——利益攸关方需要。

（2）天花板——产品的需求。

（3）房间——关系矩阵。

（4）地板——技术特性的指标及其重要程度。

（5）屋顶——相关矩阵。

（6）右墙——市场竞争力评估矩阵。

（7）地下室——技术评估矩阵。

为了建立质量屋，应将利益攸关方需要捕获结果即该利益攸关方需要以及各项需要的效能指标（MOE）填入质量屋的左墙。

为满足上述需要，提出对产品的需求，明确产品应具备的质量特性，整理后填入质量屋的天花板；屋顶用于评估各项工程措施间的相关程度。主要是因为各项工程措施可能存在交互作用（包括叠加强化和抵触消减）；给产品的市场竞争能力和技术竞争能力进行评估打分，填入质量屋右墙和地下室的相应部分。

由于产品开发一般要经过不同层级的若干个阶段。因此，有必要对不同层次阶段，进行质量功能展开。根据"下一道工序就是上一道工序的客户"的原理，各个开发阶段均可建立质量屋，且各阶段的质量屋内容有内在的联系。上一阶段天花板的项目将转化为下一阶段质量屋的左墙等。

5.4.5.2 需求分配矩阵

需求分配矩阵是用于把需求分配到物理架构中的各层级的系统、子系统及设备，并进行追溯。典型的需求分配矩阵应包括如下信息，如表 5-14 所示。

表 5-14　需求分配矩阵示例

需求分配矩阵			
功 能 架 构		需　求	物 理 架 构
功 能 标 号	功 能 名 称		

（1）功能架构中功能的标号。

（2）功能的名称。

（3）由功能得到的需求。

（4）对应执行该需求的物理架构中的设备。

需求分配矩阵还可能包含如下信息：

（1）过程中包括或删除的信息。

（2）相关的 WBS 数据。

（3）对应的分配的成本估算。

（4）需求的所有者。

（5）与需求相关的合同条款。需求分配矩阵建立后，需要对其进行维护、管理更新和变更。该需求分配矩阵能够扩展到需求确认和实现验证阶段进行使用。

5.4.5.3　常用工具

一般采用 IBM DOORS 等工具来进行需求及需求分配矩阵的记录及管理。

5.4.6　注意事项与经验

注意事项与经验如下：

（1）鉴于系统复杂性和需求的重要性，需求涉及设计的各个领域，包括各特性工程领域，例如可制造性、可维修性、环境要求等，应该成立需求分析与定义联合团队，将所有系统涉及需求的专业一起联合工作，确保形成的需求的正确性和完整性。

（2）应采用专门的需求管理工具，如 DOORS 来辅助进行条目化管理。

（3）需求标准是确保需求正确性和完整性的重要手段，也是需求确认的依据标准之一，应在项目前期建立。

（4）应尽可能早地开始需求的追溯性维护工作。

（5）需要创建需求文档的模板，并进行管理。

（6）要明确需求的所有者并督促其对需求进行维护。

（7）需求分析工作应与安全性分析工作相结合。

5.4.7 与 SAE ARP 4754A/B 的符合性

需求分析过程与 SAE ARP 4754A 的符合性如表 5-15 所示。

表 5-15 需求分析过程与 SAE ARP 4754A 的符合性

章 节	活 动	SAE ARP 4754A 章节		对应 FDAL 等级的独立性与适用性				
				A	B	C	D	E
5.4.3.1	分析约束	5.3	需求的捕获	R	R	R	R	N
5.4.3.2	分析使用环境	5.3	需求的捕获	R	R	R	R	N
5.4.3.3	分析利益攸关方需要	5.3	需求的捕获	R	R	R	R	N
5.4.3.4	定义产品的功能性需求	5.3	需求的捕获	R	R	R	R	N
5.4.3.5	定义产品的非功能性需求	5.3	需求的捕获	R	R	R	R	N
5.4.3.6	用需求标准来描述需求	5.3	需求的捕获	R	R	R	R	N

需求分析过程与 SAE ARP 4754B 的符合性如表 5-16 所示。

表 5-16 需求分析过程与 SAE ARP 4754B 的符合性

章 节	活 动	SAE ARP 4754B 章节		对应 FDAL 等级的独立性与适用性				
				A	B	C	D	E
5.4.3.1	分析约束	5.3	需求的捕获	R	R	R	R	N
5.4.3.2	分析使用环境	5.3	需求的捕获	R	R	R	R	N

| 过程描述 | | SAE ARP 4754B 章节 | | 对应 FDAL 等级的独立性与适用性 | | | | |
章 节	活 动			A	B	C	D	E
5.4.3.3	分析利益攸关方需要	5.3	需求的捕获	R	R	R	R	N
5.4.3.4	定义产品的功能性需求	5.3	需求的捕获	R	R	R	R	N
5.4.3.5	定义产品的非功能性需求	5.3	需求的捕获	R	R	R	R	N
5.4.3.6	用需求标准来描述需求	5.3	需求的捕获	R	R	R	R	N

5.5　设计综合过程

如何在保证安全的前提下尽可能提高飞机承运人的经济效益，始终是飞机主制造厂不断努力的方向。在确定飞行包线之后，飞机的翼展、翼型、起落架配置、机翼后掠角度、机身长度、机身横截面、客舱布局、发动机位置、飞机重心位置等一系列总体设计的参数相互之间将开始"博弈"，直到获得第一轮权衡结果。紧接着，便要结合系统、结构对飞机级的指标进行分解分配，而各个系统，如环控系统，也要开展内部的权衡过程。在这一过程中，大量的设计反馈会涌入第一轮的权衡结果，触发第二轮自下而上的"博弈"。这种迭代式的设计综合过程将会渗透到产品的最底层，而每一个设计方案都是在满足需求前提下的权衡产物。

本节通过讨论设计综合过程的目的、必要性、典型的方法和工具，以及在飞机研制过程中的适用阶段、输入、输出、过程活动等（见表 5‒17），以帮助读者了解和学习中国商飞公司系统工程的设计综合理念。

5.5.1　描述

设计综合过程主要以功能架构和需求作为输入，将功能分解并重组定义逻辑架构，进一步考虑物理实现，最终输出物理架构。在逻辑架构和物理架构设计过程中应开展设计输入和约束整理、备选架构开发、最佳方案选择等活动。最终形成的物理架构包括产品的详细描述和设计规范，并对架构进行设计验证，确保其

中国商用飞机有限责任公司系统工程手册（第8版）

146

表 5-17 设计综合过程 SIPOC

中国商飞 过程名：设计综合过程（A.5）

CMMI 过程域：3 级过程——TS 技术方案

下一层级过程：产品实施过程

过程目的：通过设计综合活动，形成一个满足需求和功能架构的系统物理架构

必要性：通过创造性的工作产生满足功能和需求的系统物理架构的过程

输入（**I**nputs）：
— 功能架构
— 确认后的产品需求集
— 安全性分析结果
— 功能接口控制文件

过程活动（**P**rocesses）：
1. 整理设计目标、需求和约束
2. 开发备选概念方案
3. 选择最佳概念方案
4. 详细设计
5. 设计验证
6. 最终设计方案纳入基线

适用阶段：
☑ 概念开发阶段　　　　☐ 全面试制阶段
☑ 立项论证阶段　　　　☐ 试飞取证阶段
☑ 可行性论证阶段　　　☑ 产品与服务验收阶段
☑ 初步设计阶段　　　　☑ 持续运营/退役阶段
☑ 详细设计阶段

输出（**O**utputs）：
— 设计方案技术数据包
— 物理接口控制文件
— 衍生需求
— 下一层级设计需求
— 系统架构

提供方（**S**uppliers）：
— 需求分析团队
— 安全性分析团队
— 其他特性工程团队

使用方（**C**ustomers）：
— 产品实施团队
— 安全性分析团队
— 其他特性工程团队

方法与工具：
方法：*头脑风暴法、*质量功能展开、概念描述表、*系统框图、*UML/SysML 模型图等
工具：(a) 设计类工具，如 CAD、CAE；专业分析工具；设计建模、分析和仿真工具。(b) 原理性实验工具，如风洞、工程模拟器等

注：* 表示 DFSS 方法工具

满足功能和性能等需求。

设计综合工作适用于最终产品即商用飞机的研制及其使能产品（如飞机试验环境）的研制。

商用飞机的设计综合工作有3个特点：层次化、专业协同化和迭代化，具体分述如下。

1）层次化

由于商用飞机系统的复杂性，无法通过一个层级的设计，把工作展开分解到可以实施和管理的程度。因而设计综合工作将会分层级实施，一个典型的层级划分包括商用飞机产品系统级、飞机级、系统级、设备级和软硬件（部件）级，此处的层级划分与需求管理过程中对需求的层级划分是一致的。

在商用飞机产品系统级和飞机级，主要进行顶层的设计综合活动，形成商用飞机产品系统级和飞机级的规范定义、量化指标、设计约束和架构，并基于飞机架构，进行需求对系统的分解。商用飞机产品系统级的设计综合活动的例子，如实现全天候CAT Ⅲ着陆这一运行需求，需要对飞机、人和机场进行设计综合。飞机的量化指标例子，如超临界机翼量化指标、起飞重量和阻力系数的确定等。飞机架构定义工作的例子，包括飞机级的产品分解结构，其中包括跨系统的飞机级权衡分析工作，如采用全电飞机还是传统液压能等，同时商用飞机作为商品，飞机级的架构定义还包括了成本分解结构。

当通过顶层设计综合活动把飞机级需求分解到系统级，并通过需求分析过程进一步把系统级的需求形式化后，在系统级将进行系统设计综合活动，形成系统级的规范定义、量化指标、设计约束和架构，并基于系统架构，进行需求对设备和软硬件的分解。系统设计综合活动将按照不同部段和系统同步进行，如机体部分、航电系统、飞控系统、环控系统，每个系统有各自的专业内容，在系统内部，同样也会进行权衡分析工作，如采用电防冰还是引气防冰。同样，如重量、安全性和经济性等指标也会作为设计约束，分解并约束具体的系统架构实现。

类似地，对于设备和软硬件层级，实施方（一般是供应商）也将进行这一层级的设计综合活动，形成设备或软硬件的物理架构和规范定义。因此，设计综合工作是贯彻整个系统工程过程的一系列步骤。

2）专业协同化

由于设计综合是一个产生方案的过程，而设计方案涉及飞机所有设计专业的工作，这些工作包括飞机的总体设计，如总体布局、布置、外形、重量、人为因素、气动、结构、强度等，也包括飞机各分系统的设计，如机身、机翼、航电、飞控、发动机等，还包括各类特性的设计，如安全性、可靠性、维修性等。

因此，设计综合工作是一个协同飞机设计各特性工程学科的工作，进行多专业优化综合，寻求总体最优和局部最优的系统工程活动。设计综合是把专业工程活动与系统工程活动进行有机融合的核心过程。

3）迭代化

设计综合是从需求到产品的设计工作的核心。在整个设计过程中，往往存在多轮迭代，迭代一般分为两种。

一种是设计综合过程将会和需求分析过程以及功能分析过程进行迭代。设计综合的结果方案需要进行需求的设计验证，同时，产生的下一层级衍生需求也需要回到需求管理过程中，因此形成和需求管理过程的迭代。设计综合的结果同时需要和功能分析过程进行迭代，确认功能逻辑架构和物理架构的匹配性。

如果不匹配，那么一方面可能会更改设计，另一方面可能会重新评估并更改上游功能架构的分解以及功能性需求指标的确定和分配，该情况在一些使用已有物理方案（如采用COTS产品方案或重用上个机型的方案）或者采用开放式架构特性的方案中尤为常见。

在此迭代过程中，物理架构得到确认，确保与需求和功能架构的一致，同时需求和功能架构将会更加完善，与物理架构匹配，并形成下一层级物理实体上的功能架构和需求。

另一种是设计综合本身的迭代工作。设计综合工作本身主要包括如下子过程：备选方案设计、权衡分析评估、选择方案、按方案分解，而这些子过程不可能一蹴而就，往往存在评估后发现方案存在问题，需要重新或者优化设计。因此设计综合工作需要经过多轮迭代的设计优化,逐步趋近最优解。

5.5.2 输入

5.5.2.1 功能架构

功能分析活动是把用户需要和顶层需求转换成系统功能的过程,功能分析的结果一方面形成了功能需求,传递给需求管理过程;另一方面功能的分组、分解和分解后子功能之间的关系,体现到功能架构中(见本书 5.3 节功能分析过程)。

功能架构不应考虑设计方案,但是作为设计综合工作产生的设计方案必须满足的上游输入,设计综合应经过方案设计、技术可行性分析和权衡分析等工作,产生出一个可能的最佳方案,来满足功能分析工作。

5.5.2.2 确认后的产品需求集

由技术需求形成需求基线,是进行设计的输入。用户需要、系统功能和各类约束通过需求分析过程,转换成一系列定义清晰、优先级排序、可度量且被确认的需求。

这些需求包括功能和对应的性能需求,同时还包括非功能性需求的各类约束,约束作为限制系统设计的指标,也应在需求中被确定、文档化并进行管理。设计综合过程很大程度上需要针对约束性需求,从风险、进度、技术可行性和费用等方面进行权衡优化,这些约束包括各方面内容,如飞机运行约束、机场约束、人为因素、噪声、环境条件、设计标准等。

5.5.2.3 安全性分析结果

安全性分析结果包括以下两个方面的内容:

(1)安全性需求从安全性分析活动产生,主要来源于各级的功能危险性评估工作,对不同功能及其失效后的危害性评估结果进行分析,最终获得针对功能的安全性指标要求,纳入需求内容中,安全性需求将作为设计目标,约束设计综合活动。

(2)架构设计内容也将进行安全性分析,主要是通过对系统架构的安全性分析，提供是否满足安全性需求的证据和安全性需求指标的分配，给设计综合工作中架构选择和完善工作进行支持，并提供最终架构能够满足安全性需求的证明。

5.5.2.4 功能接口控制文件

功能接口控制文件（FICD）来源于功能分析过程中对功能架构的分解形成的子功能之间的接口信息，这些信息在接口管理过程中形式化并进行管理，即FICD 文件。

FICD 作为功能架构的附属产物，提供给设计综合，作为设计综合结果产生的物理接口控制文件（PICD）应满足的需求。

5.5.3 过程中的活动

5.5.3.1 整理设计目标、需求和约束

设计综合工作需要根据设计目标、需求和约束进行开展，在通过功能分析和需求分析工作，获得用于开展设计综合工作的需求和功能架构后，设计综合工作的第一步是整理设计目标、需求和约束。

通过功能分析和需求分析，将会获得系统的功能性需求和非功能性需求，同时，还可能有部分设计目标与约束等不一定在需求文件中体现，如设计经费、进度要求等，而这些都会对设计工作产生作用，需要在设计综合前期进行统一的整理工作。

形成设计目标与约束在系统高层级的设计工作（如飞机级）中是核心。在前期顶层需求还比较初步，系统框架还未成形的时候，形成的设计目标与约束作为设计综合工作的一部分，针对系统本身进行有效的分析和设计过程，形成有效的设计目标，并将其进行量化和权衡优化，形成参数指标，为后续的方案提供目标要求，同时结果需要反馈到需求分析过程中，形成量化的需求。

设计目标与约束的考虑应包括但不限于运行环境的约束、功能任务的成功，技术性能的提升，开销的减少和进度的加快，质量的提升，安全性、可靠性、可维护性的提升等方面，具体包括功能、性能、系统特性、项目管理等方面，来源于需求、功能架构以及其他类设计要求和约束。

设计目标与约束之间存在相互的耦合关系，需要进行权衡、妥协和多目标与约束的协同优化，并需要对目标与约束进行优先级排序，这与项目类型和特点有关，例如商用飞机项目中可能把安全性、可靠性放在第一位，费用放在第二位，性能放在第三位，而军用飞机项目可能把性能放在第一位，费用放在第二位，安全性、可靠性放在第三位。在同一类目标或约束的内部，如多个性能目标，同样会有优先级排序。

5.5.3.2　开发备选概念方案

设计目标定义后，此时针对需求、功能架构与目标开展具体的设计工作，形成多个备选概念方案。

此步骤是把功能域的内容转换成物理域的过程，也是从需要转成实体的过程。从功能架构到逻辑架构的备选方案设计，主要考虑现有成熟设计、合适功能的组合、系统冗余和监控特性等。从逻辑架构到物理架构的备选方案设计，主要考虑现实工业产品、新技术应用、技术成熟度等。

5.5.3.3　选择最佳概念方案

此过程是在上一步中形成的多个备选方案中进行选择，确定最佳概念方案。

5.5.3.4　详细设计

在选择的概念方案基础上，须对方案进行详细设计，针对物理方案进行需求、功能和设计分配，形成方案中组件的需求，包括方案细化设计、需求和功能分配、形成详细设计文件。

5.5.3.5　设计验证

最终的详细设计需要进行设计验证工作，确保设计的正确性以及设计能满足需求。

详细设计的设计验证与产品的实现验证不同，但目标都是为了证明产品满足了需求，由于没有物理实体，因此主要通过文件评审、分析、建模仿真、演示等手段，证明设计与需求的匹配性，主要工作包括以下几种：

（1）建立从详细设计文件到需求的追溯关系。

（2）明确每一条追溯关系的正确性和完整性，注明设计验证证据（对应分析报告等结果）。

（3）形成详细设计的设计验证矩阵。

设计过程中产生的衍生需求虽然无法追溯到高层需求，但需要评估其对高层需求的潜在影响。

可以通过同行评审和会议评审相结合的形式，对详细设计工作进行设计验证。

详细设计的确认是为了保证进行"正确的"设计，即设计本身的正确性和设计满足利益攸关方需要，包括下列方面：

（1）针对设计本身，组织进行相关分析和评审，确保设计过程和输出产物内容是正确的，确保产生的衍生需求的正确性。

（2）针对利益攸关方的需要和期望，可以邀请客户和其他利益攸关方一起参与，对方案进行评阅给出意见。而下游的设计方案的确认，如液压系统设计方案，则可以邀请上游专业进行确认，而总体专业，对是否满足上游需求和期望给出意见。在此过程中，除了介绍和评审之外，产品原型和模型的演示是比较常用的手段。

尽管在前几个步骤中已经充分地进行了权衡分析、设计分析和评估，但仍存在验证和确认过程中发现问题的风险，出现这种情况则回到第二步，进入重设计工作，但重设计范围会较小，且迭代速度会比初次设计时更快。

5.5.3.6 最终设计方案纳入基线

通过上述5个步骤，对最终形成的、并通过验证和确认的详细设计方案（包括详细设计描述、衍生需求和接口控制文件等）进行整理，与设计目标、权衡研究、设计分析数据一起打包，形成技术数据包，最终纳入设计基线。

5.5.4 输出

5.5.4.1 设计方案技术数据包

设计方案的技术数据包由一系列内容组成，包括设计目标、备选概念方案、权衡研究证据、设计分析结果、详细设计方案等内容的集合，是进行下一层级设计、产品实现和集成的主要输入。

此技术数据包应纳入需求管理。

5.5.4.2 系统架构

系统架构是承接功能架构分组、描述系统、设备之间的层次关系、交联关系和信号/物质交互关系的一种层级化组织（包括但不限于文本、图形和模型表达），能够表达系统的逻辑与物理定义。

5.5.4.3 物理接口控制文件

物理接口控制文件（PICD）是针对功能接口需求形成的各产品的详细物理接口定义，属于产品方案的一部分，但通常便于管理和后续集成验证工作，一般单独形成文件或数据库，接口类型包括各种物理类型，如结构、电信号、电源能、液压能等。此接口控制文件应纳入接口管理。

5.5.4.4 衍生需求

衍生需求是由架构方案的设计选择产生的，无法追溯到上一层级需求的需求，下一层级设计和实现过程应满足该需求，衍生需求是下一层级的系统设计工作的主要输入，可以属于设计方案数据包的一部分，应纳入需求管理。

5.5.4.5 下一层级设计需求

下一层级需求是由设计综合工作过程中对高层需求进行分解产生的，作为下一层级的系统设计工作需要的一部分，此需求可以属于设计方案数据包的一部分。

5.5.5 方法与工具

5.5.5.1 头脑风暴法

头脑风暴（BS）法又称智力激励法、自由思考法，是由美国创造学家 A. F. 奥斯本于 1939 年首次提出、1953 年正式发表的一种激发性思维的方法。主要目的是通过进行无限制的自由联想和讨论，产生新观念或激发创新设想。头脑风暴法可以用于多种备选方案的生成。

5.5.5.2 质量功能展开

质量功能展开（QFD）是一个针对捕获、定级和评估客户需求，并把这些需求转换成概念的过程。QFD 的优势在于对客户需要进行优先级和权重定义，并在不同的选项之间区分价值的能力。QFD 介绍详见附录 B1 质量功能展开。

5.5.5.3 概念描述表

概念描述表（concept description sheet）用文字和图形的方式，描述技术方法和系统概念，以及系统是如何满足性能和功能需求的，主要用于前期的概念设计。

每一个开发的备选概念方案都已有相关概念的描述，并随着设计综合活动的开展而细化。描述表包括系统的描述、系统的运行使用及其特征。

5.5.5.4 系统框图

系统框图（block diagram）是对系统内组件的描述，能够清晰地表达比较复杂的系统各部分之间的关系，以及与外部环境之间的关系，可用于系统物理架构的表示。

系统框图可以比较粗略，也可以比较细致，具体取决于框的颗粒度，因此，其运用非常灵活和广泛。

5.5.5.5 UML/SysML 模型图

UML（unified modeling language）又称"统一建模语言"或"标准建模语言"，始于 1997 年出现的 OMG 标准，是一种支持模型化和软件系统开发的图形化语言。OMG 在对 UML2.0 的子集进行重用和扩展的基础上，提出一种新的系统建模语言（SysML），作为系统工程的标准建模语言。SysML 具体介绍可参见 5.3.5.4 节。

这些图可以广泛用于进行设计综合工作中目标确定、架构的设计描述和分析等工作。

5.5.5.6 飞机设计工具

设计综合的工具基本上囊括所有飞机设计工具，主要包括如下几类：

（1）计算机辅助设计工具，包括计算机辅助设计（CAD）/计算机辅助工程（CAE）等。

（2）专业分析工具。

（3）设计的建模和分析。

（4）原理性试验工具，如风洞、工程模拟器等。

（5）设计的仿真工具，如 Matlab 和 Dymola。

5.5.6　注意事项与经验

5.5.6.1　自顶向下与自底向上

设计综合是以自顶向下为主，结合自底向上，最终获得全局最优的过程。

系统工程是自顶向下的，只有自顶向下的设计，才能确保最终的复杂产品能够不多不少地正确满足需要。设计综合工作是实现自顶向下的基础，每一层级都会基于设计综合活动形成设计的架构方案，实现从上一层级需求对架构中的物理实体的逐级分解，也就形成下一层级的需求，作为下一层级开发工作的开始。

在设计过程中也会大量引入已有经验，需要重用成熟产品以降低风险，因此 SAE ARP 4754A/B 中表示：一个典型系统的开发在迭代和并行过程的，都会采用自顶向下和自底向上策略结合的方式。

应强调尽管自底向上不可避免，但根据系统工程对系统研制的要求，最终产品数据应保证形成层层的自顶向下的过程。自顶向下的正向设计也需要自底向上的逆向设计进行综合迭代，而两者的结合点一般也在设计综合活动，即通过科学的设计综合方法，确保供应商和下一层级团队的"成熟方案"对主制造商或上一层级团队功能分析后形成的需求得到满足，并反过来对方案以及需求和设计目标输入进行修正和迭代。

5.5.6.2　特性工程在设计综合中作用

特性工程是系统工程中的一个特殊的子集，定义和评估系统的特定专业领域及其特征，如安全性、可靠性、可维修性、电磁环境效应（E3）、人为因素，都属于专业工程的范畴。

特性工程中的设计分析工作基本贯穿了需求分析、功能分析和设计综合过程，对设计中形成的方案进行分析和确认，并对特性工程对应的系统需求和指标进行确定和进一步分解。

安全性分析与系统工程的关系是特性工程与系统工程关系的一个典型例子，该示例在 SAE ARP 4754A 中有所阐述，在 SAE ARP 4761 中也有详细的介绍。SAE ARP 4754A 中定义的安全性分析过程如图 5-13 所示。

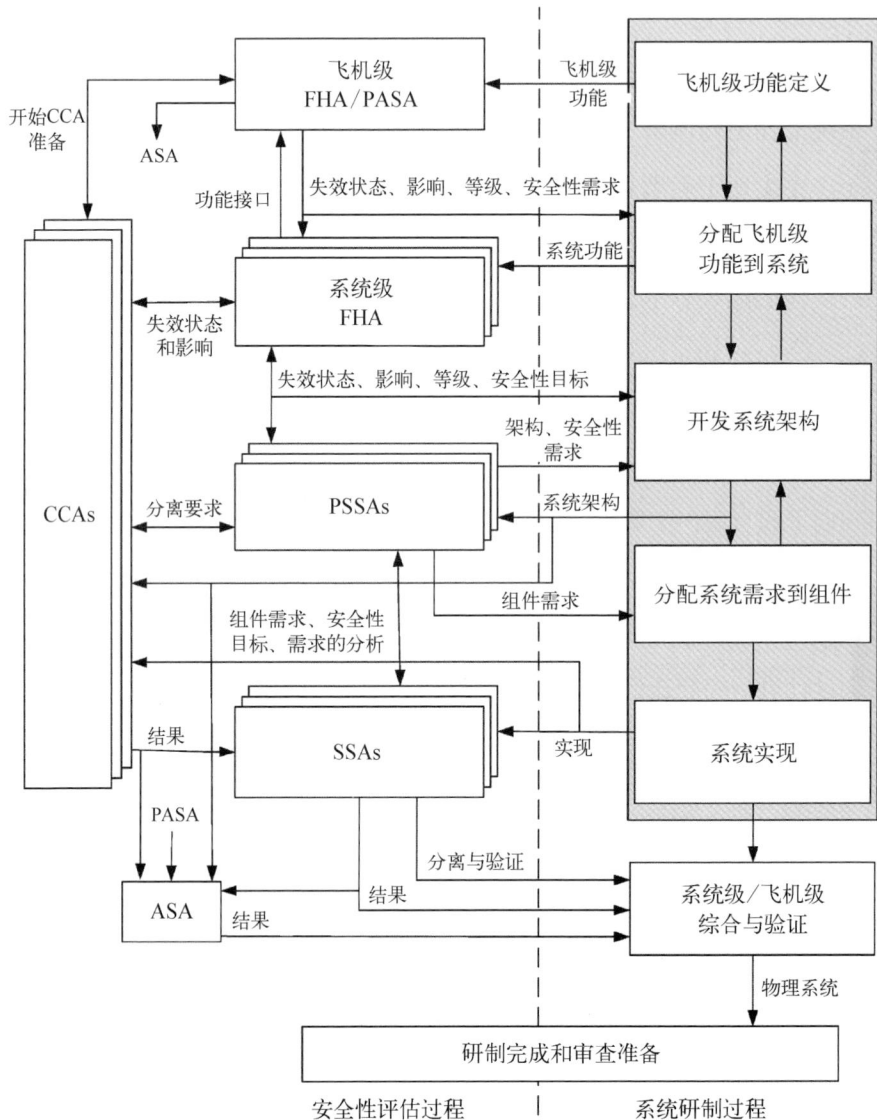

图 5-13　SAE ARP 4754A 中定义的安全性分析过程

在设计综合过程中，特性工程对设计方案的确认起到非常重要的作用，例如，在多个备选设计方案中选择"较优"方案时，则应把各特性工程的指标要求和产品性能指标一起作为评估的判定标准，进行权衡研究，再形成最优方案。

5.5.6.3 设计的递归、迭代和反馈特性

递归指的是同样流程在不同层级反复执行，迭代指的是由于受到某些因素影响，某一个过程重复地进行执行，反馈即下游工作对上游工作的数据的返回，这也是迭代产生的原因之一。

设计综合兼备递归、迭代和反馈特性，具体包括如下内容：

（1）递归。在飞机系统、飞机、系统、子系统、设备、软硬件层级均存在设计综合过程，而设计综合过程基本都包括上述步骤。

（2）迭代。设计综合过程内部会产生迭代，如方案设计与需求分配工作会产生迭代，同时设计综合与其他过程之间也存在迭代，选择最优方案过程可能会产生对需求和功能分析的更改和妥协，而这些更改会导致前面几个步骤的重新进入。

（3）反馈。主要的反馈路线包括对需求管理过程的反馈和衍生需求反馈环路，对功能分析过程的设计反馈环路。

可见设计综合过程是一个需要反复完善，不断修正，形成最佳方案的过程。

5.5.6.4 新技术引入

对设计综合的新技术（如先进复合材料、多电飞机等）进行谨慎的引入，从而确保在先进性和风险可控中寻找平衡点，最终确保设计方案的最优。

NASA 定义的技术成熟度等级（TRL），是较为常用的对引入的新技术进行科学评估的方法，定义包括 1~9 级，对应的标准如表 5-18 所示。

表 5‑18　NASA 定义的技术成熟度等级

TRL 等级	标　　准
1	发现和报道基本的原理
2	阐明技术概念和应用
3	通过分析和试验对关键功能和/或特性进行概念验证
4	实验室环境下的部件和/或原理样件的功能验证
5	相关环境下的部件和/或原理样件的关键功能验证（地面或空中）
6	在仿真环境下用模型演示系统或子系统的关键功能（地面或空中）
7	飞行中的系统演示
8	完成实际系统，并通过测试和演示进行飞行鉴定（地面或空中）
9	实际系统飞行证明

TRL 是把系统工程与预先研究内容进行结合的关键方法，企业应建立 TRL 方法，一方面促进预先研究，通过探索研究，不断提升先进技术的 TRL；另一方面在型号项目中需达到一定的 TRL（如 6 级）才进行引入使用，从而确保项目风险可控。

5.5.7　与 SAE ARP 4754A/B 的符合性

设计综合过程与 SAE ARP 4754A 的符合性如表 5‑19 所示。

表 5‑19　设计综合过程与 SAE ARP 4754A 的符合性

过程描述 章节	过程描述 活动	SAE ARP 4754A 章节		对应 FDAL 等级的独立性与适用性 A	B	C	D	E
5.5.3.1	整理设计目标、需求和约束	4.4	定义系统架构	R	R	R	R	N
5.5.3.2	开发备选概念方案	4.4 4.5	定义系统架构 系统需求分配至设备	R	R	R	R	N
5.5.3.3	选择最佳概念方案	4.4 4.5	定义系统架构 系统需求分配至设备	R	R	R	R	N
5.5.3.4	详细设计	4.4 4.5	定义系统架构 系统需求分配至设备	R	R	R	R	N
5.5.3.5	设计验证	4.6	系统实施	R	R	R	R	N
5.5.3.6	最终设计方案纳入基线	5.6	构型管理	R	R	R	A	N

设计综合过程与 SAE ARP 4754B 的符合性如表 5 - 20 所示。

表 5 - 20　设计综合过程与 SAE ARP 4754B 的符合性

过程描述		SAE ARP 4754B 章节		对应 FDAL 等级的独立性与适用性				
章　节	活　动			A	B	C	D	E
5.5.3.1	整理设计目标、需求和约束	4.5	系统架构与系统需求往设备分配	R	R	R	R	N
5.5.3.2	开发备选概念方案	4.5	系统架构与系统需求往设备分配	R	R	R	R	N
5.5.3.3	选择最佳概念方案	4.5	系统架构与系统需求往设备分配	R	R	R	R	N
5.5.3.4	详细设计	4.5	系统架构与系统需求往设备分配	R	R	R	R	N
5.5.3.5	设计验证	4.6	实施	R	R	R	R	N
5.5.3.6	最终设计方案纳入基线	5.6	构型管理	R	R	R	A	N

5.6　安全性评估过程

20 世纪 90 年代，瑞士航空 111 号班机在 9 900 米（约 33 000 英尺）高空时，因头等舱娱乐系统缺少过热保护措施，也没有配备适合的冷却系统，导致驾驶舱温度升高，电线产生了电弧，电弧引燃了驾驶舱的绝缘物及其他材料，驾驶舱着火了。火灾蔓延严重干扰了电子设备，随即电子导航和通信系统相继失效，飞机失去了控制，坠入大西洋并粉碎性解体。最终，事故造成了 229 人罹难，机上无一人生还。在民航史上，安全性设计缺陷曾导致严重航空事故的还有很多。例如，货舱门安全性设计缺陷导致了土耳其航空 981 号班机空难、方向舵安全性设计缺陷导致了联合航空 585 号班机和全美航空 427 号班机空难等。

商用飞机安全性设计是设计过程的重要一环，它通过设计来赋予产品一种必须满足的特性，对于飞机全生命周期的研制和运营有着极其重要意义。因此，在商用飞机设计阶段之初就需要把安全性设计要求进行有效的贯彻，以保证商用飞机在运行过程中始终处于一个安全的设计状态。

本节通过讨论安全性设计与评估过程的目的、必要性、典型的方法和工具，以及在飞机研制过程中的适用阶段、输入、输出、过程活动等（见表 5 - 21），以帮助读者了解和学习中国商飞公司系统工程的安全性设计与评估理念。

5.6.1　描述

安全性评估是对所实施的商用飞机安全性进行系统性的综合评价，以表明其满足相关的安全性需求。安全性评估过程是安全性需求捕获、分配、确认、设计、实现和验证的过程，是商用飞机系统研制过程中不可或缺的重要组成部分。

图 5 - 14 为安全性评估过程，具体如下所述：

（1）安全性工作始于从顶层开始对整个项目、经费、计划、主要的目标、工业标准等的考虑，同时考虑安全性的方法和各种流程。

（2）在概念设计阶段，需要编制适用于飞机研制过程的安全性公共数据文件（SCDD）。

（3）根据确定的飞机功能及功能分解，开始开展飞机功能危险性评估（AFHA），SCDD 文件也将作为该项工作的输入。

（4）发布初步飞机安全性评估（PASA）。

（5）系统安全性工程师开展各自系统的 SFHA。

（6）系统安全性工程师继续 PASA 等分析工作，去证明安全性的目标能够达到，相关的安全性方面的考虑得到了实施。

（7）根据 PSSA 和 CCA 的结果，更新系统和设备级别的需求。

（8）AFHA 发布后，在进行 SFHA 和 PSSA 工作开展的同时，可以实施 CCA。

（9）作为一个迭代的过程，PSSA 通常会持续更新到发布系统安全性评估文件（SSA），在 SSA 中考虑了所有 CCA 的结果（安装上的更改、安全性方面防护的应用等）。

（10）最终，考虑了所有飞行试验等试验反馈的结果后，所有 SSA 将被更

表 5－21　安全性评估过程 SIPOC

中国商飞

过程名：安全性评估过程

下一层级过程：N/A

CMMI 过程域：N/A

过程目的：用于表明对适航审定要求（如 CCAR/FAR/CS 25 部第 1309 条款）的符合性

必要性：安全性分析过程属于 SAE ARP 4761 与 SAE ARP 4754A/B 中的推荐过程

输入（Inputs）：
— 适航规章
— 安全性支持文件
— 飞机设计相关文件
— 先前飞机设计和运营经验
— 适航监控以及经验教训
— 成本需求

提供方（Suppliers）：
— 需求团队
— 设计团队
— 产品实施团队

过程活动（Processes）：
1. 安全性设计
2. 编制安全性公共数据文件
3. 飞机级功能危险性评估
4. 初步飞机安全性评估
5. 研制保证等级分配
6. 系统功能危险性评估
7. 初步系统安全性评估
8. 故障模式及影响分析
9. 特定风险分析
10. 区域安全分析
11. 共模分析
12. 系统安全性评估
13. 飞机安全性评估

适用阶段：
☑ 概念开发阶段
☑ 立项论证阶段
☑ 可行性论证阶段
☑ 初步设计阶段
☑ 详细设计阶段
☑ 全面试制阶段
☑ 试飞取证阶段
☐ 产品与服务验收阶段
☐ 持续运营阶段
☐ 退役阶段

输出（Outputs）：
— 安全性分析报告

使用方（Customers）：
— 需求团队
— 设计团队
— 产品实施团队
— 适航取证团队

方法与工具：
方法包括：相关图分析、*FMEA、*FMES、*马尔科夫分析、*故障树分析、共因分析等
工具包括：Ram Commander、ISO Graph 方法工具
注：* 表示 DFSS 方法工具

161

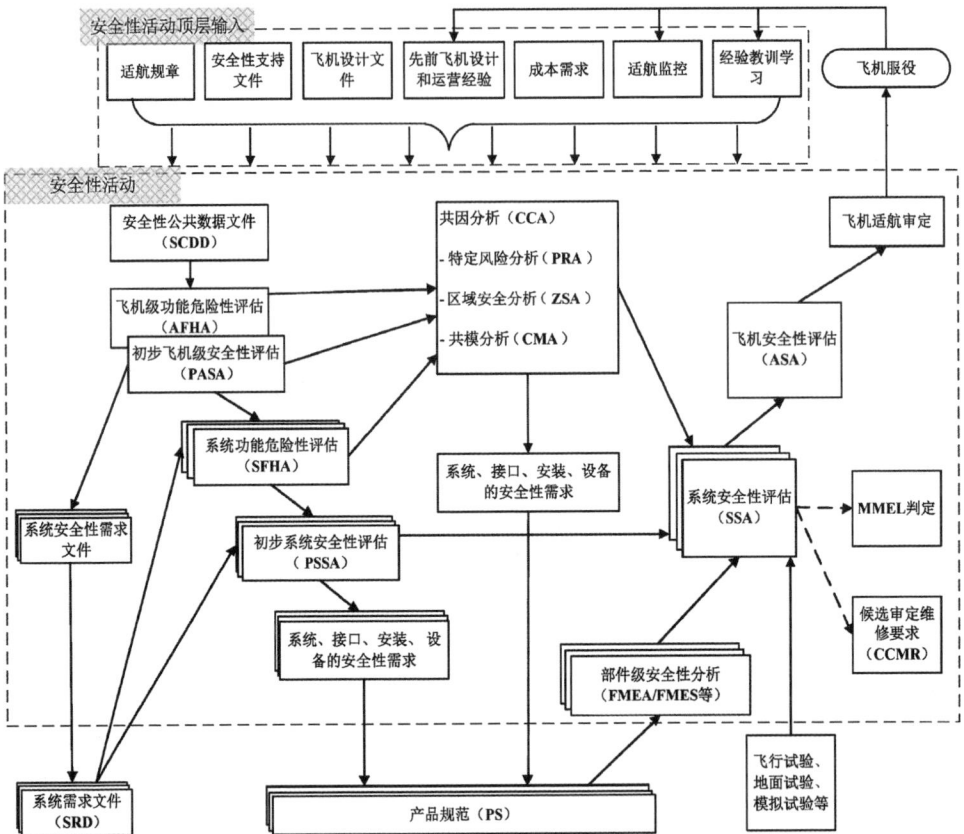

图 5‐14　安全性评估过程

新，同时 ASA 也将考虑 SSA 的更新，做相应的修改，以期获得型号合格证（TC）。

（11）在飞机投入运营后，主要有两方面的工作。

a. 考虑设计更改和使用条件变化时造成影响的适航监控。

b. 根据所发生的技术事件，开展经验教训吸取过程，目标是为今后的飞机定义新的或者补充的需求。

5.6.2　输入

5.6.2.1　适航规章

民用航空规章是涉及民用航空活动的专业性规章。民用航空规章具有法律效力，凡从事民用航空活动的任何单位和个人都必须遵守相关民用航空规章。中国民用航空规章包括适航管理、人员执照、机场管理、航务管理、航空运营、航空保安、搜索援救和事故调查等方面。航空规章中与适航技术标准直接有关的部分规章，例如 CCAR - 25 部，对飞机安全水平规定出了最低安全要求。适航规章作为飞机产品设计研发必须采用的强制性标准，是安全性活动顶层输入的基本来源。

5.6.2.2 安全性评估过程支持文件

安全性评估过程支持条件主要包括安全性方法和流程，安全性大纲、计划，安全性指导手册及安全性工具等。

5.6.2.3 飞机设计相关文件

安全性评估需要以飞机设计相关文件作为输入，包括飞机功能定义文件、飞机功能架构描述文件、飞机设计描述、各系统功能架构描述、各系统描述文件等。

5.6.2.4 先前飞机设计和运营经验

先前飞机的设计和运营经验为研制项目提供了广泛且可利用的数据来源，尤其在合理地应用相似性手段支持需求的确认和验证时，不仅有效缩短了研制周期，而且有效减少了研制成本。某些隐性故障和共因风险也会通过飞机运营期限的延长和经验的积累而暴露出来。

此外，由于飞机安全性评估定量要求的部分数值是以经验为依据，采用故障树之类的评估方法得出的。此类数值具有随时间的推移，根据历史数据预测的相关结果愈发准确的特性，因此，考虑将先前飞机的设计和运营经验进行采集和分析的结论科学地纳入，作为新研项目的安全性顶层输入。

5.6.2.5 适航监控以及经验教训

在航空器型号审定合格后，适航当局需要通过适航监控发现航空器存在的不安全性状态，并对很可能存在或发生于同型号设计的其他商用飞机产品的不安全状态进行强制性要求，其内容涉及航空安全（如适航指令等）。航空器的营运人、制造方必须执行相关的指令要求。

历史经验和教训是制造商获取飞机设计研发阶段的顶层安全性需求的重要来源，可以避免由类似原因引发飞机事故。将该类信息作为项目安全性顶层输入有助于有效规避类似原因引发的风险，提高飞机安全性水平。

5.6.2.6　成本需求

为保证项目成功，设计研发阶段开始就需加强成本控制。在项目起点到全面试制的整个过程中，通过在最佳节点对成本进行有效控制并实时反馈，从根本上保证项目成本目标的实现，满足市场要求的销售价格和性能指标。这就要求飞机的安全性设计在满足最低安全性需求和市场要求的前提下，根据飞机目标销售价格，将细化的飞机目标成本（包括各研制阶段研制成本、单机成本和直接运营成本）作为设计的一项重要输入，从而避免单纯追求飞机的安全性水平而导致研制成本、单机成本和直接运营成本的增加。

5.6.3　过程中的活动

5.6.3.1　安全性设计

安全性是事物的一个固有属性，指风险处于可接受范围的状态。从民机设计上系统安全性指系统功能失效对飞机、机组和乘客的影响。对于民机项目安全性设计在设计全生命周期范围内是一种解决安全性问题的重要设计手段。随着安全性设计技术的不断发展，现代民机采用失效-安全设计理念：任何一次飞行期间，单故障或可预知的组合故障不可妨碍飞机的继续安全飞行和着陆。

从 CCAR/FAR/CS 25.1309 条款，以及咨询通告 AC 25.1309 B Arsenal 及 AMC 25.1309 都提及了失效-安全设计理念，该理念定义了在安全设计时应考虑失效以及组合失效的影响。因此从法规和工业实践上，现代民机的安全性设计要把失效安全理念融入民机研制的各个环节中。基于工业实践，通常有如下设计方法来指导安全性设计。值得注意的是，仅使用以下原则或技术中的某一个很难是充分的，通常需要使用两个或更多的组合来提供失效-安全设计。

（1）设计完整性和质量，包括寿命极限，以保证预期的功能并且防止失效；将失效发生概率和/或失效的影响最小化，从而显示既定的功能可靠性。例如，利用安全寿命、疲劳和断裂力学原理来规划预防性维修措施；在紧急全速爬升期间，扰流板或减速板自动收回（设计上完整地考虑到各种可能情况，将安全性影响最小化）。

（2）冗余或备份系统，使得在任何单个（或其他规定的数目）系统失效发生后，仍有能力保持持续的功能，如两台或多台发动机、液压系统、飞行控制系统等。

（3）系统、组件和元件的隔离和/或分离（特别是电气、物理或空间隔离或分离），使得其中的一个失效不会引起另一个失效；系统、部件和组件的独立性〔如确保液体管路（特别是连接处）并未铺设在敏感电子部件上〕，确保某个部件故障不会导致另外一个部件也出现故障。

（4）已被证明的可靠性（proven reliability），使得多个独立的失效不太可能在同一次飞行中发生。例如，一台或多台发动机、液压系统等发生故障后，飞机仍能继续飞行。

（5）失效告警或指示，以提供检测，如在驾驶舱显示屏上显示告警指示的故障标志。

（6）飞行机组程序，规定了在检测到失效后的纠正动作。

（7）可检查性，检查组件的状态的能力，如通过窗口检查查看起落架是否放下（或者使用专门为此而安装的微型摄像机）、BIT。

（8）设计的失效影响限制，包括承受损伤、限制安全性影响或失效影响的能力，如 PRA 轮胎爆破、转子爆破分析，限制轮胎爆破或转子爆破所产生的影响。

（9）设计失效路径，用某种方式控制和引导失效影响以限制其安全性影响，如适当布置的结构薄先断件、设计排液路径。

（10）裕度或安全系数，用于允许任何未定义的或不可预见的不利情况，如电子元器件的裕度设计。

（11）容错，即考虑在飞机的设计、试验、制造、运行和维修过程中可预见差错的不利影响。在系统本身导致错误时，仍能提供预期的（或最低的）服务，如在控制舵面防止出现危险偏转之前,将舵面作动筒或配平系统固定(止动)。

5.6.3.2 编制安全性公共数据文件

作为 CCAR 25.1309 条款的符合性文件之一,安全性公共数据文件(SCDD)是进行安全性评估不可缺少的重要的支持性文件。安全性公共数据文件规定了飞机级和系统级安全性可靠性评估时所用到的安全性可靠性定义、原理、应用条件和数据等内容,用于指导和支持飞机系统安全性工作。

5.6.3.3 飞机功能危险性评估

功能危险性评估(FHA)是针对飞机或系统功能进行的系统而全面的检查,以确定这些功能的失效状态并按其严重性进行分类。

飞机功能危险性评估(AFHA)用以确定、评估飞机的潜在危险,是新机型或改进机型设计过程中安全性评估的第一步。

AFHA 在飞机研制开始时对飞机的基本功能进行顶层的定性评估。AFHA 将飞机整机视为研究对象,识别飞机在不同飞行阶段和运行环境中可能发生的、影响飞机持续、安全飞行的功能失效,并将这些功能失效进行分类,建立飞机必须满足的安全性需求。

5.6.3.4 初步飞机安全性评估

AFHA 初步完成后,需要结合飞机架构,开展初步飞机级安全性评估(PASA)过程。PASA 的主要输入是飞机级功能、初步飞机架构和 AFHA 中确定的失效状态及其对应的安全性需求,通过初步的飞机安全性评估过程,确认飞机级架构并获得实现飞机级功能的不同系统的安全性需求。

PASA 是飞机顶层安全性工作与系统层级安全性工作的桥梁。通过该评估,可将顶层的安全性需求向系统分配,从而实现自顶而下的设计理念。

5.6.3.5 研制保证等级分配

研制保证等级(DAL)是对应于功能或项目的失效所导致的危险状态,而规定的一系列等级,是用于描述在功能和项目的研制过程中为了避免出错而采取的措施的方法,它在安全性评估过程中确定,其目的是在功能、系统和项目的研制中,从安全性的角度选择质量程序,为相应的等级制订对应的工作程序及验证標準，以將設計中的錯誤或遺漏減至最小。

研制保证等级包括飞机和系统功能研制保证等级（FDAL）、项目研制保证等级（IDAL）。

AFHA 和 SFHA 系统性地确定了失效状态，失效状态是研制保证等级分配的基础。以 AFHA 中失效状态的评估结果为基础，PASA 根据 SAE ARP4754 A/B 中的分配原则对 FDAL 进行分配，并将其分配至系统。在 PSSA 中根据 SFHA 的失效状态影响等级分配 FDAL 等级，并将其分配至软硬件的 IDAL。

5.6.3.6　系统功能危险性评估

在飞机设计过程中，将飞机功能分配到系统后，每个综合了多重飞机功能的系统必须进行 SFHA。SFHA 以系统的功能为研究对象，识别影响飞机持续、安全飞行的系统功能失效，并根据该功能失效对飞机、机组或乘员影响的严重程度进行分类。

5.6.3.7　初步系统安全性评估

SFHA 初步完成后，需要结合系统架构，开展初步系统安全性评估（PSSA）过程。根据 SFHA 失效状态等级，对预期的架构及其实施情况进行系统性的评估，输出系统/组件的安全性需求。在对系统架构进行初步评估时，应充分地进行 CCA，对系统设计实施的功能冗余度、功能隔离和功能独立性进行评判。

PSSA 是系统顶层安全性工作与软硬件安全性工作的桥梁。通过该评估，可将安全性需求向子系统及设备级分配，从而实现自顶而下的设计理念。

5.6.3.8　失效模式与影响分析

失效模式及影响分析（FMEA）是一种确定系统功能或设备的失效模式及其对高一层次设计的影响的系统方法，还可以确定每种失效模式的检测方法。FMEA 可以进行定量或定性分析，适用于任何类型的系统（如电气、电子和机械系统）。实施定量 FMEA，可以确定每种故障模式的失效率。

FMEA 的结果可以用于编制失效模式及影响摘要（FMES），或者为系统安全性评估（SSA）过程的其他分析技术（如 FTA）提供支持。

5.3.6.9 特定风险分析

特定风险分析（PRA）属于共因分析的一部分。特定风险是在飞机或系统外部发生的事件或危险因素所引起的风险。那些在飞机外部或飞机内部发生的事件或风险，往往影响飞机多个区域或造成多个系统同时失效，破坏系统、功能或组件之间的独立性，是造成系统关联故障与共因故障产生的重要原因。典型的特定风险事件或风险包括火灾、高能装置（发动机、辅助动力装置）、液体泄漏、鸟撞、轮胎爆破、雷击、高强度辐射场暴露和摆动轴失效等。

PRA 工作通常在型号概念设计阶段就开始考虑，在初步设计和详细设计阶段全面展开，随着系统设计工作的深入，不断迭代评估，直至最终的符合性报告得到局方批准。特定风险分析的目标是保证所有与安全性相关的影响被消除或降低到可接受范围。

5.6.3.10 区域安全性分析

区域安全性分析（ZSA）属于共因分析的一部分，是一种与安装、系统间干扰以及能影响系统安全的潜在维修错误相关的安全性分析方法。

ZSA 在划分的区域内，考虑系统或设备安装、维修失误、外部环境变化、各系统之间的相互影响等情况，制订设计与安装准则，并对各区域进行设计与安装准则的符合性检查。针对区域内的各种外部故障模式，ZSA 还要分析其对相邻系统和飞机的影响，并对检查和分析结果进行评估。

5.6.3.11 共模分析

共模分析（CMA）属于共因分析的一部分，是一种用来确保飞机设计"良好"的定性分析方法。由于设计、制造、维修错误和系统部件失效可能会影响设计的独立性，因此有必要识别这些影响独立性的故障模式，并分析判定这些失效影响飞机安全性的程度。

CMA 主要是用来帮助验证独立性要求在设计实践中的满足情况，识别影响严重失效状态的共模失效，判定设计中是否考虑了共模失效。

5.6.3.12 系统安全性评估

系统安全性评估（SSA）是对飞机系统、架构及其安装等实施的系统化、综合性的评估，以证明相关的安全性需求得到满足。

5.6.3.13　飞机安全性评估

飞机安全性评估（ASA）是对飞机系统、架构及其安装等实施的系统化、综合性的评估，以证明相关的安全性需求得到满足。

5.6.4　输　出

本过程输出为安全性评估报告。

安全性评估过程输出为各类安全性评估报告，包括飞机级安全性评估报告，如 AFHA 报告、PASA 报告、ASA 报告、各项 PRA 报告、区域安全性分析（ZSA）报告和飞机 CMA 报告等；系统级安全性评估报告，如全机各 SFHA 报告、全机各系统 PSSA 报告、全机各 SSA 报告、全机部分系统 CMA 报告等；设备级安全性评估报告，如全机各系统 FMEA 报告、全机各系统 FMES 等。

5.6.5　方法与工具

5.6.5.1　故障树分析或相关图分析

这两种分析是结构化的、演绎的、自顶向下的分析，用于识别会导致每个定义失效状态的条件、失效和事件。它们通过图解的方法确定各特定失效状态和主要元件或组件失效、其他事件或它们的组合之间的逻辑关系。失效模式及影响分析可用作那些主要失效或其他事件的源文件，详见附录 B7 和 B8。

5.6.5.2　马尔可夫分析

马尔可夫模型（链）表征了各种系统状态及它们之间的关系。这些状态可以是运行的或非运行的。从一个状态到另一状态的转换是关于失效和维修率的函数。马尔可夫分析可用于代替故障树/相关图分析，但其经常导致更为复杂的表述，特别是在系统有很多状态时。建议当故障树或相关图不容易使用时，使用马尔可夫分析，即考虑系统状态之间的复杂转换关系，而它们对于经典的故障树或相关图分析来说是难以表示和处理的，详见附录 B9。

5.6.5.3 失效模式及影响分析

失效模式及影响分析（FMEA）是一种结构化的、归纳的、自底向上的分析，该分析用于评估每个可能的元件或组件失效对系统和飞机的影响。当恰当实施时，这种分析可以帮助识别潜在失效和各失效模式的可能原因。FMEA 可以是单个零部件的 FMEA 或功能的 FMEA。FMEA 可以与概率技术（如 FTA 或 DD）一起使用，以得出定量分析。此外，通过提供自底向上的失效影响补充清单，FMEA 可用作对 FTA、DD 的补充。

5.6.5.4 失效模式及影响摘要

失效模式及影响摘要（FMES）是对产生相同失效影响的各单一失效模式进行的编组（即每一个特有的失效影响具有一个单独的失效模式组），可由制造商、系统综合商或设备供应商的 FMEA 汇编而成。此外，FMES 应与用户协调，以充分论及更高层次 FMEA 和/或系统安全性评估 FTA 的输入需求。

5.6.5.5 共因分析

共因分析（CCA）可以要求功能、系统或组件之间的独立性，以满足安全性的要求。因此，有必要确保这种独立性的存在或确认与独立性相关的风险是可以接受的。共因分析提供工具验证这种独立性或识别具体相关性的方法。

5.6.5.6 基于模型的安全性分析

基于模型的安全性分析（MBSA）是开展飞机和系统（包括设备）安全性分析工作的一种新方法。将各项安全性分析工作包括功能危险性评估和故障树分析等进行模型化处理，通过模型数据贯通技术过程，实现飞机和系统各项安全性分析工作的"统一数据源"和"数据闭环"，并最终实现飞机和系统安全性分析工作的效率和质量同步提升。MBSA 方法的整体过程详见附录 B12。

5.6.5.7 安全性评估工具

安全性评估工具主要有 RAM Commander、ISO GRAPH 和 Medini，安全性需求的确认与验证借助于 DOORS 工具，部分特定风险分析和数字样机检查使用 CATIA 软件。

基于当前安全性评估工作的需求，将在下一步利用 CATIA 软件实现部分特定风险的自动化分析；逐步建立安全性评估专用软件和数据库，如飞机安全性和可靠性分析（SRAA）等，以提高安全性评估工作的效率和完整性。SRAA 支持功能危险性评估（FHA）、初步系统安全性评估（PSSA）、系统安全性评估（SSA）和共模分析（CMA）等评估过程。它包括基于关联图或故障树的概率计算，以及 FMES 的图表等功能。

同时，安全性需求确认涉及相关实验设施（如工程模拟器、铁鸟、电鸟、铜鸟等）。

5.6.6　注意事项与经验

注意事项与经验包括如下各项。

1）组建安全性评估委员会

各项目实施过程中，可组建安全性评估委员会，以统筹相关工作。该委员会是型号重大安全性议题的决策支持机构，由局方人员、设计人员、业内专家组成，对总师系统负责，确保安全性相关文件在提交适航当局之前，能够达成一致。

2）建立型号安全性主管设计师系统

各项目实施过程中，为保证系统安全性工作顺利开展，应建立安全性主管设计师系统。该系统建立运转过程中，应加强对各系统安全性主管设计师资质的把控，加强对人员的培训，最好能做到持证上岗；同时，需要保证安全性主管设计师在型号研制中相对独立地开展安全性工作。

3）制订系统安全性工作计划

根据适航审查的需要，参考国外主制造商通行做法与相关工业标准（SAE ARP4754 A/B），每个项目实施时应编制系统安全性工作计划（各系统也可按需编制）。

4）开发系统安全性的配套工具

系统安全性工作量巨大，牵涉全机各专业，并且会产生许多适航取证的重要文件（主要与 CCAR/FAR/CS－25.1309 相关）。开发系统安全性工作相关的分析、仿真和验证等软件工具，能够使全机的系统安全性工作更加有序，提高全机系统安全性评估的工作效率。

5.6.7 与 SAE ARP 4754 A/B 的符合性

安全性评估过程与 SAE ARP 4754 A 的符合性如表 5－22 所示，表中 R（recommended for certification）为推荐用于合格审定，A（as negotiated for certification）为需要与审定当局协商，N（not required for certification）为无合格审定要求，R∗ 为推荐用于合格审定且该过程需具有独立性。

表 5－22 安全性评估过程与 SAE ARP 4754 A 的符合性

过程描述		SAE ARP 4754A 章节	对应 FDAL 等级的独立性与适用性				
章 节	活 动		A	B	C	D	E
5.6.3.1	安全性设计	无	N/A	N/A	N/A	N/A	N/A
5.6.3.2	编制安全性公共数据文件	无	N/A	N/A	N/A	N/A	N/A
5.6.3.3	飞机功能危险性评估	5.1.1	R∗	R∗	R	R	R
5.6.3.4	初步飞机安全性评估	5.1.2	R∗	R∗	R	A	N
5.6.3.5	研制保证等级分配	5.2	N/A	N/A	N/A	N/A	N/A
5.6.3.6	系统功能危险性评估	5.1.1	R∗	R∗	R	R	R
5.6.3.7	初步系统安全性评估	5.1.2	R∗	R∗	R	A	N
5.6.3.8	失效模式及影响分析	无	N/A	N/A	N/A	N/A	N/A
5.6.3.9	特定风险分析	5.1.4	R	R	A	N	N
5.6.3.10	区域安全性分析	5.1.4	R	R	A	N	N
5.6.3.11	共模分析	5.1.4	R∗	R∗	A	N	N
5.6.3.12	系统安全性评估	5.1.3	R∗	R∗	R	A	N
5.6.3.13	飞机安全性评估	5.1.3	R∗	R∗	R	A	N

安全性评估过程与 SAE ARP 4754 B 的符合性如表 5－23 所示。

表 5-23　安全性评估过程与 SAE ARP 4754 B 的符合性

过 程 描 述		SAE ARP 4754B 章节	对应 FDAL 等级的独立性与适用性				
章 节	活 动		A	B	C	D	E
5.6.3.1	安全性设计	无	N/A	N/A	N/A	N/A	N/A
5.6.3.2	编制安全性公共数据文件	无	N/A	N/A	N/A	N/A	N/A
5.6.3.3	飞机功能危险性评估	5.1.1	R*	R*	R*	R*	R*
5.6.3.4	初步飞机安全性评估	5.1.2	R*	R*	R	A	N
5.6.3.5	研制保证等级分配	5.2	R*	R*	R	A	N
5.6.3.6	系统功能危险性评估	5.1.3	R*	R*	R*	R*	R*
5.6.3.7	初步系统安全性评估	5.1.4	R*	R*	R	A	N
5.6.3.8	失效模式及影响分析	无	N/A	N/A	N/A	N/A	N/A
5.6.3.9	特定风险分析	无	N/A	N/A	N/A	N/A	N/A
5.6.3.10	区域安全性分析	无	N/A	N/A	N/A	N/A	N/A
5.6.3.11	共模分析	无	N/A	N/A	N/A	N/A	N/A
5.6.3.12	系统安全性评估	5.1.5	R*	R*	R	A	N
5.6.3.13	飞机安全性评估	5.1.6	R*	R*	R	A	N

5.6.8　型号案例分析

安全性评估过程案例分析的飞机功能失效状态是地面减速功能下的未通告的丧失减速能力（地面阶段）。

完整清晰的飞机级功能定义是进行 AFHA 的必要条件。地面减速功能是地面控制飞机的子功能。地面减速功能是指通过发动机反推、地面扰流板/多功能扰流板破升增阻和机轮刹车等措施，使飞机在地面的滑行或滑跑速度降低。

5.6.8.1　飞机级功能危险性评估

飞机功能定义与功能架构是 AFHA 的主要输入。在实施 AFHA 时，应先明确并充分理解所评估功能的定义、描述、场景、逻辑架构等内涵，根据 MBSA 要求建立功能架构模型，对功能进行定义和分解。地面减速功能分解和架构模型示例分别如图 5-15、图 5-16 所示。

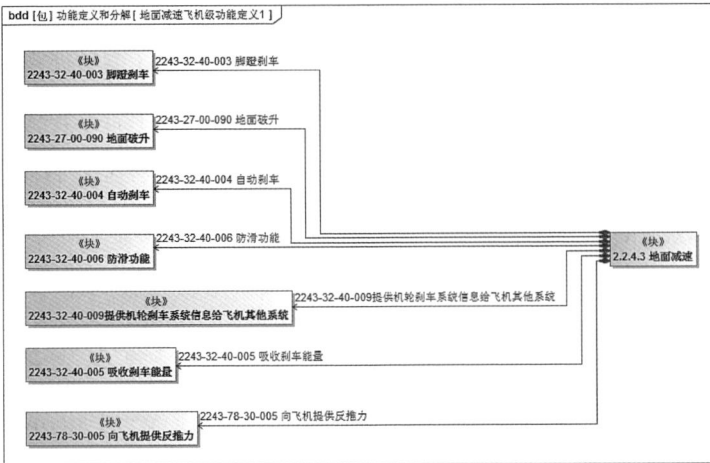

图 5-15　功能分解模型示例

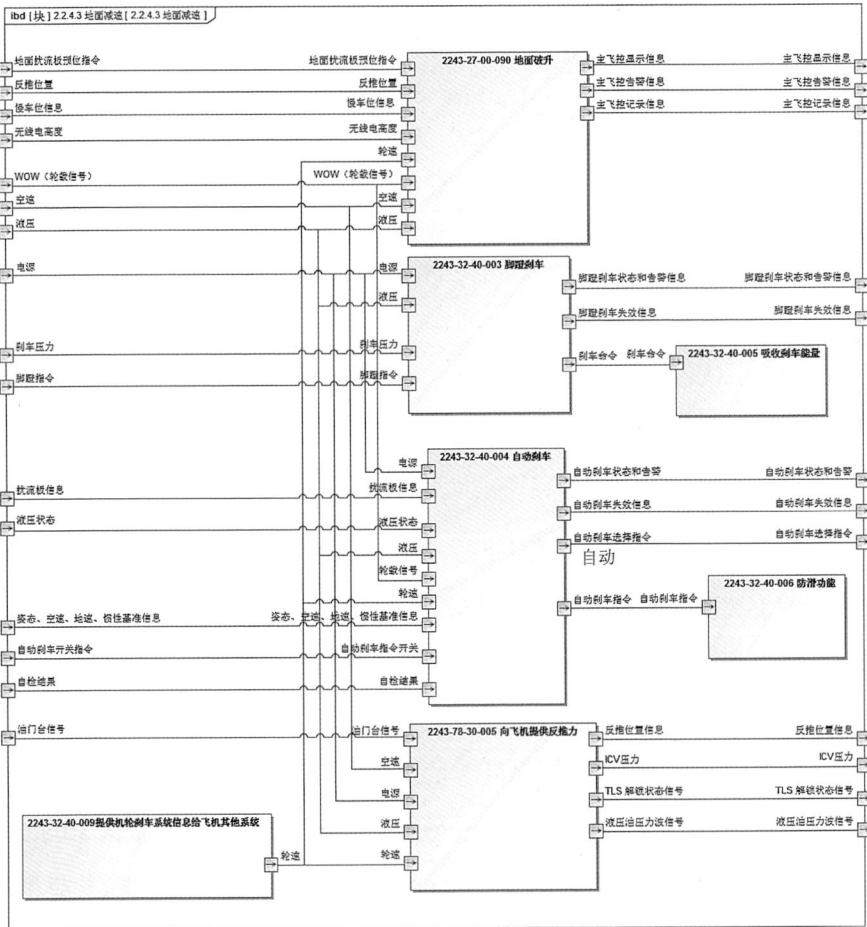

图 5-16　功能架构模型示例

然后，基于功能架构模型开展基础的功能失效定义以及功能失效影响的分析。将飞行阶段、运行环境条件、应急情形等元素与目标功能的基本功能失效进行组合，形成完整的功能失效场景分析模型，针对每一个功能失效场景进行结构化的影响分析，充分考虑该场景下功能失效对飞机、机组和乘客的影响。地面减速功能的 AFHA 结果示例如表 5-24 所示。

表 5-24　AFHA 结果示例

飞机级功能	功能描述	失效状态	飞行阶段	失效对飞机/机组的影响	影响等级
地面减速	通过发动机反推、地面扰流板/多功能扰流板和机轮刹车措施，使飞机在地面的滑行或滑跑速度降低	未通告的丧失减速能力	起飞，着陆	飞机：在中断起飞、着陆时，机组不能减速飞机，导致飞机高速冲出跑道，甚至导致彻底损毁 机组：可能由于飞机的损毁而死亡 乘客：可能由于飞机的损毁而绝大部分或者全部死亡	I
		通告的丧失减速能力	起飞，着陆	飞机：不能减速飞机，导致飞机高速冲出跑道，飞机损坏 机组：可能由于飞机的损毁而死亡 乘客：可能导致多人死亡	I
		未通告的丧失减速能力	地面	飞机：飞机不能停止在滑行道上或出入口，可能导致飞机低速与候机楼、飞机或车辆接触 机组：增加了机组工作负担 乘客：不舒服	III
		通告的丧失减速能力	地面	飞机：无 机组：操纵飞机避开任何障碍物，并请求牵引或可移动扶梯，轻微地增加机组工作负担 乘客：无	IV

5.6.8.2　初步飞机级安全性评估

功能分配是初步飞机级安全性评估（PASA）的重要输入，目的是确保各个系统能够实现各自的目的。根据功能分配关系，PASA 将功能的失效状态逐一分配至相关实现系统，分配关系矩阵示例如表 5-25 所示。

表 5-25 飞机功能失效状态分配关系矩阵示例

功　能	失　效　状　态	飞行阶段	主飞控	机轮刹车	动力装置
地面减速	未通告的减速能力丧失	起飞，着陆	✓	✓	✓
	通告的减速能力丧失	起飞，着陆	✓	✓	✓
	未通告的减速能力丧失	地面		✓	
	通告的减速能力丧失	地面		✓	

以完全丧失减速能力为例，建立故障树模型描述潜在失效原因在各系统间失效传播的过程，并对相关系统功能的失效概率进行分配，其中故障树顶事件发生概率为失效率×平均飞行持续时间，假设平均飞行时间为 10 小时，PASA 系统概率分配示例如图 5-17 所示。

在故障树分析的基础上，PASA 定量要求和 FDAL 分配示例如表 5-26 所示。在 PASA 中对各类失效状态进行故障树分析和 FDAL 分配，对于不同失效状态的故障树中含有相同的事件，采用最严酷的安全性定量要求和 FDAL 为该事件的最终安全性要求。

表 5-26 PASA 定量要求和 FDAL 分配示例

FTA 事件描述			分配安全性要求到系统			安全性要求
编号	逻辑门	故　障　描　述	影响等级	定量要求/每次飞行	初步FDAL	
F01	AND	未通告的减速能力丧失	CAT	5.0×10^{-9}	A	
F01-1		未通告机轮刹车功能丧失		5.0×10^{-7}	A	A
F01-2		未通告地面破升功能丧失		5.0×10^{-3}	C	C
F01-3		未通告反推功能丧失		5.0×10^{-3}	C	C

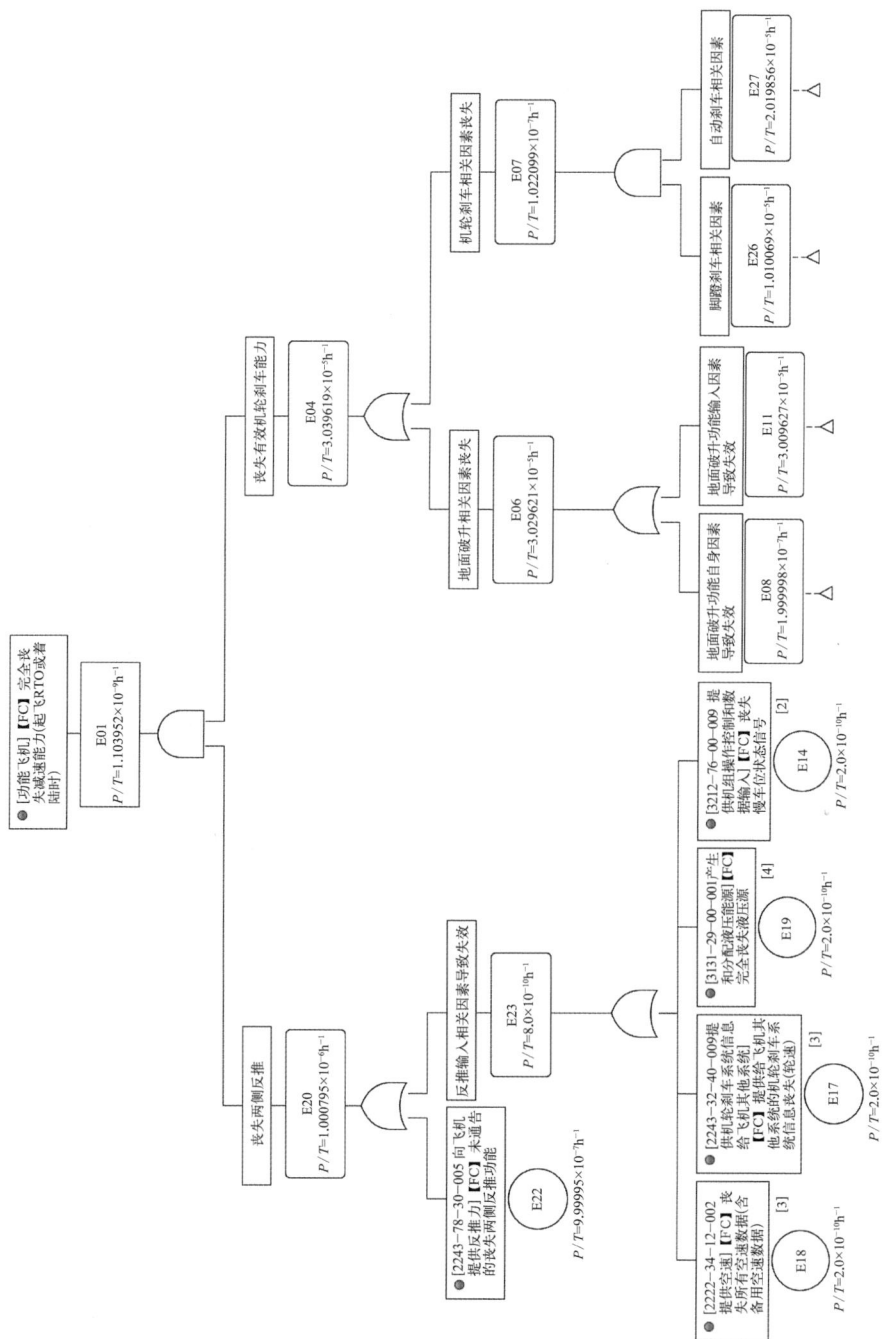

图 5-17 PASA 系统概率分配示例

P—概率；T—时间；FC—失效状态。

5.6.8.3　系统级功能危险性评估

此部分以刹车系统为例，根据刹车系统的功能定义和功能架构，对系统功能进行系统级功能危险性评估（SFHA）分析。刹车系统主要由正常刹车和备份刹车两部分组成。正常系统由驾驶操纵部件、刹车控制装置、正常液压系统附件组成，实现正常刹车、停机刹车、自动刹车和模拟控制的无防滑应急刹车功能；备份系统由驾驶操纵部件、备份刹车控制装置、备份液压系统附件组成，实现备份刹车、收上止转刹车功能。如表5-27所示，以刹车系统使用机轮刹车使飞机减速的功能失效为例，给出刹车系统SFHA示例。

表5-27　刹车系统SFHA示例

功　能	失效状态	飞行阶段	失效对飞机机组的影响	影响等级	参考的支撑材料	验证
机轮刹车使飞机减速	未通告机轮刹车功能全部丧失	着陆，中断起飞	机组人员操作刹车时探测到失效。机组人员尽最大可能使用扰流板和反推装置。可能会导致冲出跑道	Ⅱ		FTA
	未通告机轮刹车功能部分对称丧失	着陆，中断起飞	机组人员操作刹车时探测到失效，尽最大可能使用机轮刹车、扰流板和反推力装置，以使飞机减速。受载的刹车机轮温度升高，可能达到机轮着火的温度。其结果是否导致冲出跑道取决于丧失机轮刹车的数量	Ⅱ～Ⅲ	为确定影响等级，需进一步研究	
	未通告机轮刹车功能非对称丧失	着陆，中断起飞	刹车性能下降，有偏离跑道趋势。对于刹车性能和刹车温度，其影响与上述相同。机组人员在高速时通过操作方向舵、低速时操作前轮转弯使飞机保持在跑道上	潜在的Ⅰ	为确定影响等级，需进一步研究	
	……	……	……	……	……	

5.6.8.4　初步系统安全性评估

根据故障树中的概率分配，初步系统安全性评估（PSSA）给出机轮刹车系统功能分配 FDAL，并将其应用于与每一个功能相关的各个不同研制过程中。

对未通告机轮刹车功能全部丧失失效状态进行评估，采用故障树分析方法，PSSA 概率分配示例如图 5-18 所示。

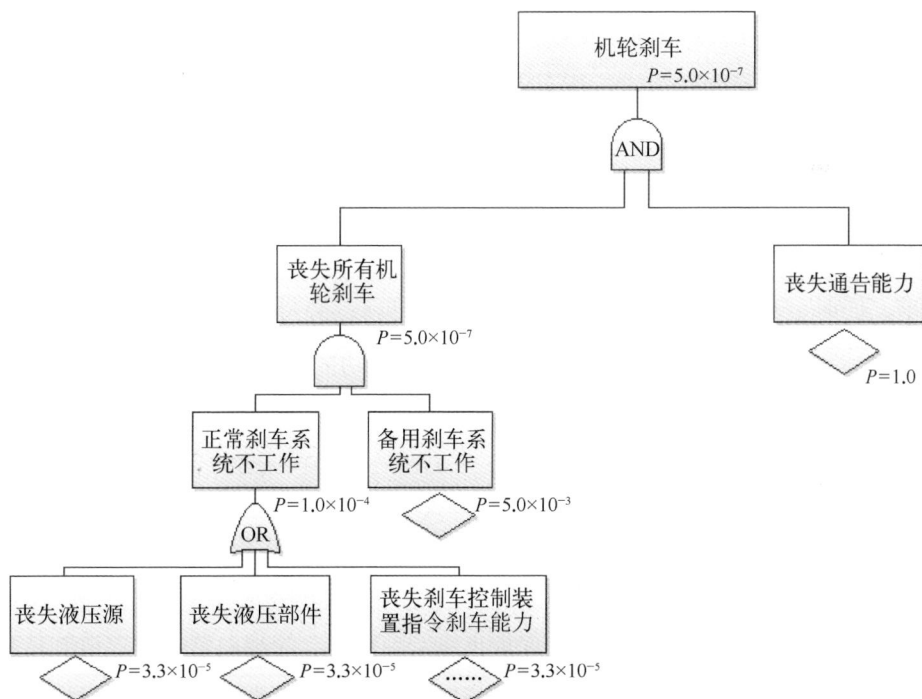

图 5-18　PSSA 概率分配示例

5.6.8.5　共因分析

共因分析（CCA）主要从 PRA、CMA 和 ZSA 三个方面开展，其目的都是确保共因失效源不会直接导致上诉 PASA 和 PSSA 中故障树"与"（AND）门、"或"（OR）门事件的发生，或者发生后的飞机安全性处于可接受水平。

基于模型的共因分析将潜在共模源清单、特定风险影响范围模型/清单、区域危险源模型/清单中的内容和独立性要求进行交叉组合，形成模型审查要求，对飞机/系统架构设计模型和飞机/系统数字样机模型进行审查，以识别潜在的独立性要求被破坏的情况。从而形成共因分析结果，反馈到架构方案设计/数字样机设计专业，支持设计优化。

5.6.8.6 飞机/系统安全性评估

ASA/SSA 是自底向上地验证可实现的设计方案是否已满足 AFHA/SFHA 和 PASA/PSSA 中所定义的定性和定量安全性需求的过程。本例中 ASA/SSA 应充分验证机轮刹车系统所有的失效状态的概率指标验证结果是否满足 SFHA 中定义的影响等级的安全性需求，所有的特定风险、共模源、区域安全性危险源等共因失效是否满足"与"门独立性需求，功能与软硬件的开发过程是否满足 FDAL 与 IDAL 的过程保证需求，以及相关的实验室试验、飞机地面试验、试飞试验、机上检查试验、设备鉴定试验等试验验证结果是否满足相关的安全性需求，同时，ASA/SSA 验证过程是不断迭代更新，必要时采取设计架构或布置的更改，直至满足 AFHA/SFHA 中所识别的所有功能失效状态的安全性需求。

5.7 可靠性评估过程

民机可靠性是最受业界、航空公司和公众关注的指标之一。提高民机可靠性可以降低研制成本和运营费用，对保证飞机安全运行、经济运营、持续适航具有重要的意义，进而提升飞机市场竞争力，保障商业成功。为了达到这一目标，在飞机研制阶段，需要建立一套完整的可靠性设计与管理体系，保证可靠性各项设计工作的有序开展，使得民用飞机固有可靠性和运营可靠性得以持续改进和稳步提升。

本节通过讨论可靠性评估过程的目的、必要性、典型的方法和工具，以及在飞机研制过程中的适用阶段、输入、输出、过程活动等（见表 5 - 28），以帮助读者了解和学习中国商飞系统工程的可靠性评估理念。

表 5-28 可靠性评估过程

中国商飞

过程名：可靠性评估过程（A.7）

下一层级过程：N/A

过程目的：用以表明对适航审定要求（如 CCAR/FAR/CS 25.1309 条款，《CTN-G-004-R0：关于安全性分析中数据有效性审查的技术说明》）、基本可靠性、运营可靠性、运营目标设计目标的符合性

必要性：可靠性是民用飞机投入市场后保持竞争力的重要指标，同时可靠性分析为安全性工作满足满足适航适当要求提供可信的底层数据

输入（**I**nput）：
— 适航规章
— 可靠性评估过程支持文件
— 飞机设计相关文件
— 先前飞机设计和运营经验
— 顶层程序要求
— 成本需求

提供方（**S**uppliers）：
— 需求团队
— 设计团队
— 产品实施团队

过程活动（**P**rocess）：
1. 可靠性设计目标
2. 可靠性设计与分析
3. 可靠性建模
4. 可靠性分配
5. 可靠性预计
6. 故障树分析（FTA）
7. 故障模式与影响分析（FMEA）
8. 可靠性关键项目分析
9. 功能可靠性评估
10. 飞机级可靠性评估
11. 系统级可靠性评估
12. 可靠性仿真与试验
13. 耐久性分析
14. 可靠性验证
15. 可靠性增长
16. 软件可靠性设计与分析
17. 制造与工艺可靠性过程控制
18. 可靠性数据分析与管理
19. 储存和运输可靠性影响分析
20. 故障报告、分析与纠正措施系统（FRACAS）

适用阶段：
☑ 概念开发阶段
☑ 立项论证阶段
☑ 可行性论证阶段
☑ 初步设计阶段
☑ 详细设计阶段
☑ 全面试制阶段
☑ 试飞取证阶段
☑ 产品与服务验收阶段
☑ 持续运营/退役阶段

输出（**O**utput）：
— 可靠性设计类报告
— 可靠性试验类报告
— 可靠性分析类报告
— 可靠性验证类报告

使用方（**C**ustomers）：
— 需求团队
— 设计团队
— 产品实施团队
— 适航取证团队

方法与工具：
方法包括：故障树分析、FMEA/FMES、相似性分析、可靠性仿真等
工具包括：Ram Commander, ISO Graph, Medini, Anasys, FRACAS 等

5.7.1 描述

可靠性评估是对所实施的商用飞机可靠性进行系统性的综合评价，以表明其满足相关的可靠性需求。可靠性评估过程是可靠性需求捕获、分配、确认、设计、实现和验证的过程，是商用飞机系统、设备研制过程中不可或缺的重要组成部分。

可靠性工作始于从顶层开始对整个项目、经费、计划、主要的目标、工业标准等的考虑，同时考虑可靠性的方法和各种流程。图5-19为可靠性设计与评估过程，具体描述如下：

(1) 首先根据相似产品的经验，并考虑新研产品的特点确定可靠性要求，进行可靠性指标体系的确定、飞机级可靠性指标论证和确定工作，确定飞机、系统和设备的可靠性定性设计要求。

(2) 根据飞机功能及功能分解，开展 AFRA 工作，AFHA 文件也将作为该项工作的输入。

(3) 根据各系统的功能、重要度等因素，以及其他相似产品的经验，开展飞机级可靠性建模，并将飞机级可靠性指标向系统级进行分配；同时，开展 PARA。

(4) 依据系统架构、可靠性设计要求，开展系统级可靠性建模，将系统级可靠性指标向子系统、设备分配；同时，开展 SFRA 工作。

(5) 开展设备可靠性建模，同时开展设备级向下到元器件的可靠性预计、DFMEA（设计 FMEA）工作。

(6) 确定飞机级、系统级和设备级中的可靠性关键项目，落实相应的可靠性控制和管理措施。

(7) 开展系统级可靠性预计工作，同时开展 PSRA。

(8) 开展设备向上到系统级的 DFMEA（设计 FMEA）工作，同时开展总装及设备向下的 PFMEA（过程 FMEA）工作。

(9) 开展设备可靠性仿真试验、强化试验工作，识别设计薄弱环节；同时，

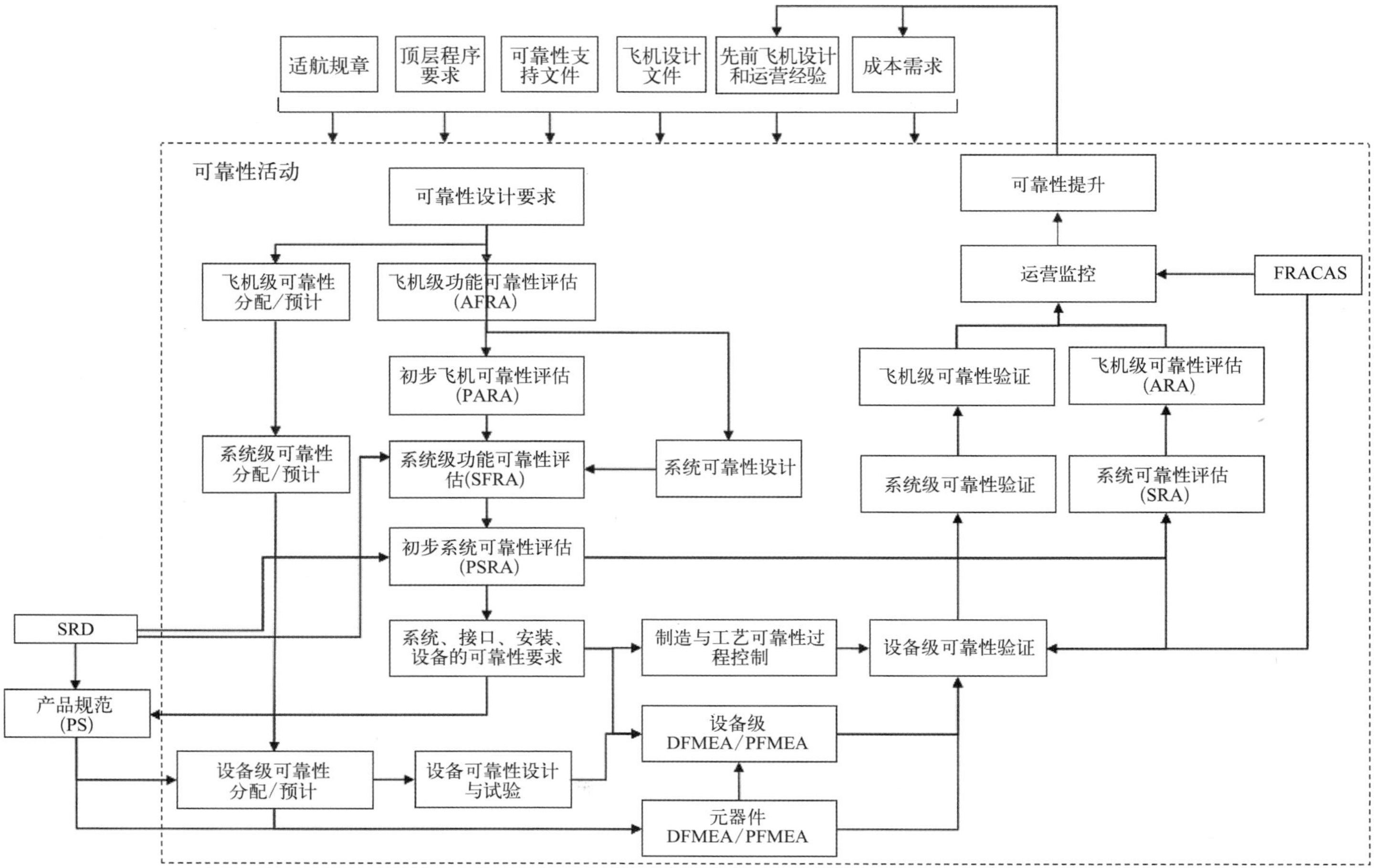

图 5 - 19　可靠性评估过程

开展故障报告、分析及纠正措施系统（FRACAS）。

（10）开展可靠性设计与分析工作（包括余度设计、降额设计、环境防护性设计等），并开展设备、系统和飞机可靠性设计符合性评估。

（11）开展飞机级可靠性预计工作，同时开展 SRA 和 ARA 工作。

（12）开展可靠性鉴定试验、耐久性试验等来验证产品的可靠性水平是否满足设计要求。

（13）完成对各层级 FMEA、各层级可靠性预计报告、SRA 和 ARA 的换版。

（14）开展设备制造与工艺可靠性过程控制，并在设备装机前，开展环境应力筛选试验，剔除早期缺陷。

（15）在飞机投入试飞、运营后，主要评估飞机级、系统级和设备级在实际使用中的可靠性水平，完成运营阶段的可靠性验证和可靠性增长，收集、分析、反馈航空公司航线使用的可靠性数据及故障纠正措施。

5.7.2 输入

5.7.2.1 适航规章

在各适航规章及文件中，与可靠性相关的适航文件主要有 AC20‐157《如何准备飞机系统和设备的可靠性评估计划》《CTN‐G‐004‐R0：关于安全性分析中数据有效性审查的技术说明》，以上适航要求作为飞机产品设计研发采用的标准，是可靠性活动的重要输入来源。

5.7.2.2 可靠性评估过程支持文件

可靠性评估过程支持文件主要包括可靠性方法、流程、工作大纲、各工作要求以及可靠性工具等。

5.7.2.3 飞机设计相关文件

可靠性评估需要以飞机设计相关文件作为输入，包括飞机功能定义文件、飞机功能架构描述文件、飞机技术方案、市场/飞机设计目标与要求、各系统功能架构描述、各系统描述文件等。

5.7.2.4　先前飞机设计和运营经验

对于制造商而言，以往飞机的设计和运营经验为在研制项目中提供了广泛且可利用的数据来源，尤其在合理的应用相似性手段支持需求的确认和验证时，不仅有效缩短了研制周期而且有效减少了研发成本。某些设备的设计、制造、运输、存储、使用维护等过程的可靠性薄弱点，也会通过飞机运营期限的延长和经验的积累而得到暴露，同时飞机的运营过程，也会积累大量的可靠性数据，为型号的可靠性设计工作，提供更为可信的数据输入。

同时，在可靠性指标的确定、分配过程中，以往机型或相似机型的设计、运营经验，可以使得该项工作更为精准和高效。因此，考虑将以往飞机的设计和运营经验进行采集和分析的结论，科学地纳入新研项目可靠性顶层输入是制造商的通常做法。

5.7.2.5　顶层程序要求和产品要求

可靠性设计和评估工作贯穿飞机的整个研制周期，用以确保产品符合预期的可靠性需求。与飞机研制过程的其他工作一样，可靠性设计和评估工作需要严格按照顶层程序要求进行，与其他飞机级、系统级活动协同开展。

5.7.2.6　成本需求

为保证项目成功，项目成本控制从设计研发阶段就已经开始。在项目起点到全面试制的整个过程中，通过在最佳节点对成本进行有效控制并实时动态反馈，从根本上保证项目成本目标的实现，以满足市场要求的销售价格和性能指标。这就要求飞机的可靠性设计在满足最低安全性可靠性需求和市场要求的前提下，根据飞机目标销售价格，将确定并细化的飞机目标成本（包括各研制阶段研制成本、单机成本和直接运营成本）作为设计的一项重要输入，从而避免单纯追求飞机的安全性可靠性水平而增加研制成本、单机成本和直接运营成本。

5.7.3　过程中的活动

5.7.3.1　可靠性设计目标

确定飞机级可靠性参数体系及定量要求。定量要求包括平均故障间隔时间

（MTBF）、签派可靠度（DR）等可靠性指标及导致飞行中断和签派中断的功能失效状态概率要求。

5.7.3.2 可靠性设计与分析

为了将可靠性要求转化为具体的产品设计，除了定量指标的确认与验证外，还需要制订用于指导产品设计的各种技术原则和措施，并依据这些准则开展可靠性设计与分析工作，以保证产品不因为设计缺陷而降低预期的可靠性水平，包括简化设计、标准化设计、热设计、环境防护设计、电磁兼容设计、健壮设计、降额设计等。

5.7.3.3 可靠性建模

建立飞机、系统、设备、元器件的可靠性模型，用于分配、估算和评价不同层次产品的可靠性水平。要求可靠性模型与产品功能框图、原理图等相协调，并随着试验信息、产品结构、性能、任务要求和批生产与产业化条件等方面的变化而更改。

5.7.3.4 可靠性分配

将飞机、系统、设备、元器件的可靠性定量要求分配到相应的产品层次，以作为飞机、系统、设备、元器件的可靠性设计目标，反复迭代，逐步实现。

5.7.3.5 可靠性预计

在设计阶段，进行可靠性预计，以确定分配的可靠性指标的可行性；在研制阶段后期，进一步完成可靠性预计，以确定规定的可靠性指标能否达到。可靠性预计的结果可作为可靠性试验等工作的输入，是发现设计薄弱环节、改进和提高可靠性设计的重要依据。

5.7.3.6 故障树分析（FTA）

选择顶事件，自上而下地分析飞机、系统、设备、元器件的故障原因，画出逻辑框图（称为"故障树"），进行故障树定性分析和故障概率的定量计算，评估可靠性，找出薄弱环节，采取纠正措施，提高飞机、系统、设备、元器件的可靠性水平。

5.7.3.7 失效模式与影响分析

系统地分析设备、元器件所有可能的失效模式、原因及其后果，确定每一故障对飞机、系统、人员以及飞行的影响，以发现设计中的薄弱环节，采取有效的纠正措施，加以解决。FMEA 分为 DFMEA（功能 FMEA、硬件 FMEA 和软件 FMEA）和 PFMEA。通过 PFMEA 分析可以加强对制造过程的管控。

5.7.3.8　可靠性关键项目分析

确定由于其复杂性、技术先进、制造困难、潜在故障对飞机运营可靠性、安全性、维修及产品支援产生重大影响或成本较高的产品，将其列为可靠性关键项目加以控制。

5.7.3.9　功能可靠性评估

对功能清单对应的失效状态进行可靠性分析，在各飞行阶段分析功能失效对飞机签派和航行的影响，并根据不同的影响结果分配不同的概率要求。飞机级和系统级分别需要完成飞机级功能可靠性评估（AFRA）和系统级功能可靠性评估（SFRA）。

5.7.3.10　飞机级可靠性评估

PARA：根据飞机级 FRA 的结果（如功能失效状态、失效影响等级等），利用故障树分析的方法将飞机顶层要求分配到系统。

ARA：系统可靠性评估结果是飞机可靠性评估的输入，验证在初步飞机可靠性评估中被确认的可靠性要求得到满足。

5.7.3.11　系统级可靠性评估

PSRA：对 SFRA 分析中发现的会导致签派中断或者空中中断的失效状态，进行评估，将失效状态在 SFRA 中的较严苛失效概率的设计要求分配至子系统/设备，并开展系统设计权衡和故障树分解。

SRA：对所实现的系统进行系统性且全面地评估，综合各种分析结果，以验证所实现的系统满足 PARA、SFRA 和 PSRA 中所定义的可靠性需求。

5.7.3.12　可靠性仿真与试验

可靠性仿真与试验是通过模拟或实物施加典型环境应力和工作载荷的方式，剔除产品早期缺陷、增长或测试产品可靠性水平、检验产品可靠性指标、评估产品寿命指标的一种有效手段。作为可靠性工程的重要组成部分，常用的可靠性试验包括环境应力筛选、可靠性仿真试验、可靠性强化试验、可靠性鉴定试验、耐久性试验等，不同试验的目的、取样方法、适用阶段都不尽相同，随着研制阶段视设计需要有序开展。

5.7.3.13 耐久性分析

耐久性分析是通过分析产品在预期的寿命周期内的载荷与应力、结构、材料特性、故障模式及故障机理等来确定与损耗故障有关的设计问题、并预计产品使用寿命的一种过程和方法。耐久性分析对象为小结构/机构件、机械设备等。

5.7.3.14 可靠性验证

可靠性验证是为判断飞机、系统或产品是否满足可靠性设计要求而进行的可靠性评估活动，根据各设备的设计成熟度（货架、改型以及新研设备）以及安全性影响等级确定设备的可靠性验证方法。

5.7.3.15 可靠性增长

可靠性增长是通过不断地消除产品在设计或制造中的薄弱环节，使产品可靠性随时间而逐步提高的过程。

5.7.3.16 软件可靠性设计与分析

通过软件 FMEA，识别关键软件的关键故障、明确故障原因、制定纠正措施，并针对软件的关键故障模式开展软件可靠性测试。

5.7.3.17 制造与工艺可靠性过程控制

通过过程 FMEA，识别影响设备/元器件的可靠性关键工艺工序，并形成关键工艺工序检查点，对制造与工艺过程进行可靠性控制；在设备/元器件生产后，对电子/机电设备及电子元器件开展全批次筛选。

5.7.3.18 可靠性数据分析与管理

对全生命周期飞机、系统、设备及元器件等各层级的可靠性设计数据、试验数据、外场数据（试飞运营阶段）等进行收集、分析与管理，支持可靠性的验证、可靠性增长、故障机理分析等多项可靠性工作的开展。

5.7.3.19 贮存和运输可靠性影响分析

确定贮存/运输时间、贮存环境变化、运输形式等对设备可靠性的影响，以便采用有效措施，保证设备的贮存和运输可靠性。

5.7.3.20　故障报告、分析与纠正措施系统 FRACAS

利用"信息反馈、闭环控制"的原理，通过规范化的管理程序，从分散发生的产品失效总结出规律，对问题进行根本性的解决，防止失效的重复发生。

5.7.4　输出

本过程输出为可靠性设计与评估报告，主要包括如下内容：

（1）可靠性设计类报告。在可靠性指标的论证、确定、分配等过程中形成的输出，如可靠性指标论证报告、可靠性指标分配报告、AFRA 报告、PARA 报告、PSRA 报告、可靠性设计准则等。

（2）可靠性试验类报告。可靠性试验类报告包括可靠性仿真报告、可靠性强化试验报告、环境应力筛选试验报告、耐久性试验报告、可靠性鉴定与验收试验报告等。

（3）可靠性分析类报告。可靠性分析类报告是在飞机、系统以及设备的可靠性评估与分析过程中形成的输出，如可靠性预计报告、设计失效模式与影响分析（DFMEA）报告、PFMEA 报告、可靠性设计准则符合性检查报告、可靠性数据有效性评估报告、耐久性分析报告、软件可靠性分析报告等。

（4）可靠性验证类报告。可靠性验证类报告是在可靠性需求的验证活动中形成的输出，如 SRA 报告、ARA 报告、可靠性验证报告、失效模式识别与分析报告、可靠性工程调查报告、可靠性增长报告等。

5.7.5　方法与工具

可靠性方法与工具跟安全性的工作相同，详情见 5.6.5 节。

5.7.6　注意事项与经验

在项目实施过程中，为保证可靠性设计与评估工作的顺利开展，可建立可靠性主管设计师系统。该系统在建立运转过程中，应加强对各可靠性主管设计师资质的把控，加强对人员的培训，最好能做到持证上岗；同时，需要保证可靠性主管设计师在型号研制中相对独立地开展可靠性工作。

5.7.7 与 SAE ARP 4754A/B 的符合性

可靠性设计过程与 SAE ARP 4754A 的符合性如表 5-29 所示。

表 5-29 可靠性设计过程与 SAE ARP 4754A 的符合性

过 程 描 述		SAE ARP 4754A 章节	对应 FDAL 等级的独立性与适用性				
章 节	活 动		A	B	C	D	E
5.7.3.1	可靠性设计目标	无	N/A	N/A	N/A	N/A	N/A
5.7.3.2	可靠性设计与分析	无	N/A	N/A	N/A	N/A	N/A
5.7.3.3	可靠性建模	无	N/A	N/A	N/A	N/A	N/A
5.7.3.4	可靠性分配	无	N/A	N/A	N/A	N/A	N/A
5.7.3.5	可靠性预计	无	N/A	N/A	N/A	N/A	N/A
5.7.3.6	故障树分析（FTA）	无	N/A	N/A	N/A	N/A	N/A
5.7.3.7	故障模式与影响分析	无	N/A	N/A	N/A	N/A	N/A
5.7.3.8	可靠性关键项目分析	无	N/A	N/A	N/A	N/A	N/A
5.7.3.9	功能可靠性评估	无	N/A	N/A	N/A	N/A	N/A
5.7.3.10	飞机级可靠性评估	无	N/A	N/A	N/A	N/A	N/A
5.7.3.11	系统级可靠性评估	无	N/A	N/A	N/A	N/A	N/A
5.7.3.12	可靠性仿真与试验	无	N/A	N/A	N/A	N/A	N/A
5.7.3.13	耐久性分析	无	N/A	N/A	N/A	N/A	N/A
5.7.3.14	可靠性验证	无	N/A	N/A	N/A	N/A	N/A
5.7.3.15	可靠性增长	无	N/A	N/A	N/A	N/A	N/A
5.7.3.16	软件可靠性设计与分析	无	N/A	N/A	N/A	N/A	N/A
5.7.3.17	制造与工艺可靠性过程控制	无	N/A	N/A	N/A	N/A	N/A
5.7.3.18	可靠性数据分析与管理	无	N/A	N/A	N/A	N/A	N/A
5.7.3.19	贮存和运输可靠性影响分析	无	N/A	N/A	N/A	N/A	N/A
5.7.3.20	故障报告、分析与纠正措施系统	无	N/A	N/A	N/A	N/A	N/A

可靠性设计过程与 SAE ARP 4754B 的符合性如表 5-30 所示。

表 5－30　可靠性设计过程与 SAE ARP 4754B 的符合性

过 程 描 述		SAE ARP 4754B 章节	对应 FDAL 等级的独立性与适用性				
章　节	活　动		A	B	C	D	E
5.7.3.1	可靠性设计目标	无	N/A	N/A	N/A	N/A	N/A
5.7.3.2	可靠性设计与分析	无	N/A	N/A	N/A	N/A	N/A
5.7.3.3	可靠性建模	无	N/A	N/A	N/A	N/A	N/A
5.7.3.4	可靠性分配	无	N/A	N/A	N/A	N/A	N/A
5.7.3.5	可靠性预计	无	N/A	N/A	N/A	N/A	N/A
5.7.3.6	故障树分析（FTA）	无	N/A	N/A	N/A	N/A	N/A
5.7.3.7	故障模式与影响分析	无	N/A	N/A	N/A	N/A	N/A
5.7.3.8	可靠性关键项目分析	无	N/A	N/A	N/A	N/A	N/A
5.7.3.9	功能可靠性评估	无	N/A	N/A	N/A	N/A	N/A
5.7.3.10	飞机级可靠性评估	无	N/A	N/A	N/A	N/A	N/A
5.7.3.11	系统级可靠性评估	无	N/A	N/A	N/A	N/A	N/A
5.7.3.12	可靠性仿真与试验	无	N/A	N/A	N/A	N/A	N/A
5.7.3.13	耐久性分析	无	N/A	N/A	N/A	N/A	N/A
5.7.3.14	可靠性验证	无	N/A	N/A	N/A	N/A	N/A
5.7.3.15	可靠性增长	无	N/A	N/A	N/A	N/A	N/A
5.7.3.16	软件可靠性设计与分析	无	N/A	N/A	N/A	N/A	N/A
5.7.3.17	制造与工艺可靠性过程控制	无	N/A	N/A	N/A	N/A	N/A
5.7.3.18	可靠性数据分析与管理	无	N/A	N/A	N/A	N/A	N/A
5.7.3.19	贮存和运输可靠性影响分析	无	N/A	N/A	N/A	N/A	N/A
5.7.3.20	故障报告、分析与纠正措施系统	无	N/A	N/A	N/A	N/A	N/A

5.8　需求确认过程

"我们是否制造了正确的东西？"美国著名软件工程师巴利·W. 玻姆（Barry W. Boehm）于 1979 年，在《软件工程》一书中首次提出了关于"需求确认"的定义，后续该定义拓展至系统工程领域，并沿用至今。利益攸关方需要（或上一层级需要）经分析后所形成的需求，将成为后续设计工作开展的主要依据和输入。在"需要"转化为"需求"过程中，可能因信息的传递、分解、重构、衍生等行为，导致所产生的"需求"与原本"需要"发生一定偏离，因此需要对"需求"进行确认工作，保证其正确性和完整性。更何况大型商用飞机动辄成千上万条的需求，往往来源于仅仅几十条的顶层需要，如果缺少了"需求确认"环节，那么制造"正确的东西"便无从谈起。

本节通过讨论需求确认过程的目的、必要性、典型的方法和工具，以及在飞机研制过程中的适用阶段、输入、输出、过程活动等（见表 5-31），以帮助读者了解和学习中国商飞公司系统工程的需求确认理念。

5.8.1　描述

在需求定义的每个层级都要确认需求和假设，包括飞机功能、系统和项目级的需求确认，还有各层级 FHA 的确认。确认过程的输入包括系统描述（包含运行环境）、系统需求、系统架构定义以及研制保证等级。需求确认的重要目的在于确保所定义需求的正确性和完整性。需求陈述的正确性是指在需求陈述和属性中不存在歧义和错误，如果需求彼此之间没有出现矛盾冲突，就可以说这一系列需求是正确的。单个需求或一系列需求陈述的完整性是指需求没有遗漏，并且内容对设计实施是必要的和充分的。一整套需求定义了飞机、系统或者设备在所有运行条件和模式下的行为（如恶劣条件、非常规工况）。确认结果用于证实：需求可以正确地贯彻上一层级确定的预期需求和功能，需求对于下一步设计活动是充分正确和完整的。

5.8.2　输入

输入为待确认的需求（包括假设）。

此输入为需求分析活动的输出，需求分析定义系统需求，逐条检查修改需求的陈述，建立本需求向高层级需求的追溯链接，最终获得以标准格式表述的需求，以及需求向高层级需求或需要文件的追溯关系。

待确认的需求可以采用需求矩阵的形式表现，目的如下：

表 5-31 需求确认过程 SIPOC

中国商飞 过程名：需求确认过程（A.8）　　　　　　　　　　　　　　CMMI 过程域：3 级过程——RD 需求开发

下一层级过程：设计综合过程

过程目的：确保所定义需求的正确性和完整性，确保根据需求研制的产品能够满足客户、用户、供应商、维护人员、审定局方以及飞机、系统和项目研制人员的需要；并限定系统内出现非预期功能或相关系统间出现非预期功能的潜在可能性

必要性：SAE ARP 4754A 中 4.1 节定义的推荐过程

输入（**I**nputs）：

— 待确认的需求

提供方（**S**uppliers）：

— 需求团队

过程活动（**P**rocesses）：

1. 制订确认计划
2. 建立初始需求确认矩阵
3. 确认需求确认方法
4. 执行确认活动并捕获确认证据
5. 编制确认总结

适用阶段：

☑ 概念开发阶段
☑ 立项论证阶段
☑ 可行性论证阶段
☑ 初步设计阶段
☑ 详细定义阶段

☐ 全面试制阶段
☐ 试飞取证阶段
☐ 产品及服务验收阶段
☐ 持续运营/退役阶段

输出（**O**utputs）：

— 确认后的需求
— 需求确认总结

使用方（**C**ustomers）：

— 需求团队
— 设计团队

方法与工具：

方法：需求确认矩阵、检查单、追溯性、*分析、*建模、试验、相似性和经验、工程评审等

工具：需求管理工具、模拟器、功能模型、专业软件等

注：* 表示 DFSS 方法工具

（1）提供下一层级需求如何向上一层级需求文件追溯的证据。

（2）为设计团队后续确定和总结下一层级需求对上一层级需求的不符合项，以及给予这些不符合项合理说明的支撑。

需求覆盖矩阵中至少包含如下内容：

（1）需求源，对高层级需求文件的识别。

（2）上一层级需求编号。

（3）上一层级需求描述。

（4）需求编号。

（5）需求描述。

（6）覆盖说明。

5.8.3 过程中的活动

5.8.3.1 制订确认计划

制订确认计划，即定义要采用的方法、收集的数据类型、需求存储等。需求确认计划应贯穿于整个研制过程。该计划应概述如下：如何表明需求是完整和正确的，如何对假设进行管理，在整个飞机研制过程中所用的假设是整个系统需求包的重要部分，这些假设与其他的需求一样，需经过相同的确认工作来确定。需求确认活动的具体定义，以及评估确认活动是否可以提供足够的置信度以证明一组需求的正确性和完整性，是具体设计领域的人员的责任。需求确认计划至少包括如下几个方面的内容：

（1）使用的确认方法。

（2）要收集和生成的资料。

（3）应记录数据（如总结、评审或调查研究）。

（4）适时获取需求确认信息的方法。

（5）当需求有变更时，如何维持及管理确认工作的状态。

（6）所属于确认工作的角色和责任。

（7）关键确认工作的规划。

（8）在不同设计层次和研制的不同阶段管理假设的方法。

（9）通过确认工作提供需求定义的独立性的方法，应就可以作为部分验证工作的一些确认过程与验证计划进行协调。

5.8.3.2 建立初始需求确认矩阵

建立初始需求确认矩阵，主要目的是用条目化的方式，追踪需求的确认状态以及对应的确认证据。

将待确认的需求条目导入初始需求确认矩阵中，进行需求的条目化管理，为后续开展具体确认工作做准备。

5.8.3.3 确认需求确认方法

通过定义每条需求的确认方法来规划确认活动，需求确认的方法和安全性评估结果有紧密联系。一旦在安全性评估过程中分配和确认了飞机或系统的功能研制保证等级（FDAL）及项目的项目研制保证等级（IDAL），则要将对应的确认活动应用到需求中去。

此外，确认过程中对于独立性的应用也取决于研制保证等级。对于与研制保证等级高的功能相关的需求，当确认活动由非需求研制人员执行时，其独立性即得以满足。

SAE ARP 4754A 针对 DAL 等级的需求确认方法如表 5-32 所示。

表 5-32　SAE ARP 4754A 要求不同 DAL 等级的需求确认方法

方　法	A/B	C	D	E
PASA/PSSA	R	R	A	N
确认计划	R	R	A	N
确认矩阵	R	R	A	N
确认综述	R	R	A	N
需求追溯性（非衍生需求）	R	R	A	N
需求原理（衍生需求）	R	R	A	N
分析、建模或试验	R	建议一种	A	N
相似性	A	建议一种	A	N
工程评审	R	建议一种	A	N

5.8.3.4 执行确认活动并捕获确认证据

1)正确性和完整性检查

需求确认主要就是对需求的"正确性"和"完整性"进行检查,需求确认应对失效状态等级和所指定需求的正确性进行评审,并证明其合理性。应在需求的每个层级进行正确性检查。例如,确保需求均是含有"应"(shall)的表达形式,并且没有编写错误;已经建立了向利益攸关方期望的追溯;需求定义所基于的假设已经得到确认等。

需求集本身的完整性可能很难进行证明。作为实施需求完整性检查的基础,可利用需求检查单,包含了需求可能具有的类型。一些个体对系统具有一般需求,但这些个体可能有未说明或未预期的具体需求和期望。完整性可视为确认过程的一个可能的输出,可能包含模板与检查单的组合以及实际客户、用户、维修人员、合格审定局方和研制人员的参与。

2)假设的管理与确认

一方面,由于并行设计的存在,设计过程不仅仅是自顶向下同时也是自底向上的;另一方面,不同系统之间设计进度不一样,相关接口系统信息可能无法具备,因此在项目早期当一些信息不完善的时候,存在大量假设,同时前期的需求很多时候是基于上一层级的假设进行开发的,因此,针对假设的确认应包括清楚知识或可认可的原理的确定。

任何基于上一层级假设开发的需求应被确定和追溯,并在项目后期应对所有假设进行证实。

假设包括但不限于运行假设、环境假设、人机接口假设、系统接口假设、可靠性假设、服务性假设、安装假设等。

假设的确认主要通过评审、分析和测试等手段,确保假设:

(1)已清楚地定义。

(2)准确地传递。

(3)由相关支持数据所证明。

如果某些假设错误的影响比较大,则会针对此假设进行风险管理,并通过证明设计确保其后果能够被约束。

3）形成最终确认矩阵

完成对需求和假设的确认后，应形成确认证据。确认证据是通过评审、分析、试验、原型机等方法确认的内容，需要在项目不同里程碑提供确认证据以展示项目进展情况。

通过需求确认矩阵或者其他适当的方法对需求确认过程的状态进行记录。确认追踪的详细程度应根据与需求所对应功能的研制保证等级，并且应在确认计划中加以描述。

当确认工作完成时，"支持证据参考"部分将包括所有相关确认证据的参考内容。

5.8.3.5　编制确认总结

编制确认总结确保需求得到了适当的确认。确认总结的内容应该如下：

（1）确认计划的参考，以及描述任何严重偏离计划的情况。

（2）确认矩阵。

（3）支持资料。

5.8.4　输出

5.8.4.1　确认后的需求

确认后的需求，应纳入需求基线进行管理。

5.8.4.2　需求确认总结

需求确认总结，包括确认计划完成情况总结、确认矩阵和相关支持材料总结。

5.8.5　方法与工具

5.8.5.1　需求确认矩阵

需求确认矩阵（requirement validation matrix）形成对每一条需求确认工作的证据，可以在需求管理工具 DOORS 系统中记录每一条需求确认的内容。

需求确认矩阵的格式由申请人根据项目实际情况制订，至少需要包括如下内容：

（1）需求编号和内容。

（2）需求的来源。

（3）所属功能。

（4）研制保证等级。

（5）所使用的确认方法。

（6）确认的支持证据参考。

（7）确认结论（有效/无效）。

5.8.5.2　检查单

需求确认检查单（checklist）是用于评审需求正确性和完整性的有效手段，确保系统需求的所有领域的覆盖，确保利益攸关方的需要和期望被满足。

5.8.5.3　追溯性

追溯性（traceability）是确认飞机、系统和部件需求必需的部分。一条需求应该可以追溯至其上一层级的需求，或者追溯至产生该条需求的具体设计决策或者数据。追溯性本身可以从完整性的角度证明低层级的需求满足高层级的需求。

5.8.5.4　分析

分析（analysis）是指采用多种分析手段和技术对需求进行确认，以决定需求的可接受性。具体的安全性相关分析（FHA、PASA/PSSA）可以作为安全性需求的确认证据。

5.8.5.5　建模

建模（modeling）是指采用系统或部件的模型对需求进行确认。原理样机是指基于硬件或者基于软件的系统的模型，可能是也可能不是开发版本的系统。原理样机允许系统的使用者与给定的系统进行交互以便发现缺失的需求、系统应该抑制的行为以及用户与系统交互式存在的潜在问题。

5.8.5.6　试验

当新颖的设计相关的需求无法通过分析的方法进行确认时，试验和原型机应该用于确认此类需求。

试验（test）是一个根据某种目标准则证明性能的量化确认流程。采用专门的试验、模拟或者演示等手段对需求进行确认。根据样机、原型机、模拟器或实际硬件和软件的可用性，可以在研制过程中的任意时间开展试验来确认需求。

5.8.5.7 相似性和经验

可以通过对比已通过合格审定的相似服役飞机的需求进行需求确认工作，这种方法已成为相似性和经验分析（similarity and experience）。必须对新、老使用的飞机系统和设备进行物理的、功能的以及运行环境的详细对比，以确保目前的需求仍然是有效的。

该方法是指通过比较已经取证的相似系统的需求来对需求进行确认。该确认方法的说服力随着前期研发系统的数量的增加而增加。只有在拥有足够的经验以后才能够使用该方法进行需求确认。

5.8.5.8 工程评审

工程评审（engineering review）是指通过评审、检查和演示形式采用个人经验来决定需求的正确性和完整性。评审过程中恰当合理的理由或者逻辑必须归档。工程判断依赖于参与人员的经验和专业知识，以确保需求是正确的。

5.8.6 注意事项与经验

需求确认过程有如下注意事项与经验：

（1）需求确认的一个目标是确保需求能够满足利益攸关方的需要。因此在需求确认过程中需要各利益攸关方的参与，包括用户、操作人员、维护人员等，以及内部的市场、制造、维护支持等人员。

（2）需求总结报告编制并签署标志着需求得到了确认，但是不可能在项目的早期就了解所有的需求，而且毫无疑问，需求将会出现变更，因此与利益攸关方建立一个需求协议的基线，进一步的变更可在此基线上通过项目定义的变更过程来进行。变更可能会重新协商成本、资源和项目阶段任务等事宜。对需求分析达成一定的共识会使双方易于忍受将来的摩擦，这些摩擦来源于项目的改进和需求的误差或市场和用户的新要求等。

（3）系统需求确认活动的第一步是说明需求是如何涵盖更高层次的需求或源需求。一旦第一步完成，就要实施其他的用于表明需求已全部完成并完全正确的确认活动。应该注意：不可能存在100%的置信度来保证该阶段所有的需求都是正确的，所以确认数据应该标示置信度的等级，以便在进入研制下个阶段前评估风险。

（4）在需求确认过程中应当注意防止需求过早陷入设计，太多的、不必要的限制也会禁锢设计师的思维，不利于创新。

（5）注重提高总体部门的协调能力，将总体与各分系统及制造单位紧密连接在一起，以覆盖上一层级或源需求为目标，有助于提高需求确认的质量。

（6）需求的错误会导致开发过程的严重损失，牵一发而动全身，需求确认人员能否胜任尤为重要，确认人员应当是在本专业领域内的专家，并且需要总体部门专家参与，必要时需要市场部门和客户参与确认工作。

5.8.7　与 SAE ARP 4754A/B 的符合性

需求确认过程与 SAE ARP 4754A 的符合性如表 5-33 所示。

表 5-33　需求确认过程与 SAE ARP 4754A 的符合性

过程描述		SAE ARP 4754A 章节	对应 FDAL 等级的独立性与适用性				
章　节	活　动		A	B	C	D	E
5.8.3.1	制订确认计划	5.4.7.1 确认计划	R*	R*	R	A	N
5.8.3.2	建立初始需求确认矩阵	5.4.7.2 确认跟踪	R*	R*	R	A	N
5.8.3.3	确认需求确认方法	5.4.6 确认方法	R*	R*	R	A	N
5.8.3.4	执行确认活动并捕获确认证据	5.4.2 确认过程模型 5.4.3 正确性检查 5.4.4 完整性检查	R*	R*	R	A	N
5.8.3.5	编制确认总结	5.4.7.3 确认总结	R*	R*	R	A	N

需求确认过程与 SAE ARP 4754B 的符合性如表 5-34 所示。

表 5-34　需求确认过程与 SAE ARP 4754B 的符合性

过程描述		SAE ARP 4754B 章节	对应 FDAL 等级的独立性与适用性				
章　节	活　动		A	B	C	D	E
5.8.3.1	制订确认计划	5.4.7.1 确认计划	R*	R*	R	A	N
5.8.3.2	建立初始需求确认矩阵	5.4.7.2 确认跟踪	R*	R*	R	A	N
5.8.3.3	确认需求确认方法	5.4.6 确认方法	R*	R*	R	A	N
5.8.3.4	执行确认活动并捕获确认证据	5.4.2 确认过程 5.4.3 正确性检查 5.4.4 完整性检查	R*	R*	R	A	N
5.8.3.5	编制确认总结	5.4.7.3 确认总结	R*	R*	R	A	N

5.9　产品实施过程

产品实施是实现产品增值的一个过程。由于飞机的复杂性，产品的实施过程可能存在于每一个层级。产品实施过程可以看作根据某一层级的综合设计方案，通过采购市场上已有的原材料，或是集成下一层级的产品，凭借自身的技术手段对其进行加工，实现产品增值。例如，在飞机发动机系统、液压系统和环控系统中广泛应用的蝶阀。阀体的原材料包括合金金属毛坯、密封圈，以及通过市场采购的私服电机等，而控制系统的核心则是写入伺服电机控制芯片中的程序。在供应商对这些原材料进行产品实施时，会根据不同蝶阀设计方案，首先会对金属毛坯进行车铣刨磨等一系列由粗到细的机械加工，再通过特制的工装进行组合装配，从而形成蝶阀的实物本体。接下来，便会对蝶阀进行软件层面的加工，也就是对其控制芯片内的汇编程序根据特殊要求进行再次的设计和调整，如伺服电机在不同工况下的转动速率、初始位置以及扭矩等参数。可以看到，产品实施的对象是每一层级飞机产品生产制造的最小单元。

大型商用飞机因为产品本身复杂的原因，研制模式通常是将设计与制造工作相互分离，使得双方能够更加专注于各自的业务领域。这就给设计人员提出了更高的要求，不仅要在设计综合过程中考虑如何满足功能性需求与非功能性需求，还要同时考虑产品的可制造性，避免产生高昂的制造成本，或是漫长的制造周期。

本节通过讨论产品实施过程的目的、必要性、典型的方法和工具，以及在飞机研制过程中的适用阶段、输入、输出、过程活动等（见表5-35），以帮助读者了解和学习中国商飞公司系统工程的产品实施理念。

5.9.1　描述

产品实施是将产品从虚拟转换成实物的过程。根据阶段和对应范围的不同，被实施的产品可以是构成飞机的部段、系统、设备、软硬件，也可以是构成使能系统的试验台、模型、仿真件等。这些产品可以通过自研、采购、部分或完全重用等不同的实施方式获得，这些产品实施方式的决策应在设计综合阶段即通过权衡、分析、研究获得。

5.9.2　输入

产品实施的输入包括如下内容：

（1）产品方案。

（2）产品物理接口定义。

（3）产品实施特定输入，根据产品实施方式不同而不同。

5.9.2.1　产品方案

产品方案为设计综合的产物，以详细设计描述为主，同时包含分配的组件需求、衍生需求和接口定义文件、设计分析数据等内容的技术数据包。

产品方案的技术数据包应包括设计综合过程中考虑的产品实施方式，即采购/自研、重用/新研的决策。也就是说，在设计综合过程中应充分考虑可承受性，完成产品实施方式的综合权衡。

产品方案是产品实施最重要的输入文件。

5.9.2.2　产品物理接口定义

产品物理接口定义是设计综合的产物，即产品物理层面的接口定义，如电气接口针脚定义、信号数据位定义、机械接口详细定义等。

表 5 - 35 产品实施过程 SIPOC

中国商飞	过程名：产品实施过程（A.9）	CMMI 过程域：N/A

下一层级过程：产品集成过程

过程目的：产品实施属于产品实现的一部分，主要是根据细化的、可实施的方案，利用实施工具，把概念转换成实物的过程

必要性：产品实施是由虚拟转换成实物的过程，是生成实物产品的必经过程

输入（**I**nputs）:
— 产品方案
— 产品物理接口定义
— 产品实施特定输入

过程活动（**P**rocesses）:
1. 实施准备
2. 执行实施
3. 确认工作产品符合性
4. 形成并供应工作产品

输出（**O**utputs）:
— 工作产品
— 产品文档

提供方（**S**uppliers）:
— 设计团队

适用阶段:
☐ 概念开发阶段
☐ 立项论证阶段
☐ 可行性论证阶段
☐ 初步设计阶段
☐ 详细设计阶段
☑ 全面试制阶段
☐ 试飞取证阶段
☐ 产品与服务验收阶段
☐ 持续运营/退役阶段

使用方（**C**ustomers）:
— 集成验证团队

方法与工具:
方法：自动化实施方法，如软件代码自动生成技术等，加工自动化技术，制造工艺等
工具：专业的实施工具等，如软件编码和代码生成工具，硬件试制工具，加工辅助和自动化工具等

5.9.2.3 产品实施特定输入

根据产品实施方式不同,产品实施特定输入,包括如下内容:

(1)若采用采购的方式实施产品,如整个系统外包、部段外包、子系统外包、设备外包、软硬件外包等,则应将产品设计方案转换成产品采购合同的技术要求部分附件,如产品规范(PS),发布给供应商,因此,采购方式的特定输入为产品技术要求文件。

(2)若采用自研的方式实施产品,则输入还应该包括实施的方法、程序、作业手册、工艺规程、工具手段等使能产品以及产品原材料等内容。

(3)若采用重用的方式实施产品,则特定输入应包括重用的产品本身、重用产品的相关数据等。

5.9.3 过程中的活动

5.9.3.1 实施准备

不管选择哪一种实施策略,实施准备均是非常必要的工作。如果实施产品比较复杂,那么实施准备需开发详细的实施计划和程序。

实施准备的主要工作包括如下内容:

(1)开发形成实施计划和程序,包括产品实施策略、产品实施详细工作计划、资源、人员、使能环境和工作步骤。

(2)评审产品实施输入的正确性与完整性。

评审产品实施输入,包括产品方案、接口定义、关联文档和其他特定输入应被详细评审,确保根据不同的实施类型,对应输入的完整性与正确性。

如采用自研或新研的方式实施,则应确保实施标准、程序和作业手册、工艺规程、工艺方法、原材料和工具等使能手段的齐备。

针对开展实施的人员,应确保其胜任力,包括自研产品人员的技能培训和资质考核,外包人员和供应商的资质考核等。

5.9.3.2 执行实施

执行实施活动根据设计综合阶段权衡分析实施类型的不同,分两个维度考虑。

1）采购/自研

从一个维度考虑，如果是采购，那么应执行一系列的采购过程程序，包括信息征询书（RFI）、招标书（RFP）、意向书（LOI）、工作说明书（SOW）、合同（contact）等（见7.8节采购过程）。

从产品实施角度，主要应考虑如下几点：

（1）对供应商胜任力的考核，包括供应商研制能力、适航、质量等方面审查和考核。

（2）产品技术要求（产品规范）和责任分工工作的要求明确及落实，并对合同进行管理，其中采用外包方式的，一般责任分工中要求承包方负责对产品的验证工作。

（3）供应商实施过程监控，包括审查供应商设计工作、产品实施，以及审查供应商项目管理工作，如风险管理、范围管理等。

（4）产品交付检查，包括产品本身的交付和技术确认、产品对应使能产品（如测试、调试环境）的交付、产品文档的交付。

如果是自研，那么在评审输入的完整性的基础上，由承担工作的实施团队执行实施工作，包括如下几点：

（1）实施工作即实施团队根据实施的标准、程序和作业（如软件的建模或编码标准），使用使能工具（如软件编码和调试工具）和原材料（如结构件的待加工原材料），把产品的方案（如软件的设计描述和数据字典）转换成产品的过程（如软件源代码）。

（2）根据实施对象的不同，实施工作包括部件的组装、代码的编制、硬件板卡的投产、结构原材料的切割等。同时，在形成任何产品的实施过程中，都会产生各类文档，如使用、安装、维护手册等。

（3）针对开展这一组件实施的人或操作者，需要进行操作程序、培训材料和方法的开发，并针对人员进行初步的操作培训，如软件开发过程、软件编码标准、设备操作规程（手册）的培训等。

（4）需要注意，在实施过程中应遵守一定的标准、程序和作业，对于机载产品，实施团队应与适航、质量部门一起进行评审，审查相关工作按照标准、程序和作业的执行程度。

（5）实施后形成的产品，可以通过走查、同行评审、审查、单元测试、仿真验证和其他等手段，确保实施后的产品的正确性，可以进入集成过程。

2）重用/新研

从另一个维度考虑，即选择重用还是新研，如果是新研，则完全按照全新产品的实施过程，采用正向的自顶向下的设计模式，要求设计完善到足够实现的程度，依照相关设计结果和使能环境进行实现。如果是重用产品，则在设计过程中需要考虑确保产品在此项目的使用方式和环境中，能够满足项目要求。这在设计综合阶段的决策过程中应充分考虑，并在实施过程中进一步验证和确认，主要包括如下工作：

（1）应收集重用产品文档，包括规范、手册、图纸和其他文件，进行评审，确保在预定环境下能满足需求。

（2）如果重用某产品，那么应充分考虑产品对应的支持和使能产品、服务是否完整，如用于开展重用产品的测试、分析、运输、集成、验证与确认的工具环境和服务；如果缺乏，则在进入对应阶段工作前提前准备开发或采购。

（3）重用产品在前面项目中的验证和确认证据在一定程度上可以作为正式的验证和确认证据，取决于之前的验证和确认需求和环境，与当前项目有多大程度的相似度。但是不管如何，正式的验证工作是必不可少的，重用只是在很大程度上降低出错概率，提升置信度。

（4）由于产品实施过程中可用的技术、组成部分等约束，实现过程可能会由此产生对上级系统的架构约束，这些约束将会反馈回到上一层级的设计综合过程中，并会作为衍生需求被捕获，形成反馈迭代。

由于产品实施后需要提交给上一层级系统进行集成，因此需要同时考虑研制期间产品的包装、搬运、储存、安装和运输等方面，在实施过程中应同时形成产品的安装、运输、调试、使用等手册。

5.9.3.3 确认产品符合性

产品实施后，需要确保满足组件需求，通过单元测试、同行评审等验证和检查、验收等确认手段，确保产品满足组件要求。这一块与最终系统的验证和确认工作类似，但主要在系统组件层级，由产品组件提供方实施。

5.9.3.4 完成并供应产品

产品可通过不同的实施方式获得，除了产品本身之外，还包括其他文档，即包括产品描述、调试和单元测试程序、操作手册、维护手册、安装手册等，便于上一层级系统人员进行产品接收、安装、集成和后续工作。

本层级的产品形成后，进行打包和运送，提供给上一层级组织，进入产品集成过程。

5.9.4 输出

5.9.4.1 待集成的产品组件

本层级工作产品，包括软硬件、设备、结构件等。

5.9.4.2 产品文档

产品文档包括产品使用说明、安装说明、手册等内容，同时也包括下一层级产品提交至本层级的实施验证与确认的必要证据。

5.9.5 方法与工具

5.9.5.1 自动化实施技术

自动化实施技术是实现机器设备、系统或过程（生产、管理过程）在没有人或较少人的直接参与下，按照人的要求，经过自动检测、信息处理、分析判断、操纵控制等活动，实现预期的目标的过程。在实现过程中，通过计算机软件、智能机器人等技术，实现从方案到实物的自动化过程，减少实现的人为工作量，举例如下：代码自动化生成技术，从软件模型生成可执行代码；工业自动化技术，如针对硬件板卡的自动化设计技术、自动化车床加工技术等。

5.9.5.2 产品实施工具

产品实施工具包括专业的工具软硬件、零部件加工工具、设备的调试工具等。

5.9.6 注意事项与经验

5.9.6.1 产品实施的层级

需要明确，产品实施过程与产品集成过程本身是密不可分的，除了最底层级之外，每一层级产品的实现应在下一层级产品集成的基础上实现。如果采用自研的方式，则只有到了较低层级才能开始实施，在较高层级，应该还是通过需求分析、功能分析和设计综合三者的迭代，逐级自顶向下分解，直到复杂度分解到足以被实现人员理解并可实施的程度，才进入实施的过程，如软件编码和硬件试制。

由于不同飞机子系统的复杂度不一样，因此到了可以实施的层级也可能不一样，如飞机结构件可能从商用飞机产品级 0 级分解到 2 级或 3 级即可进入详细图纸的制造实施，而某些复杂系统则可能需要从商用飞机产品级 0 级分解到 5 级或 6 级才能明确具体软件的下一层级需求和设计架构，达到编码实施状态。因此，在进行飞机不同复杂度子系统集成时，应考虑复杂度和层级所带来的进度影响，进而完善集成策略。

如果采用了采购方式，那么可以在较高层级即进入实施，如系统供应商（如某飞机定义的 2 级 ATA 系统供应商）在项目早期联合概念设计阶段即介入设计方案，在系统 CDR 完成后，即可以开始实施过程，直到试验件交付可以认为是实施阶段性完成。在此过程中，主制造商主要要做好对供应商的监控，确保实施过程与主制造商要求层级的产品规范（2 级）无偏差。尽管主制造商的进一步设计分解工作不需要做，而在供应商内部仍需要进一步进行需求分析、功能分析和设计综合三者迭代的层级分解，一直到可实施层级（如 5 级到 6 级）。

如果采用重用的方式，那么也可以在较高层级即进入实施，并且进一步设计分解的工作可以大大缩减，只需要确保重用产品能够满足使用层级的需求，但仍需要通过验证的手段，保证重用产品集成所处环境与之前环境的一致性。

5.9.6.2 产品实施与产品集成的关系

产品实施和产品集成工作本身都属于产品实施的工作，两者紧密不可分割。

产品实施是分层级的，每一层级的产品实施的输出，即对应的飞机系统、飞机、系统、子系统、组件、部件（软硬件）等内容。

产品实施和产品集成两者关系主要如下：

（1）尽管在较低层级的产品实施过程中也存在集成工作，如软件产品实施，需要把不同的软件模块进行集成，而软件模块需要把不同软件接口和函数进行集成，但在较低层级的产品实施主要是通过各种实施工具和方法，从无到有或者把原材料加工后，形成产品部件物理实体的过程，这些属于"产品实施"的范畴。

（2）到了较高层级的产品实施，可以认为主要是把下一层级的多个产品进行集成后获得，通过组装、调试等方式，确保下一层级产品接口间的连通性，其过程一般不产生新的物理实体，因此，一般到了较高层级，主要强调"产品集成"，而不强调"产品实施"。

5.9.7　与 SAE ARP 4754A/B 的符合性

产品实施过程与 SAE ARP 4754A 的符合性如表 5-36 所示。

表 5-36　产品实施过程与 SAE ARP 4754A 的符合性

过程描述		SAE ARP 4754A 章节	对应 FDAL 等级的独立性与适用性				
章　节	活　动		A	B	C	D	E
5.9.3.1	实施准备	4.6.2 软/硬件的设计/制造	R	R	R	R	R
5.9.3.2	执行实施	4.6.2 软/硬件的设计/制造	R	R	R	R	R
5.9.3.3	确认产品符合性	4.6.2 软/硬件的设计/制造	R	R	R	R	R
5.9.3.4	完成并供应产品	4.6.2 软/硬件的设计/制造	R	R	R	R	R
5.9.4.1	待集成的产品组件	4.6.2 软/硬件的设计/制造	R	R	R	R	R
5.9.4.2	产品文档	4.6.2 软/硬件的设计/制造	R	R	R	R	R

产品实施过程与 SAE ARP 4754B 的符合性如表 5-37 所示。

表 5-37　产品实施过程与 SAE ARP 4754B 的符合性

过程描述		SAE ARP 4754B 章节	对应 FDAL 等级的独立性与适用性				
章节	活动		A	B	C	D	E
5.9.3.1	实施准备	4.6.2 产品设计/制造	R	R	R	R	R
5.9.3.2	执行实施	4.6.2 产品设计/制造	R	R	R	R	R
5.9.3.3	确认产品符合性	4.6.2 产品设计/制造	R	R	R	R	R
5.9.3.4	完成并供应产品	4.6.2 产品设计/制造	R	R	R	R	R
5.9.4.1	待集成的产品组件	4.6.2 产品设计/制造	R	R	R	R	R
5.9.4.2	产品文档	4.6.2 产品设计/制造	R	R	R	R	R

5.10　产品集成过程

20 世纪初莱特兄弟"飞行者一号"长 6.43 米，翼展 12.3 米，高 2.9 米，由一台 12 匹马力的四缸水冷发动机、木架、帆布和少量金属连接件组合而成。产品集成过程非常简单，仅仅依靠莱特两兄弟就能对其进行拆解和组装。如今，最大的商用客机空客 A380 基本型-800 长 73 米，翼展 79.8 米，高 24.1 米，由四台涡扇喷气式发动机、复合材料、高强度合金蒙皮以及大量的金属连接件组合而成，分别由 30 个国家，1 500 家公司提供了共计超过 400 万个的零件，逐级集成，并最后将系统及部段结构件运送至飞机主制造商进行总装集成。整个产品集成过程涉及设备、子系统、系统及最后飞机总装的各个环节。为确保在对接过程中实现"零误差"，大量采用了如激光定位设备仪器等自动化、数字化、智能化的工具手段，大大改变了传统民用客机产品的总装形式。

如此高端、复杂、大规模的产品集成过程，需要在型号项目研制初期就进行规划，而基于当下全球通用的"主-供"研制模式，飞机主制造商需要对不同供应商之间的总装分工、接口、工艺等界面进行提前规划和统一，以防止在集成与总装过程中发生的不一致而导致项目延期，或是完全可以避免的返工"回炉"。

本节通过讨论产品集成过程的目的、必要性、典型的方法和工具，以及在飞机研制过程中的适用阶段、输入、输出、过程活动等（见表5－38），以帮助读者了解和学习中国商飞公司系统工程的产品集成理念。

5.10.1　描述

产品集成跨接产品实现和正式的验证、确认工作，是集多个简单子系统从而实现一个复杂系统的过程，实现了设计集成过程中"V"字形右边自底向上形成产品的过程。

在需求分析、功能分析和设计综合的递归过程中，复杂度逐级分解，直到把每个单元分解到可实施、可管理的程度，而产品集成则是对单元进行组合，是一个把复杂度逐层聚合的过程。

产品集成可在每一个层级实施，比如软硬件集成形成设备，多个设备形成单个系统，多系统形成飞机专业，多专业形成飞机，直到最终飞机与外部相关环境（如机场、空管环境等）集成，形成飞机系统。

5.10.2　输入

5.10.2.1　接口定义文件

功能接口控制文件是功能分析的产物，定义不同子功能之间的交互关联。物理接口定义是设计综合的产物，即产品物理层面的接口定义，如电气接口定义、信号数据位定义、机械接口详细定义等。

5.10.2.2　待集成的产品组件

本层级系统待集成的产品来自下一层级组织产品实施或集成后的交付物。一般而言，待集成的产品组件会大于集成后的本层级产品数量。

5.10.2.3　架构定义

架构定义包括功能架构和物理架构，来源于本层级的功能分析和设计综合活动。

表 5-38　产品集成过程 SIPOC

中国商飞

过程名：产品集成过程（A.10）　　　　　　　CMMI 过程域：3 级过程——PI 产品集成

下一层级过程：实施验证过程

过程目的：对低层次产品组件进行组装，组合形成高层次产品，并通过检查确保集成后产品功能正常

必要性：属于产品实现的必经过程，没有此过程，则无法从低层次产品形成高层次产品

输入（Inputs）：
— 接口定义文件
— 待集成的系统组件
— 架构定义

提供方（Suppliers）：
— 设计团队
— 产品实施团队

过程活动（Processes）：
1. 产品集成准备
2. 获得下一层级系统和使能环境
3. 实施集成
4. 整理集成输出

适用阶段：
☐ 飞机概念开发阶段　　　☑ 全面试制阶段
☐ 立项论证阶段　　　　　☑ 试飞取证阶段
☐ 可行性论证阶段　　　　☐ 产品与服务验收阶段
☐ 初步设计阶段　　　　　☐ 持续运营/退役阶段
☐ 详细设计阶段

输出（Outputs）：
— 集成后的本层级产品
— 产品集成后的问题报告及其
  落实情况
— 集成总结报告

使用方（Customers）：
— 集成验证团队

方法与工具：
方法：* 仿真技术、产品集成实验环境等
工具：各类模拟系统环境激励的集成环境，如硬件集成平台、系统集成平台、航电系统集成台、铁鸟台、试飞空域等
注：* 表示 DFSS 方法工具

集成将围绕架构，进行架构中不同区域的下游产品之间互联并在合并后针对功能进行测试验证，因此架构定义是形成集成策略和实施集成的依据。

5.10.3 过程中的活动

5.10.3.1 产品集成准备

产品集成的准备工作主要包括如下几方面：

（1）制订集成规划，确定形成系统的最优的集成方式和顺序。该规划应结合下一层级产品实现实际情况，包括供应商的交付情况和集成环境的完备程度，以降低进度、费用和集成的难度和风险。除了下一层级产品的集成规划考虑之外，集成规划还应考虑集成的使能项，包括环境工具和设施的规划。

a. 集成规划包括集成策略和顺序（下一层级产品哪个先集成，哪个后集成）、产品集成输入数据包括产品接口方式、产品集成环境考虑（采用的模型、原型和仿真，以及集成工具等）、集成的问题报告流程方法、集成报告等工作。

b. 形成集成规划中集成策略应进行权衡分析，定义多个集成策略方案，并选择最优的集成策略，确保用尽量少的资源完成尽量多的工作。

（2）产品集成程序应在集成计划的基础上，结合实际集成环境操作，细化制订具体的集成步骤、实施方法和下一层级产品的可接受标准。

（3）在上述基础上，确定落实资源、时间和下一层级产品研制组织的约定，形成产品集成计划。

（4）对其他输入的整理，包括如下内容：

a. 接口控制文件，通过接口定义和管理工作，确保集成的下一层级产品的接口的兼容，这是集成工作的基础。

b. 待集成产品的规范，包括产品分解结构、产品需求、设计规范，以明确集成的工作范围、目的和目标。

（5）一旦建立后，应持续地维护集成规划与进度表，在项目计划和监控过程中开展定期和不定期的评审，确保不同团队的交付进度和研制进度的变化、技术状态的改变对集成计划和集成的影响最小化。

5.10.3.2　获得下一层级系统和使能环境

获得下一层级系统和使能环境包括如下方面：

（1）按照约定的计划和进度表，获得并确认用于集成的使能环境，确保使能环境能够支持集成工作，具体包括如下内容：

a. 跟踪使能环境的状态，确保按照集成计划和进度约定。

b. 对交付的使能环境执行产品的准备程度确认，可以通过现场审查、目视检查、交付验收测试等各类手段，确保交付状态达到了预期要求。

c. 集成的使能环境（如子系统试验环境、集成试验台、铁鸟台、飞行环境等）一般也同时承担了验证的使能作用。

（2）按照约定的计划和进度表，获得并确认用于集成的下一层级产品达到预期状态，能够按照预定计划进度安排，开展集成工作，包括如下内容：

a. 持续跟踪下一层级产品的进度和状态，确保按照预定的集成计划和进度约定，这里包括对供应商实施监控工作。

b. 对交付产品进行确认，可以通过现场审查、目视检查、交付验收测试等各类手段，确保交付产品的时间和构型状态达到了预期要求，符合了约定的期望。

5.10.3.3　实施集成

实施集成的工作包括如下几个方面：

（1）通过集成使能环境，根据集成计划、策略和集成程序要求，按照接口定义文件和系统规范，进行产品组装和集成，包括如下内容：

a. 产品在集成使能环境中的组装和集成，包括安装与集成使能环境的集成调试等。

b. 根据接口管理过程中的接口控制文件，集成下一层级产品的接口，包括结构接口的组装、机械接口的安装和试运行、信号接口的连线和收发测试、人机接口调试等。

（2）执行一定的功能测试，确保集成后产品的功能正确，能够进入正式验证和产品确认状态。

（3）如果发现下一层级产品的问题，进行问题的及时报告反馈和设计迭代，确保每个问题都进行跟踪直至关闭。

5.10.3.4 整理集成输出

整理集成输出的工作包括如下内容：

（1）集成后产品的交付，包括交付给验证和确认团队，或非正式地交付给上一层级组织。

（2）集成问题的解决情况。

（3）集成后的文档，包括问题报告、集成工作报告。

5.10.4 输出

输出（outputs）包括如下内容：

（1）集成后的本层级产品，此产品通过集成过程，已确保解决了内部组成子系统之间接口兼容性和互通问题，形成了能正常工作的产品。

（2）产品集成后的问题报告及其落实情况。

（3）集成总结报告。

5.10.5 方法与工具

5.10.5.1 仿真技术

仿真技术方法大量运用在产品集成过程中，在集成过程中由于下一层级真实试验件无法一步到位，为了驱动一个非完整构型状态的产品能够连通并测试，就需要利用一个仿真的产品使能系统。

仿真技术方法即利用半实物仿真等技术，在集成过程中把部分真实系统替换为仿真系统的过程方法。

5.10.5.2 产品集成试验环境

一般产品集成试验环境，由各类下一层级工具组成，包括如下内容：

（1）激励环境工具，仿真本层级产品的外界环境或本层级产品未到位组件系统的接口数据。

（2）测试调试环境工具，包括接口数据和结果检查。

（3）自动化环境，包括自动化脚本生成和测试结果判断等。

根据不同层级，产品集成试验环境有所不同，如软件集成工具、硬件集成平台、系统集成平台、航电系统集成平台、铁鸟台、试飞空域等。

5.10.6　注意事项与经验

5.10.6.1　产品集成计划和策略

产品集成计划作为集成准备工作的核心，考虑在集成过程中的所有工作和准备，主要包括如下内容：

（1）考虑集成的流程、使能环境和人的安排，具体包括集成实验环境、问题记录和报告流程、操作人员、人机集成人员（飞行员等）的安排。

（2）应基于产品的架构（重要程度、架构组件依赖性）、供应商产品成熟度和完备程度等因素，对风险、集成难度、所需资源、时间进度等多种要素进行分析，考虑形成集成策略和顺序，定义先集成哪些组件，后集成哪些组件，作为集成安排的顶层计划。产品集成计划考虑系统组件的可用性状态的进度，需要和各家下游实现方（如供应商、内部开发团队等）一起协调，在这过程中还可能调整集成策略和顺序，最终形成并纳入主集成计划（IMS）中，并持续维护更新。

一些典型的集成策略包括如下内容：

（1）总体集成，又称"大爆炸式集成"（big bang integration）。所有交付的组件一步完成集成，这种集成方法实施起来简单，不需要外围仿真，但一旦系统复杂后出现错误的可能性高，排除故障困难、技术风险很大，适用于比较简单、交联关系少、成熟风险小的系统集成。

（2）串行集成。这种集成策略是低层级交付组件交付一个，进行集成一个，逐步完成集成，这种集成工作便于开展，但有可能没有考虑规划组件的关系，导致一方面仿真激励准备不充分，另一方面集成后组件配对功能关系无法形成，而导致最终集成试验无法实施，可以用于已经清楚的风险小的系统的集成。

（3）增量集成。这是最常用的集成策略，按照先形成一个核心系统，再逐步集成外围功能的增量方式进行集成，这种集成适用于复杂系统集成，且便于定位错误，但对集成顺序有一定要求，并需要进行多轮的回归测试，对测试量要求比较大，并对仿真环境的要求比较高。

（4）功能链集成。整体系统分配子功能组，按照子功能组先进行集成，再进行功能组之间的集成，这种集成方式可以便于并行工作，节省时间，减少测试用例开发量，但对设计要求比较高，同时适用于组合式系统架构，但不适合于集中式系统架构（如基于 IMA）。

（5）自顶向下集成。从主功能开始，按照交互和使用顺序进行集成，这种集成可以在早期发现架构错误，但需要在早期获得具有高仿真度的仿真上进行集成，且设计用例难度比较高，这种用于软件层面比较多，系统层面比较难以实施。

（6）自底向上集成。从底层开始逐步实施集成，测试用例便于实施且可以重用，但只有在后期才能发现系统层面的架构错误。

（7）关键驱动集成。按照组件的重要程度，先进行重要组件的集成，再进行次要组件的集成。

针对集成策略，一般需要根据实际情况，综合考虑形成一种混合的集成方式，最终使得过程最优化。

5.10.6.2　接口管理的作用

下游产品组件的逐步集成，最终形成本层级产品的过程，实际上就是实现针对设计方案的验证，确认实现的产品满足方案定义的架构。因此集成工作主要是"测接口"，这里的接口包括系统间各类接口（如电子、电气、机械、安装、能源等），也包括人与系统间的接口（如飞机显示人机界面、飞行员操作等），因此，接口管理的数据在集成测试中非常重要。

5.10.6.3　构型控制

由于在集成过程中，可能存在较多不成熟且不稳定的技术状态，如集成到一半的产品构型状态，因此对此技术状态的记录、维持、更改控制，应便于维持基线完整性并可追踪、回溯整个构型控制的流程。

5.10.6.4　问题报告

问题报告是集成过程中经常运用的工具，应建立一个完整的问题报告系统，用于与下游产品组件实现方沟通，闭环解决集成过程中发现的问题，并在此过程中维持构型的正确和完整。

5.10.6.5　供应链管理系统集成

斯科特·杰克逊在《商用飞机系统工程：特定领域应用》一书中，把飞机全球供应链（global supplier chain）作为一个大规模系统，运用大规模系统集成的理论来考虑供应链系统，值得借鉴。

由于目前专业化发展等因素，全球供应链是不可避免的趋势，但是供应链管理会对整个飞机项目的成败带来非常重要的影响，因此，应强调以下两点：

（1）要有系统之系统（SoS）的视角，理解复杂供应链系统的复杂性（complexity）和涌现性（emergence）特征。

（2）要控制大规模复杂系统集成中的组织接口，包括控制供应商接口的多样性，控制供应商数量，优化管理流程等。

要严格控制整个系统的不稳定性（variability），须采取一些措施，包括清晰明确地定义合同和技术规范附件（工作、责任、提交物、时间），无歧义，控制好合同和规范变更等。可以考虑对整个供应链系统的一些指标采取一定的评估度量，以确保其稳定性。

5.10.7　与 SAE ARP 4754A/B 的符合性

产品集成过程与 SAE ARP 4754A 的符合性如表 5-39 所示。

表 5-39　产品集成过程与 SAE ARP 4754A 的符合性

| 过程描述 | | SAE ARP 4754A 章节 | 对应 FDAL 等级的独立性与适用性 | | | | |
章 节	活 动		A	B	C	D	E
5.10.3.1	产品集成准备	4.6.3 电子硬件/软件集成 4.6.4 飞机/系统集成	R	R	R	R	R

过 程 描 述		SAE ARP 4754A 章节	对应 FDAL 等级的独立性与适用性				
章 节	活 动		A	B	C	D	E
5.10.3.2	获得下一层级系统和使能环境	4.6.3 电子硬件/软件集成 4.6.4 飞机/系统集成	R	R	R	R	R
5.10.3.3	实施集成	4.6.3 电子硬件/软件集成 4.6.4 飞机/系统集成	R	R	R	R	R
5.10.3.4	整理集成输出	4.6.3 电子硬件/软件集成 4.6.4 飞机/系统集成	R	R	R	R	R

产品集成过程与 SAE ARP 4754B 的符合性如表 5－40 所示。

表 5－40　产品集成过程与 SAE ARP 4754B 的符合性

过 程 描 述		SAE ARP 4754B 章节	对应 FDAL 等级的独立性与适用性				
章 节	活 动		A	B	C	D	E
5.10.3.1	产品集成准备	4.6.3 产品集成与验证 4.6.4 飞机/系统集成与验证	R	R	R	R	R
5.10.3.2	获得下一层级系统和使能环境	4.6.3 产品集成与验证 4.6.4 飞机/系统集成与验证	R	R	R	R	R
5.10.3.3	实施集成	4.6.3 产品集成与验证 4.6.4 飞机/系统集成与验证	R	R	R	R	R
5.10.3.4	整理集成输出	4.6.3 产品集成与验证 4.6.4 飞机/系统集成与验证	R	R	R	R	R

5.11　实施验证过程

现代大型商用飞机的系统集成化程度不断提高，越来越多的传感器和控制设备被安装在飞机中，因此大量的试验科目也随之涌现，若逐一在飞机上实施验证，将会花费大量的资源以及时间。铁鸟试验台的存在则一定程度上解决了上述问题，即试飞员能够在地面上提前完成型号飞机的"试飞"工作。如空客 A380 的铁鸟试验台，重达 170 吨，同时可实现多个系统的联合验证功能，如航电、飞控、液压等，大幅度提升了飞机的整体研制速度，确保了功能的完备与可靠。此外，空客公司已于多年前开始着手研发"虚拟铁鸟"（virtual iron bird）技术，凭借数字化手段来彻底改变验证的形式，进一步压缩研制资源及时间，降低验证工作的实施难度。

在飞机研制过程中，实施验证是确保复杂飞机设计安全的必要环节之一，飞机设计和更改只有在得到充分试验验证的前提下，才能确保安全可靠。同时，该过程也将开展一系列的符合性试验来向局方表明飞机的各方面性能，以获得局方所颁发的型号合格证（TC）。

本节通过讨论实施验证过程的目的、必要性、典型的方法和工具，以及在飞机研制过程中的适用阶段、输入、输出、过程活动等（见表 5 - 41），以帮助读者了解和学习中国商飞公司系统工程的实施验证理念。

5.11.1　描述

5.11.1.1　实施验证的对象

验证是对确认后需求的实施过程和结果进行评估，确定这些需求已经被满足，确定已实施了正确的飞机/系统/功能/项目等。

确认后需求的实施过程包括基于确认后需求的设计综合过程、设计内容（工艺要求、尺寸公差要求、装配要求等）的产品实施和产品集成过程等。

确认后需求的结果包括基于确认后需求的设计综合的结果，即设计方案，以及基于设计方案的实施和集成后形成的产品。

验证既评估上述实施过程对确认后需求的符合性，也评估结果对确认后需求的符合性，这种符合性的评估（见图 5 - 20）包括以下三种：

（1）设计对确认后需求的符合性评估，即设计符合性验证，简称设计验证。

（2）实施过程对设计的符合性评估，即制造符合性验证。

（3）结果对确认后需求的符合性评估，即实施验证。其中，对于适航条款（需求）的验证既包括通过产品直接对适航条款的验证，也包括通过产品对设计规范的直接验证，而间接对适航条款的验证，统称为产品适航符合性验证，简称适航符合性验证。

表 5 - 41 实施验证过程 SIPOC

中国商飞 过程名: 实施验证过程 (A.11)		CMMI 过程域: 3 级过程——VER 验证
下一层级过程: 产品确认过程		
过程目的: 确保每一层级的实施都能满足对应层级的需求		
必要性: SAE ARP 4754A 中 5.5 节定义的推荐过程		

输入 (Inputs):
— 确认后的需求
— 功能架构
— 设计方案
— 待验证的产品及必要的模型

过程活动 (Processes):
1. 制订实施验证计划
2. 建立实施验证矩阵
3. 编制验证程序
4. 准备验证条件
5. 执行实施验证活动并捕获验证证据
6. 编制验证总结

输出 (Outputs):
— 实施验证证据
— 实施验证总结报告
— 经验证后的安全性评估报告
— 问题报告
— 验证后的设计及产品

适用阶段:
☐ 飞机概念开发阶段   ☑ 全面试制阶段
☐ 立项论证阶段   ☑ 试飞取证阶段
☐ 可行性论证阶段   ☐ 产品与服务验收阶段
☑ 初步设计阶段   ☐ 持续运营/退役阶段
☑ 详细设计阶段

提供方 (Suppliers):
— 需求团队
— 设计团队
— 安全性评估团队
— 产品集成团队

使用方 (Customers):
— 产品确认团队
— 安全性评估团队
— 适航取证团队
— 设计团队

方法与工具:
方法: 检查或评审、*分析、建模仿真、试验与演示、相似性和工程经验等
工具: 需求管理工具、模拟器、性能模型、物理模型、专业软件、试验平台等
注: * 表示 DFSS 方法工具

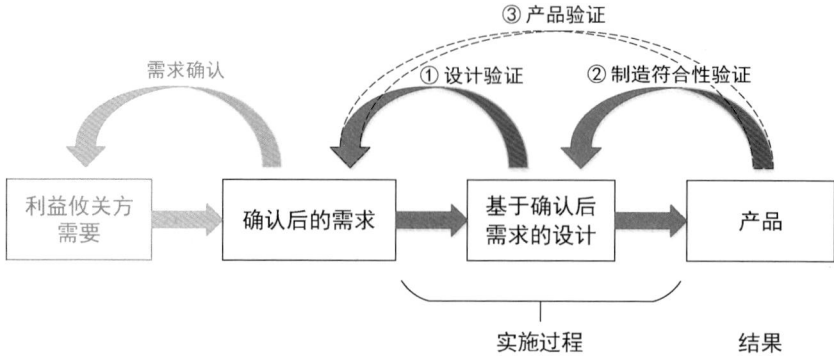

图 5‒20　实施验证过程

5.11.1.2　实施验证的特征

为确保最终产品的正确性，通常是通过建立严谨的、可追溯的研制过程保证体系来实现的，而验证过程也应符合这样的研制过程要求，并具有下列特性：

（1）层次性。

验证过程的主要活动集中在"V"的右侧，从下到上依次为"设备级验证""系统级验证"和"飞机级验证"。

a. 设备级验证以设备为验证对象，评估设备的制造过程及设备本身对设备设计方案的符合性。

b. 系统级验证以系统为验证对象，评估系统、系统之间集成过程及系统本身对系统设计方案的符合性。

c. 飞机级验证以飞机为验证对象，评估飞机产品集成过程及飞机本身对飞机设计方案的符合性。

（2）充分性。

每一条设计规范都是对确认需求的符合性表述，每一条设计规范都需要通过验证的方法进行验证，即保证验证的充分性。飞机研制的验证方法有 5 种（详见 5.11.5 节），通过对每一条设计规范建立验证矩阵，采用一种或多种方法的组合来实现验证的充分性。

（3）独立性。

为了保证与评估有关工作的客观性，需要通过不同的团队独立开展工作，这里的评估包括评审、分析、试验等工作，独立性增加了工作的严酷度，使评估结果更客观，SAE ARP 4754A 认为需要在飞机/系统设计实施与验证工作之间保持独立性，常见的方法是验证方法的独立制订，如由未参与飞机/系统的个体和组织来制订验证方法，并实施验证。

5.11.1.3 实施验证的目的

实施验证过程的目的是表明每一层级的实施都满足了对应层级的设计，即认为满足了对应层级的需求。它主要包括 3 个目标：

（1）确定所有预期的功能都已经正确实现。

（2）确定所有的需求都已得到满足。

（3）对于所实现的飞机/系统，确保其安全性分析是有效的。

在实施验证过程中，需要明确定义实施验证的目的、原则、角色及职责、活动交付物，需定义详细的实施验证的流程，包括实施验证计划制订、分配实施验证方法、捕获验证证据，对验证结果进行评审等活动。

5.11.2 输入

5.11.2.1 确认后的需求

经过确认的需求是实施验证过程的对象之一，确认过的需求应该包含每条需求的研制保证等级（DAL）、确认该需求的方法、确认过程中的证据、确认过程中的变更以及最终的状态等。

5.11.2.2 设计方案

设计方案指基于确认后的需求，开展设计活动的输出，设计方案应包括每条需求的设计结果，设计结果对需求符合性的证据、设计验证的方法以及最终状态，最终状态应包括功能架构、接口控制文件、安全性分析报告等。

（1）功能架构。

功能架构应包含各个层级的功能定义以及功能之间的逻辑关系，还应包含在进行功能分析时定义的产品运营场景。如有功能架构的模型，则应提供模型数据。

（2）接口控制文件。

接口控制文件应该包括功能接口、电气接口和机械接口控制文件。

（3）安全性分析报告。

需要作为实施验证过程输入的安全性分析报告应包括功能危险性评估（FHA）、初步飞机级安全性评估（PASA）、初步系统安全性评估（PSSA）以及共因分析（CCA）等。

5.11.2.3　待验证的产品及必要的模型

待验证的产品指包括完成集成后的飞机/系统产品和产品说明。产品说明指在制造该产品过程中所产生的各种数据文件，包括产品的说明书、使用手册、软硬件的测试说明和试验报告等。

必要的模型是指为实施特定的验证方法所需的具有规定功能和构型的数字模型，这些验证方法包括分析、建模仿真和试验与演示。

5.11.3　过程中的活动

5.11.3.1　制订实施验证规划

制订实施验证规划是为了定义验证过程和使用准则，并标明实施过程是如何满足要求的。需要开展的主要工作如下：

（1）确定与开展验证工作有关的角色和职责。

（2）确定系统或项目的构型。

（3）定义具体的验证方法。

（4）定义准则。

（5）确定通过软硬件验证工作而得到的系统验证。

（6）确定验证的主要工作及顺序。

（7）确定验证工作需要的客观验证条件，准备工作及顺序。

（8）确定验证资料。

5.11.3.2　建立实施验证矩阵

验证矩阵用以追溯验证过程的状态。它的详细程度应基于所验证系统或项目的研制保证等级。

5.11.3.3　编制验证程序

在把需求导入实施验证矩阵之后，需要进行规整，编制实施验证的程序，验证程序中须包括验证的需求、条件、环境、步骤和判据准则等。

5.11.3.4　准备验证条件

准备验证条件是指按照验证计划、验证矩阵的要求，为实施验证活动准备必要的验证条件，包括待验证的产品、验证活动所需的软硬件条件、相关的准备过程报告及检查活动。

5.11.3.5　执行实施验证活动并捕获验证证据

执行实施验证活动是指根据每条验证需求对应验证方法验证产品对设计结果和需求的满足性。在执行验证活动中，要保存相关的资料作为验证的证据。

5.11.3.6　编制验证总结

编制验证总结主要是对验证活动中产生的数据进行分析和总结，以确定通过验证活动所展示的产品性能对设计结果和需求的符合性，并将这些信息记录到验证总结报告中。如果验证过程与验证计划有重大偏离，那么应在验证总结报告中记录并评估这些偏离。另外，对于有影响安全的开口项，应记录跟踪这些开口项并评估其对安全性的影响。

5.11.4　输　出

5.11.4.1　实施验证证据

典型的验证证据包括软硬件测试报告、试验报告、检查报告、建模仿真报告、分析报告，以及这些报告中包含的试验设备、设施的构型状态和符合性说明等材料。

5.11.4.2　实施验证总结报告

实施验证总结报告提供了明确清晰的证据以表明飞机、系统或设备的实现满足了相应层级的需求。总结报告应包括如下内容：

(1) 以验证规划为基准的参照和对验证计划重大偏离的描述。

(2) 对应的研制保证等级。

(3) 验证矩阵。

(4) 有任何影响安全性的开口项，并评估这些开口项对安全性的影响。

(5) 确定支持资料和资料源。

(6) 验证的覆盖程度总结。

5.11.4.3 经验证后的安全性评估报告

经验证后的安全性评估报告应包括飞机安全性评估（ASA）、系统安全性评估（SSA）以及验证后的共因分析报告（CCA）。

5.11.4.4 问题报告

对实施验证过程中产生的问题，应对相关问题报告过程进行跟踪处理。

5.11.4.5 验证后的设计及产品

验证过程最终将输出验证后的设计及产品（含使能产品），用于交付产品确认过程。

5.11.5 方法与工具

5.11.5.1 检查或评审

检查或评审是指对过程文件、图纸或软硬件的检查或评审，以验证需求是否得到了满足。检查通常是采用不会对系统或设备产生不利影响的手段进行。

5.11.5.2 分析

分析通过对系统或设备进行详细的检查（如功能性、性能和安全性）来提供符合性的证据，评估系统或项目在正常和非正常状态下如何按照预期的要求运行的。

5.11.5.3 建模仿真

应用仿真模型来验证系统的设计特征、系统的行为和性能。复杂系统的建模通常是采用计算模拟和试验相结合的方式；但是，在系统行为可以确定的情况下进行建模也可能是完全通过计算来模拟的。为了获得系统早期的信息或达到其他目的，建模也可能用于系统参数的评估。

5.11.5.4 试验与演示

试验是通过运行系统或设备以验证需求是否得以满足的方式，为正确性提供可复验的证据。对试验准备的评审确立了系统或项目要求试验样本的适用性。试验包含以下两个目标：

（1）表明所实现的系统和设备执行了其预期的功能。对预期功能进行的试验包括对要求中确立的目标通过/失败准则的评估。

（2）确保实现的系统不会执行影响安全性的非预期功能（不是设计中的已知部分），为验证提供置信度。在正式的试验过程中，通过特定的试验可以检验系统或设备存在非预期运行或副作用。值得注意的是，不能通过试验来证明非预期功能是否完全不存在。

对全部或部分物理系统或设备，或已得到验证的模型进行试验，试验中使用的程序应足够详细，以便其他人可以再现试验结果。应报告试验中未覆盖的问题及改进措施，并对更改的系统或设备进行二次试验。

5.11.5.5 相似性和工程经验

若有适用的历史经验，或有已得到文件证明的系统/设备设计更改，则可采用历史使用经验支持系统或设备的合格审定。该方法允许通过比较相似设备或系统的要求来进行要求确认。适用的使用经验时间越长，相似性证明就越合理。直到在使用过程中出现的所有重要问题都得以理解和得到解决，才可使用相似性证据。在采用历史经验时，应考虑以下内容：

（1）在合格审定计划中，申请人应建议如何使用历史经验（如可用到的历史经验的数量和对如何分析历史经验的描述）。

（2）申请人应通过分析确定使用历史经验的适用范围，分析应表明以下内容：

a. 在适用的使用经验期间，问题报告程序足够提供使用问题的交叉引用。

b. 在使用经验期间，参考项目或系统的更改不存在对系统安全性或性能的重大改变。

c. 在适用的使用经验期间，参考系统或设备的实际使用与新系统或修改系统的预期使用一致。如果现有的运行环境和提出的申请存在差异，则对这些相关的差异应该进行附加的确认和验证活动。

（3）申请人应该分析任何报告的安全性相关的问题，同时还有其原因和纠正措施以及确认这些问题与系统/设备改型或合格申请是否相关。

5.11.5.6 验证方法的比较与选择

原则上每一条需求都需要进行验证，因此需求和设计的编写都需要遵循"可验证"的原则。如表 5 - 42 所示，在把需求导入验证矩阵中时，需要根据每条需求的 DAL 来分配验证的方法，对于 DAL 为 A 级或 B 级的需求，至少应有包含试验在内的两种方法进行验证，对于 DAL 为 C 级的需求，至少应该有一种验证方法去验证；对于 DAL 为 D 级的需求，可以根据与局方的协商来确定；而对于 DAL 为 E 级的需求，可以不需要进行验证。

表 5 42 验证矩阵中针对不同 DAL 的需求验证方法

方 法 和 数 据	DAL			
	A 和 B	C	D	E
ASA/SSA	R	R	A	N
检查、评审、分析、建模或试验	R（试验及其他一个或几个方法）	R（一个或几个方法）	A	N
试验、非预期功能	R	A	A	N
相似性和工程经验	A	A	A	A

5.11.5.7 验证活动管理工具

实施验证是对标对应层级需求开展的，一般是通过需求管理工具来维护实施验证矩阵，确保实施验证的状态都能完整记录。

建模仿真可采用通用或专用的建模仿真软件，如 Simulink、Dymola 等，这些软件可按需进行配置。

试验设施是实施试验与演示验证的重要使能因素，试验设施应与测试环境一致，如果要获得试验的置信度，则需要考虑测试仿真环境与真实条件的一致性。

5.11.6 注意事项与经验

注意事项与经验包括如下几点：

（1）合理安排验证活动的时间，若过早开始则系统状态尚不够充分，若过晚开始则没有充分时间处理验证的问题。

（2）提前规划试验项目，在设计的初期就要考虑试验的能力，特别是一些试验的子系统支持，要在供应商谈判和合同签订前提前考虑。

（3）着重考虑综合集成验证试验，要审视当前的条件能否真实地模拟集成试验的环境，是否需要增加一些大的集成试验手段，如飞机在环试验、全机地面大系统综合试验，要合理地规划地面试验项目和测试环境建设，在地面完成尽可能多的试验，压缩试飞试验的项目和周期。

（4）在试飞试验中，要提前准备一些需要严苛条件的试验，特别是一些环境试验（如大侧风、自然结冰等），并提前布局，选择合适的有利的地域，尽快地完成。

（5）需求编写的质量是做好验证的关键，每条需求要"可量化、无歧义以及可验证"。因此，应从可验证的角度，在项目前期衡量需求编写的质量。

5.11.7 与 SAE ARP 4754A/B 的符合性

实施验证过程与 SAE ARP 4754A 的符合性如表 5‑43 所示。

表 5‑43 实施验证过程与 SAE ARP 4754A 的符合性

过程描述		SAE ARP 4754A 章节	对应 FDAL 等级的独立性与适用性				
章 节	活 动		A	B	C	D	E
5.11.3.1	制订实施验证规划	5.5 实施验证	R	R	R	A	N
5.11.3.2	建立实施验证矩阵	5.5 实施验证	R	R	R	A	N

过程描述		SAE ARP 4754A 章节		对应 FDAL 等级的独立性与适用性				
章 节	活 动			A	B	C	D	E
5.11.3.3	编制验证程序	5.5	实施验证	R	R	R	A	N
5.11.3.4	准备验证条件	5.5	实施验证	R	R	R	A	N
5.11.3.5	执行实施验证活动并捕获验证证据	5.5	实施验证	R	R	R	A	N
5.11.3.6	编制验证总结	5.5	实施验证	R	R	R	A	N

实施验证过程与 SAE ARP 4754B 的符合性如表 5-44 所示。

表 5-44　实施验证过程与 SAE ARP 4754B 的符合性

过程描述		SAE ARP 4754B 章节		对应 FDAL 等级的独立性与适用性				
章 节	活 动			A	B	C	D	E
5.11.3.1	制订实施验证规划	5.5	实施验证	R	R	R	A	N
5.11.3.2	建立实施验证矩阵	5.5	实施验证	R	R	R	A	N
5.11.3.3	编制验证程序	5.5	实施验证	R	R	R	A	N
5.11.3.4	准备验证条件	5.5	实施验证	R	R	R	A	N
5.11.3.5	执行实施验证活动并捕获验证证据	5.5	实施验证	R	R	R	A	N
5.11.3.6	编制验证总结	5.5	实施验证	R	R	R	A	N

5.11.8　型号案例分析

某型号飞机驾驶舱采用侧杆进行俯仰操纵和滚转操纵，采用脚蹬进行偏航操纵。飞机操纵面配置为一对副翼、一块方向舵、一对升降舵、一块水平安定面、八对多功能扰流板、两对后缘襟翼、一对前缘下垂和六对前缘缝翼，提供飞机姿态、速度和轨迹的控制。

该飞机主飞行控制系统的控制律具有三个模式：正常控制律（normal law）、

辅助控制律（secondary law）和直接控制律（direct law）。

为了评估确认该飞机正常模式和直接模式控制律下飞机特性是否满足该飞机操纵性与稳定性设计要求，提出通过开展飞行员在环评估试验，以暴露控制律设计缺陷和潜在问题，支持总体方案定义工作。

根据试验需求，通过试验团队和设计团队充分沟通确认，确定飞行员在环评估试验共计 18 个试验科目，如表 5－45 所示，试验平台为飞行品质评估试验平台（品模台）。

表 5－45　某型号飞机第二轮飞行员在环评估试验科目

序号	控制律模式	试 验 科 目
1	正常模式控制律	正常起飞
2		误配平起飞
3		纵向操纵—施加推力
4		纵向操纵—收襟/缝翼和施加推力
5		纵向静稳定性—高速巡航
6		纵向静稳定性—低速巡航
7		纵向动稳定性
8		航向操纵
9		横向操纵—单发滚转
10		横向操纵—双发工作
11		横航向静稳定性
12		横航向动稳定性
13		飞行员诱发振荡—俯仰截获
14		过载杆力梯度
15	直接模式控制律	横向操纵—双发工作
16		横航向静稳定性
17		横航向动稳定性
18		着陆

根据试验需求，完善了品模台构型，在完成飞机正常模式控制律模型、作动器模型、质量模型、飞机本体模型在品模台的接口信号定义及集成调试之后，开展正常控制律评估试验。

评估试验模拟了全飞行阶段下正常飞行、故障飞行及飞行员操作等场景下的正常/直接模式的工作逻辑等 82 项运行场景，试验结果支持了 18 项正常模式和直接模式控制律功能逻辑设计。

通过本次试验，为正常/直接模式控制律方案设计发现问题，在设计前期解决问题，极大降低了设计成本，为后续电传飞控的研发试验奠定良好的基础。

5.12 产品确认过程

为全力开发国内高原市场，打造更好的业界形象，某型号飞机在云南地区开展高原航线的演示飞行。本次演示飞行共规划 7 条航线，涉及 10 个机场。主要目的包括三个方面：一是向客户展示该飞机的飞机性能状态趋于成熟可靠，二是验证该飞机的高原性能及与高原机场的匹配性，三是向客户展示该飞机"高原雄鹰支线快车"的产品性能。由于该飞机尚未在高原地区载客运行，通过航线演示飞行可以消除客户疑虑，让客户、机场和局方对该飞机有直观的认识，有利于后续市场开发、销售和运行支持。

本节通过讨论产品确认过程的目的、必要性、典型的方法和工具，以及在飞机研制过程中的适用阶段、输入、输出、过程活动等（见表 5-46），以帮助读者了解和学习中国商飞公司系统工程的产品确认理念。

5.12.1 描述

产品确认是指最终的商用飞机产品能够在预期的运行环境中满足客户等利益攸关方最初的期望，并通过验收测试、分析、检查和试运行等方式证明最终产品

表 5－46　产品确认过程 SIPOC

中国商飞　过程名：产品确认过程（A.12）　　　　　　　　　　　　　　CMMI 过程域：3 级过程——确认

下一层级过程：交付过程

过程目的：确认已完成验证的产品本身及其内部各个层级上的子产品满足利益攸关方的需要，同时确保在产品确认过程中发现的任何不符合同题在产品交付前得到解决

必要性：保证产品满足客户需要，提高客户满意度，提升市场竞争力

输入（**I**nputs）：
— 已验证的产品
— 需要和需求文件

过程活动（**P**rocesses）：
1. 产品确认前准备
2. 进行产品确认
3. 分析产品确认结果
4. 编制产品确认报告

输出（**O**utputs）：
— 确认后的产品
— 产品确认结果
— 产品确认报告

提供方（**S**uppliers）：
— 集成验证团队
— 需求团队

使用方（**C**ustomers）：
— 航空公司
— 客服团队

适用阶段：
□ 概念开发阶段
□ 立项论证阶段
□ 可行性论证阶段
□ 初步设计阶段
□ 详细设计阶段
□ 全面试制阶段
☑ 试飞取证阶段
☑ 产品与服务验收阶段
□ 持续运营 退役阶段

方法与工具：
方法：*分析、评审、试验、演示、检查等
工具：N/A
注：* 表示 DFSS 方法工具

233

能够满足这些期望。与型号研制过程中各阶段的实施验证不同，产品确认需要追溯到最初用于利益攸关方需要捕获的运营场景，通过典型用户（如飞行员）的使用确认型号产品能够在既定飞行任务中成功、有效地达到预期性能。

需要注意的是，产品确认是在最终的型号物理实体实现之后进行的。实施验证证明的是"系统（需求）被正确地实现了"，而产品确认证明的是"设计研制出的是一个正确的系统"。换言之，产品确认是从客户的立场出发，证实将最终产品投放到运营环境中后能够实现其预期用途。在产品确认过程中，出现的任何不符合正式的利益攸关方需要的问题必须在产品交付前得到解决。

5.12.2 输入

5.12.2.1 已验证的产品

产品确认过程的输入之一是已经完成并通过验证的产品。以飞机产品为例，已验证的产品是指完成验证的飞机及其内在各个层级的系统、子系统、部件、设备等，以及确保产品能够顺利运行所需的使能产品。

5.12.2.2 需要和需求文件

正式的利益攸关方需要文件和各层级的需求文件，即已进入控制基线的利益攸关方需要（包括利益攸关方需要捕获过程中形成的概念文件、效能指标和飞行任务中各个飞行阶段的场景）和需求文件。

5.12.3 过程中的活动

5.12.3.1 产品确认前准备

进行产品确认前，要有充分的准备工作。第一，需要明确产品确认的利益攸关方有哪些，对应的利益攸关方需要包括哪些文件。第二，准备好待确认产品、待确认的支持设备和资源。

根据确认任务不同，需要有不同的支持使能设备和资源，如测量仪器、嵌入式软件、测试电缆、记录设备、外部接口设备和系统、场地和技术人员等。

产品确认过程开展前最关键的一步是制订产品确认计划。制订产品确认计划时要考虑如下几个因素：产品/子产品的形式，产品/子产品所处的生命周期阶段、产品确认工作的规划、安排、成本、进度，可用资源和所需资源等。产品确认计划中还要包含对确认条件和环境、成功准则的描述，同时需要考虑产品确认过程中所需的辅助产品，开始进度安排和采办。

产品确认计划编制完成后，需要对其进行评审。利益攸关方作为评审组成员与项目团队共同对产品确认计划进行评审。

准备并完成确认程序的编制，对确认程序进行评审，提前识别并解决影响确认结果的问题。

产品确认前的准备工作的成果包括如下几个方面：

（1）完成确认材料的准备工作。

（2）根据计划和进度要求待确认的产品或模型和使能设施完成与确认环境的集成。

（3）确认环境已准备就绪。

5.12.3.2　进行产品确认

根据产品确认计划和产品确认程序进行产品确认活动。确认人员有责任保证产品确认活动按照既定的程序和要求进行，涉及的支持设备应校准正确，有关数据应被完整记录。

产品确认的输出物包括如下几项：

（1）完成确认过程的产品，同时包括记录和评估的数据表的确认目标已经全部达成。

（2）给出产品是否符合对应利益攸关方需要的结论。

（3）给出产品在其允许的运行范围内是否与外部接口系统一起正常工作的结论。

5.12.3.3　分析产品确认结果

产品确认活动完成后，首先对确认结果和记录的数据进行分析，证实产品在预期的使用环境中可以满足客户需要，证明过程严格遵循确认程序，支持设备功能正常。其次，分析数据来表明产品的质量、集成性、正确性、一致性和有效性，识别并上报任何不合适的产品及产品属性。

最后，将实际的确认结果和预期的结果进行对比，针对发现的不同之处进行必要的系统设计和产品实现过程更改。必要时，对建议的更改行动和解决方案进行归档，以便于问题复现。

5.12.3.4 编制产品确认报告

根据对产品确认结果的分析编制产品确认报告，应包括如下两点：

（1）产品存在的缺陷/识别出的问题。

（2）关于解决异常、偏差和需求不符合项已重新进行计划、设计和二次确认等。

5.12.4 输出

5.12.4.1 确认后的产品

与待确认的产品相比，确认后的产品可能与之前的相同，不做任何修改，但是若确认过程中发现产品存在问题和瑕疵，则需要对其进行更改和改进。

5.12.4.2 产品确认结果

原始的产品确认结果，包括确认过程中的原始记录和初步确认结论等。

5.12.4.3 产品确认报告

5.12.3.4节活动的输出物，产品确认报告要与产品确认程序相呼应。

5.12.5 方法与工具

产品确认方法包括分析、评审、试验、演示、检查等。

5.12.5.1 分析

通过计算、推理、建模、仿真等手段获得有效数据或结论，以此表明设计是否符合利益攸关方期望。

5.12.5.2 评审

邀请利益攸关方参加评审，通过评审对产品是否符合其需要进行确认。

5.12.5.3 试验

试验是对已完成验证的产品进行测试，获得详细的、量化的数据；或获得足够信息进行更深入的分析，以此确认产品性能。

5.12.5.4 演示

演示是指通过产品展示利益攸关方的主要需要已经实现。演示是对产品基本性能的表述，与试验相比，演示通常缺乏详细数据。演示是在产品真实的使用环境中对其进行确认，确保产品的有效性和适用性。

5.12.5.5 检查

检查是对产品进行目视检查。检查通常用于确认物理设计特征或某一制造特性。

5.12.6 注意事项与经验

注意事项与经验包括如下内容：

（1）产品确认与需求确认都属于确认，本质上都是确保"构建正确的产品"，需求确认在项目前期，主要通过文档评审和原型仿真等方式与利益攸关方代表进行确认活动，确保需求的正确性、完整性及满足利益攸关方需要。产品确认则在项目后期，主要通过产品演示、验收试验、分析评审和检查等手段，确保客户和利益攸关方需要均得到满足。

（2）产品确认过程首先应考虑范围的界定，包括确认人员、明确方式方法，如客户、供应商和采购代表等。

（3）产品确认过程中部分产品运行环境无法达到真实状态，可使用客户认可的等效环境进行替代，但要明确产品确认时的环境情景与交付客户后真实使用环境情景之间的差异性，从而确定产品确认的有效性。

（4）很多产品的产品确认活动需要经过一定周期的运行，才能发现潜在问题，应建立运行后的产品问题反馈解决机制，确保确认数据能及时反馈给研制团队，持续优化。

5.12.7 与 SAE ARP 4754A/B 的符合性

无。

5.12.8 型号案例分析

航线演示飞行是飞机交付之前的重要准备环节，用以展示飞机性能，同时检验飞机运行支持体系和运行支持能力，加快试飞安全管理体系建设，有效推动航空公司客户对飞机特点及手册的熟悉和掌握，培训飞行机组和乘务人员，树立航空公司正式执行航线飞行的信心，为正式交付运营打下坚实基础。

2015 年 3 月 6 日，国产新支线飞机某型号飞机在上海和天津之间执行了一次具有特殊意义的飞行，正式拉开了为期半年的航线演示飞行序幕。主制造商、航空公司客户及媒体代表搭乘了首架次班机进行了体验飞行。国产新支线飞机的此次航线演示飞行参考航空公司运行模式，由主制造商和航空公司客户组建组织机构，根据 CCAR‐121 部《大型飞机公共航空运输承运人运行合格审定规则》，下设控制中心（AOC）团队、飞行保障团队、综合保障团队等开展工作。该飞机航线演示飞行主要分为两个阶段，分别以江苏南通兴东机场和四川成都双流机场为主基地，在北京、天津、武汉、南京、福州、贵阳、长沙等机场之间模拟典型航线运行。

5.13 交付过程

飞机的交付实质是产权变更转移，由飞机主制造商变为航空公司或是租赁公司。除了交付飞机本体之外，随机交付的还有一系列资料，如履历类文件、证明类文件、清单类文件、报告类文件、手册类文件等，通过以上这些资料来支持飞机状态及使用维护信息的传递。此外，在此过程中，根据客户的实际需求，提供一系列必要的服务也是对外展现飞机主制造商的专业性和"以客户为主"的服务宗旨。

飞机交付过程都是由航空公司安排机组前往飞机总装厂进行接机。中航工业新舟 60 飞机向玻利维亚航空公司交付飞机时，配备了地面保障团队、跟机机务及翻译，全程为外籍飞行员提供服务保障。飞机从哈尔滨太平国际机场起飞，经停俄罗斯哈巴罗夫斯克、堪察加半岛，飞越白令海峡至美国阿拉斯加州安格雷奇，后经美国华盛顿州西雅图、得克萨斯州贝城、洪都拉斯伯利兹、巴拿马、秘鲁奇克拉约，飞越赤道，最终抵达玻利维亚圣克鲁斯机场，全程两万余千米。

本节通过讨论交付过程的目的、必要性、典型的方法和工具，以及在飞机研制过程中的适用阶段、输入、输出、过程活动等（见表 5-47），以帮助读者了解和学习中国商飞公司系统工程的交付理念。

5.13.1　描述

交付过程是让已经验证的飞机或系统交付客户运营的过程。交付相关的使能系统有协议中定义的运行系统、支持系统、客户培训系统等。

交付过程将飞机的所有权和运营从一个组织实体（如飞机制造商）职责转移给另一组织实体（如航空公司或租赁公司/系统）。交付过程的成功结束通常标志着作为被转移实体（如航空公司）开始使用所交付的对象。

作为该过程的一部分，在变更所有权之前，买方验证飞机或系统是否可以在预期运行环境中实现预期能力。因工作过程时限较短，为避免合同双方出现纠纷，应组织详细规划。此外，为确保所有活动完成后双方都满意，应进行过程的跟踪和飞机计划的监控，以支持和解决转移期间出现的所有问题。

交付过程主要发生如下两种情况：

（1）低层级系统目标产品交付到较高层级并集成为另一个目标产品（或飞机）。

（2）已部署的飞机或最终安装的系统交付给客户，并在真实环境中使用。

交付过程适用于飞机系统层级结构中的每个层级和每个阶段。在早期阶段，技术团队交付过程的对象是文档、模型、研究报告；而在后期逐步转换为硬件或

240

表 5－47 支付过程 SIPOC

中国商飞 过程名称：支付过程（A. 13）　　　　　　　　CMMI 过程域：N/A

下一层级过程：运行支持过程

过程目的：在运行环境中，建立起对飞机或系统的服务能力

必要性：ISO/IEC/IEEE 15288: 2015 的推荐过程

输入（**I**nputs）：
— 待交付的飞机产品
— 飞机产品相关的文档
— 辅助材料

提供方（**S**uppliers）：
— 飞机主制造厂商

过程活动（**P**rocesses）：
1. 准备交付
2. 实施交付
3. 管理结果

适用阶段：
☐ 概念开发阶段
☐ 立项论证阶段
☐ 可行性论证阶段
☐ 初步设计阶段
☐ 详细设计阶段
☑ 全面试制阶段
☑ 试飞取证阶段
☑ 产品与服务验收阶段
☐ 持续运营/退役阶段

输出（**O**utputs）：
— 已支付的飞机及使能产品
— 交付策略
— 已实现的辅助材料及文档

使用方（**C**ustomers）：
— 航空公司

方法与工具：
包括等效验收等

软件。交付过程的准出标准在不同的生命周期阶段可以有不同的严苛度。此外，还因为交付过程所在产品生命周期的阶段不同，而产生交付形式、输入、输出、使能系统需求等的差异。本书以"批生产、运行和支持阶段"的"飞机"交付为例对其过程活动加以描述，后续会对系统、子系统、设备的交付过程进行完善和补充。

5.13.2　输入

交付过程的输入包括如下内容。

5.13.2.1　待交付的飞机产品

已验证的飞机系统/已达到交付状态的飞机或系统。

5.13.2.2　飞机产品相关的文档

包含需求、需求属性及其追溯性的最终清单，包括飞机制造商对客户的交付文件，包括证明文件、在主机的飞机履历类文件等。主要分为履历类（主要包括飞机、发动机、起落架、辅助动力装置等）、证明类（如运行符合性说明、构性差异报告、阻燃声明等）、清单类（主要包括主要装机设备清单、软件清单、随机工具清单和技术出版清单等）、报告类（如称重平衡报告、燃油油样报告等）、手册类（包括飞机飞行手册、飞行机组操作手册、客舱机组操作手册等）和其他类。

5.13.2.3　辅助材料

辅助材料包括运营/维护人员培训材料。运营人员包括但不限于飞行机组人员、客舱机组人员；维护人员包括但不局限于维护人员、定期检修人员。

5.13.3　活动

交付活动主要包括如下几个方面。

5.13.3.1　准备交付

准备交付包括如下工作：

（1）飞机达到取证交付状态。包括飞机交付构型冻结、完成飞机适航审定

（TC）、获得单机适航证（AC）、完成飞机性能参数的飞行验证以及完成客户飞机选型。

（2）客户服务支援准备达到交付状态。包括完成手册验证及批准、软件/工具的开发及测试、培训课程的开发及验证、航材备件清单制订和长周期件航材计划的制订、在役飞机维修支援网络的建立、在役飞机技术支援网络及响应机制的建立、现场代表的培训、担保索赔供应商技术支援及培训。

（3）航空公司运营条件准备达到交付状态。包括完成飞机交付接收、建立与日常运营维护能力、产品运营软硬件及环境条件到位、产品运行所需手册/数据/文件到位、完成与飞机运行支持与维修支持相关工作（如航材备件及工具设备的采购）以及人员培训到位。

5.13.3.2 实施交付

实施交付包括如下工作：

（1）地面检查。由工程师与飞行员共同进行飞机的地面检查工作，核对飞机各个部件件号，检查电子舱和客舱设备等。

（2）试飞检查。交付前会有一次航空公司参与的试飞工作。飞机试飞时，左座坐航空公司具有相应资质的飞行员，一般为教员，右座一般为制造商的试飞员。试飞项目按照预先流程进行，每次试飞科目不大一致，科目较多。

（3）文件检查。航空公司主要通过审查相关技术文件接受飞机，这些文件包括但不局限各类合格证，符合性声明、报告、清单等。

（4）适航取证。由航空公司所在国监管当局进行认证，确认飞机满足如下条件：

a. 本飞机所有权或使用权确实属于该航空公司，颁发国籍登记证。

b. 本飞机是按照 TC 和 PC 的要求制造的，并完成了相关测试工作，颁发适航证。

c. 本飞机的通信设备满足所在国无线电管理委员会的相关规定，颁发电台执照。

（5）技术交付与权益交付。当航空公司完成接机工作后，签署接机文件，并通知公司财务或租机公司，同意付款；制造商确认购机费用到账后，签署交机文件，移交飞机，监管当局正式签署三证。制造商封存飞机，至调机日再交接给航空公司。

5.13.3.3　管理结果

管理结果包括如下几条：

（1）捕获产品实现过程中发生的事故和问题，在交付过程中利用质量保证过程进行报告。

（2）记录交付过程中的异常情况，利用项目评估和控制过程分析异常情况并确定是否采取以及需要采取何种措施。

（3）保持飞机交付与交付策略、飞机构型和飞机或系统需求的追溯性。

（4）提供构型管理的产品基线信息。

5.13.4　输出

交付过程的输出包括下列内容。

5.13.4.1　已交付的飞机及使能产品

已部署的飞机系统，此飞机已满足验收标准，不符合项已经存档、基于纠正措施认可，即达到交付验收状态。客户服务支援相关使能产品为保障飞机运行相关的人员、物资和设备，如经培训的运行人员和维护人员。

5.13.4.2　交付策略

交付策略涉及项目过程和协议过程，需要保障策略和顶层交付计划的支持，用以明确需要向飞机运行环境投入的方法、计划、资源和具体的关注事项。交付策略可以细分为 3 个部分，即技术交付策略、商务交付策略和客户服务保障策略。

5.13.4.3　已实现的辅助材料及文档

已实现的辅助材料及文档包括飞机部署程序或系统安装的程序。规定由具体的交付使能方执行、使用对应的部署技术方法、完成一系列部署工作活动。交付报告是向有关方面提交的统计报告，以表明交付活动的状态、结论和结果；包含交付结论文档和所有纠正措施的记录，如限制、让步和保留项。交付报告应同时包括纠正交付期间所发现问题的更改计划。

交付记录即永久保存的表单，包含交付相关的数据、信息和知识。

5.13.5　方法与工具

等效验收：在理想情况下，交付验收应在系统的实际运行环境下进行。当此方案不可行时，可选择能够代表/模拟实际运行环境的方式进行交付验收，如仅选择目标客运市场的某个或几个典型航线进行交付试飞，或选择能够代表客户运行航线的机场进行交付试飞，以此作为等效实际运行环境的交付验收。

5.13.6　注意事项与经验

注意事项与经验包括如下各项：

（1）仅产品达到交付状态还无法保证产品达到可商业运营状态，还需关注主制造商客户服务支援准备，以及航空公司运营条件准备是否达到交付状态。

（2）当无法通过一个真实运行环境来进行验收交付时，可以使用一个与客户协调后认可的等效环境和条件进行验收。

（3）在交付过程中，除了产品本身以及使用操作和维护类文件之外，还非常依赖相关的产品质量保证、适航和构型管理的文件。

5.13.7　与 SAE ARP 4754A/B 的符合性

无。

5.13.8　型号案例分析

5.13.8.1　飞机制造商向航公司发布交付通知

飞机制造商客户服务部门在飞机正式交付日前一个半月以函件形式发出交付

通知，期间双方进行密切沟通。

5.13.8.2　成立接机小组

航空公司内部成立接机小组前往飞机制造商总装厂房（交付前一周），人员如下：

（1）飞行部派遣已完成相应机型飞行培训、具有资质的飞行员（3人），乘务部派遣乘务人员（1人），作为接机机组。

（2）机务部派遣工程人员（4人），结构工程师1人、机电工程师1人、电子工程师1人、质量/适航工程师1人。

（3）运控中心派遣签派人员（1人）。

（4）其他部门按需派员参加，如飞机引进部门、行政部门、法律部门等。

同时，邀请局方监察员参加。

5.13.8.3　组件监造小组

机务部派遣工程人员组建监造小组，工作内容如下：

（1）了解飞机买卖/租赁合同情况。

（2）了解本国和制造国相关适航规章要求。

（3）了解飞机构型、BFE、SFE、SPE设备清单。

（4）开展监造活动，监督不符合项的整改。

（5）监督BFE设备到位情况，就存在的问题协调飞机制造商和设备供应商处理解决。

（6）与局方监察员保持沟通，协调局方监察员签发适航证件。

该小组先期抵达飞机总装线开展监造工作（交付前一个月）。

5.13.8.4　成立交机小组

飞机制造商在总装厂房成立交机小组，包括如下工作内容：

（1）与生产管理部门协调飞机总装进度，确保按期交付。

（2）与客户服务部门协调技术出版物、首批航材、地面通用/专用工具到位情况。

（3）与质量部门协同，配合航空公司监造小组开展监造活动，督促不符合项的整改。

（4）与试飞部门协调生产试飞相关事宜。

（5）准备各类须交付的单机技术文件，配合航空公司和局方监察员进行检查。

（6）与本公司财务部门和法律部门进行沟通，协调付款和所有权转移事宜。

（7）负责航空公司接机人员、局方监察员通行证件办理、食宿交通安排、现场办公区域和设备协调等工作。

5.13.8.5　监造活动

监造小组在飞机总装阶段，对制造/装配工艺、组装质量、系统测试、功能测试等进行检查和目击，重点关注重要结构件的对接、重要区域关闭前的情况（发动机、油箱、电子舱、厨房等）、系统测试和功能试验（如起落架收放测试、货舱装载系统测试等）、内外部标记标牌及喷涂情况等。对于无法在飞机交付前完成整改的缺陷，监造小组将要求飞机制造商评估对于后续运行和维修的影响，按需启动索赔流程。

5.13.8.6　生产试飞

由航空公司接机小组飞行员和飞机制造商试飞员共同执飞，时长3小时左右，试飞科目、计划和流程预先由双方商定，选择可以较大程度展现飞机优异性能状态的科目。

5.13.8.7　文件检查

监造小组对飞机所有相关技术文件进行检查和确认，包括所有技术出版物、飞机出厂前的履历记录、构型清单、测试报告、声明文件、缺陷处理记录等，该项工作任务量较大，亦作为后续签发单机适航证（AC）的主要依据。

5.13.8.8　技术交付与权益交付

飞机技术状态达到交付预期，航空公司签署签字，即完成技术交付。航空公司向飞机制造商支付约定款项后，双方签署文件完成法律意义上的产权转移，即完成权益交付。接机小组将协调局方监察员签发国籍登记证、单机适航证、电台执照（简称"三证"）。

5.13.8.9　飞机调机

由航空公司接机小组飞行员执飞，返回国内预定机场。国内飞机调机或大型宽体飞机调机较为简单，相当于执行一次国内或航班飞行。但中短程飞机的跨洋调机就比较复杂，要经多次海岛机场的经停，一般要提前确定航线、制订飞行计划、确定执飞机组及相关保障事宜。

5.14 运行支持过程

2017 年，某航空公司执飞长沙黄花至上海虹桥的航班，10∶27 滑出后迟迟未收到起飞信息。快速响应中心提高警惕，加强与现场代表联系及航班动态监控。10∶51 现场代表报告该架飞机在滑出后滑回，11∶03 获知飞机滑行出现 CAS 信息"L PROBE HEAT FAIL"，11∶53 现场代表报告经现场测试故障无法解除，初步判定了故障原因，该架飞机进入 AOG 状态。同时，快速响应中心保持与客户沟通，支持排故准备工作。19∶44 AOG 支援小组人员进入机场到达抢修现场，指导机务进行排故。21∶57 长沙 AOG 支援抢修技术工作完成，航空机务放行飞机，距发现故障仅过去约 11 小时。

飞机主制造商缺乏运行支持体系一直是制约国产民用航空器发展的瓶颈问题，为此，2012 年 7 月国务院发布《国务院关于促进民航业发展的若干意见》（国发【2012】24 号），明确提出要建立健全售后服务和运行支持技术体系，这是国家首次将国产民用航空器运行支持上升到国家战略层面，为国产民用航空器运行支持体系指明了方向。为贯彻意见精神，2014 年 10 月中国民航局发布《民航局关于航空器制造厂家建立运行支持体系的指导意见》（民航发【2014】94 号），明确提出建立运行支持体系是航空器制造商的基本责任，这对于提升国产民用航空器竞争力具有重大意义。2014 年 12 月中国民航局飞行标准司发布《航空器制造厂家运行支持体系建设规范》（MD‑FS‑AEG006），进一步明确了运行支持体系的责任、基本任务、部门职责、关键人员队伍、规范流程及管理要求等。上述意见，明确了建立运行支持体系是航空器制造厂家的基本责任，对于提高国产民用航空器安全运行水平，提升国产民用航空器竞争力具有重要意义。2018 年 11 月，中国民航局发布《航空器制造厂商运行支持体系规范和售后服务标准》（民航发

〔2018〕110号),指出运行支持体系应贯穿机型项目从研制到退役的全过程。

本节通过讨论运行支持过程的目的、必要性、典型的方法和工具,以及在飞机研制过程中的适用阶段、输入、输出、过程活动等(见表5-48),以帮助读者了解和学习中国商飞公司系统工程的运行支持理念。

5.14.1 描述

商用飞机作为特殊的商品,除了设计和制造须满足相应适航标准外,根据用途和运行环境,其运行和维修还须满足相应运行规章和客户的要求,以保证飞机交付后安全、可靠和经济地运行。

实施运行支持过程主要包括3个目标:

(1)确定预期运行环境对应的运行要求均已在飞机设计中考虑,通过验证表明适用的运行要求均已得到满足。

(2)建立满足运行规章和客户需求的运行支持体系。

(3)飞机投入运行后对客户提供必要的运行支持,确保航线安全、可靠和经济。

5.14.2 输入

5.14.2.1 运行和持续适航规章要求

运行和持续适航规章是运行支持过程的输入之一,与运行支持过程相关的运行和持续适航规章要求主要包括航空器评审组(AEG)、运行规章、航空器维修要求、设备类要求、器材类要求、文件类要求、人员类要求和机构类要求等几个部分。

与航空器评审和运行支持体系建设相关的要求包括《航空器评审组工作手册》(AEG-H)、《民航局关于航空器制造厂家建立运行支持体系的指导意见》(民航发〔2014〕94号文)、《航空器制造厂家运行支持体系建设规范》(MD-FS-AEG006),以及相关的咨询通告和管理文件等。

运行规章要求包括如下各项:

表 5 - 48　运行支持过程 SIPOC

中国商飞　　　　　　　　　　　CMMI 过程域：CMMI - SVC 模型各过程域

过程名：运行支持过程（A.14）

下一层级过程：报废回收过程

过程目的：确保飞机设计满足客户及运行要求，建立飞机运行支持体系，运行支持体系建设考虑不同，保障飞机航线安全，可靠和经济运行

必要性：避免飞机设计对客户及运行要求，运行支持体系建设考虑不周，导致飞机交付后无法运行或运行不顺畅

输入（**I**nputs）：
— 运行和持续适航规章要求
— 与运行相关的客户需求
— 预期的运行环境
— 行业规范要求
— 飞机顶层设计指标

提供方（**S**uppliers）：
— 民航局方
— 外部利益攸关方
— 需求团队

过程活动（**P**rocesses）：
1. 运行符合性设计
2. 人员培训
3. 维修支持
4. 飞机运行支持
5. 使用信息的收集与处理

适用阶段：
☑ 概念开发阶段　　　　　☑ 全面试制阶段
☑ 立项论证阶段　　　　　☑ 试飞取证阶段
☑ 可行性论证阶段　　　　☑ 产品与服务验收阶段
☑ 初步设计阶段　　　　　☑ 持续运营/退役阶段
☑ 详细设计阶段

输出（**O**utputs）：
— 运行符合性清单
— 人员培训体系
— 维修支持体系
— 飞机运行支持体系
— 使用信息的搜集与处理体系

使用方（**C**ustomers）：
— 航空公司
— 维修机构
— 培训机构

方法与工具：
方法：符合性说明，检查或评审，MSG - 3 分析，验证或演示，相似性或运行经验，培训需求分析，差异等级测试等
工具：培训需求分析工具，飞行模拟器研制和性能数据建模和仿真工具，培训教材开发工具，MSG - 3 分析和维修工程分析工具，运
行及持续适航文件编制和管理工具（如 TIMS），地面支援设备设计工具（如 CATIA），航材预测和航材计划编制工具等

（1）《一般运行和飞行规则》（CCAR－91部）、《大型飞机公共航空运输承运人运行合格审定规则》（CCAR－121部）、《小型航空器商业运输运营人运行合格审定规则》（CCAR－135部），以及相关的咨询公告和管理文件。此外要考虑民航运输业发展产生的航行新技术要求等，包括基于性能的导航（performance based navigation，PBN）、电子飞行包（electrical flight bag，EFB）、平视显示器（head up display，HUD）、广播式自动相关监视（automatic dependent surveillance-broadcast，ADS－B）等。

（2）维修类的规章要求包括《维修和改装一般规则》（CCAR－43部）、《民用航空器维修方案》（AC－121－53）、《航空器的修理和改装》（AC－121－55）等。

（3）运行支持设备类规章要求包括《飞行模拟设备的鉴定和使用规则》（CCAR－60部）、《电子飞行包（EFB）运行批准指南》（AC－12－FS－2018－031），以及相关的咨询公告等。

（4）运行支持器材类规章要求包括《合格的航材》（AC－121－58）等。

（5）运行支持文件类规章要求等包括《航空器的运行文件》（AC－91－24）、《航空器的持续适航文件要求》（AC－91－11）等。

（6）运行支持人员类规章要求包括《民用航空器驾驶员和地面教员合格审定规则》（CCAR－61部）、《民用航空飞行签派员执照管理规则》（CCAR－65部）、《民用航空器维修人员执照管理规则》（CCAR－66部）和《关于规范客舱乘务员、客舱乘务教员、客舱乘务检查员资格管理的咨询通告》（AC－121－FS－2008－27）等。

（7）运行支持机构类规章要求包括《飞行训练中心合格审定规则》（CCAR－142部）、《民用航空器维修单位合格审定规定》（CCAR－145部）、《民用航空器维修培训机构合格审定规定》（CCAR－147部）、《飞行签派员训练机构合格审定程序》（AC－121－FS－2011－39），以及相关的咨询通告等。

5.14.2.2　与运行相关的客户需求

客户（航空公司）需求是运行支持过程的输入之一，尽管具体客户所处地理位置、环境及运营策略存在差异，但与运行支持相关的需求通常包括下列各项：

（1）飞机的顶层指标（包括座级、航程、直接运行成本、直接维修成本、发动机油耗和签派可靠度等）。

（2）飞机需要满足的特殊运行要求、特殊的机载设备、客舱、买方提供设备（buyer furnished equipment，BFE）等定制化方面的需求等。

（3）对于主制造商应提供的关于培训、飞行运行支持、维修支持、航材支持、客户支持等服务方面的要求。

（4）对于主制造商应提供的关于飞机、发动机和航材担保与索赔等商务方面的需求。

5.14.2.3 预期的运行环境

预期的运行环境是指飞机投入航线运行后的主要航路、空域、机场和气象条件等相关参数，是与客户需求和运营策略紧密相关的要素。预期的运行环境是确定飞机要满足的运行要求及必需的飞行设备、应急和救生设备、通信、导航和监视设备、记录设备的重要输入，也是确定培训、飞行和运行技术支持、地面服务和维修技术支持、航材物流和库存等运行支持过程的重要输入。预期运行环境主要包括如下几方面：航路方面，包括是否跨水跨洋、是否跨极地运行和是否缩小垂直间隔（reduced vertical separation minimum，RVSM）运行；机场方面，包括机场海平面高度、跑道和滑行道宽度、地面服务能力、维修资源等；气象方面，包括雷暴、降水、积冰、风切变、气流颠簸、温度、气压、机场能见度和跑道摩擦力等。

5.14.2.4 行业规范要求

由于投入运行的飞机纳入了整个民用航空运输系统，因此运行支持产品的研制需要符合美国航空运输协会（ATA）、欧洲航空航天与防务工业协会（ASD）、国际航空运输协会（IATA）和航空无线电通信公司（美国）（ARINC）等民航组织的行业规范要求，以保证运行支持体系与当前民用航空运输系统接口的兼容性。

运行支持需符合的 ATA 规范包括《运营人/制造商计划维修程序开发》（MSG－3）、《航材管理的电子商务规范》（Spec2000）、《航空维修信息标准》（iSpec2200）、《飞行运行数据交换标准》（Spec2300）、《地面支援设备技术数据》（Spec101）、世界航空公司和供应商指南（WASG）、《航空数据信息安全行业标准》（Spec42）等。

运行支持应符合的 ASD 规范包括《技术出版物国际规范》（S1000D）、《航材管理国际规范》（S2000M）、《后勤保障分析程序国际规范》（S3000L）、《开发和持续改进预防式维修程序国际规范》（S4000P）、《在役运行数据反馈国际规范》（S5000F）、《培训需求分析国际规范》（S6000T）等。

运行支持应符合 IATA、ARINC 等的其他要求包括《航空工业计算机辅助培训规范》（AICC）、《飞行模拟器设计和性能数据要求》（IATA 发布）、《飞行模拟器机载航空电子设备设计和集成指南》（ARINC 610）等。

5.14.2.5　飞机顶层设计指标

飞机顶层设计指标是运行支持过程的重要输入，为保证飞机的市场竞争力，结合主要竞争机型以及当前航线运输实际情况，飞机顶层设计指标应包含运行、维修、培训和服务相关顶层设计指标。

运行方面的顶层设计指标包括运行性能相关指标［日利用率、运行环境适应性、满足航行新技术要求、RVSM 运行、延程运行（ETOPS）和极地运行、CAT Ⅲ运行等］、机场跑道道面状态要求、签派可靠度和运行可靠度、经济使用寿命目标、地面服务和地面支援设备以及机场设施设备兼容性目标等。

维修方面的顶层设计指标包括维修可达性、标准化、互换性、模块化、防差错、故障检测、维修人因工程、维修安全性等定性需求，以及过站维护时间、发动机和 APU 拆装时间、计划维修间隔时间和直接维修成本等定量需求。

培训和服务的顶层设计指标包括应提供的培训、维修支持、飞行运行支持、航材支持、客户支持等方面的服务需求，以及服务网络和担保方面的需求。

5.14.3 过程中的活动

5.14.3.1 运行符合性设计

飞机设计必须充分考虑运行符合性目标，明确和落实设计要求，并在型号审定过程中与局方协调作为相应的审定基础或专用条件。运行符合性设计应当至少考虑如下方面：

（1）符合运行政策的基本要求，如最小机组、噪声、燃油排泄和排气、水上迫降、全机应急撤离程序演示等。

（2）基本飞行设备，包括目视、仪表、夜间、结冰及延程运行等所要求的设备。

（3）应急和救生设备，包括运行范围（如延伸跨水运行、高空飞行等）所要求的应急和救生设备。

（4）通信、导航和监视设备，包括运行标准［如 RVSM、所需性能导航（RNP）/RNAV、低能见度运行等］所要求的通信、导航和监视设备。

（5）记录设备，如飞行记录器、QAR 等。运行符合性设计应当对型号的基本构型、衍生构型和选装构型分别考虑，并融入项目阶段目标、构型管理和型号合格审定计划（PSCP）之中。运行符合性的实现需要将运行需求融入功能定义与分析、需求确认、设计综合、产品实施、产品确认和实施取证各个过程中去，在运行支持过程中主要关注运行符合性清单的制订。在飞机交付运行之后，还应当基于运行规章和客户需求的变化，及时进行相应的设计改进。

5.14.3.2 人员培训

飞机制造商有责任和义务为航空公司或所有人的各类专业人员，包括飞行员、维修人员、客舱人员、运行控制人员提供必需的培训，并符合民航局相应的合格审定和客户需求。

5.14.3.3 维修支持

维修支持是保证飞机持续适航的基本工作，维修支持也是影响飞机可持续使用寿命的决定性因素。维修工作不论由谁实施,都离不开制造厂家相关体系的支持,在型号投入运行的初期,还需要制造商自身直接实施。飞机制造商应当考虑能对所研制型号飞机提供全方位的维修支持服务。

5.14.3.4 飞行运行支持

一种全新型号飞机首次投入商业运行时,制造商的飞行运行支持是飞机顺利运行的基本保证,尤其是帮助客户建立对某些运行规章要求的符合性,并支持客户全面掌握机型的使用和操作。为此,制造商必须为客户提供全方位的飞行和运行支持服务。

5.14.3.5 使用信息的收集和处理

使用信息的收集和处理是航空器持续适航工作必不可少的重要环节,也是适航规章和运行规章都要求的工作。此外,基于收集客户的使用反馈信息和运行信息的大数据分析对提升飞机运行的安全性、可靠性和经济性具有重要的作用。

5.14.4 输出

5.14.4.1 运行符合性清单

依据运行要求符合性说明编制运行符合性清单,该清单表明型号设计符合CCAR-91部、CCAR-121部等运行规章要求。

5.14.4.2 人员培训体系

满足运行规章和客户需求的人员培训体系,包括飞行员、维修人员、客舱人员、运行控制人员培训所需的各项:

(1)培训大纲。

(2)培训设备。

(3)培训教材。

(4)具有资质的培训教员。

(5)培训设施。

(6)培训管理规范。

5.14.4.3　维修支持体系

满足运行规章和客户需求的维修支持体系，包括如下各项：

（1）维修大纲和维修计划文件。

（2）专用的地面支援设备、维修支持软件和工具。

（3）航材供应计划和合格的航材。

（4）维修手册和持续适航文件。

（5）交付后发布的服务通告（SB）等客户服务文件。

（6）工程技术支援。

（7）维修工程师。

（8）各级飞机定期检修及发动机和部件维修能力。

5.14.4.4　飞行运行支持体系

满足运行规章和客户需求的飞行运行支持体系，包括如下几项：

（1）飞行运行支持工具。

（2）运行文件。

（3）交付后发布的飞行操作通告（FOT）、操作通告（OB）、飞行机组操作手册通告（FCOMB）等客户服务文件。

（4）飞行和运行技术支援。

（5）技术飞行员和运行技术工程师。

5.14.4.5　使用信息的收集与处理体系

满足运行规章和客户需求的使用信息的收集与处理体系，包括如下内容：

（1）快速响应体系。

（2）运行数据分析体系，包括航线飞行安全分析系统、飞行品质分析系统和燃油经济性分析系统等。

（3）维修数据分析体系，包括实时监控和健康管理系统、可靠性数据管理系统等。

（4）现场服务代表。

5.14.5 方法与工具

5.14.5.1 符合性说明

符合性说明是指就型号设计与运行要求之间符合性的陈述和说明。

5.14.5.2 检查或评审

检查或评审作为判断运行要求符合性的一种手段，主要在航空器评审部分项目的审查过程中应用。

5.14.5.3 MSG－3 分析

MSG－3 分析是一种逻辑决断方法，基于以可靠性为中心的思想，通过确定的分析和工作流程来确定计划的维修任务和维修间隔。

5.14.5.4 验证或演示

验证或演示是判断运行要求符合性的一种方法，主要应用于对采用符合性说明或纸面评审无法确认符合性的情况。例如为保证运行和持续适航文件的完整性和可操作性，飞机制造商应尽可能地在首架飞机交付前完成运行和维修程序的验证。

5.14.5.5 相似性或运行经验

在确定适用运行要求或对运行要求进行分解、确定具体验证方法时，通常会使用相似性分析、类似机型运行实践或其他类似机型上的经验数据作为支撑，例如初次确定计划维修任务的间隔以及建立故障预测模型。使用相似性分析或运行经验时需重点关注条件、边界是否一致。

5.14.5.6 培训需求分析

在确定受训者需要执行任务的基础上，通过逐个回答困难性、重要性和频繁性（DIF）问题逻辑来确定需要培训才能执行的任务，并进一步分析执行任务所需的知识、技能和意识（KSA）。最后，将执行所有任务的知识、技能和意识汇总并组织培训模块，就形成了对应受训者工作和职责的训练要求。

5.14.5.7 差异等级测试

差异等级测试包括 T1~T6 共 6 种测试方法，各种测试方法的主要目的分述如下。T1：确定操作等同性；T2：操纵特性的比较；T3：评估系统差异并建立培训或检查要求；T4：建立或修订新近经历要求；T5：为新航空器或 E 级航空器建立培训或检查要求；T6：评估共用起飞和着陆认同（CTLC）。

5.14.5.8 支持工具

建立运行支持体系通常用到的工具包括培训需求分析工具、飞行模拟器研制和性能数据建模和仿真工具、培训教材开发工具、MSG - 3 分析和维修工程分析工具、运行及持续适航文件编制和管理工具、地面支援设备设计工具（如 CATIA 软件）、航材预测和航材计划编制工具等。

飞机交付提供运行支持的常用工具如下：培训设备［包括全动飞行模拟器（FFS）、飞行维护训练器（FMTD）、虚拟维护训练器（VMT）、全动客舱乘务训练器、舱门训练器等］，计算机辅助培训（CBT），专业的地面支援设备和工具、维修支持软件（包括数字化维修系统等），飞行运行支持工具（包括飞机性能计算工具、载重平衡工具和电子飞行包等），运行和维修数据分析系统（包括运行安全分析系统、实时监控健康管理系统、可靠性管理系统）等。

5.14.6 注意事项与经验

实施运行支持过程的注意事项与经验分述如下：

（1）建立运行要求持续跟踪机制和工作流程。

随着航行新技术和航空运输的发展，民航局会持续发布新的运行要求，为避免飞机取得型号合格证后，因不满足个别运行要求而不能顺利交付运行，需要建立运行要求持续跟踪机制和工作流程，提前研究航行新技术的发展趋势，持续跟踪局方发布的新要求，确保对新要求进行评估，将适用的运行要求纳入型号设计。

（2）建立运行和持续适航文件验证工作机制和流程。

作为飞机交付航线后使用和维修的依据性文件，运行和持续适航文件的正确性、可操作性将直接影响航线运行的安全性、经济性以及维修性，因此建立运行和持续适航文件验证的工作机制和流程，确保飞行机组操作程序和维修操作程序等均经过机上实际验证,确保正确性,将对飞机航线持续安全运行提供重要保障。运行和持续适航文件验证工作应该在首架飞机交付前完成。

(3)建立专职、专业的技术飞行员、飞行教员、维修工程师、运行法规人员等运行支持核心人员队伍。

运行支持体系的关键人员队伍主要包括技术飞行员、维修工程师、运行法规专家等。技术飞行员的主要职责包括设计过程中提供运行要求和客户需求的输入、参与驾驶舱设计与评估、运行文件的编制和验证、支持试飞、客户训练和运行新技术的跟踪和研究。技术飞行员应当具备相应的飞机运行经验,并具备适当的工程知识。维修工程师的主要职责包括设计过程中提供维修要求和客户需求的输入、持续适航文件的编制、客户培训和维修新技术跟踪和研究。维修工程师应当具备相应的专业知识,以及相应的维修经验。技术飞行员和维修工程师是同时具有商用飞机制造业和民航运输业知识和经验的高端复合型人才,具有较长的培养和资质获取周期,需要重点关注、提前培养,并作为运行支持过程的核心资源。此外,在最终产品研制过程中应考虑关键核心人员的参与,以便更好地开展运行支持使能类产品的开发。

5.14.7 与 SAE ARP 4754A/B 的符合性

无。

5.14.8 型号案例分析

交付后运行支持工作的一个典型案例是飞机发生飞机停飞在地面(AOG)停场事件,AOG 状态是飞机因自身发生严重故障或损伤等问题,且不能立即修复,导致不能正常执行航班,只能停飞等待维修的状态。飞机进入 AOG 状态会导致一系列的航班延误、取消,甚至造成乘客受困或引发舆论影响,给航空公司带来重大压力和难以预计的损失,给主制造商则提出了最高级别的技术支援要求。一旦客户飞机出现 AOG,主制造商必须调集一切技术和商务资源,出动最精锐的人员队伍,第一时间提供工程技术支援,尽快解决飞机问题,帮助客户恢复运营。AOG 支援工作流程如下。

1）信息接收和确认

快速响应体系的运行支持值班工程师 7×24 小时接收来自客户或现场代表发出的飞机故障的信息，及客户已开展的排故工作。值班长按照主最低设备清单（MMEL）等飞机放行标准判断，如判断为 AOG 问题，则在 1 小时内组织启动 AOG 支援流程。

2）航材预先准备

对于航材类 AOG，运行支持值班工程师应立即查询相关手册，梳理故障件更换/结构修理所需要的航材、耗材及 GSE 清单，并将清单发送给航材值班工程师。航材支援部门接到客户 AOG 需求或航材预先准备指令后，应立即查询航材是否有库存；如库房没有库存，则应进行航材调拨或紧急采购。

3）现场支援确认

AOG 支援组组长确认现场支援准备工作是否到位，具体要求包括维修方案准备，航材、耗材及工具设备准备，手册准备，局方审批准备，现场支援人员准备，后勤保障和资源保障。

4）现场支援工作

支援组提供现场施工指导，配合客户实施排故方案，并将现场故障信息、工作进展和施工过程中所需的资源反馈后台支援组，由后台支援组组织处理。

5）AOG 支援总结

AOG 支援组完成全部 AOG 支援工作后，开展工作经验总结，梳理存在的问题，提出改进建议，并编制含后续建议措施（含技术、管理）的 AOG 支援总结报告。

5.15 报废回收过程

据美国飞机回收和再生协会（Aircraft Fleet Recycling Association）预测，未来 10 年（21 世纪 30 年代）全球每年退役的飞机数量将达到 1 000 架。其中，每年有400~500架飞机被拆解、回收、再利用。飞机拆解后所得的部件比飞机本身更有价值,70%的零部件能够被回收、利用或出售,这一比例有望通过新技术提升至85%~90%,剩余30%的零部件作为不可回收利用的废品,被飞机拆解公司卖掉。

全球经济不景气对航空公司运营和航空租赁市场造成了很大的影响,因此如何减低飞机运营过程中的成本已成了当下讨论的热门话题。其中,飞机维修成本占航空公司运营成本的12%~15%,中小航空公司、低成本航空公司或第三世界国家航空公司倾向于在飞机维修中使用更为便宜的二手零部件,以缓解运营成本压力,这也间接促使了飞机使用的年限更加提前,甚至在第一个大修间隔内(6年左右)就进行了部件拆解。大量的二手零部件需求激发了资本购买二手飞机进行拆解的热潮,抬高了拆解飞机的购买价格。市场将目标投向了一些未退役、暂封存的飞机,买下出租运营一段时间后再进行拆解。

本节通过讨论报废回收过程的目的、必要性、典型的方法和工具,以及在飞机研制过程中的适用阶段、输入、输出、过程活动等(见表5-49),以帮助读者了解和学习中国商飞公司系统工程的报废回收理念。

5.15.1 描述

商用飞机的服役年限一般为25~30年,其中前10年是黄金期;15年以后,飞机气动性变差、油耗增加、内饰老旧、乘客体验欠佳、维修频繁、各类故障增多与费用增加。为了保持机队年轻化,航空公司都会对老旧机型进行处置。国际通常的做法有4种。

(1)飞行状况较好的飞机可被改装成货机继续服役。

(2)转租或转卖给经济落后的发展中国家,如非洲就是全世界二手甚至三手飞机的聚集地。

(3)飞机拆解,将所得零部件认证后进入国际航材市场循环使用。

(4)进入飞机墓场,将飞机封存。

报废回收过程的目的是退役飞机系统,并处理所有的系统元素、危险品、废

表 5-49 报废和回收过程 SIPOC

中国商飞

| 过程名：报废和回收过程（A.15） | CMMI 过程域：N/A |

下一层级过程：N/A

过程目的：退役飞机系统并处理所有的系统元素、危险品、废品

必要性：面对现行和预期适用的指南、政策、法规

输入（**I**nputs）：
— 报废回收概念文件
— 待报废回收的飞机系统
— 运行报告
— 维修记录
— 适用的法规、标准和协议
— 报废回收使能系统

提供方（**S**uppliers）：
— 飞机主制造厂商
— 租赁公司
— 航空公司

过程活动（**P**rocesses）：
1. 准备报废回收
2. 执行报废回收
3. 完成报废回收

适用阶段：
□ 概念开发阶段
□ 立项论证阶段
□ 可行性论证阶段
□ 初步设计阶段
□ 详细设计阶段
□ 全面试制阶段
□ 试飞取证阶段
□ 产品与服务验收阶段
☑ 持续运营/退役阶段

输出（**O**utputs）：
— 报废回收策略
— 报废回收约束
— 报废回收程序
— 报废回收的飞机系统
— 报废回收报告
— 报废回收记录
— 维修单位（MRO）
— 航材分销商

使用方（**C**ustomers）：
— 飞机报废回收公司

方法与工具：
方法：3D 方法等
工具：N/A

品。此过程按照法规、协议、组织约束、利益攸关方需要将系统和废品以环保的方式进行停用、拆解、拆除和清除。报废回收过程主要关注退役飞机的报废回收，即飞机拆解（见图 5‑21）。

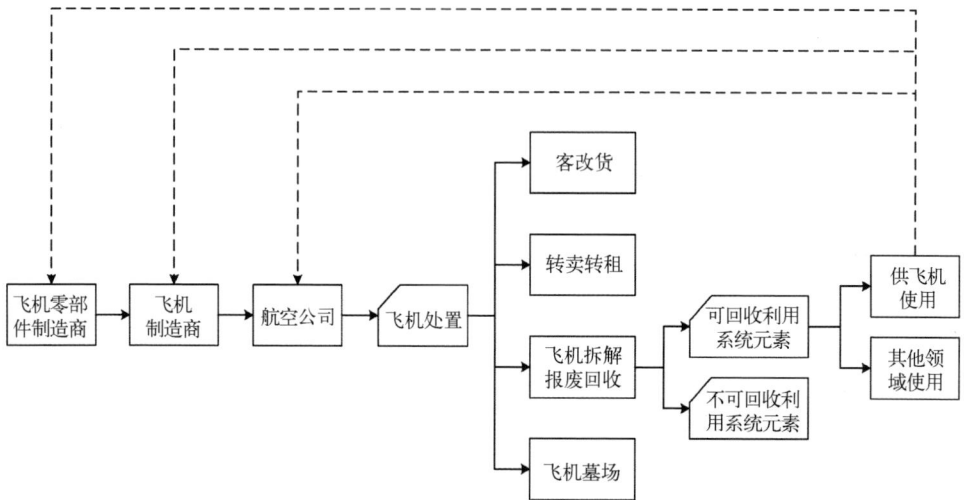

图 5‑21　退役飞机处置一般流程

报废回收过程是一个生命周期支持过程，这是因为在前面阶段考虑到报废回收而产生的需求和约束必须与定义的利益攸关方需要以及其他设计考虑相平衡。环境问题使得设计人员需要考虑材料的再生或者回收。飞机系统零部件的再利用使得飞机研发人员需要考虑零件、组件、部件的合理划分、拆装和测试成本方面的问题。

在报废回收过程中，需要明确定义报废回收的目的、原则、角色及职责、活动交付物，需定义详细的报废回收活动，包括报废回收准备、报废回收执行、报废回收完成。

5.15.2　输入

5.15.2.1　报废回收概念文件

报废回收概念文件描述了飞机系统停运、退役方式和计划，包括飞机系统元素的可重用性、材料的回收、使用的或者过程中产生危险品的处置等。在生命周期初期产生的概念文件用来指导此过程的活动。

5.15.2.2 待报废回收的飞机系统

待报废回收的飞机系统是指未在运行并等待报废回收的飞机系统。

5.15.2.3 运行报告

运行报告包含所有运营活动的历史记录。

5.15.2.4 维修记录

维修记录包含所有维修活动的历史记录。

5.15.2.5 适用的法规、标准和协议

适用的法规、标准和协议包括所有现行适用的法规、标准、协议，如 ISO 14000 系列标准、ISO/IEC/IEEE 15288：2023 标准、CCAR－145 部、CCAR－43 部、CCAR－91 部、CCAR－121 部等。

5.15.2.6 报废回收使能系统

报废回收使能系统包括所有使得报废回收得以进行的系统，如运输、拆解、清洗、检查和测试等各类设备工具。

5.15.3 过程中的活动

5.15.3.1 准备报废回收

准备报废回收是要根据上面所述的输入制订报废回收的具体方案。需要开展的主要工作如下：

（1）重新查阅报废回收概念文件，并确定飞机系统回收利用的模式。

（2）为最终确定报废回收的飞机系统定义报废回收策略。

（3）将与报废回收相关的约束反馈到系统的需求上。

（4）确保能够获取报废回收所需的使能系统、产品或服务。

（5）确定可重用和可重售的飞机系统元件，制订材料回收和处理危险品的方法。

（6）指明防范设施、储存地点、检查标准以及储存期。

5.15.3.2 执行报废回收

执行报废回收是指根据制订的报废回收策略和程序对系统实施报废回收。主要包含如下工作：

（1）停运要终止的飞机系统，包括储存、检查、清洗等。停运的飞机系统可能重新运行，并需要维护。

（2）拆解飞机系统（元件），包括可重用系统元件的识别和处理。拆解是将飞机系统有条理地物理分隔到系统元件。这些系统元件包括系统的组成部件、零件。对于飞机系统，拆解的设备及零件用以直接重新使用或者再次销售。拆解零件通常包括发动机、起落架、航电系统等。

（3）拆除飞机系统（元件）。拆除是利用专业工具分解飞机系统（元件），并根据回收渠道对材料分类，如合金、橡胶、塑料等。

（4）清除所有不再需要的系统元素和废物，包括清除储存场所的材料以及将系统元件和废品进行销毁或永久储存。清除是要循环利用可回收材料（如熔炼铸锭金属），以及处置不可回收材料（如填埋废品）。

5.15.3.3 完成报废回收

完成报废回收活动是要确认报废回收活动没有产生不良影响，并维护所有关于报废回收活动的文档。

5.15.4 输出

5.15.4.1 报废回收策略

报废回收策略要确定报废回收所需的方法、时间表、资源以及其他具体的考量，以保证飞机系统（元件）和材料的停运、拆解、拆除、清除。

5.15.4.2 报废回收约束

报废回收约束指由报废回收策略引发的在飞机系统上的约束，包括成本、进度、技术条件约束。

5.15.4.3 报废回收程序

报废回收程序包含一整套的报废回收行动。这些行动利用特定的报废回收技术，由特定的报废回收使能系统执行。

5.15.4.4 已报废回收的飞机系统

已报废回收的飞机系统包括所有被拆解、拆除、清除的系统元件和材料。

5.15.4.5 报废回收报告

报废回收报告包括报废回收活动结果文件，还包括可能重用或储存的系统元件的详细目录，以及规章或组织标准所要求的文件报告。

5.15.4.6 报废回收记录

报废回收记录包括与报废回收相关的永久并可读的数据、信息、知识。

5.15.5 方法与工具

本节主要介绍一个处理生命周期末端的飞机的三步过程方法，又称"3D方法"，3D分别是停运（decommissioning）、拆解（disassembly）和拆除（dismantling）的含意，来源于空客公司关于飞机生命周期末端的高级管理过程项目（PAMELA）。

PAMELA项目的目的是通过对飞机的全面试验来证实飞机重量的85%能够被回收利用。此外，更长远的目标是为退役飞机的安全及环境管理建立新标准。此过程将在下面详细描述（见图5-22）。

1）停运-D1

停运活动要根据CCAR-145部批准的程序执行。

飞机首先要经过检查，在此步骤中，需要一份包含可拆解和重复使用的飞机零件的详细清单。这将保证飞机零件在整个报废阶段可以追踪。

之后飞机要经过清洗并做去污处理。在此步骤中油箱、系统和管道都要放空。例如，厨房中的废水要排出飞机。诸如燃油、滑油和液压液的所有操作液都要清除。有些操作液如燃油可以直接再次销售并产生效益。如果操作液不能重新使用，那么将根据现有规章由特定的回收渠道处置。操作液之外的危险品同样需要清除并处置。

2）拆解-D2

拆解活动要根据CCAR-145部批准的程序执行。

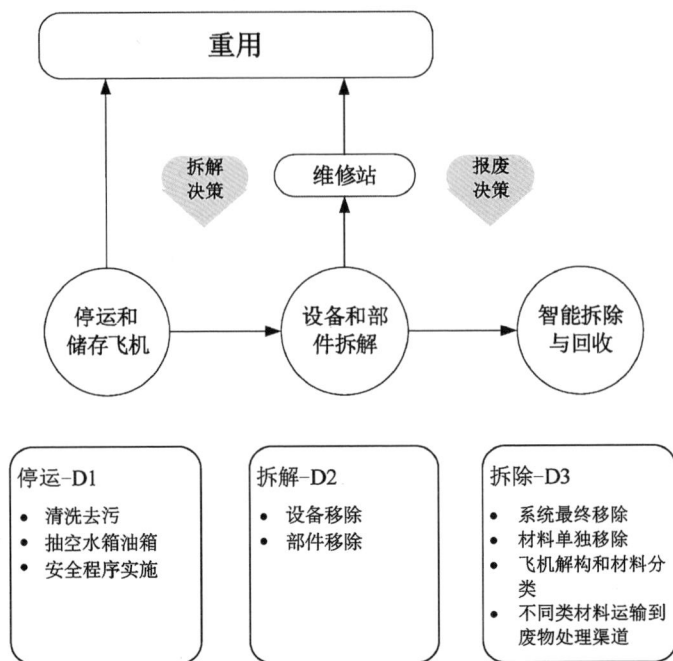

图 5-22　PAMELA 处理生命周期结束飞机的 3D 方法

　　高效的拆解需要一个拆解计划。在计划之后，可重新使用的零件经过拆解，然后再次销售或者储存。

　　在计划拆解期间，特定飞机型号的结构、材料和零件构成等信息需要了解。根据备件市场的需求选择出可重用和可重售的零件和设备。

　　可重用和可重售拆解零件通常包括发动机、起落架、航电系统、辅助动力系统、冲压空气涡轮、客舱设备零件以及所有人或客户要求的其他零件。所选零件的几何尺寸、在飞机中的位置、技术信息、材料以及与其他零件的连接都应该了解。利用这些信息可以做出相应的拆解顺序计划。在计划拆解期间，所选零件应当分类，并确定零件和部件组拆解的顺序。拆解顺序计划应当包含拆解任务以及车间管控的时序安排。零件的类型、在飞机中的位置、适用的技术、拆解工作强度以及在拆解任务中的关系共同决定了可能的拆解顺序。

3）拆除- D3

当所有的可重用和可重售的零件和设备从飞机上移除后，拆除活动将开始进行。

首先要识别不同的回收渠道和相关要求。为了优化材料回收要拟定按特定顺序拆除飞机的计划。计划之后飞机将利用多种切削工具拆除。然后材料要按回收渠道的要求分类，如铝合金、钛、镍基高温合金、不锈钢、电子电器废弃物、配线、轮胎、塑料等。最后将已分类的材料发送至各回收渠道。这些材料或者经过回收作为原材料回到供应链，或者在填埋场处置。

经过熔炼，回收的金属铸锭后回到市场中（航空、机械、汽车）。所有的步骤也都遵从法规，并且考虑到生命周期设计以改善设计性能。

在此步骤中大部分材料可以直接回收。剩下的主要是绝缘材料和保护层。这些材料不能回收，需要进行常规处置。

5.15.6　注意事项与经验

（1）项目团队应基于对可选报废方法的评估进行分析以制订系统、组件、废品的最终处置方案。方法应当包含对最后产物、使能系统、系统元件及材料的储存、拆除、重用、回收、再加工以及销毁。

（2）报废分析应考虑到成本、报废场所、环境影响、卫生与安全问题、主管当局、装卸运输、支撑项目和适用法规。

（3）报废分析要能支撑系统设计中所使用的系统元件及材料的选择，并且在整个项目周期中应当考虑法规的更新对设计和项目的影响。

（4）在整个系统生命周期中，报废策略和设计考量要根据适用法规、政策的变化进行更新。

（5）ISO 14000 系列标准包含对环境管理系统以及生命周期评估的标准。

（6）工业界将逐步转变到一种"从摇篮到摇篮"的产品设计理念，使材料在闭环中持续循环，而不再是传统的"从摇篮到坟墓"的设计理念，在生命周期结束时将产品丢弃到填埋场。将材料保持在闭环中，可以最大化材料的使用价值，又不破坏生态系统。

5.15.7 与 SAE ARP 4754A/B 的符合性

无。

5.15.8 型号案例分析

2007 年 10 月 12 日，全球首架空客 A380 飞机交付新加坡航空（简称"新航"）。当月 25 日，新航便开始启动这架编号为 9V－SKA 的空客 A380 飞机来执飞前往悉尼的 SQ380 航班，正式翻开了空客 A380 商业运营的篇章。

可惜的是，由于新航决定不再续租该架空客 A380，它仅服役 10 年后便退回了欧洲租赁商处。2019 年 11 月 19 日，位于法国塔布的飞机回收公司宣布，他们已经完成了这架空客 A380 飞机部件的拆解。

对于一般退役飞机来说，其大约 90% 的部件是可以被回收利用的。拆解飞机的最终目的就是从中进一步"榨取"为数不多的经济收益。其实，在新航退租前，欧洲租赁商并没有完全回收当时的购机成本。但随着拆解工作的正式启动，飞机内部的座椅、应急滑梯、液压系统、辅助动力装置（APU）等部件都会被逐一拆下并重新投放至二手航材市场中获利。在整个拆解过程中，空客 A380 的发动机是最值钱的部件，价格将根据实际状况从 300 万美元至上千万美元不等。为了尽可能回收这架空客 A380 上的部件，飞机拆解回收公司前后共花了整整 11 个月的时间。

根据业内统计，一般来说，完成一架波音 737 的拆解回收过程大约需要花费 2 个月的时间。而对波音 747 这种宽体飞机的回收，则需要 3~4 个月的时间。

6 产品全生命周期管理过程集

6.1 需求管理过程

现代商用飞机在设计研发上已经开始全面推广系统工程理论，从项目立项开始，全面规划以需求为驱动的正向设计研发体系，全面捕获客户和利益攸关方的需要，并通过需求体系将这些需要转化为飞机设计输入，通过严格的需求确认和实施验证方法保证最终产品满足客户和利益攸关方的需要，以提升产品在市场上的核心竞争力。某远程双通道宽体飞机的需求总数高达上万条，内容覆盖产品制造、试飞、运营等飞机全生命周期的方方面面各个层次。如起落架系统的强度需求、结构需求、可靠性需求、安全性需求、制造需求、装配需求、试飞科目需求、客户服务需求等，而每一个系统所包含的子系统则可能包含更多、更为底层、更为繁杂的需求条目，总体上形成一个"金字塔"形的需求架构，而如何将这些大量的需求进行合理、科学、高效的统筹管理，也是给飞机主制造商出的一道难题。

作为整个设计研发体系的源头和核心，需求质量的好坏决定了整个产品的最终质量。根据 Standish Group 的调查，项目成功的原因 44% 与需求相关，错误的需求会对项目的整个生命周期造成多米诺骨牌效应，遗漏用户需求将导致遗漏系统需求，又将导致遗漏设计模块，最终导致功能失效。因此，需求是否做得好，需求是否能够被管理得好，对项目的成败起着至关重要的作用。

本节通过讨论需求管理过程的目的、必要性、典型的方法和工具，以及在飞机研制过程中的适用阶段、输入、输出、过程活动等（见表 6-1），以帮助读者了解和学习中国商飞公司系统工程的需求管理理念。

表 6 - 1 需求管理过程 SIPOC

中国商飞 过程名：需求管理过程（B.1）

CMMI 过程域：2 级过程——需求管理

下一层级过程：N/A

过程目的：通过需求管理的落实来支持产品充分满足需要的实现

必要性：需求管理工作是 SAE ARP 4754A 的重要内容，需求管理计划是 SAE ARP 4754A 中八大计划之一

输入（**I**nputs）：

— 需求及利益攸关方期望
— 需求变更请求
— 基于需求的各类产品数据

过程活动（**P**rocesses）：

1. 建立需求管理计划
2. 建立基于需求的文件树结构
3. 建立追溯矩阵
4. 管理需求变更

输出（**O**utputs）：

— 基于需求的文件树
— 已经批准的需求变更
— 其他输出物

提供方（**S**uppliers）：

— 需求团队
— 设计团队
— 集成验证团队
— 产品确认团队

适用阶段：

☑ 概念开发阶段
☑ 立项论证阶段
☑ 可行性论证阶段
☑ 初步设计阶段
☑ 详细设计阶段

☑ 全面试制阶段
☑ 试飞取证阶段
☑ 产品与服务验收阶段
☑ 退役阶段

使用方（**C**ustomers）：

— 项目各团队人员

方法与工具：

方法：需求追溯矩阵、需求更改分析方法等
工具：需求管理工具，如 IBM Rational DOORS 等

6.1.1　描述

需求管理工作属于技术管理工作，对在利益攸关方需要捕获、功能分析和需求分析中产生的产品需求以及设计综合、产品集成、验证和确认过程中产生的确定和验证数据进行管理，确保产品实现严格满足需求，并最终满足利益攸关方需要。

需求管理工作是"基于需求的工程"（requirements based engineering）实施的基础，通过需求管理工作，建立并在变更过程中持续维持逐级分层追溯的需求，确保项目需求应能层层分解、层层确认、层层落实和层层验证，能够不多不少地落实到飞机产品、服务和对应的使能体系中，确保最终产品能够满足最初的利益攸关方需要。

如图 6-1 所示，为了保证自顶向下的需要（needs）、需求（requirements）、架构和实现是完整的、正确的和彼此一致的，需求管理的对象不仅仅是实现对需求的管理，还应该通过一个有效的数据和流程管理机制，以需求为核心，向上关联需要，向下关联设计与实现，横向关联验证和确认，确保整个项目是"基于需求"的。

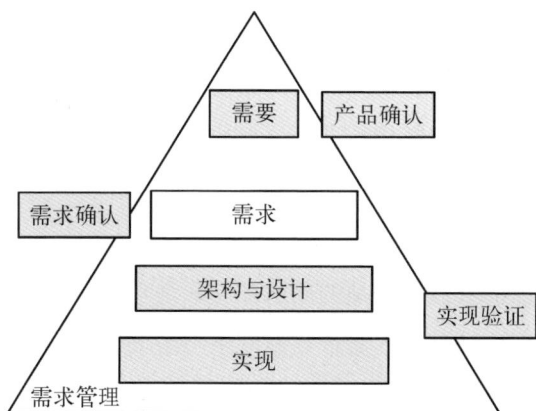

图 6-1　需求管理范围

需求管理工作贯穿整个项目全过程，在项目之初开始需求管理规划，并开始对利益攸关方的需要进行管理，以客户的需要为输入定义产品开发的需求，并指导相关设计工作，最终保证产品满足客户的期望。

需求管理过程主要包括如下工作：

（1）规划并管理产品需求。

（2）建立并维护不同层级需求之间、需求和利益攸关方需要、设计文档以及验证与确认数据之间的追溯性。

（3）对产品全生命周期内需求基线的变更进行管理。

6.1.2　输入

6.1.2.1　产品需求

通过在全生命周期技术过程中利益攸关方需要捕获、功能分析和需求分析等过程的工作，会产生产品需求，这是需求管理的主要对象和重要输入。

产品需求数据除了产品需求文件之外，还包括功能定义清单、功能接口定义文件（FICD）等内容。

6.1.2.2　需求变更请求

需求变更请求是设计更改的重要组成部分，是需求管理流程的重要输入，这些需求可能在项目全生命周期任何阶段产生，可能来自外部客户，或者来自内部评审及技术评估工作的评估结果等。

6.1.2.3　基于需求的各类产品数据

开发产品与服务过程中设计综合、产品实现、集成、确认和验证等过程的工作，会产生基于需求的各类产品数据，包括如下内容：

（1）产品的设计方案和接口控制文件（interface control document，ICD）等，以及证明产品是满足需求的设计验证数据。

（2）确认及验证的数据。产品的确认和验证是基于需求的，因此两个过程产生的验证及确认数据和结果应在需求数据库中与需求建立追溯关系，这种映射关系是基于需求的验证及确认工作的重要依据。

6.1.3　过程中的活动

6.1.3.1　建立需求管理大纲

针对需求管理活动，应编制开发需求管理大纲（RMP），该大纲可以是系统工程管理规划的一部分，并应明确需求管理的完整工作，包括需求的识别、捕获、分析和分解。

（1）确定需求管理流程涉及的项目利益攸关方，定义角色和责任。

（2）定义需求管理的活动和产物。

（3）项目周期内需求管理相关工作各阶段的进度安排。

（4）定义项目的需求架构。

（5）明确开展需求确认和验证工作的规划及要求，包括如何制订需求确认计划、需求确认大纲和需求确认总结等，以及需求验证计划和需求验证大纲等工作要求，以确保确认验证到位，从而保证需求的正确性和完整性。

（6）项目中使用的需求管理方法和工具（如需求管理数据库工具、需求文件模版、需求追溯操作要求和需求检查单等）。

（7）针对所有需求管理工作产品定义构型管理/数据管理控制级别，确定与相关的项目管理、构型管理等管理活动的关系，并保证整体的一致性。

6.1.3.2　建立基于需求的文件树结构

在全生命周期技术过程中，会产生不同层级的需求及基于需求的设计数据，这些内容通过树形层次化结构形式进行组织，即整体构成了项目的需求架构。

针对飞机这一类复杂系统，应有层级，而自顶向下设计逐级分解的需求文件树的每一层级的文件数量，均会由于设计产物的细化逐层增多。

一般而言，飞机产品的需求树结构与系统的分层结构应该保持一致，参考2.2节，可以考虑分成0级商用飞机产品系统级、1级飞机/使能系统级、2级系统级、3级设备/产品级（针对使能系统）需求。

图6-2是一种建议的飞机SRD树的示例，其中需要注意以下几点：

（1）顶层包括商业需求与目标（BRO）和飞机研制需求与目标（ADRO），均是针对商用飞机产品系统。其中BRO以商业成功为目标，即以获得项目、企业和产业的成功为角度出发，充分捕获市场、客户、政府、合作方和公司自身等项目各利益攸关方的需要，经过充分权衡研究，形成对飞机产品系统即飞机、企业和产业链的项目顶层需求，作为最顶层需求应保证全面性。而ADRO则从实现的角度出发，在项目整体方案定义与论证过程中形成，完整承接BRO的需求，

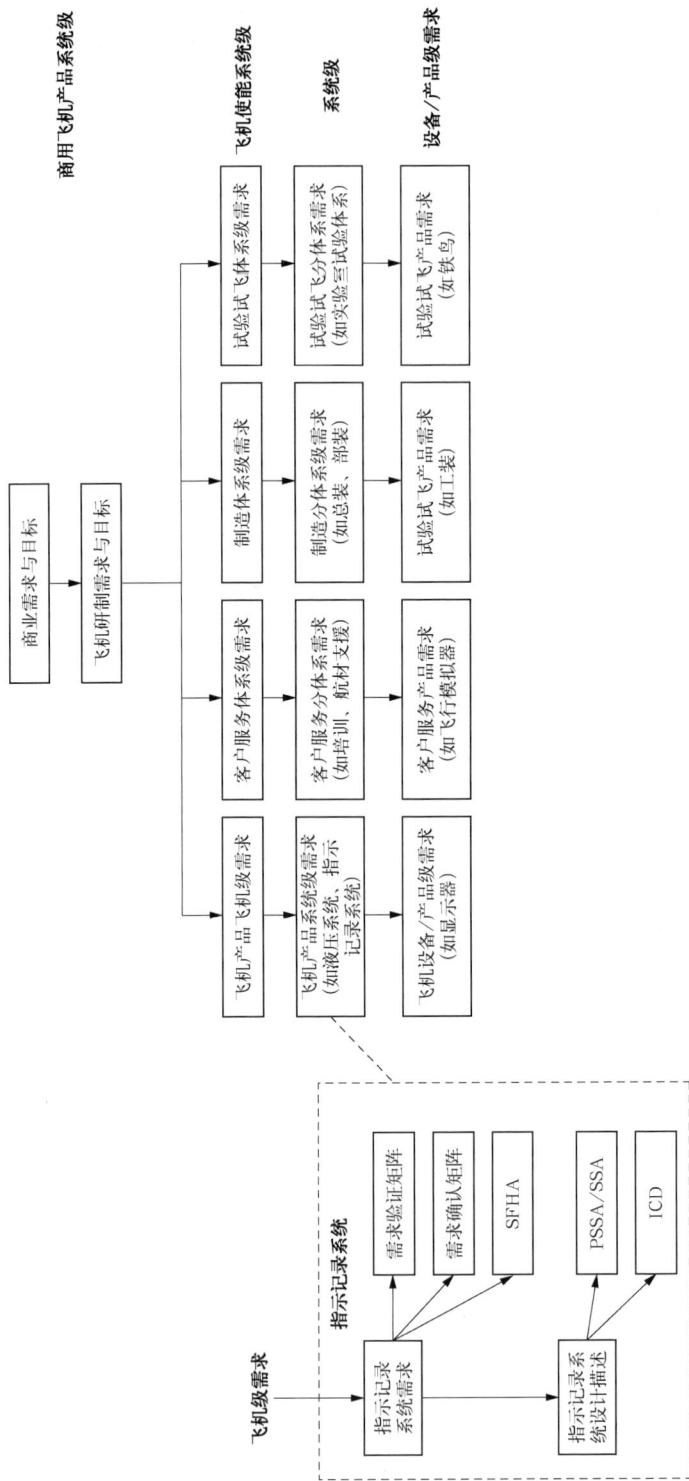

图 6 - 2 商用飞机产品系统基于需求文件树结构示例图

在项目飞机产品系统层级各要素之间，通过权衡研究和方案优化，形成了囊括飞机产品、企业使能系统（包括制造和客服）和产业链的详细需求。

（2）基于 ADRO，结合型号团队组织架构，对项目需求进行分解，其中包括针对飞机产品的飞机级需求文件（ARD）以及针对包括客服体系、制造体系和试验试飞体系等飞机使能体系的要求，其中 ARD 由一份或者多份的功能性需求和非功能性需求组成。飞机级的功能性需求文件（FRD）包括对所有飞机级功能的描述；飞机级的非功能性需求文件（NFRD）包括了飞机安全性、可靠性、维修性、制造性、飞机级内外部环境、安装、重量、ETOPS、公共资源成员系统等飞机产品特性需求和适用飞机各系统的规范类需求的描述。

（3）系统级需求/分体系级需求是对飞机级/使能体系级需求的进一步分解，应根据产品分解结构（PBS），对飞机的各系统产品及客服产品各分体系、制造产品各分体系、试验试飞系统各分体系和管理各分体系进行的分解，如飞机可按照 ATA 章节进行分解；客服体系级需求可分成"培训工程子体系需求""航材工程子体系需求"等子体系需求。

（4）设备级/产品级需求是对系统级需求/分体系级需求的进一步分解，系统需求或分体系需求可分解到设备或使能产品。

（5）每一层级与上下层级之间存在关联关系，一般是需求文件的追溯关系，同时在某一层的需求管理，除了需求之外，还应包括其他多份文件，这些文件之间存在一定的关联关系，典型的包括需求、设计描述、安全性、ICD、确认和验证数据等。

6.1.3.3　建立追溯矩阵

追溯性（traceability）指两个或多个逻辑实体之间的一种可辨识的联系，这些逻辑实体包括需求、设计、系统组件、验证和确认等工作任务。

追溯性是两个或多个逻辑实体之间的关系。各项需求均须进行归档记录，其对应的追溯也应进行记录。每项需求须被追溯到父级（parent）/源需求或是已建立基线的需要。

追溯性应在多个层级建立：

（1）不同层级的需求之间应建立追溯性，从而确保除了目前层级新捕获的利益攸关方需要和衍生需求（由设计决策衍生出来的）之外，每一层级的需求都由上一层级需求分解下来,即父级需求,并最终满足顶层客户和利益攸关方需要。而追溯则表明下一层级需求是完整实现上一层级需求的,即每一条上一层级需求都有一条或多条下一层级需求支持,每一条下一层级需求都能追溯到上一层级需求或者其他源头(设计或利益攸关方),不会出现没有源头的需求。

(2)在同一层级,需求与设计之间应建立追溯性,从而确保设计方案中每一个设计特征都是为了满足需求而存在的。除了文档之外,由于设计可能会采用模型等其他方式进行描述,因此建立追溯矩阵应充分考虑实施手段。

(3)需求与需求确认、实现验证之间应建立追溯性,可以通过需求确认矩阵,确保从需求到确认方法、确认证据和结论的追溯。通过验证矩阵,确保从需求追溯到验证的方法、程序和用例、结果,从而确保需求确认和实现验证工作都是基于需求的,确保每一条需求都被确认和验证过。

需求的追溯关系须进行评审,如果可行的话那么独立开展,以确保需求追溯是正确的,且能完全满足父级需求,并被包含在追溯矩阵之中。另外,确保所有父级文档需求被分配到低级别需求。如果存在某些特定需求没有可追溯的父级需求,且不是可接受的衍生需求或新捕获的利益攸关方需要,则应返工。在建立需求追溯时,应避免需求在层级之间的重复,如果出现需求在不同层级基本雷同的情况,则需要重新考虑需求的颗粒度。

追溯矩阵是表明需求及其他数据条目之间追溯关系的矩阵,在6.1.3.2节中建立树状层次结构的需求文件树之后,追溯矩阵将会形成一个"网状结构",用于形成需求条目与需要条目、设计方案、验证与确认工作之间的完整的关联关系。针对此关系(即追溯矩阵)的建立和持续维护是需求管理的关键所在,追溯性矩阵一旦形成后,应作为与需求一样的受控项,进行持续性的控制。

6.1.3.4 管理需求变更

需求是产品的起始点,因此需要严格控制对需求及约束源头的变更,须对其进行彻底的评估,以确定在下一层级对架构、设计、接口、高级别或低级别需求的影响。所有更改均须经过评审及批准流程,以维护追溯性并保证变更对系统所有部分的影响均已被完全评估。

一旦需求通过评审、追溯、试验和仿真等完成确认,它们就被置于正式的构型控制之下。因此，任何针对需求的变更均须通过构型控制委员会（CCB）批准，系统工程师、项目经理以及其他关键工程师参与 CCB 评估流程，以评估变更的影响，包括成本、性能、程序以及安全性。

需求变更的流程通常经过构型管理流程完成。构型管理流程须将需求变更决定告知受影响的组织和团队。变更由构型控制委员会批准后，须采取措施更新需求文档。针对需求更改需要注意如下几点：

（1）由于需求更改的成本一般较高（与问题报告不同），因此对需求的更改是非常慎重的。

（2）利用需求追溯矩阵，可以追踪某些需求经更改后，受影响的上下级需求条目和同级的设计、确认和验证内容，从而可辅助进行详细的需求变更影响分析。

（3）应尽量在早期，与利益攸关方和客户开展需求的确认活动，利用仿真、原型机等手段，尽量消除客户要求的不确定性，减少后期需求更改。同时，与客户签订相关合同需求基线，也是控制需求更改的一种方式。

技术团队必须确保批准的需求能够及时地传递到相关人员。各个项目应及时进行追溯并传递最新的项目信息。

在批准、实施需求变更管理要求前，应对相关建议展开评估。需求变更管理流程需考虑变更流程中的决策信息分布。

6.1.4　输出

6.1.4.1　基于需求的文件树

当形成基于需求文件树结构后，逐步将确认后的需求和其他文件纳入文件树中，并适时建立相关基线，进行构型管理。所有的基于需求的文件均应在项目确定的电子化数据库中进行管理，以实现文件之间的追溯连接关系。

6.1.4.2　已经批准的需求变更

在全面综合评估需求变更影响后，需求变更的内容可作为需求管理的输出物进行发布。值得说明的是，某单一需求的变更也可能影响多个需求及其文件。

6.1.4.3 其他输出物

需求管理相关的其他输出物包括报告、记录以及相关输出物，如追溯矩阵等。

6.1.5 方法与工具

6.1.5.1 需求追溯矩阵

需求追溯矩阵主要描述需求项之间以及与其他数据项的关联关系，广泛用于如下情况：

（1）确保需求被逐级分解，并被正确实现。

（2）需求的变更影响分析。

6.1.5.2 需求更改分析方法

可以使用一些需求更改分析方法，以确保需求更改分析过程考虑的完整性，如性能余量清单。该方法列出系统需求中关键性能指标的设计余量和目前状态的清单。在更改分析时，要详细地对相关余量进行分析和更新，确保没有超出预定差值，如飞机的发动机推力余量即所需推力和可用推力的差值，当更改需求而导致增重时，要考虑所需推力的增加，确认是否超出了推力余量的阈值。

6.1.5.3 需求管理工具

需求管理工具可以保证项目全生命周期内需求信息的有效沟通，使所有利益攸关方实时了解需求的状态，需求更改对进度、功能和成本的特定影响等信息。需求管理工具通常是由一个或多个工具组成的管理平台，该平台可识别独立的需求、对需求进行分类和整理，定义和识别需求文件版本，并提供基本的数据接口。

需求管理工具主要完成如下工作。

1）建立和维护需求属性项

需求管理平台可维护一个数据库，用于存储与各条需求相关的信息或属性。

该属性都应可识别，其值可更新。需求管理工具产生的系统属性有创建日期和版本号，并且允许客户定义其他类型的属性，如作者、责任分工、来源、原理、发布版本、状态、优先级、成本、稳定性、风险、验证方法和确认方法等。

2）建立和维护需求连接关系

需求之间完善的连接关系可避免需求的遗漏。利用需求管理平台，在不同系统、不同类型的需求之间建立连接，并展示不同层级的需求分解关系。当根据特定需求的更改请求进行更改影响分析时，连接能够展现对其他相关方的影响。

3）状态统计

项目研制状态的跟踪需要需求状态统计的支持，该状态可通过需求管理平台获得。例如，向下分配的需求被实施和验证的百分比、已经实施但未验证的百分比和未实施的百分比。

4）需求子集预览

通过需求管理平台，对需求属性的分类、滤波和查询等方式形成需求子集进行预览。

5）访问权限控制

需求管理平台对不同专业、不同用户进行访问权限设置，保证需求管理的结构性。

6）与利益攸关方的沟通

需求管理平台应允许团队成员通过邮件或其他方式讨论需求问题，邮件应注明新的问题或需求更改相关的人员。

7）提供数据接口

需求管理平台主要的外部数据接口功能包括如下几项：

（1）导入和发布功能，实现不同电子或纸质内容的导入导出、查看和编辑功能。

（2）与设计和分析工具连接，包括与系统的功能模型、物理模型、设计数据和分析结构进行关联等。

（3）与验证和确认工具连接，包括与验证和确认的程序及结构进行关联等。

IBM Rational DOORS 是一种常用的需求管理工具，可根据各具体专业及需求本身特点，与其他工具组成需求管理平台。

6.1.6　注意事项与经验

注意事项与经验包括如下各项：

（1）应在整个飞机设计中考虑广义的需求管理，即不仅仅针对需求文件的管理，而且是基于需求的整个系统研制过程有关数据的管理，考虑需求在整个设计过程中的关键角色，建立并维持整个飞机以追溯矩阵为核心并基于需求的设计数据。由于需求在整个设计数据中处于牵头作用，而需求更改会牵连后续的设计、实现、集成、验证和确认的一系列工作。因此更改工作要严格受控，做好充分的评估影响，利用检查单、追溯矩阵等手段，保证评估的完整性，否则难以维持设计基线的完整性。

例如，针对某系统增加功能需求，方案评估需要在 EE 舱增加一个电子设备，所有的设计文件、接口定义文件、各类系统分析文件（包括四性和 E3 等）都需要重新设计和分析，并更新完善，同时影响到飞机的重量、重心、布局安装、结构强度、布线布管、环控通风和供电负载等专业，需要进行反馈迭代。如果影响评估少了某部分，则本次更改就是不充分的，破坏了之前的设计基线的正确性和完整性。

（2）在项目前期的顶层需求会存在需求与目标（RO）类文件，如商业需求与目标（BRO）、飞机研制需求与目标（ADRO）、市场需求与目标（MRO）、设计需求与目标（DRO）等，其中除了需求之外，还有目标（objectives）。这是由于在项目前期，为了提升市场竞争性，多会提出产品的期望内容指标。这一类指标要求一般会比较高，期望设计团队能通过优化的设计和新技术的运用尽力达到，但这些只作为目标管理，不作为要求。随着设计的深入，所有目标值都应根据产品方案的内容来进行明确，进而形成飞机级及以下层级的需求。这些需求作为要求，都必须被满足。

6.1.7 与 SAE ARP 4754A/B 的符合性

需求管理过程与 SAE ARP 4754A 的符合性如表 6-2 所示。

表 6-2　需求管理过程与 SAE ARP 4754A 的符合性

过　程　描　述		SAE ARP 4754A 章节	对应 FDAL 等级的独立性与适用性				
章　节	活　动		A	B	C	D	E
6.1.3.1	建立需求管理计划	3 研制规划	R	R	R	A	N
6.1.3.2	建立基于需求的文件树结构	3 研制规划	R	R	R	A	N
6.1.3.3	建立追溯矩阵	5.4.3 正确性检查 5.4.4 完整性检查	R	R	R	A	N
6.1.3.4	管理需求变更	5.6.2.4 更改控制和问题报告	R	R	R	R	N

需求管理过程与 SAE ARP 4754B 的符合性如表 6-3 所示。

表 6-3　需求管理过程与 SAE ARP 4754B 的符合性

过　程　描　述		SAE ARP 4754B 章节	对应 FDAL 等级的独立性与适用性				
章　节	活　动		A	B	C	D	E
6.1.3.1	建立需求管理计划	3 研制规划	R	R	R	A	N
6.1.3.2	建立基于需求的文件树结构	3 研制规划	R	R	R	A	N
6.1.3.3	建立追溯矩阵	N/A	N/A	N/A	N/A	N/A	N/A
6.1.3.4	管理需求变更	5.6.2.4 更改控制和问题报告	R	R	R	R	N

6.2　构型管理过程

20 世纪末，波音公司面临飞机生产成本高、价格贵、订单交付时间频繁拖延等问题,威胁其竞争力和市场地位。经分析,定义和配置飞机构型的业务过程不合理是其问题产生的重要原因之一。为此,波音公司自1996年开始在10多年间投入10余亿美元,建立以定义与控制飞机构型(DCAC)/生产资源管理(MRM)为核心的管理系统,支持全球的研发机构和用户使用,实现了85%销售订单按时交付或提前交付,为波音公司带来了巨大的经济利益和社会效益。在波音公司推出该计划后,空客公司和洛克希德·马丁公司也提出了类似计划。

"没有规矩,不成方圆",构型管理便是复杂产品系统全生命周期技术管理中至关重要的"游戏规矩"。一套适用范围全面、逻辑严谨、标识清晰准确的构型管理体系是当代飞机主制造商的核心竞争力之一,也是衡量企业技术管理能力的关键标尺,优秀的构型管理体系亦能给企业带来丰厚可观的利润回报。

本节通过讨论构型管理过程的目的、必要性、典型的方法和工具,以及在飞机研制过程中的适用阶段、输入、输出、过程活动等(见表6-4),以帮助读者了解和学习中国商飞公司系统工程的构型管理理念。

6.2.1 描述

构型管理流程是要在产品生命周期内,保证产品需求、产品构型信息与产品本身之间的一致性。通过构型管理策划、构型标识、构型更改控制、构型状态纪实和构型审核五大功能活动,用技术和管理的手段,建立起规范化的秩序,保证产品需求和设计目标的实现与保持。构型管理的目的是确保产品的功能、性能和物理特性进行正确识别、记录、确认和验证,建立产品信息的完整性;确保对产品特性的变化进行正确识别、审查、批准和记录;确保按照给定的产品构型信息所生产的产品是可识别的。

6.2.2 输入

构型管理的方针政策、组织机构和方法工具等都要满足相关的适航要求,符合行业标准,同时不脱离公司的标准规范以及项目的组织架构、工作方案和项目

表 6-4 构型管理过程 SIPOC

中国商飞 过程名：构型管理过程（B.2）	CMMI 过程域：CM 构型管理
下一层级过程：N/A	

过程目的：通过构型管理过程，在产品全生命周期内，建立和维护产品构型信息，产品需求及产品本身之间的一致性

必要性：SAE ARP 4754A/B 中定义的推荐过程；AS 9100D 中 7.1.3 节规定：组织应建立、实施和保持一个构型管理过程；构型管理过程是满足型号合格审定程序 AP-21-03 中对型号设计数据定义和更改控制要求的必要过程

输入（Inputs）：
— 适航要求
— 行业标准
— 公司的规范和标准
— 项目组织架构和工作方案
— 项目研制的资源和基础条件
— 变更请求
— 问题报告

提供方（Suppliers）：
— 相关产品团队

过程活动（Processes）：
1. 构型管理策划
2. 构型标识
3. 构型更改控制
4. 构型状态纪实
5. 构型审核

适用阶段：
☑ 概念开发阶段
☑ 立项论证阶段
☑ 可行性论证阶段
☑ 初步设计阶段
☑ 详细设计阶段
☑ 全面试制阶段
☑ 试飞取证阶段
☑ 产品与服务验收阶段
☑ 持续运营/退役阶段

输出（Outputs）：
— 构型管理规划
— 产品分解结构
— 构型基线
— 构型索引文件
— 构型状态纪实报告
— 构型审核报告

使用方（Customers）：
— 相关产品团队

方法与工具：
方法：产品结构分解、单一产品数据源、评审和决策会议、技术评审和过程审核
工具：产品数据管理平台软件，如 DCR，ECP 等

研制可用的资源和基础条件，其中项目管理的需求是构型管理的主要驱动和输入。开展项目构型管理，要考虑如下因素：

（1）适航要求。要理解适航当局对申请人提出的产品初始适航和持续适航要求，以及相关的运行要求，将其体现在构型管理的计划和实施过程中。

（2）行业标准。构型管理程序、原则以及所使用的工具应符合行业标准、实践经验和惯例。

（3）公司的标准规范。构型管理应在公司管理政策、管理体系和标准规范框架下开展，标准规范是构型管理各项活动的依据和要求。

（4）项目组织架构和工作方案。应根据项目特定的范围和目标开展构型管理，构型管理实施框架和方案须与项目的组织架构相适应。

（5）项目研制的资源和基础条件。项目研制可获取的资源、可用和可创造的基础条件，既决定了项目实施构型管理的环境，也影响构型管理的成效。

（6）变更请求。在构型基线确定后，市场、适航、客户以及内部相关部门等提出的变更请求或偏离，要进行分析、评估和审批决策。

（7）问题报告。在制造、试验试飞和运营过程中发现的问题，发出的问题报告，经过质量或工程调查分析后，确定根本原因，制订纠正措施或者优化相关的管理流程。

6.2.3　过程中的活动

6.2.3.1　构型管理策划

构型管理策划是根据项目研制规划（DP），明确的范围、目的、环境和资源条件等，建立构型管理组织并制订项目构型管理规划（CMP），提出本项目构型管理的原则、方针和政策，拟定构型管理的工作程序和实施计划，以明确如何实施构型管理过程，来保证在产品生命周期的各个阶段产品的需求、产品构型信息与产品本身之间的一致性。构型管理策划的结果需形成正式文件，既可以包含在其他项目计划中，也可以单独发布。开展构型管理策划时应关注和明确如下问题：

（1）识别和保证在产品全生命周期内实施构型管理所需的资源，包括人员、信息系统、办公设施和工具等，这些资源可能涉及公司内部、合作伙伴或供应商。

（2）项目构型管理的组织、角色与职责，以及构型管理工作与其他管理工作程序的接口、界面和配合方式，包括供应商。设立构型管理和更改控制的组织机构，明确产品生命周期内构型基线建立和更改批准的权限。

（3）项目构型管理应遵循的工作程序、方法以及管理要求。同时，构型管理的要求和规则要向下传递到相关的供应商，供应商可以根据其自身的产品和环境进行裁剪，但是需要确保满足项目的整体性要求。项目需监控供应商对构型管理要求的执行状态，如对供应商进行数据评估、构型更改管理、设计评审、产品试验和构型审核等。

（4）规划好产品信息的管理、互操作和交换规则，构型管理信息就能有效获取、共享和交互，对构型管理信息进行定义和关联。为了使得产品构型信息被正确有效地使用和控制，要定义和区分产品构型信息的状态级别，区分工作中的信息、正式发放的信息以及归档的信息，并对这些数据的获取、使用和更改采取相应的控制级别。无论采取何种信息传递介质，都要确保传递和发放到相应使用者的产品构型数据是正确和完整的。同时，要做好数据长期保存的规划，采用适当的信息技术进行数据的存储、检索和解析。

6.2.3.2 构型标识

构型标识指为每个产品和产品构型信息分配唯一的标识号，建立产品和产品构型信息结构，选择、定义和文档化产品属性信息，建立基线。

（1）定义产品结构。

产品结构是管理产品组成的通用方法，它通过自顶向下的树状结构，将产品、零部件和相关信息之间的组成关系表示出来。产品结构既有助于实现关联关系的可视化，又有助于确定更改影响的范围，开展更改影响评估。通常情况，产品结构将贯穿全生命周期，可以有面向不同用户的多个视图，例如定义视图、设计视图、系统视图、试验视图、选配视图、工艺规划视图、制造视图、实物视图、维修视图、运营视图等。

（2）确定构型项。

在产品结构的适当层级上选择构型项。构型项是指在构型管理流程中被当作独立的实体管理项目，可以是软硬件、加工的材料或服务的集合，或者是其中单独的子项。选择构型项，将系统或产品的元素分成独立的子项，对其研发和更改进行管理。

构型项的选择根据项目管理的实际情况确定，一般会选择工作分解结构的主系统级或关键项、航线可更换单元（LRU）和可发布的软件代码。

（3）标识产品和产品构型信息。

产品构型信息包括产品定义信息和产品使用信息两大类：产品定义信息是描述产品的性能、功能和物理属性的信息，包括需求信息（如规范和需求文件等）和设计信息（如图纸、零件模型、软件清单和设计描述等）；产品使用信息是使用者所需的程序和技术信息，用于试验、运行操作、维护和处置产品。产品使用信息的基础是产品定义信息。某些产品构型信息（如分发、制造和试验），既是产品定义信息，也是产品使用信息（见图6-3）。

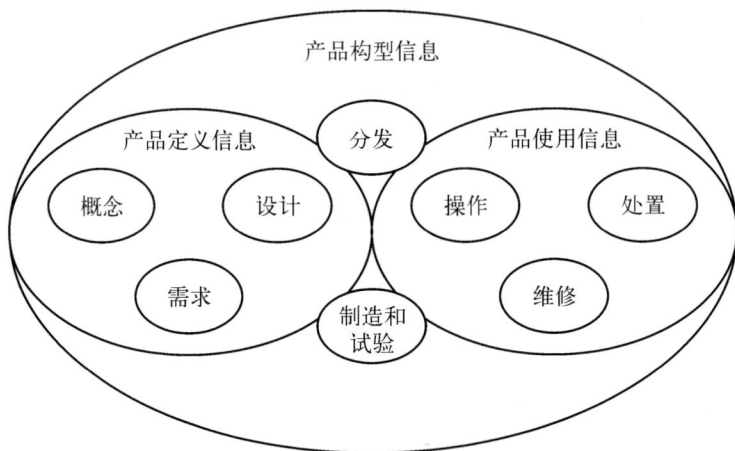

图6-3 产品构型信息

产品构型信息除产品本身的功能属性、性能和物理属性之外，还应包含与其他产品间的清晰明确的接口，接口关系应在产品构型信息中明确。为了确定和控制接口，接口人员和组织的相应责任必须相互匹配。

确定产品和产品构型信息，为每个产品和产品构型信息确定唯一的标识号（如型号标准版本、飞机架次号、零组件件号、工装和工艺组件标识号、文件编号等），使不同产品之间、产品不同构型之间能够相互区分。同时一旦发生对产品构型的更改，则能够在标识号上予以反映，使得更改具有追溯性。

各项目根据所采取的设计手段和工具，制订相适应的标识规则和更改规定，对于后续有效地进行产品构型控制是非常关键的。

（4）建立和维护产品的构型基线。

构型基线是构型控制的起点，是某个特定时间点产品构型状态的定义与记录，通常用一系列、描述确定的产品属性构型文件来表达，根据产品类型不同和成熟度不同，每条基线的正式程度和控制级别可能不一样，有些基线是非正式、较简单的、控制级别较低的，有些基线则是很正式、很详细、控制级别较高的。整个构型管理活动就是对基线的建立、演进及对其完整性和正确性的维持过程。构型基线一旦建立，就必须通过构型更改控制流程进行管理和更新，并重新进行构型验证和审核。

构型基线的设置与项目研制阶段控制需要和产品全生命周期的"控制点"相关。一般建立五条正式项目级的构型基线：需求基线、功能基线、分配基线、设计基线和产品基线。各项目根据自身的组织机构和管理的需要，可进行裁剪或扩充。

6.2.3.3 构型更改控制

构型更改控制是运用适当的、精益化的更改流程，对产品构型的更改进行管理。

构型更改控制的目的是确保如下几方面：

（1）构型基线得到有效的维护和控制。

（2）产品和产品构型信息持续保持一致。

（3）更改信息时按既定规则进行沟通。

（4）能够权衡分析成本、收益评估和可选的更改方案。

（5）更改决策是基于对更改进行了全面的、完整的影响分析。

（6）更改是必需的，或者是可以带来显著收益的。

（7）产品接口是受控的。

（8）偏差或超差已形成文件并且受控。

更改控制过程主要包括更改启动、更改影响评估、更改决策和更改实施与验证。

（1）更改启动。

在产品生命周期中，特别是在研制阶段，构型更改是不可避免的。提出更改需求的单位可以是参与产品研制的各个单位或部门，如设计研发部门、生产制造部门、客户服务部门、市场部门、供应商、客户和工程单位内部等。可以触发和启动构型更改的主要原因如下：

a. 改正图纸或工程文件的错误。

b. 改正产品缺陷。

c. 改进产品性能和/或功能。

d. 提高工艺性和/或生产率。

e. 客户提出新的需求。

f. 改进安装、维护或服务。

g. 符合新的适航规章要求。

无论是客户还是主制造商对产品需求和设计的更改，或者是研制阶段设计评审和测试发现的问题，以及投入运营阶段发现的问题，可首先通过问题报告记录问题和建议的解决措施。若需要通过工程更改的形式进行处理和解决，则均应通过更改请求（change request）的方式启动该构型更改。

各项目应明确接收更改请求（change request）的接口，并通过正式文件对更改请求进行记录、评估和决策，更改请求中一般包括更改标识号、问题提出方和负责人、问题现象描述和范围及建议的更改处理措施等。

（2）更改影响评估。

更改影响评估环节对建议的更改可能带来的影响和后果进行充分的分析评估，确保将所有潜在的影响和后果都识别出来，提出更改实施的建议范围，以及对在制品或在役飞机的处置方案。

其目的是量化和显性化更改所带来的各种影响，确定项目可接受的和可实施的解决问题的最优方案。包括但不限于对如下方面的影响：

a. 飞机的功能、性能和安全性等各方面的工程技术影响。

b. 制造工艺，包括生产用工装和工具等制造实施影响。

c. 试验保障要求（包括测试改装和试验科目执行）等方面的影响。

d. 航材备件、技术出版物和训练设施等客服产品的影响。

e. 对接口关系和国内外供应商等的影响。

f. 对客户要求的影响，包括已交付飞机和待交付飞机等的影响。

g. 适航审查活动和符合性结论有效性等涉及审查方的影响。

h. 整体进度、成本和竞争性等项目及经营层面的影响。

根据影响的范围、影响的严重程度以及更改的紧迫程度，可将构型更改分为"构型大改"（A 类更改）和"构型小改"（B 类更改）。对于不会导致产品构型变化的文档类更改，可定义为"其他工程更改/非构型更改"（C 类更改），这类更改仅属于工程更改、不属于构型更改，如修正构型文件或图样中文字错误和信息错误、补充说明或澄清等。

（3）更改决策。

开展更改影响评估以及对更改进行分类，是为了确定与之相适应的更改审批流程和决策级别。确保更改受控的同时，提高更改决策效率。

项目应建立更改审批机制和更改审批机构［如构型管理委员会（CMB）、构型控制委员会（CCB）、构型控制小组（CCT）等］，并明确不同层级机构的职责和审批权限，在对更改影响进行全面分析和评估之后，根据更改的分类、风险以及经费/进度的影响程度确定更改审批的级别。

获得型号合格证（TC）后的更改，除了完成项目组织内部的决策外，需要根据适航规章的要求，按照与局方确定的更改审批程序进行型号设计更改的审批。

（4）更改实施与验证。

对已批准的设计更改决策，各利益攸关方应及时贯彻执行，并且落实到位，包括"文件更改到位""产品实现到位""落实情况监测到位"等。

项目应对更改的实施进行监控和验证，确保对产品和产品构型信息根据批准的更改建议进行落实。

以试验等方式证实更改方案的正确性、可行性、有效性，试验验证包括工程验证和适航验证。

6.2.3.4 构型状态纪实

构型状态纪实的作用是在产品在全生命周期内，准确和实时地提供产品及其产品构型信息准确和实时的信息库。构型状态纪实的目的在于捕获和维护产品构型信息，以确保当前及历史构型的产品及其构型信息在产品全生命周期内被准确地确定。

产品构型和产品构型信息相关的数据从其产生至产品全生命周期都要进行捕获。构型纪实过程不直接产生构型数据，是对其他构型管理过程产生信息的记录，然而构型纪实的有效性将直接关系到构型管理实施的质量。要系统性地捕获、记录、保护、确认和分发关于产品和产品构型信息的数据。

（1）在整个生命周期内，捕获产品及其产品构型信息相关的数据。

（2）能够检索获取到现行有效的和准确的信息，包括图纸、数模、更改决策结果、装机设备信息、机载软件信息等。

（3）能访问完整的产品构型信息。

（4）产品构型和产品构型信息的历史追溯性。

构型状态纪实活动一般包括以下方面：

（1）记录并报告构型项的标识号、现行有效的产品构型信息及其标识号。

（2）记录并报告所有工程更改从提出到贯彻实施的全过程。

（3）记录所有偏离和让步的申请和批准状况，报告关键和主要的偏离以及让步的批准状况。

（4）记录所有产品构型信息的更改过程。

（5）记录并报告构型审核结果，包括不符合状况及最终处理情况。

（6）记录并报告型号在研制关键节点的构型信息。

（7）定期备份构型状态纪实数据，维护数据安全。

（8）编制构型索引文件，包含产品构型标识号、构型文件和更改记录、计划以及执行计划产生的数据和记录、接口、安全相关的操作或维修程序与限制、互替换件、状态截止日期等信息。

由于商用飞机产品生命周期的时间跨度较长，因此应考虑建立有效的且持久的数据源，维护产品构型信息，用于进行构型数据的存档（archiving）和检索（retrieval）功能。按照适航要求，定义有效的数据留存（data retention）程序，确保在必要的时间段内能够正确地获得有效数据。

6.2.3.5 构型审核

构型审核是对过程、产品定义信息、需求符合性验证记录和产品检测记录进行复查，以确认产品已经达到了所要求的属性，并且符合已发放的产品构型定义信息。构型审核活动是为确保产品的设计实现了产品定义信息中定义的性能和功能要求，对产品的设计在产品定义信息中准确地描述，以及最终产品的构型与产品定义的构型的符合性进行检查和验证活动。同时，也包括对构型管理体系的审核。

构型审核的目的包括如下几个：

（1）确保产品设计符合批准的性能和功能。

（2）确认产品构型信息的完整性。

（3）验证产品与产品构型信息的一致性。

（4）确认建立了适当的程序使构型处于持续可控状态。

（5）确保产品定义信息受控。

（6）确保有一个受控的构型，为运行、维护、培训和备件提供基础。

构型审核一般分为功能构型审核（FCA）和物理构型审核（PCA）。功能构型审核用来验证和证明构型项的功能、性能满足其性能规范中所述的要求。通过组织实施设计评审、设计复查复算、设计验证和确认、过程审核等工作，分步开展功能构型审核工作；物理构型审核是依据构型项的设计文件、对正式构型项的技术状态进行的最终考核，用来验证和证明构型项的实际性能能够满足其性能规范。通过计划和组织过程审核和符合性核查等工作，开展物理构型审核活动，以确认最终产品构型与其构型文件的符合性。在申请适航批准前，应针对开口的问题报告进行评审，以确定是否对安全有影响，或存在使用限制。适航审查方所开展的各种审查活动是第三方视角对构型的审核，不能代替组织自身的构型审核活动。

此外，还应开展对构型管理体系的审核，确保构型管理体系是有效的，形成了制度化的流程，且流程得到了很好的执行。

6.2.4　输出

构型管理过程主要有如下输出：

（1）构型管理规划。

（2）产品分解结构。

（3）构型文件和构型基线。

（4）构型索引文件。

（5）构型状态纪实报告。

（6）构型审核报告。

6.2.5　方法与工具

6.2.5.1　单一产品数据源

单一产品数据源（SSPD）是把产品的相关构型信息，包括工程定义、制造过程定义、工装数据和客服服务支援数据等关联在一起，用统一的产品分解结构进行组织，通过适当的管理信息平台或系统进行管理，来保证产品构型信息逻辑上单一且一致。产品数据的传递是以 BOM 为主线。在数据管理系统中，BOM 构造、转换、使用及管理应基于单一产品数据源，根据需求形成不同 BOM 视图，以确保 BOM 的一致性、完整性、实时性和可靠性。

6.2.5.2　评估和决策会议

针对更改和偏差等的影响进行相关影响方的评估，组织并行讨论，满足

DBMOT、"四同时"等要求，并召开决策会议，如构型控制委员会（CCB）会议，进行综合的权衡决策。

6.2.5.3 模块化数据集组织

为了简化构型管理，在产品结构的组织形式上引入了模块的概念，通过严格限制产品结构层级，使飞机产品结构"扁平化"，从而更有利于实施更改的管理与控制，减少零组件之间相互的更改影响关联。

6.2.5.4 构型管理相关工具

商用飞机研制的复杂性导致数据和信息量巨大，异地设计、制造、研发的现状，要求必须有相适应的产品数据管理和协调研制的软件平台，软件平台要与项目所采取的设计方法等相匹配。产品数据管理（PDM）平台，是以产品为核心，实现对产品相关的数据、过程和资源一体化集成管理的技术和工具。PDM 或者 PLM 工具的数据管理跨越全生命周期，从研制到产品数据库全面覆盖。

6.2.6 注意事项与经验

注意事项与经验包括如下各项：

（1）应在产品研制初期就启动构型管理策划与实施，直至产品最终处置。

（2）构型管理方法须与项目的管理模式、技术水平和设计方法相匹配。

（3）构型项的确定要充分考虑制造、试验试飞、选项选配、维修维护、航材等需求，如航线可更换件（LRU），要求供应商所提供的产品构型信息应考虑航线维护和航材采购的需要。

（4）应结合里程碑节点和"控制点"进行构型审核，确认基线。

（5）建立构型控制委员会，委员包括项目的所有利益攸关方和相关工程学科的代表。

（6）使用好制造序列号，可以便于灵活地组织生产制造活动。

（7）打通横向、纵向的数据流，建立关联关系，做好构型纪实，可以大大提高管控的成效。

（8）对试验机/件的构型管控，要关注加强对试验机/件的构型管控，要关注试验机/件对型号设计的代表性。

（9）要考虑和掌握不同供应商内部的构型管理办法的差异性，明确主制造商的构型控制要求，体现在供应商的构型管理规划中，并对其实施过程监控。

6.2.7　与 SAE ARP 4754A/B 的符合性

构型管理过程与 ARP 4754A 的符合性如表 6-5 所示。

表 6-5　构型管理过程与 SAE ARP 4754A 的符合性

| 过程描述 | | SAE ARP 4754A 章节 | 对应 FDAL 等级的独立性与适用性 | | | | |
章 节	活 动		A	B	C	D	E
6.2.3.1	构型管理策划	5.6.2.1 构型管理计划	R	R	R	R	N
6.2.3.2	构型标识	5.6.2.2 构型标识 5.6.2.3 构型基线	R	R	R	A	N
6.2.3.3	构型更改控制	5.6.2.4 更改控制和问题报告	R	R	R	R	N
6.2.3.4	构型状态纪实	5.6.2.5 存档和检索	R	R	R	R	N
6.2.3.5	构型审核	无对应章节	N/A	N/A	N/A	N/A	N/A

构型管理过程与 SAE ARP 4754B 的符合性如表 6-6 所示。

表 6-6　构型管理过程与 SAE ARP 4754B 的符合性

| 过程描述 | | SAE ARP 4754B 章节 | 对应 FDAL 等级的独立性与适用性 | | | | |
章 节	活 动		A	B	C	D	E
6.2.3.1	构型管理策划	5.6.2.1 构型管理策划	R	R	R	R	N
6.2.3.2	构型标识	5.6.2.2 构型标识 5.6.2.3 构型基线	R	R	R	A	N

过程描述		SAE ARP 4754B 章节	对应 FDAL 等级的独立性与适用性				
章 节	活 动		A	B	C	D	E
6.2.3.3	构型更改控制	5.6.2.4 更改控制和问题报告	R	R	R	N	N
6.2.3.4	构型状态纪实	5.6.2.5 存档和追溯	R	R	R	N	N
6.2.3.5	构型审核	无对应章节	N/A	N/A	N/A	N/A	N/A

6.2.8　型号案例分析

空客公司是由多国分公司组成的松散式联邦集团，缺乏统一规划，各分公司存在用相同软件但版本不同的情况，这导致在空客 A380 的设计中出现了大问题。

空客 A380 全面采用达索公司的 3D 数模软件 CATIA 软件作为结构设计的主要工具，德国汉堡工程中心和西班牙使用的是 CATIA 的 V4 版本；英国和法国图卢兹总部人员使用是 CATIA 的 V5 版本。V5 版本的 CATIA 是重新设计过的软件，其系统内部的数据结构与 V4 版本的是不一样的，最重要的就是没有做到向前兼容。由于没有注意到 V4 版本和 V5 版本的 CATIA 系统之间有着很大的差异，因此在空客 A380 客机研制过程中，未构建单一产品数据源（SSPD）。

这样，在不同的设计单位，以及设计制造协同的数据同步和传递产生了很大的麻烦，形成了空客 A380 产品数据不一致性的隐患。这个隐患直到在德国制造和装配的空客 A380 前机身和后机身 18 段，运到法国与中机身和其他部件对接总装时，才发现在德国安装的机身段上的电缆与在法国装配中的机身段的结构存在不协调、线缆过短、对接不上等一系列问题。空客 A380 的电缆超过 530 千米、线束超过 10 万根、连接头超过 4 万个，出现这个问题造成了非常严重的后果。技术人员重新把德国制造的巨大机身段运回到原来工厂重新进行电缆设计更新，在电缆上进行了数百个更改，最后造成了 25 亿欧元的损失，并导致项目延长两年。

6.3 门禁管理过程

大型商用飞机研制周期漫长，通常是以"年"为单位的，因而在此过程中需要对其研制状态进行"分段式"管控，以降低产品研制风险。如同人生的中考、高考，在不同阶段通过不同程度的考试来判别考生是否拥有进入下一学习阶段的资格。如果没有通过考试，则必须重新学习和考试。只有通过了考试，才能证明该考生已经具备了开展更深层次学术研究的资格。

商用飞机门禁管理通过将高度复杂的商用飞机产品研制过程划分为若干便于管理和控制的阶段，并在飞机不同研制阶段设置相应"控制点"，来评估飞机的研制状态是否能够满足下一阶段更为细化的研制需求。控制点评审内容包括了数据、文件、模型，以及陆续交付的一件件实物产品等，并且需要各设计专业、技术管理、项目管理等人员的通力合作，才能顺利通过一个个的控制点，直到将飞机交付给客户。

本节通过讨论门禁管理过程的目的、必要性、典型的方法和工具，以及在飞机研制过程中的适用阶段、输入、输出、过程活动等（见表6-7），以帮助读者了解和学习中国商飞公司系统工程的门禁管理理念。

6.3.1 描述

中国商飞公司门禁管理是以商用飞机产品系统的研制规律为基础，根据商用飞机研制项目特点和型号研制实践，制订符合公司实际情况的新研制飞机产品门禁管理要求，确保对研制程序要求的符合性，以及型号应用的可实施性。

门禁管理起着控制项目风险、提升研制效率的作用，以及实现产品研制和商业成功的作用。首先，通过门禁管理，可以有效地把握项目的实际状态，确保项

表 6－7　门禁管理过程 SIPOC

中国商飞　过程名：门禁管理过程（B.3）

CMMI 过程域：N/A

下一层级过程：N/A

过程目的：将高度复杂的商用飞机产品研制过程划分为若干便于管理和控制的阶段，提出阶段工作的准入和准出要求，采用控制点进行把控，以控制项目风险，提升研制效率，最终实现产品研制的商业成功

必要性：航空行业标准《民用飞机研制程序》（HB 8525—2017）要求的细化和分解

输入（**I**nputs）：
－阶段工作输出

过程活动（**P**rocesses）：
1. 制订工作规划
2. 开展控制点评审
3. 转段决策

输出（**O**utputs）：
－阶段工作优化建议
－控制点评审结论
－转段决策结果

提供方（**S**uppliers）：
－项目团队

适用阶段：
☑ 概念开发阶段　　☑ 全面试制阶段
☑ 立项论证阶段　　☑ 试飞取证阶段
☑ 可行性论证阶段　☑ 产品与服务验收阶段
☑ 初步设计阶段　　☑ 持续运营/退役阶段
☑ 详细定义阶段

使用方（**C**ustomers）：
－项目团队
－公司决策部门

方法与工具：
方法：工程评审，成熟度评估等
工具：检查单

目实施情况全面可控。其次，门禁管理作为项目研制的管控手段，可以为公司的战略和经营决策提供依据，为重大决策提供支撑。最后，将复杂、持续周期长的商用飞机研制过程划分为易于管控的组成阶段，分阶段开展控制，有利于项目的实施。门禁管理过程内容主要如下：

（1）将高度复杂的商用飞机产品研制过程划分为若干便于管理和控制的阶段。

（2）提出阶段工作的准入和准出要求，并设置控制点。

（3）开展阶段决策。

门禁管理要求包括控制点要求和转段要求，通过在项目各阶段分别设置若干控制点和转段决策点，可以满足项目分阶段实施和控制的目的。其中控制点起到支持项目状态、项目转段决策前置条件的判断，转段决策点支持公司经营决策和项目是否转入下一阶段批准决策。控制点应由项目团队进行筹划、管理部门进行管控，转段应由公司决策部门进行把关和控制。

控制点和转段决策点的内容、设定目标和典型示例如表6-8所示。

表6-8　控制点和转段决策点的内容、设定目标和典型示例

	内　容	设定目标	典　型　示　例
控制点	在项目研制工作重点、产品研制细化程度变化的节点进行控制，审查项目团队的本身研制工作	确保项目团队的研制工作满足产品研制需求	总体技术方案审查（针对飞机级的设计情况进行检查）、初步设计审查（针对系统级产品设计情况进行检查）、详细设计审查（针对设备级产品设计情况进行审查）
转段决策点	在阶段转移过程中进行控制，明确项目外部的风险，包括投资、局方受理、供应商合同签署、产品销售合同等	确保项目进展情况满足公司的发展战略和投资方要求	在初步设计转向详细设计阶段的转段决策，确保详细设计阶段经费预算合理且有支持来源，公司批准详细设计阶段经费预算；完成了第二阶段要求确定的申请人工作，获得局方的认可

6.3.2　输入

输入为所在型号各研制阶段（控制点之前）、各工作领域（市场、工程、制

造、试飞、客服、适航、项目管理、成本管理和采购与供应商管理等）的工作输出，一般包括如下内容：

（1）概念开发阶段前的工作主要包括市场分析与产品规划，输出包括潜在商业机会报告和概念开发阶段工作计划。

（2）概念开发阶段的工作输出主要包括概念方案论证相关的利益攸关方识别报告、市场分析报告、商用飞机产品系统功能定义、潜在项目的初步研制目标、商用飞机产品系统概念方案，以及关键技术清单、商业论证报告、产品初步研制保障方案、初步项目里程碑计划等。

（3）立项论证阶段的工作输出主要包括概念方案论证中的商用飞机产品系统商业需求和目标、用户需求分析报告、商用飞机产品系统概念方案（一般是多个产品方案）、PBS、初步商用飞机产品系统研制需求和目标，以及关键技术论证报告、项目 WBS、里程碑计划、项目建议书、研制保障建设方案、可行性研究阶段经费报告等。

（4）可行性论证阶段的工作输出主要包括概念方案论证中的商用飞机产品系统研制需求和目标、商用飞机产品系统功能定义、商用飞机产品系统方案，以及飞机功能定义、飞机级需求定义、飞机设计描述文件、项目可行性论证报告、组织分解结构（OBS）和成本分解结构（CBS）、项目造买政策、项目管理计划等。

（5）初步设计阶段的工作输出主要包括飞机功能定义和架构、飞机功能接口控制文件（FICD）、系统功能定义文件、飞机级需求定义、GTS、系统顶层需求定义、系统级需求定义、飞机需求确认总结报告、系统顶层需求确认总结报告、设计综合、产品实施、试验试飞、样机、结构强度、人为因素、特性、合格审定、客户服务、关键技术、采供管理、项目管理和成本管理等。

（6）详细设计阶段的主要工作输出包括需求分析中的设备需求定义、需求确认中的设备级需求确认总结报告、设计综合中的设备描述文件、PBS、PICD、设备架构设计验证总结报告、产品实施、产品集成、实施验证、试验试飞、结构强度、样机、特性、合格审定、客户服务、市场营销与交付、项目管理、成本管理和技术规划等方面的内容。

（7）全面试制阶段的工作输出主要包括产品实施中的工装、工艺文件、飞机、实施验证中的系统验证总结报告和设备验证总结报告、试验试飞、结构强度中的载荷计算报告、特性分析报告、合格审定中的设备 PDDP、系统 PDDP 及 AEG 评审计划、客户服务、采供管理和风险管理等内容。

（8）试飞取证阶段的工作输出主要包括实施验证（飞机验证总结报告及商用飞机产品系统验证总结报告）、特性（ASA、SSA 等）、试验试飞（试飞报告）、合格审定（设备、系统 DDP、TIA、设计保证手册、符合性验证报告、符合性检查清单、TCDS、批准的 ICA、AEG 审查报告、AEG 评审结论、运行支持体系评估报告、AEG 持续评审工作计划）、客户服务（维修工程分析报告、飞行/运行工程分析报告、航材库、航材）、产品交付计划、项目风险分析与评估报告等。

（9）产品和服务验收阶段的工作输出主要包括产品确认中的商用飞机产品系统确认总结报告、先锋用户的运营数据和项目总结报告。

6.3.3　过程中的活动

6.3.3.1　制订工作规划

根据研制阶段特点和门禁管理要求，制订门禁管理工作规划，内容包括阶段工作要求、工作输出、控制点准入、评审要求、转段要求和进度安排等方面。

（1）工作要求：包括工作目标、工作内容、控制点和转段决策点。例如，对于在概念开发阶段，工作目标是针对前期识别的潜在商业机会开展市场研究，开展价值评估，确认可行的产品和项目机会；控制点为项目筹划启动；工作内容包括概念方案论证、关键技术、资源管理、采购与供应商管理、项目管理、风险管理等方面。

（2）工作输出：按照领域对工作输出进行梳理。

（3）控制点准入：按照工作领域对进入控制点须达到的项目状态进行明确。

（4）评审要求：按照各门禁控制点评审要求检查单的细化内容，结合型号研制工作特点，确定评审要求，应保证完整、具体，支持评审工作开展；评审检查单一般分领域对评审准则和要求进行分列。

（5）转段要求：明确对项目转入下一阶段须完成的工作。

（6）进度安排：评审等相关工作的进度计划。

门禁管理工作规划是控制点评审、转段决策的基础和依据。

6.3.3.2 开展控制点评审

项目状态达到控制点准入要求后，开展控制点评审。评审的详细内容一般包括控制点目标、准入准出准则的检查单、待评审清单与证据等。评审一般采取会议形式，需明确会议安排，评审后形成行动项和决策项等。

6.3.3.3 转段决策

根据项目研制阶段划分及转段评审要求，在控制点准入评审工作的基础上，从管理和技术等方面检查前一阶段的项目工作已达到要求的成熟度，由公司决策部门根据企业发展和经营战略及内外部环境等做出转段决策，决策是否将该项目转入下一阶段。

6.3.4 输出

6.3.4.1 阶段工作优化建议

根据各研制阶段的工作要求和工作完成情况，给出优化工作建议，明确需要补充和优化的工作内容，以确保各领域工作达到项目成熟度要求。

6.3.4.2 控制点评审结论

控制点评审项目是否满足相应控制点的评审要求，识别项目存在的问题和风险，以支撑项目的转段决策。

6.3.4.3 转段决策结果

公司决策部门根据公司发展和产品经营等战略规划，基于门禁管理评审结论，做出是否转入项目下一阶段的正式决策。

6.3.5 方法与工具

6.3.5.1 工程评审

工程评审是门禁管理实施的重要方法，通过将阶段工作的准入和准出要求落实到评审准则中，完整和科学地检查项目相关工作完成情况，给出评审结论，支撑项目决策的做出。

6.3.5.2 成熟度管理

不同阶段控制点对关键技术的成熟度等级要求各不相同，将成熟度评估作为控制项目风险的一种手段。根据项目不同阶段控制点对于关键技术成熟度的要求，评估项目关键技术的技术成熟度和制造成熟度水平。

成熟度评估过程一般工作如下。

（1）制订评估计划：制订评价工作计划，包含各个阶段工作内容、进度安排、责任主体和工作成果等。

（2）确定参评产品：确定拟开展成熟度评估的产品。

（3）编写评审准则：根据最高等级的要求，逐级确定其下各级定义的具体内涵。

（4）开展评审：根据专家认可的评价准则开展参评产品成熟度等级的自评工作，形成评估报告。

（5）专家组评价：根据专家认可的评价准则开展参评产品成熟度等级的自评工作，形成评估报告。

（6）撰写评价报告：评价方全面梳理评价工作过程和成果，撰写成熟度评价报告。

6.3.5.3 检查单

检查单是门禁管理相关要求的载体，将细化后相关准入和准出准则逐项列出，供阶段工作检查和评审使用。

6.3.6 注意事项与经验

项目门禁管理的实施应该根据公司对于研制程序、阶段划分、门禁控制点、评审要求和成熟度（技术成熟度和制造成熟度）管理的具体规定和要求进行。

6.3.7 与 SAE ARP 4754A/B 的符合性

无。

6.4 接口管理过程

航空项目中接口管理的概念在 1967 年首次被提出，这种概念使用系统工程的方法来分析相关交互组织之间的关联关系。随着系统工程和工业进步，接口管理已经不再只是简单确保系统间匹配，而是从组织、管理和技术层面对系统进行定义，并管理它们之间的相互关系。如今，在高科技产业，尤其是信息和航空产业中，接口管理已经是一种广泛使用的方法，如我国大型商用客机 C919 电气信号的接口属性总数量已经是百万级别。

商用飞机对安全性、舒适性、经济性和环保性的要求日益增长，机载系统的功能变得越来越复杂，功能之间的交互和继承性越来越高，这对商用飞机的设计、集成和验证带来了新的挑战。作为描述机载系统和功能之间信号、物质和能量交互关系的接口起到越来越重要的作用。在典型复杂系统的开发过程中实施统一的接口管理，可以有效减少和避免集成过程中的系统间冲突。

本节通过讨论接口管理过程的目的、必要性、典型的方法和工具，以及在飞机研制过程中的适用阶段、输入、输出、过程活动等（见表 6-9），以帮助读者了解和学习中国商飞公司系统工程的接口管理理念。

6.4.1 描述

复杂系统由不同组件组成，组件之间存在相互的交联关系，同时复杂系统本身需要与其他系统、人和环境进行交互，这些不同实体之间交互的静态连接和动态关系即接口定义，接口包括内部、外部、功能和物理。一个有效正确的接口定义是系统能够由多个组件一并协作工作完成功能的基础，也是系统在环境中与各种要素有机互动，达到利益攸关方需要的关键。

复杂系统的接口关系的数量和复杂度是随着系统复杂性而急剧上升的，对接口进行有效管理在复杂系统的设计实现中具有重要的作用。它包括明确定义和控制系统或系统元素之间的接口，以确保飞机以及系统之间能够协调工作。接口管

表 6-9　接口管理过程 SIPOC

中国商飞　过程名：接口管理过程（B.4）　　　　　CMMI 过程域：3 级过程——TS 技术方案，PI 产品集成

下一层级过程：N/A

过程目的：接口管理是为了识别、定义和持续维护系统之间和系统内部的接口需求和接口设计，从而确保系统组件集成后能够满足预定的系统目标

必要性：有效的接口管理是确保系统能成功集成的基础

输入（**I**nputs）：
— 确认后的需求
— 功能架构
— 设计方案
— 技术更改

过程活动（**P**rocesses）：
1. 规划接口管理活动
2. 形成接口定义文件
3. 管理接口的变更

输出（**O**utputs）：
— 功能接口控制文件（FICD）
— 物理接口控制文件（PICD）

提供方（**S**uppliers）：
— 需求团队
— 设计团队

适用阶段：
☐ 飞机概念开发阶段　　☐ 全面试制阶段
☐ 立项论证阶段　　　　☑ 试飞取证阶段
☐ 可行性论证阶段　　　☑ 产品与服务验收阶段
☑ 初步设计阶段　　　　☐ 持续运营/退役阶段
☑ 详细设计阶段

使用方（**C**ustomers）：
— 产品实施团队
— 集成验证团队

方法与工具：
方法：*N² 图、*建模仿真等
工具：ICD 数据库工具、接口模型软件等
注：* 表示 DFSS 方法工具

理过程完成的主要形式是编写并维护接口控制文件。

接口控制文件根据产生的活动、用途的不同主要分为功能接口控制文件（FICD）和物理接口控制文件（PICD）。

FICD 是在功能分析过程中产生的，描述功能之间的接口关系；PICD 是在设计综合过程中产生的，描述实现方案中不同物理实体之间的接口关系。FICD 是为了满足上一层级的功能性需求，形成的功能架构中不同子功能之间的接口要求；而 PICD 是设计方案中接口需求分配到物理实体上后，物理实体之间物理接口实现的详细定义。同时，还有一类接口称为作业程序接口，一般存在于人和机器之间，如飞行员对飞机的操作程序要求，尽管本质上属于接口需求，但一般不属于接口管理的范围。

6.4.2　输入

6.4.2.1　确认后的需求

确认后的需求应该包含每条需求的研制保证等级（IDAL 或 FDAL），确认该需求的方法，确认过程中的证据、确认过程中的变更以及最终的状态等。

6.4.2.2　功能架构

功能架构应包含各个层级的功能定义以及功能之间的逻辑关系，还应包含在进行功能分析时定义的产品运营的场景。如有功能架构的模型，应提供模型数据。

6.4.2.3　设计方案

设计方案是对飞机、系统和子系统的描述。应该包括系统和子系统的物理架构、组成部分、各个部件的功能、各个组成部分的相互关系以及使用的限制条件等。

6.4.2.4　技术更改

技术更改是经过权衡分析之后对技术方案的变更决定，应该包括技术更改前后的方案、做出更改决定的依据以及技术更改之后对飞机和系统的主要影响。

6.4.3　过程中的活动

6.4.3.1　规划接口管理活动

在项目前期，应进行接口管理活动的规划，最终形成接口管理计划文件。

接口管理计划是接口管理工作的总方案，制订接口管理计划能够更好地梳理项目中接口管理的主要活动。接口管理计划一般包括接口数据的收集、控制和管理的规划，同时也包括了接口控制文件的模板，用于收集准备、更改和进行 ICD 的管理。接口管理计划应该包含如下内容：

（1）接口管理的策略。

（2）接口管理工作的范围。

（3）接口管理的主要活动，包括识别、定义、记录和接口控制文件的活动要求。

（4）接口联合工作组的组成和职责。

（5）接口管理活动的主要里程碑节点。

（6）各里程碑节点的准入准出准则。

（7）接口变更控制的流程。

（8）接口管理的主要工具。

（9）接口管理所需的环境以及资源支持。

（10）与其他重要过程之间的联系。

需要注意的是，由于接口活动本身具有相互关联性，因此为了有效地进行接口管理活动，应成立联合的接口工作小组，把总体、各系统专业及其供应商代表等利益攸关方一并加入，用于进行各系统之间的接口协调工作。

6.4.3.2 形成接口控制文件

接口控制文件（ICD）是为了满足需求而形成的接口定义的描述文件，包括功能接口和物理接口两大类。

功能接口控制文件（FICD）详细描述了同个层级的两个功能之间的接口责任，由于所有性能需求都是基于功能的，因此至少有两个相关的接口需求。

物理接口控制文件（PICD）详细描述了两个系统元素的物理实体上的接口关系，用于定义和控制一个系统元素影响另一个系统元素的特性特征、尺寸及容差。物理接口一般是指影响功能中另一个匹配设备接口的物理参数，包括连接器的数量和类型、电气参数、机械特性、安装位置关系以及环境限制等，具体形式有电子接口控制文件（EICD）和机械接口控制文件（MICD）等。

需要注意的是，接口控制文件（ICD）是架构设计的附属产物，功能接口控制文件（FICD）属于功能分析过程中的功能架构设计过程的产物，物理接口控制文件（PICD）属于设计综合过程中的物理架构定义过程的产物。

尽管如此，形成接口控制文件过程由于其流程的类似性，因此也是一个专门的过程，在功能分析和设计综合过程中重复逐步细化地执行。具体过程包括如下几项：

（1）确定系统的范围边界，识别接口系统，包括系统与外部环境的接口以及系统内部子系统和元素之间的接口。

（2）识别和协调功能和物理接口，形成相互之间的接口需求，纳入需求文件中进行需求管理。

（3）针对接口需求，进行接口方案的设计，并经过相关方两两协调，形成ICD，获得多方认可后发布。

6.4.3.3　管理接口的变更

当设计需求或设计方案发生变更时，需要对相应的接口进行更改，并且将这些更改修订到ICD中。其主要步骤如下：

（1）当需求变化或者设计方案等发生更改时，要对接口需求进行评审，确定接口需求是否需要更改。

（2）对ICD进行评审，确定其是否要进行更改。

（3）如果需要对ICD进行更改，则要根据既定的程序进行更改，包括如下内容：

a. 发起更改申请，描述问题和建议更改，描述详细的更改分析，包括更改内容、所花费资源、所需时间和对系统影响等。

b. 提交接口联合工作小组，进行评审，确保所有影响方包括专业和供应商能够介入评审，接口联合工作小组给出是否执行更改的结论，并提交构型管理过程的CCB进行批准。

c. 如果同意更改，那么批准更改后对ICD进行修订并进行版本控制。

6.4.4　输出

输出包括形成的 FICD 和 PICD 接口控制文件基线，以及由于接口变更的过程，不断进行接口定义而改版的文件。

6.4.5　方法与工具

6.4.5.1　N^2 图

N^2 图是一种有用的方法，利用该方法可以确保功能分析中定义的所有功能均能在这些功能接口中反映出来，且可以识别设计综合过程中所有物理实体之间的关系。

6.4.5.2　建模仿真

接口管理可以利用模型来表示。模型看起来比较直观，比文本的形式更清晰且更易管理。通过 ICD 模型，还能方便地显示同一层级中信息流的整个走向，以及显示不同层级之间的接口上下级的对应关系。不过在建模仿真中，要遵循统一的标准，避免模型之间无法对接的情况。

6.4.5.3　ICD 数据库工具

由于目前先进飞机接口数据的规模庞大（百万级数据单元）、信息复杂，同时在项目中存在更改频繁，受影响方多（所有飞机子系统及供应商），且每个数据单元至少存在两个以上的影响方，具有强耦合性等问题。因此，目前现代商用飞机项目中必须通过 ICD 数据库技术，来实现接口数据唯一数据源的有效管理。

数据库（database）是按照数据结构来组织、存储和管理数据的仓库，它产生于距今 60 多年前。随着信息技术和市场的发展，特别是 20 世纪 90 年代以后，数据管理不再仅仅是存储和管理数据，而是转变成用户所需要的各种数据管理的方式。

数据库具有数据共享、数据独立性、数据集中控制、数据一致性和可维护性、故障恢复等特性，比较适合作为 ICD 管理的一种方法。用数据库进行 ICD 管理，可以方便地实现 ICD 数据的查找、连接、更新、基线管理和签审等工作，确保 ICD 数据的独立性、一致性和唯一性。

6.4.5.4　接口模型软件

目前，已经有一些商业软件公司编制了一些用于接口管理的软件，不仅能够模拟功能接口和物理接口，还能够将这两类接口通过物理系统进行连接对应，使得接口管理的工作更加可视化，逻辑关系也更加的清晰，接口数据集的模型化是以后发展的方向。

6.4.6　注意事项与经验

接口管理过程应该注意如下方面的内容：

（1）在项目中，应成立专门的组织结构来负责接口管理的工作。此组织即联合的接口工作小组，应由各专业主制造商和供应商组成，确保针对接口这一交联数据能够实现所有利益攸关方在一个平台上进行捕获、讨论、协调和更改等协同工作。

（2）应尽早地规划接口管理的工作。

（3）由于接口更改的频繁性，且关联关系复杂，可以采用多层，接口工作小组需多方参与便于操作，因此建议有一定的授权范围，进行接口更改的协同工作和意见形成，最终由构型管理组织机构中的构型控制委员会（CCB）进行批准和重大问题的决策。

（4）应严格控制接口数据的唯一性，即接口数据应该是能够被有效共享的唯一数据源。

（5）如果可能，则尽量采用建模的方法进行接口的定义。

6.4.7　与 SAE ARP 4754A/B 的符合性

无。

6.5　过程保证过程

作为典型复杂系统的商用飞机，需要满足适航当局 CCAR‑21 部《民用航空产品和零部件合格审定规定》、CCAR－25 部《运输类飞机适航标准》等适航规章。尤其是对 25.1309 的符合性，FAA 和 EASA 分别发布 AC 25.1309－1B 和 AC 25.1309，给出了局方可接受的条款符合性方法，即认可和接受采用 SAE ARP 4754A/B 所定义的指导方法，要求商用飞机主制造商和供应商采用符合 SAE ARP 4754A/B 建议的方法和流程来研制飞机，核心在于加强对商用飞机及相关产品研发的过程保证，提高商用飞机的安全性和置信度。

产品集成和过程集成是系统工程的两大实施手段，过程保证作为过程集成的一部分，覆盖产品全生命周期，以产品计划的研制活动为被控对象的管理方式，保证飞机和系统的研制以规范的方式完成，并限制影响飞机安全性的研制错误产生的可能性，将高度综合与复杂系统出现研制错误的可能性降至可以接受的程度以确保飞机安全。因此，规范实施过程保证将大力促进商用飞机的设计、制造、适航等工作。

本节通过讨论过程保证管理过程的目的、必要性、典型的方法和工具，以及在飞机研制过程中的适用阶段、输入、输出、过程活动等（见表 6－10），以帮助读者了解和学习中国商飞公司系统工程的过程保证管理理念。

6.5.1　描述

过程保证是一种面向产品全生命周期，以产品计划的研制活动为被控对象的管理方式，将各阶段的产品研制活动通过评审、监控、审核等方式进行过程证据的收集和整理，以保证产品过程证据的有效性和追溯性，并支持系统研制完成总结报告的管理技术工作。过程保证给适航当局提供安全保证和信心，也是确保设计部门在研发过程中必须遵从已批准的计划和标准的管理措施和手段，其实质是要求开发过程及综合过程的活动按"已计划的去做，做已计划的工作，记录好已完成的计划的工作"，就是确保开发过程及综合过程的工作质量。

过程保证是 SAE ARP 4754A/B 综合过程之一，过程保证的主要目标是确保产品的研制能按既定的计划完成，并确保研制保证工作得以保持和跟踪，从而保证项目研制工作得以保持和遵守。本节所使用的"过程"，均指 SAE ARP

表 6 – 10 过程保证过程 SIPOC

中国商飞 过程名：过程保证过程（B.5） 　　　　CMMI 过程域：2 级过程——PPQA 过程与产品质量保证

下一层级过程：N/A

过程目的：确保飞机和系统的研制以规范的方式完成，并限制影响飞机安全性的研制错误产生的可能性，将高度综合与复杂系统出现研制错误的可能性降至可以接受的程度，以确保飞机安全

必要性：SAE ARP 4754A/B 中定义的推荐过程

输入（**I**nputs）：
— 系统研制保证等级及系统分类
— 计划过程中生成的过程计划
— 各过程全阶段的输出物和活动记录

提供方（**S**uppliers）：
— 项目内所有团队

过程活动（**P**rocesses）：
1. 计划规划
2. 评审与监控
3. 生成过程保证记录
4. 编制过程保证总结

适用阶段：
☑ 概念开发阶段　　☑ 全面试制阶段
☑ 立项论证阶段　　☑ 试飞取证阶段
☑ 可行性论证阶段　☑ 产品与服务验收阶段
☑ 初步设计阶段　　☐ 持续运营/退役阶段
☑ 详细设计阶段

输出（**O**utputs）：
— 过程保证记录
— 过程保证总结

使用方（**C**ustomers）：
— 项目管理团队
— 适航取证团队

方法与工具：
使用适用的检查单和记录管理平台，以抽样的形式进行评审，参与和监控、目击

4754A/B 中的"过程"。通过过程保证，可以达到以下目标：

（1）对于飞机、系统研制的所有方面，确保必要的计划和标准得以编制和维护。

（2）确保研制工作和过程是按照批准的计划和标准实施的。

（3）提供证据以表明研制工作和过程是按所有已批准的计划和标准进行的。

过程保证活动是对研制全生命周期过程活动的监控，因此，从事过程保证的组织机构或职责与研制过程之间应保持一定的独立性。SAE ARP 4754A/B 对 A、B、C 级的系统的过程保证活动有独立性的要求，因此在实施过程保证活动过程中，A、B、C 级系统的保证过程保证活动应保持独立性。

6.5.2 输入

6.5.2.1 系统研制保证等级及系统分类

研制保证等级用于度量研制过程中相应的严格程度，确保系统是以非常规范的方式来完成的，并可限制产生影响飞机安全性的研制错误。研制保证等级可将飞机/系统功能和项目研制过程中产生的错误限制到安全性可接受的水平。

研制保证等级分级可以为系统研制建立起一定的置信度，研制保证等级是根据失效状态严重程度来分配的，同时考虑研制过程之间的独立性，这种独立性能够限制研制错误带来的后果。失效状态等级越严重，其对应的用以减轻失效状态影响所需的研制保证等级就越高。

6.5.2.2 计划过程中生成的过程计划

研制保证各过程在计划过程中生成的计划包括开发计划、需求确认计划、需求验证计划、安全性工作计划、构型管理计划、过程保证计划以及合格审定计划，各过程计划规定了各过程的目标、工作依据的标准、工作的内容、工作输出物和方法工具，计划是 SAE ARP 4754A/B 各过程的依据，各过程将严格按照过程计划所规定的内容执行过程活动，这些计划也是过程保证工作的依据，过程保证人员将根据计划检查各过程活动和输出物与计划的一致性。

6.5.2.3　各过程全阶段的输出物和活动记录

在产品开发过程中各过程各阶段产生的过程输出物和活动记录是过程保证的主要输入。

6.5.3　过程中的活动

6.5.3.1　计划规划

计划规划过程是过程保证工作的前提，通过制订过程保证计划，确保系统研制过程中使用的规则和程序得以遵循，并对与合格审定相关的工作进行说明。过程保证计划确保产品开发过程中必要的工作得以完成、状态得以保持和跟踪，且过程中的工作满足了相关标准规范和程序。

在制订过程保证计划时，应考虑如下内容：

（1）确定过程保证环境，使用的工具和方法以及过程保证遵循的标准规范和程序。

（2）确定过程保证的组织和职责：包括执行过程保证的组织架构、过程保证的职责与权限、过程保证的独立性要求。

（3）确定在各个设计过程中过程保证监督的内容及时机。

（4）确定过程保证输出物（含过程保证计划）的更改控制、运行和维护程序。

（5）确定项目中的信息传递、协调、顺序，以及进程监控机制。

（6）已计划与审定当局进行充分的沟通与协调。

（7）定义计划偏离的识别与管理（报告、批准和记录）的方式。

（8）定义用以记录过程保证活动的过程保证输出物。

过程保证计划在确定过程保证的监督内容时，应考虑监督了以下内容：

（1）项目中的其他计划（包括研制、合格审定、确认、验证和构型管理）的范围和内容应与飞机功能、系统或设备的研制保证等级相一致。

（2）项目中的信息传递、协调、顺序，以及进程监控机制。

（3）及时发现开发中的错误。

6.5.3.2　评审与监控

评审与监控是过程保证工作的核心，通过评审和监控，确保过程活动按计划实施，并对过程中出现的问题及时处理，针对风险采取预防措施。SAE ARP 4754A/B 提供了对于过程保证活动的建议，包括了对于计划的评审，以及对于活动、数据和报告的监控。

过程保证的评审和监控可按照计划过程、需求和确认过程、设计过程、实现过程、验证过程展开。

（1）计划过程的过程保证：参与并监督 SAE ARP 4754A/B 规定的各过程计划的技术评审实施，确保技术评审的有效性；使用过程保证检查单对于输出的计划进行检查，确保计划之间的一致性，并确保各计划满足 SAE ARP 4754A/B 对计划评审所关注的技术要求；进行转阶段评审的准入检查，确保满足转段准则。

（2）需求和确认过程的过程保证：参与并监控相关文件的技术评审工作，确保技术评审的有效性；使用过程保证检查单确保所有相关需求过程满足计划和标准的要求，过程偏离已被有效识别、记录和评估；进行转阶段评审的准入检查，确保满足转段准则。

（3）设计（综合）过程保证：参与并监控相关文件的技术评审工作，确保技术评审的有效性；使用过程保证检查单，确保所有设计过程满足计划和标准要求，过程偏离已被有效识别、记录和评估；进行设计符合性检查，确保设计输出物能完整有效地涵盖确认的需求，有关输出物的更改已被记录和管理；进行转阶段评审的准入检查，确保满足转段准则。

（4）实现过程保证：参与并监控相关文件的技术评审工作，确保技术评审的有效性；使用过程检查单对于软硬件质量/过程保证活动进行过程检查，确保软硬件质量保证可以有效证明软硬件实现满足 DO‐178B/C 和 DO‐254，过程偏离已被有效识别、记录和评估；检查确保软硬件需求与飞机/系统需求之间的追溯性；进行转阶段评审的准入检查，确保满足转段准则。

（5）验证过程保证：参与并监控相关试验文件的技术评审，确保对于试验文件的技术评审的有效性；使用过程保证检查单进行验证测试过程的目击，确保验证环境和验证实施符合验证计划和验证程序（试验任务书和试验大纲）要求，过程偏离已被有效识别、记录和评估，结果满足设计要求；检查验证活动最终输出文档，确保所有需求已被完整有效地验证，有关输出物的更改已被记录和管理；进行转阶段评审的准入检查，确保满足转段准则。

6.5.3.3 生成过程保证记录

过程记录是过程保证工作的基础，对过程中活动审核、评审等进行记录，对发现的问题提出的更改和对已批准更改的执行情况进行记录和报告，确保评审所产生的过程数据的有效性等。

以文件的形式对适用的程序和实践进行记录，形成过程保证证据（评审报告及审核报告等）。对过程保证活动结果进行收集和总结，形成过程保证档案，以表明与项目计划相一致的证据，包括如下文件：

（1）包含时间信息的已批准的过程保证计划。

（2）执行计划中所规定的过程保证评审和监控时产生的报告。

（3）过程保证评审和监控的相关证明（如已完成的检查单和会议纪要）。

过程保证过程并不会输出所有证明与计划的输出物，这些不由过程保证过程输出，但是可以证明活动与计划的一致性的输出物，也被 SAE ARP 4754A/B 识别为广义的过程保证数据。举例如下：

（1）其他包含时间信息的已批准的计划。

（2）在设计、验证、确认、构型管理和安全性活动所生成的数据。

6.5.3.4 编制过程保证总结

过程保证总结报告用于总结在产品各层级所执行的过程保证活动、生成的主要过程保证数据、对于计划文件的偏离、过程保证评审和监控所产生的问题项以及对于 SAE ARP 4754A/B 的符合性，过程保证总结应对计划中所列举的活动进行一一总结，并总结产品开发对于 SAE ARP 4754A/B 规定的过程符合性，该结论将用于支持产品的开发，完成报告的编制。

6.5.4 输出

过程保证输出物包括所有过程保证活动的记录和对应项目的过程保证总结，

过程保证输出物在构型管理中属于 2 类管控。

关于研制期间的原始资料，产品过程保证记录将给出系统过程保证活动符合其计划的声明。作为在过程保证计划中定义的所有活动的结果，产品过程保证记录应贯穿整个研制过程，产品过程保证总结需要在主要的基线发布，作为开发完成报告的输入。

6.5.5 方法与工具

过程保证过程的方法与工具包括评审、参与和监控、目击。

评审是过程保证常用的方法，即通过评审、检查和演示形式判定过程保证的完成情况，具体包括状态评审、文档评审、活动评审和过程评审等，评审过程信息并归档记录。

1）状态评审

状态评审是在系统研制的各个工程阶段对系统研制的状态进行评审，确保系统研制按计划执行。系统状态评审是研制过程保证的主要手段，通过对系统研制的每个重要节点进行状态监控，达到对整个研制过程的设计保证。

2）文档评审

研制过程保证需要在项目研制的前期对计划类的文件进行评审，确保各类计划文件与质量要求、项目研制流程、项目研制要求以及其他研制要求相匹配。

3）活动评审

研制活动评审主要是对研制过程中一些重要的研制活动记录、设计状态进行评审检查，确保项目研制周期内重要研制活动在研制过程保证体系下开展。

4）参与和监控

参与和监控是对评审的补充，针对产品开发活动，通过抽样参与监督其他过程的研制活动，如确认验证的工程评审、输出物技术评审或转段评审、产品 CCB 会议等，从过程保证的角度对评审或会议对象进行正确性、完整性的评审，并确保所参加的活动满足相关计划、程序、标准规范的要求。

5）目击

目击是对验证活动的特殊方法。在该活动中，过程保证人员需要对需求验证试验、测试等活动采取抽样目击，重点关注试验验证活动对于验证用例、验证规程（含试验大纲、试验任务书）的符合性。

6）检查单和记录管理平台

在具体实施过程保证活动中，过程保证人员均需依据检查单填写对应过程保证活动和被评审文件的符合性结论，并将检查单和发现的问题项记录在相应的记录管理平台中。检查单应至少填写以下内容：

（1）检查项依据。

（2）检查项描述。

（3）检查项实施人。

（4）检查项符合性结论。

（5）检查项符合性证据。

（6）不符合项问题描述。

6.5.6　注意事项与经验

过程保证过程实施时的注意事项与经验如下：

（1）过程保证适用于所有研制阶段活动。

（2）过程保证应使用抽查的方式进行评审和监控，但抽查应尽量覆盖不同类型、不同阶段、不同过程的活动及输出物。

（3）过程保证活动需要确保研制过程中开展过程保证活动的组织独立性，应有独立的人员组织来负责不同研制阶段的评审、记录和审核。

（4）过程保证人员要对研制实施的流程及要求充分理解，同时也应对产品及设计本身有一定的了解。

（5）完善的项目计划是过程保证活动的基础，如果没有项目计划，则过程保证活动的效果将大打折扣。

6.5.7 与 SAE ARP 4754A/B 的符合性

过程保证过程与 SAE ARP 4754A 的符合性如表 6-11 所示。

表 6-11 过程保证过程与 SAE ARP 4754A 的符合性

过程描述		SAE ARP 4754A 章节	对应 FDAL 等级的独立性与适用性				
章 节	活 动		A	B	C	D	E
6.5.3.1	计划规划	5.7.2	R*	R*	R*	R	N
6.5.3.2	评审与监控	5.7.3	R*	R*	R*	R	N
6.5.3.3	生成过程保证记录	5.7.4	R*	R*	R*	R	N
6.5.3.4	生成过程保证总结	5.7.4	R*	R*	R*	R	N

过程保证过程与 SAE ARP 4754B 的符合性如表 6-12 所示。

表 6-12 过程保证过程与 SAE ARP 4754B 的符合性

过程描述		SAE ARP 4754B 章节	对应 FDAL 等级的独立性与适用性				
章 节	活 动		A	B	C	D	E
6.5.3.1	计划规划	5.7.2	R*	R*	R*	R	N
6.5.3.2	评审与监控	5.7.3	R*	R*	R*	R	N
6.5.3.3	生成过程保证记录	5.7.4	R*	R*	R*	R	N
6.5.3.4	生成过程保证总结	5.7.4	R*	R*	R*	R	N

6.6 量化管理过程

商用飞机的研制模式逐步发展成为规模巨大、体系庞杂、技术高度复杂的工作，管理难度与压力呈几何式增长。同时，降低研制成本，提高产品质量，使其所推入市场的型号项目具备市场竞争力是飞机主制造厂商追求的永恒话题。这足以让飞机主制造商花费大量时间和精力去思考。

要提升企业自身产品及过程的效能，前提是正确、清晰、明确地自我认知，广为人知的手段包括了六西格玛、能力成熟度模型集成（CMMI）、精益等。量化是针对产品的研发流程状态等而开展的一系列评估工作，并将其评估结果有效传递给相关方，以支撑其进行科学合理、客观理性的决策，实现提升产品技术性能、缩短项目进度、优化资源分配、提升产品质量、提高全生命周期流程绩效和客户满意度的目标。

本节通过讨论量化管理过程的目的、必要性、典型的方法和工具，以及在飞机研制过程中的适用阶段、输入、输出、过程活动等（见表6-13），以帮助读者了解和学习中国商飞公司系统工程的量化管理理念。

6.6.1 描述

量化管理过程一方面是通过定义各类信息以支持项目管理决策的，另一方面用于实施和评估系统工程最佳实践在项目中的运用以持续改进项目。量化的目的在于评估系统工程过程和产品是否满足利益攸关方的需要，包括产品交付时间、性能指标和质量指标、资源的有效使用，以及持续地降低成本和项目周期。

型号项目中成熟的量化体系、制度、流程和队伍能够提高整个项目的沟通效率。而且，在项目早期，成功的量化能够有效识别并提早纠正产品开发的过程错误。同时，也能在决策者权衡过程中为其提供关键信息，并通过量化的数据加以佐证决策者最终的决定。

6.6.2 输入

6.6.2.1 用于量化的需要

用于量化的需要来自产品全生命周期过程，包括需要、产品预期表现指标、技术实现程度的需要、项目的预期表现，以及组织过程的预期表现。

6.6.2.2 用于量化的数据

用于量化的数据来自产品全生命周期过程，包括量化数据、产品和项目预期

表 6-13　量化管理过程 SIPOC

中国商飞　过程名：量化管理过程（B.6）　　　　　　　　　CMMI 过程域：2 级过程——量化与分析

下一层级过程：N/A

过程目的：收集，分析目标数据以实现对项目的有效管理并用于证明产品、服务或过程的质量

必要性：ISO/IEC/IEEE 15288: 2015 中的推荐过程

输入（**I**nputs）：

— 用于量化的需要
— 用于量化的数据

提供方（**S**uppliers）：

— 相关项目团队管理人员
— 项目发起人
— 上级项目团队
— 经授权的项目管理方

过程活动（**P**rocesses）：

1. 准备量化
2. 实施量化

适用阶段：

☑ 概念开发阶段　　☑ 全面试制阶段
☑ 立项论证阶段　　☑ 试飞取证阶段
☑ 可行性论证阶段　☑ 产品与服务验收阶段
☑ 初步设计阶段　　☑ 持续运营/型号退役阶段
☑ 详细设计阶段

输出（**O**utputs）：

— 量化策略
— 量化数据库
— 量化报告

使用方（**C**ustomers）：

— 相关利益攸关方
— 项目出资方/发起人
— 经授权的项目管理方
— 相关项目团队管理人员

方法与工具：
方法：面向过程的量化方法、关键指标法、技术实现度法
工具：N/A

表现的数据、技术实现程度的数据，以及组织过程预期表现的相关数据。

6.6.3 过程中的活动

6.6.3.1 准备量化

准备量化的活动包括如下各项：

（1）识别某个量化过程的利益攸关方及与量化相关的需要，并基于此制订一个量化实施策略以满足这些利益攸关方的需要。

（2）将这些量化需要按照重要性进行优先级排序。

（3）定义基本的量化标准、衍生的量化标准、量化指标及其相关数据、量化频率、数据库和触发条件等。

6.6.3.2 实施量化

实施量化的活动包括如下两项：

（1）获取、存储、验证和分析数据以获取量化结果。

（2）与量化过程相关的利益攸关方一道仔细审查形成的量化信息，得到确认后将量化结果文档化后存储。

6.6.4 输出

6.6.4.1 量化策略

用于实施量化过程所采用的相关方法、开展量化活动的计划进度安排及相关资源配置等。开展量化活动时，应首先明确量化策略，再定位量化目标、识别量化需求和相关的数据，最后定义具体的量化方法。

6.6.4.2 量化数据库

开展量化活动形成的结果数据将存放于专门的数据库中，便于记录和维护。

6.6.4.3 量化报告

对于量化活动及结果的记录、分析和总结，包括量化结果及其相关支持数据材料的文档化等。

6.6.5　方法与工具

6.6.5.1　面向过程的量化方法

面向过程的量化方法是将量化指标分为如下几大类：

（1）研发成本。

（2）研制进度。

（3）过程质量。

上述量化指标会追溯到每个过程活动。

6.6.5.2　关键指标法

关键指标指在飞机设计和评估中非常关键的指标参数，它们直接影响飞机的市场竞争力和运营效率。这些指标包括产品性能、经济性、安全性、可靠性等，是飞机设计流程中需要优先考虑的因素，它们决定了飞机的整体性能和市场竞争力。

（1）需要关键指标（NKI）指从利益攸关方的需要和市场需求出发，确定的飞机顶层关键设计指标和服务的基本要求。这些指标是飞机设计的起点，直接反映了利益攸关方的期望和市场的实际需求，必须重点监控。需要关键指标包含定性指标与定量指标两种。定性指标（如是否提供无线上网功能等）偏向于功能的实现，定量指标（如座位数、航程等）偏向于性能的实现。

（2）需求关键指标（RKI）是从技术角度出发，将需要关键指标具体化为飞机性能和服务的具体需求。这些指标是设计的具体目标，直接指导设计团队的工作。这些指标通常派生自 NKI 或其他用户需要。RKI 被认为重要的属性，以确保系统有能力实现设定的目标。RKI 用于评估系统是否满足 NKI 所需的设计或性能要求。

（3）方案关键指标（DKI）是基于需求关键指标确定的技术解决方案的评估标准。它用于评估技术方案的进度、性能要求的符合性或技术风险。DKI 主要是技术方案中的一些关键技术参数的阈值，如果不满足这些阈值，那么项目就有可能面临成本、进度或性能上的风险。

以上三者之间的关系如图 6-4 所示。

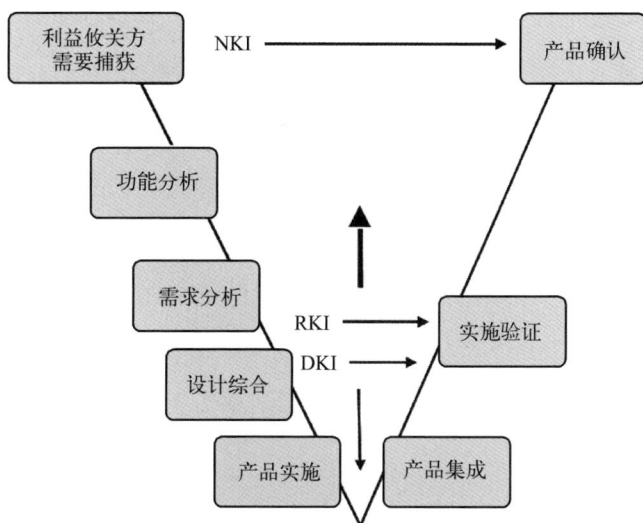

图 6-4　NKI、RKI 和 DKI 之间的关系示意图

6.6.5.3　技术实现度法

技术实现度是指产品或某一部分产品系统对于相应技术要求的满足程度。技术实现度法通常用于评估产品设计过程、产品性能需求的满足情况或技术风险。技术实现度法的评估标准通常来自产品系统的性能指标，并且包含若干对项目的进度、成本造成重大影响的关键性能指标。

6.6.6　注意事项与经验

N/A。

6.6.7　与 SAE ARP 4754A/B 的符合性

无。

6.7 风险和机遇管理过程

1992 年,印度尼西亚飞机工业有限公司(IPTN)开始制造 N‑250 原型机,1995 年原型机首飞成功。可就在第 3 架原型机还在制造的同时,由于亚洲金融危机的爆发,印度尼西亚(简称"印尼")成为重灾区。印尼政府由于将大量资金投向航空工业而受到国际货币基金组织的指责。此后,虽然国际货币基金组织答应向印尼政府提供资金支持,但严格限定"不得向航空工业投一分钱"。为了得到国际货币基金组织的援助,印尼无奈之下只能放弃继续发展航空工业的念头。N‑250 原型机当时已经获得了 200 多架意向订单,项目的取消让印尼蒙受巨大损失,印尼打造航空强国的努力遭到重创,其航空工业由此走向衰退。

商用飞机研制属于高风险项目,产品复杂、高投入、长周期、市场和外部环境变化多端等,导致一直以来都是成者少、败者多的投资项目。在项目实施过程中,各类大大小小的风险和问题也是层出不穷、无所不在的,最明显的表征就是飞机交付的不断延迟,几乎每一款飞机项目都很难在既定时间节点完成交付。因此,在正常的研制过程中,保持对风险的高度警惕,并对其进行行之有效的管理,是商用飞机研制过程中的一般性做法。

本节通过讨论风险与机遇管理过程的目的、必要性、典型的方法和工具,以及在飞机研制过程中的适用阶段、输入、输出、过程活动等(见表 6‑14),以帮助读者了解和学习中国商飞公司系统工程的风险与机遇管理理念。

6.7.1 描述

风险和机遇都属于不确定的事件和情形,当两者发生时,导致的结果有消极和积极意义之分,但是两者之间可以相互转换。

风险管理是一个持续的、前瞻性的过程,适用于预测并规避可能会对项目产生负面影响的风险,且积极挖掘对项目产生正面影响的机遇。风险管理既属于项

表 6-14 风险和机遇管理过程 SIPOC

中国商飞

过程名：风险和机遇管理过程（B.7）　　　　　　　　　　　　　　　CMMI 过程域：3 级过程——风险管理

下一层级过程：N/A

过程目的：作为一种处理系统生命周期中存在的正面和负面的不确定性的科学方法，本过程目的是在风险和机遇之间达到一个合适的平衡，风险与机遇管理是系统生命周期中的重要活动，通过一个主动的、结构化的方法去预测、理解和规避潜在的费用、进度和技术风险，并识别隐藏的机遇，加以正面利用，最终获得最大价值

必要性：如果没有风险和机遇管理活动，系统成功研制、成功运营的概率将会大大降低

输入（**I**nputs）：
— 项目风险分解结构
— 商用飞机产品全生命周期
— 各阶段风险源线索表
— 历史风险管理数据库
— 已初步识别的风险项

过程活动（**P**rocesses）：
1. 风险规划
2. 风险评估
3. 风险应对
4. 风险监控

输出（**O**utputs）：
— 风险管理规划
— 风险清单
— 风险状态阶段性报告

提供方（**S**uppliers）：
— 项目内所有团队

适用阶段：
☑ 概念开发阶段　　　　　　　☑ 全面试制阶段
☑ 立项论证阶段　　　　　　　☑ 试飞取证阶段
☑ 可行性论证阶段　　　　　　☑ 产品与服务验收阶段
☑ 初步设计阶段　　　　　　　☑ 持续运营/退役阶段
☑ 详细设计阶段

使用方（**C**ustomers）：
— 项目管理团队

方法与工具：
方法：检查单法、*头脑风暴法、*德尔菲法、类似风险案例研究、FMECA、FMEA 和故障树等
工具：风险矩阵、检查单等
注：* 表示 DFSS 方法工具

目管理过程，也属于系统工程过程。

除非专门声明，本书中所提及的风险均为项目风险，且从系统工程角度出发，偏重于技术风险。

项目风险是指在规定的技术、成本和进度等约束条件下，可能会对商用飞机型号研制项目目标产生不利影响的事件和情形。与其他风险类似，项目风险形成三要素中除了不确定的事件和情形外，其余两个要素是风险发生的概率和风险可能造成的后果。

中国商飞公司的项目风险管理目标如下：围绕项目预期目标，培育良好的风险管理文化，建立健全的项目风险管理体系，在产品和项目全生命周期中，持续开展项目风险识别、风险分析、风险评价、风险应对和风险监控的完整过程，降低项目消极事件的概率和影响，以"最小的风险管理成本"获得最大的产品保证，将项目风险控制在可承受范围内。

风险的基本特征如下所述：

（1）与机遇并存性。在特定条件和激励下，两者可互相转化。风险管理的终极目的是将所有风险转化为机遇。

（2）普遍性。风险是一种不以人的主观意志为转移的客观存在，在产品生命周期内无处不在、无时不有，并会在一定的条件下由潜在的可能性变为现实。

（3）不确定性。对具体项目来说，某一风险的发生是偶然的、随机的和难预测的。

（4）多变性。随着阶段的推进，新风险会不断产生，已被识别的风险也会不断变化。尤其对于大型复杂项目而言，由于导致风险的成因复杂多样，并往往交织在一起，因此风险的多变性更加明显。

6.7.2 输入

风险和机遇管理过程的常见输入包括但不限于如下几方面：

（1）项目风险分解结构（RBS）。

（2）商用飞机产品全生命周期各阶段风险源线索表。

（3）历史风险管理数据库，包括以往项目中常见的各类风险项、定级、风险处置方法和监控数据等，可以作为风险评估和应对的参考。

（4）已初步识别的风险项。

6.7.3 过程中的活动

风险管理过程包括风险规划、风险评估、风险应对和风险监控，由项目研制最早阶段开始，并持续贯穿项目整个生命周期。通过主动的风险识别和预警，早期组织相应的项目资源去防范或者阻止潜在不利事件的发生。活动包括如下内容：

（1）风险规划是设计如何进行项目风险管理活动的过程，包括定义项目组织及成员的风险管理职责，定义风险管理流程、报告及要求，制订一套基本的风险管理方法，编制项目风险管理规划，对项目人员进行风险管理知识宣传和培训等。

（2）风险评估是指对项目风险进行识别，对风险所产生的原因及其可能造成的后果进行分析，对风险概率及其后果的严重程度进行量化评价，并对所有风险进行排序的过程。

（3）风险应对是指在风险评估的基础上，基于风险排序原则进行风险决策，采取风险规避、风险转移、风险控制和风险承担等策略，制订并实施相应的风险应对计划以及风险应急预案（按需）的过程。

（4）风险监控是指跟踪风险的变化，识别剩余风险、衍生风险和新出现的风险，评估风险管理效果，并对项目风险管理计划和风险应对规划进行修正的过程。

6.7.3.1 风险规划

从研究和制订项目风险管理策略开始，建立风险管理目标，指定具体领域的管理，提出项目风险评估、风险应对和风险监控的运行机制，形成相关文件要求和项目风险管理规划，定期对风险管理规划进行评审，并按照需要进行修订。

6.7.3.2 风险评估

项目风险来自多个方面，在项目立项前以及研制初期，就应对项目风险进行全面评估，确定需要密切关注的风险区域。在研制过程中，各技术评审点都应包含风险评估的内容，评估各项风险因素的发展是否会影响产品性能、进度以及经费目标。风险评估是项目团队成员工作的一部分。在每次风险评估过程中，不仅需对新增风险进行识别、分析和评价，还需按需对已识别的且尚未达到可接受水平的风险重新评估。

1）风险识别

一般依据项目的工作分解结构，对所有 WBS 的单元逐项进行考察，按照 RBS 和风险源线索表的指导尽可能全面地识别项目本阶段潜在的风险信息。风险识别不能仅仅根据少数领导和专家的经验和判断来完成，还需要项目各级科研人员的参与，以便广泛挖掘项目的风险信息。参与风险识别的人员应该尽可能涵盖项目范围，并具备一定的代表性。

从风险可能造成的影响来分，可将研制风险广义地分为技术风险、进度风险和成本风险等或其任意组合。同时，针对特殊需求，可以增加特殊风险类别，如安全性风险，其中包括如下内容：

（1）技术风险，指可能对产品性能产生直接影响的事件和形式，即使该风险也会导致相应的进度和成本的影响，按其最根本成因而言，仍然属于技术风险范畴。

（2）进度风险，指可能对产品研制进度产生直接影响的事件和形式。通常，进度风险对产品性能不构成影响。如果该风险影响了关键路径，那么它还可能同时影响产品研制的成本，仍作为进度风险处理。

（3）成本风险，指可能对产品研制成本产生直接影响的事件和形式。通常，成本风险对产品性能不构成影响，但成本风险将会受技术风险和进度风险的影响而被动发生改变。

2）风险分析

风险分析的目的是要回答风险达到的程度及等级。需要对已识别的风险进行进一步的深入研究，搜集足够的风险信息，对风险进行更为精确的描述，剥离出风险产生的原因，确定风险可能产生的影响，并依据风险评价指标对风险概率和后果进行量化评价和排序。风险分析是一个实时的过程，其分析结果随项目进展可能会产生明显的变化。因此，风险分析结果具有时效性，反映的是项目当前的风险状态。

风险分析的一般过程如下：

（1）研究风险发生的可能性及后果的严重程度。

（2）针对具体项目制订风险评价指标。

（3）依据风险评价指标对风险进行量化评价。

（4）对风险进行排序，形成风险排序清单。

（5）编写项目风险评估报告。

风险的严重程度使用风险指数来表示。如图 6-5 所示，风险指数是风险概率等级和风险后果等级的乘积，用 R 表示，风险指数越大，风险越大。风险指数能够直观地显示风险的大小，也是进行风险排序的依据。以某项风险为例，其概率等级为 3，后果等级为 4，则风险指数为 12。风险指数通常在 5 乘以 5 的风险矩阵中统一标识，指数越大，风险越严重。其严重程度的分类至少应分为严重、中等和低等 3 类，实际操作按图 6-5 分成 5 类，根据颜色深浅区分严重程度，

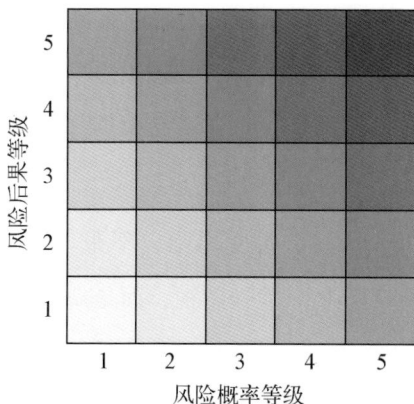

图 6-5　风险指数矩阵

以合理安排资源和处理优先级。

6.7.3.3 风险应对

通过对不同的风险应对策略进行分析，以选择最适合于项目情况的策略，进而制订并执行相应的风险应对计划。

针对识别的风险，处理手段通常有 4 种：风险规避、风险转移、风险缓解和风险接受。

（1）风险规避（avoidance）。在考虑到某项风险所导致的损失很大，并且项目本身所具备的能力和资源不足以应对并降低其等级时，调整项目要求、设计方案或者技术途径，主动避开风险。采用该手段，可能需要同时调整项目资金、进度和技术要求等。如采用某项新技术风险不可控时，取消该项技术，转而采用已成熟技术来规避该项风险。风险规避往往意味着选取风险较低的方案，退而求其次，降低产品性能指标等。

（2）风险转移（transference）。对风险源进行重新分配，如调整不同系统之间的重量分配指标，重新分配硬件和软件性能要求，以消除当前系统或者硬件所暴露出来的风险，或者在项目主体和各级供应商之间重新进行风险后果再分配，通过外包等形式将风险转移给第三方。

（3）风险缓解（mitigation）。制订有关风险控制措施，以降低风险发生的可能性，或者降低风险发生后对项目造成的潜在影响。风险控制通常具备两个特征：需要分配一定的项目资源，需要额外的时间来完成。因此，不可避免地需要对所需的资源和所带来的效益进行权衡，如采用多重研制、备用方案和早期样机验证等方法，同时，每项风险控制计划还应当建立相应的成功标准，以判断计划执行是否成功。

（4）风险接受（acceptance）。接受风险，不采取特别的措施来控制这些风险。风险接受并不是意味着这些风险被忽视，而是做好计划，在研制过程中对这些风险进行监控但不采取主动行为。选择风险接受策略后，往往需制订相应的风险应急预案。安排相应的进度和成本余量，以在风险事件确实发生时安排必要的应对。如果项目不能达到这些目的，则必须进行决策，来分配额外的资源，或者接受较低水平技术性能，或者取消该项工作。

在风险处理手段确定后，需要编制具体的风险应对计划，以将风险控制在给定的项目约束条件和项目目标可接受范围内。风险应对计划编制的目的是保证项目风险受控并可检查；其内容包括应该做什么（what）、应该什么时间完成（when）、应该谁来负责（who）以及实施应对计划的资源要求（how）。风险应对计划必须和项目实施计划相协调，并集成到项目实施计划中，而不应游离于整个项目进度计划之外。

6.7.3.4　风险监控

风险监控的目的是确认风险应对计划执行情况的有效性，以掌握项目当前风险状态。风险监控是良好的项目管理的一部分，在一个顶层水平上，为实现项目的目标和里程碑所开展的定期项目管理评审和技术评审，为识别所有的性能、进度、成熟性以及费用问题提供了大量的有用信息。

风险监控记录可以包括项目基线、技术报告、风险监控清单、计划执行情况报告、技术评审会议记录/报告以及关键风险过程报告。在进行风险监控过程中，应该建立风险通报制度和风险备案制度。风险通报的目的是确保项目管理组织获取所有必要的信息，以进行及时有效的决策。

6.7.4　输出

风险和机遇管理过程的输出包括但不限于如下 3 项：

（1）风险管理规划。

（2）风险清单，包括识别的风险、风险的评级和风险的应对计划。

（3）针对识别的风险的应对计划的监控记录。

6.7.5　方法与工具

风险识别的常用方法包括如下几个：

（1）检查单法。

（2）头脑风暴法。

（3）德尔菲法。

（4）类似风险案例研究。

（5）FMECA（故障模式、影响及危害性分析）、FMEA 和故障树。

6.7.6　注意事项与经验

注意事项与经验包括如下几点：

（1）风险管理是一项综合性的管理工作，不是任何一个独立的管理机构所属的管理职能，而是要求各级项目团队树立风险意识，主动参与风险管理工作，形成"风险管理，人人有责"的团队风险文化。

（2）中国商飞公司项目风险管理组织采用分散式的管理形式，即由专职或兼职的风险管理小组负责制订项目风险管理要求和计划，各级项目团队按照风险管理相关要求和计划开展自身范围内的风险评估和应对工作，分散程度取决于具体的职责的分配情况。

（3）项目风险识别应在项目一开始就进行，对于重大风险项，识别和管理得越早，对项目成功越有利。

（4）风险有内部和外部风险之分。外部风险（ambient risk）很多是由项目外部环境而不是项目内部导致的，因此经常在项目实施过程中被忽视。尽管无法有效控制，但项目人员应重视对外部风险因素的监控，应采取一些主动的方式去降低环境对项目的影响。

6.7.7　与 SAE ARP 4754A/B 的符合性

无。

6.7.8　型号案例分析

2018 年 4 月 8 日，104 架 C909 飞机在冰岛圆满完成大侧风包线扩展审定试飞后安全返回西安阎良，给这次远赴冰岛 41 天、往返两万多千米航程的飞行试验画上了一个圆满的句号。当时，包括《人民日报》在内的国内媒体纷纷报道、转载、庆贺这一成功事件。侧风是飞机飞行时作用于飞机机体上的风力在与飞机行进方向成90°直角上的分量，强烈的侧风会严重影响飞机起飞和降落的安全性，抗侧风能力作为商用飞机飞行的一项重要能力，需要通过试飞的方法进行验证后，用以满足商用飞机适航规章条款的要求。大侧风验证试飞也是飞机适航验证工作中的重要科目，直接决定了正式运营中的放飞条件和机场适应能力，是产品竞争力的核心指标之一。由于国内机场无法找到能满足型号侧风性能指标的试飞气象条件，为扩展侧风飞行包线，进一步提升飞机品质，满足市场和客户的需求，保障飞机在航线上的顺畅运营，中国商飞公司在 C909 飞机取得型号合格证（TC）之后根据相关技术研究，参考其他机型，始终在寻找和等待合适的地点、天气，对飞机更强的抗侧风能力进行验证，最终确定赴冰岛首都雷克雅未克的凯夫拉维克国际机场开展大侧风试飞。

汲取之前试飞的经验教训，C909 飞机国外大侧风取证试验过程十分重视风险管理，在如下方面准备了应对措施：

（1）提前策划准备。提前一年确定试飞试验队人员，定岗定人，相关准备工作达到预期状态，同时确定了试飞窗口期。

（2）主动识别取证。在取证过程中可能发生风险的范围涵盖技术、团队和地面保障、调机、适航、气象保障、外事等，例如大侧风试飞中的多项技术问题，包括了试飞的跑道要求、侧风着陆操纵技巧、降水对试验放飞的影响、风速预测准确度、侧风换算方法等；光团组出发计划就涉及了工作现场对接检查、入场证件、机场设施确认、综合保障落实等工作；气象保障需要关注与冰岛气象专家、机场气象台对接，以及落实气象实时监控数据下载等工作。

（3）开展对风险评估工作。开展凯夫拉维克机场大侧风试飞风险评估，修改完善风险评估报告，与当地安全部门和公司加拿大试飞顾问进行专题会议，获得当地安全部门认可，并按时取得试验飞行的正式批准。

（4）做好风险应对措施。提前在凯夫拉维克机场进行机组机场空域熟悉性飞行与训练飞行，使机组熟悉机场环境、熟悉与塔台的沟通、熟悉机场空域；检验遥测系统、地面监控及空地交流质量。

（5）制订风险应急预案。在适合试飞的大风气象出现前一天，试验队召开"双想"会，回想过去出现的问题及处理情况，预想试验期间可能出现的风险点并制订相关预案，制订详细试飞实施方案和风险处置预案，预估试验时间和油耗、确定加油方案、明确试验优先级、优化试验点执行顺序，提出湿跑道积水勘查与放飞决策方法，确保试飞安全、高效。

试飞当天，试飞机组只通过一架次飞行的 6 个起落就圆满完成大侧风审定试飞科目。当晚，适航当局就召开适航审查会，确认试验风速有效，认可相关试飞试验点。此次试飞，飞机起飞、着陆阶段的正侧风最大瞬时风速和平均风速，均高出国外同类飞机的 30%。这次试飞的成功，积极的风险管理起到了重要的作用，为企业和项目团队后续型号开展高难度、高风险试飞积累了宝贵的实战经验。

案例的启示：本案例是风险管理到位、应对措施得当、预案准备充分的典型。组织项目团队赴国外试飞，牵涉面广、经费和资源投入高、不可控因素多，出现任何差池后果影响十分严重，可以说是风险处处。但是，如果秉持着积极落实风险管理的理念、严格遵循风险管理的流程、践行风险管理的做法，那么是能够有效控制风险的。当然，这种类型的试飞活动受关注的层级非常高、资源使用的优先级也非常高，对国外试飞的成功起到了不可替代的作用，这些经验和工作成果对于今后项目风险管理的指导意义非常深远。

6.8 取证管理过程

1996 年 7 月 17 日，美国一架具有 25 年机龄的波音 747 - 100 飞机（TWA800 航班），由于一条电线绝缘皮出现破损，其火花放电引爆了油罐内的气体，酿成飞机爆炸和坠毁事件，并使 230 人丧生。一系列燃油箱的航空事故，一连串血的教训，引起了民众的高度警惕。为了保证安全问题，经过必要的验证、论证及公开征求公众意见，引发了对燃油箱适航条例的修订。

航空器适航管理是政府适航部门以保障民用航空器的安全性为目标，以保障民用航空安全、维护公众利益、促进民用航空事业的发展为宗旨，在制定了各种最低安全标准的基础上，对民用航空器的设计、制造、使用和维修等环节进行统一审查、鉴定、监督和管理。其中，适航标准是一类特殊的技术性标准，它是为保证实现民用航空器的适航性而制定的最低安全标准。适航标准与其他标准不同，是国家法规的一部分，因此必须严格执行。同时，适航标准又是通过长期工作经验积累，汲取历次飞行事故教训，不断修订而成的。

本节通过讨论取证管理过程的目的、必要性、典型的方法和工具，以及在飞机研制过程中的适用阶段、输入、输出、过程活动等（见表 6-15），以帮助读者了解和学习中国商飞公司系统工程的取证管理理念。

6.8.1　描述

取证管理过程的活动如图 6-6 所示。

为表明民用航空产品和零部件的适航性，商用飞机主制造商（申请人）接受民航局对其航空产品和零部件的型号合格审定、生产许可审定和适航合格审定，申请人需要和适航当局之间进行有效的沟通交流；在所要使用的方法上达成一致，这些方法用来表明飞机及其系统与项目满足具体的规章要求和工业标准。

根据《型号合格审定程序》（AP-21-AA-2023-11R1），局方的适航审定过程（对于申请人是适航取证过程）可以分为项目受理和启动、要求确定、符合性计划制订、符合性确认、颁证五个阶段。考虑对航空产品进行全生命周期管理，在颁证阶段之后还应加上证后管理阶段。

型号合格审定五个阶段的描述、主要内容和关闭条件如表 6-16 所示。

这五个阶段适用于所有民用航空产品的型号合格审定过程。对于具体型号合格审定项目，由于不同专业通常在型号合格审定过程中进展不一致，因此可将具体的型号合格审定项目视为有内在联系的多个子项目，这些子项目分别按表中所反映的任务顺序开展工作。对于小的型号合格审定项目，这些阶段可能被压缩或合并。

表 6-15　取证管理过程 SIPOC

中国商飞 过程名：取证管理过程（B.8）　　　　　　　　　　　CMMI 过程域：N/A

下一层级过程：N/A

过程目的：为保障民用航空产品和零部件的适航性

必要性：SAE ARP 4754A/B 中定义的推荐过程

输入（**I**nputs）：
— 合格审定过程相关进度的重要里程碑
— 型号合格审定的总体目标
— 与型号合格审定过程并行的备选方案等

过程活动（**P**rocesses）：
1. 型号合格证申请
2. 确定审定基础
3. 审定计划编制及获得局方批准
4. 开展符合性验证活动及配合局方开展目击，符合性检查
5. 表明符合性并获得局方批准审定文件
6. 冻结型号设计并获得型号合格证
7. 申请并获得适航证
8. 申请并获得生产许可证
9. AEG 评审和持续适航体系评审通过
10. 设计保证系统和系统监管

适用阶段：
☐ 概念开发阶段　　　　　☑ 全面试制阶段
☐ 立项论证阶段　　　　　☑ 试飞取证阶段
☐ 可行性论证阶段　　　　☑ 产品与服务验收阶段
☑ 初步设计阶段　　　　　☐ 持续运营 退役阶段
☑ 详细设计阶段

输出（**O**utputs）：
— 适航相关证件或局方批准，认可

提供方（**S**uppliers）：
— 民航局方
— 项目内各团队

使用方（**C**ustomers）：
— 民航局方

方法与工具：
方法包括审查会，审定计划等

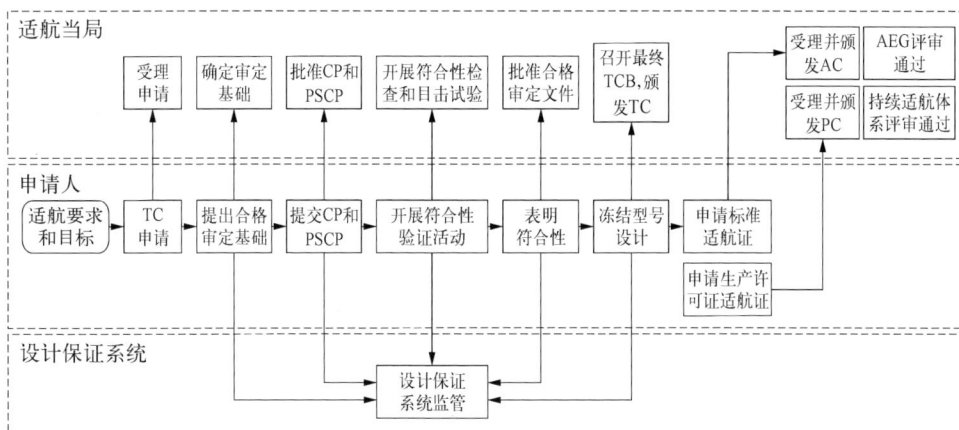

图 6-6　取证管理过程的活动

表 6-16　型号合格审定五个阶段

阶段	一	二	三	四	五
描述	项目受理和启动	要求确定	符合性计划制订	符合性确认	颁证
主要内容	申请，受理，一般熟悉性介绍	首次 TCB 会议，审查组熟悉性会议	审查审定计划，确定局方审查重点和方式与方法	审查组对申请人的符合性表明工作进行验证	最终 TCB 会议，颁证
关闭条件	受理申请，组建 TCB 和审查组	审查组完成技术熟悉工作，初步确定审定基础，相关问题纪要起草	完成审定计划或专项合格审定计划	完成局方验证和确认工作（文件评审、试验目击、审定飞行试验等）	完成型号审查报告，颁发型号合格证

6.8.2　输入

适航团队准备飞机层级的审定项目和审定目标文件，文件需要来自项目组织的输入，应该包括如下内容：

（1）合格审定过程和相关进度的重要里程碑。

（2）型号合格审定的总体目标（包括市场目标国家/地区、运行类型等内容）。

337

（3）与型号合格审定过程并行的备选方案等。当得到项目总设计师的同意之后，适航团队发布此文件。

6.8.3 过程中的活动

6.8.3.1 型号合格证申请

型号合格证申请人应按规定的格式向责任审定单位提交申请书，并提交下列文件：

（1）设计特征、三面图和现有的基本数据。

（2）对 CCAR－21 部《民用航空产品和零部件合格审定规定》第十四章要求的设计保证系统的符合性说明。

（3）相应的合格审定取证计划，如包括重大里程碑节点的项目计划。

6.8.3.2 确定审定基础

申请人应基于 CCAR－21 部第 21.17 条的相关要求提出审定基础，初步的审定基础应该在项目的初始阶段就尽早准备，包括预期的型号合格证申请之日有效适用的适航规章和环境保护要求，以及专用条件、等效安全水平或豁免。当适航规章或环境保护要求被修订后，申请人也可以选择自愿符合此新修订版本的适航标准或环境保护要求。

召开中间 TCB 会议，展示详细设计，特别是新颖的或者独特的设计特征，以及新的符合性验证方法，讨论有关适用规章、问题纪要、专用条件等未解决的问题，最终确定审定基础。

如果在飞机研发、试验或者型号合格审查过程中发现不安全的状况，那么局方可以要求更新 TC 审定基础直到 TC 颁发，审定基础的变化需要得到记录，有些更改可能会通过问题纪要的形式发出。

6.8.3.3 审定计划编制及获得局方批准

1）编制合格审定计划

对合格审定工作进行计划，将整个研制过程中规章方面的内容分解为便于管理的任务，这些任务可以合理、有序地完成。合格审定计划描述了合格审定的项目，确定了审定基础（适用的规章和可能适用的任何特定状态），概述了申请人用于证明符合性的方法，并提供了工程项目的时间进度表。

飞机和系统安装的合格审定计划定义了用于研制保证的过程和需求，并确定了就规章符合性所提出的方法。由于很多研制保证工作在项目实施之前已经开始进行，因而推荐在项目早期就与局方进行协调。早期的合格审定计划可能缺失某些重要的细节，要在随后的工作中对其更新。早期的合格审定计划可以将对内部需求、工业标准、规章和咨询材料产生误解的影响降低到最小。

飞机或机上系统或部件安装的合格审定计划应考虑所使用系统的系统环境和飞机环境。根据飞机各项危险所属等级的不同，审定计划所包含内容的详细程度应是不同的。审定计划应包括如下内容：

（1）项目及预期运行类别的说明。

（2）建议的审定基础，包括建议的适航规章和环境保护要求、专用条件、等效安全水平结论和豁免。

（3）如何表明符合性的说明，包括建议的符合性方法。符合性方法的说明应足够详细，可以用来确定所有必要数据都将被收集并且符合性可被表明。

（4）针对该项目型号审定基础中各个条款的符合性检查单，符合性检查单应含有所使用的符合性方法和相应的符合性文件。

（5）申请人负责相关条款符合性工作、与审查组对接的人员，除非用其他方式另行指定。

（6）包括重大里程碑计划的项目进度计划。

根据项目的复杂程度和需要，审定计划可拆分为项目级和系统级或专业/专题级。在项目起始阶段尚不具备所需要的信息时，审定计划可以逐步制订。对于简单项目，建议的审定计划可随申请书一起提交。

2）编制专项合格审定计划

专项合格审定计划（PSCP）是协调审查组和申请人之间审查活动的主要项目管理工具，PSCP是一份动态文件，将随着项目的进展而细化完善。审定计划（CP）或PSCP中含有的信息应足以让审查组得出结论：如果按照计划进行，其结果应能表明符合性。

PSCP 的目的是在审查组与申请人之间确定并形成书面的产品合格审定计划，使产品的型号合格审定效率按标准化的程序得到提高。在型号合格审定过程中，审查组和申请人将通过 PSCP 的实施建立相互信任的关系、团队合作的精神以及有效的企业工作方法。

在制订 PSCP 时，为使 PSCP 中的程序有效并成功执行，审查组和申请人应就建立合作的工作关系、双方人员须按照已建立的准则开展工作达成共识。审查组应最大限度地使用委任代表并及时告知申请人验证中可能出现的问题。PSCP 的进度表应在双方同意的规定范围内，里程碑节点应被审查组和申请人视为坚定的承诺，除非双方均同意对其进行更改。本 PSCP 期望所有的成员都能以尽可能高于 PSCP 所设定的目标，来促进必要的设计、制造资料及相关的符合性文件能得到及时的评审和批准。

待适航当局批准审定计划（CP），或签署专项合格审定计划（PSCP）后，审查方和申请人执行经批准的审定计划和审定项目计划（CPP）或经双方共同签署的 PSCP。

6.8.3.4　开展符合性验证活动及配合局方开展目击、符合性检查

在型号合格审查过程中，为了获得所需的证据资料以表明适航条款的符合性，申请人通常需要采用不同的方法，而这些方法统称为符合性验证方法（简称"符合性方法"）。根据适航条款的具体要求选取其中的一种或多种组合的方式来满足条款的要求。按照计划实施的验证活动分为符合性验证数据或资料生成类、符合性表明类以及符合性确认类。符合性验证数据或资料生成类的活动指与产生符合性验证数据有关的活动，如试验（工程验证试验和飞行试验）、分析、工程符合性检查等；符合性表明类的活动是指申请人应用符合性验证数据向审查组表明符合性的活动，如编写符合性报告；符合性确认类的活动是审查代表对申请人表明的符合性进行确认的活动，如审查申请人提交的符合性报告、进行必要的飞行试验等来确定型号设计构型、确认型号设计对审定基础的符合性、判断航空器是否有不安全的状态。

6.8.3.5 表明符合性并获得局方批准审定文件

申请人需要向审查方表明民用航空产品和零部件的设计符合规定的适航规章和要求，并且民用航空产品和零部件的制造、试验和安装等符合经批准的设计。合格审定资料是飞机、系统或项目满足适航要求的证据。这些资料既包括提交给局方的资料，也包括需要予以保存的资料，用于表明规章符合性。符合性报告是申请人证明其型号设计对审定基础符合性的一种途径（即表明符合性）。充分的符合性报告是让审查代表信任其符合性声明的有力证据。符合性报告应提供相关的证据，从适航要求出发直到产生符合性声明结论这样一个逻辑顺序，解释说明证据的内在联系，进行符合性论证。当符合性论证足以令审查代表信服适航要求已经得到满足时，申请人就表明了相关的符合性。

6.8.3.6 冻结型号设计获得型号合格证

型号设计包括如下内容：

（1）定义民用航空产品构型和设计特征符合有关适航规章和环境保护要求所需要的图纸、技术规范及其清单。

（2）确定民用航空产品结构强度所需要的尺寸、材料和工艺资料。

（3）适航规章中规定的持续适航文件中的适航性限制部分。

（4）通过对比法来确定同一型号后续民用航空产品的适航性和适用的环境保护特性要求所必需的其他资料。

型号设计不仅冻结产品的构型，而且也限定了生产的方法。对型号设计的所有偏离都是必须经过批准的"更改"。这将保证批生产产品，在飞行安全性方面不亚于由型号设计确定的原型机。最终，申请人适航管理部门声明申请人已经证明了型号设计与所有适用要求相符合，并且适航管理当局经过必要的调查、飞行和地面试验，检查符合性声明的有效性之后，颁发型号合格证。

6.8.3.7 申请并获得适航证

1）适航证的申请人

适航证的申请人应当视具体情况向局方提交如下文件：

（1）按规定格式填写的完整属实的《中国民用航空总局航空器适航证申请书》。

（2）《制造符合性声明》。

（3）航空器构型与批准或认可的型号的构型差异说明。

（4）重要改装或重要修理后用以证明该航空器符合批准的型号设计以及确保持续适航性所需的有关技术资料。

（5）持续适航文件清单。

（6）航空器满足适用的适航指令的声明和所完成适航指令清单。

（7）局方认为必要的其他资料。

2）接受局方适航检查的申请人

接受局方适航检查的申请人应当按如下规定接受局方对航空器进行的适航检查：

（1）申请人应当在与局方商定的时间和地点提交申请适航证的航空器，以便局方对其进行必要的检查。

（2）适航检查应当包括对所申请的航空器其各种合格证件、技术资料、持续适航文件的评审及对航空器交付时的技术状态与批准的型号设计的符合性的检查。

（3）局方认为必要时，申请人应当对该航空器进行验证试飞，以证明其飞行性能、操纵性能和航空电子设备的功能符合适航要求。

（4）申请人应当认真解决局方在上述检查过程中提出的问题，并提交该航空器已符合批准的型号设计，所有设计更改均得到批准，航空器处于安全可用状态的证明材料。

3）获得适航证

如果航空器符合其型号合格证，并且航空器处于可安全使用的状态，则认为该航空器是适航的，并有资格获得适航证。适航证颁发的具体规定详见CCAR-21部第21.174条相关要求。

6.8.3.8　申请并获得生产许可证

（1）申请生产许可证。

原型机设计阶段的产品在获得型号合格证后，通常进入批量生产。型号合格证持有人可申请生产许可证，申请人应当表明对于申请生产许可证的任何民用航空产品均已建立并能够保持一个质量控制系统，以确保民用航空产品的每一项目均能符合相应型号合格证、型号设计批准书、补充型号合格证或改装设计批准书的设计要求。

（2）开展相关活动。

申请人应当表明对于申请生产许可证的任何民用航空产品均已建立并能够保持一个质量控制系统，以确保民用航空产品的每一项目均能符合相应型号合格证、补充型号合格证的设计要求。

（3）生产许可证的颁发。

局方审查申请人的质量控制资料、组织机构和生产设施后，认为申请人已经建立并能够保持符合 CCAR－21 部第 21.139 条和第 21.143 条规定的质量控制系统，使生产的每一民用航空产品均符合相应型号合格证、补充型号合格证的设计要求，即可颁发生产许可证。如果民用航空产品具有相似的生产特性，那么允许在一个生产许可证之下生产多于一种型号的民用航空产品。

6.8.3.9　AEG 评审和持续适航体系评审通过

（1）AEG 评审。

飞机航空器评审组（AEG）评审是飞机研制到飞机运行的桥梁，其评审工作多数与运行支持工作直接对应。申请人接受局方对 AEG 的评审。AEG 评审的根本目的是按照局方确定的要求、流程以及通过具体的验证工作确定飞机投入运行前必需的各类文件、手册，确保飞机满足运行规章的要求，使飞机交付客户后能顺利投入航线运行。

AEG 评审是型号合格审定的一部分，一般情况下随着型号合格审定工作同时开展，一直到该航空器使用寿命结束。其主要任务是运行符合性评审、飞行员型别等级和飞行机组资格要求评审、最低放行设备要求评审、初始维修要求评审、运行和持续适航文件评审等。

（2）持续适航体系评审。

航空器在其使用寿命内的任何时间都必须符合其型号审定的适航要求并始终

处于安全运行状态。型号合格证持有人的持续适航体系建设是整个持续适航体系建设中的关键环节。型号合格证持有人在交付首架飞机之前，TC 持有人必须按照咨询通告 AC－21－AA－2013－19《型号合格证持有人持续适航体系的要求》相关要求建立满足 CCAR－21 部《民用航空产品和零部件合格审定规定》要求的持续适航体系。型号合格证持有人必须编制经局方批准并满足本咨询通告要求的持续适航体系管理手册，说明持续适航体系的组成、程序、标准和方法。持续适航体系管理手册的批准表明型号合格证持有人建立了其满足本咨询通告要求的持续适航体系。

AEG 评审工作和持续适航体系的建立直接影响到航空器能否顺利投入运行。

6.8.3.10 设计保证系统和系统监管

在研发单位内部，设计保证系统（DAS）制度是至关重要的，其作用在于控制和监管申请书所覆盖的产品设计和设计更改，包含为获得型号合格证、补充型号合格证和持续适航维修而进行的所有工作。

系统监管的任务是设计保证系统正确地履行职责，并提出纠正和预防措施来保证工作持续高效，系统监管可以认为是申请人质量保证系统的职能体现。

6.8.4 输出

取证过程的输出包括设计批准、生产批准和适航批准。

设计批准包括型号合格证、型号认可证、型号合格证更改、型号认可证更改、补充型号合格证、改装设计批准书、补充型号认可证、零部件设计批准认可证，或者零部件制造人批准书、技术标准规定项目批准书对设计部分的批准，或者其他方式对设计的批准。

生产批准包括生产许可证或者零部件制造人批准书、技术标准规定项目批准书对生产部分的批准。

适航批准包括适航证、出口适航证、外国适航证认可书、特许飞行证、适航批准标签。

6.8.5　方法与工具

6.8.5.1　审查会

申请人和审查组之间的审查会主要作用包括如下各项：

（1）就项目里程碑和计划达成一致意见。

（2）根据 TC 阶段，监督活动流程，识别潜在问题。

（3）提出解决问题的计划。

（4）介绍任何对审定产生影响的设计更改。

除了这些会议之外，申请人适航团队也会和适航当局通过正常的沟通渠道持续协调分享信息，主要包括如下几项：

（1）监控审定基础的演化流程（特别是 CRI 关闭流程/状态）。

（2）监控 CP 流程和批准状态。

（3）监控行动项目状态。

（4）计划会。

（5）监控审定文件有效/认可状态。

6.8.5.2　审定计划

申请方和审查方通过审定计划规划审查活动，将整个研制过程中规章方面的内容分解为便于管理的任务，后续就达成一致的 CP 或 PSCP 开展符合性验证工作，这些任务得以合理、有序地完成。

6.8.5.3　问题纪要

在型号合格审定过程中，为了对技术、规章和管理上重要的或有争议的问题进行有效管理，审查代表使用问题纪要这一手段来记录和跟踪这些问题的解决过程。另外，问题纪要还为后续型号合格审定项目的审定和规章修订提供有价值的参考。

6.8.6　注意事项与经验

取证过程有如下注意事项与经验：

（1）适航条款要求是飞机研制工作开展的重要输入，在项目早期就应该考虑适航条款对设计的影响，将条款的要求具体化和细化，向飞机更低层级传递。

（2）研制团队和适航团队必须确保符合性验证证据的真实。

（3）每个项目都需要一套明确的系统工程化的生命周期研制计划，以支持合格审定工作的开展。

（4）SAE ARP 4754A/B 列出了可能的飞机和系统（按需）合格审定资料（见表6-17），应根据需要来产生表中所有的合格审定资料，提交给局方的合格审定资料包括合格审定计划、合格审定总结和构型索引。

表6-17 合格审定资料参照表

合格审定计划	功能危险性评估
研制计划	初步飞机/系统安全性评估
设计描述	飞机/系统安全性评估
确认计划	共因分析
验证计划	确认资料
构型管理计划	验证资料
过程保证计划	构型管理证据
构型索引	过程保证证据
合格审定总结/符合性报告	

6.8.7 与 SAE ARP 4754A/B 的符合性

无。

6.8.8 型号案例分析

2003年1月20日，中航商用飞机有限公司（简称"中航商飞"）正式向中国民用航空总局提交C909飞机的型号合格证申请书；2003年3月27日，中国民用航空总局受理了 C909 飞机的型号合格证申请。

在适航取证过程中，申请人和审查组共同确定了专项合格审定计划（PSCP）、符合性方法表、系统/专业级合格审定计划，并由 C909 飞机型号合格审定委员会（TCB）审议通过。双方按照《型号合格审定程序》（AP－21－03－R3）的要求，依据审议通过的专项合格审定计划（PSCP）、符合性方法表、系统/专业级合格审定计划展开了符合性验证和技术审查工作。2014 年 12 月 23 日，审查组完成规划的全部审查工作，完成了型号审查报告并提请 TCB 审议，建议颁发 C909 飞机的型号合格证。

2014 年 12 月 26 日最终 TCB 会议在北京召开，晚上 9 时 C909 飞机型号合格审定委员会最终会议决议通过：同意颁发 C909 飞机型号合格证。2014 年 12 月 30 日时任民航局局长李家祥向中航商飞颁发了 C909 飞机型号合格证。

从 2003 年 1 月提交型号合格证申请，至 2014 年 12 月 26 日 C909 最终 TCB 会议，C909 飞机的型号合格证（TC）取证过程历时 12 年。在型号合格审定期间，申请人和审查组双方共计完成了 300 项地面试验（其中包括 84 项实验室试验、109 项机上地面试验、5 项模拟器试验、57 项供应商试验、45 项机上检查），以及 285 项申请人表明符合性试飞科目，执行了 243 项局方审定试飞科目。申请人编制，审查组评审和批准了 3 418 份符合性报告，通过符合性检查清单核查了所有适用条款的关闭情况及所有符合性验证报告的型号资料审批情况，审查组最终批准了 C909 飞机的型号设计资料。

6.9 产品数据管理过程

波音公司在研制波音 787 飞机中应用基于产品全生命周期管理的全球协同环境，使波音 787 飞机的协同研制工作顺利进行，为波音取得了巨大的经济效益和社会效益。它是在数字化协同研制新一代波音 737 和波音 777 飞机的扎实基础上进行的，技术上实现一元化领导，应用着统一软件的同一版本，并对研制的协同过程、软件和数据的管理，有着一整套严格的模式、制度、方法、规范和各种手册，供全体参研人员遵循和使用，精心构建波音787飞机的数字样机，建立了单一产品数据源（SSPD），使有关产品的数据畅通而准确地由研制的上游向下游流动，以及各部门之间数据的准确而快速地交换，真正实现了产品的并行协同设计与制造，保证了在全世界制造的飞机部件能在波音商用飞机的总部西雅图顺利总装，使波音787飞机如期下线。

本节通过讨论产品数据管理过程的目的、必要性、典型的方法和工具，以及在飞机研制过程中的适用阶段、输入、输出、过程活动等（见表6-18），以帮助读者了解和学习中国商飞公司系统工程的产品数据管理理念。

6.9.1 描述

产品数据管理过程是指在产品和数据的全生命周期中，为与需求一致的产品以及产品相关的数据进行计划、获取和提供管理的规范化过程。产品数据是指由项目WBS中定义的技术活动开展而产生的数据，也称为技术数据。构型信息和基线是产品数据的一部分，在构型管理过程详细描述。产品数据管理、构型管理的规划和实施应集成在一起，产品数据管理包括产品数据管理策划、产品数据定义、产品数据控制和产品数据利用四个顶级活动。为了项目的成功，数据管理者应策划好产品数据管理过程，确定何人、何时需要什么数据，并获取、控制，以及正确地处理数据，促使项目团队更早地发现问题，更好地权衡利弊，减少信息处理和决策的周期，最终改善产品和服务的成本、进度、性能等。

产品数据管理的目标如下：

（1）实现产品数据全生命周期的规范化管理。

（2）保证产品数据的唯一性、准确性、完整性、及时性、规范性和安全性。

（3）确保产品数据的结构和表达适应最广泛用户的需求。

产品数据管理策划过程是依据项目数据管理的目标，对项目全生命周期内的数据管理工作进行规划，确定公司内部活动和外部供应商的数据需求，制订相应的数据管理策略，形成产品数据管理大纲。依据产品数据管理大纲的要求，建立一套涵盖产品全生命周期的数据管理体系，它包括用于识别、定义、获取、控

表 6－18　产品数据管理过程 SIPOC

中国商飞

过程名称：产品数据管理过程（B.9）

CMMI 过程域：N/A

下一层级过程：N/A

过程目的：在正确的时间，正确的地点，将正确的数据以正确的方式传递给正确的人

必要性：MSFC－HDBK－3173，ANSI/GEIA－859，NASA/SP－6105

输入（$\mathbf{I}_{nputs}$）：
— 适航要求
— 行业标准
— 项目管理计划
— 用户需求
— 数据维护计划
— 数据要求

过程活动（$\mathbf{P}_{rocesses}$）：
1. 产品数据管理策划
2. 产品数据定义
3. 产品数据控制
4. 产品数据利用

输出（$\mathbf{O}_{utputs}$）：
— 产品数据管理大纲
— 产品数据管理方案
— 数据要求清单（DRL）
— 数据要求描述（DRD）
— 数据定义要求
— 数据状态
— 数据控制要求
— 数据利用要求
— 数据产品

适用阶段：
☑ 概念开发阶段　　☑ 全面试制阶段
☑ 立项论证阶段　　☑ 试飞取证阶段
☑ 可行性论证阶段　☑ 产品与服务验收阶段
☑ 初步设计阶段　　☑ 持续运营/型号退役阶段
☑ 详细定义阶段

提供方（$\mathbf{S}_{uppliers}$）：
— 适航管理团队
— 项目管理团队

使用方（$\mathbf{C}_{ustomers}$）：
— 项目团队

方法与工具：
方法：单一产品数据源、模块化数据集组织、培训、监督检查、评估和决策会议等
工具：产品数据管理平台、数据定义以及检查辅助工具、数据安全工具、数据资源车等

制、管理和使用数据以支撑项目整个生命周期的过程和系统。

产品数据定义过程是所有项目规划中最重要的组成部分之一。它依据确定的数据需求，对所有数据进行分类，并明确各类数据的定义要求，涉及标准模板、数据信息化模型的开发和实现。必要时，可提供相应的数据定义以及检查辅助工具，以保证项目团队的工作质量，提高项目团队的工作效率。

产品数据控制过程从数据获取开始，主要涉及以下要素：接收、校验、跟踪和核查、存储、使用限制标记、访问/分发、评估、授权批准、发布、处理数据的记录以及控制过程本身。产品数据控制过程的主要功能是对产品数据进行更改管理，保证数据的准确性、完整性和可追溯性，因此，必须明确不同数据的控制要求，并明确相关方的数据管理职责。

产品数据利用过程主要涉及项目数据资源的管理、应用和转化。对于已发布的数据，数据管理者依据数据维护计划和相关数据要求，对数据资源进行存储、传递、保护和后续处置。对有价值的数据资源进行妥善保存，并有效处置不再有价值的数据资源。一旦建立了该过程，将定期对数据进行使用分析、评估，确保其对项目具有持续价值。同时，建立和维护数据资源库，开发数据信息化产品，确保具有持续价值的数据资源是可访问的。待时机成熟，将项目产生的隐性知识都转化为显性知识。产品数据管理过程活动如图6-7所示。

6.9.2 输入

产品数据管理过程主要有以下输入：

（1）适航要求。要理解、消化适航当局对申请人提出的产品初始适航和持续适航要求，以及相关的运行要求，体现在产品数据管理的计划和实施过程中。

（2）行业标准。ANSI/GEIA-859是国际上公认的数据管理标准，明确了有效制订数据管理实施策略的若干原则，并为数据管理的规划和实施提供了一个框架。

（3）项目管理计划。项目管理是数据管理的驱动和源头。数据管理解决方案应满足项目要求，也必然会受到项目本身、工作方式、项目研制可用的资源和基

适用的法律和法规　项目资源和基础条件
ISO 9000　　　合同协议

适航要求 ⟶
行业标准 ⟶
数据权限 ⟶
项目管理大纲 ⟶
用户需求

| 产品数据管理策划 |

⟶ 数据管理方案
⟶ 数据管理大纲
⟶ 数据需求清单(DDL)
⟶ 数据需求描述(DRD)

构型管理　　　　经验教训

项目管理大纲 ⟶
数据需求报告
工具/技术 ⟶
数据权限 ⟶

| 产品数据定义 |

⟶ 数据组织要求
⟶ 数据定义要求

定义要求

项目管理大纲 ⟶
数据需求报告
工具/技术 ⟶
数据权限 ⟶
提交的数据 ⟶

| 产品数据控制 |

⟶ 已知的数据状态
⟶ 数据控制要求

发布数据　控制要求

数据需求报告
工具/技术 ⟶
数据权限 ⟶
数据维护计划 ⟶
数据安全要求 ⟶

| 产品数据利用 |

⟶ 数据利用要求
⟶ 数据产品
⟶ 显性知识

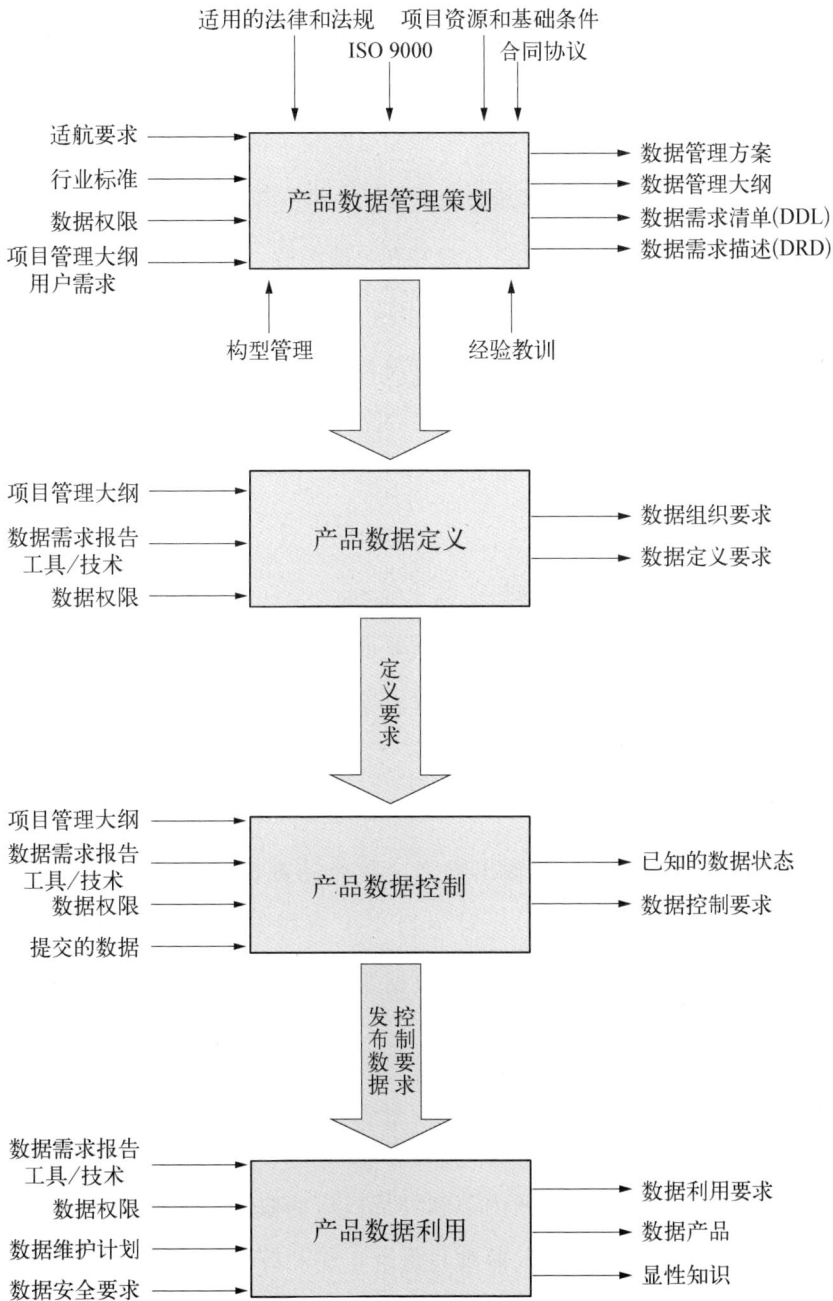

图 6-7　产品数据管理过程活动

础条件等因素制约。

（4）用户需求。在项目初期，应确定产品全生命周期内数据交付或访问的一般需求，用于定义不同数据类型的具体内容和要求，最终生成一份完整的数据要求清单。

（5）数据维护计划。在项目全生命周期内，应定期评审已发布的数据，保证数据的准确性、完整性、规范性、有效性和可追溯性。

（6）数据安全要求。在项目全生命周期内，应保证信息资产符合隐私及保密法规要求，并与业务要求相一致。理解并符合所有利益攸关者的隐私及保密利益需求，这是任何企业的最佳利益所在。

6.9.3 过程中的活动

6.9.3.1 产品数据管理策划

产品数据管理策划过程主要是在适航要求和行业标准指导下，依据项目数据管理的目标，编写产品数据管理大纲，提出项目数据管理的方针和政策，并拟定项目数据管理的指导思想和工作程序。

1）产品数据管理大纲

产品数据管理策划过程的输出物之一是产品数据管理大纲，以明确如何实施项目数据管理过程，以实现对项目全生命周期内的数据进行识别、定义、获取、控制、管理和使用。产品数据管理大纲是实施项目数据管理的关键第一步。

2）产品数据管理需求

确定项目全生命周期内的数据需求，也是产品数据管理策划过程的重要组成部分。针对不同项目，应向公司内部和外部供应商收集，包括什么数据以及何人、何时需要数据等，并将数据需求与负责生成和分发数据的职能部门联系起来，最终生成一份完整的数据要求清单。目的是识别全生命周期内支持项目任务以及产品所需的各种数据、数据产品、数据视图等。

在系统工程中，数据产品与构型管理过程有着密切的联系。因此，产品数据管理必须提供一个有效的数据管理平台来维护数据需求、数据产品和产品构型项之间的关系，以便在需要时可以访问或检索正确的数据。此时，元数据起到桥梁与纽带作用。元数据识别的必要性取决于各种因素，如用户需求、数据复杂性等。

另外，在项目的整个生命周期中，数据需求可能会发生变化。管理层应评估项目需求变更对产品数据管理的影响。

6.9.3.2　产品数据定义

产品数据定义是实施产品数据控制和产品数据利用的基础，对公司内部生成的数据，应确保将相关要求传达给责任部门。对外部供应商生成的数据，应及时向供应商传达相关要求。

产品数据要素包括物理数据和元数据。物理数据是数据对象本身，它包括数据、数据产品、数据视图等；元数据是表达该物理数据的标识、性质和状态的信息，如类型、编号、版本和名称等。产品数据管理对象如图 6-8 所示。

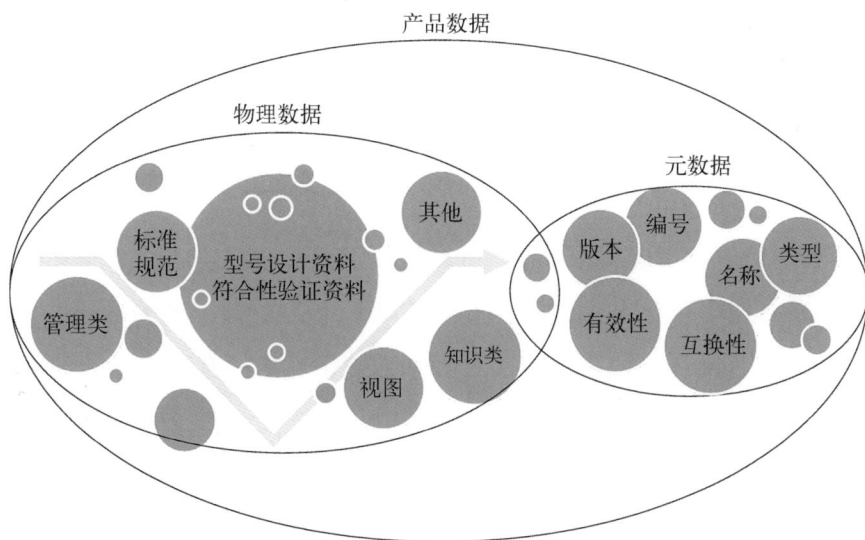

图 6-8　产品数据管理对象

在产品数据管理过程中，应通过合适的方法使物理数据、元数据均得到有效的管理，并建立相互之间的关联。一旦确定了数据需求，就需要定义具体的数据载体、格式、内容和要求等，还涉及标准模板、数据信息化模型的开发和实现，包括物理数据和元数据。

6.9.3.3 产品数据控制

产品数据是所有项目成功的核心，因此，数据控制对数据管理至关重要。

产品数据控制过程主要涉及以下内容：

（1）制订全面的数据控制要求。

（2）明确相关方的数据管理职责。

（3）确定数据的审查程序。

（4）确定要置于构型控制下的数据。

（5）建立并实施不同级别的更改控制过程。

（6）建立并实施供应商产品数据控制过程。

（7）编制和维护主数据清单。

（8）记录数据控制过程。

首先，数据管理者应根据特定的业务规则，设计一套标准的数据控制流程。使用统一的流程可以节省时间、降低成本，使项目能够通过多个用户或数据交换的企业的使用而获得规模经济效益。

其次，要考虑的是数据何时可以置于正式的数据控制流程之下。数据在达到某种成熟的状态，才能使数据控制既有意义又有成效。当判断一个数据何时可以置于正式的数据控制流程之下时，应该评估以下几个因素：数据是否满足其最终的完整性，是否准备（或需要）满足预期用途，当然还有程序性的约束，如计划。

产品数据控制过程的主要功能是进行更改管理。一个更改控制过程包含提出更改申请，协调、评估和决定，实施并验证三个基本要素，如图6-9所示。

最后，为实现有效的数据控制，产品数据管理过程往往会采用类似"构型管理"的更改控制技术。需要注意的是，并非所有数据都需要遵循最严格的更改控制过程，应根据数据的重要程度，决定将数据置于何种控制级别之下。此外，数

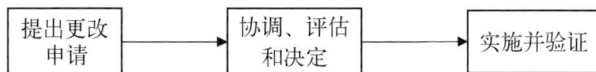

图6-9 更改控制过程的基本要素

据在其全生命周期内，可能会存在多个级别控制的情况。

更改控制过程可以分为换号更改和换版更改。

（1）换号更改。

该级别的更改控制过程是为项目最有价值的数据准备的，由于耗时最长、成本最高，它只在必要时使用。该过程实现了对潜在更改及其对项目影响的全面协调、评估。建议该过程使用构型管理的现有工具、程序和人员。

（2）换版更改。

这是数据更改控制的最常见过程，主要目的是识别和分离数据的不同更改。它是大多数实践者所认为的"传统"数据管理过程中的更改控制。与重要过程相比，它不那么复杂，不那么费时，更改控制的成本更低，但这种效率是有代价的：可能缺乏对数据全面的协调和评估。

6.9.3.4 产品数据利用

产品数据利用过程主要涉及项目数据资源的管理、应用和转化。

1）数据资源管理

数据在生成和初始存储时，应明确数据维护要求，通常会制订项目数据维护计划，涵盖数据格式、审查频率、清理计划、处置成本和其他相关活动。在日常维护时，数据管理者应确保准确和完整的数据产品得到识别，供具有业务需求的项目人员查看，并对数据资源进行存储、传递、保护和后续处置。

（1）数据存储。

数据管理者应将各类载体和格式的物理数据、元数据、背景信息等按照规定归档，分类保存，使产品数据保真、保密、可读取和保存安全，并确保数据存储载体、存储格式等符合产品数据长期、安全保存需要。

产品数据控制和产品数据利用过程中产生的数据记录也应被妥善保存。对重要的数据记录，应提供特殊保护和备份；对无保留价值的数据，应适当予以处置。当数据被删除时，关联的元数据也应被删除。但应保留一份记录，以确定哪些文件被销毁，何时销毁，以及谁授权销毁。

为防止出现操作失误或系统故障导致数据丢失的情况，必须实施数据灾难备份，以保护数据免受潜在灾害的影响。

（2）数据传递。

数据传递主要涉及数据的分发/发放、接收、反馈等。数据传递要求在正确的时间，将正确的数据以正确的方式传递给正确的人（包括局方、参研单位、供应商等），并确保可追溯的过程。数据传递原则上通过产品数据管理平台进行，包括公司内部传递以及与外部供应商的数据交换。

（3）数据安全。

为了保护数据免受未经授权的查看，项目应酌情对数据提出安全要求。数据安全要求计划、制订、执行相关安全策略和规程，以确保产品数据和信息资产在使用过程中有恰当的认证、授权、访问和审计等措施。

数据安全管理不仅涉及防止不适当的数据访问，还应有助于有效和适当的数据存取，大部分数据集不应有限制访问的要求，而敏感数据的访问权限用户授权则应进行严格的控制。授予权限时应仔细分析真实的数据需求和托管职责。

2）数据资源应用

数据管理者应定期对数据的使用情况进行监督检查，评估数据对项目具有的持续价值，及时纠正使用过程中存在的偏差，以确保产品数据管理的实施效果，并通过数据质量检查来测量和监控数据项对数据质量规则的符合度，有助于减少错误数据的数量。

具有持续价值的数据应纳入数据资源库，由第三方维护，方便设计人员实时获取，以支撑型号设计。同时，为了方便分析数据，将数据以二维或三维图形、动画、报表等形式展示，并进行交互处理，从而有效地传达信息，以帮助相关方发现问题、分析原因、辅助管理和技术决策等。

3）数据资源转化

产品数据管理是知识管理不可或缺的贡献者。没有被理解的数据是没有意义的，通过理解数据之间的关系和上下文，数据演变为信息，当与数据和信息形成模式关系并被理解时，信息成熟为知识。

产品数据管理到知识管理是一个连续的过程，从获取、管理正确的数据类型开始，支持业务需求和分析。随着时间的推移，通过使用这些数据，信息和知识（新的见解、启发、业务规则等）会不断发展。公司依托专业能力团队，有计划有步骤地进行案例、模板、最佳实践、手册、指南、工具/方法、流程等知识的制订与管理，实现公司知识资源的增量增长，为公司型号研制任务、技术研究与创新，以及核心能力的快速提升提供保障，支撑公司未来发展。

6.9.4 输出

产品数据管理过程主要有以下输出：

（1）产品数据管理大纲。

（2）产品数据管理方案。

（3）标准的数据描述。

（4）数据定义要求。

（5）已知的数据状态。

（6）数据控制要求。

（7）数据资源管理要求。

（8）数据产品。

（9）显性知识。

6.9.5 方法与工具

6.9.5.1 方法

产品数据管理方法主要如下：

（1）单一产品数据源（见 6.2.5.1 节）。

（2）模块化数据集组织（见 6.2.5.3 节）。

（3）培训。一个优秀的项目数据管理团队是成功实施产品数据管理的关键要素。由于每个项目团队可能有特定的产品数据管理过程，因此应对培训进行定制。

（4）监督检查。定期开展对产品数据使用情况的监督检查，从"有没有、用不用、好不好"角度进行评估，对发现的问题进行举一反三，跟踪问题的整改落实，并通过检查发现的问题不断完善产品数据规范。

（5）评估和决策会议。针对数据管理过程中出现的问题，召集相关方进行评估，并召开决策会议，如数据管理委员会（DCB）会议，进行综合的权衡决策。

6.9.5.2 工具

产品数据管理工具主要包括如下几项：

（1）产品数据管理平台。

（2）数据定义以及检查辅助工具。

（3）数据安全工具。

（4）数据资源库等。

6.9.6 注意事项与经验

产品数据管理应遵循以下原则及方法：

（1）明确产品数据管理范围。

（2）根据项目要求计划、获取和提供数据。

（3）设计数据管理流程，使其与执行流程的环境和业务环境相适应。

（4）识别数据、数据产品和数据视图，以便控制其要求和属性等。

（5）使用批准的更改控制过程控制数据、数据产品、数据视图和元数据。

（6）保留与价值相称的数据。

（7）持续改进产品数据管理过程。

（8）有效整合产品数据管理和知识管理。

6.9.7 与 SAE ARP 4754A/B 的符合性

无。

6.10 决策分析过程

决策分析过程的目的、必要性、典型的方法和工具，以及在飞机研制过程中的适用阶段、输入、输出、过程活动等，如表 6－19 所示。

6.10.1 描述

决策在民机产品系统全生命周期的任何阶段都有可能发生，其中很多决策由于涉及大量不同的利益攸关方、不同的目标，存在不确定性较强（如包括了影响范围、成本控制、进度要求、技术风险等），所以做出一个准确的决策是非常困难的。同时由于决策会直接影响到后续的行动，对于重要决策［如关键里程碑（milestone）和项目决策门（decision gate）］的决策，如果发生决策错误，就会带来一系列不利的连锁反应后果。因此，需要有一个规范的、科学的、符合系统工程要求的决策分析过程，确保针对复杂系统问题的决策结果的正确性。

决策分析过程是提供一个结构化的、科学的分析框架，用于在任何决策点上进行客观确定、规范、评估并选择最优方案的系列行动。

6.10.2 输入

决策分成两类：一类是针对决策门的固定决策，通常可以按照预定计划来安排执行；另一类则是针对随时可能出现的问题而进行的临时决策，通常可以由任何利益攸关方在项目任何时期发起。

进行决策考虑时，重要的是输入问题，需要明确以下方面的内容，作为进行决策分析的必要输入条件：

（1）决策的需要（问题或设定的决策门）。

表 6－19　决策分析过程 SIPOC 表

中国商飞

| 过程名：决策分析过程（B.10） | CMMI 过程域：2 级过程－DAR 决策分析与解决 |

下一层级过程：N/A

过程目的：通过提供建立决策问题的数学模型，并找到最优决策的数值解的技术，为个人或者组织提供进行决策的流程和方法

必要性：决策是系统工程中所有行动的基础，行动来源于决策，要求全面、系统地考虑与决策问题相关的各个利益收关方

输入（Inputs）：
— 决策的需要（问题或设定的决策门）
— 决策的历史数据
— 推荐的备选方案
— 决策的时间限制
— 推迟决策的影响
— 决策所需的必要信息
— 决策必须考虑的其他关键因素

提供方（Suppliers）：
— 有决策需要的团队

过程活动（Processes）：
1. 决策分析活动规划
2. 确定决策分析问题
3. 定义评价目标和准则
4. 确定评价人员、方法和工具
5. 获得备选方案
6. 综合评价，选择最优方案
7. 形成决策分析结果

适用阶段：
☑概念开发阶段　　　☑全面试制阶段
☑立项论证阶段　　　☑试飞取证阶段
☑可行性论证阶段　　☑产品与服务验收阶段
☑初步设计阶段　　　☑持续运营/型号退役阶段
☑详细定义阶段

输出（Outputs）：
— 备选方案选择建议和影响
— 决策支持建议和影响
— 决策分析活动的工作产品
— 方案关键指标（包括备选方案）
— 工程或者项目制订的目标层次
— 决策者的偏好

使用方（Customers）：
— 有决策需要的团队

方法与工具：
方法：权衡分析，*成本收益分析，*影响图分析，*决策树，*层次分析法，*效用分析等
工具：无
注：*表示 DFSS 方法工具

（2）决策的历史数据。

（3）推荐的备选方案。

（4）决策的时间限制。

（5）推迟决策的影响。

（6）决策所需的必要信息。

（7）决策必须考虑的其他关键因素。

6.10.3　过程中的活动

6.10.3.1　决策分析活动规划

决策分析活动规划主要是在项目前期，形成项目的决策分析计划，建立确定适合与需要进行正式决策的技术问题的指导方针和准则，此计划属于项目的系统工程管理计划（SEMP）的一部分，定义了如下内容：

（1）项目中进行决策活动的需求确认流程。

（2）项目中确定需要启动正式的决策流程的时机，包括进入正式决策的准则。

（3）决策文档记录的内容要求。

（4）项目决策活动人员责任方（包括明确责任方的权限范围等）。

（5）如果存在不需要正式决策过程的决策应该是如何处理的。

由于正式的决策需要基于各类数据，进行详细的量化分析工作，是一项需要耗费大量资源和时间的工作，因此只有较为重要的问题，才需要进行正式的决策。需要明确触发正式决策过程的准则，准则可以考虑如下因素：对费用、性能和任务成功有重大影响，决策错误带来的影响程度和考虑问题的重要程度；问题复杂性和不确定性，无法通过直观方式，必须通过详细分析；多目标的满足以及不同利益攸关方介入，进而判断是否需要进行正式决策活动。

6.10.3.2　确定决策分析问题

决策工作应充分理解决策问题范围及其上下文关系，决策内容一方面包括预期的项目决策门，是系统生命周期中预定的节点；另一方面包括项目中可能出现的潜在问题，在系统生命周期中随时可能发生。

应充分理解问题的内容、范围和接口，包括系统定义、生命周期、决策攸关方（决策者和相关方）、资源等，确定决策分析问题工作。基于实际情况、定性和定量的分析数据，工程技术判断以及利益相关者的讨论交流，对上述的信息进行技术分析和评估，为最终的决策奠定基础。

6.10.3.3　定义评价目标和准则

目标和准则是决策的关键，所有的决策选择都来源于目标和准则的满足。

定义评价备选解决方案的目标准则的主要工作如下：

（1）考虑此次决策需要考虑的目标准则，比如最大客户满意度、最大化性能、最小运行成本、最大安全性裕度、最大增长余量、最小研制风险、最快研制进度等。

（2）针对每一个目标准则，给出方案对应的具体量化评估方法。

（3）针对每一个目标准则，确定可接受的范围。

（4）由于可能存在多个目标，因此需要进行多目标的综合，由于目标之间可能存在相互制约的关联性，比如最小运行成本与最大化性能之间存在矛盾，因此需要有目标的综合，针对不同目标，根据重要性进行排序，可以用权重值等方式，突出重点。

决策准则是对所考虑的选择和备选方案进行评估的需要。典型的决策准则包含费用、进度、风险、安全性、任务成功和保障等。可用的方法有运筹学中采用的层次分析法（AHP），该方法是对定性问题进行定量分析的一种方法。

6.10.3.4　确定评价人员、方法和工具

确定所有需要进行有效决策而所需知识和经验的专业人员，形成决策的专业小组。

基于分析决策的目的以及为决策所提供的信息，确定评价的方法和工具。一些典型的采用方法如下：

（1）仿真分析。

（2）加权权衡矩阵。

（3）工程技术、制造、成本的权衡研究。

（4）调研。

（5）基于风险的信息决策分析流程。

（6）决策矩阵等。

6.10.3.5　获得备选方案

确定解决决策问题的备选解决方案，备选方案的获得需要有决策专业小组带领系统研制团队中专业设计人员，一并进行多种方案的设计。

确认决策的备选方案，可以采用头脑风暴等方式，先进行创造性的方案设计，建立尽量多的方案，再考虑通过一些强制准则约束，剔除一些较差方案，将需要决策的备选方案数量降低到合理的范围，便于后续的评价和选择。

6.10.3.6　综合评价，选择最优方案

根据建立的准则和选定的方法对备选解决方案进行综合评价。

通过建立的评估准则，对相关的假设和支持假设的证据进行评价；对备选方案中属性值的不确定性对于评估结论的影响进行评价。最后通过归一化的过程建立统一的评价尺度，使所有不同类型的准则可以进行比较和相加，以得到最终备选方案的决策分值，即方案的"效用值"。

以一种典型的评估算式为例说明。假设有多种备选方案，每个方案有 n 个目标准则进行评价，则其中的备选方案 x 的总得分 $v(x)$ 为

$$v(x) = \sum_{i=1}^{n} w_i v_i(x_i)$$

式中：$v_i(x_i)$ 为第 x 方案的针对第 i 目标准则的得分，w_i 为第 i 个目标准则的权重值，所有的权重值 W 之和为 1。

基于评价准则从备选解决方案中推荐解决方案。通过对于备选方案的评估，为管理层提供建议选项，同时在考虑评价方法的假设和局限性基础上，证明提出建议的正确性。通常以分数高低作为建议的依据，如果较低分数方案作为首选，则需要给出说明。

6.10.3.7 形成决策分析结果

形成决策分析结果，包括如下工作：

（1）向决策者提供正式的决策建议，包括形成下一步的行动计划，并对计划实施进行监控。

（2）编制决策分析报告并将其纳入配置库，特别是对于复杂问题的决策，应包括如下内容：

a. 生成决策分析指导仿真和使用的策略及技术规程。

b. 分析的步骤、准则、方法和使用的工具。

c. 分析结果、形成的建议中做出的假设、不确定性和推荐行动或者纠错活动。

d. 总结的经验教训和提高未来决策分析的建议。

（3）更新相对的系统生命周期文件，比如在需求数据库中，对需求和设计方案的选择决策过程数据，可以放到需求解释（rational）一栏中进行简要说明和引用。

6.10.4 输出

决策分析持续贯穿整个生命周期。决策分析最终的输出包含如下方面：

（1）备选方案选择建议和影响（对所有的技术管理流程）。

（2）决策支持建议和影响（对技术评估过程）。

（3）决策分析活动的工作产品（对技术数据管理流程）。

（4）方案关键指标（包括备选方案）。

（5）工程或者项目制订的目标层次。

（6）决策者的偏好（所有技术管理流程）。

6.10.5 方法与工具

本节主要介绍支持决策分析流程的方法和工具。设计过程中使用的方法和工具也会用于支持决策活动，这里简要地介绍一些决策过程中使用的典型分析方法和工具。

6.10.5.1 权衡分析

权衡分析（trade study）帮助定义在项目各个分辨率层次衍生的新系统以支持决策并得到一个相对平衡的系统解决方案。有效的权衡分析需要参与人员具备多种技能并共同努力以实现系统的优化设计。

权衡分析流程（见图 6-10）首先定义系统的目标/目的，明确其必须满足的约束，然后根据适用情况定义系统效能、性能及技术属性、系统成本的指标与度量方法，通过模型计算定量指标，定义可行的备选方案，量化系统输出变量，结合选择规则及分析活动结果，将备选方案按偏好从高到低进行排序，进行尝试性选择。如果真实性检验支持尝试性选择，则可以将系统设计推进到更深层次或进入设计实施执行阶段；如果真实性检验没有通过，那么权衡分析流程将返回到前一步或前几步。基于权衡分析中产生的新信息，变更目的、目标或约束，同时变更新的备选方案或选择规则，改善评价备选方案的指标及度量方案，然后重复

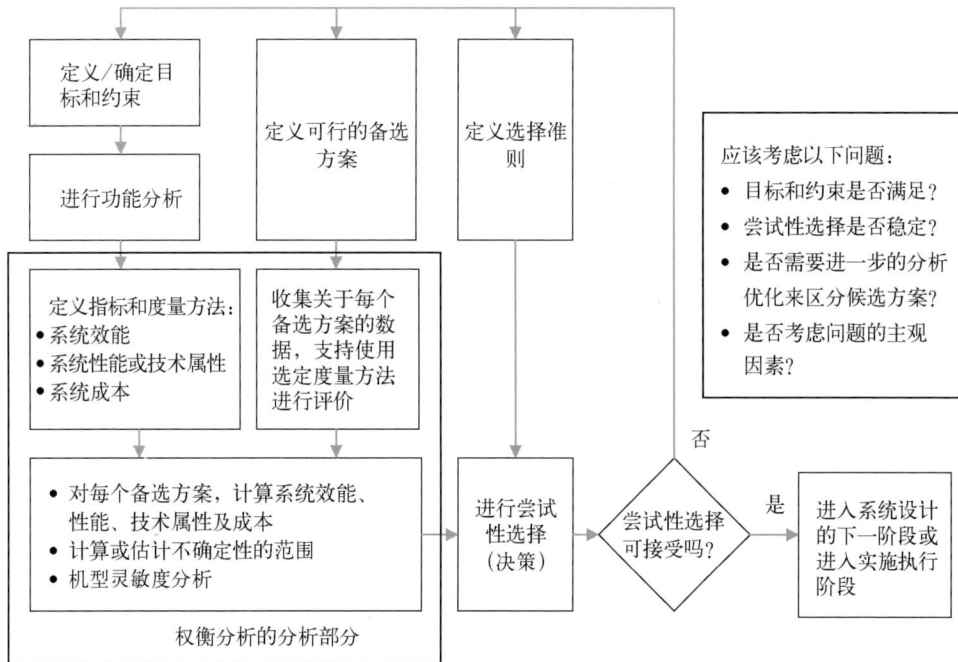

图 6-10 权衡分析流程

进行权衡分析。

权衡分析流程的控制有许多机制，可以通过制订系统工程管理计划，合理选择研究团队领导及成员，限制权衡分析中备选方案的数量，在研究中使用模型以及选取合适的选择规则来实现。

6.10.5.2　成本收益分析

如图 6-11 所示，成本收益分析（又称"费效分析"）用于在等价成本或者收益下比较备选方案的优劣。该分析取决于正面因素的相加及负面因素的相减以确定挣值。采用的方法是基于给定成本上限将效能最大化。此种方法是系统化的定量分析方法，用于比较为达到特定目标的同等效益下不同方案的成本。基于对备选方案的生命周期费用分析，如果项目按照现价水平获得给定量的收益时花费最低，则称该方案是最经济有效的。

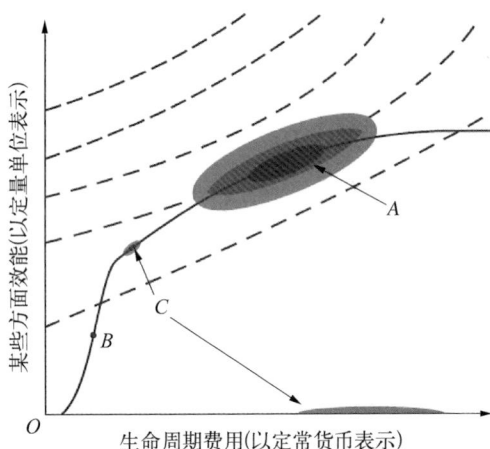

图 6-11　费效分析图

如果存在不同类型的结果和品质，那么为确保方法的公平比较，需要引入折算因子。折算因子的计算和转换技术规则必须界定清晰，通过比较项目备选方案全生命周期费用和计算成本差异，确定最低成本的项目方案。同样，不同的元素相加的时候需要确定元素的权重，反映出它们与项目目标的相关重要度。

该分析方法在项目比较中引入主观因素、权重，两者同被用于确定最经济有效的备选方案并确定实施最有效备选方案的成本。

6.10.5.3 影响图分析

影响图（又称"决策网络"）是用紧凑的图形和数学表示决策状态。作为一种直观的、易于理解的决策分析方法，影响图诞生于 20 世纪 70 年代中期。如今，当变量模型的分支数呈指数方式增长时，影响图被广泛应用并成为决策树的一种替代方式。影响图允许对团队成员共享不完全的信息用于构建模型直接求解，因而可以直接用于团队决策分析，其基本要素如图 6-12 所示。

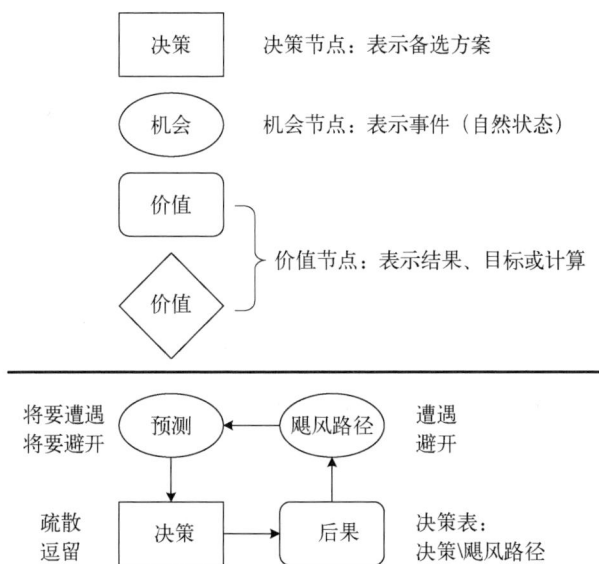

图 6-12 影响图基本要素

影响图的优势在于它能够清晰紧凑地体现问题的结构，从而有助于项目沟通，与分析人员在确定问题时理清思路。

6.10.5.4 决策树

与影响图类似，决策树描绘决策模型，但是其着眼点与影响图有所不同。决策树（见图 6-13）通过离散化所有"机遇"节点找出每个决策方案期望的结果，并基于该离散化结果，计算所有方案的各种可能结果并赋予相应的权重。最终通过累加形成底层状态的输出变量（效能指标或期望效用）确定优先的方案。

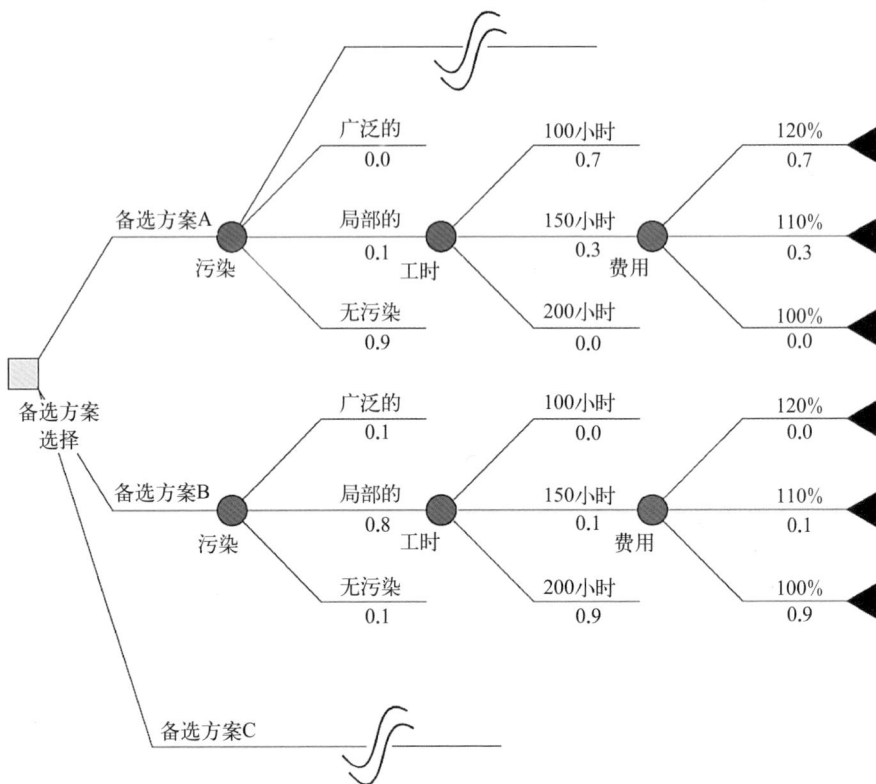

图 6-13　决策树

决策树从左至右水平扩展，其根在最左边。通常，决策者可用的备选方案起源最左边的树根。沿着决策树，决策者将遇到基于不同概率结果的分支及可能的新决策节点。因此，决策树的分支从左至右阅读。在决策树的最右边，技术性能指标评分矢量在每个末端列出，标识所有决策输出及机会输出。基于技术性能指标评分，以及选定的选择规则，将确定优先备选方案。

决策树的缺点是即使不是十分复杂的问题，决策树也将很快变得难以理解。

6.10.5.5　层次分析法

层次分析法（AHP）是一个已经证明有效的处理复杂决策问题的多属性方法，可以帮助决策者选择并明确准则，分析、收集与准则有关的数据，并实施决策流程。通过 AHP 的数学方法可以处理很多不同的问题。层次分析法帮助获取主观与客观评价指标，并为检验团队所提备选方案与评价指标的一致性提供有效的机制，从而减少决策中的偏见。

使用层次分析法，达到一致性要求可能很快，也可能需要几轮循环。反馈内容包括每个评价者、群体对每项方案的排序，排序差异的原因，以及出现分歧的领域。

6.10.5.6 效用分析

效用是对备选方案相对价值的度量。针对该指标，决策团队关注效用的增加或降低，并就增加效用方面解释备选方案决策。

效用函数（见图6-14）将技术性能指标的范围映射到相关的效用范围上，获得决策者的偏好和风险取向。很容易将评价取值范围简单线性映射到效用轴区间内，但是这通常不能获得决策者偏好。决策者的风险取向可能是风险趋向型或者风险规避型，又或者两者都有。效用函数能直接反映决策者对待风险的态度。

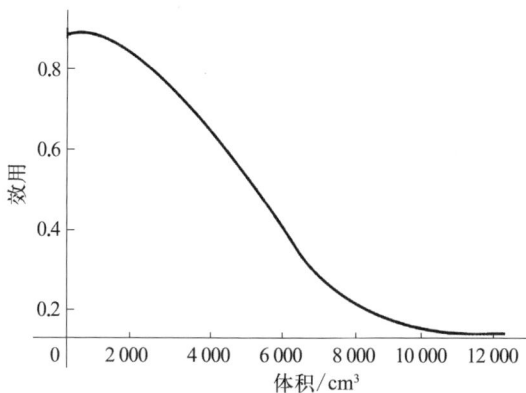

图6-14 效用函数分析图

在不需要正式处理风险取向时，价值函数可用于替代效用函数。价值函数与效用函数相似，但有一点不同，即价值函数的评估不考虑决策者的风险取向。

用此方法的最大好处是当决策者需要考虑风险时，这是处理显著不确定性的最佳方法。

6.10.6　注意事项与经验

鉴于科学决策的重要性和生命周期中决策的必要性，应考虑如下几点：

（1）建立完整规范的决策体系，包括进入准则、流程和方法，支持科学决策过程，确保分析充分，避免出现决策过程中的主观性和片面性。

（2）建立分级授权的决策机制，不同层级决策问题，应有对应决策的权限以及项目和企业人员角色。

（3）决策中方案的数量应尽量做到"不多不少"，过多则容易在决策过程中投入过多资源，过少则决策结果有可能有效性不充分，因此业界一般推荐4~6种方案用于最终决策分析。

（4）建立跨项目层的决策数据库，详细分析历史数据、结果，并进行数据记录，完善决策数据库，为后续正确决策提供参考依据。

6.10.7　与 SAE ARP 4754A/B 的符合性

无。

7   项目群使能过程集

钱学森曾经说过："局部最优，不代表系统最优。"由于商用飞机产品的复杂性和系统性，需要参与者不断强化系统思维，对主制造商而言，尤其需要增强对复杂产品项目管理和技术的综合集成能力。首先，项目管理是以项目为对象，运用系统管理方法，对项目进行高效率的计划、组织和管控。项目管理是系统工程方法论在具体工程项目中的应用，是在一个系统化和结构化的框架下，把成千上万的研制任务综合成一个技术上合理、经济上合算、研制周期短和高效协调运转的系统。其次，复杂的总体协调任务要求以组织管理替代指挥者个体，以周密的项目计划避免项目"迷路"。当项目涉及的部门越多，涉及的内容越新，所需的协调能力就越强，就越需要采用能有效支持复杂产品研制的组织结构。最后，需要把系统工程管理方法运用到商用飞机项目管理和组织管理建设中。运用系统工程管理方法，同步优化项目管理组织、基层管理组织的纵向系统和横向系统，把工作分解结构（WBS）与组织分解结构（OBS）整合起来，最终形成清晰的项目责任矩阵，实现项目管理团队、技术工程团队和资源保障团队的动态协同。

7.1   项目群管理过程

7.1.1   描述

"项目群"一词译自英文的 program/programme。根据使用场景、行业和使用者的习惯，program 也会被翻译成项目集、工程、程序，甚至和 project 等同，

被叫作"项目"。由于没有统一、规范的翻译以及行业内各企业习惯的原因，在国内外交流中会产生许多误会和不便，因此中国商飞公司内部明确将 program 和 project 加以区分，指代两类不同的活动。项目群的设立通常是基于公司产品战略的需要，在公司与客户之间建立统一界面。图 7-1 展示了包含多个项目的项目群及其关联关系和接口。

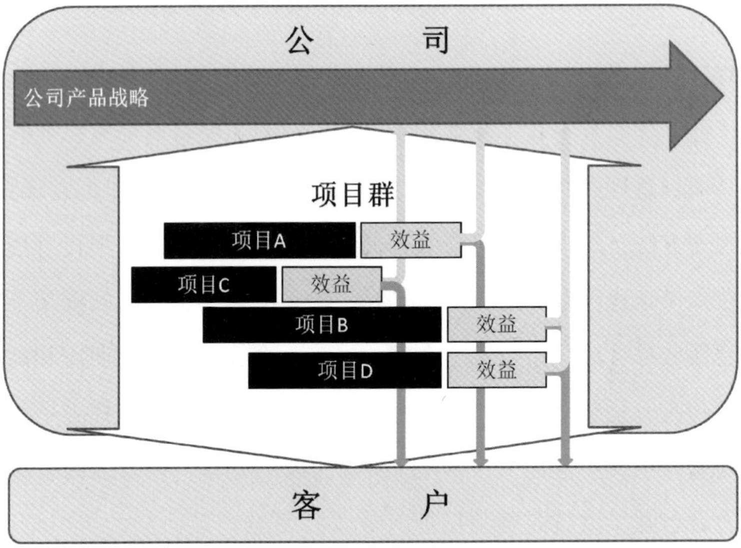

图 7-1　包含多个项目的项目群及其关联关系和接口

项目（project）特指为创造商用飞机产品和服务而进行的临时性工作，即研制开发活动，其生命周期起始于项目正式立项，结束于商用飞机产品取得生产许可证（PC），并达到符合项目关闭状态。项目群（program）是基于飞机产品系列化发展而产生的一组相互关联且需协调管理的项目、子项目及其活动。项目群生命周期起始于型号系列中的第一个项目立项，结束于该飞机产品系列中最后一架飞机退役。相应地，项目管理指的是运用系统工程理念和方法，将与商用飞机产品及服务相关的知识、技能、工具和技术应用于型号项目活动，并通过对相关过程进行有效管理，全面实现项目目标的行为；而项目群管理则是运用系统工程理念和方法，将与商用飞机产品及服务相关的知识、技能、工具和技术应用于项目群活动，并通过对相关过程进行有效管理，全面实现项目群管理目标的行为。对于项目群的管理，其目的是获得单一项目管理时所无法取得的效益。原则上，主制造商项目群管理的对象可以不包括来自二手市场或者被企业拒绝维护支持的飞机产品。按照行业主流的项目群分类方法，中国商飞公司的项目群包括以 C909 为代表的支线型号项目群，以 C919 为代表的干线窄体单通道型号项目群，以 C929 为代表的干线宽体双通道型号项目群等。

管理项目群和管理项目的目标和关注点并不相同，采取的手段、方法和工具也不尽相同。值得指出的是，"项目群集成管理"过程是决定项目群管理是否有效的关键。项目群管理强调的是集成管理，其主要工作包括了识别、定义、统筹项目群内部各项目之间的目标和资源；监控项目群内部各项目的活动过程；测量项目群绩效并持续优化；以及针对不同项目群实施战略评估，提供评估结果。项目群管理包含的具体过程有策划项目群集成、运行项目群、监控项目群运行、战略评估和管理项目群沟通等。本过程的输入输出、过程和相关工具方法一览如表 7-1 所示。

7.1.2　输入

7.1.2.1　产品研制地图

产品研制地图是根据公司的经营和产品实现战略，在制订并正式发布产品谱系（公司产品系列）的基础上编制的产品研制路线图。该图不但显示了公司现阶段产品目录，更关注产品的系列化发展以及系列产品之间、同系列产品之间的发展顺序和关系，反映了公司产品经营战略的落地过程。

7.1.2.2　项目群目标

项目群目标是依据公司经营战略，以产品研制地图为基础制订的，重点关注项目群整体在其全生命周期内的盈亏和客户满意度。相较于单一型号研制项目目标，项目群的目标更具长期性和稳定性，通过对项目群内各项目目标的动态管理和平衡，完成项目群目标的实现。

表 7-1 项目群管理过程 SIPOC

中国商飞

过程名：项目群管理过程（C.1）	过程域：N/A

下一层级过程：策划项目群集成、运行项目群、监控项目群运行、战略评估、管理项目群沟通

过程目的：识别、定义、统筹各项目之间的目标，资源，监控各项目的活动过程，针对不同项目群实施战略评估，提供评估结果，获得单一项目管理时所无法取得的效益

必要性：N/A

输入（Inputs）：
—产品研制地图
—项目群目标
—组织过程资产
—企业环境因素

提供方（Suppliers）：
—公司战略规划部门
—公司产品策划部门

过程活动（Processes）：
1. 策划项目群集成
2. 运行项目群
3. 监控项目群运行
4. 战略评估
5. 管理项目群沟通

适用阶段：
☑ 概念平发阶段　　☑ 全面试制阶段
☑ 立项论证阶段　　☑ 试飞取证阶段
☑ 可行性论证阶段　☑ 产品与服务验收阶段
☑ 初步设计阶段　　☑ 持续运营/退役阶段
☑ 详细设计阶段

输出（Outputs）：
—项目群管理规划
—项目群绩效数据
—项目群决策数据
—年度战略评估报告

使用方（Customers）：
—项目群发起人/经营层
—项目群执行团队

方法与工具：
方法：WMCRH法、关键绩效指标（KPI）法、专家判断、分析技术等
工具：项目群管理规划模板、项目管理信息化平台等

7.1.2.3 组织过程资产

影响制订项目群管理过程、与组织过程资产相关的内容包括但不限于如下几方面：

（1）公司的标准过程、政策和过程定义。

（2）公司的产品经营战略。

（3）公司项目历史信息与经验教训知识库。

7.1.2.4 企业环境因素

影响项目群管理过程、与企业环境因素相关的内容包括但不限于如下几方面：

（1）国际、国家、行业标准与规范的要求。

（2）公司组织架构、文化和管理习惯。

（3）所处市场需求和产品生存条件。

7.1.3 过程中的活动

7.1.3.1 策划项目群集成

策划项目群集成过程是通过关注项目群整体目标，贯彻 WMCRH 等方法，运用项目群管理规划模板等工具，制订项目群管理规则，建立项目群管理组织机构以及沟通、决策机制，以将项目群目标合理分解到内部各项目，形成适用于项目群全生命周期的有效管理机制。

7.1.3.2 运行项目群

运行项目群过程是根据项目群管理规划的要求和工作机制，开展项目群管理工作和活动。项目群总经理及其授权的项目群高级管理人员负责项目群管理的决策，项目群管理组织负责项目群的日常运行。

7.1.3.3 监控项目群运行

监控项目群运行过程是依据设置的项目群关键绩效指标（KPI）等量化要素，依托项目管理信息化平台，采集、跟踪项目群运行数据和绩效表现，动态发现实现既定项目群目标的风险和机遇，及时按需做出调整各项目目标、资源配置的决策的行为和活动。

7.1.3.4 战略评估

战略评估是型号项目群的年检，作用是为公司的经营决策提供重要的输入和依据。通过对项目群重要指标的梳理，理清项目群现状，为公司经营层和项目群管理层展示项目群实施状态；评估项目群及其型号项目的实施现状与既定目标及竞争对手间的差距，衡量其商业成功等目标的可达性；剖析型号研制、批生产和持续运营中存在的重点问题和根本原因，提出治本且长效的解决措施。

7.1.3.5 管理项目群沟通

管理项目群沟通过程是为实现项目群目标而规划、采集、生成、发布、存储、检索、管理、控制、监督和处理项目群实施过程中产生的信息，并依据这些信息对项目群的实施路径和资源分配做出动态调整。项目群沟通管理的主要关注点是项目群内各项目间以及项目和项目群管理层间的信息沟通的通达性、准确性和及时性，以便在项目群层面做出正确和及时的决策。

7.1.4 输出

7.1.4.1 项目群管理规划

项目群管理规划是项目群基线文件和子管理规划的整合，覆盖了项目群盈亏和客户满意度目标及其来源、范围定义、进度基线、成本基线、资源配置和调整机制、沟通机制、风险和机遇管理机制、利益攸关方管理机制等。

7.1.4.2 项目群绩效数据

工作绩效数据是在执行项目群工作的过程中，从每个正在执行的活动中收集到的原始观察结果和测量值。数据是指最底层的细节，将由其他过程从中提炼出项目信息。在工作执行过程中收集数据，再交由各控制过程做进一步分析。工作绩效数据可以是已完成的工作、关键绩效指标、技术绩效测量结果、进度活动的开始日期和结束日期、变更请求的数量、缺陷的数量、实际成本和实际持续时间等。

7.1.4.3 项目群决策数据

项目群决策数据是对所有项目群管理的决策内容以及决策依据的纪实和记录。通过信息化手段以及项目管理案例库等形成符合项目群特点的决策模式和规律。

7.1.4.4 年度战略评估报告

年度战略评估报告是战略评估活动的主要输出物。按照战略评估模型，客观列举项目群实施状态，评估项目群及其型号项目的实施现状与既定目标及竞争对手间的差距，挖掘根本原因和提出实质性的改进措施。当年度的报告还包含了对上一年度制订的改进措施的落实情况及进展。

7.1.5 方法与工具

7.1.5.1 WMCRH 法

WMCRH 法是基于全要素的工作策划方法，对上承接公司对项目群的目标要求，对下衔接具体的工作任务，通过 WMCRH 模型加以系统化、科学化地实现落地。WMCRH 模型是对每项策划的具体工作说明，主要包含输入输出、过程、控制项和使能项等分类，对每项策划进行规范和定义。按照各要素英文名字首字母，至少覆盖 W〔what（做什么），who（谁来做），when（什么时候做），why（为什么做），where（能力在哪）〕、M〔means（工具），methods（方法）〕、C〔cost（成本），constraint（约束），communication（沟通），customer（给谁用），connection（关联关系），configuration（构型）〕、R〔requirement（需求），risk（风险）〕以及 H〔how（怎么做）〕等方面。

7.1.5.2 关键绩效指标法

关键绩效指标（KPI）是通过对组织内部流程的输入端、输出端的关键参数进行设置、取样、计算和分析，衡量流程绩效的一种目标式量化管理指标，是把组织的战略目标分解为可操作的工作目标的工具，是组织绩效管理的基础。KPI可以使各项目团队在明确本团队主要责任的基础上，进一步明确团队的业绩衡量指标。建立明确且切实可行的 KPI 体系，是做好绩效管理的关键。关键绩效指标也可作为衡量团队人员工作绩效表现的量化指标，是绩效计划的重要组成部分。

7.1.5.3 专家判断

专家判断可用于评估制订项目群管理策划的输入输出、过程、控制项和使能项等管理细节。专家可以是具有专业知识或受过专业培训的任何小组或个人，其来源渠道如下：公司及下属单位的专业和职能部门，内外部顾问、特聘专家，包括客户或发起人的利益攸关方，外部专业与技术协会，行业团体，主题专家（SME）等。

在制订项目群管理规划时，专家判断用于如下具体工作：

（1）根据项目需要而裁剪项目群管理过程。

（2）编制应包括在项目管理规划中的技术与管理细节。

（3）确定项目所需的资源与技能水平。

（4）定义项目的构型管理级别。

（5）确定哪些项目文件受制于正式的变更控制过程。

（6）确定项目工作的优先级，确保把项目资源在合适的时间分配到合适的工作。

7.1.5.4 分析技术

分析技术是一整类技术的总称，根据可能的项目群或环境变量的变化，以及它们与其他变量之间的关系，来预测潜在的后果。这类技术包括回归分析、因果分析、根本原因分析、失效模式及影响分析（FMEA）、故障树分析（FTA）和趋势分析等具体方法。

7.1.5.5 项目群管理规划模板

项目群管理规划内容应至少包含如下内容：

（1）项目群描述。

（2）项目群目标。

（3）项目群实施策略。

（4）项目群顶层组织结构。

（5）项目群决策和授权机制。

（6）项目群沟通机制。

（7）项目群工作分解结构（WBS）框架。

（8）项目群责任分配矩阵（RAM）。

（9）项目群里程碑计划。

（10）项目群预算基线（BOE）。

（11）项目群风险和机遇分析。

（12）项目群现存问题分析。

（13）流程裁剪。

（14）特殊情况说明。

（15）版本控制要求。

7.1.5.6　项目管理信息化平台

作为企业环境因素的一部分，项目管理信息平台提供下列工具：工作分解结构管理系统、进度计划工具、工作授权系统、决策记录、资源分配和调整机制、信息收集与发布系统，或进入其他在线自动化系统的网络界面。本系统也可用于自动收集和报告关键绩效指标（KPI）。

7.2　项目计划进度管理过程

项目计划进度管理的目的、必要性、典型的方法和工具，以及在飞机研制过程中的适用阶段，输入、输出、过程活动等，如表7-2所示。

7.2.1　描述

项目计划进度管理过程包括开展 WMCRH 策划、制订计划和控制进度 3 个主要的活动。

开展 WMCRH 策划是为规划、编制、管理、执行和控制项目进展而制订相关政策、程序和文件的过程和原则要求，形成项目主计划。

制订计划包括制订项目计划的通用要求，包含各项目活动的计划日期的进度模型，以及制订项目计划，即开展各主要项目活动的依据。

控制进度是监督项目活动状态，更新项目进展，管理进度基线变更，以实现项目主集成规划和项目主集成计划的过程。

表 7-2 项目计划进度管理过程 SIPOC

中国商飞 过程名:项目计划进度管理过程(C.2)　　　　CMMI 过程域:2级过程——项目规划、项目监控

下一层级过程:N/A

过程目的:通过主集成规划(IMP)和主集成计划(IMS)动态管理和协调项目实施中的工作活动、计划节点以及所需资源,保障项目目标的顺利实现

必要性:ISO/IEC/IEEE 15288:2015 中的推荐过程

过程活动($\mathbf{P}$rocesses):
1. 规划进度
2. 制订计划
3. 控制进度

输入($\mathbf{I}$nputs):
— 项目管理规划
— 工作分解结构
— 企业环境因素
— 组织过程资产

提供方($\mathbf{S}$uppliers):
— 项目出资方/发起人
— 经授权的项目管理方
— 相关项目团队管理人员

适用阶段:
☐ 概念开发阶段　　☑ 全面试制阶段
☐ 立项论证阶段　　☑ 试飞取证阶段
☑ 可行性论证阶段　☑ 产品与服务验收阶段
☑ 初步设计阶段　　☐ 持续运营/型号退役阶段
☑ 详细设计阶段

输出($\mathbf{O}$utputs):
— 经批准的主集成规划
— 经批准的主集成计划和项目资金需求
— 进度绩效信息更新
— 进度预测
— 项目文件更新

使用方($\mathbf{C}$ustomers):
— 相关项目团队
— 经授权的项目管理方
— 相关项目团队管理人员

方法与工具:
方法:进度网络分析、关键路径法、关键链法、网络图、甘特图、泳道图以及 IMP 和 IMS 模板
工具:计划管理信息化平台、项目评审技术、绩效审查和项目评审

7.2.2 输入

7.2.2.1 全生命周期网络计划

（1）零级网络计划。

零级网络计划是根据项目里程碑计划，由零级 IPT 团队 PMO 组织公司有关部门、EMO 和各 IPT 团队，确定项目的工程设计、制造、试验、试飞、适航和市场/客户服务等方面的主要任务、进度节点以及相互关联关系，形成的项目研制顶层网络计划。

（2）Ⅰ级网络计划。

按照项目零级网络计划目标和进度要求，根据项目研制的组织和专业任务特点，在零级网络计划基础上，由零级 IPT 团队 PMO 组织，EMO、各 1 级 IPT 和公司相关部门具体负责，基于项目里程碑计划、零级网络计划和项目 WBS 等进行编制对工程设计、试验、试飞、总装制造、客户服务和适航管理等方面研制工作进一步分解细化，分别编制的各方面研制工作的重要研制任务和节点的网络计划。Ⅰ级网络计划分解出的重点任务是 WMCRH 策划的直接输入。

7.2.2.2 工作分解结构

WBS 将整个项目分解成可以管理和控制的工作单元，以保证技术活动和管理活动的一致性，为确定工作分工、编制计划进度和安排费用提供统一的基础。

7.2.2.3 企业环境因素

应考虑与企业环境因素相关、影响项目计划进度管理过程包括但不限于如下内容：

（1）通用国际、国家、行业标准等的要求。

（2）公司项目管理信息化系统的要求。

（3）公司组织架构、文化和管理习惯的要求。

（4）项目可用的基础设施的水平和能力发展状态。

（5）项目组织机构及人员配置，用于明确计划进度的具体责任团队和责任人。

（6）公司关于 WMCRH 策划、计划进度的标准程序和通用要求等。

（7）沟通渠道。

（8）市场条件。可以从市场上获得什么产品、服务和成果，可以从谁那里、以什么条件获得。地区和/或全球性的供求情况会显著影响资源成本。

（9）公司战略。

7.2.2.4　组织过程资产

应考虑的与组织过程资产相关、影响项目计划进度管理过程包括但不限于如下内容：

（1）标准化的工作指南、工作指示、项目建议书评价准则和绩效测量准则。

（2）项目管理规划模板。

（3）公司变更控制程序，包括修改组织标准、政策、计划和程序（或任何项目文件）所须遵循的步骤，以及如何批准和确认变更。

（4）公司项目档案库（如范围、成本、进度与计划网络图和风险登记册）。

（5）公司项目历史信息与经验教训知识库。

（6）公司组织标准、政策、程序和项目文件的各种版本与基线等。

（7）公司的财务制度和财务数据库。

（8）公司项目历史信息与经验教训知识库。

7.2.3　过程中的活动

7.2.3.1　开展 WMCRH 策划

1）WMCRH 的定义简介

公司的战略目标合理地分解到每个人的日常工作任务中才能有效落地，工作策划对上承接公司战略需求，对下衔接具体的工作任务，让我们"理得清"，确保我们"做得到"。WMCRH 要素模型是对每项策划的具体工作说明，主要包含输入、输出、过程、控制项和使能项等分类，对每项策划进行规范和定义，如图 7－2 所示。

控制项

成本（cost）　　约束（constraint）
风险（risk）　　构型（configuration）

输入
需求
（requirement）

关联关系
（connection）

过程
谁来做（who）　　什么时候做（when）
怎么做（how）
做什么（what）　为什么做（why）

关联关系
（connection）

输出
客户
（customer）

使能项

工具（means）　　沟通（communication）
方法（methods）　能力在哪（where）

图 7-2　WMCRH 策划过程

以下是对各个要素的详细解释：

（1）输入和输出。

输入和输出要注重各项工作之间的逻辑关系（见图 7-3）。需求（requirement）是对输入的需求，要明确定义需要什么样的输入。客户（customer）是指接受输出的组织或个人。关联关系（connection）给出了工作之间的关系，即哪些输出是另外工作的输入，一些工作完成后，才能开始另外一些工作。

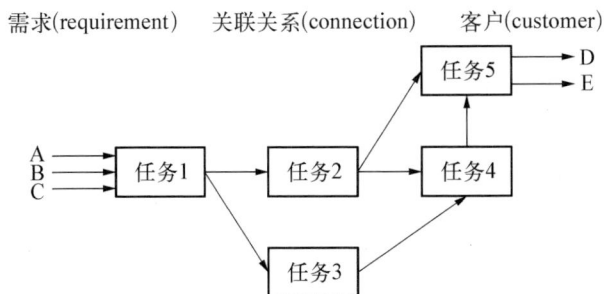

需求(requirement)　　关联关系(connection)　　客户(customer)

任务5 → D
　　　 → E

A
B　任务1 → 任务2 → 任务4 → 任务5
C

任务1 → 任务3 → 任务4

图 7-3　工作任务之间的逻辑关系

（2）过程。

过程包含 4W1H：谁来做（who），明确参与人员安排、资质能力要求以及人员的当量；什么时候做（when），界定工作开始和结束时间；做什么（what），描述主要工作目标和交付物；为什么做（why），分析开展此项工作的具体原因；怎么做（how），明确达成目标所需的业务流程。

（3）控制项。

控制项决定规划能否执行。成本（cost）指的是估算工作开展所需的工时和管理成本，以服务产品和公司经营为目标。风险（risk）指的是要识别工作中的关键风险点，制订风险应对措施。约束（constraint）指的是明晰党和国家、适航质量安全等方面的强制要求，明确哪些事情不能做，外部的强制要求有哪些。构型（configuration）指的是现有或计划中某产品或产品组合的产品属性，或指某产品系相继构建的变种之一，而有效的监控是构型控制的关键。

（4）使能项。

使能项决定规划执行效果。工具（means）和方法（methods），指的是实施工作时所需的管理以及工程工具和方法。沟通（communication），指的是在策划过程中与各相关方的沟通情况以及工作团队需要的沟通方式。能力在哪（where），摸清能力现状，成熟度在哪儿，水平在哪儿，包括流程、工具方法、标准规范和人员资质等，进行能力需求与现状的差距分析，制订相应能力提升的措施。

2）完成WMCRH策划任务书

开展WMCRH策划工作的输出是完成WMCRH策划任务书。项目团队根据确定零级网络图计划和I级网络图计划分解、确定、形成项目目标，按需分解成各条线主要任务，各工作条线围绕每个主要任务开展WMCRH策划，每个主要任务形成一份WMCRH策划任务书。

在完成项目所有项目目标WMCRH策划之后，抽取任务内容一栏中的内容形成项目主计划表，并形成问题风险清单、工具方法需求清单和资源需求清单，作为其他项目管理过程的输入。

7.2.3.2　制订计划

1）制订计划的通用要求

制订项目计划的输出是包含各个项目活动的计划表，为项目执行提供支撑。

项目计划制订以项目年度目标为牵引，依托"个十百千万"项目计划管理体系分层级开展。其中，"个"是项目年度目标，"十"是年度重点任务，"百"是刚性任务，"千"是 0 级管控计划，"万"是 1 级管控计划。其中年度目标、重点任务、刚性任务由公司进行管控，项目零级及 I 级计划由项目团队进行管控，其中，零级计划由零级团队管控，I 级计划由 1 级团队管控。"个十百千万"项目计划管理体系如图 7 - 4 所示。

逐层细化，形成项目年度任务执行计划

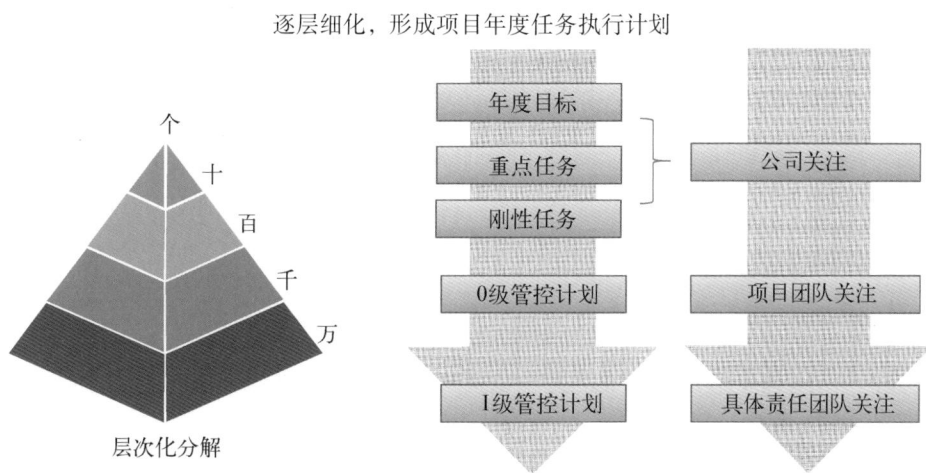

年度目标	
重点任务	公司关注
刚性任务	
0级管控计划	项目团队关注
I级管控计划	具体责任团队关注

层次化分解

图 7 - 4　"个十百千万"项目计划管理体系

通过工作说明书（SOW）等任务管控工具，逐项明确项目任务的工作范围、任务和完成标准，支撑项目计划审批过程，将分布于"个十百千万"各层级的项目任务进行清晰界定，为项目进度控制和风险应对提供支撑，确保各项工作顺利完成。

特别应注意的是，尽管可以事先规划项目实施中的大部分活动，但是在具体实施时，由于利益攸关方的需要变化、资源的实际利用效率和实际成熟度水平以及事先未预估到的风险情况等原因，因此项目执行的结果往往会导致项目范围的调整，并导致项目主集成计划的调整及变更。这时，项目的执行过程同时也成为项目进展反馈机制的重要组成部分，在项目监控手段和流程的配合下，不断向项目管理者提供最新的项目信息和结果分析，以便项目主集成计划的及时调整。项目执行过程是整个项目成本花费最大的部分,因此高效的项目执行与反馈,可以帮助解决和预防成本和进度的失控发生。

项目计划将项目活动和相关交付物按照时间顺序和关联关系通过直观的图表形式加以反映,用来指导项目团队的活动,并为项目绩效的考核提供参考依据。其制订原则与要求如下:

(1)项目计划的制订必须基于项目主集成计划,项目计划原则上是对应每条项目主集成计划的分解。

(2)无论采取何种项目计划表现形式,每一个项目活动均应能明确其输入、输出以及先后依赖关系,下一层级项目计划必须能有效地追溯到上一层级计划,而上一层级计划也应合理地分解到下一层级计划。上下层级计划、同层计划间的联动关系保证了项目计划的整体性和唯一性。

在计划进度管理时,对任何一项具体活动所需进度用时的预估必须合理并尽可能留有余地,以应对可能出现的意外状况。主要原则与要求如下:

(1)应根据所执行的活动的复杂程度、组织现有技术成熟度水平和团队成员资质能力水平等信息,估算工作量和所需用时。确保责任到人,扁平化管理加强风险预警。

(2)根据所使用的技术成熟度水平、团队成员技术能力和经验适当增减工作量和用时估算。如在第一次使用某项新技术时,有必要在设计、试制、集成和试验等环节增加用时,补偿因成员学习曲线(learning curve)、技能/设备磨合期等导致的额外工作用时。

(3)如果在计划编制时无法明确团队资质能力水平,那么应采用"项目评审技术"(PERT)进行估算。PERT是在估算中将乐观估算值、悲观估算值和最可能估算值进行加权平均后得到最终估算结果的一种技术,可用于进度、成本和工时等方面的定量估算。

2)项目计划

项目团队开展项目活动的直接依据是项目计划,每个项目都有一个基于项目主集成计划的项目计划表。项目计划表应遵循如下原则:

（1）主集成计划及计划的每一项任务均有相应的上下游关联关系，可以通过计划编制工具，如 Microsoft project、泳道图等形式加以表达。

（2）在每一层级的项目计划中，任何一项任务的组成要素（内容、节点、资源等）的变动，都有可能影响主集成计划，所以应建立有效的项目变更控制程序和项目状态反馈机制。

项目计划可以直接追溯至项目主集成计划，也应该与项目 WBS、OBS 等相关联。通常，WMCRH 模型被认为是顶层规划工具，而项目计划被认为是这些计划的底层执行工具。

7.2.3.3　控制进度

控制进度是监督项目活动状态，更新项目进展，管理进度基线变更，以管控项目主集成计划和项目计划的过程。控制进度采用定期采集项目进度绩效，监控进度基线变化趋势，并在季度基线发生任何变更时及时经过实施变更控制加以调控。控制进度作为实施变更控制过程的一项主要输入，需关注如下内容：

（1）判断项目进度的当前状态。

（2）对引起进度变更的因素施加影响。

（3）判断项目进度是否已经发生变更。

（4）在变更实际发生时对其进行管理。

由于商用飞机项目研制过程复杂，因此为实现项目进度目标和要求，需要进行较为严格和准确的进度控制，主要应关注如下内容：

（1）通过比较上一个时间周期中已交付并验收的工作总量与已完成的工作估算值，来判断项目进度的当前状态。

（2）实施回顾性审查（定期审查、记录经验教训），以便纠正与改进过程（按需）。

（3）对剩余工作计划（未完项）重新进行优先级排序，并及时调整进度计划。

（4）确定每次迭代时间（约定的工作周期时长，通常是两周或一个月）内可交付成果的生成、核实和验收的速度。

（5）确定项目进度已经发生变更。

（6）在变更实际发生时对其进行管理。

7.2.4 输出

7.2.4.1 WMCRH 策划任务书

WMCRH 策划任务书是开展 WMCRH 策划的重要输出，WMCRH 策划任务书包含输入输出、过程、控制项和使能项等分类，主要包括 5 个 W、2 个 M、6 个 C、2 个 R 和 1 个 H 的要素。

7.2.4.2 经批准的项目主计划、项目进度计划和项目资金需求

根据成本基线，确定总资金需求和阶段性（如季度或年度）资金需求。成本基线既包括预计的支出，也包括预计的债务。项目资金通常以增量而非连续的方式投入，并且可能是非均衡的，呈现出如图 7-5 所示的阶梯状。如果有管理储备，则总资金需求等于成本基线加管理储备。在资金需求文件中，也可说明资金来源。

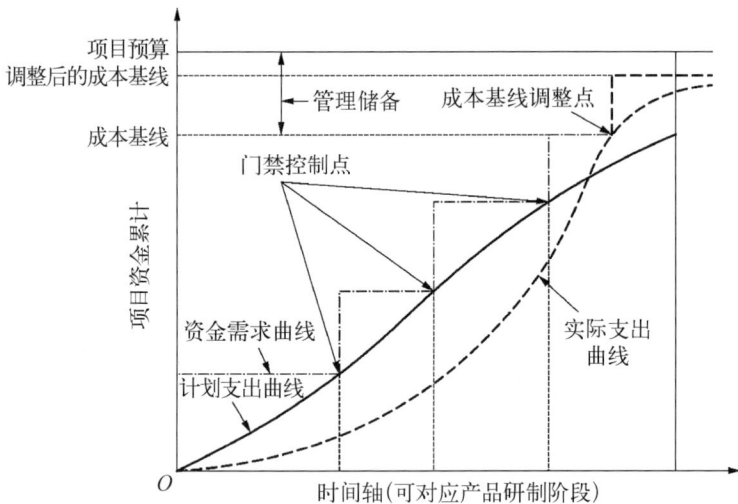

图 7-5 成本基线、支出与项目资金需求

7.2.4.3 进度绩效信息更新

实际采集到的最新的项目进度状态和实施情况。

7.2.4.4 进度预测

进度预测是根据已有的信息和知识，对项目未来的情况和事件进行的估算或预计。随着项目执行，应该基于工作绩效信息，更新和重新发布预测。这些信息包括项目的过去绩效和期望的未来绩效。

7.2.4.5 项目文件更新

可能需要更新的项目文件包括但不限于任务资源需求、任务属性、资源日历、风险登记册和活动成本概算。

7.2.5 方法与工具

7.2.5.1 进度网络分析

进度网络分析是创建项目进度模型的一种技术。它通过多种分析技术，如关键路径法、关键链法、假设情景分析和资源优化计算等，来计算项目活动未完成部分的最早和最晚开始日期，以及最早和最晚完成日期。某些网络路径可能含有路径汇聚或分支点，在进行进展压缩分析或其他分析时应该加以识别和利用。

7.2.5.2 关键路径法

关键路径法（CPM）是在进度模型中，估算项目最短工期，确定逻辑网络路径的进度灵活性大小的一种方法。这种进度网络分析技术在不考虑任何资源限制的情况下，沿进度网络路径顺推与逆推分析，计算出所有活动的最早开始、最早结束、最晚开始和最晚结束日期。关键路径是项目中时间最长的活动顺序，决定着可能的项目最短工期。由此得到的最早和最晚的开始和结束日期并不一定就是项目进度计划，而只是把既定的参数（活动持续时间、逻辑关系、提前量、滞后量和其他已知的制约因素）输入进度模型后所得到的一种结果，表明活动可以在该时段内实施。关键路径法用来计算进度模型中的逻辑网络路径的进度灵活性大小。

在任一网络路径上，进度活动可以从最早开始日期推迟或拖延的时间，而不至于延误项目完工日期或违反进度制约因素，就是进度灵活性，称为总浮动时间。在正常情况下，关键路径的总浮动时间为零。在进行项目活动排序的过程中，取决于所用的制约因素，关键路径的总浮动时间可能是正值、零或负值。关键路径上的活动被称为关键路径活动。总浮动时间为正值，是由于逆推计算所使用的进度制约因素要晚于顺推计算所得出的最早结束日期；总浮动时间为负值，是由于持续时间和逻辑关系违反了对最晚日期的制约因素。进度网络图可能有多条次关键路径。许多软件包允许用户自行定义用于确定关键路径的参数。为了使网络路径的总浮动时间为零或正值，可能需要调整活动持续时间（通过增加资源或缩减范围）、逻辑关系（针对选择性依赖关系）、提前量和滞后量，或其他进度制约因素。一旦计算出路径的总浮动时间，也就能确定相应的自由浮动时间。自由浮动时间是指在不延误任何紧后活动最早开始日期或不违反进度制约因素的前提下，某进度活动可以推迟的时间量。

7.2.5.3 关键链法

关键链法（CCM）是一种进度网络分析技术，可以根据有限的资源对项目进度表进行调整。关键链法结合了确定性与随机性办法。开始是利用进度模型中活动持续时间的估算，根据给定的依赖关系与限制条件绘制项目进度网络图，然后计算关键路径。在确定关键路径后，将资源的有无与多寡情况考虑进去，确定资源限制进度计划。这种资源限制进度计划经常改变项目的关键路径。

关键链法增加在网络图中作为"非工作进度活动"的持续时间缓冲，用来应对不确定性。放置在关键链末端的缓冲称为项目缓冲，用来保证项目不因关键链的延误而延误。其他的缓冲，即接驳缓冲，则放置在非关键链与关键链结合点，用来保护关键链不受非关键链延误的影响。应该根据相应路径上各活动持续时间的不确定性，来决定每个缓冲的时间长短。一旦确定了"缓冲进度活动"，就可以按可能的最晚开始与最晚完成日期来安排计划活动。这样一来，关键链法就不再管理网络路径的总浮动时间，而是重点管理剩余的缓冲持续时间与剩余的任务链持续时间之间的匹配关系。

7.2.5.4 项目评审技术

项目评审技术（PERT）是利用网络分析制订计划以及对计划予以评价的技

术。它能协调整个计划的各道工序，合理安排人力、物力、时间和资金，加速计划的完成。

PERT 网络是一种类似流程图的箭线图。它描绘项目包含的各种活动的先后次序，标明每项活动的时间或相关的成本。对于 PERT 网络，项目管理者必须考虑要做哪些工作，确定计划之间的依赖关系，辨认潜在的可能出问题的环节，借助 PERT 还可以方便地比较不同行动方案在进度和成本方面的效果。

7.2.5.5 绩效审查

绩效审查是指测量、对比和分析进度绩效，如实际开始和完成日期、已完成百分比及当前工作的剩余持续时间。绩效审查可以使用各种技术，其中包括如下两种：

（1）趋势分析。趋势分析检查项目绩效随时间的变化情况，以确定绩效是在改善还是在恶化。图形分析技术有助于理解当前绩效，并与未来的目标绩效（表示为完工日期）进行对比。

（2）关键路径法。通过比较关键路径的进展情况来确定进度状态。关键路径上的差异将对项目的结束日期产生直接影响。评估关键路径上的活动的进展情况，有助于识别进度风险。

7.2.5.6 项目评审

通过项目评审，对项目进度进行控制，评审可采用专家评审、评审会等形式开展。项目评审包括评审前准备，评审过程控制，评审后意见梳理、归纳、取舍以及评审开口项管理等。

7.2.5.7 计划管理信息化平台

计划管理信息化平台用于支持 WMCRH 策划任务书、项目主计划和项目计划进度表的编制开发。

7.2.5.8 网络图

项目进度网络图是表示项目进度活动之间的逻辑关系（也叫依赖关系）的图形。项目进度网络图可手工或借助项目管理软件来绘制。进度网络图可包括项目的全部细节，也可只列出一项或多项概括性活动。项目进度网络图应附有简要的文字描述，说明活动排序所使用的基本方法。在文字描述中，还应该对任何异常的活动序列做详细说明。

项目进度网络图也可以是包含时间刻度的进度网络图，有时称为"逻辑横道图"。在这些图形中有活动日期，通常会同时展示项目网络逻辑和项目关键路径活动。项目进度网络图的另一种呈现形式是"时标逻辑图"，其中包含时间刻度和表示活动持续时间的横条，以及活动之间的逻辑关系。它用于优化展现活动之间的关系，许多活动都可以按顺序出现在图的同一行中。

7.2.5.9 甘特图

甘特图（Gantt chart）又称为横道图、条状图，是以图示的方式通过活动列表和时间刻度形象地表示任何特定项目的活动顺序与持续时间。甘特图是种线条图，横轴表示时间，纵轴表示活动（项目），线条表示在整个期间计划和实际的活动完成情况。它直观地表明任务计划在什么时候进行，及实际进展与计划要求的对比。管理者由此可便利地弄清一项任务（项目）还剩下哪些工作要做，并可评估工作进度。甘特图是基于作业排序的目的，将活动与时间联系起来的最早尝试之一。其优点如下：图形化概要，通用技术，易于理解；中小型项目一般不超过30项活动；有专业软件支持，无须担心复杂计算和分析。但是甘特图的局限在于由于其偏重于进程管理（时间），仅能部分反映项目管理的三大约束因素。

7.2.5.10 泳道图

泳道图按角色划分为一个个泳道，每个角色的活动散落在各个角色对应的泳道里。泳道图是将模型中的活动按照职责组织起来。这种分配可以通过将活动组织成用线分开的不同区域来表示。由于它们外观的缘故，因此这些区域被称作泳道。

7.2.6 注意事项与经验

N/A。

7.3 项目成本经费管理过程

7.3.1 概述

项目成本经费管理过程包括对项目所需的成本和使用的经费进行规划、概算、预算、核算、决算管理和控制而开展的相关过程与活动。合理有效的成本经费管理可以保证项目在完成时达到其预算目标。项目四算（概算、预算、核算、决算）管理构成项目成本经费管理的全体，如图 7-6 所示。

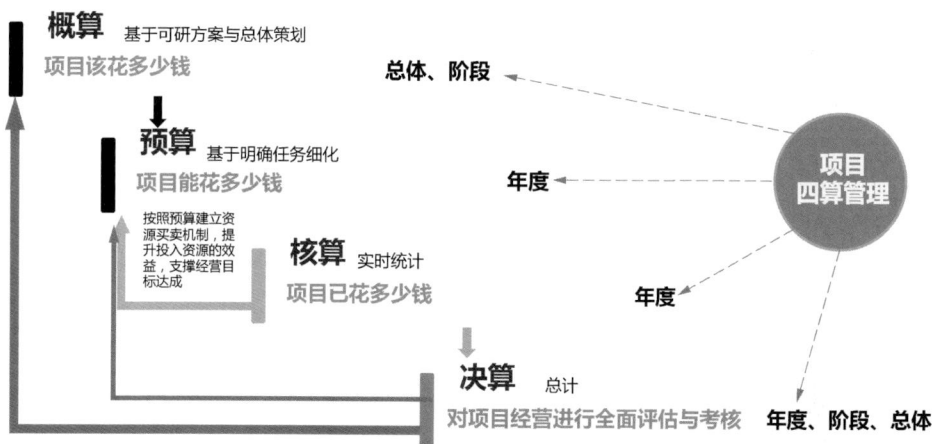

图 7-6 项目四算管理

表 7-3 概括了项目成本经费管理相关的所有项目管理要素，包括如下几项：

（1）规划项目预算。为规划、管理、使用经费和控制项目成本而制订项目政策、程序和文件的过程及原则要求。本要素同时包括了成本概算和成本预算的活动。

（2）分配和执行预算。对经批准的项目预算自顶向下进行分配和执行的过程及原则要求。

（3）控制经费使用。监督项目状态，跟踪核算项目经费使用情况，控制成本基线变更的过程及原则要求。

表 7 - 3　项目成本经费管理过程 SIPOC

中国商飞 过程名：项目成本经费管理过程（C.3）	CMMI 过程域：N/A

下一层级过程：N/A

过程目的：在 DRO 基础上，在项目实施过程中开展成本管理活动。合理有效的成本经费管理可以保证项目在完成时达到其预算目标

必要性：ISO/IEC/IEEE 15288：2015 中的推荐过程

输入（Inputs）：
— 项目管理规划及基线
— 风险登记册
— 协议
— 工作分解结构
— 组织过程资产
— 企业环境因素

过程活动（Processes）：
1. 规划项目预算
2. 分配和执行预算
3. 控制经费使用
4. 实施成本决算

输出（Outputs）：
— 成本管理规划
— 项目文件更新
— 成本绩效报告
— 变更请求（按需）
— 项目成本决算结果

提供方（Suppliers）：
— 项目出资方/发起人
— 经授权的管理方
— 相关项目团队

适用阶段：
□ 概念开发阶段
□ 立项论证阶段
☑ 可行性论证阶段
☑ 初步设计阶段
☑ 详细设计阶段
☑ 全面试制阶段
☑ 试飞取证阶段
☑ 产品与服务验收阶段
□ 持续运营/型号退役阶段

使用方（Customers）：
— 项目出资方/发起人
— 经授权的管理方
— 相关项目团队
— 相关职能部门

方法与工具：
方法：项目粗量估算、类比估算、参数估算、三点估算、储备分析、成本汇总、资源平衡、成本分解结构、工时管理和工作授权
工具：成本管理软件、成本管理规划和 ROM 模板

（4）实施成本决算。根据项目结束收尾和公司财务制度的要求对项目的经费使用结果进行汇总统计的过程及原则要求。

成本概算和成本预算是成本管理中的重要活动，两者所用的工具和技术各不相同，对项目的有效实施影响很大。这两项活动将合并在规划项目预算中介绍。

项目预算过程及其工具与技术，应记录在成本管理规划中。成本管理规划是项目管理规划的组成部分。项目预算应包括经批准用于项目的全部资金，含管理储备。成本基线则是经过批准且按时间段分配的项目预算，但不包括管理储备。

成本概算是在某特定时间点，根据已知信息所做出的成本预测。在概算成本时，需要识别和分析可用于启动与完成项目的备选成本方案；需要权衡备选成本方案并考虑风险，如比较自制成本与外购成本、购买成本与租赁成本及多种资源共享方案，以优化项目成本。公司项目采用货币单位进行成本概算，但对于人力成本则会采用当量人年或当量工时的计量方式。在项目实施过程中，随着更详细信息的呈现和假设条件的验证，应及时对成本概算进行审查和优化。使项目概算的准确性随着项目生命周期的进展而逐步提高。例如，在启动阶段使用粗量估算（ROM），其准确区间为-25%~75%；之后，随着信息越来越详细，确定性概算的区间可缩小至-5%~10%。进行成本概算时，应考虑将项目需开支的全部领域，包括但不限于人工、材料、设备、服务和设施，以及一些特殊的成本种类，如通货膨胀补贴、融资成本或应急成本。成本概算是对完成活动所需资源的可能成本的量化评估。成本概算可在活动层级呈现，也可以汇总形式呈现。

本书仅涉及现最常用的项目预算方法以及 ROM 的介绍，其他内容（如设立管理储备、优化预算、考虑特殊成本以及更精确的成本概算法等）将根据项目实践和能力成熟度的提高在后续版本内逐步增加。

7.3.2 输入

7.3.2.1 项目管理规划及基线

在项目管理规划中用以制订成本管理计划的信息包括但不限于如下几项：

（1）范围基线。范围基线包括项目范围说明书和 WBS 详细信息，可用于成本概算和管理。

（2）进度基线。进度基线来自项目主集成计划（IMS）以及分进度计划，定义了项目成本将在何时发生。

（3）其他信息。项目管理规划中与成本相关的进度、风险、人力资源配备/人工费率和沟通决策等信息。

（4）项目建议书信息。项目管理规划中来源自项目建议书的总体预算和相关项目审批要求。

7.3.2.2 风险登记册

通过审查风险登记册及相关风险与机遇管理要素的输出，考虑应对风险所需的成本以及潜在机会给项目团队带来的好处（如直接降低活动成本或加快项目进度）。通过这些信息，项目团队可以保持对潜在的风险和机遇的敏感性。

7.3.2.3 协议

在制订预算时，需要考虑将要或已经采购的产品、服务或成果的成本，以及适用的协议信息。

7.3.2.4 工作分解结构

工作分解结构是项目范围管理的工具，是预算的估计、预算、控制和决算的依据。

7.3.2.5 组织过程资产

应考虑的与组织过程资产相关、影响规划项目预算过程的内容包括但不限于如下几项：

（1）公司的相关政策、程序和指南。

（2）公司的财务制度和财务数据库。

（3）公司成本概算模板或工具。

（4）公司成本预算模板或工具。

（5）公司或项目投资方的预算报告方法。

（6）公司项目历史信息与经验教训知识库。

7.3.2.6　企业环境因素

应考虑的与企业环境因素相关、影响规划项目预算过程的内容包括但不限于如下几项：

（1）公司文化和组织结构。

（2）项目可用的基础设施和装备的水平和能力发展状态。

（3）公司人事管理制度（如人员招聘、解约指南、员工绩效评价、职业发展、资质认证与培训记录等）规定。

（4）市场条件。可以从市场上获得什么产品、服务和成果，可以从谁那里、以什么条件获得。地区和/或全球性的供求情况会显著影响资源成本。

（5）发布的商业信息。商业数据库中相关资源成本费率及信息。

7.3.3　过程中的活动

7.3.3.1　规划项目预算

规划项目预算是为规划、管理、使用经费和控制项目成本而制订项目政策、程序和文件的过程及原则要求。本要素的主要作用是在整个项目中为如何确定并管理项目成本提供指南和方向。本要素同时集成了概算成本和制订预算的内容。概算成本是对完成项目活动所需资金进行近似估计的活动；而制订预算是汇总所有单个活动或工作包的概算成本的活动，并在此基础上建立经批准的项目成本基线。

7.3.3.2　分配和执行预算

分配和执行预算是对经批准的项目预算自顶向下进行分配和执行。其作用是将项目预算系统化的、合理的、在适当的时间节点上分配给需要项目资金的项目团队和项目活动，以便顺利地开展项目工作。执行经过分配的预算是预算分配的使用过程。项目预算分配到项目顶层团队时采用责任令的形式，继续往下分配到低层级以及基层团队的时候需遵循工作授权书流程。

7.3.3.3　控制经费使用

控制经费使用的基础是合理的概算结果和预算分配，所以控制经费使用的活动原则上在项目概预算阶段已经开始。预算及分配越合理，控制经费使用的压力就越小，同时，由于成本基线变动而引起的进度和最终成本风险也越小。在控制经费使用的实施过程中，最关键的原则是按照项目预算计划规定和预算分配要求（如工作授权书）支出有关费用，并明确核算跟踪经费使用的频率和变更触发机制（如设定预警线）。除非经项目发起人或上级项目团队书面批准认可，任何超出原预算或工作授权范围的经费支出项目必须经过变更控制流程审核。经费使用的情况作为项目成本绩效的主要输入由公司成本管理软件平台记录，同时也是项目团队及其负责人绩效考核的重要依据。

7.3.3.4　实施成本决算

成本决算是以书面报告的形式，全面、真实地反映项目的原定预算和实际成本支出之间的关系，是项目在财务结果上的集中反映。对于项目来说，成本决算是项目进入结束收尾时必须实施的工作。根据公司财务制度的规定，如果项目周期跨若干年度，项目还需配合财务部门进行年度决算。

7.3.4　输出

7.3.4.1　成本管理规划

成本管理规划是项目管理规划的组成部分，描述将如何规划、安排和控制项目成本。成本管理过程及其工具与技术应记录在成本管理规划中，包括但不限于如下几项：

（1）计量单位。

（2）精确度。根据活动范围和项目规模，设定成本概算向上或向下取整的程度。

（3）准确度。为活动成本概算规定一个可接受的区间（如±10%），其中可以规定包括一定数量的应急储备（如10%）。

（4）组织程序链接。工作分解结构为成本管理规划提供了框架，以便据此规范地开展成本概算、预算和控制。在项目成本核算中使用的 WBS 单元，称为"控制账户"（CA）。每个控制账户都有唯一的编码或账号，直接与执行组织的会计制度相联系。

（5）控制临界值。是在需要采取某种措施前，允许出现的最大偏差。通常用偏离基线计划的百分数来表示。也是项目成本关键绩效指标的一种。

（6）报告格式。需要规定各种成本报告的格式和编制频率。

（7）过程描述。对其他每个成本管理过程进行书面描述。

（8）其他细节。关于成本管理活动的其他细节还包括但不限于记录项目成本的程序等。

7.3.4.2 项目文件更新

可能需要更新的项目文件包括但不限于如下几项：

（1）风险登记册。

（2）活动成本概算。

（3）项目进度计划。

7.3.4.3 成本绩效报告

成本绩效报告是项目成员根据公司财务信息平台上关于本项目支出信息，采用成本核算方法，经对比原预算计划的要求而编制的项目经费使用情况及绩效分析。本报告是评判项目绩效的重要依据之一。

7.3.4.4 变更请求（按需）

成本基线是经过批准的、按时间段分配的项目预算，不包括任何管理储备（但包括应急储备），只有通过正式的变更控制程序才能变更，用作与实际结果进行比较的依据。成本基线是不同进度活动经批准的预算的总和。

项目预算的各个组成部分，如图 7-7 所示。首先，汇总各项目活动的成本概算及其应急储备，得到相关工作包的成本。其次，汇总各工作包的成本概算及其应急储备，得到控制账户的成本。再汇总各控制账户的成本，得到成本基线。由于成本基线中的成本概算与进度活动直接关联，因此就可按时间段分配成本基线。最后，在成本基线之上增加管理储备，得到项目预算。当出现有必要动用管理储备的变更时，则应该在获得变更控制过程的批准之后，把适量的管理储备移入成本基线中。

7.3.4.5 项目成本决算结果

项目成本决算报告，包括但不限于如下几项：

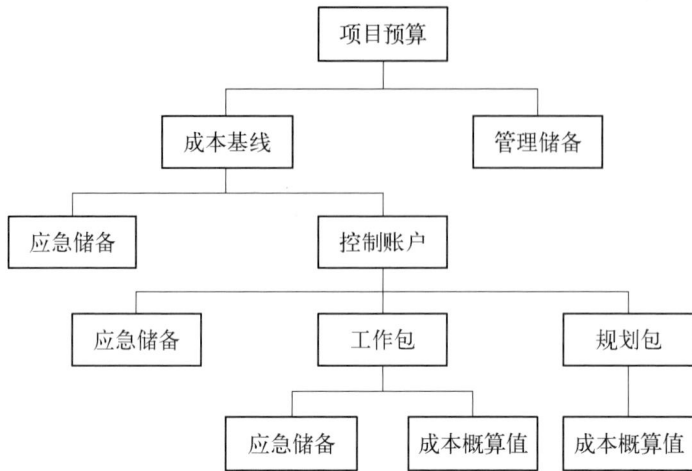

图 7-7 项目预算的组成

（1）项目支出情况分析说明。

（2）经费结余情况，未完成工作情况。

（3）其他需要说明的事项。

（4）经费使用情况自我评价。

（5）经费支出决算表。

7.3.5 方法与工具

7.3.5.1 项目粗量估算

项目粗量估算（ROM）是根据项目预算规划原则自底向上预测项目活动成本的一种概算手段。项目团队负责人负责与相关资源部门和供应商协调沟通确定项目所需费用并经过相关审批流程后，将预估成本记录到成本管理规划规定的文件或信息平台中。ROM 的目的是保证项目团队负责人和资源提供方（如专业部门负责人）之间在预算制订过程中对项目资源的使用（如假设条件、人员资质、使用时间、绩效管控等）达成共识和一致意见。

7.3.5.2 类比估算

类比估算法是以过去类似项目的参数值（如范围、成本、预算和持续时间等）或规模指标（如尺寸、重量和复杂性等）为基础，估算当前项目的同类参数或指标。

7.3.5.3 参数估算

参数估算是指利用历史数据之间的统计关系和其他变量，进行项目工作的成本概算。

7.3.5.4 三点估算

三点估算是通过考虑概算中的不确定性与风险，使用 3 种估算值（最可能成本、最乐观成本、最悲观成本）界定活动成本的近似区间，使用三角分布或贝塔分布工时进行计算，可以提高活动成本概算的准确性。

7.3.5.5 储备分析

项目储备分为应急储备和管理储备。成本概算可以包括应急储备。应急储备是成本基线的一部分，用来应对成本的不确定性，特别是那些风险已识别，但工作量未知的情形。应急储备可以取成本概算值的某一百分比、某个固定值，或者通过定量分析来确定。管理储备是为了管理控制的目的而特别留出的项目预算，用来应对项目范围中不可预见项以及因未识别风险而可能带来的工作量。管理储备不包括在成本基线中，但属于项目总预算和资金需求的一部分。当动用管理储备时，需要通过成本基线变更流程将管理储备增加到成本基线中。项目储备的确立和管控原则应在成本管理规划中明确。

7.3.5.6 成本汇总

成本汇总是先把成本概算汇总到 WBS 中的工作包，再由工作包汇总到 WBS 的更高层次（如控制账户），最终得出整个项目总成本的方法。

7.3.5.7 资源平衡

资源平衡是结合项目进度计划，根据对项目资金使用的限制条件以及公司财务管理对项目资金支出的要求，平衡预算中的资金支出水平。这可以通过在项目进度计划中添加强制日期来实现。

7.3.5.8 成本分解结构

成本分解结构（CBS）是通过 WBS 与 OBS 派生，并在企业组织财务制度约束下，配合组织结构的特点，用以分配并跟踪监控项目成本流向的特定控制账户（CA）的集合。CBS 的主要作用是将项目顶层预算通过有序分解，达到可有效控制的程度并具体落实到每个项目活动中。控制账户是基于工作分解结构和项目组织结构的一种成本管理工具，通过针对范围、预算、实际成本和进度的整合比较，可以监控预算的使用和衡量项目活动的绩效。同时，控制账户通过设立一个或多个费用代码（charge code），分配项目预算（如工时）、使用项目资源并记录实际项目成本，继而为项目进展和绩效提供参考数据。WBS、OBS 与 CA 的关系如图 7-8 所示。在型号项目中，每一层级的项目团队负责人负责本团队内的 CA 的设置和分配，指派、授权控制账户经理（CAM）管理相关事宜。在小规模项目团队内，项目团队负责人可兼任 CAM。

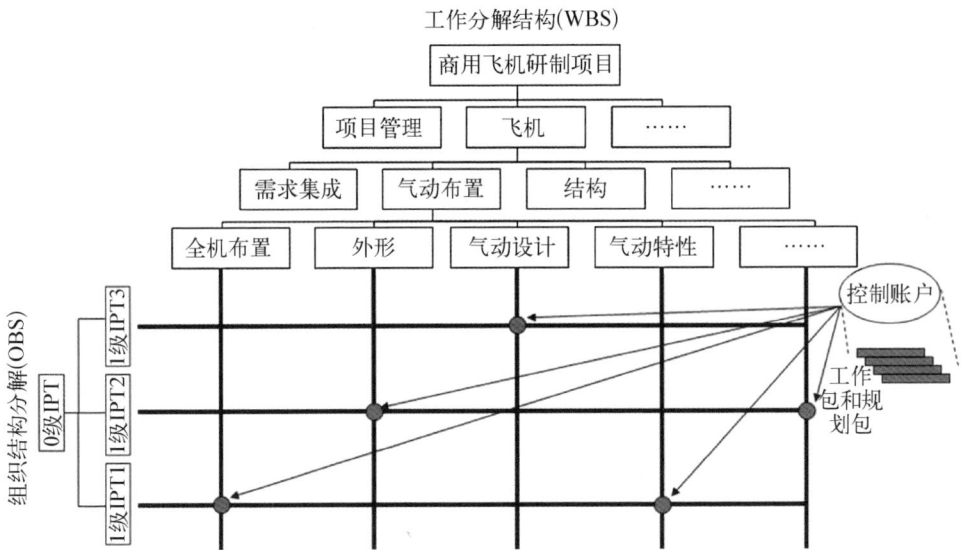

图 7-8　WBS、OBS 与 CA 的关系

7.3.5.9　工时管理

将人力资源用当量人工工时的方式进行成本概算便于组织对项目所需的人力资源使用统一的资质认证规划和管理。在矩阵式项目团队模式下，项目团队负责人通过工作授权协议从资源部门负责人处以临时租赁的形式调动人力资源。项目

团队负责人只需要提供资源类型、资质要求和工作交付需求，资源部门负责人则根据本部门人力配置实时状态和项目支援均衡原则，提供符合项目要求的资源。对于项目团队来讲，人力资源是以非指定（unnamed resource）的方式提供，而不是以指定（named resource）的方式提供。这种模式为资源部门的人力管理带来了足够的灵活性和便利性，但同时对于资源部门负责人的部门能力建设提出了很高的要求。

7.3.5.10　工作授权

工作授权（work authorization）是一种上级项目团队对下级项目团队，项目团队负责人对参与其团队工作的所有资源进行工作分配、资金使用预先批准以及交付成果和质量要求预先约定和限制的正式行为。通过工作授权，项目团队和参与人员之间便于明确职责和界面，以及汇报隶属关系；更重要的是，这些职责和关系的确立是建立在共享、透明的基础上，有利于项目团队的管理。

7.3.5.11　成本管理软件

公司成本管理软件通常会整合成本概算和汇总工具，并提供一定的历史参考数据。

7.3.6　注意事项与经验

N/A。

7.4　项目人力资源管理过程

人力资源管理的目的、必要性、典型的方法和工具，以及在飞机研制过程中的适用阶段、输入、输出、过程活动等如表7-4所示。

7.4.1　描述

人力资源管理是项目管理的重要组成部分，包括规划组建项目团队、管理项目团队等。

403

表 7－4 项目人力资源管理过程 SIPOC

中国商飞

过程名：项目人力资源管理过程（C.4）	CMMI 过程域：N/A

下一层级过程：N/A

过程目的：为保证项目按计划进行合理配置各环节的人力资源

必要性：ISO/IEC/IEEE 15288：2015 中的推荐过程

输入（**I**nputs）：
— 项目管理规划
— 活动资源需求
— 企业环境因素
— 组织过程资产

提供方（**S**uppliers）：
— 公司管理层
— 相关职能部门
— 项目团队负责人

过程活动（**P**rocesses）：
1. 规划人力资源管理
2. 组建项目团队
3. 管理项目团队

适用阶段：
☐ 概念开发阶段　　　　☑ 全面试制阶段
☐ 立项论证阶段　　　　☑ 试飞取证阶段
☑ 可行性论证阶段　　　☑ 产品与服务验收阶段
☑ 初步设计阶段　　　　☐ 持续运营／型号退役阶段
☑ 详细设计阶段

输出（**O**utputs）：
— 经批准的人力资源管理规划
— 资源日历
— 团队绩效评价
— 企业环境因素更新
— 变更请求
— 项目管理规划更新需要
— 组织过程资产更新

使用方（**C**ustomers）：
— 项目团队负责人
— 公司管理层
— 相关职能部门
— 相关项目团队
— 相关项目利益攸关方

方法与工具：
方法：虚拟团队、项目绩效评估、冲突管理、人际关系技巧、培训、团队建设活动、基本规则、集中办公、认可和奖励
工具：人力资源管理规划模板、组织架构图与职位描述、工作授权书和人事测评工具

7.4.2　输入

7.4.2.1　项目管理规划

PMP 用于制订人力资源管理规划（HRMP）。制订 HRMP 的信息包括但不限于如下内容：

（1）项目生命周期如何用于每个阶段的过程。

（2）为完成项目目标，如何执行各项工作。

（3）变更管理规划，规定如何监控变更。

（4）构型管理规划，规定如何开展构型管理。

（5）如何维持项目基线的完整性。

（6）利益攸关方之间的沟通需求和方法。

7.4.2.2　活动资源需求

进行人力资源规划时，需要根据活动资源需求来确定项目所需的人力资源。在规划人力资源管理过程中，明确对项目团队成员及其能力的初步需求，并不断渐进明细。

7.4.2.3　企业环境因素

能够影响规划人力资源管理过程的企业环境因素包括但不限于如下几点：

（1）组织文化和结构。

（2）团队成员的地理位置分布。

（3）市场条件。

（4）现有人力资源情况，包括可用性、能力水平、以往经验、对本项目工作的兴趣和成本费率。

（5）人事管理政策，如影响外包的政策。

（6）集中办公或多个工作地点。

7.4.2.4　组织过程资产

能够影响规划人力资源管理过程的组织过程资产包括但不限于如下内容：

（1）组织的标准流程、程序、政策和角色描述。

（2）组织图和职位描述模板。

（3）以往项目中与组织结构有关的经验教训。

（4）团队和执行组织内用于解决问题的升级程序。

（5）嘉奖证书。

（6）新闻报道。

（7）网站。

（8）奖金结构。

（9）组织中其他的额外待遇。

7.4.3 过程中的活动

7.4.3.1 规划人力资源管理

人力资源管理规划提供了关于如何定义、配备、管理、控制及最终遣散人力资源的指南。

需要考虑稀缺资源的可用性或对稀缺资源的竞争，并编制相应的计划，保证人力资源规划的有效性。可按团队或团队成员分派项目角色，这些团队或团队成员可来自项目执行组织的内部或外部。其他项目可能也在争夺具有相同能力或技能的人力资源。这些因素可能对项目成本、进度、风险、质量及其他领域有显著影响。

在进行项目人力资源规划时，应考虑如下几个方面：

（1）公司型号项目团队实行项目总经理负责制。项目总经理对项目目标（包括进度、经费、人员和交付物质量等）负全责，由公司统一任命，接受公司直接领导和指挥，并向公司主管领导直接汇报。

（2）项目团队基本构成为强矩阵式产品集成团队（IPT），直接面向产品，将技术和管理要素梳理清晰并逐级下沉，突出产品导向，促进跨部门、跨专业的协同，解决产品综合与系统集成问题，落实产品责任、技术责任和成本责任，实现对项目作战单元集中、有序、精干、高效的管理。公司总部只负责在型号项目启动时设立0、1级团队和核心人员。

（3）强矩阵式项目团队管理需要强职能、强专业能力的支撑。职能部门和专业部门应在本业务条线和专业领域加强核心能力建设，为项目团队提供柔性的支援，提升资源利用率，在现有人力资源水平下尽可能满足多型号项目对资源的需求。

（4）组织机构设置要覆盖项目管理全要素。同时，需要覆盖全部利益攸关方，从一开始就考虑 DBMOT 的需求，其中 DBMOT 是设计（design）、制造（build）、维修（maintenance）、运行（operation）、试验（test）的英文首字母缩写。

7.4.3.2　组建项目团队

因为企业劳资协议、分包商人员使用、矩阵型项目环境、内外部报告关系或其他各种原因，所以项目管理团队不一定对团队成员选择有直接控制权。在组建项目团队过程中，应特别注意如下事项：

（1）项目团队负责人或项目管理团队应该进行有效谈判，并影响那些能为项目提供所需人力资源的人员。

（2）不能获得项目所需的人力资源，可能影响项目进度、预算、客户满意度、质量和风险。人力资源不足或人员能力不足会降低项目成功的概率，甚至可能导致项目取消。

（3）如因制约因素（如经济因素或其他项目对资源的占用）而无法获得所需的人力资源，在不违反法律、规章、强制性规定或其他具体标准的前提下，项目团队负责人或项目团队可能不得不使用替代资源（也许能力较低）。

（4）精简工程项目管理办公室（PEMO）要素组成，要求该办公室成员主要聚焦于项目计划制订、进度管理、经费管理以及工程技术管理等方面工作，使项目管理更专注，同时，公司下属二级单位项目有关管理部门只能派驻有协调资源权限的人员才能进入 PEMO，协调各单位更多的资源。

在项目规划阶段，应该对上述因素加以考虑并做出适当安排。项目经理或项目管理团队应该在项目进度计划、项目预算、项目风险计划、项目质量计划、培训计划及其他相关计划中，说明缺少所需人力资源的后果。

如在项目启动阶段，项目组织结构相对简单，没有庞大的技术、制造等实施人员；而到了项目实施阶段，其组织结构中从事具体项目实施和操作的人员比例大幅提升。

7.4.3.3 管理项目团队

管理项目团队需要借助多方面的管理技能，来促进团队协作，整合团队成员的工作，从而创建高效团队。进行团队管理，需要综合运用各种技能，特别是沟通、冲突管理、谈判和领导技能。项目经理应该向团队成员分配富有挑战性的任务，并对优秀绩效进行表彰。

项目经理应该能够定义、建立、维护、激励、领导和鼓舞项目团队，使团队高效运行，并实现项目目标。团队协作是项目成功的关键因素，而管理高效的项目团队是项目经理的主要职责之一。项目经理应创建一个能促进团队协作的环境。可通过给予挑战与机会、提供及时反馈与所需支持，以及认可与奖励优秀绩效，不断激励团队。可通过开展有效沟通、创造团队建设机遇、建立团队成员间的信任、以建设性方式管理冲突，以及鼓励合作型的问题解决和决策制订方法，实现团队的高效运行。项目经理应该请求管理层提供支持，并/或对相关利益攸关方施加影响，以便获得管理高效项目团队所需的资源。

提出变更请求，更新人力资源管理规划，解决问题，为绩效评估提供输入，以及为组织数据库增加经验教训，都是管理项目团队所得到的成果。

7.4.4 输出

7.4.4.1 经批准的人力资源管理规划

作为项目管理规划的一部分，人力资源规划提供了关于如何定义、配备、管理及最终遣散项目人力资源的指南。HRMP及其后续修订也是制订项目管理规划过程的输入。

HRMP包括但不限于如下内容：

（1）角色和职责。

在罗列完成项目所需的角色和职责时，需要考虑下述各项条件：角色定义、职权、职责和资质要求等。

（2）项目组织架构图。

项目组织架构图以图形方式展示项目团队成员及其报告关系。基于项目的需要，项目组织图可以是正式或非正式的，非常详细或高度概括的。

（3）人员配备管理规划。

人员配备管理规划（manpower planning）是人力资源管理规划的组成部分，说明将在何时、以何种方式获得项目团队成员，以及他们需要在项目中工作多久。它描述了如何满足项目对人力资源的需求。基于项目的需要，人员配备管理规划可以是正式或非正式的，非常详细或高度概括的。应该在项目期间不断更新人员配备管理规划，以指导持续进行的团队成员聘用和发展活动。人员配置管理规划的内容因应用领域和项目规模而异，但都应包括人员聘用和资源日历。

7.4.4.2　资源日历

资源日历记录每个项目团队成员在项目上的工作时间段。必须很好地了解每个人的可用性和时间限制（包括时区、工作时间、休假时间、当地节假日和其他项目的工作时间），才能编制出可靠的进度计划。

7.4.4.3　团队绩效评价

随着项目团队建设工作（如培训、团队建设和集中办公等）的开展，项目管理团队应该对项目团队的有效性进行正式或非正式评价。有效的团队建设策略和活动可以提高团队绩效，从而提高实现项目目标的可能性。团队绩效评价标准应由全体相关各方联合确定，并被整合到建设项目团队过程的输入中。

基于项目技术成功度（包括质量水平）、项目进度绩效（按时完成）和成本绩效（在财务约束条件内完成）来评价团队绩效。以任务和结果为导向是高效团队的重要特征。

评价团队有效性的指标可包括如下内容：

（1）个人技能的改进，从而使成员更有效地完成工作任务。

（2）团队能力的改进，从而使团队更好地开展工作。

（3）团队成员离职率的降低。

（4）团队凝聚力的加强，从而使团队成员公开分享信息和经验，互相帮助，从而提高项目绩效。

通过对团队整体绩效的评价，项目管理团队能够识别所需的特殊培训、教练、辅导、协助或改变，以提高团队绩效。项目管理团队也应该识别合适或所需的资源，以执行和实现在绩效评价过程中提出的改进建议。应该妥善记录这些团队改进建议和所需资源，并传达给相关方。

7.4.4.4　企业环境因素更新

作为建设项目团队过程的结果，可能需要更新的企业环境因素包括但不限于如下内容：

（1）人事管理制度。

（2）员工培训记录。

（3）技能评估。

（4）对组织绩效评价的输入。

（5）个人技能更新。

7.4.4.5　变更请求

人员配备的变化，无论是自主选择还是由不可控事件造成，都会影响项目管理规划的其他部分。如果人员配备问题导致项目团队无法坚持项目管理规划（如造成进度拖延或预算超支），就需要通过实施整体变更控制过程来处理变更请求。人员配备变更可能包括转派人员、外包部分工作，以及替换离职人员。

预防措施是指在问题发生前制订的、用来降低问题发生概率和/或影响的措施。这些措施可包括为减轻成员缺勤所带来的问题而开展的交叉培训，以及为确保所有职责都得到履行而进一步开展的角色重申。

7.4.4.6　项目管理规划更新需要

PMP中可能需要更新的内容包括但不局限于人力资源管理规划。例如，承担某个角色的人员未达到人力资源管理规划所规定的全部要求，就需要更新PMP，对团队结构、人员角色或职责进行变更。

7.4.4.7　组织过程资产更新

作为管理项目团队过程的结果，可能需要更新的组织过程资产，包括但不限于如下内容：

（1）历史信息和经验教训文件。

（2）相关模板。

（3）组织的标准流程。

7.4.5　方法与工具

7.4.5.1　虚拟团队

虚拟团队的使用为聘用项目团队成员提供了新的可能性。虚拟团队可定义为具有共同目标，在完成角色任务的过程中很少或没有时间面对面工作的一群人。现在的沟通技术（如电子邮件、电话会议、社交媒体、网络会议和视频会议等）使虚拟团队成为可能。虚拟团队模式使人可以实现如下目标：

（1）在组织内部地处不同地理位置的员工之间组建团队。

（2）为项目团队增加特殊技能，即使相应的专家在不同的地理区域。

（3）将在家办公的员工纳入团队。

（4）在工作班次、工作小时或工作日不同的员工之间组建团队。

（5）将行动不便者或残疾人纳入团队。

（6）执行那些原本会因差旅费用过高而被否决的项目。

虚拟团队也有一些缺点，例如，可能产生误解，有孤立感，团队成员之间难以分享知识和经验，采用通信技术的成本。在虚拟团队的环境中，沟通规划变得尤为重要。可能需要花更多时间，来设定明确的期望，促进沟通，制订冲突解决方法，召集人员参与决策，理解文化差异，以及共享成功喜悦。

7.4.5.2　项目绩效评估

在项目过程中进行绩效评估的目的包括澄清角色与职责，向团队成员提供建设性反馈，发现未知或未解决问题，制订个人培训计划，以及确立未来目标。

对正式或非正式项目绩效评估的需求，取决于项目工期长短、项目复杂程度、组织政策、劳动合同要求，以及定期沟通的数量和质量。

7.4.5.3　冲突管理

在项目环境中，冲突不可避免。冲突的来源包括资源稀缺、进度优先级排序和个人工作风格差异等。采用团队规则、团队规范及成熟的项目管理实践（如沟通规划和角色定义），可以减少冲突的数量。

成功的冲突管理可提高生产力，改进工作关系。如果管理得当，那么意见分歧有利于提高创造力和改进决策。假如意见分歧成为负面因素，则应该由项目团队成员负责解决。如果冲突升级，那么项目团队负责人应提供协助，促成满意的解决方案。项目团队应该采用直接和合作的方式，尽早并且通常在私下处理冲突。如果破坏性冲突继续存在，则可使用正式程序，包括采取惩戒措施。

7.4.5.4 人际关系技巧

人际关系技能有时称为"软技能"，是因富有情商，并熟练掌握沟通技巧、冲突解决方法、谈判技巧、影响技能、团队建设技能和团队引导技能而具备的行为能力。这些软技能都是建设项目团队的宝贵资产。例如，项目管理团队能用情商来了解、评估及控制项目团队成员的情绪，预测团队成员的行为，确认团队成员的关注点及跟踪团队成员的问题，来达到减轻压力、加强合作的目的。

项目团队负责人应该综合运用技术、人际和概念技能来分析形势，并与团队成员有效互动。恰当地使用人际关系技能，可充分发挥全体团队成员的优势。

7.4.5.5 培训

培训包括旨在提高项目团队成员能力的全部活动。取得外部通用培训资质是重要的培训方式，但是更重要和关键的是按照公司对相关技能和资质的要求，建立公司专业资质认证体系，培训并认证项目各类技术和管理人员，最终达到项目人力资源持证上岗的目的。

培训可以是正式或非正式的。培训方式包括课堂培训、在线培训、计算机辅助培训、在岗培训（由其他项目团队成员提供）、辅导及训练。如果项目团队成员缺乏必要的管理或技术技能，则可以把对这种技能的培养作为项目工作的一部分。应该按 HRMP 中的安排来实施预定的培训。也应该根据管理项目团队过程中的观察、交谈和项目绩效评估的结果，来开展必要的计划外培训，培训成本通常应该包括在项目预算中；如果增加的技能有利于未来的项目，那么也可由执行组织，如公司培训主管机构承担，培训可以由内部或外部培训师来执行。

7.4.5.6　团队建设活动

团队建设活动既可以是状态审查会上的五分钟议程，也可以是为改善人际关系而设计的、在非工作场所专门举办的体验活动。团队建设活动旨在帮助各团队成员更加有效地协同工作。如果团队成员的工作地点相隔甚远，无法进行面对面接触，那么就特别需要有效的团队建设策略。非正式的沟通和活动有助于建立信任和良好的工作关系。

团队建设是一个持续性过程，对项目的成功至关重要。团队建设固然在项目前期必不可少，但它更是个永不完结的过程。项目环境的变化不可避免，要有效应对这些变化，就需要持续不断地开展团队建设。项目经理应该持续地监督团队机能和绩效，确定是否需要采取措施来预防或纠正各种团队问题。

7.4.5.7　基本规则

用基本规则对项目团队成员的可接受行为做出明确规定。尽早制订并遵守明确的规则，有助于减少误解，提高生产力。对诸如行为规范、沟通方式、协同工作、会议礼仪等的基本规则进行讨论，有利于团队成员相互了解对方的价值观。规则一旦建立，全体项目团队成员都必须遵守。

7.4.5.8　集中办公

集中办公，也称为"紧密矩阵"，指把许多或全部最活跃的项目团队成员安排在同一个物理地点工作，以增强团队工作能力。集中办公既可以是临时的（如仅在项目特别重要的时期），也可以贯穿整个项目。实施集中办公策略，可借助团队会议室（有时称"作战室"）、张贴进度计划的场所，以及其他能增进沟通和集体感的设施。尽管集中办公是一种良好的团队建设策略，但虚拟团队的使用也能带来很多好处，例如，使用更多熟练资源，降低成本，减少出差，减少搬迁费用，拉近团队成员与供应商、客户或其他重要利益攸关方的距离等。

7.4.5.9　认可和奖励

在建设项目团队过程中，需要对成员的优良行为给予认可和奖励。最初的奖励计划是在规划人力资源管理过程中编制的。我们必须认识到，只有能满足被奖励者的某个重要需求的奖励，才是有效的奖励。在管理项目团队过程中，通过项目绩效评估，以正式或非正式的方式做出奖励决定。在决定认可和奖励时，应考虑文化差异。

如果人们感受到自己在组织中的价值，并且可以通过获得奖励来体现这种价值，那么他们就会受到激励。通常，金钱是奖励制度中的有形奖励，然而也存在各种同样有效，甚至更加有效的无形奖励。大多数项目团队成员会因得到成长机会、获得成就感及用专业技能迎接新挑战，而受到激励。项目经理应该在整个项目生命周期中尽可能地给予表彰，而不是等到项目完成时才表彰。

7.4.5.10 组织架构图与职位描述

组织架构图与职位描述可采用多种格式来记录团队成员的角色与职责，大多数格式属于层级型、矩阵型和文本型。此外，有些项目人员安排可在子计划（如风险、质量或沟通管理计划）中列出。无论使用什么方法，目的都是要确保每个工作包都有明确的责任人，确保全体团队成员都清楚地理解其角色和职责。例如，层级型可用于规定高层级角色，而文本型更适合用于记录详细职责。

7.4.5.11 工作授权书

WAD可作为评定该团队成员工作量和工作时间的参考文件，也能帮助项目团队负责人统计或核对工时，并能明确所负责工作包的详细交付标准和形式。

7.4.5.12 人事测评工具

人事评测工具能让项目经理和项目团队洞察成员的优势和劣势。这些工具可帮助项目经理评估团队成员的偏好和愿望，了解团队成员如何处理和整理信息，团队成员如何制订决策，以及团队成员喜欢如何与人打交道。

有各种可用的工具，如态度调查、细节评估、结构化面谈、能力测试及焦点小组讨论。这些工具有利于增进团队成员间的理解、信任、忠诚和沟通，在整个项目期间不断提高团队成效。

7.4.6 注意事项与经验

N/A。

7.5　项目评估和控制过程

项目评估和控制过程的目的、必要性、典型的方法和工具，以及在飞机研制过程中的适用阶段，输入、输出、过程活动工具方法等，如表 7-5 所示。

7.5.1　描述

项目评估和控制过程包括管理项目实施、监控项目进展和实施变更控制活动。

管理项目实施是依据项目主集成计划（IMS），对项目的进度过程进行组织和管理。

监控项目进展贯穿整个项目管理过程，包括收集、测量和发布绩效信息，分析测量结果和预测趋势，以便推动过程改进。本过程也是产品全生命周期管理过程中的"量化过程"在项目实施中具体应用，参见 6.7 节量化管理过程。

实施变更控制是对项目实施过程中的变更请求评估其对时间和成本的影响，以书面形式记录，并纳入变更控制。

7.5.2　输入

7.5.2.1　项目管理规划

项目管理规划包括与项目各个方面相关的子管理规划以及范围基线、进度基线和成本基线等。

7.5.2.2　经批准的变更请求

经批准的变更请求是实施变更控制过程的输出，是经变更控制机构审查并批准的变更请求。经批准的变更请求可以指导纠正措施、预防措施的实施或是缺陷补救方案的落实。项目团队把批准的变更请求列入进度计划并付诸实施。经批准的变更请求可能对项目或项目管理规划的某些领域产生影响，也可能导致修改项目实施政策、项目管理规划、程序、成本、预算或进度计划。

表 7-5 项目评估和控制过程 SIPOC

中国商飞

过程名：项目评估和控制过程（C.5）   CMMI 过程域：项目监控

下一层级过程：N/A

过程目的：依据项目进度计划管理项目实施，监控实施现状，预测项目进展，并采用变更控制手段，保证项目顺利进行

必要性：ISO/IEC/IEEE 15288：2015 中的推荐过程

输入（Inputs）：
— 项目管理规划
— 经批准的变更请求
— 组织过程资产
— 企业环境因素

提供方（Suppliers）：
— 相关项目团队管理人员
— 经授权的项目管理方（按需）

过程活动（Processes）：
1. 管理项目实施
2. 监控项目进展
3. 实施变更控制

适用阶段：
□ 概念开发阶段
□ 立项论证阶段
☑ 可行性论证阶段
☑ 初步设计阶段
☑ 详细设计阶段
☑ 全面研制阶段
☑ 试飞取证阶段
☑ 产品与服务验收阶段
□ 持续运营/型号退役阶段

输出（Outputs）：
— 经批准的变更请求
— 项目文件更新
— 项目变更日志
— 项目管理规划的更新需要

使用方（Customers）：
— 相关利益攸关方
— 项目出资方/发起人
— 经授权的项目管理方
— 相关项目团队管理人员

方法与工具：
方法：项目管理信息系统
工具：可视化工具，项目经理日志模板和项目变更控制工具

7.5.2.3 组织过程资产

应考虑的与组织过程资产相关、影响项目评估和控制过程的内容包括但不限于如下几点：

（1）标准化的工作指南、工作指示、项目建议书评价准则和绩效测量准则。

（2）公司对沟通的要求，如许可的沟通媒介、记录保存政策及安全保密要求。

（3）问题与缺陷管理程序，包括对问题与缺陷的控制、识别与处理，以及对相关行动的跟踪。

（4）公司项目档案库（如范围、成本、进度与绩效测量基线、项目日历、项目进度网络图和风险登记册）。

（5）公司项目历史信息与经验教训知识库。

（6）过程测量数据库，用来收集与提供过程和产品的测量数据。

（7）问题与缺陷管理数据库，包括历史问题与缺陷的状态、控制信息、解决方案，以及相关行动的结果。

（8）财务控制程序（如定期报告、必要的费用与支付审查、会计编码及标准合同条款）。

（9）公司变更控制程序，包括修改组织标准、政策、计划和程序（或任何项目文件）所须遵循的步骤，以及如何批准和确认变更。

（10）风险控制程序，包括风险类别、概率和影响定义，以及概率和影响矩阵。

（11）组织标准、政策、程序和项目文件的各种版本与基线等。

（12）批准与签发变更的程序。

（13）构型管理知识库，包括组织标准、政策、程序和项目文件的各种版本及基线。

（14）产品研制要求、规范及程序。

（15）项目群管理要求、规范及程序。

7.5.2.4 企业环境因素

应考虑的与企业环境因素相关、影响项目评估和控制过程的内容包括但不限于如下几点：

（1）公司和项目内外部客户组织架构、文化/亚文化和管理习惯的要求。

（2）公司项目管理信息化系统（如产品生命周期管理平台等）的要求。

（3）项目可用的基础设施和装备的水平和能力发展状态。

（4）利益攸关方的风险承受力水平，如对于进度拖延或成本超支的容忍度。

（5）公司人事管理制度（如人员招聘、解约指南，员工绩效评价、职业发展、资质认证与培训记录等）规定。

（6）组织的工作授权系统。

（7）项目管理信息系统。项目管理信息系统可能包括进度计划软件工具、构型管理系统、信息收集与发布系统，或进入其他在线自动化系统的网络界面。

7.5.3 过程中的活动

7.5.3.1 管理项目实施

管理项目实施过程所关注的活动包括但不限于如下内容：

（1）创造项目的可交付成果，完成规划的项目工作。

（2）配备、培训和管理项目团队成员。

（3）获取、管理和使用资源，包括材料、工具、设备与设施。

（4）执行已计划好的方法和标准。

（5）开展项目绩效评估、检查项目执行过程中的符合性建立并管理项目团队内外的项目沟通渠道。

（6）生成工作绩效数据（如成本、进度、技术和质量进展情况以及状态数据），为预测提供基础。

（7）提出变更请求，并根据项目范围、规划和环境来实施批准的变更。

（8）管理风险并实施风险应对活动。

（9）管理项目采购和供应商。

（10）管理利益攸关方及他们参与项目的活动。

（11）收集和记录经验教训，并实施批准的过程改进活动。

项目团队开展项目活动的直接依据是项目主集成计划（IMS），每一级项目团队都应有自身的 IMS，并能有效追溯到顶层项目的 IMS。IMS 及其进展状态应对整个项目团队开放（对于 IMS 开放程度、内容的颗粒度以及权限管理等由各级项目负责人定义并管理）。原则上，项目分进度计划至少应对所在团队成员及上级项目管理团队完全开放。

7.5.3.2 监控项目进展

监控是贯穿于整个项目的项目管理活动之一，包括收集、测量和发布绩效信息，分析测量结果和预测趋势，以便推动过程改进。持续的监控使项目管理团队能洞察项目的健康状况，并识别必须特别关注的方面。控制包括制订纠正或预防措施或重新规划，并跟踪行动计划的实施过程，以确保它们能有效地解决问题。

7.5.3.3 实施变更控制

变更控制也称为变更管理（change management）。变更控制在项目管理过程中是不可或缺的一环，其管理的范围覆盖项目生命周期的全过程和全方位。项目负责人对所有涉及的项目变更负全责，并负责组建项目级的变更控制机构，来实施变更控制的相关工作，决策项目变更请求，并将变更决策传达到有关利益攸关方。项目的任何利益攸关方都可以提出变更请求。所有变更请求都必须以书面形式记录，并纳入变更控制。项目变更的主要评估原则是对时间和成本的影响，并在评估结果基础上做出决策。项目之外，项目发起人或管理项目的业务主管部门也可以建立相关变更控制机构，以评估、决策与所发起项目或所辖领域项目范围、经费有关事宜。通常，项目范围变更的内容包括新项目立项［含已批准项目内原规划包（PP）向工作包（WP）转化的立项申请］、项目产品构型基线设立和调整、现有项目内容调整、现有项目中止、现有项目合并、超出原项目批准范围的资源变动、流程裁剪（通常的目的是简化流程实施路径）等。

7.5.4 输出

7.5.4.1 经批准的变更请求

经批准的变更请求是实施变更控制过程的输出，是经变更控制机构审查并批准的变更请求。经批准的变更请求可以指导对于进度偏差的纠正措施、预防措施或是缺陷补救方案的实施与落实。项目团队把批准的变更请求列入进度计划并付诸实施。

7.5.4.2　项目文件更新

可能需要更新的项目文件包括但不限于如下几点：

（1）需求文件。

（2）项目日志（用于记录问题、假设条件等）。

（3）风险登记册。

（4）利益攸关方登记清册。

（5）进度和成本预测。

（6）项目绩效评估报告。

（7）问题日志。

（8）受制于项目正式变更控制过程的所有文件。

（9）项目进度计划。

（10）进度数据。

（11）项目规划。

（12）项目基线。

7.5.4.3　项目变更日志

项目变更日志用来记录项目过程中出现的变更。应该与相关的项目利益攸关方及时沟通这些变更及其对项目时间、成本和风险的影响。被否决的变更请求也应该记录在变更日志中。

7.5.4.4　项目管理规划的更新需要

在项目管理规划中，可能需要更新的内容包括但不限于如下内容：各个子管理规划和受制于正式变更控制过程的基线。对基线的变更，只能针对项目未执行部分的情况，而不能变更以往的绩效。这有助于保护基线和历史绩效数据的严肃性。

7.5.5　方法与工具

7.5.5.1　项目管理信息系统

作为企业环境因素的一部分，项目管理信息系统提供下列工具：工作分解结构管理系统、进度计划工具、工作授权系统、信息收集与发布系统，或进入其他在线自动化系统的网络界面。本系统也可用于自动收集和报告关键绩效指标（KPI）。常见的这类信息化平台有产品生命周期管理（PLM）系统、项目管理信息系统（PMIS）平台等。

7.5.5.2 可视化工具

为了能够更好地监控项目进展，让项目人员能够直接、清晰地了解项目的情况，应尽量使用可视化的工具来展示项目状态，如 VISIO 状态视图工具等。燃尽图（burndown chart）也是一种常用的可视化工具，图 7-9 展示了使用燃尽图跟踪任务项完成的一个例子。使用燃尽图可以使项目利益攸关方快速了解项目任务完成状态和可能的发展趋势，尤其适用于进度节点紧、任务项较多且相关联复杂的场景，但是燃尽图不能反映工作质量和成本的消耗。

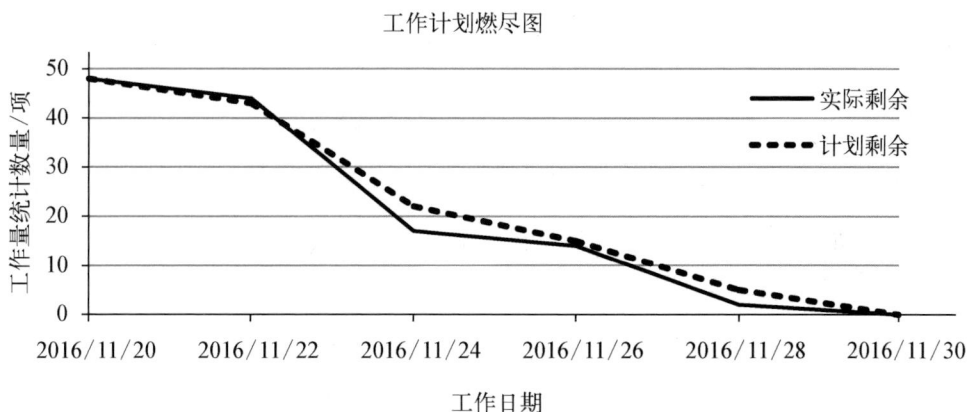

图 7-9 燃尽图示例

7.5.5.3 项目绩效评估方法

项目绩效评估的常见方法如下：

（1）定性方法：同行评审、德尔菲法。

（2）定量方法：经济评价法、挣值法关键绩效指标（KPI）法和目标与关键成果（OKR）法。

（3）定性定量相结合的方法：平衡计分卡法。

7.5.5.4　项目变更控制工具

为了便于开展变更管理，应尽量选择信息化系统平台作为工具来管理变更请求和后续的决策，以及决策的及时、有效的传递。

7.5.6　注意事项与经验

N/A。

7.6　项目质量管理过程

项目质量管理的目的、必要性、典型的方法和工具，以及在飞机研制过程中的适用阶段，输入、输出、过程活动等如表 7-6 所示。

7.6.1　描述

质量管理包括执行既定的质量政策、目标与职责的各过程和活动，从而使项目满足其预期的需求。项目质量管理在项目环境内使用政策和程序，实施组织的质量保证体系，从而使项目需求得到满足和确认。

7.6.2　输入

7.6.2.1　项目管理规划

项目管理规划用于制订质量管理规划。项目管理规划包含质量管理规划，用于控制质量。质量管理规划描述如何在项目中开展质量控制。用于制订质量管理规划的信息包括但不限于如下内容。

1）范围基线

范围基线包括如下几点：

（1）项目范围说明书。项目范围说明书包括项目描述、主要项目可交付产品及验收标准。产品范围通常包含技术问题细节及会影响质量规划的其他事项，这

表 7 - 6　项目质量管理过程 SIPOC

中国商飞　过程名：项目质量管理过程（C.6）　　　　　　　　　　　　　CMMI 过程域：过程及产品质量保证

下一层级过程：N/A

过程目的：执行既定的质量要求、目标与政策，使项目满足预期质量要求

必要性：ISO/IEC/IEEE 15288：2015 中的推荐过程

输入（**I**nputs）：
— 项目管理规划
— 利益攸关方登记表
— 风险登记册
— 需求文件
— 企业环境因素
— 组织过程资产

提供方（**S**uppliers）：
— 项目出资方及其授权的管理方上一层级项目团队负责人

过程活动（**P**rocesses）：
1. 规划质量管理
2. 实施质量保证
3. 控制质量

适用阶段：
☐ 概念开发阶段
☐ 立项论证阶段
☑ 可行性论证阶段
☑ 初步设计阶段
☑ 详细设计阶段
☑ 全面试制阶段
☑ 试飞取证阶段
☑ 产品与服务验收阶段
☐ 持续运营/型号退役阶段

输出（**O**utputs）：
— 项目文件更新
— 变更请求
— 项目管理规划更新需要
— 组织过程资产更新
— 质量控制测量结果
— 核实的可交付产品
— 工作绩效信息

使用方（**C**ustomers）：
— 项目出资方及其授权的管理方
— 本项目团队负责人
— 上一层级项目团队负责人
— 下一层级项目团队负责人
— 本项目团队

方法与工具：
方法：成本效益分析、标杆对照、会议、质量审计、过程分析、统计抽样、检查和审查已批准的变更要求
工具：质量管理规划模板

些事项应该已经在项目的规划范围管理过程中得以定义。验收标准的界定可能会导致质量成本变化并进而导致项目成本的显著增加或降低。满足所有的验收标准意味着发起人和客户的需求得以满足。

（2）工作分解结构（WBS）。WBS 识别可交付产品和工作包，用于考核项目绩效。

（3）WBS 单元说明。WBS 单元说明提供 WBS 要素的详细信息。

2）进度基线

进度基线记录经认可的进度绩效指标，包括开始和完成日期。

3）成本基线

成本基线记录用于考核成本绩效的、经过认可的时间间隔。

4）其他管理规划

这些规划有利于整个项目质量。

7.6.2.2 利益攸关方登记表

利益攸关方登记表有助于识别对质量有特别兴趣或影响的那些利益攸关方。

7.6.2.3 风险登记册

风险登记册包含可能影响质量要求的各种威胁和机会的信息。

7.6.2.4 需求文件

需求文件记录项目应该满足与利益攸关方期望有关的需求。需求文件包括但不限于项目（包括产品）需求和质量需求。这些需求有助于项目团队规划并开展项目质量控制。

7.6.2.5 企业环境因素

可能影响规划质量管理过程的企业环境因素包括但不限于如下内容：

（1）政府法规。

（2）特定应用领域的相关规则、标准和指南。

（3）可能影响项目质量的项目或可交付产品的工作条件或运行条件。

（4）可能影响质量期望的文化观念。

7.6.2.6 组织过程资产

可能影响规划质量管理过程的组织过程资产包括但不限于如下内容：

（1）组织的质量政策、程序及指南。执行组织的质量政策是高级管理层所推崇的，规定了组织在质量管理方面的工作方向。

（2）历史数据库。

（3）以往阶段或项目的经验教训。

a. 组织的质量标准和政策。

b. 标准化的工作指南。

c. 问题与缺陷报告程序及沟通政策。

7.6.3 过程中的活动

7.6.3.1 规划质量管理

质量规划应与其他规划过程并行开展。例如，为满足既定的质量标准而对可交付产品提出变更建议，就可能导致成本或进度计划调整，并需要就该变更对相关计划的影响进行详细风险分析。

7.6.3.2 实施质量保证

实施质量保证过程执行在项目质量管理规划中所定义的一系列有计划、系统的行动和过程。质量保证旨在建立对未来输出或未完输出（也称"正在进行的工作"）将在完工时满足特定的需求和期望的信心。质量保证通过规划过程预防缺陷，或者在执行阶段对正在进行的工作检查出缺陷，来保证质量的确定性。实施质量保证是一个执行过程，使用规划质量管理和控制质量过程所产生的数据。

在项目管理中，质量保证所开展的预防和检查，应该对项目有明显的影响。质量保证工作属于质量成本框架中的一致性工作。

质量保证部门或类似部门经常要对质量保证活动进行监督。无论其名称是什么，该部门都可能要向项目团队、执行组织管理层、客户或发起人，以及其他未主动参与项目工作的利益攸关方提供质量保证支持。

质量保证过程与过程保证相辅相成。过程保证给适航当局提供安全保证和信心，也是对设计部门在研发过程中必须遵从已批准的计划和标准的管理措施和手段，其实质是要求开发过程及辅助过程的活动按"已计划的去做，做已计划的工作，记录好已完成计划的工作"，就是确保开发过程及辅助过程的工作质量。

实施质量保证过程也为持续过程改进创造条件。持续过程改进是指不断地改进所有过程的质量。通过持续过程改进，可以减少浪费，消除非增值活动，使各过程在更高的效率与效果水平上运行。

7.6.3.3 控制质量

控制质量过程是使用一系列操作技术和活动来核实已交付的输出是否满足需求。在项目规划和执行阶段开展质量保证，来建立满足利益攸关方需要的信心；在项目执行和收尾阶段开展质量控制，用可靠的数据来证明项目已经达到发起人和/或客户的验收标准。

在控制质量过程中需要根据以下原则开展工作：

（1）产品生命周期内的质量问题都应清晰记录并归零。

（2）基于系统工程的"双五归零"是公司质量问题归零和改进活动的指导思想和方法，必须予以贯彻。

（3）在"双五归零"过程中，根据质量问题种类合理地采用技术归零或管理归零。

（4）在技术归零定位和原因分析过程中，间接原因和根本原因包含质量体系（程序）要求不完善、过程执行偏离和人为责任等因素时，应在进行技术归零的同时进行管理归零。

项目管理团队可能需要具备统计控制方面的实用知识，以便评估控制质量的输出中所包含的数据。另外，了解以下术语之间的差别，对项目管理团队也是有用的：

（1）预防（保证过程中不出现错误）与检查（保证错误不落到客户手中）。

（2）属性抽样（结果为合格或不合格）与变量抽样（在连续的量表上标明结果所处的位置，表明合格的程度）。

（3）公差（结果的可接受范围）与控制界限（在统计意义上稳定的过程或过程绩效的普通偏差的边界）。

7.6.4　输 出

7.6.4.1　项目文件更新

可能需要更新的项目文件包括但不限于如下内容：

（1）利益攸关方登记表。

（2）责任分配矩阵。

（3）WBS 和 WBS 单元说明。

（4）质量标准。

（5）协议。

（6）质量审计报告和变更日志（附有纠正行动计划）。

（7）培训计划和效果评估。

（8）过程文件，如使用七种基本质量工具或质量管理和控制工具所生成的文件。

7.6.4.2　变更请求

可以提出变更请求，并提交给实施整体变更控制过程，以全面考虑改进建议。可以为采取纠正措施、预防措施或缺陷补救而提出变更请求。

如果推荐的纠正措施、预防措施或缺陷补救导致需要对项目管理规划进行变更，则应按既定的实施整体变更控制过程的要求，提出变更请求。

7.6.4.3　项目管理规划更新需要

项目管理规划可能需要更新的内容包括但不限于如下规划：

（1）质量管理规划。

（2）范围管理规划。

（3）进度管理规划。

（4）成本管理规划。

（5）过程改进规划。

7.6.4.4　组织过程资产更新

可能需要更新的组织过程资产包括但不限于如下内容：

（1）组织的质量标准。

（2）质量管理系统。

（3）完成的核对单。如果使用了核对单，完成的核对单就会成为项目文件和组织过程资产的一部分。

（4）经验教训文件。偏差的原因、采取纠正措施的理由，以及从控制质量中得到的其他经验教训，都应记录下来，成为项目和执行组织历史数据库的一部分。

7.6.4.5　质量控制测量结果

质量控制测量结果是对质量控制活动的结果的书面记录。应该以规划质量管理过程所确定的格式加以记录。

7.6.4.6　核实的可交付产品

控制质量过程的一个目的就是确定可交付产品的正确性。开展控制质量过程的结果，是核实的可交付产品。核实的可交付产品是确认范围过程的一项输入，以便正式验收。

7.6.4.7　工作绩效信息

工作绩效信息是从各控制过程收集，并结合相关背景和跨领域关系进行整合分析而得到的绩效数据。例如，关于项目需求实现情况的信息：拒绝的原因、要求的返工或必需的过程调整。

7.6.5　方法与工具

7.6.5.1　成本效益分析

达到质量要求的主要效益包括减少返工、提高生产率、降低成本、提升利益攸关方满意度及提升赢利能力。对每个质量活动进行成本效益分析，就是要比较其可能成本与预期效益。

7.6.5.2　标杆对照

标杆对照是将实际或计划的项目实践与可比项目的实践进行对照，以便识别最佳实践，形成改进意见，并为绩效考核提供依据。

作为标杆的项目可以来自执行组织内部或外部，或者来自同一应用领域。标杆对照也允许用不同应用领域的项目做类比。

7.6.5.3 会议

项目团队可以召开规划会议来制订质量管理规划。参会人员可以包括项目经理、项目发起人、选定的项目团队成员、选定的利益攸关方、负责项目质量管理活动（规划质量管理、实施质量保证或控制质量）的人员，以及需要参加的其他人员。

7.6.5.4 质量审计

质量审计是用来确定项目活动是否遵循了组织和项目的政策、过程与程序的一种结构化的、独立的过程。质量审计的目标如下：

（1）识别全部正在实施的良好及最佳实践。

（2）识别全部违规做法、差距及不足。

（3）分享所在组织和/或行业中类似项目的良好实践。

（4）积极、主动地提供协助，以改进过程的执行，从而帮助团队提高生产效率。

（5）强调每次审计都应对组织经验教训的积累做出贡献。

采取后续措施纠正问题，可以带来质量成本的降低，并提高发起人或客户对项目产品的接受度。质量审计可事先安排，也可随机进行；可由内部或外部审计师进行。

质量审计还可确认已批准的变更请求（包括更新、纠正措施、缺陷补救和预防措施）的实施情况。

7.6.5.5 过程分析

过程分析是指按照过程改进计划中概括的步骤来识别所需的改进。它也要检查在过程运行期间遇到的问题、制约因素，以及发现的非增值活动。过程分析包括根本原因分析——用于识别问题、探究根本原因，并制订预防措施的一种具体技术。

7.6.5.6 统计抽样

统计抽样是指从目标总体中选取部分样本用于检查（如从 75 张工程图纸中

随机抽取10张）。抽样的频率和规模应在规划质量管理过程中确定，以便在质量成本中考虑测试数量和预期废料等。

统计抽样拥有丰富的知识体系。在某些应用领域，项目管理团队可能有必要熟悉各种抽样技术，以确保抽取的样本能代表目标总体。

7.6.5.7 检查

检查是指检验工作产品，以确定是否符合书面标准。检查的结果通常包括相关的测量数据。检查可在任何层次上进行，例如可以检查单个活动的成果，或者项目的最终产品。检查也可称为"审查""同行审查""审计"或"巡检"等。在某些应用领域，这些术语的含义比较狭窄和具体。检查也可用于确认缺陷补救。

7.6.5.8 审查已批准的变更要求

对所有已批准的变更请求进行审查，以核实它们是否已按批准的方式得到实施。

7.6.5.9 归零表单和归零报告

归零表单用于技术归零过程，一些有特殊要求的技术归零需增加技术归零报告作为附件。管理归零使用管理归零报告。

7.6.6 注意事项与经验

N/A。

7.7 项目知识库管理过程

项目知识库管理的目的、必要性、典型的方法和工具，以及在飞机研制过程中的适用阶段、输入、输出、过程活动等如表7-7所示。

7.7.1 描述

项目知识库管理作为知识管理的重要组成部分，同时可以为专业能力建设提

表 7-7 项目知识库管理过程 SIPOC

中国商飞 过程名：项目知识库管理过程（C.7）	CMMI 过程域：N/A

下一层级过程：N/A

过程目的：编制和持续完善项目的知识库，并将知识的内容传递给项目所需，确保项目间经验的分享

必要性：ISO/IEC/IEEE 15288：2015 中的推荐过程

输入（Inputs）：
— 项目数据/案例
— 项目管理规划
— 知识库管理要求
— 组织过程资产
— 企业环境因素

过程活动（Processes）：
1. 规划项目知识库管理并提出管理需求
2. 捕获、编制或更新项目知识库
3. 知识库案例存储、确认、整合与验证
4. 知识库案例发布、传递、应用、跟踪与监控评价

输出（Outputs）：
— 项目知识库管理规划（按需）
— 项目知识库
— 知识产权成果（如专利、专著等）
— 组织过程资产更新

提供方（Suppliers）：
— 相关项目团队
— 相关职能部门

适用阶段：
☐ 概念开发阶段
☐ 立项论证阶段
☑ 可行性论证阶段
☑ 初步设计阶段
☑ 详细设计阶段
☑ 全面试制阶段
☑ 试飞取证阶段
☑ 产品与服务验收阶段
☐ 持续运营型号退役阶段

使用方（Customers）：
— 相关项目团队
— 相关职能部门

方法与工具：
方法：SECI 模型、专家判断、头脑风暴法和评审会
工具：知识库模板、知识库信息化平台

供重要素材来源。知识库管理包括管理内容及管理活动，其中管理活动基于项目需求，由各相关职能部门提供标准、方法、流程和模板等，项目团队根据自身需求制订策略、组织开展项目知识库管理并应用项目知识，依托信息化手段形成项目知识库、项目知识产权成果等组织过程资产。

公司项目知识库管理以项目知识的使用方、提供方和管理方为核心，通过对管理活动的规划，对捕获、编制、更新等知识库产生活动的管理，以及对确认、整合、存储、验证、发布、传递、应用和跟踪等具体管理活动的管理，实现项目知识库管理，并贯穿项目管理全过程。

项目知识库管理应遵循的主要原则与要求包括如下几项：

（1）项目团队应基于本书定义的项目阶段，开展项目知识库管理，覆盖项目全生命周期。

（2）结合各要素集内容，持续、动态开展知识库管理，定期更新、维护知识库内容。

（3）应统筹规划项目知识库管理架构、分层级进行管理，注重过程监控与持续改进。

（4）项目知识库管理应注重标准化、信息化建设。

（5）项目知识库管理应注重知识产权管理、保密管理。

（6）项目知识库管理应融入公司文化及制度等方面的建设中。

7.7.2 输入

7.7.2.1 项目数据/案例

项目数据/案例其是在项目管理过程中，实践过的、典型且富有意义的、基于真实情景的事实陈述或观察结果，它是项目管理活动内容的有意截取，表征共性问题并具备可推广价值。经过捕获与编制可形成知识，数据/案例的载体包括但不限于项目月报、项目变更记录、项目总结、风险管理记录、关键技术决策、双五归零、质量检查、型号审查方重要意见、重要评审意见（含型号转段评审）和重大专项任务等参考资料等。

7.7.2.2　项目管理规划

项目管理规划规范并界定了项目范围、项目目标以及项目实施、监督和控制的原则和流程。

7.7.2.3　知识库管理要求

项目知识库管理要求包括结束项目中对于知识库管理的具体要求。

7.7.2.4　组织过程资产

与知识库管理有关的组织过程资产包括但不限于如下内容：

（1）与知识库管理有关的、标准化的通用规范、标准、方法、流程和工具指南等。

（2）公司已有的知识库，如公司项目档案库（如范围、成本、进度与绩效测量基线、项目日历、项目进度网络图和风险登记册），公司项目历史信息与经验教训知识库。

7.7.2.5　企业环境因素

应考虑的与企业环境因素相关、影响知识库管理过程的内容包括但不限于如下内容：

（1）公司项目管理信息化系统（如产品生命周期管理平台等）的要求。

（2）公司组织架构、文化和管理习惯的要求。

（3）项目可用的基础设施的水平和能力发展状态。

7.7.3　过程中的活动

7.7.3.1　规划项目知识库管理并提出管理需求

本节包括两个步骤：依据输入，结合项目实际对知识库管理进行规划；根据规划，向公司、各职能部门提出知识库管理支持的需求。

规划知识库管理是指明确本项目知识管理的范围、目标以及实施、监督和控制的原则和流程。

提出管理需求是指向公司或各部门提出知识库管理支持方面的需求，包括但不限于已有知识库的提供与使用、知识库分类与内容的专业化支持、规范/标准/

方法/流程、实施过程的职能支持、信息化工具与平台的支持、知识产权与奖励的支持等，其中实施过程的职能支持如评审支持、专家支持。

7.7.3.2　捕获、编制或更新项目知识库

本节主要聚焦知识库产生的过程。该过程主要包括如下几点：

（1）捕获。形成待转换的项目数据/案例清单，确定该数据/案例是否需编制。

（2）编制。按照既定的知识库分类与编制模板，完成项目数据/案例载体的编制。

（3）更新。对管理过程中新增、待整合的知识进行更新。

该过程贯穿项目周期，各项目团队根据实践，可在项目进程中按照预期规划定期开展；在结束项目阶段、型号项目里程碑完成、专项任务结束、型号研制转段、导致项目/任务偏离其原计划/目标的事件发生等情况下应按要求开展。

7.7.3.3　知识库案例存储、确认、整合与验证

对编制完成的内容进行存储、确认、整合、验证，确保发布、传递与应用的知识的重要性、有效性、正确性。主要要求包括如下两点：

（1）存储、整合需要信息化工具或平台的支持，以确保知识库管理的便捷与高效，避免知识无法有效管理、无法有效使用的"沉睡"状态。

（2）确认、验证可以利用知识库管理方或公司内部在项目管理领域有丰富经验的专业人士，通过参与知识库评估、提供专业咨询的方式予以实现，以确定该知识描述是否清晰、准确，是否有应用的价值，是否有相似案例已经存在等。

7.7.3.4　知识库案例发布、传递、应用、跟踪与监控评价

该过程主要包括如下内容：

（1）对重要、有效、正确的知识进行发布，并通过信息化手段予以传递，在传递过程中应关注保密要求。

（2）项目团队应要求相关人员在型号项目启动阶段、规划阶段、研制转段、

其他事件发生等情况下，学习已有知识。

（3）对知识库及其管理活动进行跟踪与监控，并提供指导，适时更新知识库、修订管理流程，并向公司、相关职能部门提出更新支持的反馈。

7.7.4　输出

7.7.4.1　项目知识库管理规划

按需对项目知识库管理进行规划，通常包括但不限于如下内容：

（1）知识库管理目标。

（2）范围。

（3）知识库分类与内容。

（4）各级项目团队实施策略与原则。

（5）知识库案例捕获与编制要求，包括知识捕获的周期、各类知识捕获的模板。

（6）知识库案例验证发布要求。

（7）知识库应用要求。

（8）更新与持续改进要求。

（9）管理工具或平台需求。

（10）知识库成果管理原则。

7.7.4.2　项目知识库

项目用来存取信息的知识库，包括但不限于如下几点：

（1）构型管理知识库，包括项目的所有标识、政策、程序和项目文件的各种版本与基线。

（2）财务数据库，包括人工时、实际成本、预算和成本超支等方面的信息。

（3）过程测量数据库，用来收集与提供过程和产品的测量数据。

（4）问题与缺陷管理数据库，记录问题与缺陷（直接导致项目或任务偏离其原计划、目标、方案，或影响项目工程质量等）的状态、控制信息、解决方案以及相关行动的结果。

（5）历史信息与项目档案，如范围、成本、进度与绩效测量，项目日历，项目进度网络图、项目决策结果、项目绩效信息、项目记录与文件、完整的项目收尾信息与文件，从风险管理活动中获取的信息、风险登记册、风险应对计划和风险影响评价等。

（6）技术活动档案，如项目科研、专项攻关、技术评审、排故等过程收尾文件。

（7）经验教训、最佳实践案例，型号项目里程碑、专项任务结束、导致项目/任务偏离其原计划/目标的事件等情况发生后，总结、提炼的做法、流程、案例等。

（8）其他如项目专家库、专家咨询交流记录、调研提纲与报告、工作 PPT、培训材料、阶段性工作总结、感想体会等。

7.7.4.3　知识产权成果

项目知识库管理过程中形成的拥有知识产权的成果，包括但不限于专利、专著、软件著作权、论文等。同时，应关注卖方或供应商对于知识产权的声明。

7.7.4.4　组织过程资产更新

知识库管理输出对于组织过程资产的更新，主要包括如下两点：

（1）与知识库管理相关的规范/标准等的更新。

（2）知识库更新。

7.7.5　方法与工具

7.7.5.1　SECI 模型

SECI 模型将企业知识划分为隐性知识和显性知识，提出在企业创新活动的过程中隐性知识和显性知识两者之间互相作用、互相转化。该方法可用于辅助知识管理整个过程的活动实现。

SECI 模型提出知识转化有四种基本模式——潜移默化（socialization）、外部明示（externalization）、汇总组合（combination）和内部升华（internalization）。

（1）潜移默化，指的是隐性知识向隐性知识的转化。它是一个通过共享经历建立隐性知识的过程，而获取隐性知识的关键是通过观察、模仿和实践，而不是语言。

（2）外部明示，指的是隐性知识向显性知识的转化。它是一个将隐性知识用显性化的概念和语言清晰表达的过程，其转化手法有隐喻、类比、概念和模型等。这是知识创造过程中至关重要的环节。

（3）汇总组合，指的是显性知识和显性知识的组合。它是一个通过各种媒体产生的语言或数字符号，将各种显性概念组合化和系统化的过程。

（4）内部升华，指的是显性知识到隐性知识的转化。它是一个将显性知识形象化和具体化的过程，通过汇总组合产生新的显性知识被组织内部员工吸收、消化，并升华成他们自己的隐性知识。

7.7.5.2　专家判断

专家判断常用于知识库管理各活动。专家可为具有专业知识或受过专业培训的任何小组或个人，其来源渠道包括公司及下属单位的专业和职能部门，内外部顾问、特聘专家等。

在知识库管理各活动时，专家判断可用于如下方面：

（1）根据项目需要提出知识库管理规划意见以及需求建议。

（2）对捕获、编制知识库案例内容提出建议。

（3）确认、整合、验证知识库案例是否符合要求。

（4）应用、跟踪监控过程提出改进建议。

7.7.5.3　头脑风暴法

头脑风暴法可用来产生和收集项目知识。一般集中有关专家或项目人员召开专题会议，主持人以明确的方式向所有参与者阐明问题，说明会议的规则。主持人一般不发表意见，参会人员自由地提出尽可能多的方案。

7.7.5.4　评审会

该方法是指通过评审、检查等形式来确保知识的重要性、有效性和正确性，同时确保知识库案例的发布与应用满足知识管理的规划与要求。

7.7.5.5　知识库模板

根据知识库规划、知识库分类及项目知识库建设目标，制订相应的知识库模板，应注重知识库模板间的一致性。模板一般至少包含背景条件及项目过程描述、产生的问题及其原因分析、解决方法及建议等。

7.7.5.6 知识库信息化平台

知识库信息化平台是集知识信息捕获、编制、存储、确认、整合、验证、发布、传递、应用、反馈跟踪与更新的信息化管理系统，伴随项目知识库快速增长，一般需要使用知识库信息化平台来对知识进行分类存储和管理，促进知识的学习、共享、培训、再利用和创新，避免知识流失、知识"沉睡"、知识无法共享等问题。

7.7.6 注意事项与经验

N/A。

7.8 采购过程

采购过程的目的、必要性、典型的方法和工具，以及在飞机研制过程中的适用阶段，输入、输出、过程活动等如表7-8所示。

7.8.1 描述

采购过程包括规划采购、实施采购和管理采购的活动。采购过程遵循公平、公开、公正的原则，根据国家相关法律、法规及相关行业的规范，按照"主制造商-供应商"模式在全球运用市场化机制择优选择供应商，组织所有商用飞机装机产品的采购活动。

主制造商与复杂机体结构、复杂机载设备、新技术、新材料供应商逐步采取签订风险共担、利益共享的长期合作协议；与供应源数量有限的简单机体结构、简单机载设备供应商签订长期稳定的采购协议；对于有充分货源的简单机载设备、通用原材料和标准件，应对市场价格趋势进行统计、分析、研究，制订年度采购策略，运用市场化杠杆采购机制，及采用寄售和统一配送等模式降低采购成本。

表 7 – 8 采购过程 SIPOC

中国商飞 过程名: 采购过程 (C. 8) | CMMI 过程域: 2 级过程–供应商协议管理过程

下一层级过程: N/A

过程目的: 规划、实施和管理采购活动, 尽可能降低采购成本

必要性: ISO/IEC/IEEE 15288: 2015 中的推荐过程

输入 (Inputs) :
— 项目管理规划
— 需求文件
— 风险登记册
— 活动成本估算
— 利益攸关方登记表
— 造/买决策
— 采购工作说明书
— 项目合同/协议
— 企业环境因素
— 组织过程资产

提供方 (Suppliers) :
— 相关项目团队
— 公司/相关职能部门

过程活动 (Processes) :
1. 规划采购
2. 实施采购
3. 管理采购

适用阶段:
☐ 概念开发阶段
☐ 立项论证阶段
☑ 可行性论证阶段
☑ 初步设计阶段
☑ 详细设计阶段
☑ 全面试制阶段
☑ 试飞取证阶段
☑ 产品与服务验收阶段
☐ 持续运营型号退役阶段

输出 (Outputs) :
— 采购管理规划
— 采购工作说明书
— 供方选择要求
— 新造/买决策
— 采购需求
— 采购文件
— 变更请求
— 项目文件更新

使用方 (Customers) :
— 相关项目团队
— 公司/相关职能部门

方法与工具:
方法: 造/买分析, 专家判断, 市场调研, 投标人会议, 建议书评价体系, 独立估算, 分析技术, 采购谈判, 采购绩效审查, 检查与审计, 报告绩效, 驻现场团队和高层项目协调会
工具: 支付系统, 项目信息管理系统

7.8.2 输入

7.8.2.1 项目管理规划

项目管理规划（PMP）描述了项目的需要、合理性、需求和当前边界。PMP用于规划采购的信息包括但不限于如下内容：

（1）范围基线。项目范围说明包括产品范围描述、服务描述和成果描述、可交付成果清单和验收标准，以及有关技术问题的重要信息或可能影响成本估算的事项。它明确了各种制约因素，如要求的交付日期、可用的熟练资源及相关组织政策。

（2）WBS 框架。可从 WBS 框架和相关的说明中，查到各个可交付成果，以及为产生每个可交付成果而需要进行的 WBS 框架内容。

7.8.2.2 需求文件

需求文件描述各种单一需求将如何满足与项目相关的业务需求。起初可能只有高层级的需求，但会随着有关需求信息的增加而逐步细化。只有明确的（可测量和可测试的）、可跟踪的、完整的、相互协调的，且主要利益攸关方认可的需求，才能作为基线。

需求文件中关于规划采购的内容包括但不限于如下几点：

（1）与采购规划有关的、关于项目需求的重要信息。

（2）带有合同和法律含义的需求，如健康、安全、安保、绩效、环境、保险、知识产权、同等就业机会、执照和许可证。在规划采购时，需要考虑全部这些因素。

7.8.2.3 风险登记册

风险登记册列出了风险清单，还有风险分析和风险应对规划的结果。

7.8.2.4 活动成本估算

使用为采购活动编制的成本估算，来评价潜在卖方提交的投标书或建议书的合理性。

7.8.2.5 利益攸关方登记表

利益攸关方登记表提供了项目参与者及其在项目中的利益的详细信息，同时利益攸关方登记表可以包括公司的候选供应商清册。

7.8.2.6 造/买决策

通过造/买分析，做出某项特定工作最好由项目团队自己完成还是需要外购的决策。如果决定自制，那么可能要在采购计划中规定组织内部的流程和协议。如果决定外购，那么要在采购计划中规定与产品或服务供应商签订协议的流程。

7.8.2.7 采购工作说明书

依据项目范围基线，为每次采购编制工作说明书（SOW），对将要包含在相关合同中的那一部分项目范围进行定义。采购 SOW 应该详细描述拟采购的产品、服务或成果，以便潜在确定供应商是否有能力提供这些产品、服务或成果。至于应该详细到何种程度，会因采购品的性质、买方的需要或拟用的合同形式而异。工作说明书可包括规格、数量、质量、性能参数、履约期限、工作地点和其他需求。

采购 SOW 应力求清晰、完整和简练。它也应该说明任何所需的附带服务，如绩效报告或项目后的运营支持等。某些应用领域对采购 SOW 有特定的内容和格式要求。每次采购，都需要编制 SOW。不过，可以把多个产品或服务组合成一个采购包，由一个 SOW 全部覆盖。

在采购过程中，应根据需要对采购 SOW 进行修订和改进，直到成为所签协议的一部分。

7.8.2.8 项目合同/协议

采购合同包括条款和条件，也可包括其他条目，如买方就卖方应实施的工作或应交付的产品所做的规定。在遵守组织采购政策的同时，项目管理团队必须确保所有协议都符合项目的具体需要。无论文件的复杂程度如何，合同都是对双方具有约束力的法律协议，它强制供应商提供指定的产品、服务或成果，强制买方给予供应商相应补偿，也是一种可诉诸法院的法律关系。

7.8.2.9 企业环境因素

能够影响规划采购管理过程的企业环境因素包括国际、国家和行业标准，市场条件，供应商情况，组织的工作授权系统，利益攸关方风险承受能力，以及公司项目管理信息化系统的要求等。

7.8.2.10　组织过程资产

公司使用的各种合同/协议类型会影响规划采购管理过程中的决策。

7.8.3　过程中的活动

7.8.3.1　规划采购

规划采购管理是记录项目采购决策、明确采购方法、识别潜在供应商的过程。规划采购管理识别哪些项目需求最好或应该通过从项目组织外部采购产品、服务或成果来实现，哪些项目需求可由项目团队自行完成。如果项目需要从执行组织外部取得所需的产品、服务和成果，则每次采购都要经历从规划采购管理到结束采购的各个过程。

规划采购管理还包括评估潜在供应商，特别是如果买方希望对采购决策施加一定的影响或控制，则还应考虑谁将负责获得或持有相关许可证或专业执照。这些许可证和执照可能是法律、法规或组织政策对项目执行的要求。

项目进度计划对规划采购管理过程中的采购策略制订有重要影响。制订采购管理规划时所做出的决定，又会影响项目进度计划。应该把这些决定与制订进度计划、估算活动资源和造/买分析的决策整合起来。规划采购管理过程包括评估与每项造/买决策有关的风险，还包括审查拟使用的项目合同类型，以便规避或减轻风险，或者向供应商转移风险。

项目团队应在采购部门的指导、支持下，根据公司政策和项目规划制订项目采购规划，包括采购政策、采购方法等内容，同时做出初始采购决策。

7.8.3.2　实施采购

实施采购是获取供应商应答、选择供应商并授予项目合同的过程。实施采购按照公司相关要求及程序，根据规划采购输出的采购管理规划、采购工作说明书、供方选择要求、造/买决策、采购需求等要求，开展具体的采购活动。

项目实施采购过程紧密围绕项目合同的演进开展。对于项目合同相关工作，项目团队应根据项目特点，结合商用飞机研制过程中复杂机体结构、复杂机载设备、新技术、新材料、简单机体结构、简单机载设备和标准件等供应商的不同，选择不同的合同类型，并在企业环境因素和组织过程资产的影响下，确定合同签署等流程的独特性。

7.8.3.3 管理采购

买方和卖方都出于相似的目的而管理采购合同。双方都必须确保履行合同义务，确保各自的合法权利得到保护。合同关系的法律性质，要求项目管理团队清醒地意识到其控制采购的各种行动的法律后果。商用飞机研制项目由于其复杂度高、集成度高，属于涉及多个供应商的大型项目，因此，合同管理的一个重要方面就是作为管理各个供应商之间的界面。

由于组织结构不同，因此许多组织把合同管理当作与项目组织分离的一种管理职能；虽然采购管理员可以是项目团队成员，但他通常向另一部门的经理报告。公司采购管理的主体即为包括采供条线在内的相关职能部门，而合同管理也依托包括法律在内的相关职能部门开展，但合同管理视各项目实际情况可按需变更，合同管理职责的变更需项目团队与采购、法律等相关职能部门达成一致，并通过批准的文件和变更予以控制管理。

在管理采购过程中，需要把适当的项目管理过程应用于合同关系，并把这些过程的输出整合进项目的整体管理中。一般商用飞机研制复杂度高，均会涉及多个供应商，涉及大量产品、服务和成果，因此，这种整合就经常需要在多个层次上进行。

7.8.4 输出

7.8.4.1 采购管理规划

根据制造、采购分析的结果和所选择的项目合同类型编制采购规划，采购管理规划是项目管理规划的组成部分，说明项目团队将如何从执行组织外部获取货物和服务，以及如何管理从编制采购文件到合同收尾的各个采购过程。主要包括项目合同类型、组织采购的人员、管理潜在的供应商、编制采购文件和制订评价标准等。

7.8.4.2 采购工作说明书

依据项目范围基线，为每次采购编制工作说明书（SOW），对将要包含在相关合同中的那一部分项目范围进行定义。采购 SOW 应该详细描述拟采购的产品、服务或成果，以便潜在确定供应商是否有能力提供这些产品、服务或成果。至于应该详细到何种程度，会因采购品的性质、买方的需要或拟用的合同形式而异。工作说明书中可包括规格、数量、质量、性能参数、履约期限、工作地点和其他需求。

采购 SOW 应力求清晰、完整和简练。它也应该说明任何所需的附带服务，如绩效报告或项目后的运营支持等。某些应用领域对采购 SOW 有特定的内容和格式要求。每次采购，都需要编制 SOW。不过，可以把多个产品或服务组合成一个采购包，由一个 SOW 全部覆盖。

在采购过程中，应根据需要对采购 SOW 进行修订和改进，直到成为所签协议的一部分。

7.8.4.3 供方选择要求

向相关职能部门提出供方选择要求，以便在制订供方选择标准时能够充分考虑项目团队的需求，或在供方选择标准中新增、更新已有标准。

供方选择标准通常是采购文件的一部分。制订这些标准是为了对供应商建议书进行评级或打分。标准可以是客观或主观的。如果很容易从许多合格供应商获得采购品，则选择标准可仅限于购买价格。这种情况下，购买价格既包括采购品本身的成本，也包括所有附加费用，如运输费用。对于较复杂的产品、服务或成果，还需要确定和记录其他选择标准。

7.8.4.4 造/买决策

在飞机研制和生产过程中，对于初始采购任务以外新增造/买决策，新增造/买决策会涉及不同类别供应商，根据相关管理规定执行。

7.8.4.5 采购需求

在公司采购、合同管理要求下，根据采购管理规划、造/买决策，向采供、法律等相关部门及各中心提出采购需求。

7.8.4.6 采购文件

采购文件是用于征求潜在供应商的建议书。如果主要依据价格来选择供应商（如购买商业或标准产品时），通常就使用标书、投标或报价等术语。如果主要依据其他考虑（如技术能力或技术方法）来选择供应商，通常就使用诸如建议书的术语。不同类型的采购文件有不同的常用名称，可能包括信息征询书（RFI）、投标邀标书（IFB）、招标书（RFP）、报价邀请书（RFQ）、投标通知、谈判邀请书及供应商初始应答邀请书。具体的采购术语可能因行业或采购地点而异。

买方拟定的采购文件不仅应便于潜在供应商做出准确、完整的应答，还要便于对供应商应答进行评价。采购文件应该包括应答格式要求、相关的采购 SOW 及所需的合同条款。对于政府采购，法规可能规定了采购文件的部分甚至全部内容和结构。

采购文件的复杂和详细程度应与采购的价值和风险水平相适应。采购文件既要足以保证供应商做出一致且适当的应答，又要具有足够的灵活性，允许供应商为满足既定要求而提出更好的建议。

买方通常应该按照所在组织的相关政策，邀请潜在供应商提交建议书或投标书。可通过公开发行的报纸或商业期刊，或者利用公共登记机关或因特网来发布邀请。

7.8.4.7　变更请求

关于购买产品、服务或资源的决策，通常会导致变更请求。规划采购期间的其他决策，也可能导致变更请求。对项目管理规划、子计划及其他组成部分的修改，可能导致对采购行为有影响的变更请求，影响采购行动。应该通过实施整体变更控制过程对变更请求进行审查和处理。

7.8.4.8　项目文件更新

可能需要更新的项目文件包括但不限于如下内容：

（1）需求文件。

（2）需求跟踪矩阵。

（3）风险登记册。

7.8.5　方法与工具

7.8.5.1　造/买分析

造/买分析是一种通用的管理技术，用来确定某项工作是由项目团队自行完成，还是应该从外部采购。有时，虽然项目组织内部具备相应的能力，但由于相关资源正在从事其他项目，为满足进度要求，也需要从组织外部进行采购。

预算制约因素可能影响造/买决策。如果决定购买，则应继续做出购买或租赁的决策。造/买分析应考虑全部相关成本，包括直接成本与间接成本。例如，买方在分析外购时，既要考虑购买产品本身的实际支出，也要考虑为支持采购过程和维护该产品所发生的间接成本。

在进行外购分析时，也要考虑可用的合同类型。采用何种合同类型，取决于想要如何在买卖双方间分担风险，而双方各自承担的风险程度，则取决于具体的合同条款。在某些法律体系中，还有其他合同类型，如基于供应商义务（而非客户义务）的合同类型。一旦选定适用法律，合同双方就必须确定合适的合同类型。

7.8.5.2　专家判断

专家判断常用来评估本过程的输入和输出。专家的采购判断也可用来制订或修改供应商建议书评价标准。专家的法律判断可以是法律工作者所提供的相关服务，用来协助处理一些特殊的采购事项、条款和条件。专家判断（包括商务和技术判断）不仅适用于拟采购产品、服务或成果的技术细节，而且也适用于采购管理过程的各个方面。

7.8.5.3　市场调研

市场调研包括考察行业情况和供应商能力。采购团队可以综合考虑从研讨会、在线评论和各种其他渠道得到的信息，来了解市场情况。采购团队可能也需要考虑有能力提供所需材料或服务的供应商的范围，权衡与之有关的风险，并优化具体的采购目标，以便利用成熟技术。

7.8.5.4　投标人会议

投标人会议就是在投标书或建议书提交之前，在买方和所有潜在供应商之间召开的会议。会议的目的是保证所有潜在供应商对采购要求都有清楚且一致的理解，保证没有任何投标人会得到特别优待。为公平起见，买方必须尽力确保每个潜在卖方都能听到任何其他供应商所提出的问题，以及买方所做出的每个回答。可以运用相关技术来促进公平，例如，在召开会议之前就收集投标人的问题或安排投标人考察现场。要把对问题的回答以修正案的形式纳入采购文件中。

7.8.5.5 建议书评价体系

在商用飞机研制过程中涉及的采购多是复杂的采购，应该根据买方的采购政策，规定一个正式的建议书评审流程。在授予合同之前，建议书评价委员会将做出他们的选择，并报管理层批准。

7.8.5.6 独立估算

对于许多采购，采购组织可以自行编制独立估算，或者邀请外部专业估算师做出成本估算，并将此作为标杆，用来与潜在供应商的应答做比较。如果两者之间存在明显差异，则可能表明采购工作说明书存在缺陷或不明确，以及/或者潜在供应商误解了或未能完全响应采购工作说明书。

7.8.5.7 分析技术

在采购中，应该以合理的方式定义需求，以便供应商能够通过要约为项目创造价值。分析技术有助于组织了解供应商提供最终成果的能力，确定符合预算要求的采购成本，以及避免因变更而造成成本超支，从而确保需求能够并得以满足。通过审查供应商以往的表现，项目团队可以发现风险较多、需要密切监督的领域，以确保项目的成功。

7.8.5.8 采购谈判

采购谈判是指在合同签署之前，对合同的结构、要求及其他条款加以澄清，以取得一致意见。最终的合同措辞应该反映双方达成的全部一致意见。谈判的内容应包括责任、进行变更的权限、适用的条款和法律、技术和商务管理方法、所有权、合同融资、技术解决方案、总体进度计划、付款和价格等。谈判过程以形成买卖双方均可执行的合同文件而结束。对于复杂的采购，合同谈判可以是一个独立的过程，有自己的输入（如各种问题或待定事项清单）和输出（如记录下来的决定）。对于简单的采购，合同的条款和条件可能是以前就已确定且不需要谈判，只需要供应商接受。

项目团队负责人可以不是采购谈判的主谈人。项目团队负责人和项目管理团队的其他人员可以出席谈判会议，以便提供协助，并在必要时澄清项目的技术、质量和管理要求。

7.8.5.9 采购绩效审查

采购绩效审查是一种结构化的审查，依据合同来审查供应商在规定的成本和进度内完成项目范围和达到质量要求的情况。包括对供应商所编文件的审查、主制造商开展的检查，以及在供应商实施工作期间进行的质量审计。绩效审查的目的在于发现履约情况的好坏、相对于采购工作说明书的进展情况，以及未遵循合同的情况，以便主制造商能够量化评价供应商在履行工作时所表现出来的能力或无能。这些审查可能是项目状态审查的一部分。在项目状态审查时，通常要考虑关键供应商的绩效情况。

7.8.5.10 检查与审计

在项目执行过程中，应该根据合同规定，由主制造商开展相关的检查与审计，供应商应对此提供支持。通过检查与审计，验证供应商的工作过程或可交付成果对合同的遵守程度。如果合同条款允许，则在某些检查与审计团队中可以包括主制造商的采购人员。

7.8.5.11 报告绩效

根据协议要求，评估供应商提供的工作绩效数据和工作绩效报告，形成工作绩效信息，并向管理层报告。报告绩效为管理层提供关于供应商正在如何有效实现合同目标的信息。

7.8.5.12 支付系统

确定产品验收后，通过买方的应付账款系统向供应商付款。所有支付都必须严格按照合同条款进行并加以记录。

7.8.5.13 项目管理信息系统

项目管理信息系统用于支持采购管理、合同管理、财务管理等管理模块。在管理采购过程中，特别需要对合同变更、财务支付、记录管理、沟通管理等方面提供支持，以保障项目采购管理的信息化、电子化、准确化，通过项目管理信息系统，确保采购管理、合同履行状态、合同变更、财务支付、过程记录等方面的良好管理和监控，支持项目目标的实现。作为企业环境因素的一部分，项目管理信息系统为监控项目进展过程提供自动化工具（如进度、成本和资源工具），以及绩效指标、数据库、项目记录和财务数据等。常见的这类信息化平台有产品生命周期管理（PLM）系统、项目管理信息系统（PMIS）平台等。

其中，需特别注意如下内容：

（1）合同变更控制系统规定了修改合同的过程。它包括文书工作、跟踪系统、争议解决程序，以及各种变更所需的审批层次。合同变更控制系统应当与整体变更控制系统整合起来。

（2）项目团队负责人采用记录管理系统来管理项目合同、采购文件和相关记录。它包含一套特定的过程、相关的控制功能，以及作为项目管理信息系统一部分的自动化工具。该系统包含可检索的合同文件和往来函件档案。

7.8.5.14　驻现场团队

驻现场团队是驻主要飞机机体和系统供应商现场的工作团队。其主要目的是通过将沟通界面突进到供应商现场，减少传递中由于多界面、长路径、长周期等原因造成的信息失真和丢失。若驻现场团队包含有决策权限的专业人员，可以对提高主-供双方的沟通效率起明显作用。

7.8.5.15　高层项目协调会

根据项目的实际情况以及与供应商沟通协调的要求，在遇到一些项目团队人员与供应商之间无法调和的问题时，可以组织公司高层与供应商高层之间的项目协调会，以促进问题和矛盾的解决。召开高层项目协调会应注意如下几点：

（1）高层项目协调应只是一种非常规的管理手段，应尽量解决冲突和分歧较大的问题，注意责任的层层落实，不能事无巨细都指望高层项目协调会。

（2）高层项目协调会之前应深入沟通，预先确定备选方案，以便会议决策。

7.8.6　注意事项与经验

N/A。

8　中国商飞公司系统工程的建设与运用

中国商飞公司是实施国家大型飞机重大专项中大型客机项目的主体，也是统筹干线飞机和支线飞机发展、实现我国大飞机产业化的主要载体。发展商用飞机是举全国之力，聚全球之智，组织、整合、利用现有产业资源，强化、优化产品全生命周期、全要素管理，打造航空公司愿意买、飞行员愿意飞、乘客愿意坐的飞机，实现产品成功、企业成功和产业成功。

大型商用飞机项目是一项极其复杂的系统工程，是一个国家工业、科技水平和综合实力的集中体现。中国商飞公司经过十年探索，基本走过了商用飞机研制的全过程，初步掌握了商用飞机的研制规律和关键核心技术，开启了产品经营的探索。在这过程中，充分认识到系统工程在商用飞机这一类复杂产品的全生命周期过程中起到的重要作用，通过项目实践，总结研制规律，结合公司实际情况，积极探索系统工程的运用和落地，制订了产品实现策略，形成了诸如"两透一控，双五归零""项目组织建设"等方法。后续随着项目实践的进一步深入和产品经营的探索，还将逐步形成更多具有公司特色的系统工程方法。

8.1　建设现状与思路

8.1.1　概述

系统工程的发展是基于型号经验，不断从实践中总结提炼升华，在理论上建设完善后再投入实践，不断改进提高的过程。中国商飞公司在成立之初，通过项目的摸爬滚打，在摸索中总结，"发现问题、解决问题"，在实践中完善项目工作机制，逐步构建了项目的基本系统工程要素。这个阶段主要聚焦单项目的实现，在项目不断完善优化过程中，取得了很多系统工程的成果，如由于发现围绕产品的各专业、过程和管理要素人员集中的重要性，因此推广了以集成产品团队（IPT）为核心的项目团队组织，从专业化、职能化的管理转换成了以产品为导向的矩阵化管理的工作组织形式；为了进一步加强和规范项目中应有的管理要素，结合商用飞机产品特点和公司实际情况，提出了"计划、技术、经费、质量、适航、人员"的六维管理方法；为了打造商用飞机制造商核心能力，使得所有项目产品的研制工作做到基于需求，最终围绕客户需要，改变原有围绕方案细化演进的工作流程，从无到有建立了"需求管理"体系；为了更好地把握在产品研制和后续生命周期过程中复杂产品的技术状态，避免由于状态不清导致工作的混乱，从无到有建立了"构型管理"体系等举措。

这些从实践出发，逐渐建立起来的系统工程的管理模式，贴近项目所需，解决实际问题，事实证明在项目中发挥了非常重要的作用。

8.1.2 建设思路与实施要点

中国商飞公司的系统工程研究与实践路线如图 8-1 所示，内容包括 3 个层级。

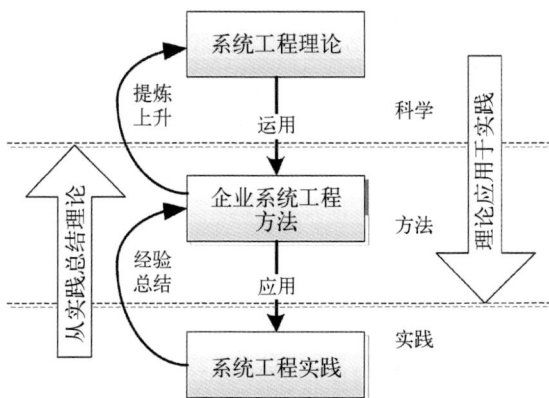

图 8-1 系统工程研究与实践路线

（1）系统工程理论，属于科学域范畴，包括对系统和系统工程的理论、方法学、原理和模式，主要来源于学术界基于对已有的各类复杂系统及其实践工作的理解，综合科学、人文、工程和理论科学，利用科学思维模式而产生的一个新的学科理论，目的是确定、理解和探索系统的复杂性的模式及解决方法。

（2）企业系统工程方法，属于方法域范畴，是将通用的系统工程理论，针对企业及具体产品，如中国商飞公司的复杂商用飞机产品系统进行运用，形成并不断完善一整套可操作的、符合企业特点的系统工程的框架，包括过程、规程、方法、工具、模板、检查单和指南等内容，即建立符合企业自身要求的系统工程体系。

（3）系统工程实践，属于实践域范畴，把中国商飞公司系统工程方法应用到具体领域实际工作中，如应用到中国商飞公司的产品飞机系统中，来解决实际问题，产生使用价值。

3个层级之间存在的交互关系如下：

（1）从理论到方法再到实践是一个正向的"理论应用于实践"的过程，即把系统工程理论的思想针对工程系统的类型，结合企业具体情况，形成具体工程操作性的方法，并把此类方法应用到企业的飞机产品和服务中，最终目的是解决具体实际问题。

（2）从实践上升到方法，再上升到理论是一个反向的"从实践总结理论"的过程，把内部应用后的效果进行度量、反馈和经验总结，并与外部（如同行和其他行业）有效经验进行综合，形成可重复的经验方法，在一定程度上把方法上升到理论进行概括和研究，进行理论的充实和完善。

系统工程作为一门综合的、系统的和完整的应用学科，应考虑产品全生命周期，而不是只考虑产品研制周期；应从跨专业、跨部门和跨企业的全局一盘棋考虑，而不是仅从各业务、各中心的局部考虑；应考虑多项目协同最优，而不仅是单项目最优；应考虑系统工程作为公司核心业务能力的不断积累改进提升，而不仅仅是零星经验总结，才能最大限度地发挥其全局性、系统性等特点，才能基于研究总结、业界最佳实践和公司具体情况，实现不断持续改进，从而达到全面综合的最优效果。因此，中国商飞公司成立专门的部门，统筹考虑系统工程的建设和推广实施。在此基础上，中国商飞公司系统工程工作更加体系化，主要包括体系建设、实施推广和量化改进 3 个方面，其建设思路如图 8-2 所示。

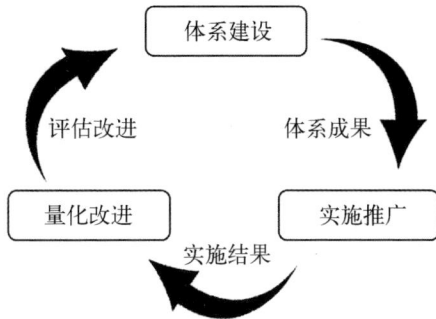

图 8-2　系统工程体系建设思路

（1）系统工程体系建设，围绕全生命周期，通过过程集成的方法，从开发产品与服务过程、全生命周期管理过程和项目群管理过程三大方面，全面构建系统工程过程体系。过程体系构建采用自顶向下的方式，横向为产品生命周期时间轴，以产品阶段里程碑划分作为节点；纵向为过程域，包括技术和管理的各系统工程相关要素。每个过程域内部采用端到端的方式，针对过程执行对象（中心、部门、小组、人员等）对应工作的颗粒度，通过过程定义文件、要求规定文件、程序作业文件、模板检查单文件、指南文件和工具方法等载体内容，逐级细化分解。

系统工程建设工作考虑以理论和实践有机结合的方式，包括从应用学科角度出发，形成系统工程政策、手册等方法学内容，以及从项目实践出发，形成可直接用于规范和指导项目实施的操作性内容；同时工作本身考虑"点面结合"，在实现对全过程覆盖的同时，突出对全生命周期构型管理、需求捕获及组织架构建设等重点要素的进一步完善加强。

（2）系统工程的项目推广实施，包括两个方面：一方面是采用大规模、各层级的培训来宣贯理念、传递知识、教授方法，公司筹划建立了针对不同层级要求的系统工程师和项目经理人的培训体系；另一方面是建立基于组织过程的项目管理手段，在项目中实施系统工程。此项目管理手段是基于系统工程建设而形成的过程资产，在项目前期，结合项目产品分解结构（PBS），建立项目 WBS、OBS、CBS 等管理范围定义，形成项目管理和系统工程的工作规划。基于工作规划，采用基于 IPT 的项目团队进行项目实施，并采用科学有效的方式实施管控。

（3）系统工程的量化改进，针对系统工程过程实施的有效性，对项目的过程绩效进行量化和评价。同时，采用六西格玛过程优化和基于能力成熟度模型（CMMI）的评估，提供建立、评估、运行、反馈和改善的手段，从而促进体系的持续改进，不断提升系统工程体系的成熟度，其作用如图 8-3 所示。

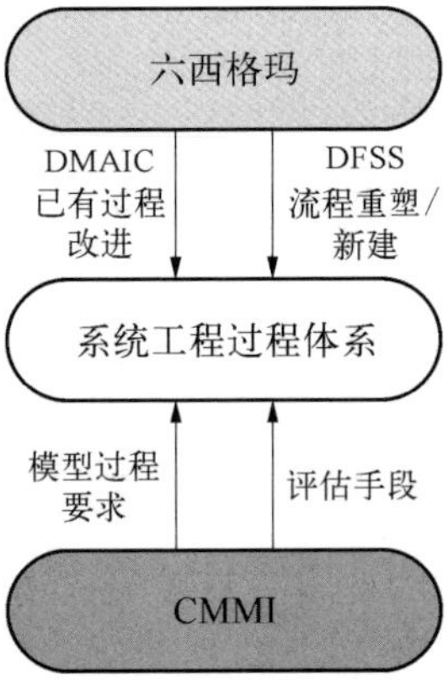

图 8-3　六西格玛和 CMMI 对系统工程体系的作用

目前，中国商飞公司系统工程的工作旨在通过加强上述 3 方面的工作，从传统系统工程和项目管理方法的角度，夯实中国商飞公司的产品系统工程。除此之外，公司还在进一步对系统工程的未来发展进行积极研究和实践探索，包括现已初步形成的综合产品系统工程、企业系统工程和系统之系统工程的中国商飞公司系统工程 X 模型理论基础。对基于模型系统工程的发展路径和技术重点进行积极有效的探索，为公司系统工程后续向更广、更深入的领域发展和模式升级做好准备。

8.1.3　企业系统工程的应用

在企业层级系统工程应用包括如下几方面：

（1）企业级应有组织和资源，进行系统工程体系的定义和持续改进，包括政策、手册、流程、方法、指南和模板等内容的持续构建与完善。

（2）企业应对系统工程体系进行授权，对项目中运用的强制性和合理性进行要求。

（3）对系统工程在项目团队中的实施进行监控、量化和反馈，确保相关项目实施效果能够被量化并被科学分析，用于进一步实施系统工程的过程优化。

（4）对人力资源和人员胜任能力进行管理，包括提供项目有足够资质的人力资源，进行有效的系统工程推广培训。为了达到项目和项目支持环境要求的人员胜任力培训，对系统工程的文化和思想进行宣传贯彻。

（5）应提供系统工程活动的必要支持资源，包括经费提供、后勤保障和信息化支持等内容。

（6）应按照系统工程方法，进行供应商和客户管理，包括市场和供应链管理。

（7）应按照系统工程方法，进行组织层面的系统使能环境配套建设，包括流程建设、基础设施、人力资源、质量体系和知识管理。

系统工程体系的建设与执行，一般需要企业内部多部门和团队共同协作，才能达到预期目标。在过程建设团队中需要发展规划、项目管理、信息化、人力资源、基础设施、质量和适航等相关部门一起参与，确保在过程要求中各管理和资源要素的完备、可实现，并和各项目团队成员一起，进行流程建设、信息化、试点和推广项目的度量、反馈收集和评估，并进行流程的持续改进优化。

8.2　两透一控，双五归零

为有效实现商用飞机产品的安全质量要求，应溯本求源，从研发工作的源头抓起，充分理解并抓住商用飞机这类产品在研发工作中关键的少数矛盾，针对性地形成系统有效的解决方法，确保商用飞机产品质量安全。目前，经过多个型号项目的实践探索，中国商飞公司逐步理解并识别出了影响商用飞机质量与安全的主要矛盾，由此提炼出商用飞机产品研制的重要经验总结，进而提出了"两透一控、双五归零"的实践要求，作为商用飞机产品质量管理活动的重点。

8.2.1 整体关系

以客户为中心、提升产品质量为最终目的，作为落实产品高质量目标的重要实践方法，"两透一控，双五归零"四个方面分别解决了落实产品高质量所面临的需求管理、技术管理、构型管理和问题管理四个领域内容，相互之间有较强的交联关系、互为因果，形成一个完整的整体。

围绕产品研制周期来看，"两透一控、双五归零"四个方面都是跨越整个研制周期的，但还是针对项目的不同阶段有所侧重。

针对复杂产品研制，在产品研制前期是一个逐步收敛形成产品的过程，收敛的对象主要包括两个方面：一个方面是需求，另一个方面是技术。因此，就存在两个"喇叭口"的过程。所谓的"喇叭口"，表明了把从外部的、发散的输入来源，进行综合权衡取舍，逐步聚焦后落入产品的一个逐步收敛的过程，如图8-4所示。

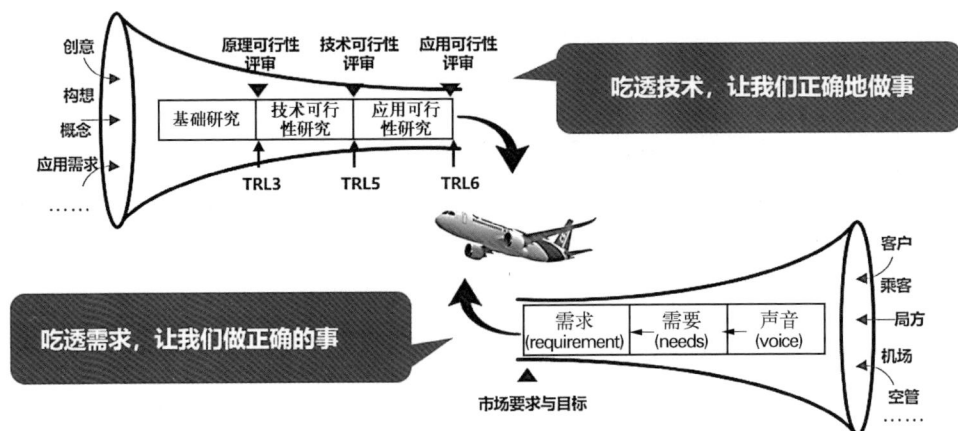

图 8 - 4　吃透需求与吃透技术

这里第一个喇叭口（吃透需求）是针对需求而言，围绕需求喇叭口的收敛，逐步明晰了产品的需求，确保从外部捕获各个利益攸关方包括客户、乘客、局方、机场、空管等的不同的声音，进行方案的权衡综合，围绕产品商业成功的目标，逐步明确细化，对不同的方案进行权衡，最终形成产品的顶层需求。

第二个喇叭口（吃透技术）是针对技术而言，项目技术工作是另一个喇叭口，与项目主线工作并行开展，技术从广泛吸引创意、构想、概念和应用需求出发，通过基础研究、技术可行性研究和应用可行性研究，逐步提高技术成熟度并将技术用于产品中，逐步向项目靠拢并线，最终把技术应用于产品中。

因此，吃透需求和吃透技术主要针对这两个喇叭口而言，侧重在项目的前期，吃透需求是从产品策划和构思开始，一开始即确保找准产品的定位、市场和方向，保证"做正确的事"，在后续项目执行过程中，通过需求的层层分解与传递，逐层地开展确认和验证等工作，持续地确保项目自始至终的"做正确的事"。吃透技术工作甚至在项目正式开展之前就已经开展，其中针对技术应用的原理研究、技术研究、应用探索和技术转换工作，是围绕产品需要，独立于项目研制开展，并通过产品和技术可行性的论证和导入，实现技术对新产品以及对新工艺、产业的转化，逐步实现技术对项目的"并线"，并确保在项目相应阶段达到应有的技术成熟度等级，严控风险，保证项目上能够做到"正确地做事"。

构型控制和双五归零主要侧重在项目中后期，其中构型控制在项目启动后就开始策划，考虑研发、制造、客户交付和运营的全生命周期要素，理清飞机对象的定义规则和表达方法，策划更改控制的组织和方法。在项目执行中形成产品的第一个基线后，开展针对基线更改的控制工作，并通过构型纪实和审计工作确保受控可追溯，从产品开始逐步"定形"后针对更改进行持续的管控，一直延伸到产品的全生命周期结束。

项目各类问题的大量产生也主要集中在产品实现、试验验证和产品初步交付给客户的阶段，这时候会出现对产品对象以及项目有关的各类问题，出现这些问题如何更好地纠正和预防，这时候强调基于系统工程的双五归零方法，实现快速响应，确保措施有效，并考虑从根本上而不是从表面上解决，最终做到转换成经验教训和财富，实现持续改进。

"两透一控、双五归零"这四个方面互为因果、形成闭环，存在如下关系：

(1) **吃透需求是所有工作的前提**。明确做正确的事情，才能确保所有项目工作有意义。项目的工作均围绕需求的实现，包括产品性能、安全性、质量、成本、进度的要求，即实现高质量产品，本质即是满足客户的需要。因此，引入什么样的技术、针对什么样的对象进行管控、解决什么样的问题，都需要以产品作为牵引，而产品是由需求进行定义的，因此吃透需求是工作的前提。

以产品中技术运用为例，需求确定了做一个什么样的飞机产品，即定义了产品的对象，而技术的引入也是以产品作为导向的，也就是说，先进与否不是技术是否被运用的评判标准，如果先进不能带来价值，即使再先进的技术也是没有意义的，而如果技术能够对飞机产品的更安全、更经济、更环保等客户或市场对飞机产品的期望和持续改进的诉求起到作用，则需要对此项技术进行研究、攻关和应用，因此可以看到，吃透需求是工作的前提。

(2) **吃透技术是所有工作的支撑**。商用飞机产品是各项技术的集成，做不到吃透技术，就无法准确完整地捕获、分析需求、科学地分解需求、充分有效地验证需求，也无法对更改影响做出准确的评估，更难以对技术问题的根因进行准确的定位和分析。

以吃透需求中对顶层需求的分解为例，对某些需求向不同专业的分解需要充分吃透技术才能够正确地实施。例如，如何把飞机航程分解到飞机外形、重量、发动机、机翼等设计上，需要吃透飞机总体布局、气动设计等技术，通过计算、分析、建模仿真等一系列手段，才能保证分配的准确，否则就会出现飞机的方案和实现不满足需求的情况出现，导致产品性能大打折扣。

工程项目本质就是采用各类方法、手段，将工程技术综合运用并实现产品的过程。这其中技术是产品的支撑，也是项目各项工作的支撑。

(3) **构型控制是所有工作的基础**。管理控制论中三个主要环节分别是确定目标、监控状态、纠正偏差，其中构型控制就是其中的第二个环节，即是对整个产品状态的有效监控。如果在项目实施过程中，丧失了对产品状态的控制和把握，即产品对象本身就处于状态不清的情况，则各项工作也会丧失了对应的有效性，带来工作的无效和反复。

例如，飞机状态变化管控不严，前期飞机需求的更改不受控，对产品需求的范围变化持续，并且无法清晰明确飞机的当前状态，则目前需求的相关工作难以确保能有效对应到作用于有效的产品对象中，可能会导致存在大量工作的返工。

（4）**基于系统工程的双五归零是反向保证持续改进**。上述三个手段基于系统工程，从源头、正向、自顶向下的方式来加强产品质量，而基于系统工程的双五归零则是做到了反向保证，在整个项目管理体系中包括需求管理、技术管理、构型控制以及其他管控工作中均会出现各类技术和管理问题，基于系统工程的双五归零提供了基于问题的、反向的、自底向上的机制，不断从解决问题中提高，通过举一反三、完善规章、修订标准、知识共享等手段，形成对产品和管理体系的持续改进完善。

8.2.2 内涵

"两透"就是吃透需求、吃透技术。吃透需求是准确识别客户需求，确保产品满足客户需求的关键核心。吃透技术是识别产品实现技术短板和风险，提升技术能力，形成完善的标准规范体系，实现关键核心技术自主可控的有力支撑。

吃透需求要做到如下要求：

（1）需求捕获完整：应充分识别利益攸关方，全面挖掘客户内在需求，综合权衡各方诉求，形成产品的正确定位。

（2）场景分析全面：应通过建立产品运营的各类场景，全面分析产品使用、支持和维修等环境，确保产品满足运营环境要求。

（3）功能定义准确：应基于全面的产品运营场景，准确完整地定义产品的各项功能，明确功能间的逻辑关系，从而建立产品实现的基本框架。

（4）层层分配合理：通过将顶层需求从飞机到系统再到设备等自上而下层层的合理分配，使得需求在每一层均能被充分正确地理解、分解和传递。

（5）确认验证到位：每一条需求必须确认，每一条需求必须验证，以确保最终产品满足客户需求。

吃透技术要做到如下要求：

（1）理论依据正确：应准确界定技术的理论依据，做到基本原理科学正确。

（2）研制路径可行：技术的运用设想可行，可以支撑产品实现进度、成本和质量等多维度的目标。

（3）环境分析全面：要全面分析材料、工艺和设备等的使用环境，确保技术可在预期环境下有效应用。

（4）试验验证充分：按照技术成熟度要求，应充分完成试验产品在实验环境、模拟环境和实际使用环境下的试验验证。

（5）研制风险可控：对技术带来的潜在风险有效识别、严格控制，最大限度降低对飞机性能、质量安全、进度、成本等方面的可能影响。

"一控"就是控制构型，要掌握和运用统一、简单、有效的控制方式和方法，在产品全生命周期和全产业链环节控制构型，实现全方位的构型受控。应做到如下要求：

（1）覆盖生命周期：构型控制的范围覆盖设计、市场、制造、运营、维修和处置等业务领域，覆盖从概念设计直至报废处置等全生命周期各个环节。

（2）管理规则统一：需建立公司级的构型控制要求和流程，以保证不同产品项目团队使用统一的控制规则，实现企业的过程绩效最优。

（3）构型基线明确：清晰明确的描述关键阶段的飞机状态，作为设计、制造、试验试飞、运营支持等工作的共同基准。

（4）纪实记录完备：真实记录产品构型"流水账"，并确保记录清晰、完整、可追溯。

（5）更改落实到位：要保证所有设计更改决策，在工程数据和实物上及时彻底贯彻，形成闭环。

8.2.3　基于系统工程的"双五归零"

基于系统工程的"双五归零"，就是基于商用飞机产品的特点，以质量归零手段为抓手，快速解决研制和运营的问题并形成闭环，持续提升产品质量、公司及行业的能力水平。基于系统工程的"双五归零"（见图8-5）应做到"及时处置、风险可控，定位准确、机理清楚、故障复现、措施有效、举一反三，过程清楚、责任明确、措施落实、严肃处理、完善规章，修订标准、系统改进、知识共享"。

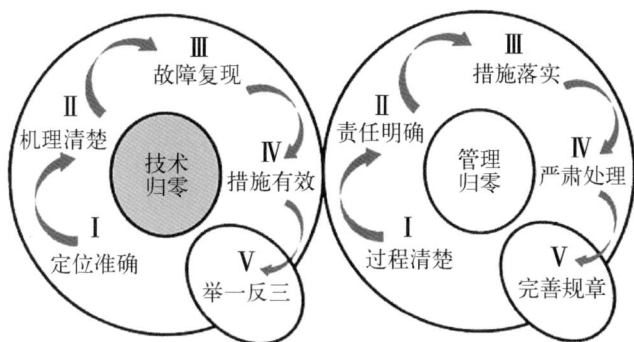

图8-5 基于系统工程的"双五归零"示意图

（1）通过前置的"及时处置、风险可控"，做到对航线运营或研制过程问题的及时响应、快速处置，通过风险控制保证项目进度、经费和质量等风险可控，确保飞机试飞和运营在可接受的安全水平。

（2）"技术归零"的"定位准确、机理清楚、故障复现、措施有效、举一反三"和管理归零"过程清楚、责任明确、措施落实、严肃处理、完善规章"，分别从技术和管理角度进行质量归零活动。

（3）通过后续的"修订标准、系统改进、知识共享"，基于发生问题来审视民用航空系统的国际、行业、局方标准改进。

（4）将归零的成果应用到在研、在制造、交付的产品中，满足客户"安全""快捷""增值"等需要，通过基于问题和案例的知识的跨项目、跨部门、跨单位互联互通，取得长远的企业持续改进。

8.2.4 工程更改，"五个做到"

8.2.4.1 定义

工程更改过程中**"论证充分、各方认可、试验验证、审批完备、落实到位"**的五条原则源自航天领域，是多年来航天型号研制实施工程更改管控的经验总结。

《航天型号管理规定》第三十条规定，"要严格控制技术状态。凡满足任务书要求、经考核验证并经技术评审确定的技术状态，不得随意更改。确需更改，必须按'论证充分、各方认可、试验验证、审批完备、落实到位'五条原则执行"。

同时，在中华人民共和国国家军用标准 GJB 3206A—2010《技术状态管理》6.2.1 节"技术状态更改原则"中同样明确"技术状态更改应遵循论证充分、试验验证、各方认可、审批完备、落实到位的原则"。可见"五个做到"原则在工程更改过程中的重要性。

大型商用飞机因其产品自身系统复杂、研制周期漫长、涉及专业众多等原因，会产生大量的工程更改，尤其是在全生命研制阶段的中后期，各系统产品开始自下而上开展集成、验证和确认，工程更改的数量更是会不断"涌现"，无论是美国波音公司，还是欧洲空客公司，在其早期新型号飞机研制历程中，同样是出现了数以万计的工程更改。

产生工程更改的原因如下：

（1）因利益攸关方需要（need）发生变化自上而下产生。

（2）由设计员自下而上对产品本身进行优化产生。

（3）当前仍无法准确预测到的"被动"产生。

第三种更改通常是由一份工程更改而引起的"由点到面"的多专业工程更改，覆盖了"N-F-R-P"全过程。

事实上，以上几种工程更改一般都是并行触发、相互制约的，会引发更改相关方识别欠完整、末端具体落实欠到位、试验验证欠充分等一系列的问题。为在不增加目前工程更改流程、控制成本的前提下解决以上问题并满足适航条款，最终达到商用飞机产品化的目标，就需要进一步提升工程更改的成效，加大执行"五个做到"的力度。

"五个做到"相互之间环环相扣：论证充分是前提，各方认可是基础，试验验证是关键，审批完备是保证，落实到位是核心。同时做到才能将工程更改的受控性与可追溯性上升到更高的台阶。

（1）**"论证充分"**，在设计员提出工程更改申请或建议前，要对更改的必要性、正确性、可行性和更改带来的影响进行全面系统性的论证。

（2）**"各方认可"**，DBMOT 各要素要对更改必要性和方案合理性进行充分论证，并"求同存异"达成清晰有效的共识（含分歧点），同时将经认可的结果形成书面记录（含分歧意见和处理情况）。

（3）**"试验验证"**，以试验的方式来佐证工程更改方案的可行性、正确性与有效性，以增加方案实施的说服力与信心。

（4）**"审批完备"**，对所有涉及更改的构型文件，要按规定的职责和程序进行审查与批准，同时签署必须完整无遗漏。

（5）**"落实到位"**，对已批准的构型更改要求，各有关部门必须坚决贯彻执行、落实到底。

8.2.4.2　实施手段

要做到"论证充分"，就必须论证工程更改的必要性和更改方案的合理性。在论证更改必要性时，不但要论证是否只有实施该工程更改后才能满足预期的技术要求、使用要求、安全性要求和适航性要求，并解决所发现的针对性问题，也要论证该工程更改一旦实施后是否能给工艺性、维修性、可靠性或互换性等特性带来实质性的改善，此外还要论证通过该工程更改是否能给型号项目的成本、进度、市场竞争力等方面带来一定收益。在论证方案合理性时，首先一定要采用DBMOT 的协同工作机制来充分征求相关的意见与影响，接着牵头方应提供足够详细的更改方案来识别出完整的设计受影响方，并请他们给出补充各自专业的对应方案。

构型管理业务通过要求 ECP 模板中必须明确"更改原因""产生问题根本原因分析""更改需求确认及必要性分析""历史相关更改"来确保工程更改的必要性得到充分论证，尤其是对于重大工程更改，CCB 议题报告模板中还要求补充"竞争机型对比""更改收益分析""根因分析"。同时，工程更改过程采用了 DBMOT 与"四同时"相互结合的决策机制开展 ECP 草稿的编制，使之最终能够形成一份协调一致、可实施的完整解决方案，以充分论证工程更改方案的合理性。

要做到"各方认可"，则可通过协调、会签和评审等线上或线下相互结合的方式来实现。DBMOT 各要素要对更改必要性和方案合理性进行充分论证，在权衡利弊、深入分析更改所带来影响和产品实现可行性的基础上，对更改方案进行认可，并"求同存异"达成清晰有效的共识（含分歧点）。过程和结果应形成书面记录，重点记录形成共识过程中的分歧意见、处理情况、认可结果或结论，并由各认可方签字。

对于每次的工程更改，都要求无论是设计、系统供应商还是制造供应商，一定要全面主动识别相关受影响方，形成向下不断分解评估，向上逐层汇报决策（CCT/CCB/CMB）的双线认可机制。

要做到"试验验证"，则可采用试验、分析、仿真等方式。以试验的方式来佐证工程更改方案的可行性、正确性与有效性，以增强方案实施的说服力与信心。在选取验证方法时，应考虑验证要求、验证方法的合理正确性与结果有效性、资源（如经费）分配情况、风险以及进度。在验证过程中，要覆盖实施全生命周期，在更改实施前，可采用实际测量、评估、数字模拟、仿真等方法对更改方案进行初步验证；在更改实施中，以检验、测试、试验的方法对更改效果及实物与文件的符合性进行验证；在更改实施后，对被更改的产品应充分考虑进行地面试验的可能性，对更改内容实施再次验证。

在工程更改制度上要求对每次更改应开展必要的试验验证工作，验证方式可以是首件试装、首件检验、模拟、仿真、研发、MOC 方法等。同时要求在评估阶段，分析更改对已完成试验验证工作的影响，并提供有关验证活动证明。而在

TC 后，除开展公司内部必要的验证工作外，还应按需完成监管方验证并获得监管方批准后，才能批产发图装机（除风投外）。

要做到"审批完备"，审批对象范围应覆盖对更改必要性进行评审与协调所形成的一类文件（如评审纪要、记录及结论）、提出更改的一类文件（如工程更改申请/建议、更改通知单、超差单等）以及更改所涉及的一类技术文件（如生产安装图样、技术要求等）。同时，审批过程要求完备，审批签署应考虑不同层级决策权限范围，在各司其职履行职责的基础上按程序进行。签署流程完整，一般包含设计、校对、审核和批准，必要时还应有会签。

对所有涉及更改的构型文件，要按规定的职责和程序进行审查与批准，同时签署必须完整无遗漏。目前各型号项目已建立工程更改决策机构，各级机构的职责及决策范围明确。同时，每次工程更改必须按要求完成审批签署。而在 TC后，工程更改除需获得项目决策机构审批外，还必须获得监管方/DAE 批准后，才能批产实施。

要做到"落实到位"，就必须文件更改到位、产品实现到位和落实情况监测到位等。

对已批准的工程更改要求，各有关部门必须坚决贯彻执行、落实到底。工程更改应严格按照经批准的设计资料来层层落实，包括工程数据、工艺文件、产品实物、服务文件、在役飞机贯彻等，确保上下游之间数据传递及时与准确。

8.3　商用飞机产品研制规律

规律是指事物之间的内在的本质联系。这种联系不断重复出现，在一定条件下经常起作用，并且决定着事物必然向着某种趋向发展。规律是客观存在的，是不以人的意志为转移的，不能被创造或消灭，但人们能够通过实践认识它，利用它。

中国商飞公司在通过对商用飞机研制的实践、认知、再实践、再认知过程中，总结了一系列客观存在、不以主观意志变化而转移、在各型号研制过程中均使用且可重用的规律。商用飞机高端复杂，主要表现在技术复杂、成本高昂、周期漫长、规模庞大、实现困难、风险高等，但因其产品本质是公众运输工具，需要满足适航、质量安全等要求，同时作为一种商品，要有市场竞争力、满足客户要求、推出市场速度要快、售价要低、经营经济性也要好，这就促使在商用飞机研制过程中呈现出**高端复杂系统**、**公众运输工具**以及**商品**三种不同维度的特征规律。

商用飞机作为高端复杂系统，研制规律包含了以下 11 条：

（1）普遍运用"系统工程"和"项目管理"方法来解决复杂性难题。

（2）面向产品的分解结构的定义和关系是管理复杂性对象研制的核心。

（3）层次化的需求工程是解耦研制对象复杂性的关键。

（4）全生命周期构型管理是管控复杂性对象研制的关键。

（5）管控大量风险与问题是复杂性对象研制过程的常态。

（6）研制活动管理应遵循统一的生命周期模型和阶段里程碑划分的门禁管理。

（7）项目前期一开始决定了后期大部分成本，越到后期更改带来成本越高。

（8）长研制周期下更需要尽可能保持项目内部相对稳定性。

（9）产品研制尽可能"一次做对"。

（10）围绕"集成最优"与"专业深耕"两方面，开展组织、人员、工作的布局安排。

（11）需要掌握产品的各类关键技术，积极引导技术创新并控制技术的运用风险。

商用飞机作为公众运输工具，研制规律包含以下 3 条：

（1）应满足适航要求开展飞机研制。

（2）应建立遵循严格的设计保证体系，确保产品研制的高安全质量。

（3）产品研制需充分理解民航运输系统的现状与发展。

商用飞机作为商品，研制规律包含了以下 3 条：

（1）产品研制应首先充分理解、捕获市场和客户想要什么。

（2）产品研制应建立从需要到实现的管控。

（3）降低成本、提升价值是产品研制能力持续追求的目标。

通过理解高端复杂特点来掌握**高端复杂系统**研制规律，通过理解民用飞机来掌握高度复杂**公众运输工具**研制规律获取研制成功，通过理解商用飞机来掌握高度复杂公众交通**商品**研制规律获取最终的商业成功。

8.3.1　高端复杂系统

8.3.1.1　复杂性

（1）普遍运用"系统工程"和"项目管理"方法来解决研制复杂性难题。国防、航空航天、船舶、汽车、手机等大多数大到"国之重器"、小到日常用品的产品系统开发，都是运用系统工程来实现面向客户需求的达成，实现全生命周期的跨专业的技术综合，以强调权衡最优。

飞机在飞行过程中，有 200 多个机载软件同时工作，以应对风吹雨打、酷暑严寒、雷击鸟撞、疲劳黑暗、颠簸缺氧、沙尘水淹等上万个危险工况，而且飞机比最先进的跑车更追求极致的空气动力学性能，以减少高速飞行时翼面激波造成的阻力。我国某型号单通道飞机的"中枢"系统——综合模块化航电（IMA）系统，就与全机 38 个系统中 191 项设备产生交联互动，实时计算、传输、转换全机近 18 万条数据，涉及百余项飞机/系统功能。此外，在飞机总装生产过程中会产生数以万计的生产指令来实现产品的形成，而这些指令相互间存在着"串联""并联""紧前""紧后"等的复杂执行逻辑，工位、物料、人员与设备的及时准确到位更是增加了生产过程的复杂性。

因此，大型商用飞机一般运用项目管理来实现围绕项目目标的达成，实现大规模的资源组织、管理与协调，强调控制风险。系统工程则更侧重过程建设，建立企业组织过程资产，并通过组织形式，以专业化的手段将流程活动、标准规范、知识经验等通过合理的转化、分解来落实至具体型号的任务计划上，进一步通过与项目产品分解结构、项目任务分包、项目团队组织、项目经费成本等相结合来共同解决研制过程中的复杂性难题。我国某型号单通道飞机在采用系统工程正向设计研制过程中，累计编制形成近 5 万余份工程文件，其中仅接口类文件就定义了全机接口信息近 200 万项，而全机高精度有限元模型网格数量更是达 1 000 万个以上，比同期支线客机高出两个数量级。

（2）面向产品的分解结构的定义和关系是管理复杂性对象研制的核心。 分解是解决规模复杂性的主要手段，将一个大而复杂的内容分解成非常多的小而简单的内容，进而实现**分而治之**的目标。同时，分解也形成了管理层次，产品越复杂层次越多。在复杂产品对象研制领域中，一般会通过产品分解结构（PBS）来对拥有上百万个零部件的产品进行解析，以达到分而治之的目的。我国某型号单通道飞机单架机就由 660 余种材料、近 16 万种零组件、500 万左右零组件装配而成，全机电缆总长度超过 100 千米，单位体积中的零组件数量是大客车的 40 倍、豪华游轮的 100 倍。

在商用飞机研制范畴中，PBS 是整个项目研发活动的起点，包括了后续项目管理活动与产品研制活动的产生，如需求架构、逻辑架构、物理架构等描述产品不同研制阶段的不同状态结构都始于 PBS，项目的工作分解结构（WBS）、任务计划、成本分解结构（CBS）、组织分解结构（OBS）等用于合理分配项目管理维度要素的也都来源于 PBS。基于 PBS，项目产生了 WBS 与需求架构，其中，WBS 将进一步产生 OBS、CBS 以及年度计划，需求架构同样也是 PBS 的基础上产生的，将不同层次的功能作为填充物，来丰满 PBS 骨架，便形成了层次分明、架构清晰的需求架构。

（3）层次化的需求工程是解耦复杂性对象研制的关键。 需求工程是基于需求的正向设计活动，迭代的需求分解结合设计综合可以将一个抽象的大颗粒度对象解耦成多个细颗粒度、具体、细节的对象。如在民用飞机研制领域，颗粒度最粗的是"商业需求与目标"（BRO），可逐步细化为"飞机研制需求与目标"（ADRO）、"飞机级需求文件"（ARD）、"系统级需求文件"（SRD）等，如图 8-6 所示。一般现代先进单通道飞机需求条目体量均以"万"为计数单位。

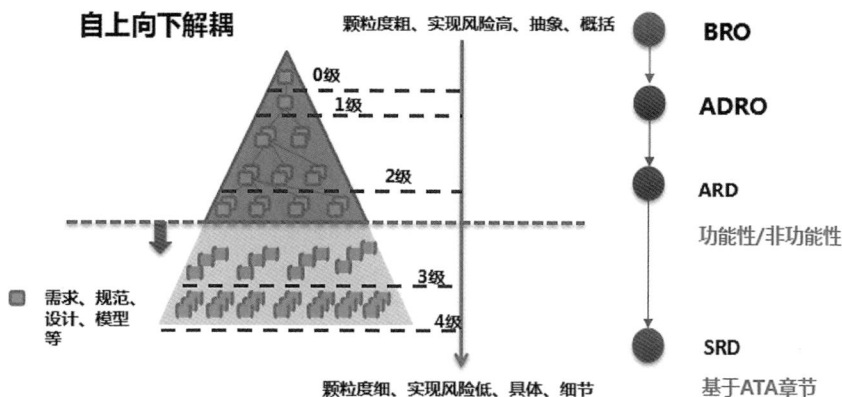

图8-6　民用飞机需求架构示意图

需求工程确保复杂对象自始至终从需要到最终产品的一致性，在将客户/市场需要演变为最终产品过程中，每一个环节都需要向上、向前进行追溯与核实，以确保完整性与准确性。

（4）**全生命周期构型管理是管控复杂性对象研制的关键**。大型商用飞机产品不仅仅是设计过程异常复杂，制造总装、客户服务、维修改装、供应链维护等在飞机全生命周期内方方面面各个维度的状态也是异常复杂，同时复杂对象全过程的各类状态的动态变化也在所难免，所以对各利益攸关方准确全面的掌握状态尤为重要，而复杂对象状态的受控就是一切工作的基础，采用构型管理来实现对确定目标的状态监控，并纠正偏差是民用飞机主制造商的一般做法。

（5）**管控大量风险与问题是复杂性对象研制过程的常态**。民用飞机产品研制过程中面临的静态复杂性、动态复杂性和技术复杂性，导致了产品状态复杂、多变性和不可预见性，风险与问题不可避免会大量出现，如需求问题、设计问题、试验问题、试飞问题、运营问题等，这些问题将随着今后民机产品功能与技术的越加复杂与集成而不断涌现。

此外，外部环境的因素也同样深刻影响了飞机研制过程。如国际政治、经济环境的变化，将会对"主制造商-供应商"研制模式产生较大冲击，供应链的稳定性受到了极大影响，尤其是被列入"军事最终用户"（MEU）清单的企业高校院所，将直接影响项目进度。又如 2020 年以来的新型冠状病毒感染情况，对国内多地造成了较大影响，同样对飞机研制人员办公、试验实施、局方适航审查、软硬件评审、试验件/备件交付以及试飞支持等方方面面造成不同程度的影响。

8.3.1.2 长周期

飞机有着与人类"生老病死"概念相类似的生命周期，通常新型号产品研制要花费数年，甚至十几年。当飞机交付航空公司的那一刻起——因如今飞机产品性能优异，尤其体现在安全性、可靠性指标方面——它将会有至少十几年以上的运行时间跨度。根据飞机经营需求与"健康状态"，会历经多次改装，直到退役拆解，但它的"生命"远没有结束，部分零部件仍会在二手航材市场进行流通。如此大的时间跨度、复杂的场景环境，充满着很多不确定性，就需要飞机主制造商从一开始就考虑到后续的方方面面。

（1）研制活动管理应遵循统一的生命周期模型和阶段里程碑划分的门禁管理。商用飞机项目研制过程有高度相似性，在 ISO 15288 标准中所定义的产品通用全生命周期模型的研制阶段包括了"概念阶段""研制阶段""批生产、运营和支持阶段"和"退役/报废阶段"，其中在"研制阶段"，一般民机主制造商都会使用"V"模型来进行需求分解与产品集成，该模式已是高度复杂且相对成熟产品研制的典型过程。

（2）项目前期一开始决定了后期大部分成本，越到后期更改带来的成本越高。航程、载客量、巡航速度、升阻比、起飞场长、直接运行成本等一系列飞机顶层运行指标直接影响飞机规格、气动外形、载重量、发动机、客舱布局等产品物理特性，关乎飞机接下来十几年的研制投入成本，所以一般飞机主制造商会在项目前期花费大量的时间与精力做有关论证工作，以确保产品在研制成功并投入商业运营后能够获得良好的市场反响。此外，随着大型商用飞机所具备的功能日趋复杂、安全要求不断提升、技术水平日新月异，使得仅单架机就拥有上百万个零件，空客 A380 客机更是突破了四百万的量级，这就意味着研制后期，尤其是当飞机正式投放市场后，每一个小小的更改都可能会带来无法想象的影响，若为满足某一项功能或性能指标，而采用成熟度较低的新技术，在没有"吃透技术"前提下，导致了试飞取证的延误，错过了市场窗口期，让竞争对手捷足先登，这就"得不偿失"了。

（3）**长研制周期下更需要尽可能保持项目内部相对稳定性。** 随着飞机产品研制的复杂度逐日提升，为分摊研制风险，大型商用飞机通常采用"主制造商-供应商模式"来开展产品研制，飞机主制造商也将会面向全球进行招标，以保证产品拥有先进技术的同时，保持市场竞争力。而大型商用飞机在相对漫长的研制过程中，企业外部环境通常会发生较大的变化，如国际市场原油价格周期性的波动、各国单边主义周期性的高涨、全球民航市场客运量周期性的涨跌等，都会一定程度冲击以"主制造商-供应商模式"为研制模式的跨国合作型主制造商。我国某大型单通道飞机聚合以中航工业、通用电气（GE）为代表的全球 14 个国家和地区的近 300 家一级供应商，以及国外系统供应商与中航工业、中电科等国内企业组建的 15 家合资企业，全国 22 个省市、280 多家企业、20 余万人共同参与。在这一外部环境相对不稳定的规律下，企业应在研制过程中，保持队伍、现金流和政策的相对稳定，才能抵消来自企业外部的冲击，保证研制过程的稳步推进。

（4）**产品研制尽可能"一次做对"。** 高端复杂产品研制过程时间跨度大，投入资金高，为避免由后期工程更改所带来意想不到的高昂成本，产品研制过程一般会采用并行工程理念，来确保专业横向上的左右一致，强调贯彻"V"模型理念，来确保专业纵向上的前后一致，广泛总结企业自身型号项目经验，形成标准化研制模式，减少错误发生的可能。

8.3.1.3　技术密集

围绕"集成最优"与"专业深耕"两方面，开展组织、人员、工作的布局安排。 就民机研制而言，对于产品逐层往上的集成与专业技术逐级向下的掌握都是至关重要的。通过"集成"将各系统的功能进行合理、科学的整合，要避免功能、结构之间相互的冲突、干扰与非必要冗余，始终围绕客户需要，不断迭代优化，以期获得"最优解"。通过"专业"将各个系统所具备的各个功能或元器件技术性能指标进行提升，对关键核心技术实现自主可控。在此基础上，飞机主制造商需要掌握产品关键技术，积极引导技术创新并控制技术的运用风险。

8.3.2 公众运输工具

8.3.2.1 公众利益

（1）**应满足适航要求开展飞机研制**。每个国家的民航局都代表了一个国家对公众安全利益的承诺，如美国联邦航空管理局、欧洲航空安全局、俄罗斯联邦航空运输署、中国民用航空局等，而飞机主制造商则是需要通过民航局颁发的各类"证书（如 TC、PC、运行合格证等）"来表明自身产品、设计体系或生产体系是能够满足相关适航要求的。民航局的条款内容是一个不断丰富、完善，也是相互借鉴、学习的过程，涵盖了如飞行运行、人员培养、生产制造、空中管制、机场建设、维护维修等飞机正常运行的各个场景的方方面面，同时尽可能做到面面俱到。通常一款大型单通道客机需要满足 500 多条审定要求，完成近 600 个试飞科目，覆盖 3 600 余个试验点，并实施 1 600 余项地面试验，形成相关符合性报告超 6 000 份。

（2）**应建立遵循严格的设计保证体系，确保产品研制的高安全质量**。西方国家在历时百年的飞机研制过程中，总结了一套完整的民机研制体系，如 SAE ARP 4754A/B、SAE ARP 4761、DO‑178C、DO‑254 等，通过贯彻严格、科学、合理的设计保证体系，经实践证明，是能够在一定程度范围内保证产品高质量的设计。一般飞机主制造商是通过建立自身企业的正向设计体系，以确保最终产品及使能产品在需求分析、设计综合、产品交付等过程中需求和产品能够被确认与验证，并以内部设计独立过程保证体系和外部来自局方的适航取证体系来共同确保产品的正确性与完整性。

8.3.2.2 民航运输系统

产品研制需充分理解民航运输系统的现状与发展。飞机主制造商仅仅将"产品系统"（包括了最终产品和使能产品）作为唯一的"关注系统"是远远不够的，飞机能够在所预定的、漫长的、复杂的场景中顺利运行，更需要关注和理解整个"航空运输系统"的发展现状与趋势，针对全国乃至全球机场分布与等级、MRO 网络设置、各地空管模式、市场竞争机型等"系统之系统"，静态、动态研判下一代民机产品的研制方向，以调整企业内部生产节奏及资源配比。进一步来讲，整个市场的客运量与货运量是一个动态的"定额"，这些定额将会通过不同运输系统进行消化，并在国家层面做一定的宏观调控。对全局运输市场的配额推演，以及国家相关顶层政策的理解，对于深入掌握民航运输系统的规律是有意义的。

8.3.3　商品

8.3.3.1　客户至上

（1）产品研制应首先充分理解、捕获市场和客户想要什么。

航空公司在引进飞机时，会考虑飞机的安全性（飞行安全、设计质量、制造质量、停飞普查等）、经济性（座公里成本、维修成本、租赁成本、燃油费等）、性能（座位数、商载、航程、起飞着陆场长等）、共通性（飞行员训练、航材、设备设施等）、可靠性（日利用率、飞机寿命、签派可靠度等）、航材备件（采购渠道、标准件采购及管理、采购价格、航材送修等）、维修性（维修间隔、维修停场时间、可达性、标准件互换性等）、运营便利性与舒适性（勤务服务效率、乘务服务效率、噪声、座椅舒适度等），以及处置方案（残值担保方案、租后回购、拆解、价值等）。因此，飞机主制造商要研制市场和客户想要的产品，而不是设计师想要的飞机，要做更经济更有竞争力的产品，而不一定是最先进的飞机。

（2）产品研制应建立从需要到实现的管理机制。

要建立从客户需要到最终产品实现的关键控制力，确保"金凤凰"不变成"落汤鸡"。客户的需要成百上千，在捕获完客户需求后，依次会经历需求的分解、确认、实现、验证，每一个环节在体量上动辄就是 1~2 个数量级的提升，

473

如若不对其进行有力的控制,很难保证客户的需要能够完整体现在产品中。飞机主制造商通常会采用需求管理等方式来落实"吃透需求",以实现客户能够最终拿到满足他需要的产品以及服务。

8.3.3.2　商业成功

降低成本、提升价值是产品研制能力持续追求的目标。民机不光是产品,它更是一款商品,因此飞机主制造商对产品的优化可以称得上坚持不懈,以实现项目研制成本与产品运营成本的控制与价值的升华,如空客公司的 A320 从 1988 年首次商业运营到如今已超过 30 个年头,波音公司的波音 737 从 1967 年飞机交付到现在更是将近 60 年。要做到降低产品全生命周期方方面面的成本,同时增加市场竞争力,飞机主制造商会通过合理采用新技术、减少不必要冗余、加强供应商管理来降低研发成本,通过降低材料成本、人工成本来控制单机成本,通过降低燃油成本、维修成本来降低直接运营成本,通过提升共通性系列化、优化人机界面来降低间接运营成本,通过提高日利用率、减少运营限制、增加航线适应性来提升飞机运营性能。民机的价值往往需要项目成功、企业成功与产业成功来共同支撑。

8.3.4　商用飞机产品实现策略

中国商飞公司基于十多年高端复杂大型商用飞机产品"研制规律"总结,制订了一套适用于我国民用飞机制造企业行之有效的产品实现策略(见图 8-7),是中国商飞公司针对一款飞机产品,从商业构思到产品实现过程的方略和方法,即面向产品实现全生命周期,健全完善生命周期前段**核心竞争力**、中段**关键控制力**和后段**价值实现与延伸能力**(简称"三力模型"),通过**系统工程**、**项目管理**、**专业能力**三大领域全业务活动,实现对产品实现的有力支撑,面向未来,通过**新技术**推动管理持续创新,关注未来的发展方向,把握 5G、互联网、大数据、3D 打印、智能制造等技术革命。

(1)"核心竞争力""关键控制力"和"价值实现与延伸能力"是产品实现的聚焦点,在前期需求与概念论证阶段,抓住商机、瞄准客户需要充分权衡,建

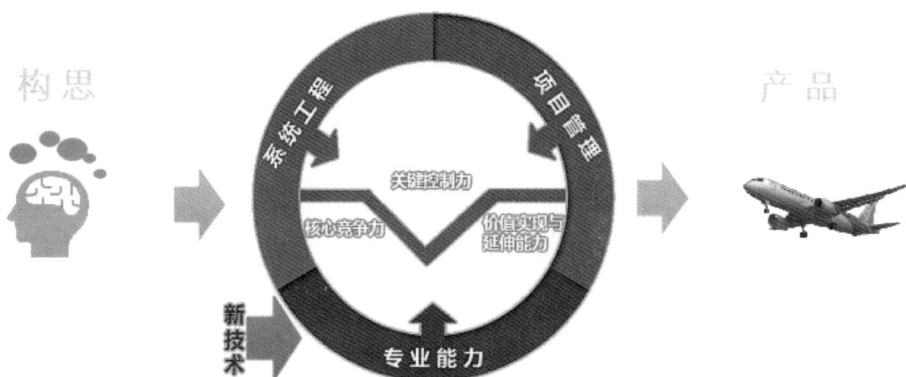

图 8-7　中国商飞公司产品实现策略

立产品方案，确定关键指标，形成产品核心竞争力；在项目研制阶段，在自上而下的设计分解和自下而上的产品集成过程中，通过充分的验证、确认和构型管控等关键控制活动，确保从产品方案到最终产品的一致性；在产业化阶段，通过对客户的产品和服务持续交付，实现产品、客户、自身的价值，并不断改进产品和服务，持续延伸商业价值。

（2）"系统工程""项目管理"和"专业能力"是产品实现的支撑轴，系统工程是"以满足客户需求为目的，围绕产品全生命周期，通过产品集成与过程集成，实现全局最优的一种跨专业、跨部门、跨企业的技术和管理方法"，关键要素如需求管理、构型控制、验证与确认等；项目管理是"运用系统工程理念和方法，将与民用飞机产品及服务的知识、技能、工具和技术应用于型号项目活动，并通过对相关过程进行有效管理，全面实现项目目标的行为"，关键要素如 IPT、项目财经管理、项目群管理等；专业能力建设是"为公司型号研制产品实现，在技术、标准规范、流程工具方法平台以及培养人才等方面提供强力支撑的工作，是弹药库和蓄水池"，关键要素如人才队伍建设、专业化工具环境搭建等。

（3）"新技术"是产品实现的动力源，为什么要关注新技术？因为新技术的变革为新的管理变革提供动力源，是推动产品实现效能提升的驱动器，能推动产品实现效能持续提升、不断前进，如基于模型/数据的系统工程，展现了一种更为敏捷的产品研制模式，减少实物验证，确保一次做对，增进了跨专业和领域的协同，其他如工业 4.0 和 5G+工业互联网，也是一种实现信息化的设计赋能模式。

在实践层面上，中国商飞公司是以"两透一控、双五归零"为抓手，整体调和产品在落实高质量过程中所面临的需求管理、技术应用、构型管理和问题管理之间错综复杂的交联关系，并通过设计组织与项目组织持续性的建设改造，不断为型号项目提供有力支持与有生力量。

8.4 项目组织建设与管理

8.4.1 DBMOT 团队

8.4.1.1 概念

DBMOT 管理机制是以客户需求为牵引，基于项目研制阶段特点，在强矩阵的 IPT 项目组织模式下的一种管理机制，通过 IPT 团队中设计、制造、维修、运行、试验验证等要素的同处办公，贯彻落实"四同时"工作要求，开展并行工程，进行科学决策，以提高研制效率、缩短研制周期、降低研制成本。

DBMOT 基本要素包括设计（design）、制造（build）、维修（maintenance）、运行（operation）、试验（test）。考虑项目团队的实际工作情况，可按需增减上述要素，其他要素可以考虑客户/客户代表要素、供应商要素、采购要素、质量要素、适航要素和市场要素等。

8.4.1.2 目的和意义

为进一步提高飞机产品研制效率，缩短产品研制周期，提升产品全生命周期的价值，需要充分发挥 IPT 团队各要素协同作战的优势。通过 DBMOT 多要素协同作战：一是可以强化在型号研制工作中各专业领域的并行工程，确保在产品研制过程中有效落实利益攸关方的要求，同步开展设计、制造、维修、运行和试验验证等方面的工作；二是能够清晰明确 IPT 团队相关要素的责任，确保作战团队可以在合适的层级，及时做出正确的决策。

8.4.1.3 工作原则

DBMOT 管理机制需遵循贯彻"四同时"、面向产品研制、加强成本控制、聚焦产品需求四个原则。

（1）贯彻"四同时"。

在产品研制过程中要确保设计、制造、维修、试验验证 4 个主要的研发领域工作同步开展，结合项目研制阶段的不同工作特点，通过集中办公的形式，开展并行工作，从而提高项目 IPT 团队的工作效率。例如，在产品集成 IPT 团队中开展"四同时"工作要求，在工程技术方案制订时，同时制订工艺实施方案、维修工程及客服支持方案和适航取证方案，综合成为一个协调一致、可实施的完整解决方案。"四同时"的主要目的：一是及时捕获有效设计数据，迅速开展制造、维修、运行和试验验证等相关领域的同步工作，开展并行工作，提高工作效率；二是通过制造、维修、运行和试验验证等领域形成的初步方案，确保在工程技术方案中有效落实了"好制造、好维修、好运行、降成本、可测试"等要求；三是结合阶段工作特点，有针对性地提出各领域需并行工作的要求。

（2）面向产品研制。

各 IPT 团队要面向工作任务，面向产品特点，在 IPT 团队组建过程中落实 DBMOT 相关要素。例如，负责系统、结构件研制的工程 IPT 团队原则上应全面落实 DBMOT 各要素，提升产品全生命周期的价值。在产品的研制过程中由 IPT 团队内 DBMOT 要素成员负责落实"好制造、好维修、好运行、降成本、可测试、能竞争"等方面的要求，以便更好地支撑飞机结构、系统类的产品在研发、生产制造、运行、维修以及试验验证等领域的工作。其他类型的项目 IPT 团队可以根据工作需要配置相关要素开展工作。

（3）加强成本控制。

强化 IPT 团队在产品研发过程中的成本控制以及经济性考虑，全面落实"降成本"的要求。加强团队所负责产品的经济性，在工程实现的各个环节，包含需求定义、方案权衡分析、设计更改以及优化方案定义过程中，开展制造成本、维修成本、运营成本分析工作，提高技术方面的经济性。

（4）聚焦产品需求。

在DBMOT协同工作过程中，需要重点关注需求定义以及需求影响分析工作，确保设计源头需求的正确性、完整性和一致性。一是要求DBMOT各个要素共同开展对需求的确认工作，确保正确、完整地识别和定义"好制造、好维修、好运行、降成本、可测试、能竞争"等方面需求；二是在设计更改过程中，DBMOT各要素要共同进行需求影响分析，识别更改对于需求的影响，根据研制流程自顶向下开展设计更改。

8.4.2　四同时

8.4.2.1　概念

"四同时"是指在项目各研制阶段在制订具体技术方案的时候，要保证包括但不局限于"工程技术方案、适航取证方案、工艺实施方案、维修工程及客服支持方案"同时制订，综合成为一个协调一致、可实施的完整解决方案。

工程技术、适航、制造、客服领域是其中比较重要的四个方面，但在具体工作中应结合项目研制的阶段工作特点和具体任务的要求，不局限于上述四个方面的工作，"四同时"工作本质是多个工程要素的协同工作，以提高研制工作的效率和质量。例如，在设计优化过程中，应同时考虑供应商方面的生产计划以及采供方面的订单发放工作，确保方案的可实施性。

8.4.2.2　目的和意义

为进一步提高飞机产品研制效率，需要充分发挥IPT团队各要素协同作战的优势，按照"四同时"要求开展产品研制工作，解决当前阶段项目工作中的痛点和难点问题，全面提升研制能力和组织成熟度水平，实现产品全生命周期的价值。通过贯彻落实"四同时"工作，可以起到多方面的作用。

（1）弥补人员经验的不足。基于公司当前发展阶段，考虑到设计人员在产品的制造性、维修性、运行性、测试性等方面经验的欠缺，需要采用"四同时"的工作理念。在产品研发的各阶段集中相关要素人员协同开展工作，尽量减少因产品设计过程中上述特性考虑不充分而导致的后期更改问题，并且进一步实现产品好制造、好维修、好运行、降成本特性，确保产品的市场竞争力。

（2）确保设计方案的可实施性。对于复杂的产品设计和优化工作，仅通过工艺、客服或者其他相关专业的会签无法真正确保设计方案的可制造性、可维修性、可运行性、可测试性等特性的落地，需要在形成工程技术方案的同时，开展相关业务领域的工作以确保产品设计方案的可实施性，例如通过制造大纲（FO）、装配大纲（AO）、先行装配大纲（AAO）确保可制造性、通过维修手册草案确保可维修性、通过规划符合性试验确保满足适航要求等，充分保证利益攸关方需要得到满足。

（3）强化团队责任意识。针对复杂系统的研制工作，需要采用跨职能、跨专业的 IPT 团队的组织模式，负责全面解决产品研制过程中多专业融合、面向产品全生命周期的问题，但在实际工作中产品 IPT 团队侧重于技术解决方案，对于产品制造性、维修性、测试性、运行成本的考虑不足，通过贯彻"四同时"工作要求可以进一步从行为模式上强化 IPT 团队的责任意识，落实产品各利益攸关方的需要，力争"一次做对、一次做好"，全面提升产品研制的效率。

（4）促进项目团队最佳实践分享。公司经过各个型号研制工作的历练，公司在实战演练中不断地总结经验教训，部分项目团队通过贯彻"四同时"工作理念，在产品研制的效率和质量上的都得到了较大的提升。进一步推广公司相关项目团队的最佳实践，有利于全面提升公司型号研制能力。从企业发展角度，建立标准行为模型，最终实现持续改进，不断提高项目管理成熟度水平的良好局面。

8.4.2.3　工作原则

贯彻落实"四同时"工作要求需遵循"科学决策""同处办公""需求牵引""意识到位"四个原则。

科学决策。在开展"四同时"进行决策的过程中，应以依法合规、市场驱动、经济性、可行性、系统性、民主集中"六原则"为依据。

（1）依法合规原则是指遵守国家法律、法规以及公司规章制度，法规规章强制要求的必须满足，决策过程履行"一岗双责"的要求。

（2）市场驱动原则是指充分研究市场需求、理解客户需要，有市场、有利润，航空公司愿意买，飞行员愿意飞，乘客愿意坐。

（3）经济性原则是指以经济效益为中心，权衡代价和收益、投入与产出的关系，以较小的劳动消耗和物资消耗取得最大的成果，收益大于代价、产出大于投入。

（4）可行性原则是指确保决策前经过了全面性的分析研究，考虑技术、进度、资源等方面的制约因素，考虑有利因素和不利因素，确定的目标经过努力可以实现，技术成熟，存在的风险有应对的措施。

（5）系统性原则是指关注产品全生命周期，掌握对项目全局的影响情况，注重飞机运行经济性、可维修性、便利性等可为客户增加价值，注重为供应商、合作伙伴提供便利和盈利，注重生产成本降低、竞争力提高、品牌创立等可为公司增加价值，综合评价，选择最优方案。

（6）民主集中原则是指充分发扬民主作风，决策参与者和相关方充分表达意见，发挥各自的积极性和创造性，依靠集体的智慧和力量进行决策。决策确定的事项，项目团队和相关人员坚决执行。

同处办公。为保证"四同时"工作的顺利开展，要求IPT团队各要素人员实现同处办公。通过同处办公实现互动，激发沟通，形成全局意识，使团队每个人员都完全地投身到项目研制的工作中，减少研制周期。一是将IPT办公位置安排在一处，面对面沟通、提高效率；二是办公工位配置应方便随时进行"面对面"的交流和沟通；三是制订"定时"工作机制，对于IPT团队部分工作当量不足1的要素，制订该要素每周集中办公的时间段。

需求牵引。需要重点关注需求定义以及需求影响分析工作，确保设计源头"需求"的正确性、全面性和一致性。一是要求工程各个要素共同开展对需求的确认工作，确保正确、完整的识别和定义了"好制造、好维修、好运行、降成本、可测试"等方面需求；二是在设计更改过程中，工程各个要素需要共同进行需求影响分析，识别更改对于需求的影响，根据研制流程自顶向下开展设计更改；三是实现需求自主，IPT团队应负责捕获各利益攸关方需要，综合分析确定全局最优、系统最优的产品需求。

意识到位。公司采用项目制管理项目，IPT团队项目经理应对团队工作负总责，相关负责人要主动工作、主动担当，全面负责产品各业务领域的相关要求，做到意识到位、能力到位，面向产品的全生命周期，对相关要素进行统筹管理和决策，组织在产品实现过程中落实"四同时"工作要求，最终实现"好制造、好维修、好运行、降成本、能竞争"的飞机产品。

8.4.2.4 工作要求

组织保障。成立IPT团队采用项目经理责任制，按照工作要求定义设计、制造、维修、运行、试验等各要素人员，开展同处办公，从组织上保障"四同时"工作的顺利开展。各要素的主要职责：一是要在工程设计过程中，负责落实"好制造、好维修、好运行、降成本、可测试"等要求；二是要在技术方案编制过程中，通过IPT团队内部数据的实时共享，同时开展相关领域的初步工作方案的制订工作，确认技术方案的可行性；三是各要素需及时将工程设计情况传递给相关制造、试飞、客服IPT团队，确保各研发领域并行开展相关工作。同时，应明确定义各IPT团队各要素人员的具体工作任务和资质要求，各要素人员从能力上应能够匹配相关的要素职责，对不能满足岗位职责要求的人员，组织需重新调配或者加强业务培训。

机制保障。为了提高项目IPT团队的工作效率，保证产品研制过程中设计、制造、维修、运行和试验等要素的高效协调、协同作战，提高工作效率，重点需要满足产品研制过程中"四同时"的工作要求，一方面为制造、客服、试验IPT工作提供输入，及时开展项目相关业务领域工作；另一方面也可以真正确认技术方案落实了各个利益攸关方要求。

在产品研制过程中不同阶段工作侧重点不同，对应的输出各自不同，负责产品研制类型的IPT团队在可行性论证和初步设计阶段主要工作是形成飞机/系统级需求和方案；在详细设计阶段主要工作是发布图样；在全面试制和试飞取证阶段主要工作是开展设计更改；在产品和服务验收阶段主要工作是进行设计优化。结合不同产品研制阶段的重点工作，"四同时"工作表现如下：

（1）可行性论证和初步设计阶段。在发布产品需求和方案的同时，制订了产品初步制造方案、维修类产品初步方案、运行类产品初步方案和产品初步试验验证方案。

（2）详细设计阶段。在发布产品数模的同时，制订了工艺文件草案、维修类手册初稿、运行类手册初稿和产品初步试验程序。

（3）全面试制和试飞取证阶段。在发布设计更改图样的同时，制订了工艺文件草案、维修类手册变更方案、运行类手册变更方案和产品初步的试验程序。

（4）产品和服务验收阶段。在发布设计优化图样的同时，制订了工艺文件草案、服务通告草案和产品初步的验证程序。

8.4.3 协同设计模式

8.4.3.1 概述

协同设计（或称为"并行工程"）是对产品设计及其相关制造和支持过程进行并行、一体化设计的一种系统化的工作模式。这种工作模式力图使开发者从一开始就考虑到产品全生命周期中的所有因素，包括质量、成本、进度与用户需求。它力图使所有参与产品开发过程的人员能够完整、系统地考虑自身活动在产品从概念设计到产品报废的整个生命周期中所受到的约束和可施加的影响，从而最终达到缩短产品研制开发周期、全面提高产品质量及降低产品成本的目标。

商用飞机产品是一类复杂的、区别于其他高技术产品的庞大产品系统，其项目研制具有周期超长、过程极度复杂等特点。同时，商用飞机产品通常由众多系统/结构组成，这些系统/结构高度集成，尤其是各系统之间相互耦合，错综复杂。另外，对于商用飞机产品极高的安全性要求也无疑增加了产品研制难度。正是由于商用飞机产品具有上述学科交叉性强、系统综合集成度高、研制周期长、项目投入大和项目管理复杂等特点，必须采用协同设计的方式进行商用飞机产品研发，以提高研制效率，尽可能缩短研制周期。在商用飞机型号研制中，对于协同设计的实施强调围绕产品的整个研发过程中并行产品定义、过程重组、集成产品开发团队和资源配置优化的集成。因此，应建立一种面向DBMOT 团队多要素协同的产品研发集成模型与协同管理框架来支持系统工程的实施。

协同设计是系统工程的重要组成部分，基于系统工程的产品研发强调多专业、多学科的并行协同，从而实现整体的研制效率提升。目前，在系统工程领域开展的大量研究工作，通过对国际标准、各家航空企业成熟的做法、现有的流程、工具方法、中国商飞公司现状及成功的经验等，建立了中国商飞公司的系统工程理论基础。

这种方法与长期以来人们习惯采用的串行工程进行产品开发的方法有着根本的不同。随着计算机技术的发展，协同设计更多的是计算机辅助协同工作在设计领域的应用，是对并行工程、敏捷制造等先进制造模式在设计领域的进一步深化。目前，协同设计模式通常指在计算机的支持下，各成员围绕一个设计项目，承担相应部分的设计任务，并行交互地进行设计工作，最终得到符合要求的设计结果的设计方法。

协同设计实质上是对并行设计概念的进一步深入，协同设计更注重为协同设计团队小组提供多种信息交流方式和设计过程监控，强调设计决策过程是一个动态的群体协同行为，注重研究设计活动的动态特性。并行工程是组织跨部门、多学科的开发小组，在一起并行协同地工作，对产品设计、工艺、过程等各个方面进行同时考虑并设计，及时地交流信息，使各种问题尽早暴露并共同得到解决，这样将使产品开发时间大大缩短，同时质量和成本都得到改善。因此，研究并行工程的方法和实现手段，对于协同设计及其在商用飞机型号研制中的应用具有重要参考价值。

协同设计涉及设计过程、设计人员和计算机支持系统等设计实体，各设计实体之间的相互关系具体可体现在以下几点：

（1）产品研制过程之间的协同。商用飞机产品研制过程一般可以分为市场分析、设计、制造、试验试飞和交付运营等阶段，由于各阶段所关心的目标各有侧重，因此处理的方法和手段也不完全一致。为了在总体目标上达到最优，需要对产品过程的各个阶段进行协调。协同工作采用的方法是各个部门之间进行协商，以产品为目标，寻求最佳解决方案。

（2）设计人员之间的协同。设计人员之间，尤其是不同专业、不同要素、不同阶段人员的协同活动实际上是协同设计的根本所在。一般来说，产品设计是一项非常复杂的工作，需要各方面的通力协作和共同努力，才能较好地达到设计目的，设计过程中产生的矛盾和冲突最终也都需要通过设计人员之间进行协商和讨论才能解决。

（3）设计人员与计算机辅助系统的协同。由于计算机和网络技术的飞速发展，因此计算机辅助设计工具的性能也在不断提高，很大一部分原来由设计人员完成的工作都由计算机系统完成。到目前为止，计算机所能完成的工作只能是辅助性的，设计问题中的绝大部分创造性工作都必须由设计人员才能完成。如何使计算机系统与设计人员更加紧密地结合，充分发挥人机一体化的优势，合理地在设计人员与计算机系统之间进行平衡的任务分配，就需要加强对人机协同的研究。

8.4.3.2 发展目标

中国商飞公司协同设计发展目标是实现 DBMOT（设计、制造、维修、运行和试验）实现"四同时"的主要手段。

按照"四同时"要求开展产品研制工作，在产品研发的各阶段集中相关要素人员协同开展工作，尽量减少因产品设计过程中上述特性考虑不充分而导致的后期更改问题，并且进一步实现产品好制造、好维修、好运行和降成本特性，确保产品的竞争性，从行为模式上强化 IPT 团队的责任意识，落实产品各利益攸关方的需要，从而充分落实系统工程"一次做对、一次做好"的理念，全面提升产品研制的效率。

8.4.3.3　工作模式

传统的商用飞机型号研制过程是串行的过程，即先进行市场需求分析，设计部门人员根据市场需求进行产品设计，然后将图纸交给另一个部门进行工艺和制造过程的设计，最后交给制造部门进行生产，做出原型产品，再进行试验测试，包括实验室试验、地面试验和试飞试验等，取得适航证后，进行产品交付。在这个过程中，各个部门、业务团队之间的工作是独立地按顺序进行的，在设计过程中它不能及早考虑其下游各个制造过程及支持过程的问题，这样会经常造成整个串行过程设计修改大循环，使得开发周期加长，成本上升，质量也难以保障。

DBMOT 协同研制模式，就是在型号设计阶段（主要是概念设计、初步设计到详细设计阶段），组织不同的专业团队，包括设计（design）团队、制造（bulid）团队、维修（maintenance）团队、运行（operation）团队、试验（test）团队等，根据主线数据（一般指设计需求、数模或图纸、设计方案等）成熟度的不断演进，在过程中不断发布中间版本，同时触发制造准备（如编制工艺方案、工装设计方案）、维修工程（如维修工程分析）、测试（如系统测试方案、试飞大纲、试飞任务书等）和运行支持（如编写各类手册等技术出版物、编制培训教材、航材备件计划等）的前期工作同步开展。

从而实现设计主线（产品数据包括需求、方案、数模等）为牵引，当主线数据成熟度达到初步成熟度，如30%的时候，启动其他条线的工作，包括公共专业（安全性评估、可靠性评估等）条线、制造工程条线、维修工程条线、运行工程条线、测试工程条线等；开展产品数据的评估和下游工序（如制造、手册编制、试验）的第一轮工作，当主线数据达到50%成熟度时，其他条线也完成了一轮评估工作。以此类推，当主线产品数据成熟度达到100%时，各其他条线工作也已完成多轮迭代，同时形成产品方案、设计分析/计算报告、制造方案、装配方案、工艺方案、工艺指令、维修大纲、维修手册、运行类手册、试验大纲和试验程序等。DBMOT 协同设计模式如图 8-8 所示。

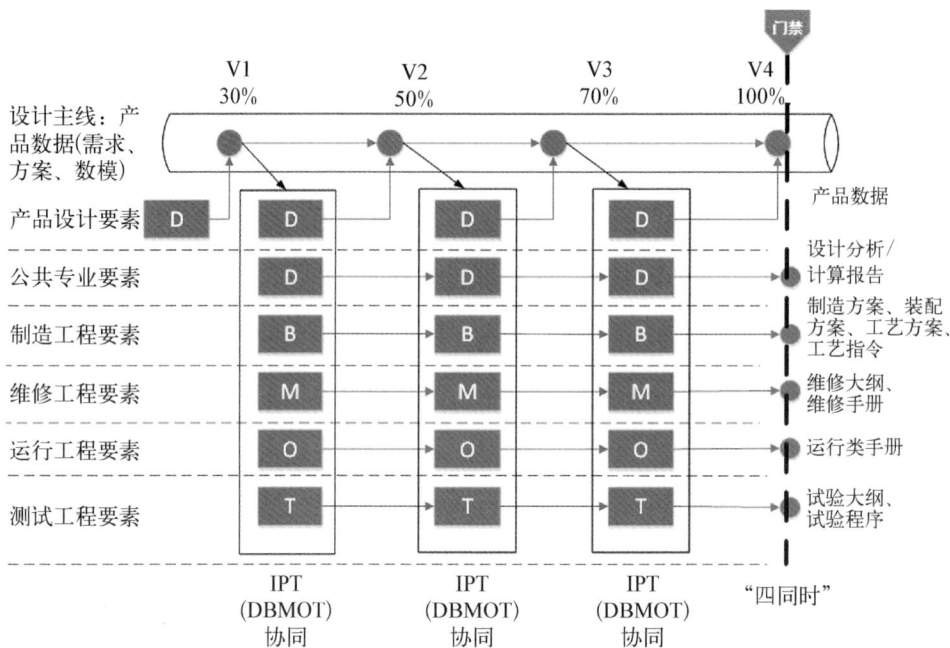

图 8-8　DBMOT 协同设计模式

8.4.4　项目财经管理

8.4.4.1　概述

项目财经管理由项目概算管理、项目预算管理、项目核算管理和项目决算管理组成，其目的是建立型号团队经营、成本、价值意识。

（1）概算：是基于统一 WBS，由公司编制的反映研制周期内科研任务和经费需求的文件。

（2）预算：是型号所有计划工时累加（即为整个型号全年的人工成本），由公司编制的反映当年科研任务和经费需求的文件。

（3）核算：是指按照 CBS 和成本科目归集的实际支出。

（4）决算：是由公司编制的反映科研任务完成情况和实际收支的文件。

8.4.4.2　基于挣值的项目绩效考核机制

中国商飞公司对标行业最佳实践建立项目挣值管理体系，设立进度绩效指标

（SPI），成本绩效指标（CPI）等，通过 SPI 评估进度情况，CPI 评估资源使用情况，监控项目各 WBS 工作执行情况，对完工情况进行预测，提前进行资源动态调整，实现资源最优配置，确保项目实施绩效更加精准的管控，并利用信息化平台自动生成挣值指标报表，实现按责任单位、WBS 层级等维度统计分析挣值指标。

（1）计划价值（PV）：在检查点前，应完成的计划点计划工时数累加，未到完成时间的计划点计划工时不计入。

（2）实际成本（AC）：在检查点前，已完成计划点消耗的实动工时数，未关闭的计划点实动工时不计入。

（3）挣值（EV）：包括"项目团队挣值"与"职能单位挣值"。项目团队挣值是在检查点前，项目团队已完成的项目计划点计划工时数累加，未关闭的计划点计划工时不计入。职能单位挣值是在检查点前，分包给职能单位已完成的项目计划点计划工时数与派出人员。

（4）进度绩效指标（SPI）：SPI＝EV/PV，以评估进度情况。

（5）成本绩效指标（CPI）：CPI＝EV/AC，以评估资源使用。

将项目绩效考核 KPI 指标，纳入挣值指标，综合考虑项目任务的完成情况和资源使用情况，完善项目考核激励，激发职能单位动能，激励项目战略目标达成，实施方法如下：

（1）**按 A、B 目标设置项目绩效包**。A 目标为由公司战略目标牵引的任务目标构成，B 目标为由公司当前能力所能完成的年度工作任务加上 10% 的挑战任务构成。完成 B 目标，项目团队获得项目基本绩效奖励，而完成 A 目标，项目则获得额外的项目战略绩效奖励，鼓励 IPT 团队与职能单位冲击 A 目标。通过设立两个绩效目标，鼓励员工、基层作战单元向公司战略目标努力奋战。

（2）**根据任务完成情况确定项目绩效包**。项目绩效包按任务完成情况设定，以任务为单元，按任务难度系数、完成率和完成质量，综合后形成各级任务的绩效包，项目 IPT 团队负责的任务，由项目团队负责人分配到个人。项目团队分包给职能单位的任务，由团队分配到职能单位后，由职能单位自主进行内部分配。

（3）**实施项目绩效工资包备案制**。为充分激发基层作战单元的战斗积极性，项目绩效工资包由各级团队负责分配。项目管理部牵头各项目间统筹，各项目绩效工资盘子确定及分配情况备案。通过目标导向，关注型号年度目标、重点任务以及刚性计划等实现公司战略，通过价值导向，关注产品实现过程中的进度和成本，降低研制成本，通过过程导向，关注产品实现过程中的程序和标准规范，保障产品质量。

8.4.5 项目监控

8.4.5.1 概述

项目监控与评估是项目管理中的重要过程，也是在推进和提升公司项目管理能力和水平方面合理应用 PDCA 质量环的典型案例。项目监控与评估作为公司相关系统工程与项目管理过程执行的监督者，承担 PDCA 质量环中的"C"（即"检查"）的职能，通过规范化和常态化的检查评估手段，检验项目实施过程是否按计划、对应目标并且符合程序要求，并按照闭环控制的理念，在发现偏差并锁定根本原因之后，采用有效手段和措施及时加以纠正。项目监控与评估的原则是以评促建、独立评估、真实反馈、量化考核，其终极目标是帮助型号项目团队建立起一套完整的自检体系，随时了解进展、明白差距、主动应对、积极闭环协助目标制订者和过程所有者找到并遵循科学的决策和持续改进流程。目前，公司项目监控与评估业务包含了项目年度计划监控、项目门禁评审、项目战略评估以及项目过程监控评估（曾被命名为"项目绩效评估"）四类，本节着重介绍后两类。

8.4.5.2 项目战略评估

1）定位与作用

项目战略评估的定位为公司型号研制项目的年检，是一种面向已设定目标的评估手段，关注项目对于既定目标的可达性。项目启动伊始，一般会对标两套目标：一是项目发起人为项目实施确立的项目自身的目标，包含了对于特定市场的分享率、产品的性能指标、项目运行过程绩效等方面；二是竞争机型所代表的市场平均水平的目标，其实质是体现项目研制产生的新产品市场竞争力的客观基准。通过评估公司型号项目的实施现状与关键目标间的差距，衡量其商业成功目标的可达性，剖析型号研制、生产和运营中存在的重点问题和根本原因，提出治本的解决措施，向公司经营层、项目管理层以及其他项目利益攸关方提供经营和项目重大决策依据。

2）模型和指标体系

项目战略评估模型基于项目持续改进模型。项目持续改进模型包含目标、状态、原因、措施、行动和效果，如图 8-9 所示。项目战略评估过程根据确定的指标体系，比较状态与目标之间的差距，并进行影响分析；继而，对存在偏差的指标进行分解，并分析差距产生的原因；最终，针对分析得到的原因，制订具有长效作用的应对措施。为了促进项目的持续改进，项目战略评估模型强化措施的落实，要根据措施制订对应的行动项，行动项需要和相关部门、单位或团队的工作考核计划相挂钩，对实施效果进行监控和检查，并作为依据用以状态和目标的修正，实现闭环控制、正向迭代的战略评估目的。

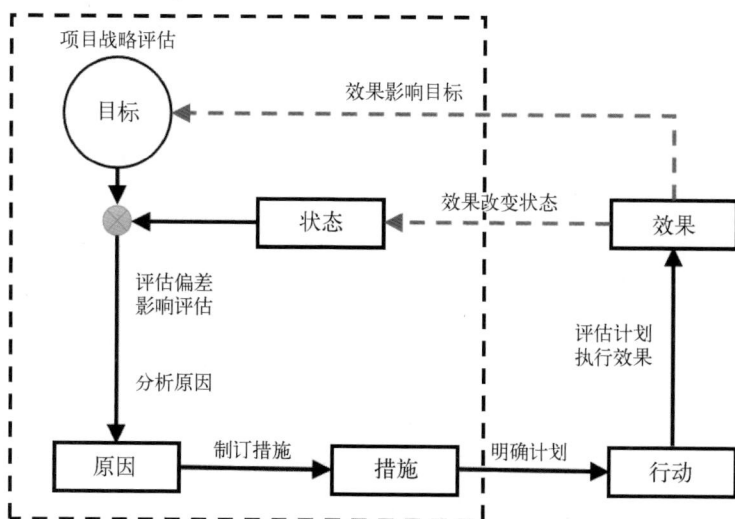

图 8-9　项目持续改进及项目战略评估模型

项目战略评估所依据的指标体系包含了项目顶层需关注的三大维度：市场、产品（竞争能力）和项目经营。在三个维度基础上分解为分享量、飞机性能、服务水平、舒适性、经济性、环保性、盈亏平衡点、市场窗口期等关注点，然后进一步细化为数十个具体关注指标。出于通用化和规范基准的目的，项目战略评估的指标体系的选择基于商用飞机型号项目通用的目标集合，并为特定型号、特定产品生命周期阶段留出可灵活调整的空间，同时，指标体系的设立不是一成不变的，随着公司型号研制的发展和经验的积累，评估指标体系可随着评估流程的更新而更新，以保证使用最新的研究成果和实践经验进行过程实施的指导。

8.4.5.3 项目过程监控评估

1）定位与作用

项目过程监控评估（以前称为"项目绩效评估"）定位为公司型号研制项目管理工作的审计，是一种面向过程执行者和所有者的评估手段，用以检验过程实施符合性以及过程本身的实用性。实施项目过程监控评估的目的是找到下面两个方面问题的答案：项目团队是否开展项目工作，并且其工作是否符合程序要求和规定？系统工程和项目管理体系本身是否完善，要求是否合理，流程是否可操作，上下级的程序内容是否匹配？通过项目过程监控评估，得出项目团队在被评估周期内对于系统工程和项目管理相关过程的执行符合性，衡量项目在实施这些过程期间的实际效果，同时将评估结果作为公司对项目各级团队考核的输入之一。

2）模型与特点

项目过程监控评估模型同样基于项目持续改进模型，如图 8-10 所示。但是项目过程监控评估与项目战略评估的基本区别在于前者所对应的评估基准是公司过程定义的要求和规定，而非项目目标。近年来，项目过程监控评估借鉴了能力成熟度的理念，重新塑造更为直观的评估模型，将系统过程与项目管理过程按照能力域和过程域进行分类，并根据各型号项目所处的生命周期阶段加以针对性评估，从而得出公司项目管理过程体系建设能力成熟度和项目管理过程执行能力成熟度两张图，快速定位弱项，为项目管理能力提升提供方向和参考。另外项目过程监控评估的过程也将绩效改进工作和改进结果检查包括进来，在比较具体的操作层面提出改进建议和意见。项目过程监控评估根据项目的实施过程符合性情况，对标公司系统工程与项目管理的要求，对其中的差距进行评估，并对评估结果进行打分，作为项目团队的符合性绩效。同时，针对项目执行中的不符合情况，提出不符合项和建议项，由项目团队在后续的计划中进行落实改进，促进项目实施规范性和统一性的持续改进。项目过程监控评估另外还有两个特点：一是将改进计划完成率作为项目团队的关键绩效指标（KPI）进行考核，二是建立专门的评估团队代表公司职能部门进行独立评估。

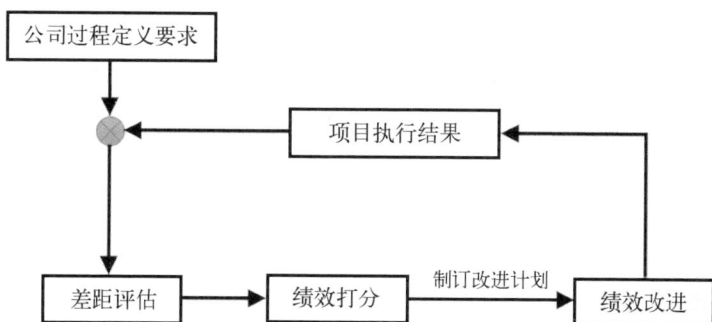

图 8-10 项目绩效评估模型

8.5 设计组织建设与管理

8.5.1 概述

中国商飞公司在采用系统工程理念开展民机研制与经营的过程中，不断加深对商用飞机研制规律的理解，边实践边变革边研究边总结，形成了商用飞机研发的组织方式，通过"研制流程"的凝练确保研制内容指示清楚、任务明确，通过"设计依据"的固化使得研制过程装备全面，通过"工具方法和验证手段"的建设提升研制效率，通过"符合性审核"的探索提高技术活动的规范性，利用体系化的组织核心知识，对产品团队"如何研制"起到至关重要的指导和支撑作用。

为打造"流程建设专职化、专业分工精细化、设计活动刚性化、设计赋能全面化"的研发组织环境，中国商飞公司从对设计人员赋能和提升设计质量的目标出发，重新调整最终产品与使能产品研发的工作组织方式，在基层一线设计单元设置"流程设计组织"。

8.5.2 目标

通过流程设计组织的设立，中国商飞公司目的在于实现"三促进"，即"促赋能、促质量、促融合"。

（1）**促赋能**，确保设计人员不再需要"全能"，更加"专业"，专业流程、设计标准、工具、方法等内容支撑充分。使设计人员养成依据任务工卡开展设计工作的习惯；通过软件工具的开发、应用和推广，使设计人员的技术活动更加便捷、高效。

（2）**促质量**，建立有效的"过程保证"机制，提升专业化的验证能力，制订细化的设计质量控制点和准则，提升型号文件质量和产品设计质量，大大促进技术活动的规范性，减少型号文件的错误率，提高局方审查文件的一次性通过率；通过举手机制，能够及时改进和完善设计过程中暴露的设计依据或方法的缺失。

（3）**促融合**，解决"用"的问题，通过设计依据体系建设、不断扩充完善岗位赋能兵器库，能够为设计人员提供一套详尽、完备的技术活动参考及要求。通过标准工作说明书（statement of work，SOW）建设，为专业界面划分、研制逻辑研究、型号项目主线计划制订等工作提供专业的技术支持，为公司程序的完善提供全局性指导作用，为推进型号项目信息化管理提供强大的平台支撑，对型号研制过程具有非常重要的参考价值。

实施设计组织变革、设置流程设计组织是中国商飞公司在开发最终产品与使能产品活动中的一次重要探索。流程设计组织能够充分发挥提升型号研制效率的作用，通过践行体系建设"主力军"、设计活动"助力器"、型号工作"把关人"的使命，以最终实现研发组织环境的彻底改善。

8.5.3　工作模式

流程设计组织负责统筹建设研制流程、设计依据准则、工具方法和验证手段，对设计过程的赋能和对设计结果的符合性审核，落实对型号项目研制工作的"五个明确一个检查"。"五个明确一个检查"的含义如下：

（1）明确设计路线。基于具体型号项目研制任务，给出设计步骤、输入与输出、岗位与责任人以及知识产权检索要求。

（2）明确设计依据。基于研制任务和步骤，给出通用的设计依据，包括规章、标准、案例、实践等，用于指导设计工作。

（3）明确设计要求与指标。基于研制任务的具体内容，给出型号任务特定的上级输入和要求。

（4）明确验证方法、条件、标准（模型）。基于研制任务和结果，给出验证方法、条件、标准（模型），确定针对设计结果的检查规则、验证工具、模型，用于对设计结果的验证。

（5）明确质量控制点及方法手段。基于研制任务结果的必要性和重要性，通过制定检查单，确定对输出物或结果进行检查或验证的方法、手段、工具等。

（6）"一个检查"具体内容为设计纪律检查和流程符合性检查。基于已建立的细化的质量控制点和要求，对设计过程产生的输出物进行流程审核，检查是否符合"五个明确"中的要求，确保设计结果的质量。

为更有效落实以上"五个明确一个检查"，中国商飞公司流程设计组织发明了"一卡一单"来作为开展赋能和审核工作的载体，即任务工卡和质保工作单。"任务工卡"用于明确设计路线、明确设计依据、明确设计要求与指标、明确验证方法、条件、标准（模型）。"质保工作单"用于明确质量控制点及方法手段，通过流程符合性检查单开展设计纪律检查。

8.6 基于模型的系统工程

8.6.1 MBSE 愿景

中国商飞公司 MBSE 的愿景：建立中国商飞公司基于模型的系统工程实施范式，逐步更新替代当前的基于文档、分散式的传统系统工程范式。

中国商飞公司基于模型的系统工程实施范式包括如下几方面。

(1) 统一协同工作平台。

将系统工程的过程、方法和工具进行形式化、模型化和电子化，借助自动化的平台工具，确保在产品项目实施过程中更彻底地贯彻系统工程要求。

完成系统工程活动形式化和模型化后，所有研制工作便可纳入平台进行统一管理，从而提升产品系统工程活动中的需求捕获与分析、设计分析、验证确认和技术管理等方方面面的能力。通过构建整体过程流和数据流，合理串接产品活动中不同系统工程过程之间输入输出，从而提升整体系统工程实施效率。研发设计人员的工作（如基于模型的需求分析、架构设计、专业分析和验证确认等）和管理人员的工作（如模型的构型管理、项目风险管理等）按照预定的系统工程活动逻辑有条不紊地进行，并借助信息化手段校对、检查、分析和控制工作结果，工作任务的发起、执行，结果的形成、审签和归档均在平台上执行、记录和追踪，从而实现活动记录和结果的完全匹配。

利用模型化的产品，替代基于自然语言的离散文件，实现产品数据表达的整体性、唯一性和无歧义，促进跨专业的集成产品团队（IPT）的协同效率进一步提高，减少项目不同利益攸关方的沟通问题，提升复杂系统研制过程中的内外部沟通效率。同时，围绕产品模型表达的研制对象（如飞机、系统、子系统和设备），不同领域专家可以进行不同维度剖面的设计、分析、计算等工作，并将工作内容同步迭代回归，反馈到产品模型载体上，实现了集成产品团队工作对象的归一。

由于所有设计内容实现了电子化，可借助数字化模型的先进技术提升效率，相比于目前项目的文档式的设计方法，MBSE方法更加方便实现多专业协同；同时，可借助增强现实（AR）、虚拟现实（VR）等手段，进行沉浸式设计，对虚拟产品进行更准确的解读，便于集成产品团队的理解、沟通和执行。

（2）全数字化飞机模型。

通过完整的、无歧义的模型语法定义和描述飞机上各类系统的不同专业领域，形成全数字化的飞机模型。

通过数据模型，实现产品需求、方案、分析和计算结果等数据的规范化。通过充分定义的飞机模型描述，承载项目研制过程的所有内容，做到"无文件化"，减少自然语言歧义，实现真正的全数字化设计。

基于同一模型可以实现基于模型演进的项目实施。在传统系统工程研制活动中，项目实施过程以产品状态基线为演进对象，从需求基线、功能基线、分配基线、设计基线到产品基线，每一条基线是由大量分散的文件和数据组成的，并逐步完成从无到有的构建。而在MBSE流程中，项目演进以飞机整体样机模型作为载体，产生飞机需求样机、功能样机、分配样机、设计样机和最终产品样机，每一条样机基线是由一套以完整、庞大的模型数据为核心构成的。

（3）基于大数据的专家知识库使能系统。

"模型即产品"。针对产品数字化模型化后，可以利用专家知识库使能系统，对不同专业学科的模型开展自动化、计算、仿真和分析等计算机辅助技术设计（CAX）。

（4）飞机虚拟集成仿真。

仿真作为MBSE一个重要环节是种高效的数字化敏捷迭代方法，已广泛用于民用飞机研制各个主要过程，成为各利益攸关方开展飞机研制、生产、制造、服务、运营等工作不可或缺的验证手段。以仿真为基础，基于模型开展数字化集成，实施飞机虚拟集成仿真试验，支持飞机产品验证活动左移。

在项目前期设计细节足够明确的条件下，可以构建虚拟的物理、功能和性能样机，以虚拟模型取代实物，以模型分析取代实物测试，实现"虚拟验证"，更有效地促进了系统工程"一次做对、一次做好"的理念，实现"构建前起飞"。相比传统研发模式"V"模型在项目后期才能进行验证，MBSE 在前段即形成了小的"V"模型，采用虚拟模型提前进行了确认和验证工作，在前期保证需求、方案正确性和完整性。同时，MBSE 提高了从客户需要到设计方案到最终产品的迭代速度，全方位缩短研发周期，减少成本和风险，增加了方案在全生命周期的可实施性。

仿真模型开发覆盖民机研制全生命周期，针对具体的仿真模型所处开发状态，应对预期仿真试验任务进行规划，划分仿真模型成熟度，以支撑仿真试验有效性和逼真度的评估。中国商飞公司面向飞机研制任务及系统集成，构建了由全机桌面仿真平台（面向物理性能）、全机实时仿真平台（面向功能逻辑）和全机运行场景仿真平台（面向运行场景）三大平台共同组成的飞机虚拟集成仿真试验环境。

通过将专家知识库集成到产品对象模型，能有效地将系统工程活动要求（如需求分析等活动）和专业技术知识（如特定领域专业的仿真分析知识等）进行有效结合，从流程和技术两个方面保证产品集成。

随着项目的实施、经验的积累和技术的发展，大数据库不断整合，专家知识库系统不断完善，专家知识库设计使能系统将会愈加成熟，模型仿真和计算结果将会愈加准确，对设计的分析也将愈加透彻，对项目实施的支撑作用将会越来越大，最终带来绩效的整体提升。

（5）高度可重用、可互换的产品模型库。

相对于文档化的产品数据，项目的产品模型表现出更加集中、唯一、无歧义和可追踪的特点，具有高度可重用性，可更加快速地进行更改和复用，更改分析迭代周期较之以前有较大缩减，同时设计经验更易进行传承和延续。

通过模型的统一定义实现模型内容的互换，可以促进在复杂系统研制产业链中不同企业（如主机商与不同层级供应商、合作商）的研发工作的进一步协同。

（6）模型全生命周期（横向）集成与全价值链（纵向）集成。

随着数字工业的发展，产品制造和服务等全生命周期活动正逐步迈向信息化、模型化和智能化，作为制造类企业整体端到端价值链提升的关键。利用模型可以横向打通智能研发与智能制造服务的全生命周期流程，如 MBSE 活动产生的代表产品的模型，将会作为用于智能制造和装配的直接输入；又如产生的用于维修维护等运营活动的飞机镜像模型（数字孪生），将直接服务于全生命周期产品保增值活动。

从产业链的角度基于模型的互换性和一致性，MBSE 可以纵向延伸企业工作流程，向上拓展到客户，向下延伸到供应商和合作伙伴，实现企业内外部基于全生命周期模型的设计、实现、制造、服务的无缝连接。通过模型实现与上下游的联动，保证产业链全局最优，实现工业 4.0 中基于价值链的灵活的产业集成的目标。

从 MBSE 的内涵可以看出，MBSE 不是推倒已有的传统系统工程的理论基础，而是对范式的升级。实施 MBSE 可以实现更高的效率、更低的成本并提升系统过程的绩效。因此，中国商飞公司系统工程定义也适用于 MBSE，即中国商飞公司基于模型系统的工程，是为了更好实现：以满足客户需求为目的，围绕产品全生命周期，通过产品集成和过程集成，实现全局最优的一种跨专业、跨部门、跨企业的技术和管理方法。

8.6.2 型号实施

基于民机复杂、多层次、多专业的特色，中国商飞公司建立了自身 MBSE 方法论，使用统一的方法和工具，全面推进 MBSE 的实施和落地。

某双通道飞机型号建立涵盖工程、客服、制造等多领域、多层级的需求体系，全面引领正向设计，构建飞机级、系统级场景库，形成数十万的飞机级与系统级模型元素的架构模型。

同时，该型号正逐步建立基于两条主线、覆盖四个维度的全生命周期建模仿真体系，建成国内首个全机虚拟集成仿真试验平台（Aircraft‑1），首次开展了面向型号研制转段门禁的需求确认仿真试验。通过 Aircraft‑1 全机虚拟集成仿真试验，实现了型号设计验证活动左移，提高了飞机设计定义成熟度，Aircraft‑1 平台初具规模，中国商飞公司"数字孪生"规划逐渐实现。通过虚拟试验，在型号研制全生命周期提前验证"质量是设计出来的"的技术状态,提升型号质量和品质。

8.6.3 MBSE 方法示例

尽管 MBSE 自 20 世纪 90 年代发展至今已有近 30 年的历史,在各个领域都有探索和实施,并发展出了众多的方法、工具,但是,MBSE 整体的知识体系、基础理论、工具方法仍处于不断发展成熟的阶段,在业界还没有形成统一的理论和方法,不同行业、不同公司、不同产品在应用 MBSE 时都根据各自的特点进行裁剪和调整,中国商飞公司结合民机产品复杂度高、研制周期漫长等特点,针对以往设计过程中从问题域到解决域存在的问题,吸收借鉴国内外优秀MBSE 方法论的思路与实践,形成一套崭新的 MBSE 方法论,具体如表 8-1 所示。

本节介绍的 MBSE 的方法是根据研制过程,将产品不同类型模型归纳问题域模型和解决域模型,并进一步细分为 S、F、L、P 四个层级,具体如下:

(1) S 层(scenario),即场景层。这层主要以飞机为黑盒,定义飞机在运营中的过程、接口和逻辑等。

(2) F 层(function),即功能层。这层是将飞机活动分解为功能,描述飞机各功能的逻辑、接口和行为等。

(3) L 层(logic),即逻辑层。这层主要是定义飞机如何实现所需的功能。

(4) P 层(physics),即物理层。这层主要是定义飞机的物理设备,相关的系统架构、组成、三维尺寸等。

其中,S 层和 F 层属于问题域,主要提出需求,而 L 层和 P 层属于解决域,是将 S 层和 F 层落实为具体的产品、设备。

在 S、F、L、P 四层中,根据产品的特性,将模型分为需求、结构/架构、行为和参数四大类,对应不同的设计或产品属性,并采用不同的建模语言和模型来表达。

(1) 需求:需求是结构化的需求模型。

表 8-1　中国商飞公司 MBSE 方法论

设计和分析域	需求	飞机系统设计域			特定域			
		结构/架构	行为	参数	安全性	可靠性	测试性	维修性
问题域 S层	飞机研制要求与目标 (ADRO)	飞机运行体系 (BDD, IBD)	运行场景 (用例图, 活动图)	运行效能如商载、航程、耗油率等 (参数图)	失效场景定义			
F层	飞机高层功能性需求 (TLFRD)	飞机功能架构 (BDD, IBD)	功能分析 (用例图, 活动图, 序列图)	关键性能参数如起降场长等 (参数图)	FHA (FMEA, FTA)	可靠性相关的失效状态识别		
解决域 L层 (原理)	飞机低层功能性需求 (DLFRD)	飞机系统逻辑架构 (高层) (BDD, IBD)	逻辑架构仿真 (活动图, 状态机图, 序列图, Dymola, Simulink)	关键性能参数如能源总消耗量等 (参数图)	PASA, PSSA (FMEA, FTA)	可靠性指标分配	BIT机制初步识别	
L层 (实现)	飞机非功能性需求 (NFRD)	飞机系统逻辑架构 (低层) (BDD, IBD)		关键性能指标如 RNP, RVSM, ETOPS, 4D, CAT III 等 (参数图)	PASA, PSSA (FMEA, FTA)	可靠性指标集成和确认	各类BIT (PBIT, CBIT 等)	软件驻留、设备布置决策识别
P层 (方案)	飞机非功能性需求 (NFRD)	一维物理架构 (BDD, IBD) 三维物理架构 (数字样机, CATIA)	一维物理架构仿真 (Dymola, Matlab) 三维物理架构仿真 (运动仿真, 多物理场仿真)	关键性能参数如总线延迟、系统重量等 (参数图)	ASA, SSA (FMEA, FTA)	可靠性指标验证	各类BIT (PBIT, CBIT 等)	维修相关的人机功效分析

（2）结构/架构：在 S、F、L 层采用 SysML 语言的 BDD 和 IBD 表达，在最后的物理层采用三维数字模型表达空间属性，利用 Catia 进行建模。

（3）行为：在 S、F 层采用 SysML 语言搭建相关的用例图、活动图和序列图，在 L、P 层，则可以增加基于 Dymola、Simulink 的一维模型和基于三维数模的运动模型和多物理场模型。

（4）参数：基于 SysML 语言的参数图描述模型所代表的产品关键数据。

（5）特定域：特定域是针对商用飞机关键的安全性、可靠性、测试性和维修性，通过各类模型支持各阶段的分析工作。

8.6.4 软件工具平台

MBSE 的基本理念就是通过各种形式的模型来表达产品全生命周期的各项研制活动及其结果。但是在复杂系统的设计中，从利益攸关方梳理分析开始，到最后的残值分析产品处理，会利用形式各异的模型和软件。系统工程领域存在几大生态体系，包括且不限于 Modelica、SysML、特定域建模语言的生态体系等。各体系相关系统工程软件公司，包括达索、PTC、泰勒斯、ANSYS、IBM、Matlab、Vitech、杭州华望、同元软控等，以各自建模语言为核心技术，开发核心架构建模及仿真工具，包括 Magic draw、Rhapsody、Dymola、GENESYS、M‑Design（国产）、MWorks（国产）等，支持复杂装备架构设计、分析及需求仿真验证。这些模型化工具大多通过面向对象、图形化、可视化的手段支持 SysML、UML、BPMN、UPDM 及 Modelica 等建模语言的建模和系统级验证，提供模型分解、模型追溯及模型转换等基础性功能。从在三维建模上著名的 Catia 和 NX，再到多物理场常用的 CFX、AMEsim 等。但在实现众多软件高度集成，同时避免软件间模型转化带来未知错误方面，仍需进一步完善。

利用模型的取代传统文档的一大好处就是可复用的成熟模型库，通过模型库快速搭建系统原理架构并开展分析（俗称"搭积木"式的设计方式）。在具体实施过程中，由于接口定义与接口格式不一致，不同工具计算速度不一致，目前这种"搭积木"的设计方式在单一软件上有较为成熟的应用，跨领域的模型在集成时，仍需要人工去调整。目前业界发布了一些接口定义规则来推进跨领域集成，例如基于 FMI 标准的 FMU 模型是目前较为成熟的案例。

此外，MBSE 的实施需要统一的平台，将所有的模型和数据统一管理，方便实现基于模型的关联、追溯和调用。通过平台集成不同的工具，确保所有的 MBSE 工作都在线上实施并相互关联。目前行业内较成熟的平台主要有达索的 3DE 和西门子的 TC 等。NASA 于 2009 年提出 OPENMBEE（open model based engineering environment）的概念，以开源的形式实现模型数据的统一存储与管理。OPENCAE 则旨在打通 MBSE 全过程工具，并与 OPENMBEE 配合，实现研发过程的"数字底座"和"数字主线"。

MBSE 落地实施所构建的基于模型的工程数字主线平台，可以使工程团队通过联合不同建模和仿真工具、企业应用程序和数据存储库等生态系统的模型和数据，协作并行开发和管理任何复杂系统/产品的数字化信息。除了上述所提到的一些常用建模仿真工具软件外，管理软件平台包括 PLM 系统（如 Teamcenter、Windchill）、ALM 系统（如 GitHub、JIRA）、项目管理系统（如 JIRA）、需求管理系统（如 Jama、DOORS－NG）、数据库（如 MySQL）和其他数据源（如 RESTful api）。平台通常基于服务的理念来构建、管理、分析、查询和可视化产品/系统整个生命周期的数字主线，并支持各种开放标准（如 REST/HTTP、JDBC、JSON、STEP、OSLC 和 FMI）、开源项目以及多种外部第三方接口库。

基于模型的工程数字主线平台可以实现以图和节点的形式管理多类存储库、工具以及对不同模型数据版本的控制，同时能够支持模型转换服务来构建数字主线图，如从 DOORS 拖放需求到 SysML、从 SysML 模型生成 Simulink 模型和 PLM 部件结构、将 SysML 中的行为元素连接到 GitHub 中的软件代码等。此外，平台还提供在数字主线中搜索、比较和双向同步连接模型的服务，如将系统架构的变化与 PLM 部件结构进行比较和同步、将连接的 SysML 与 Simulink 模型进行比较和同步、将 DOORS 需求的变化同步到 SysML 等。同时平台可利用本体技术允许对任何外部来源的数据集进行通用定义，实现"开箱即用"的高扩展性。

8.6.5 专家团队建立和政策推进

MBSE 理论、体系、工具和方法的构建，需要专业团队的持续研究与建设。应充分调用内外资源建立一支专家团队，配套引导创新的方针政策，鼓励引领科研创新工作，持续推进 MBSE 的研究、实施和推广。对管理人员和技术人员而言，MBSE 在实际项目中的实施将会改变原有的工作模式，因此，需要进行大量针对性的培训，提高不同层级不同岗位相关人员的理论方法、建模仿真和专业工具使用等方面的技能水平。

MBSE 最大的挑战之一就是人。相比传统系统工程只是运用系统工程的思想将原本就存在的一些设计过程规范化、制度化，只是对原来的设计过程施加限制和管控，额外工作增加不多。但是 MBSE 则是需要将文档转为模型，这就意味着设计师除了需要对本职工作精通外，还需要具备系统工程相关知识和经验以及使用相应建模软件的能力。

同时，建模的过程也需要大量时间，特别是针对复杂产品，体系化的建模不仅会在设计初期增加时间成本，还会额外提升工具、培训等研发成本，而 MBSE 的效果只有模型体系化后才能随着项目推进逐步显现。

8.7 需求工程

8.7.1 需求工程实施目标

中国商飞公司需求工程实施目标包括如下几方面。

1）实现正向设计要求落地

正向设计是以系统工程理论、方法和过程模型为指导，在复杂产品和系统研制过程中，强调以利益攸关方的需要（包括客户）作为产品设计的目标，全面整合、优化和配置项目资源，通过工程手段的分析与转化，形成符合市场和客户多元需要的产品，帮助企业获得更高的经济效益。

通过正向设计可以为客户带来以下好处：

（1）构建标准设计流程，帮助设计团队追求设计过程以及设计能力的最优化。通过制订产品标准的技术研发路径，帮助设计团队明确各自在研发路径上的工作职责，上下游工作界面将复杂问题切割成具体可度量的任务单元，帮助企业全面提升产品设计质量和开发时间。

（2）帮助企业和项目构建标准的信息流，项目中所有的参与者能够及时准确地获取必要的设计输入，项目管理者可以通过相关信息准确判断项目目前进展和存在的风险，方便对项目整体开展规划。

在正向设计中开展需求管理工作可以在以下方面帮助整个项目：

（1）在项目的整个运行流程中，保证开发的产品符合利益攸关方需要。

（2）确保在全生命周期内研制产品及改进改型产品过程可管理、可控制。

（3）确保设计过程产生的所有相关信息的有用性，并确保需求和相关证据可被其他项目再利用。

（4）为客户和供应商提供保障，通过规范的流程方法来验证最后供应商的产品是不是客户真正需要的产品，避免不必要的纠纷。

2）满足适航审查要求

民用飞机研制需要满足适航规章以确保飞机的安全性。25.1309 条对于飞机及系统功能以及安全性提出了具体的适航要求，FAA 和 EASA 分别发布 AC 25.1309－1B 和 AMC 25.1309 建议采用研制保证和系统安全性结构化分析相结合的方法表明对 25.1309 条的符合性，并认可 SAE ARP 4754A/B 方法指南。

通过实施基于需求的确认（validation）和验证（verification）工作，实现如下目标：

（1）以需求为牵引，建立一套完整开发流程，为飞机及其系统适航取证提供完整证据链。

（2）通过需求确认过程和验证过程确保需求的正确性和完整性，以及最终产品的符合性。

3）建立需求协同设计方法和平台

在当代民用飞机需求及相关数据呈现海量化、数据拓扑关系复杂的背景下，传统基于文件的需求管理方法已无法满足精细化管控需求的目标。存在如下问题：

（1）需求单一数据源难以保证。

（2）需求变更跟踪和影响分析困难。

（3）无法精细化、有效地控制需求及相关数据的状态。

上述问题可能造成项目研发产品不满足市场和客户需求、工作重复性多、项目周期和经费增加等问题。

因此，需要建立统一的需求协同设计方法，确保所有设计师协同工作，保证需求的唯一数据源，有效确保需求、设计实现、确认与验证等工作协调一致。

同时，可通过需求管理平台来管理需求及相关数据，实现各种数据之间清晰的追溯关系，便于精细化地管控需求状态、开展变更影响分析，减少项目周期、降低风险、提高工作置信度。

8.7.2　型号实施

基于民用飞机高度复杂、多层级、利益攸关方众多的特点，中国商飞公司建立了一套需求工程方法，使用统一的方法和工具，推进需求工程的实施和落地。

基于"主制造商-供应商"研制模式，某型飞机建立了从商业需求与目标、飞机设计需求与目标、飞机级需求、系统级需求和子系统级需求的五层需求信息架构，按照需求管理方法，实现需求的层层分解和追溯关系的建立，提升型号设计质量，支持型号取证。

8.7.3　需求工程方法示例

中国商飞公司需求工程经过 10 年的发展，建立了一套符合现代民用飞机研制需要的全新的设计方法和流程，实现了基于文档的需求管控到基于条目的需求管控的转变，对飞机全生命周期需求更加规范有效的管控，提升飞机设计质量。主要包括如下内容：

（1）需求分析是将捕获的利益攸关方需要和功能分析结果（功能清单和功能

架构）转化为正式的技术需求的过程。需求可通过自然语言的方式或者利用 MBSE 方法论对需求进行建模来表达。

（2）需求确认是通过规范化的方法保证需求的正确性和完整性并满足利益攸关方需要，如需求同行评审、分析、仿真建模、相似性、试验等方式。

（3）实施验证是对确认后需求的实施过程和结果进行评估，确定这些需求已被满足，并确定已确立了正确的飞机/系统/功能/项目，主要可采用试验、演示、分析、评审、服役经验等方法。

（4）需求管理，通过规范需求识别、确认、验证等活动的行为，实现统一的需求管理流程，来确保解决最终飞机产品满足相关方的需求和期望。

在需求分析过程输出的基础上，对民机典型系统需求进行补充，包括如下内容：

（1）适航需求，定义产品研制过程中需符合的规章条款、问题纪要、TSO 文件、咨询通告和工业标准等。

（2）布置需求，定义系统/设备物理安装方面的需求，包括安装便利性、安装防护等相关的需求。

（3）环境需求，定义环境鉴定和环境集成方面的需求，环境集成包含设备热载荷、防火需求、电磁防护需求、液体控制需求、表面保护需求、内部噪声需求等。

（4）功能需求，描述系统运行的功能、行为方面的需求，定义功能需求的过程要充分考虑运行场景（包括正常场景和非正常场景）。

（5）性能需求，定义一项功能在执行过程中必须满足的各类指标，包括精度、范围、分辨率、速率、响应时间等类型。

（6）接口需求，定义与系统内部、外部接口相关的需求。

（7）安全性需求，主要定义安全性需求，一般包含独立性需求、定量概率、可用性和完整性要求、无单点失效准则、研制保证等级等，可分为安全性定量需求和安全性定性需求。

（8）可靠性需求，定义与系统、项目固有的失效特性，可用签派可靠度、平均失效飞行时间等参数进行描述。

（9）测试性需求，定义能够及时准确地确定自身工作状态（功能完好、性能下降或功能丧失）并进行故障隔离的能力需求。

（10）经济性需求，定义系统运行成本方面的需求，用于控制研制成本。

（11）可制造性需求，定义从可制造性维度提出的需求，对所要求的可制造性特性进行全面说明，反映了客户对飞机应达到的制造水平的期望，是可制造性设计的起点和目标。

（12）维修性需求，定义飞机在规定的条件下和规定的时间内，按规定的程序和方法进行维修时保持或恢复飞机规定状态的能力需求。以确保飞机在各规定的维修级别下进行维修时，维修时间和维修资源相对的快捷和经济。

（13）重量、尺寸、外形需求，定义产品的基本物理属性。

（14）强度需求，定义系统设备及安装要满足静强度、疲劳和损伤容限和动强度要求。

（15）客户服务需求，定义计划维修间隔、审定维修、可修性、服务设备方面的需求。

（16）模块化标准化需求，定义材料选用、标准件选用需求。

（17）包装运输储存验收需求，定义产品包装、储存、防护、搬运、验收过程要满足的需求。

在民机产品设计过程中除功能、性能、环境等外，尤其要考虑安全性、可靠性和经济性方面的需求，确保设计出商业成功的飞机产品。

8.7.4 软件工具平台

IBM Rational DOORS 是一款领先的需求管理应用程序，目前在全球已有超过 50 000 个用户和 1 000 家公司在使用。DOORS 可捕获、连接、跟踪、分析和管理用户需求信息已保证实施的项目与需求规格说明和标准一致，可实现对整个产品的全生命周期需求管理，覆盖从需求到设计以及验证阶段。

DOORS 支持多用户协同工作方式，提高管理复杂项目的能力并验证系统本身的正确性及系统实施的正确性。在 DOORS 数据库中，以模块为单位存储管理需求信息，使用文件夹和项目的方式组织模块。DOORS 以对象的方式管理需求，具有方便的浏览方式，可以建立不同的用户视图，根据用户角色的需要过滤显示内容。

使用 DOORS 数据库可以确保参与项目的人员采用同一数据源，支持需求捕获、确认、验证过程的证据存储，向局方进行过程展示。未来，在智能化时代，可通过更加智能高效的工具来开展民机需求工程。

8.8 人工智能赋能系统工程探索

自 2018 年以来，中国商飞公司抢抓信息技术革命历史机遇期，深入推进 5G、人工智能等新一代信息技术与大飞机复杂巨系统工程的融合创新工作，推动大飞机设计、制造、试飞、运维等全生命周期的革命性重塑。通过大飞机复杂巨系统的全面数字化、智能化，将大飞机打造成为人工智能与工业融合应用的标志性工程。通过自然人、数智人、机器人协同共生，实现大飞机研制从模型驱动到数据驱动再到智能驱动的转型升级。

8.8.1 总体框架

中国商飞公司将企业作为一个整体，提出了人工智能赋能系统工程的三层架构，涵盖企业产品实现、技术研发、经营管理等全过程。

（1）**感知层**。围绕企业产品全生命周期以及经营管理活动，识别企业产生的全量数据，通过 5G、工业传感、机器视觉、数字测量、自然语言处理（NLP）等新一代信息通信技术，开展数据采集、数据连接、数据协同，形成实时在线的数据湖，构建企业的数字化支撑，让实时的数据真正成为企业的生产资料。

（2）**进化层**。基于企业在线的全量数据，开展新型数据架构设计，形成数据对象、机理对象、数据关系、机理关系，构建数据大脑、业务大脑与工业神经网络，实现飞机全生命周期的万物协同，打造企业的网络化连接，让线性的流程转变为企业的网状生产关系。

（3）**应用层**。以企业的动态目标价值为导向，以全生命周期场景需求为牵引，构建场景智能和系统智能的智能体，并通过人工智能"喂食"海量数据，不断训练、迭代机理模型，使得智能体自学习、可进化，实现企业的智能化决策，让持续进化的智能体成为企业的新质生产力。

通过三层架构建设，将实现数据在线、万物协同、人工智能（AI）进化、资源重构，让企业在工业神经网络中利用实时在线的数据和持续迭代的机理，以企业动态价值为目标，边走边计算地实现全局搜索和最优决策，重构产品实现、技术研发和经营管理模式，推动企业的减物质化革命，用更少的资源为企业创造更大的价值。

8.8.2 能力体系

中国商飞公司围绕人工智能赋能系统工程的三层架构，构建了六大核心能力。

围绕感知层，构建如下能力：

（1）网络建设能力。推进5G专频专网与传统办公网络及现场工控网络的融合创新，构建一张信息技术（IT）、操作技术（OT）、通信技术（CT）大融合的，确定、安全、隐私、可靠、本地化、自管理的高效通信网络。

（2）工业物联能力。推进数据采集、数据连接、数据协同，形成统一的标准、方法和工具，构建数据底座，建设企业数据湖，实现数据在线。

围绕进化层，构建如下能力：

（1）平台架构能力。打造自学习、可进化的中国商飞公司（C大脑）平台，开展数据治理、机理建模、关系联网，开发数字化、智能化使能工具，打造以数据为核心的新型工业互联网平台。

（2）终端应用能力。自主开发一批工业智能终端，推动传统设备的智能化升级，打通数控机床、数字化测量设备、工业机器人等现场硬件设备，形成基于云边协同的机器人社群式生产模式。

围绕应用层，构建如下能力：

（1）场景开发能力。围绕设计、制造、试飞、运维等飞机研制全过程，开发一批可复制、可推广的智能化创新场景，大幅提升研制效率和产品品质，降低研制成本。

（2）知识沉淀能力。建立基于人工经验、行业知识和工业机理的数字模型构建标准、方法和工具，加快打造涵盖产品全生命周期的业务大脑，形成一批自主可控的技术标准和知识产权。

未来，中国商飞公司将围绕三层架构，完整探索从技术、到场景、到产品、到解决方案的智能化应用路径，形成工业智能综合解决方案，全面支撑人工智能赋能系统工程的落地应用。

9 未来展望

随着人工智能、数字化转型和大数据等新技术的快速发展，系统工程正呈现智能化、数字化和协同化的发展前景。系统工程国际委员会（INCOSE）发布了《系统工程愿景2035》，提出了未来系统工程发展的战略方向和技术路线图，强调未来系统工程将更加注重人机协作、自主学习和自适应能力，推动系统工程向智能化系统工程的转型升级。同时，美国国家航空航天局（NASA）提出了"数字工程转型"（digital engineering transformation）战略，旨在通过构建数字主线和数字孪生等技术，实现系统工程全生命周期的数字化和智能化。这些战略标志着系统工程正从传统的基于文档的方法向基于模型的方法（MBSE）转变，并逐步向数字化、模型化系统工程迈进。到2035年，系统工程理论研究与实践应用将面临如下几个方面的机遇与挑战：

（1）人工智能（包括机器学习）的扩展应用、通信技术以及新型材料等先进技术将影响系统的性质、人与系统的交互方式以及系统的开发方式。人工智能（AI）将推动系统工程方法和工具以及系统本身的变革，因为智能算法将提供系统工程师更有效且高效地解决方案。

（2）数据科学技术将融入系统工程实践，以帮助解读大规模数据集并评估复杂系统。此外，迅速扩展的数据科学工具集将成为系统工程综合分析框架的重要组成部分。系统工程实践将适应并被这些技术所重塑，以应对日益复杂的系统问题。

（3）人-系统集成实践将成为设计出能够与人类有效交互的智能系统的关键，并能够应对由系统复杂性和自主性不断引出的问题。

中国商飞公司系统工程的未来发展必将紧密结合型号发展需要，通过新技术融合、全生命周期管理、组织变革等关键领域的突破，持续提升复杂系统的研制能力，为国产大飞机的规模化、系列化发展提供坚实的理论支撑，助力我国从航空大国向航空强国迈进。未来，中国商飞将在 AI4SE、系统之系统工程、敏捷系统工程等领域实现重大进展，推动系统工程的创新和发展。

1）AI4SE

当前的系统工程工具在指导、评估和优化系统工程团队执行的规范、设计和分析任务方面支持有限。输入数据、生成报告和整理图表等都是手动操作，这些操作会分散工程师在创造高质量系统设计上的精力。随着人工智能技术的突破，AI4SE 将深度融入系统工程全流程。人工智能技术可通过自动化任务处理、模型可视化及知识整合能力，助力工程师应对飞机设计的复杂性挑战。

未来系统工程工具将通过数据驱动和上下文感知的算法得到增强，使系统工程师能够将更多时间集中在创造性任务上，而减少在数据输入、一致性检查、报告生成等烦琐任务上的时间。例如，在概念设计阶段使用新的 AI 技术，使系统工程师通过 AI 驱动的设计工具，生成可评估和权衡的替代设计方案；在需求分析阶段使用自然语言处理（NLP）技术帮助系统工程师编写更好的规格说明、消除歧义、识别不兼容的需求，并评估需求对最终设计的影响。

此外，创成式设计（generative design）作为创新设计范式，将与 AI 技术结合，突破传统设计思维。通过自动化生成海量架构，并通过引入包括遗传算法、强化学习等方法，自动生成所需的设计和架构。基于 AI4SE 的发展趋势，创成式设计可通过算法自动化生成多样化设计方案，尤其在气动布局、结构优化等领域，帮助工程师快速筛选最优解。可以预见，未来结合大语言模型的创成式设计系统，可在短时间内生成海量创新方案，提升设计的创新性与效率。而这一过程的革命与颠覆性的作用在于，机器正在由一个商用飞机设计的表达者，转变为设计的参与者。

2）系统之系统工程（体系工程）

体系工程作为解决复杂系统集成的核心方法论，将"系统工程"（SE）进一步拓展至"系统之系统"(SoS)层面。体系工程强调能力集成、复杂需求获取及跨学科协同,这与中国商飞公司"以客户为中心"的客户观高度契合。未来,体系工程将用于整合飞机设计与制造,运营全生命周期的多系统,优化资源配置,平衡性能、成本与风险。特别是在灭火机、公务机等特种型号的发展过程中,基于现有飞机平台,用最小的改装代价去满足客户需求。

体系工程可通过综合集成分析,确保多系统网络的最优协同,支撑型号的系列化发展与市场适应性。体系工程通过系统化的思维和方法,在商用飞机的销售和运行中架起了"需求-设计-服务"的桥梁。它不仅提升了产品与客户需求的匹配度,优化了运行效率和安全性,还为中国商飞公司的战略转型和行业生态的可持续发展提供了关键支撑。随着技术的不断演进,体系工程的深度应用将成为中国商飞公司在全球市场竞争中的重要优势。

3)基于数据和敏捷驱动的系统工程

未来系统工程将以数据贯通、虚拟协同、敏捷架构为核心特征。通过虚拟协同环境重构设计边界,消解信息孤岛,实现多学科联合优化;敏捷架构赋予系统弹性与活力,加速设计迭代与技术创新。通过深度融合 AI 和模型驱动开发,飞机全生命周期研发将由"物理验证驱动"转向"虚拟孪生驱动"。

(1)虚拟协同环境重构设计边界。

未来系统工程的发展将以虚拟协同为核心,突破传统 PLM 工具的局限,构建云原生、智能化的协作平台,实现设计边界的重构。借助数字孪生技术,多物理场耦合仿真支持全球团队实时交互,使气动、结构、噪声等多学科联合优化成为可能。例如,通过智能体(AI agent),对历史数据深度分析,主动推荐减重方案与风险缓解策略,有效提升决策效率;使用增强现实(AR)工具实现虚拟模型与物理样机的无缝叠加,支持沉浸式人机工效验证,增强了设计的直观性和验证效率。与此同时,跨学科协同与知识整合通过知识图谱和语义建模实现标准化信息交换,确保跨部门、跨系统的数据无缝对接。最终,实现融合虚拟协同与跨学科知识整合的平台,将促进设计讨论、仿真验证和联合评审的高效协同,降低研发成本,提升商业飞机设计的灵活性和整体竞争力。

（2）探索建立基于模型的系统工程——系统建模与仿真（MBSE‑SMS）敏捷研发框架。

在前期 MBSE 研究和实践基础上，探索建立统一、集成的 MBSE‑SMS 框架。敏捷开发理念正从软件工程向复杂硬件系统渗透，形成模型驱动的敏捷系统工程（agile MBSE），传统飞机设计的"冻结构型"模式将被持续演进的敏捷架构取代，系统工程将构建迭代式需求管理与模块化韧性设计能力。基于 MBSE 的模块库支持功能动态重组，预计标准化接口，使飞机能根据航线特征动态配置客舱布局与动力模式。基于数字主线的 MBSE‑ModSim 框架能够敏捷且高效地捕获、建模、仿真和理解用户体验。最后，MBSE‑SMS 框架提供了集成的资产生命周期管理系统，支持敏捷持续集成、构建、验证和发布。

附录 A 引用文件综述

A1 SAE ARP 4754A

SAE ARP 4754A《民用飞机与系统研制指南》，目前发布到了第二版（A版），由国际自动机工程师学会（SAE）的 S－18 和 WG－63 委员会定义的满足 FAR/CCAR－25 部和 23、27、29、33、35 部适航要求的飞机/系统的开发过程要求。由美国联邦航空管理局（FAA）在 2011 年 9 月通过咨询通告 AC－20－174，认可作为 FAR 25.1309 条款的符合性方法（见图 A－1）。

SAE ARP 4754A 与 SAE ARP 4761、RTCA DO－178B、RTCA DO－254 和 RTCA DO－297 等研制阶段的流程和方法要求以及 SAE ARP 5150/5151 等运营维护阶段安全性分析要求一起，形成了一整套符合商用飞机安全性和适航要求的，针对飞机及复杂系统、综合模块化航电系统、软硬件的开发过程以及研制阶段和运营阶段的安全性分析的体系要求。这些是目前适航规章要求需要遵守的生命周期体系要求，也是商用飞机领域系统工程流程的最低标准。在各相关标准关系中 SAE ARP 4754A 在研制阶段中处于其中的核心地位。

SAE ARP 4754A 主要讨论了在考虑整个飞机运行环境和功能前提下的飞机和系统的研发过程要求，核心概念是通过一套与功能研制保证等级（FDAL）对应的严谨的可裁剪研制过程，来确保产品以极低的人为错误概率实现全部需求，从而确保适航性。

从本质而言，SAE ARP 4754A 是对研制过程的要求，属于系统工程范畴，

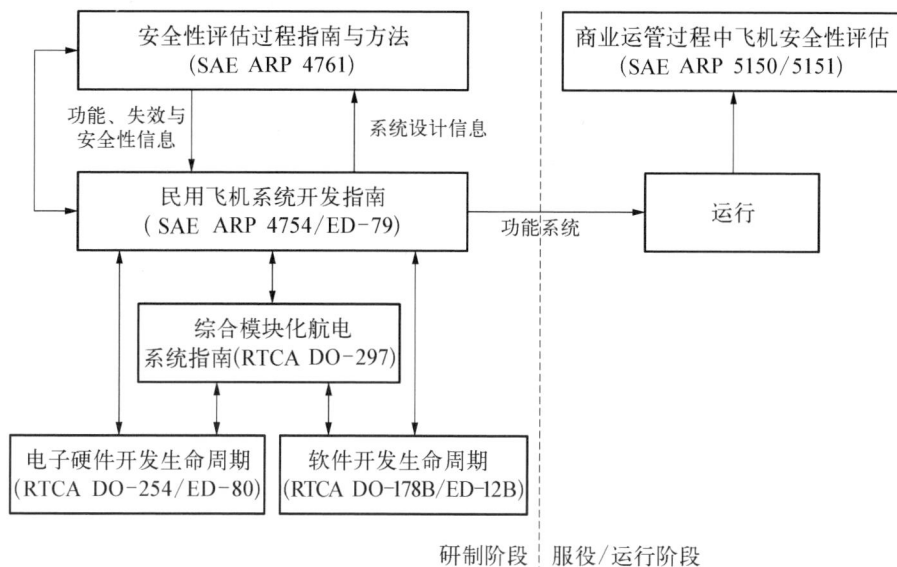

图 A-1　以 SAE ARP 4754A 为核心满足适航要求的商用
飞机生命周期体系标准集合

充分考虑了规划、飞机系统研制过程、安全性、需求捕获与确认、实现验证、构型管理、过程保证与适航联络等研制过程活动内容。SAE ARP 4754A 的流程活动及其相互关系如图 A-2 所示。

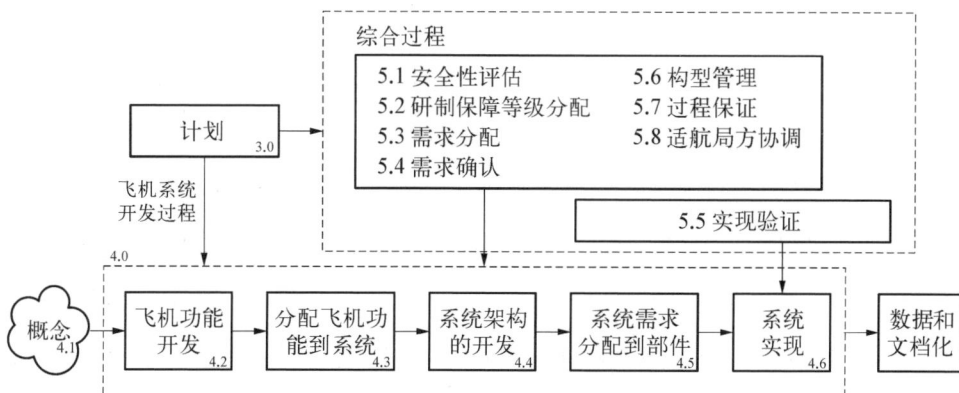

图 A-2　SAE ARP 4754A 研制过程模型

鉴于一方面 SAE ARP 4754A 作为商用飞机及复杂系统研制过程的适航强制性要求，另一方面，中国商飞公司系统工程政策规定中国商飞公司系统工程的近期建设目标是"以 SAE ARP 4754A 为切入点，改造全生命周期流程，提升过程控制力"。因此中国商飞公司的系统工程短期建设应包括建立一套满足 SAE ARP 4754A 的体系要求，故中国商飞公司系统工程手册内容应覆盖满足 SAE ARP 4754A 的要求。

A2　SAE ARP 4754B

A2.1　背景

2023 年 12 月，SAE 正式发布了酝酿已久的 SAE ARP 4754B《民用飞机和系统开发指南》（*Guidelines for Development of Civil Aircraft and Systems*）。作为民用飞机开发和适航取证的核心指南，本次更新体现了经数字化转型的某款飞机事件后，对整机和系统集成安全性的全面要求。该指南的发布说明欧美工业界已经有了相对较长时间的成熟实践，很快被 FAA 和 EASA 以及其他局方强制采纳或者至少部分采纳作为适航符合性要求。即使最终没有作为强制要求，该指南也是作为飞机开发和安全性保证的典型工业实践。

SAE ARP 4754 由 A 版更新到 B 版，主要是基于 2010 年后的民航业开发经验，A 版在以下几个方面没有做到很完整：

（1）SAE ARP 4761 的安全性评估与 FDAL/IDAL 脱节，即功能研制保证等级和产品研制保证等级的分配与确认，没有详细的说明；并且整个过程没有很好地贯穿 MBSE——基于模型的系统工程设计理念。

（2）飞机的集成以及级联问题。对于某些意外的工况（unintended behaviors）考虑较少，关于飞机集成后的测试程度也不够，尤其是跨系统的测试。这一部分应该是 B 版的重点之一，B 版甚至还对意外的工况做了单独的定义，明显控制了范围，指明是飞机集成系统出现的设计功能的意外运行情况，其他的非功能意外不在其内。

（3）例子太少。新版的 SAE ARP 4754B 在附录 E 里直接引用 AIR 6110，以飞机刹车系统做了实例操作指南。

A2.2 SAE ARP 4754A 与 SAE ARP 4754B 差异分析

SAE ARP 4754B 与 SAE ARP 4754A 比较，变化的方面概述如下：

（1）强调需求，统一了安全性相关表述内容，以及将软硬件纳入项目进行描述。

（2）项目和系统集成增加了验证以及对如何开展集成等工作进行了展开。

（3）细化和修订了安全性评估，将 DAL 分配移至 SAE ARP 4761A 同时丰富了独立性要求。

（4）修订了需求捕获、需求确认、实施验证、构型管理和过程保证。

（5）附录 B "安全性工作计划" 结合更新的 SAE ARP 4761A 进行了更新和修订，并删除附录 C "FDAL/IDAL 分配过程示例"（移至 SAE ARP 4761A 附录）。

（6）新增的附录 E "研制保证连续示例" 则是在 SAE AIR 6110 的基础上按照新标准对案例进行了更新和修订。

A3 ISO/IEC/IEEE 15288

ISO/IEC/IEEE 15288：2023（简称 "ISO 15288"）系统和软件工程——系统生命周期过程，是一个系统工程的通用过程描述的国际标准，由国际标准化组织（ISO）、国际电工委员会（IEC）、电气与电子工程师协会（IEEE）3 家共同发布，使用了系统工程的方法，定义了一个覆盖全生命周期的系统通用过程框架。

ISO 15288 把系统生命周期过程集分成如下 4 类（见图 A-3）。

（1）技术过程集（technical processes）：适用于项目的各层级，关注于生命周期的技术活动，包括从市场和任务分析开始，获得利益攸关方需要并逐步转换成

ISO 15288系统生命周期过程

合约过程集	技术管理过程集	技术过程集
采购过程 （6.1.1条款）	项目计划过程 （6.3.1条款）	商业/任务分析过程 （6.4.1条款）
供应过程 （6.1.2条款）	项目评估控制过程 （6.3.2条款）	利益攸关方需要和需求定义过程（6.4.2条款）
	决策管理过程 （6.3.3条款）	系统需求定义过程 （6.4.3条款）
组织项目使能过程集	风险管理过程 （6.3.4条款）	架构定义过程 （6.4.4条款）
生命周期模型管理 （6.2.1条款）	构型管理过程 （6.3.5条款）	设计定义过程 （6.4.5条款）
基础管理过程 （6.2.2条款）	信息管理过程 （6.3.6条款）	系统分析过程 （6.4.6条款）
投资管理过程 （6.2.3条款）	度量过程 （6.3.7条款）	实现过程 （6.4.7条款）
人力资源管理过程 （6.2.4条款）	质量保证过程 （6.3.8条款）	集成过程 （6.4.8条款）
质量管理过程 （6.2.5条款）		验证过程 （6.4.9条款）
知识管理过程 （6.2.5条款）		移交过程 （6.4.10条款）
		确认过程 （6.4.11条款）
		运行过程 （6.4.12条款）
		维护过程 （6.4.13条款）
		报废过程 （6.4.14条款）

图 A-3　ISO 15288 的过程集定义

产品，产品运用维护以满足客户要求。

（2）技术管理过程集（technical management processes）：关注于组织管理分配的资源和资产的管理，技术管理关注与项目技术活动，包括费用、时间和成果的规划，以及针对计划和绩效要求的度量与监控，确保满足规划要求，同时还包括支持项目实施的决策、风险管理、构型管理、信息管理和质量保证活动。

（3）合约过程集（agreement processes）：适用于项目层或组织层，考虑组织作为系统的获得者或提供者的角度，包括获得系统的采购过程和提供系统的供给过程。

（4）组织项目使能过程集（organizational project-enable processes）：适用于组织层，关注于确保资源对项目的使能作用，在策略层面通过对项目提供资源和资产以及部署关注组织业务的管理和改进，以满足组织相关方的需要和期望。

ISO 15288 围绕产品系统生命周期，本质上属于传统系统工程（traditional systems engineering）的范畴，但在四大过程集中，合约过程集和组织项目使能过程集的过程更多适用于组织层而不是项目层，即涉及公司的采购供应链、基础设施、人力资源、核心能力建设、质量管理等工作。除从产品系统工程的"使能"角度考虑之外，还应该从企业系统工程的企业市场战略规划、企业内部流程和架构优化、企业绩效管理、投资管理、项目群统筹管理等角度考虑。

ISO 15288 标准对产品的生命周期过程集定义，是中国商飞公司产品系统工程活动定义的重要参考。

A4 EIA/IS 632

EIA/IS 632 系统工程过程（process for engineering a system），是由美国的电子工业协会（EIA）和系统工程国际委员会（INCOSE）联合开发的，于 1999 年发布。

EIA/IS 632 定义了在一个典型的产品开发项目中运用的系统工程过程的系统工程过程集合，帮助指导系统的工程活动。该标准围绕产品研制，把系统工程活动分成了技术管理、采购与供应、系统设计、产品实现和技术评估五大过程，如图 A-4 所示。

针对图中的每一个过程，EIA/IS 632 均提出了若干过程总体要求和详细建议

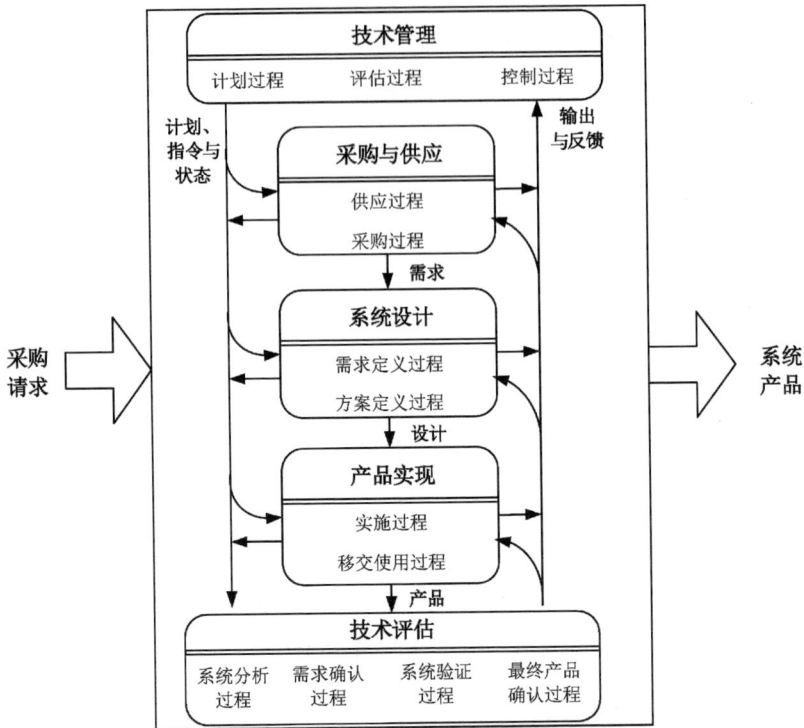

图 A-4　EIA/IS 632 的系统工程过程集

要求，同时，EIA/IS 632 围绕产品强调了最终产品和使能产品的概念，并阐述了自顶向下分层构建块的设计理念。

　　EIA/IS 632 的过程集合定义和产品系统的理念是中国商飞公司产品系统工程范围和过程定义的重要参考。

A5　CMMI

　　能力成熟度模型集成（CMMI）是目前业界最为流行的过程改进模型，前身是软件能力成熟度模型（CMM），最早由美国国防部委托美国卡耐基·梅隆大学软件工程研究院（SEI）联合业界几十家著名公司形成的过程改进模型，其推出后在软件业界取得巨大成功，后被各个领域所借鉴，相继又衍生出了多个系统工程模型，包括 SECAM（system engineering capability assessment model）（来自 INCOSE）、EIA/IS 731 SECM（system engineering capability model）（来自 EIA）、集成产品开发能力成熟度模型(IPPD－CMM)（来自美国 DoD）、项目管理能力成熟度模型（PM－CMM）、人力资源管理能力成熟度模型－1880611087MM 等。

鉴于各种衍生模型纷繁复杂，在 2001 年，SEI 联合美国国防部和国防工业协会，与 FAA、波音公司、军方、洛克希德·马丁公司等超过 30 家组织或企业一起，把软件工程能力成熟度模型 CMM 2.0 版、系统工程成熟度模型 EIA/IS 731 以及集成产品开发能力成熟度模型 IPD CMM（IPD）0.98a 三者进行了"集成"，形成了"能力成熟度模型集成"（CMMI），目前最新已发展到了 V2.0 版。CMMI 为改进一个组织的各种过程提供了一个单一的集成化框架，消除了各个模型的不一致性，减少了模型间的重复，增加了透明度和理解，建立了一个自动的、可扩展的框架，因而能够从总体上改进组织的流程质量和效率。

CMMI 模型组目前包括 3 个子模型：CMMI－DEV（研发）、CMMI－SEV（服务）和 CMMI－ACQ（采购）。CMMI 模型主要基于如下几个重要概念（见图 A－5）。

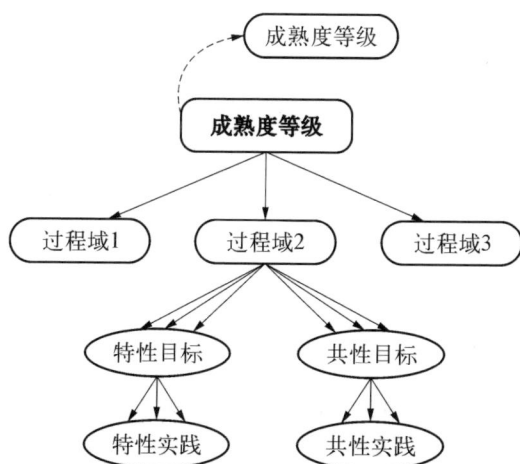

能力成熟度模型集成（CMMI）

过程域

组织绩效管理,原因分析
与解决方案

成熟度5级——持续优化级

组织过程绩效,定量
项目管理

成熟度4级——量化管理级

需求开发,技术方案,产品集成,验证,确认,组织
过程焦点,组织过程定义,组织培训,集成化项目管理,风险管理,决策分析与解决方案

成熟度3级——已定义级

需求管理,项目策划,项目监控,供应商协议管理,过程和产品质量保证,度量分析,配置管理

成熟度2级——已管理级

无特定要求

成熟度1级——初始级

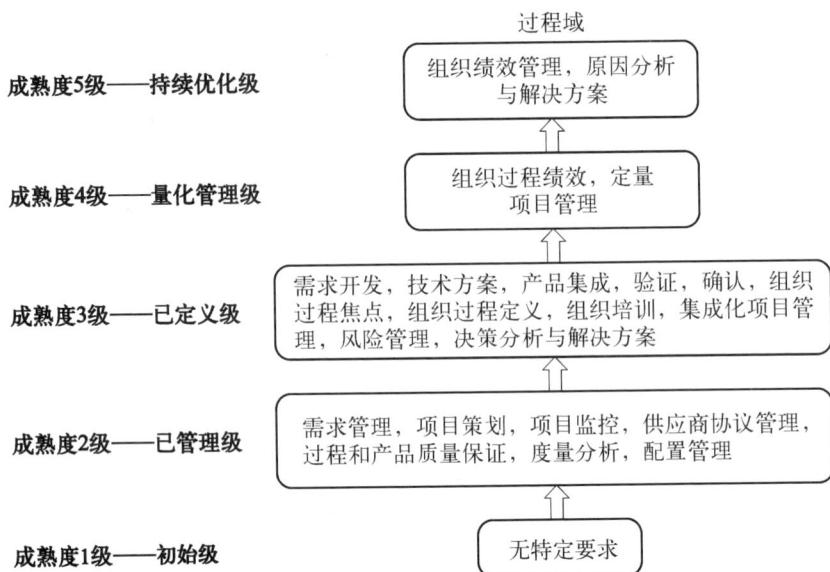

CMMI 的 5 个能力成熟度等级和 22 个过程域

图 A-5 CMMI 定义

(1)能力成熟度。CMMI 的阶梯式表达法,把所有组织的能力成熟度分成 5 级,每一级都在上一级的基础上有对应的组织能力提升,级别越高,组织的能力越强。

(2)过程域。属于某个过程领域彼此相关的过程实践集合,当这些实践共同执行时,可以达到该领域过程改进的目的。CMMI 共有 22 个过程域,从 2 级起,每一个能力成熟度等级均包括一些过程域,过程域按照类型分成组织、工程、项目管理和支持 4 类。

(3)特性目标和共性目标。属于过程域中的目标要求,特性目标是过程域特有的,而共性目标是所有过程域通用的目标。

(4)特性实践和共性实践。属于目标下的具体实践要求。目前全球已有上万家企业、组织在企业内部的多个组织单元(类型包括系统、软件、硬件、服务等各方面)内部建立了工程过程组(EPG),推行过程改进,并通过官方授权的专业评估组的评估,达到了 CMMI 能力成熟度 2~5 级的能力水平。

CMMI 为中国商飞公司的系统工程能力评估、体系建设、推进和持续改进工作提供了重要参考。

附录 B 常用工具方法

B1 质量功能展开

质量功能展开（QFD）提供了一套分析用户需求并将其落实到产品生产与质量控制的具体措施中的方法。其核心是将质量的定义从满足设计需求转变为满足客户需求，并将这些需求转换成最终产品的设计特征，继而配置到制造过程的各工序上和生产计划中。

QFD 方法最早产生于日本造船业，后传入美国。美国学者豪瑟（Hausser）和克劳辛（Clausing）在这一方法的基础上进一步提出了质量屋（HoQ）的概念，实际上是一种图形化的二元矩阵展开表，目前成为建立 QFD 系统的基本工具，用于将客户需求逐步转换为产品的技术特征（零件特征、工艺特征），如图 B-1 所示。

在图 B-1 中：

（1）WHATs 代表客户需要或需求，WHATs 是通过一组环境从客户收集来的，WHATs 可以是顶层的需求，如航程、商载荷或派遣可靠性，或特定的客户选项，如乘客娱乐。

（2）建立客户需要是 QFD 过程中一个特别关键的因素。这是因为客户甚至工程师，可能都没有理解一个需要和一个方案之间的区别。在这个阶段，最重要的是要聚焦需要，而不是方案。

（3）如客户是否需要在货舱段增加一个额外的门，或他们是否需要改进通风

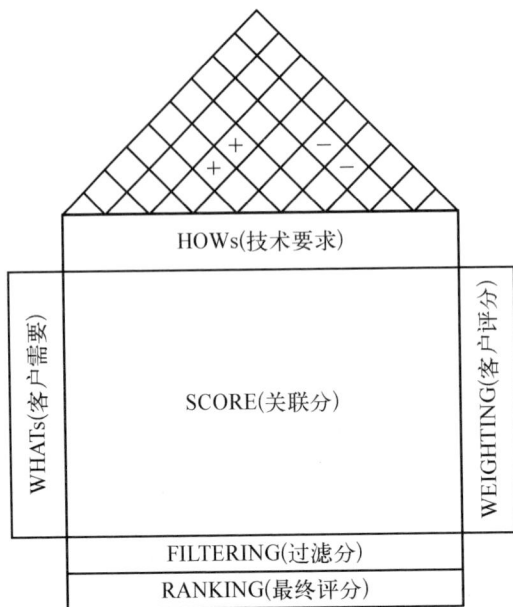

图 B-1 QFD 中的质量屋

效果？改进通风效果是一个确认的需要，但是增加一个额外的门只是多个可能方案中的一个。针对这些方案的比对是综合过程中的一部分，改进通风效果才是 QFD 过程中正确的需要。

（4）HOWs（技术要求）是作为 WHATs 的备选解决方案，HOWs 由系统工程师开发，并由客户批准。

（5）SCORE（关联分）是一个量化值，这个值体现一个特定的 HOW 贡献于一个 WHAT 的重要程度。SCORE 分是在一个和客户一起的联合工作组环境中获得的。确定更优方案的时候，非线性的打分系统是非常有用的。例如，一个打分系统可能是 0（不重要）、1（略微重要）、3（中等重要），以及 9（非常重要）。

（6）WEIGHTING（客户评分）是一个量化值，这个值反映了 WHAT 对客户的重要程度。WEIGHTING 是由客户单独确定的。

（7）FILTERING（过滤分）是一个量化值，这个值体现了如开销、进度和风险等因素。

（8）RANKING（最终评分）是由客户评分乘以关联分决定的，把产品的每个 HOW 进行累加，最后加上 FLTERING 值，最终确定的一个量化值。

质量屋的屋顶相关关系矩阵部分反映的是 HOWs 之间是否正相关（+）或负相关（-）。例如，任何客户选项都会增加重量，同时减少航程。当选择最终的概念（一组 HOWs）时，应考虑最终评估分和相关关系矩阵。

由于商用飞机型号产品的开发一般要经过不同层级的若干个阶段。因此，有必要对不同阶段质量功能进行展开。根据下一个阶段的输入就是上一个阶段的输出的原理，各个产品研发阶段均可建立质量屋，且各阶段的质量屋内容上存在内在的联系。上一阶段的 HOW 将转化为下一阶段质量屋的 WHAT。如图 B-2 所示，产品规划矩阵（HoQ1）将客户需求转换为产品的技术要求；在零件配置矩阵（HoQ2）中继而根据技术要求形成产品的物理结构（零件特征），即建立需求与其物理实现形式之间的映射；在工艺规划矩阵（HoQ3）中，进一步根据零件特征建立其生产加工工艺（工艺特征）；最后，在工程/质量控制矩阵（HoQ4）中，将产品的工艺特征对应到其生产的质量控制方法上。

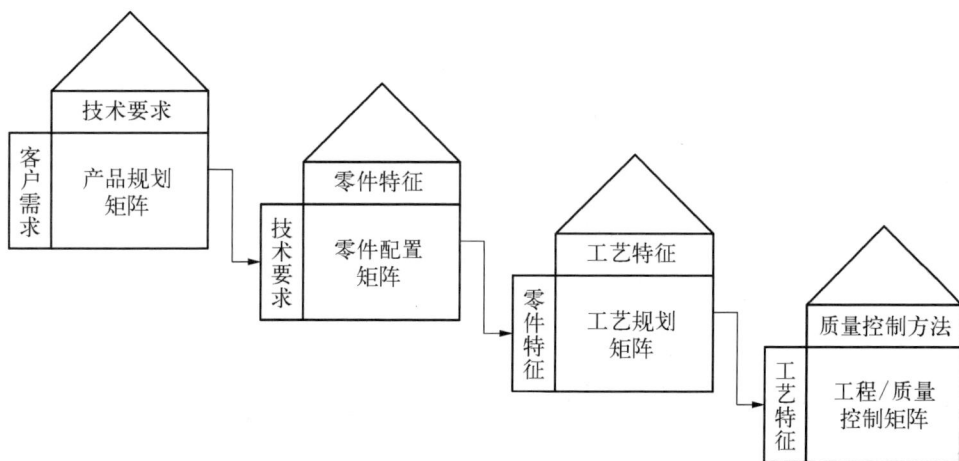

图 B-2 QFD 中需求的瀑布式分解过程

B2 UML/SysML 建模语言

B2.1 SysML 概述

SysML（systems modeling language），即系统建模语言，它是一种表述、分析、设计以及验证复杂系统的通用图形化建模语言，复杂系统可能包括软硬件、信息、人员、过程和设备等其他系统元素。SysML 是在 UML（unified modeling language）基础上进一步开发和完善的建模语言，应用范围更为广泛。UML 和 SysML 的关系如图 B-3 所示。

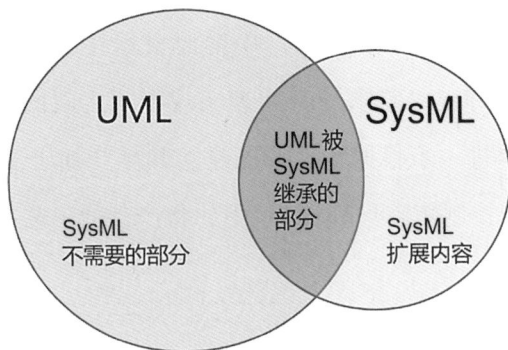

图 B-3 UML 和 SysML 的关系

UML（又称"统一建模语言"）是一种图形化的建模语言，主要用于对软件系统进行建模。同时，用户可以利用 UML 提供的扩展机制对 UML 进行扩展，以满足特定领域的建模需求。

系统工程比软件领域覆盖范围更广，除了可能包含的软件组件之外，可能还包括硬件、人员、设施、过程等更多的系统元素。系统工程师基于 UML 进行建模工作，并不能很好地描述系统。也就是说在系统工程领域，UML 存在"盲点"，基于当前已有的 UML 元素不足以对复杂系统进行充分的、有效的表达。因此，系统工程领域在寻求一种更为广泛的建模语言，因此逐渐形成了 SysML 语言。

SysML 和 UML 间存在交集，即 SysML 语言中的部分图和 UML 中的相应图是一致的，如用例图。同时，SysML 也有基于 UML 扩展而来的图，如活动图。另外，还有一部分图是 SysML 所特有的，这些图与 UML 间没有关系，如需求图。

SysML 建模语言中的图类型如图 B-4 所示，可以概括为"四类九种"。四类图包括行为图、需求图、结构图和参数图，这四类图包含九种模型图。行为图包含活动图、顺序图、状态机图和用例图；需求图既是一种类型，也是一种图形。结构图包含模块定义图、内部模块图和包图；参数图是一种特殊的内部模块图。

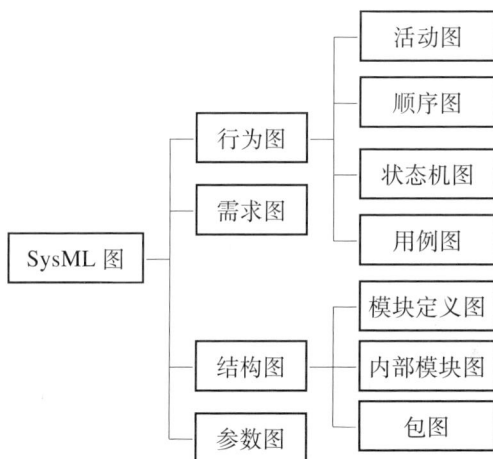

图 B-4 "四类九种"图形结构

九种图形的缩写及用途如表 B-1 所示。

表 B-1 九种图形的缩写及用途

图类型	缩写代码	类 型 图 用 途
模块定义图	bdd	一种结构图，与内部模块图及参数图互补，用于描述系统的层次以及系统/组件的分类
内部模块图	ibd	一种结构图，与模块定义图及参数图互补，通过组件（parts）、端口、连接器来用于描述系统模块的内部结构

图类型	缩写代码	类 型 图 用 途
用例图	uc	一种黑盒视图，是系统功能的高层描述，用于表达系统执行的用例以及引起系统执行行为的参与者
活动图	act	一种行为图，主要关注控制流程，以及输入转化为输出的过程
顺序图	sd	一种行为图，主要关注并精确描述系统内部不同模块间的交互
状态机图	stm	一种行为图，主要关注系统内部模块的一系列状态以及在事件触发下的不同状态间的转换
参数图	par	SysML 特有的图，与模块定义图及参数图互补，用于说明系统的约束
需求图	req	用于表述文字化的需求、需求间的关系，以及与之存在满足、验证等关系的其他模型元素
包图	pkg	一种结构图，以包的形式组织模型间的层级关系

SysML 通用图形表述如图 B－5 所示，每个 SysML 图都有图外框、头部以及内容区域三部分组成。图外框是指图的外部黑色实线，在 SysML 中外框不能省略。内容区域是存放 SysML 模型元素的地方。头部位于图的左上角，对模型图的类型、名称、模型元素类型及名称进行概要性描述。

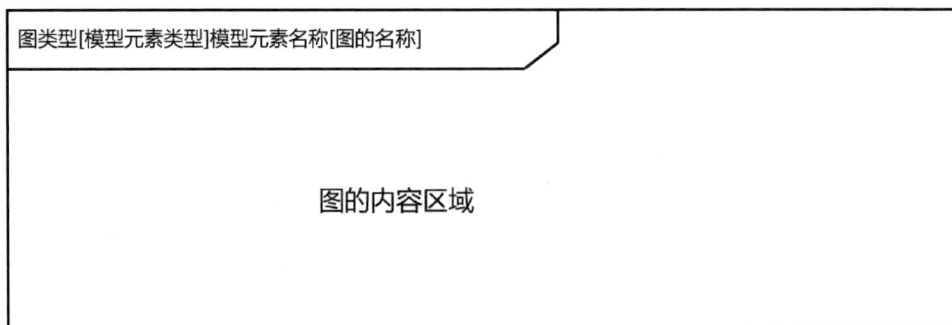

图类型[模型元素类型]模型元素名称[图的名称]

图的内容区域

图 B－5　SysML 通用图形

B2.2　SysML 常用建模流程示例

B2.2.1　常用建模顺序

一般按照用例图、活动图、顺序图、状态图、模块定义图、内部模块图的顺序开发模型。

（1）用例图代表系统的功能。

（2）活动图本质是一种流程图，着重表现从一个活动到另一个活动的控制流。

（3）顺序图描述对象之间（飞机刹车系统本身与外部参与者）发送消息的时间顺序。

（4）状态图定义系统的状态及依赖于状态的行为、分析系统状态之间的转换及伴随转换的行为。

（5）模块定义图描述系统的组成结构。

（6）内部模块图定义系统内部各子系统之间的接口。

以下采用飞机地面减速场景的模型开发过程为例说明建模流程。

B2.2.2　用例图

用例图通过描述系统用户和系统之间的交互来"捕捉"系统的功能性需求。给定的系统用户可以是系统外部的人或其他系统。用例图由包含多个用例的系统边界构成。参与者（actors）在系统边界外，与用例（use cases）用连接线相连，典型用例图示例如图 B‑6 所示。

图 B‑6 中主要元素说明如下所述。

（1）用例（use case）⬭：用例定义了系统边界。用表示最终目标的动词命名用例。

（2）参与者（actor）👤：外部用户的参与者。外部用户可以是人或其他系统。采用特定领域、基于角色来命名参与者。

（3）系统边界框（system boundary）▣：参与者与系统的边界。

（4）关联（association）⌐：连接一个参与者和一个用例，表示哪个参与者执

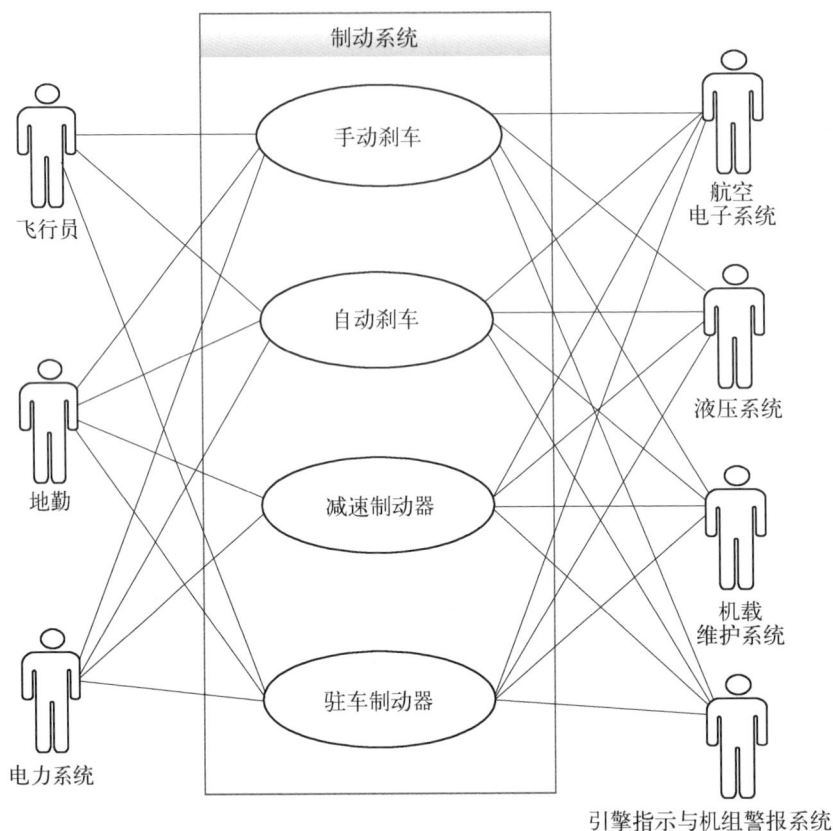

图 B-6　典型用例图示例

行哪个用例。

B2.2.3　活动图

活动图将"执行流"分解为一系列操作和子活动,表示工作流、商务活动或算法。活动图可以是简单的操作序列,也可以是复杂的带条件的分支和并行的序列。典型活动图示例如图 B-7 所示。

图 B-7 中主要元素说明如下所述。

(1)行动(action)□:行动表示了原始的操作,包含发送至/接收到的参与者消息。

(2)控制流(control flow)↘:活动之间用控制流连接。过渡态进入一个行动后,行动开始执行。活动执行完毕,过渡态的"守卫"条件满足,进入该过

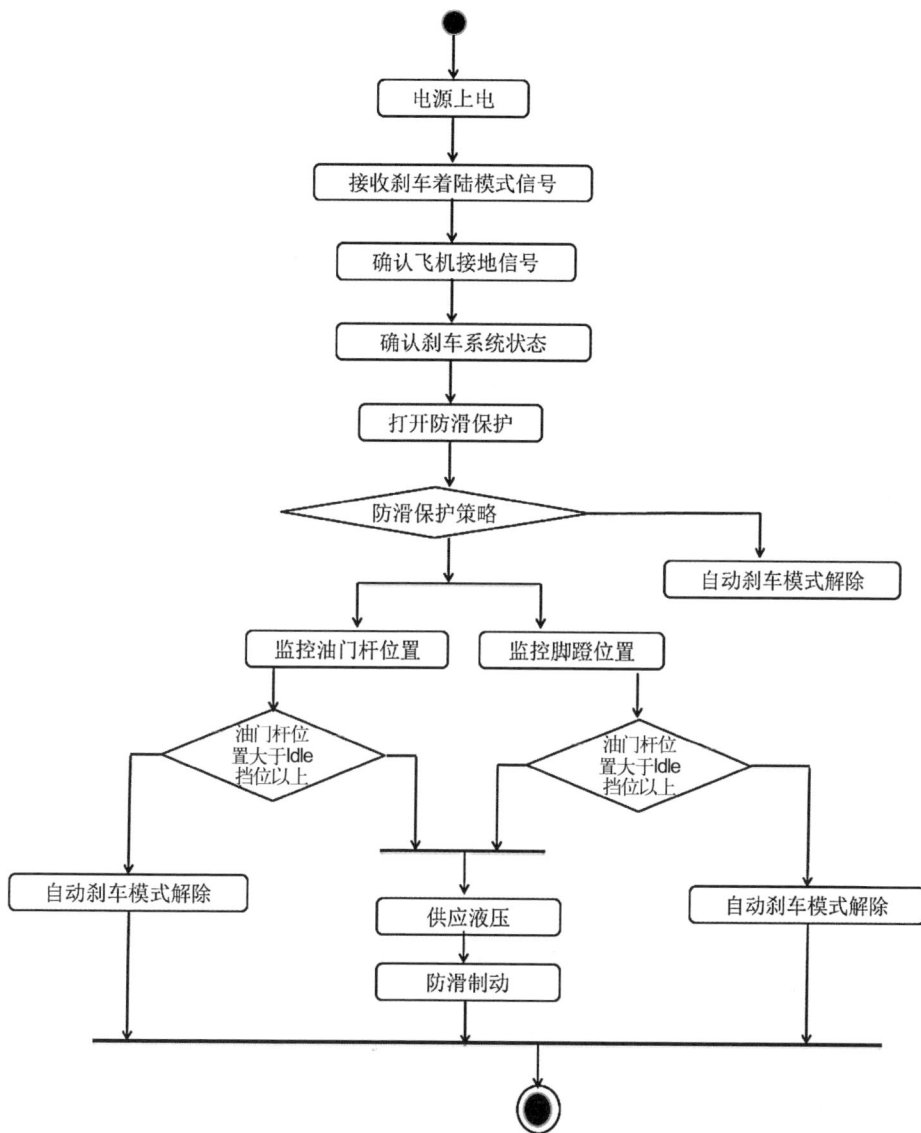

图 B-7　典型活动图示例

渡态。

（3）初始流（initial flow）↘：活动图中开始行动前的控制流。

（4）派生节点（fork node）⚏：连接单个控制流和多个并行的活动的混合型控制流。

（5）连接节点（join node）✙：合并多个并行活动的控制流的混合型控制流。

（6）合并节点（merge node）◈：将接收到的送至输出。与连接节点不同，在输出前，合并节点不要求所有的输入完成。

（7）泳道框（swim lane frame）▣：绘制包围整张活动集的方框，为划分泳道做准备。

（8）泳道分隔线（swim lane divider）⊞：在泳道框中放置垂直的划分线。泳道分隔线划分的实体执行泳道内的活动。控制流能够穿过泳道分隔线。

（9）决策节点（decision node）◇：将单个控制流分成多个带"守卫"（guard）控制流的条件连接点。分支的守卫应是算法条件，但不需要覆盖所有情况。当不能满足其余守卫，将默认进入守卫值为"else"的分支。

（10）活动终点（activity final）⊙：活动图控制流的终点。

B2.2.4　顺序图

顺序图展现参与者和块之间的交互，详尽解释了用例图和活动图所明确的需求。顺序图代表一个用例的一个或多个场景。

顺序图由垂直的参与者和块的生命线构成，生命线上是一段时间内消息的相互传递，典型顺序图示例如图 B‑8 所示。

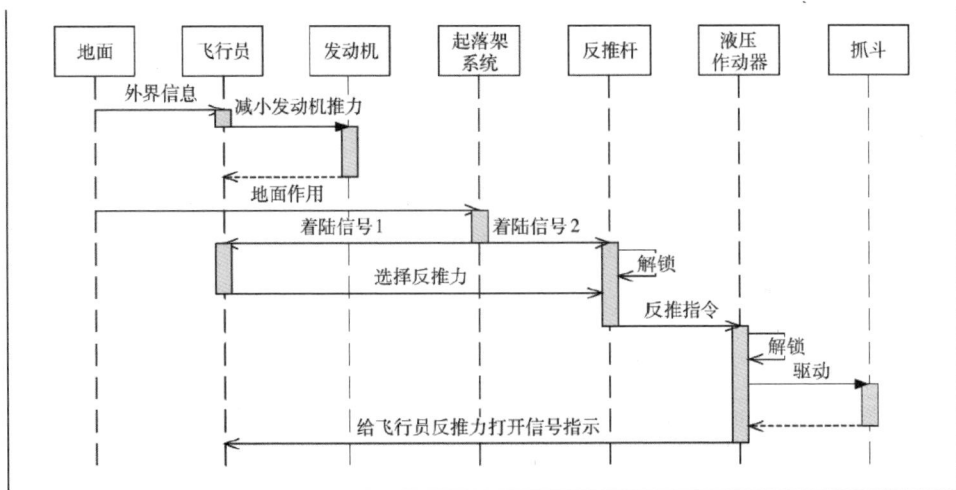

图 B‑8　典型顺序图示例

图 B-8 中主要元素说明如下所述。

（1）实例线（instance line）⚡：参与者或块的垂直生命线。

（2）消息（message）↘：两条生命线之间或反身至同一生命线的消息线。块之间所有的消息都认为是异步的。自回消息是同步的操作，表示块自身的行为。

B2.2.5 状态图

状态图展现了块在不同场景中基于状态的行为。状态图由过渡和多种连接符连接的状态集组成。事件可以触发一个状态与另一个状态的过渡。过渡和状态入口/出口可以执行行动。

状态图是描述块行为的经典方式，具有"反应能力"的块有"历史"并能对触发事件做出反应。建模中，持续"捕捉"块的状态，利用属性值和操作支持建模实现。典型状态图示例如图 B-9 所示。

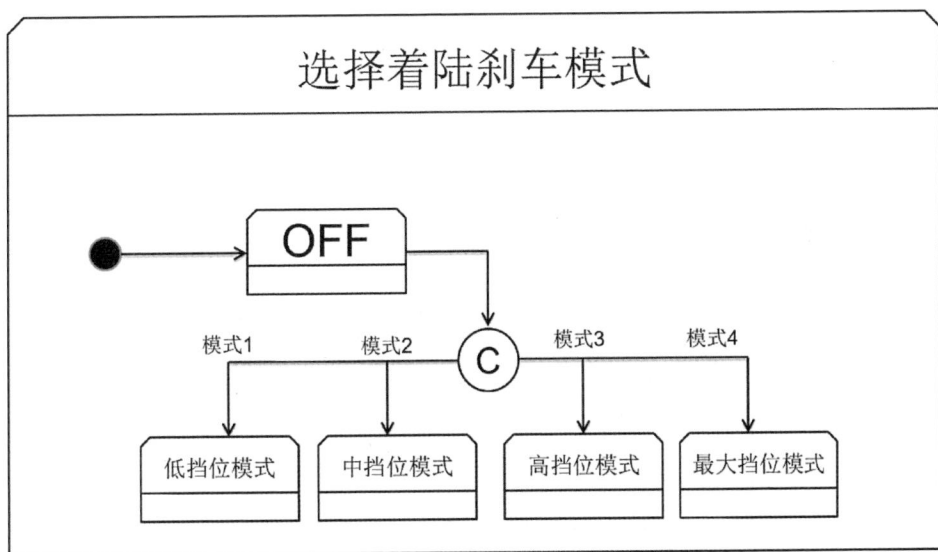

图 B-9　典型状态图示例

图 B-9 中主要元素说明如下所述。

（1）状态（state）▭：模拟块的生命中一段时间内执行一个活动或等待某个事件的发生。也可以用来表示相关的数值集。包含多个子状态的状态称为"或"

状态或组合状态。包含两个或多个并行域称为"与"状态或正交状态。行动可以在状态入口/出口处执行。

（2）转换（transition）↘：从某个状态的转换定义了某个状态对事件的反应。转换可以从一个或多个连接线进入，最终进入一个新的状态或返回原始状态。转换可以有行动和守卫条件。

（3）条件连接符（condition connector）ⓒ：将单个转换分为多个带守卫分支转换。守卫应该是正交条件，不需要覆盖所有可能。"else"条件表示其他条件不能满足的默认分支。

B2.2.6　模块定义图

SysML 的块定义图表示基本结构元素（block）和它们之间的关系/依赖性。基本结构性元素是子系统（subsystems）。典型模块定义图示例如图 B－10 所示。

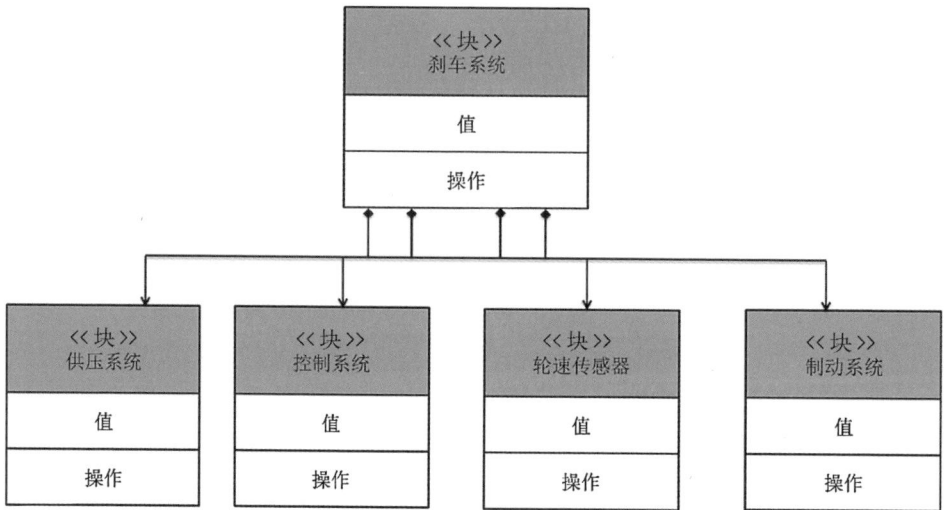

图 B－10　典型模块定义图示例

图 B－10 中主要元素说明如下所述。

（1）块（block）▭：包含数据和行为的实体。一个系统块可以分解为多个子块。

（2）连接（association）└┐：表示系统块和参与者之间的双向关联。

B2.2.7 内部模块图

内部块图表示了块定义图中定义的系统结构的实现方式。内部块图由一系列的嵌套的部件（即块的实例化）组成，部件之间以端口和连接线的方式表示相互连接，典型内部模块图示例如图 B-11 所示。

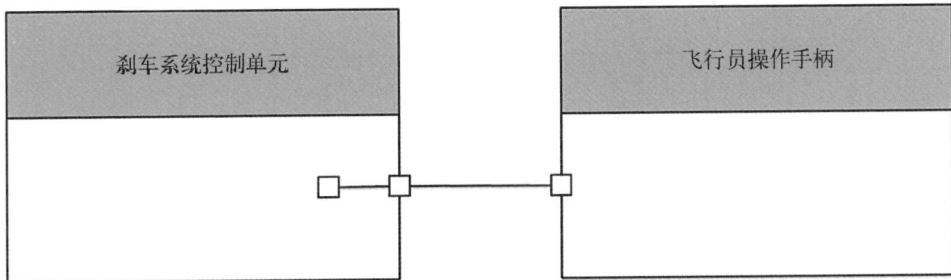

图 B-11 典型内部模块图示例

图 B-11 中主要元素说明如下所述。

（1）标准端口（standard port）⊟：分配给一个块的带名称的交互点，实例化的块能够通过它交换消息（messages）。

（2）流端口（flow port）⊟：明确了块与环境之间流动的输入项与输出项。输入项输出项可能包含数据和物理实体（如流体、固体、气体和能量）。

（3）连接线（connector）└┐：表示两个端口之间的连接，信息传递通过端口中的接口实现。当两个部件有相同的父级部件时，两个块之间用单条连接线；当两个部件有不同的父级部件时，两个部件之间的连接线需要多个连接线通过代理端口连接。

B3　N^2 图

N^2 图是实际上就是一种 $N×N$ 的交互矩阵，用来从系统的观点表达和确认主要功能之间的交互关系或接口。

图 B‑12 是 N² 图表达形式的一个例子，系统的功能或物理组件放置在对角线上，$N×N$ 矩阵方形的余项代表（功能/物理）接口的输入和输出。如果有出现空白的地方，则表示相应的功能之间或物理组件之间没有接口。N² 图能连续拆解到较低层级直到组件功能层。除定义接口之外，N² 图还能确定功能接口之间可能出现冲突的区域，且突出表示输入和输出之间的相互依赖性。

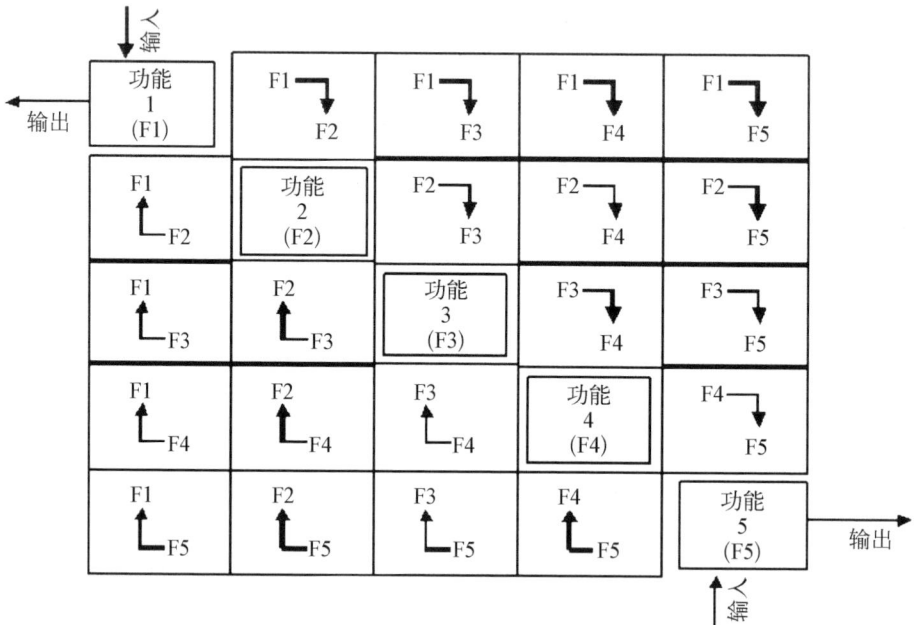

图 B‑12　某 N² 图的表达形式

B4　商用飞机型号项目利益攸关方清单

利益攸关方类型（type）	利益攸关方（stakeholders）	说明（note）
SH1 客户（customers）	★ SH1.1 航空公司	
	★ SH1.2 租赁公司	
	★ SH1.3 飞行员	机长、副驾驶
	SH1.4 乘务员	除飞行员以外的机组人员

利益攸关方类型（type）	利益攸关方（stakeholders）	说明（note）
SH1 客户（customers）	SH1.5 地勤人员	指航空公司的地勤人员
	★ SH1.6 维修人员	飞机地面检修、维修
	★ SH1.7 签派人员	指航空公司的签派员
	★ SH1.8 乘客（间接）	
SH2 运营保障 （host-country corporation）	★ SH2.1 机场	
	SH2.2 塔台人员	空管人员
	SH2.3 地面维护人员（GSE）	机场的地勤人员
SH3 投资方（investors）	★ SH3.1 政府	
	★ SH3.2 企业/集团	
SH4 供应商（suppliers）	SH4.1 设计供应商	
	SH4.2 制造供应商	包括原材料/成品件、生产线、工装供应商等
	SH4.3 试验供应商	
	SH4.4 服务供应商	
SH5 监管方 （government）	★ SH5.1 适航	
	★ SH5.2 飞标	
	★ SH5.3 空管	
	SH5.4 环保	
	SH5.5 安监	
SH6 主制造商（enterprise）	☆ SH6.1 顶层战略规划	
	☆ SH6.2 设计	
	☆ SH6.3 制造	
	☆ SH6.4 客服	
	☆ SH6.5 试飞	
	☆ SH6.6 供应链	
	☆ SH6.7 质量	

（续表）

利益攸关方类型（type）	利益攸关方（stakeholders）	说明（note）
SH6 主制造商（enterprise）	☆ SH6.8 法律	
	☆ SH6.9 财务	
SH7 竞争者（competitors）	★ SH7.1 直接竞争者	
	☆ SH7.2 间接竞争者	
SH8 非政府组织/团体（NGO/political groups）	SH8.1 环保协会	
SH9 地方社区（local communities）	SH9.1 地方社区	
SH10 分包商（sub-contractor）	SH10.1 培训分包商	
	SH10.2 维修分包商	
	SH10.3 物流分包商	
SH11 贸易组织（trade associations）	SH11.1 国际贸易组织	

注：星号代表利益攸关方的重要程度。

★ 一级利益攸关方，缺乏对其需求的考虑则无法通过阶段评审。

☆ 二级利益攸关方，缺乏对其需求的考虑仍可以通过阶段评审，但建议补充。

表中重要程度的分类仅供参考，可根据型号项目的实际情况相应调整。

B5 功能流框图

功能流框图（FFBD），又称为功能流图或功能框图，定义了系统的功能，并描述了功能事件的时序，是一种多层的、步骤化的功能流程图。用于描述不同子功能（任务）之间的逻辑关系和顺序。

功能流图在1950年左右提出，并从19世纪60年代开始被NASA等广泛用于系统工程领域中的业务流程建模。图B-13是一种功能流图的表达形式。

如图B-13所示，功能流图由不同的功能模块组成，分别代表一项需要完成

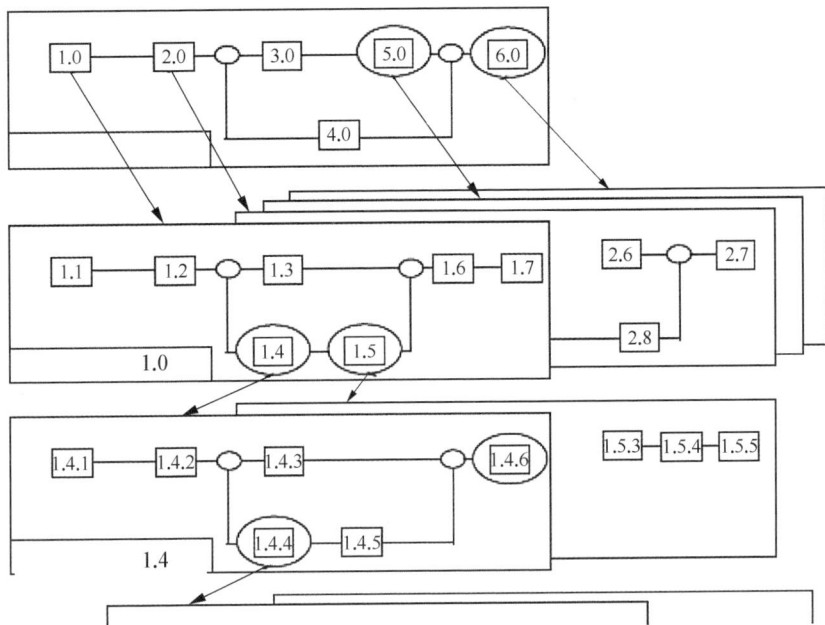

图 B-13　一种功能流图的表达形式

的、明确有限的离散行动。功能架构由一系列层次化的框图开发，说明功能分解并展示功能之间的逻辑次序关系。模块用统一编号的方式标识。通过编号建立贯穿整个框图的标识和关系，并利于从底层到顶层的追溯。第一层（顶层）框图的每个模块可以扩展为第二层框图的功能序列，以此类推。连接功能的线段表明功能流，而非时间推进或即刻活动。框图通常按流从左向右展开，每个框图同时显示输入和输出，箭头的方向指示流向。每个框图包含相对其他框图的参照，有利于在不同框图之间切换。框图之间的圆表示逻辑门，包括"与""或""继续/终止"，有时为增强功能，还用到异或、迭代、重复及循环等逻辑。与门用来呈现并行功能，所有条件都满足才能推进。或门用来表示满足推进的路径选择。

　　功能流框图提供了对系统全部运行操作的理解，可作为进一步系统开发的基础。不同的功能流框图可能用于描述各种满足特定功能的方法，直接获取相关数据方案选定最终的功能流框图，最终汇入工作分解结构从而决定整个设计任务的组织与成本情况。

B6　IDEF0 功能建模

IDEF 方法是美国空军 20 世纪 70 年代末提出的一种结构化的用于复杂系统分析与设计的方法，包括 IDEF0 功能建模、IDEF1 信息建模、IDEF2 系统模拟仿真、IDEF3 过程描述、IDEF4 面向对象的设计方法等。

IDEF0 基于功能分解的单元对系统进行建模，描述系统的功能活动及其联系，适合于复杂系统的功能说明。对于某个新系统来说，IDEF0 能够描述新系统的功能及需求，进而表达一个能符合需求及能完成功能的实现。对已有系统来说，IDEF0 能分析应用系统的工作目的、完成的功能及记录实现的机制。在这两种情况下都能够通过建立一种 IDEF0 模型来体现。

IDEF0 模型的基本要素包括功能活动框、输入、输出、控制和机制等。功能活动框指某种系统功能，一般用动宾短语来描述；输入是指完成某项活动所需的内容；输出是指执行活动产生的内容；控制指外部控制条件或环境；机制说明活动由什么来完成，如图 B-14 所示。

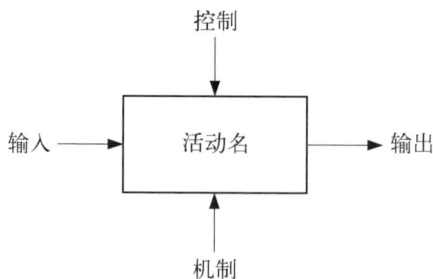

图 B-14　IDEF0 基本模型

IDEF0 方法采用严格的自顶向下地逐层分解的方式来构造模型，使其主要功能在顶层说明，然后分解得到逐层有明确范围的细节表示，每个模型在内部是完全一致的。图 B‑15 所示为自顶向下的递归分解结构，该图说明了此系统的作用和范围，图中以阶层式往下展开各下一层级功能。其中的活动框代表系统中的功能或是活动，箭头代表方格中的活动与外界联系的接口。左端为输入的物料、信息对象，右端为输出的物料、信息对象，上方为控制活动框运作的条件，下方为支持活动框的机制，以上四种接口表达系统架构中功能执行时的所有变化以及所需的环境，而活动与活动之间箭头流向表示了物料流与信息流的走向。

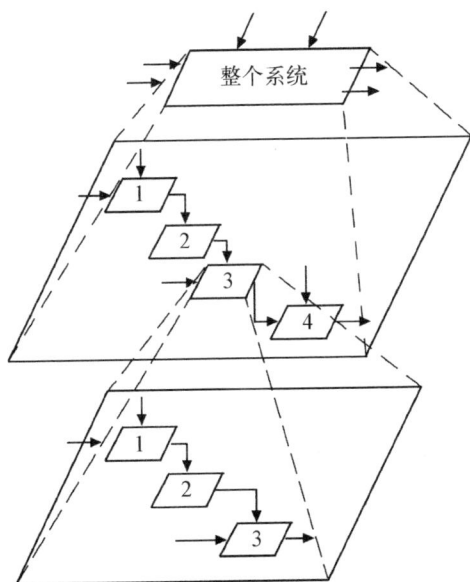

图 B‑15　自顶向下的递归分解结构

B7　故障树分析

故障树分析（FTA）是一种对复杂系统，或影响飞机安全和任务完成的系统常用的安全性、可靠性分析方法。它通过演绎的故障分析法研究系统特定的不希望发生的事件，即顶事件。通过自顶向下严格按故障的层次进行因果逻辑分析，逐层找出故障事件的必要而充分的直接原因，画出逻辑关系图（故障树），最终找出导致顶事件发生的所有原因和原因组合。由分析结果可以确定被分析系统的薄弱环节、关键部位、应采取的措施、对可靠性试验的要求等。对最终故障树来说，可以确定该顶事件的各种可能的潜在故障，揭示系统内部的联系，指导故障诊断和维修方案的制订，确定系统检测装置的最佳配置等。

建造故障树需要一些表示逻辑关系的门符号和事件符号，借以表示事件之间的逻辑因果关系。包括如下内容：

（1）事件。指在故障树分析中各种故障状态或不正常情况，根据在故障树中所处的位置，分为顶事件、中间事件、底事件、外部事件和非扩展事件。

（2）逻辑门。描述了输入事件与输出事件间的因果关系。常用的逻辑门包括与门、或门、非门等。

（3）转移符号。在故障树分析中，为了避免画图重复，也为了使图形简明，使用了转移符号。分为相同转移符号与相似转移符号两种。

图 B-16 是一个故障树示例。建立故障树时，先写出顶事件表示符号作为第一行，在其下面并列写出导致顶事件发生的直接原因——包括硬件故障、软件故障、环境因素、人为因素等作为第二行，把它们用相应的符号表示出来，并用适合它们之间逻辑关系的逻辑门与顶事件相连接。如果还要分析导致这些故障事件发生的原因，则把导致第二行那些故障事件发生的直接原因作为第三行，用适当的逻辑门与第二行的故障事件相连接。按照这个线索步步深入，一直追溯到引起

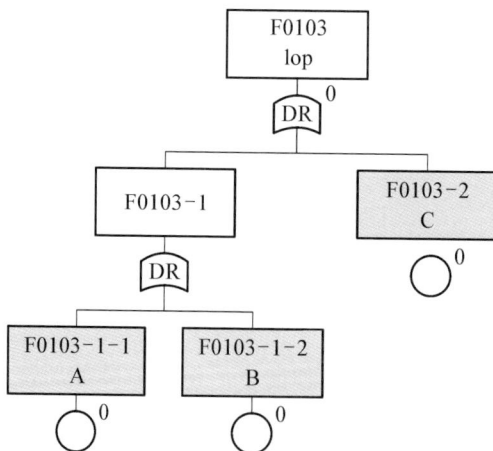

图 B-16　故障树示例

系统发生故障的全部原因，或其失效机理和概率分布都是已知的，直到无须继续分析其原因为止（此时故障事件称为"底事件"）。

B8 相关图分析

相关图（DD）作为替代故障树分析的一种安全性分析方法，也可用图形的方法表示失效组合并进行概率运算分析，其过程、方法与故障树分析相似。两者之间的区别如下：在相关图中没有像故障树分析中的与门、或门等逻辑符号，其逻辑关系用方框以并联或串联的方式表示，并且相关图也无法表示中间事件。相关图和故障树分析在商用飞机系统安全性设计与评估中的作用完全相同。

由于相关图的分析过程和方法与故障树分析相似，这里不再详细叙述其分析过程和方法，仅介绍相关图特有的表示方法和相关问题，如基本逻辑布局、基本分析程序、不同事件的图形化表示。

相关图通常由矩形框构成。与故障树分析中使用各种形状的方法类似，矩形框的不同形式可以用来描述不同的情形。如图 B-17 所示，每个相关图代表一个失效状态（不期望顶事件）。相关图由矩形框构成，这些矩形框表示导致顶事件的故障事件，它们以串联或并联的方式布局。串联链表示"或"的情况，并联链则表示"与"的情况。

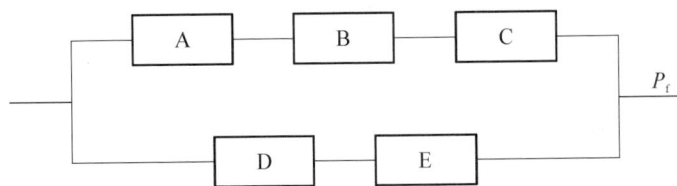

图 B-17 串/并联组合

图 B-17 中 DD 总的失效状态概率 P_f，可由下列公式近似给出：

对于每次飞行 $P_f = (P_f A + P_f B + P_f C)(P_f D + P_f E)$。

图 B-17 所示的布局是经过简化的串/并联组合，以介绍其逻辑运算的基本原理。在实际运用中，相关图可能会非常复杂，如在整个相关图中多次出现同一个故障事件。此时，需要通过布尔代数化简的方法来生成最小割集，完成概率运算。相关图使用最小割集的方法进行定性和定量分析，与故障树分析方法完全相同。

B9　马尔可夫分析

在系统安全性分析中，马尔可夫模型（链）代表各种不同的系统状态，以及它们之间的相互关系。这些状态或者可能是工作的或者不工作的。从一种状态到另一种状态的转换率是失效和修复率的函数。因为系统在开始的状态是已知的，所以可预置系统特定状态的概率为 1 以及系统所有其他状态的概率为 0。在某时间 t，在任何马尔可夫链状态中，有一个有限的概率存在。在所有可能的状态下，存在概率的总和必须等于 1。通过解从马尔可夫链派生出的一组微分方程得出状态概率。每个状态都是相互排斥的，因为在任何给定的时间内，系统仅可能在一个状态下。最后的失效状态通常是系统的所有的冗余被耗尽的状态或者没有任何更多的工作状态。

马尔可夫分析方法对系统进行失效率分析的一般过程如下：

（1）应观察系统的运行状态，分析系统的组成单元。

（2）准确定义其中的各种状态，确定状态间的转移关系，画出状态转移图，如图 B-18 所示。

（3）依据状态转移图，给出状态转移矩阵，列出状态转移微分方程组。

（4）求解微分方程，并根据系统失效与单元失效的相互关系，求出系统失效概率。

通常，一个状态概率的改变是由离开和进入该状态的流动引起的。沿着一个转换的流动是沿着该转换的转换率和在该转换起点状态概率的乘积。负号表示系统以该转换率离开该特定状态，而正号意味着系统以该转换率进入新的状态。

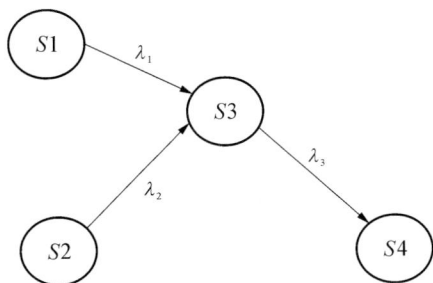

图 B‑18　马尔可夫输入、输出转换进/出状态示例

B10　CMMI 评估

由于组织的系统工程能力的建设和完善无法一蹴而就，因此针对系统工程的过程改进，需要理清轻重缓急、强弱优劣、依赖顺序，利用有限资源重点击破、分步分阶段实施。如何清晰地了解目前企业系统工程的整体能力水平和各领域的优劣势，识别哪些领域差距大、哪些领域更重要、哪些领域需要在一些领域完善后才能实施到位，同时对系统工程建设过程中逐步形成的流程、方法和工具，以及在项目中推广的效果，需要一套科学、合理、有效的评价和衡量机制指导实践的活动集合，及其客观科学且完整的评估评价手段。

系统工程建设工作最终应致力于公司的商业绩效和质量目标的提升，如通过实施有效的系统工程活动，能够使产品研发、制造和服务工作生产率提高，产品和服务质量提升，产品研制周期缩短，产品研制成本减少，利润上升，客户满意度上升等，通过这些才能表明系统工程活动的有效性，确保对过程改进的投入能够有合理的产出。因此，用过程改进思路来牵引系统工程建设和推广实施工作，引入能力成熟度模型集成（CMMI）这一套业界流行的最佳实践模型作为系统工程建设、评测和持续改进工作的参考。

能力成熟度模型集成是目前业界最为流行的过程改进模型，其前身是软件能力成熟度模型 SW‑CMM，最早由美国国防部委托美国卡耐基·梅隆大学软件工程研究院（SEI）联合业界几十家著名公司研发的过程改进模型。推出后在软件业界取得巨大成功，其能力成熟度、过程域要求和持续改进的理念一方面来源于各大公司的最佳实践，另一方面又提出了逐级上升的实施路径，并针对过程改进提出了建立、评估的方法和工具，具有较强的操作性，因此被各个领域所借鉴。

2001 年，SEI（目前已独立到 CMMI 研究院）把系统工程、软件工程和集成产品开发模型进行了"集成"，形成了能力成熟度模型集成（CMMI）。CMMI 目前包括 3 个子模型：CMMI‑DEV（研发）、CMMI‑ACQ（采购）和 CMMI‑SEV（服务），主要从研发、采购和服务 3 个方面，对相应的组织过程能力要求进行定义（见图 B‑19）。

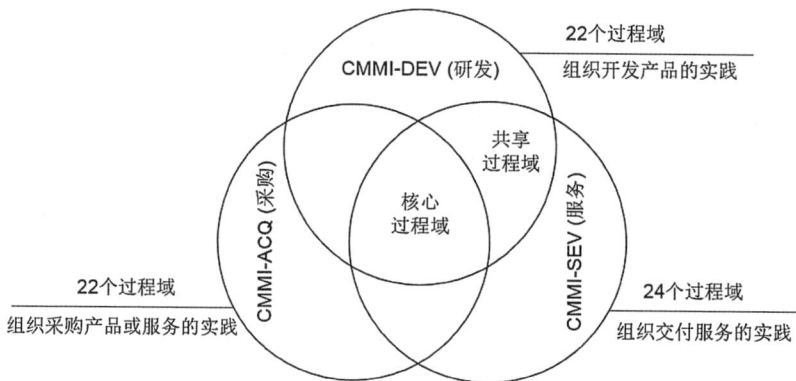

图 B‑19　CMMI V1.3 模型集

CMMI 定义一套指导企业从混乱的不成熟的活动改进成有序的过程的模型和方法，这套模型包含多个知识体系的有效过程的精髓，包括了行业内的最佳实践以支撑组织的改进工作。

CMMI 研发模型（CMMI‑DEV）包含了解决产品和服务开发活动中出现问题的最佳实践方法，覆盖从构思到交付和维护的整个产品生命周期的实践，强调根据工作的需要建立与维护整体工作产品。CMMI 服务模型（CMMI for service，CMMI‑EV）针对组织交付服务的最佳实践，而 CMMI 采购模型（CMMI‑ACQ）则针对组织进行产品和服务采购的最佳实践。

CMMI 模型中过程域（PA）的组成要素如图 B‑20 所示。

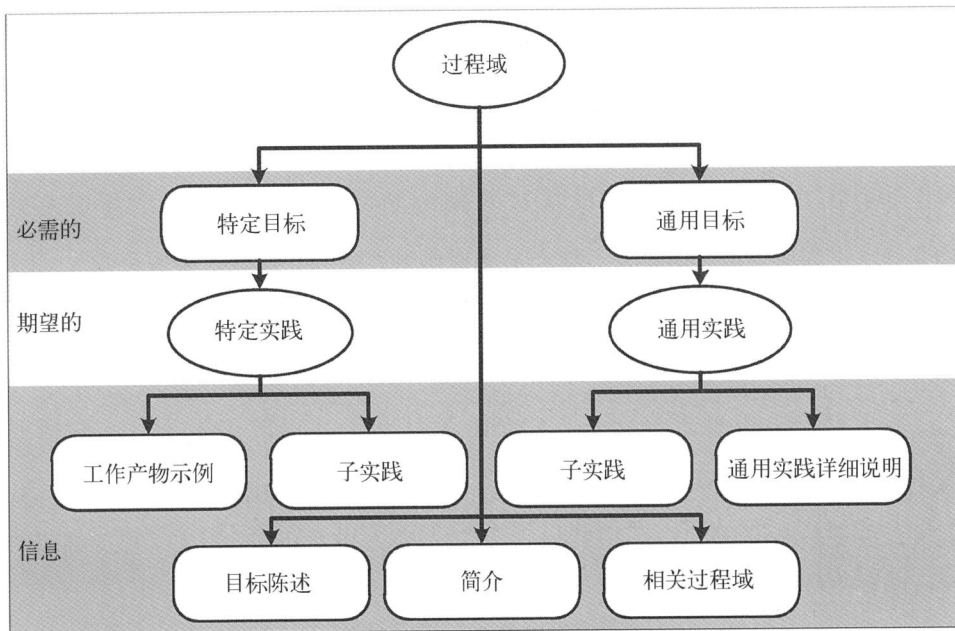

图 B‑20　CMMI 组成要素

每个过程域包括如下内容：

（1）特定目标（SG）和通用目标（GG）。

特定目标是用于描述过程域中必须完全满足的要求和特性，特定目标是必须要完成的模型组件，并且在评估过程中用于判断某个过程域是否满足要求，如配置管理过程域的一个特定目标是"建立并维护基线的完整性"。

通用目标之所以称为"通用的"，是因为同样的目标可用于所有的过程域。通用目标描述了在所实施的过程域中必须进行制度化的过程特性。同样，通用目标也是必要组件，在评估的过程中用于判定该过程域是否满足要求，如"过程实现制度化以形成一个已管理过程"。

（2）特定实践（SP）和通用实践（GP）。

特定实践是对实现特定目标相关的重要活动的描述说明。特定实践对实现一个过程域的特定目标的期待结果进行了描述。举例来说，项目监督与控制过程域

PMC 的一个特定目标 SG1 "按照计划监控项目的实际进度和性能"中的一个特定实践 SP1.1 是"按照计划监控策划参数的实际值"。

通用实践之所以称为"通用的"，是因为相同的实践应用在多个过程域。一个通用目标的通用实践对实现通用目标所需要的重要活动和过程域相关的规范流程进行了分解和阐述。

如通用目标 GG2 "过程作为可管理的制度化过程"中一个通用实践 GP2.3 是"为执行过程、开发工作产品和提供过程服务，提供足够的资源"。

（3）其他信息类内容：包括针对过程域的"目标陈述""简介""相关过程域"，针对特定实践的"工作产物""子实践"等。

除了 CMMI 模型本身之外，CMMI 还提出了过程改进的方法，包括如图 B‒21 所示的 CMMI 的初始化、诊断、建立、行动和推进（IDEAL）的方法，此方法主要参考了 PDCA 戴明质量环，在此基础上再度细化并提出了更加细节的持续改进的模型。

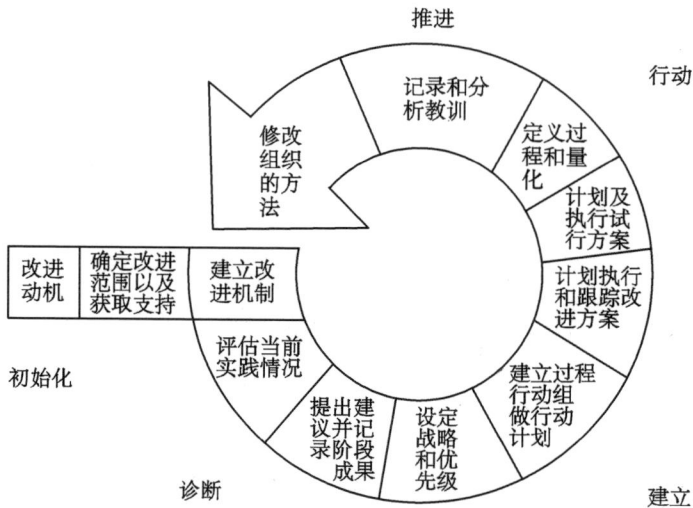

图 B‒21　基于 IDEAL 的过程改进方法

同时，CMMI 对应还有标准 CMMI 评估方法（SCAMPI），SCAMPI 方法把评估分成 A、B、C 三类，分别对应不同程度的评估，如表 B‒2 所示。

表 B‑2　SCAMPI 评估分类

评估类别	A 类	B 类	C 类
特征描述	制度化的	已实施的	文档化的
证据的数据量	高	中	低
数量类型	文档和访谈	文档和访谈	文档或访谈
是否产生正式阶段成熟度等级	是	否	否
资源需求	高	中	低
评估团队规模	大	中	小
评估组长	主任评估师	主任评估师或者团队领导	主任评估师或者团队领导

SCAMPI 是一个标准的评估方法，主要通过形成专业评估组，通过工具、介绍、文件和访谈四类方法收集客观证据，比对目前组织流程定义和项目实施与 CMMI 中模型目标的符合度，转换成组织的过程实践的强弱项分析，并形成初步的结论，这些问题将由被评估组织确认后，形成最终结论。图 B‑22 是一个典型的 SCAMPI A 类评估流程。

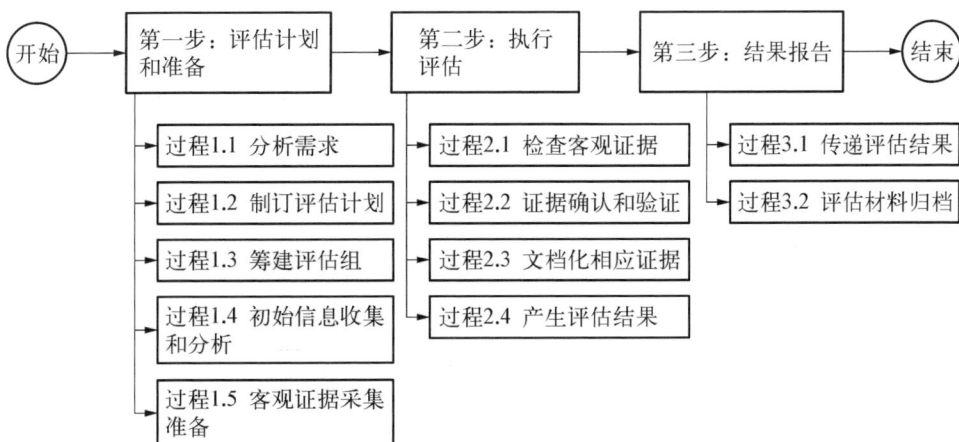

图 B‑22　SCAMPI A 类评估流程

综上所述，引入 CMMI 的主要原因和优势在于如下几点：

（1）CMMI 是汇聚系统工程、软件工程、产品研发、质量过程改进等多个领域知识体系形成的最佳实践模型，其过程域涉及组织管理、项目管理、工程和支持4个方面，同时子模型包括开发、服务和采购3个领域，能基本覆盖系统工程的全生命周期活动的要求。

（2）此模型充分考虑了组织能力水平层级、过程领域的先后顺序和依赖关系，提出了从初始级到优化级一共5个层级的组织成熟度等级概念，并同时支持针对单个过程的能力等级提升的改进方式，有效地解决了分阶段的实施路径问题。

（3）此模型对应有一套科学的评估体系（SCAMPI，用于过程改进的标准CMMI评估方法），能够针对目前企业所处的能力成熟度等级以及各过程域的强弱项进行详细评估，给出结论并提供改进提升计划。

（4）此模型中提出的工程过程组（EPG）、过程资产库（PAL）的理念以及项目团队、质量团队和工程过程组的协同关系，能够作为后续系统工程推进方案的有效参考。

（5）此模型达到高成熟度（超过4级）后可实现整个过程的量化管理，能做到把过程绩效与公司商业目标绩效挂钩，并能够聚焦持续改进、不断提升。

目前，CMMI－DEV已升版至2.0，CMMI－ACQ与CMMI－SEV版本仍为1.3。相比2011年SEI发布的1.3版本，其2.0版本在理念、术语、结构和表达形式、过程及评估手段方面有了一定的改变与提升，包括如下内容：

（1）在历年观点方面，进一步强调了商业目标对过程优化的驱动作用，通过实际度量的数据体现改进优化的成效，深化了企业中高层管理者参与程度，并强调固化员工工作习惯的重要性等。

（2）在术语定义方面，将"过程域"调整为"时间域"（仍保留PA的缩写），增添了"能力域"概念，并把"过程域类型"修改成"能力域类型"，同时推出了"视图"（view）的新概念。

（3）在结构和表达形式方面，采用了更为通俗易懂的语言表达形式，整合了知识密集型企业人力资源管理模型等多个模型，不再对实践域进行分级，不再区分特定实践与共性实践，但区分了内核信息与特定场景内容等。

（4）在过程域方面，将原先 22 个过程域调整为 20 个实践域。

（5）在评估手段方面，整体形式改成了随机抽样，降低了企业临时准备证明材料的可能性，新增"维持性评估"，并要求评估组成员必须通过认证考试，才能参与评估等。

B11　六西格玛改进／设计

六西格玛是 20 世纪 80 年代摩托罗拉公司创立的一种质量改进方法。六西格玛管理是随着质量管理的不断发展而产生的。其思想来源于统计学上的正态分布，认为由于产品质量特征值在过程稳定时一般服从正态分布，其标准差为一个西格玛（σ），若公差范围位于分布中心左右 6σ 的位置上，即使考虑可能出现分布中心偏离公差中心 1.5σ 的情形，其缺陷水平也会低于百万分之三点四。这是一个比较高质量产品的目标，而针对达到这个目标所采取的工具和手段，即为六西格玛方法。

目前，六西格玛方法已成为通过持续改进，追求卓越质量，提高客户满意度，降低成本的一种质量改进方法。六西格玛旨在消除变异，稳定流程，获得客户满意和最终显著提高绩效，因此，六西格玛能够作为系统工程过程的建设和自身不断改进提升过程绩效和产品质量非常有意义的工具。

六西格玛是一套系统的业务改进方法体系，旨在持续改进企业业务流程实现客户满意的管理方法，它通过系统地、集成地采用质量改进流程实现无缺陷的过程设计，并对现有过程的定义进行不断改进，消除过程缺陷和无价值作业，从而提高质量和服务、降低成本、缩短运转周期和增加客户满意度，从而增强企业竞争力。

六西格玛主要包括两类：六西格玛改进和六西格玛设计。

六西格玛改进关注对已有的流程业绩改善，目前最著名的工具就是 DMAIC：定义（define）、测量（measure）、分析（analyze）、改进（improve）、控制（control），实际上就是 PDCA 戴明质量环的一个实际运用，旨在通过持续改进企业业务流程，实现客户满意的业务改进方法体系。而 DMAIC 中体现的基于过程数据的量化、过程绩效分析、根因分析和持续改进，与 CMMI 中的 4 级量化管理级和 5 级优化级采用的方式方法是比较一致的。

但 DMAIC 流程对产品的质量优化仍具有局限性。众所周知，质量首先是设计出来的，所以没有面向的设计，仅采用 DMAIC 流程来提高产品的质量，其成效是有限的，难以突破五西格玛的质量水平（称为"五西格玛墙"）。若想真正实现六西格玛的质量水准，就必须考虑六西格玛管理战略实施的另外一种途径——六西格玛设计（DFSS）。DFSS 是一种崭新的能够更高质量地将好的概念变为现实的产品开发的方式，其基本出发点是开发团队与管理层紧密配合，一次性将事做好，在正确的时间使用正确的工具做正确的事，预防质量问题的出现。DFSS 通过以下三个方面：清晰的产品开发流程、平衡使用的六西格玛工具和严格的项目管理方法，来实现产品开发的三大目标：高质量、低成本和快速。

迄今 DFSS 流程有多种，如 DMADV（定义、测量、分析、设计、验证）流程、DMADOV（定义、测量、分析、设计、优化、验证）流程、DCCDI（定义、识别客户需求、概念设计、产品和过程设计、实现）流程、DMEDI（定义、测量、调查、开发、实现）流程等。下面主要介绍 IDDOV（识别、定义、开发、优化、验证）流程，包括如下几个方面：

（1）识别（identify）。DFSS 在识别阶段的主要任务是收集和确定待开发产品的客户需求，并论证即将开展的 DFSS 项目的可行性。DFSS 的特点之一在于产品设计之初就充分考虑客户和利益攸关方的需要，聆听客户的声音，利用一些工具方法，对客户需求进行识别和优先级排序，以保证设计出的产品满足客户的需要。

（2）定义（define）。定义阶段是 DFSS 实施的核心过程，此阶段的任务是进一步细化展开"客户的声音"（VOC），并将海量的、具有模糊和不确定性，甚至矛盾的 VOC 利用一些手段和方法，转化为准确的需要，再通过质量功能展开等手段将 VOC 逐层展开为产品需求，并提炼出关键需求，准确地识别、量化客户需求和期望并针对需求和期望进行产品设计，最后生成产品的设计方案和工艺要求说明书。

（3）开发（develop）。在 DFSS 的开发阶段，所做的工作是对新产品进行详细的局部设计，在前期工作给定的解决方案框架以及关键质量特性（CTQ）和关键过程特性（CTP）尺度之内进行新产品的设计。可以把设计过程看作满足一定功能约束与设计约束的优化过程。本阶段结束后应完成样品的设计，并为采购、生产和售后服务提供一定的参考标准供后阶段讨论，如原材料和产品的验收准则，规定安全和正常使用所必需的产品特性以及初步的售后质保体系等。

（4）优化（optimize）。此阶段是对产品和过程设计参数的优化，其目标是在质量、成本和交付时间允许的基础上达到企业利益的最大化。首先设计应该是稳健的，在 DFSS 中强调预防和稳健性；其次设计应尽量消除产品或服务失效的潜在可能，通过失效模式及影响分析（FMEA）分析潜在的失效模式和功能变异性，从而在设计阶段就尽量减少产品和过程失效的可能。此阶段结束后应有详细的产品生产流程图，并对生产的各环节有相应的生产要求标准和完善的售后质保体系。

（5）验证（verify）。DFSS 验证阶段的任务是对产品设计是否满足客户要求、是否达到期望的质量水平的确认过程。通过试生产等手段营造一个仿真的生产环境，测试设计的能力、稳健性和可靠性。

B12　基于模型的安全性分析

基于模型的安全性分析（MBSA）方法覆盖了 FHA、PASA、PSSA、SSA、ASA、CEA、CCA、FMEA 等安全性分析工作。核心的，在完成失效传播模型构建后，一方面支持生成故障树模型并开展基于故障树的安全性分析，另一方面支持基于模型的级联影响分析。MBSA 方法的整体过程如图 B-23 所示。

在 MBSA 方法的整体过程中主要描述如下：

（1）基于模型的功能危险性评估对功能失效状态进行定义，作为后续安全性评估和分析工作的统一起点。

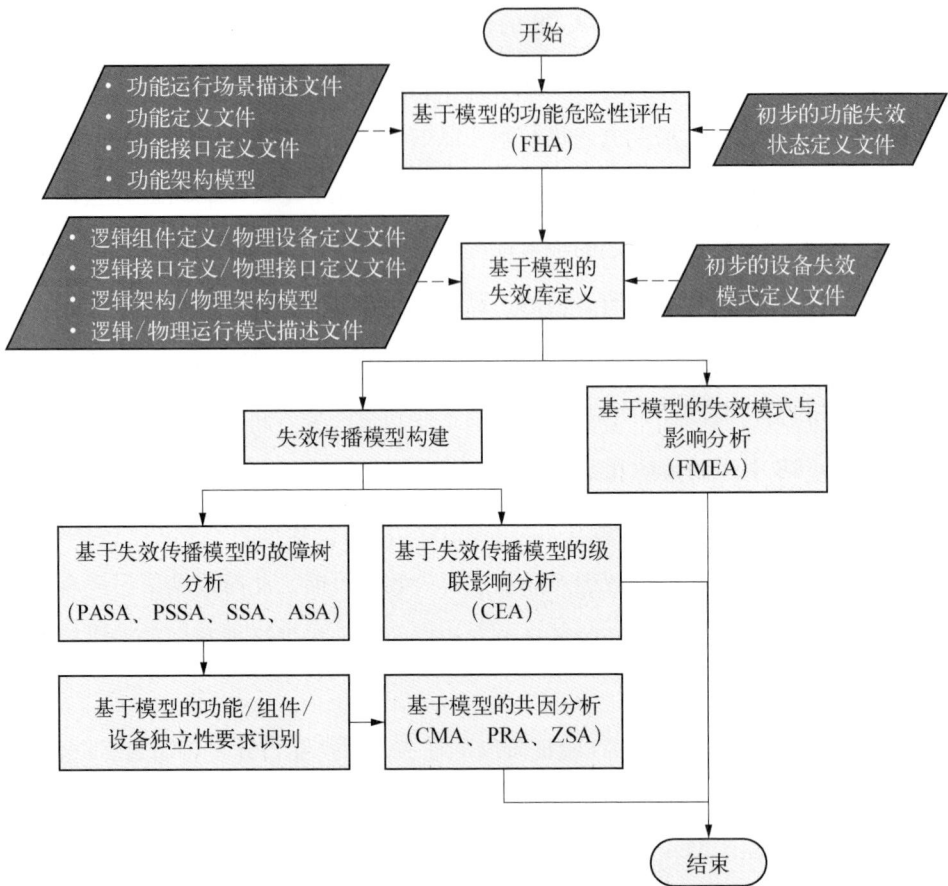

图 B‑23　MBSA 方法的整体过程

（2）安全性评估和分析工作的主要内容是明确各项功能失效状态的失效原因和失效逻辑，基于模型的失效库定义给出所有潜在失效原因的集合，失效传播模型构建用于描述失效库的潜在失效原因在各系统间失效传播的过程，以及失效原因与目标功能失效状态之间的失效逻辑。

（3）基于失效传播模型的故障树分析，在失效传播模型的基础上，针对目标功能失效状态形成多系统集成的故障树，并开展相应的故障树分析，包括定量的概率分析和定性的单点失效分析等。

（4）基于失效传播模型的级联影响分析，通过失效传播仿真识别公共资源系统失效造成的非预期高等级影响，分析结果支持失效状态定级完善或者架构优化设计。

（5）基于模型的独立性要求识别，在架构设计模型和故障树模型的基础上识别独立性要求，支持后续的共因分析。

（6）基于模型的共因分析，结合架构设计模型和数字样机模型，对各项独立性要求进行多方面的审查，确保尽可能降低独立性要求被破坏的可能性。

（7）基于模型的失效模式与影响分析，通过设备级构建元器件失效模式和设备级功能失效模式之间的关系，支持明确设备级的失效模式，并支持构建失效库模型。

附录 C 本书与 SAE ARP 4754A/B 的符合性表

表 C－1 本书与 SAE ARP 4754A 的符合性表

目 标		SAE ARP 4754A 章节	SAE ARP 4754A 对应 DAL 等级的适用性及独立性要求					输 出	SAE ARP 4754A 对应 DAL 等级的系统控制类别要求					本书对照表	
目标序号	目标描述		A	B	C	D	E		A	B	C	D	E	对应过程	具体章节
1.0 计划过程															
1.1	定义系统研制与全过程的活动	5.8.1 5.8.4.1	R	R	R	R	R	合格审定计划	①	①	①	①	①	6.8 取证管理过程	6.8.3.2 6.8.3.3
		3.1 5.1.5 附录 B	R	R	R	R	N	安全性工作计划	②	②	②			5.6 安全性评估过程 4 中国商飞公司系统工程过程集	5.6.3.1
		3.1 5.8.4.3	R	R	R	R	N	研制计划	②	②	②			4 中国商飞公司系统工程过程集	4
		5.4.2a 5.4.7.1	R	R	R	A	N	确认计划	②	②	②			5.8 需求确认过程 4 中国商飞公司系统工程过程集	5.8.3.1 4

（续表）

目标序号	目标描述	SAE ARP 4754A章节	SAE ARP 4754A对应DAL等级的适用性及独立性要求 A	B	C	D	E	输 出	SAE ARP 4754A对应DAL等级的系统控制类别要求 A	B	C	D	E	本书对照表 对应过程	具体章节
1.1	定义系统研制与过程的活动	5.5.3 5.5.5.1	R	R	R	A	N	验证计划	②	②	②	②		5.11 实施验证过程 4 中国商飞公司系统工程过程集	5.11.3.1 4
		5.6.2.1	R	R	R	R	A	构型管理计划	②	②	②	②		6.2 构型管理过程 4 中国商飞公司系统工程过程集	6.2.3.1
		5.7.2	R	R	R	R	N	过程保证计划	②	②	②	②		6.5 过程保证过程	6.5.3.1
1.2	定义过程之间的转换准则与相互关系	3.2	R	R	R	A	N	目标1中的计划	②	②	②	②		4 中国商飞公司系统工程过程集	4
2.0 飞机和系统研制过程和需求捕获															
2.1	定义飞机级功能、功能需求、功能界面及假设	4.1.4 4.2.5.3	R	R	R	R	N	飞机级功能清单、飞机级需求	①	①	①	②		5.3 功能分析过程 5.4 需求分析过程	5.3.3.1 5.3.3.2 5.4.3
2.2	将飞机级功能分配给各系统	4.1.5 4.3	R	R	R	R	N	系统需求	①	①	①	②		5.3 功能分析过程	5.3.3.3 5.3.3.4
2.3	定义系统需求，包括假设和系统界面	5.3	R	R	R	R	N		①	①	①	②		5.4 需求分析过程	5.4.3

（续表）

目标序号	目标描述	SAE ARP 4754A 章节	SAE ARP 4754A 对应DAL等级的适用性及独立性要求 A	B	C	D	E	输出	SAE ARP 4754A 对应DAL等级的系统控制类别要求 A	B	C	D	E	本书对照表 对应过程	具体章节
2.4	(定义、解释系统衍生需求包括安全性相关的衍生需求)	4.4 5.3.1.4 5.3.2	R	R	R	A	N	系统需求	①	①	①	②		5.4 需求分析过程 5.5 设计综合过程	5.4.3 5.5.3.4
2.5	定义系统架构	4.1.6 4.4 5.8.4.4	R	R	R	A	N	系统设计描述	①	①	①	②		5.5 设计综合过程	5.5.3
2.6	将系统级需求分配给各部件	4.1.7 4.5 4.6.5.3	R	R	R	R	N	部件需求	①	①	①	②		5.5 设计综合过程	5.5.3.4
2.7	执行适当的部件、系统和飞机的整合	4.6.3 4.6.4	R	R	R	A	N	总结验证结果	②	②	②	②		5.9 产品实施过程 5.10 产品集成过程	5.9.3 5.10.3
3.0 安全性评估过程															
3.1	进行飞机级/系统级功能危险性评估	5.1.1 5.2.3 5.2.4	R*	R*	R	R	R	飞机级 FHA，系统级 FHA	①	①	①	①	①	5.6 安全性评估过程	5.6.3.2 5.6.3.5
3.2	初步进行飞机级安全性评估	5.1.2 5.2.3 5.2.4	R*	R*	R	A	N	PASA	①	①	①	①		5.6 安全性评估过程	5.6.3.3

（续表）

目标序号	目标描述	SAE ARP 4754A 章节	SAE ARP 4754A 对应DAL等级的适用性及独立性要求 A	B	C	D	E	输出	SAE ARP 4754A 对应DAL等级的系统控制类别要求 A	B	C	D	E	本书对照表 对应过程	具体章节
3.3	进行初步系统安全性评估	5.1.2 5.1.6 5.2.3 5.2.4	R	R*	R	A	N	PSSA	①	①	①	②		5.6 安全性评估过程	5.6.3.6
3.4	进行共因分析	5.1.4	R	R	A	N	N	特定风险评估	①	①				5.6 安全性评估过程	5.6.3.8
			R*	R*	A	N	N	共模分析	①	①				5.6 安全性评估过程	5.6.3.10
			R	R	A	N	N	区域安全性分析	①	①				5.6 安全性评估过程	5.6.3.9
3.5	进行飞机级安全性评估	5.1.3 5.1.6	R*	R*	R	A	N	ASA	①	①		①		5.6 安全性评估过程	5.6.3.12
3.6	进行系统级安全性评估	5.1.3 5.1.6	R*	R*	R	A	N	SSA	①	①		②		5.6 安全性评估过程	5.6.3.11
3.7	获取功能、系统及部件间的独立性需求	5.3.2 5.2.3 5.1.2	R*	R*	R	R	N	系统、软硬件要求，PASA PSSA	①	①		②		5.6 安全性评估过程	5.6.3.3 5.6.3.6
4.0 需求确认过程															
4.1	飞机、系统、部件需求的完整性和正确性	5.4 5.4.2 c 5.4.3 5.4.4	R*	R*	R	A	N	确认结果	②	②	②	②		5.8 需求确认过程	5.7.3.3 5.7.3.4

（续表）

目标序号	目标描述	SAE ARP 4754A 章节	\[SAE ARP 4754A 对应 DAL 等级的适用性及独立性要求\] A	B	C	D	E	输出	\[SAE ARP 4754A 对应 DAL 等级的系统控制类别要求\] A	B	C	D	E	\[本书对照表\] 对应过程	具体章节
4.2	设想被验证实和确认	5.4.2.d	R	R	R	A	N	确认结果	②	②	②	②		5.8 需求确认过程	5.8.3.4
4.3	衍生需求被证实和确认	5.3.1.4 5.3.2 5.4.2	R*	R*	R	A	N	确认结果	②	②	②	②		5.8 需求确认过程	5.8.3.3 5.8.3.4
4.4	需求的可追溯性	5.4.3 5.4.4	R	R	R	A	N	确认结果	②	②	②	②		5.8 需求确认过程	5.8.3.3
4.6	提供确认符合性的证明材料	5.4.2.e 5.4.2.f 5.4.8 5.4.7.4	R	R	R	A	N	总结确认的结果（包括确认矩阵）	②	②	②	②		5.8 需求确认过程	5.8.3.2 5.8.3.4 5.8.3.5
5.0 实施验证过程															
5.1	试验或验证实程序的正确性	5.5.4.3	R*	R	R	A	N	验证程序	①	①	②	②		5.11 实施验证过程	5.11.3.3
5.2	验证实预期功能和非预期功能对安全性影响的置信度	5.5.1 5.5.5.3 5.5.5.2	R*	R	R	A	N	验证程序	①	①	②	②		5.11 实施验证过程	5.11.3.2
			R*	R	R	A	N	验证结果	②	②	②	②		5.11 实施验证过程	5.11.3.4
5.3	产品实施的过程符合飞机、系统需求	5.5.1 5.5.2	R*	R	R	A	N	验证程序	①	①	②	②		5.11 实施验证过程	5.11.3.2
			R*	R	R	A	N	验证结果	②	②	②	②		5.11 实施验证过程	5.11.3.4

（续表）

目标序号	目标描述	SAE ARP 4754A 章节	SAE ARP 4754A 对应 DAL 等级的适用性及独立性要求					输出	SAE ARP 4754A 对应 DAL 等级的系统控制制类别要求					本书对应过程	具体章节
			A	B	C	D	E		A	B	C	D	E		
5.4	验证安全性需求	5.5.1 5.5.5.3	R*	R*	R	A	N	验证程序及结果（ASA，SSA）	②	②		②	②	5.11 实施验证过程	5.11.3.2
5.5	包括验证的符合性证明	5.5.6.3	R	R	R	A	N	验证矩阵	②	②	②	②	②	5.11 实施验证过程	5.11.3.2
		5.5.6.4	R	R	R	A	N	验证结果总结	②	②	②	②	②	5.11 实施验证过程	5.11.3.5
5.6	确认缺陷评估及其对安全性的影响	5.5.6.4	R	R	R	A	N	验证结果总结 问题报告	②	②	②	②	②	5.11 实施验证过程	5.11.3.5 5.11.3.4
6.0 构型管理过程															
6.1	确定构型项	5.6.2.2	R	R	R	A	N	CM 记录	②	②	②	②	②	6.2 构型管理过程	6.2.3.2
6.2	建立构型基线及其衍生	5.6.2.3	R	R	R	A	N	构型基线记录	①	①	②	②	②	6.2 构型管理过程	6.2.3.2
6.3	问题报告、更改控制、更改审查及构型状态的证实	5.6.2.4	R	R	R	R	N	问题报告 CM 记录	②	②	②	②	②	6.2 构型管理过程	6.2.3.3 6.2.3.4 6.2.3.5
6.4	存档及检索	5.6.2.5	R	R	R	R	N	CM 记录	②	②	②	②	②	6.2 构型管理过程	6.2.3.4
7.0 过程保证过程															

561

（续表）

目标序号	目标描述	SAE ARP 4754A 章节	SAE ARP 4754A 对应 DAL 等级的适用性及独立性要求 A	B	C	D	E	输出	SAE ARP 4754A 对应 DAL 等级的系统控制类别要求 A	B	C	D	E	本书对照表 对应过程	具体章节
7.1	为系统合格审定的各方面而制订并执行必要的计划，为此建立保证过程	5.7.3	R*	R*	R*	R	N	过程保证证明	②	②	②	②		6.5 过程保证过程	6.5.3.1
6.2	所进行的研制活动及过程与相应的计划相一致	5.7.4	R*	R*	R*	R	N	过程保证证明	②	②	②	②		6.5 过程保证过程	6.5.3.2 6.5.3.3 6.5.3.4
8.0 合格审定及与适航当局的协调过程															
8.1	提供符合性证明材料	5.8.3	R	R	R	A	N	合格审定总结	①	①	①	①		6.8 取证管理过程	6.8.3
		5.8.4.2	R	R	R	A	N	构型索引	①	②	②	②		6.8 取证管理过程 6.2 构型管理过程	6.8.3 6.2.3.4

表 C-2 本书与 SAE ARP 4754B 的符合性表

目标序号	目标描述	SAE ARP 4754B 章节	SAE ARP 4754B: 对应 FDAL 等级的目标适用性及独立性要求 A	B	C	D	E	输出	SAE ARP 4754B: 输出物对应 FDAL 等级的系统控制类别要求 A	B	C	D	E	本书对照表 对应过程	具体章节
1.0 研制保证计划															

（续表）

目标序号	目标描述	SAE ARP 4754B 章节	SAE ARP 4754B: 对应FDAL等级的目标适用性及独立性要求					输出	SAE ARP 4754B: 输出物对应FDAL等级的系统全研制类别要求					本书对照表	
			A	B	C	D	E		A	B	C	D	E	对应过程	具体章节
1.1	定义系统研制与全过程的活动	3.3	R	R	R	R	R	审定当局的协调						6.8 取证管理过程	6.8.3.2 6.8.3.4 6.8.3.5
		3.2	R	R	R	R	N	研制保证计划		②	②	②		4 中国商飞公司系统工程过程集	4
		5.1.7	R	R	R	R	N	安全性工作计划	②	②	②	②		5.6 安全性评估过程 4 中国商飞公司系统工程过程集	5.6.3.1 4
		5.4.7	R	R	R	A	N	确认计划	②	②	②	②		5.8 需求确认过程 4 中国商飞公司系统工程过程集	5.8.3.1 4
		5.5.6	R	R	R	A	N	验证计划	②	②	②	②		5.11 实施验证过程 4 中国商飞公司系统工程过程集	5.11.3.1 4
		5.6.2	R	R	R	R	N	构型管理计划	②	②	②	②		6.2 构型管理过程 4 中国商飞公司系统工程过程集	6.2.3.1 4
		5.7.2	R	R	R	R	N	过程保证计划	②	②	②	②		6.5 过程保证过程	6.5.3.1

（续表）

目标序号	目标描述	SAE ARP 4754B 章节	SAE ARP 4754B: 对应FDAL等级的目标适用性及独立性要求					输出	SAE ARP 4754B: 输出物对应FDAL等级的系统控制类别系列要求					本书对照表 对应过程	具体章节
			A	B	C	D	E		A	B	C	D	E		
1.2	定义过程之间的转换准则与相互关系	3.2.2	R	R	R	A	N	目标1.1中的计划	②	②	②	②		4 中国商飞公司系统工程过程集	4
2.0 飞机和系统研制过程和需求捕获															
2.1	定义飞机级功能、功能需求、功能界面及假设	4.2 5.3	R	R	R	R	N	飞机级功能清单	①	①	①	①	①	5.3 功能分析过程	5.3.3.1 5.3.3.2
								飞机级需求	①	①	①	②		5.4 需求分析过程	5.4.3
2.2	基于飞机架构将飞机级功能分配给各系统	4.3	R	R	R	R	N	飞机架构、飞机级功能分配	①	①	①	②		5.3 功能分析过程	5.3.3.3 5.3.3.4
2.3	定义系统需求、系统界面和假设	4.4 5.3	R	R	R	R	N	系统需求	①	①	①	②		5.4 需求分析过程	5.4.3
2.4	捕获系统需求的可追溯性和/或基本原理	5.4.6	R	R	R	A	N	系统需求	①	①	①	②		5.4 需求分析过程 5.5 设计综合过程	5.4.3 5.5.3.4
2.5	基于系统架构将系统级需求分配给各部件	4.5 4.6	R	R	R	R	N	系统架构、系统级需求分配	①	①	①	②		5.5 设计综合过程	5.5.3.4
2.6	执行适当的飞机、系统和部件集成	4.6	R	R	R	A	N	验证总结	②	②	②	②		5.9 产品实施过程 5.10 产品集成过程	5.9.3 5.10.3

（续表）

目标序号	目标描述	SAE ARP 4754B 章节	SAE ARP 4754B: 对应 FDAL 等级的目标适用性及独立性要求					输出	SAE ARP 4754B: 输出物对应 FDAL 等级的系统研制类别要求					本书对照表	
			A	B	C	D	E		A	B	C	D	E	对应过程	具体章节
2.7	总结研制保证过程输出物	4.7	R	R	R	A	N	研制保证过程输出物的总结	①	①	①	②		4 中国商飞公司系统工程过程集	4
3.0 安全性评估过程															
3.1	识别与飞机/系统功能相关的失效状态，并建立它们的严酷度等级	5.1.1 5.1.3		R*				AFHA/SFHA 输出物；参考 ARP 4761 A/ED－135			①			5.6 安全性评估过程	5.6.3.1
3.2	建立已识别失效状态的安全性目标	5.1.1 5.1.3		R*				安全性过程输出物；参考 ARP 4761 A/ED－135			①			5.6 安全性评估过程	5.6.3.1
3.3	根据安全性目标和相关安全性需求建议的飞机/系统架构	5.1.2 5.1.4	R*	R*	R	A	N	PASA/PSSA 输出物；参考 ARP 4761 A/ED－135	①	①	①	②		5.6 安全性评估过程	5.6.3.1
3.4	捕获飞机级/系统级安全性需求、FDAL 和 IDAL 分配以及假设	5.3.2	R*	R*	R	A	N	飞机级/系统级安全性需求，FDAL 和 IDAL 分配，假设	①	①	①	②		5.6 安全性评估过程	5.6.3.1

（续表）

目标序号	目标描述	SAE ARP 4754B 章节	SAE ARP 4754B: 对应FDAL等级的目标适用性及独立性要求					输出	SAE ARP 4754B: 输出物对应FDAL等级的系统定制剪裁别要求					本书对照表 对应过程	具体章节
			A	B	C	D	E		A	B	C	D	E		
3.5	飞机/系统实施满足其安全性目标和相关安全性需求	5.1.5 5.1.6 5.1.8	R*	R*	R	A	N	ASA/SSA 输出物；参考 ARP 4761 A/ED-135	①	①	①	②		5.6 安全性评估过程	5.6.3.1
4.0 需求确认过程															
4.1	飞机/系统需求是完整的和正确的	5.4	R*	R*	R	A	N	确认结果	②	②	②	②		5.8 需求确认过程	5.8.3.3 5.8.3.4
4.2	假设被管理的	5.4.2	R*	R*	R	A	N	确认结果	②	②	②	②		5.8 需求确认过程	5.8.3.4
4.3	衍生需求的功能和安全性影响在相关高层级是可接受的	5.3.3 5.4.6	R*	R*	R	A	N	确认结果	②	②	②	②		5.8 需求确认过程	5.8.3.3 5.8.3.4
4.4	提供确认的证明材料	5.4.2 5.4.7	R	R	R	R	N	确认总结（包括确认矩阵）	②	②	②	②		5.8 需求确认过程	5.8.3.2 5.8.3.4 5.8.3.5
5.0 实施验证过程															
5.1	验证方法和程序是充分的	5.5	R*	R*	R	A	N	验证程序	①	①	②	②		5.11 实施验证过程	5.11.3.3
								验证程序充分性的证据	②	②	②	②		5.11 实施验证过程	5.11.3.3

目标序号	目标描述	SAE ARP 4754B 章节	SAE ARP 4754B：对应 FDAL 等级的目标适用性及独立性要求 A	B	C	D	E	输出	SAE ARP 4754B：输出物对应 FDAL 等级的系统研制审核类别要求 A	B	C	D	E	本书对照表 对应过程	具体章节
5.2	验证证明实施满足飞机和系统需求	5.5	R*	R	R	A	N	验证程序	①	①	②	②		5.11 实施验证过程	5.11.3.3
								验证结果	②	②	②	②		5.11 实施验证过程	5.11.3.5
5.3	验证证明实施满足安全性需求	5.5	R*	R*	R	A	N	验证程序	①	①	②	②		5.11 实施验证过程	5.11.3.3
								验证结果	②	②	②	②		5.11 实施验证过程	5.11.3.5
5.4	包括验证的证明材料	5.5.6	R	R	R	A	N	验证矩阵	②	②	②	②		5.11 实施验证过程	5.11.3.2
								验证总结	②	②	②	②		5.11 实施验证过程	5.11.3.6
5.5	确认缺陷评估及其对安全性的影响	5.5.6	R	R	R	A	N	验证总结	②	②	②	②		5.11 实施验证过程	5.11.3.6
								问题报告	②	②	②	②			5.11.3.5
6.0 构型管理过程															
6.1	确定构型项	5.6.2	R	R	R	R	N	CM 记录	②	②	②	②		6.2 构型管理过程	6.2.3.2
6.2	建立构型基线	5.6.2 5.6.3	R	R	R	R	N	构型索引	①	①	②	②		6.2 构型管理过程	6.2.3.2
6.3	问题报告、更改控制、更改审评及构型状态的审核	5.6.2	R	R	R	R	N	问题报告 CM 记录	②	②	②	②		6.2 构型管理过程	6.2.3.3 6.2.3.4 6.2.3.5

（续表）

目标序号	目标描述	SAE ARP 4754B 章节	SAE ARP 4754B：对应 FDAL 等级的目标适用性及独立性要求					输出	SAE ARP 4754B：输出物对应 FDAL 等级的系统研制级别类别要求					本书对照表 对应过程	具体章节
			A	B	C	D	E		A	B	C	D	E		
6.4	存档及检索	5.6.2	R	R	R	R	N	CM 记录	②	②	②	②	②	6.2 构型管理过程	6.2.3.4
7.0 过程保证过程															
7.1	保证为飞机/系统研制保证的计划定的计划得到建立和维护	5.7.3	R*	R*	R*	R	N	过程保证证据	②	②	②	②	②	6.5 过程保证过程	6.5.3.1
7.2	所进行的研制活动和过程与为飞机/系统研制保证制订的计划相一致	5.7.3 5.7.4	R*	R*	R*	R	N	过程保证证据	②	②	②	②	②	6.5 过程保证过程	6.5.3.2 6.5.3.3 6.5.3.4

附录 D　计划文件模板

D1　系统工程管理计划模板

章　节	描　述
1.0　范围	概要说明本文件的内容、目的和范围 建议采用下列典型用语： "本文规定了××项目系统工程管理工作相关要求。" "本文件适用于……"
2.0　依据性文件	应列出发起本文件编制任务来源以及作为本文件输入的相关文件
3.0　引用文件	对本文件中所使用到的其他文件进行索引，应包括政府法规文件、适航规章、工业标准、供应商文件或其他文件
4.0　术语和定义	应对本文件中出现的术语及其定义进行说明
5.0　缩略语	应对本文件中出现及引用的所有缩略语的含义进行解释
6.0　概述	描述项目目标，包括里程碑节点、交付标准、关键技术、经费等
7.0　项目描述	描述项目应实现的产品概况，包括产品需要关键指标、需求关键指标、方案关键指标、技术管理指标、产品分解结构（PBS）、关键技术等

章　　节	描　　述
8.0　全生命周期与控制点	· 描述项目全生命周期的阶段划分，以及各阶段的工作目标 · 描述项目控制点的设置，包括控制点的准入/准出标准、评审要求等
9.0　系统工程过程	详细定义系统工程管理计划的主体内容
9.1　研制保证	· 描述 SAE ARP 4754A/B 研制要求，以及本计划与 SAE ARP 4754A/B 七大计划的关系 · 描述项目研制保证阶段划分情况，以及各阶段的工作要求
9.2　技术过程	描述技术过程的计划内容
9.2.1　产品研制	描述产品研制的计划内容，定义以下各过程的工作内容、方法、流程、工具等 · 利益攸关方需要捕获 · 功能分析 · 需求分析 · 需求确认 · 设计综合 · 需求验证 · 产品实施 · 产品验证 · 产品集成 · 产品确认/交付
9.2.2　专业工程	描述特性工程的计划内容，定义以下各特性专业的工作内容、方法、流程、工具等 · 安全性 · 可靠性、可用性、维修性 · 可制造性 · 环境工程 · 测试性 · 经济性 · 共通性、互换性、互操作性 · 人机工程和人为因素 · 重量工程 · E3

章　　节	描　　述
9.3　管理过程	描述管理过程的计划内容，定义以下各过程的工作内容、方法、流程、工具等 · 需求管理 · 接口管理 · 构型管理 · 门禁管理 · 过程保证 · 质量管理 · 取证管理 · 模型管理 · 技术成熟度管理 · 产品数据管理 · 工程文件管理 · 度量管理 · 项目评估和控制 · 数字样机管理 · 机载软/硬件管理 · 技术风险管理 · 决策管理
9.4　项目群使能过程	描述项目群使能过程的计划内容 · 工作分解结构（WBS）：说明 WBS 制订原则，定义项目 WBS 分解结构代码及说明表 · 成本分解结构（CBS）：说明 CBS 制订原则，定义项目 CBS 分解结构代码及说明表 · 组织分解结构（OBS）：说明 OBS 制订原则，定义 OBS 各级团队的工作内容、职责及人员，给出 OBS 架构图以及 OBS 与 WBS、PBS 的对应关系表 · 计划进度：定义项目计划分解结构，说明计划制订、执行、反馈方法与工具 · 采购活动：定义采购活动的原则、流程、方法

D2　需求管理计划模板

章　　节	描　　述
1.0 范围	概要说明本文件的内容、目的和范围 建议采用下列典型用语： "本文件规定了 XX 系统需求管理工作相关要求。" "本文件适用于……"

章　节	描　述
2.0 引用文件	对本文件中所使用的其他文件进行索引，应包括政府法规文件、适航规章、工业标准、供应商文件或其他文件
3.0 缩略语	应对本文件中出现及引用的所有缩略语的含义进行解释
4.0 系统需求层次	描述系统需求文件的有关内容，至少应包含提供一个图表来描述系统需求的结构层次，提供系统需求的组织和分解方法，描述不同层次间的系统需求的关系
5.0 系统需求结构	描述系统需求编号的方式和系统需求跟踪策略，以及系统需求如何在系统需求管理工具中进行组织，与其他工具的接口和关系等
6.0 需求管理任务 ・需求管理的范围 ・需求管理活动的角色和分工 ・需求管理的流程 ・系统需求管理工具	详细规定系统需求管理任务工作范围、分工、流程及需求管理工具等内容
附件	

D3　确认计划模板

章　节	描　述
1.0 范围	概要说明本文件的内容、目的和范围 建议采用下列典型用语： "本文件规定了 XX 系统需求及实现确认等工作相关要求。" "本文件适用于……"
2.0 引用文件	对本文件中所使用的其他文件进行索引，应包括政府法规文件、适航规章、工业标准、供应商文件或其他文件
3.0 缩略语	应对本文件中出现及引用的所有缩略语的含义进行解释

572

章　节	描　述
4.0 确认计划概述	简要介绍飞机系统研发阶段系统需求和系统实现确认的方法、流程、责任分工和时间节点等要求
5.0 确认方法和策略 · 需求定义的结构 · 需求确认的方法	规定确认工作的方法和策略 · 规定在相应飞机型号设计开发流程中，需求分解和定义的层级关系。此处还需定义需求编制和定义模板的结构信息，即需求的编号规定，描述规范和所有研制过程中必需的需求属性信息。系统状态评审主要是在系统研制的各个工程阶段对系统研制的状态进行工程评审，确保系统研制按计划执行 · 对需求确认的方法进行说明，一般包括追踪、分析、建模、测试、相似性分析和工程评审等
6.0 确认活动的管理与分工	详细规定在系统需求确认过程中，主要工作内容、进入流程的准则和退出流程的准则，以及具体需求确认的判定依据
7.0 进度和节点要求	详细规定的系统需求确认活动的节点要求
附件	

D4　验证计划模板

章　节	描　述
1.0 范围	概要说明本文件的内容、目的和范围 建议采用下列典型用语： "本文件规定了 XX 系统验证计划相关要求。" "本文件适用于……"
2.0 引用文件	对本文件中所使用的其他文件进行索引，应包括政府法规文件、适航规章、工业标准、供应商文件或其他文件
3.0 缩略语	应对本文件中出现及引用的所有缩略语的含义进行解释

章　节	描　述
4.0 需求验证目的与原则	概括性描述验证工作的目的与原则
5.0 需求验证工作对象及职责	根据需求层级划分，各系统需求应包括系统级需求和子系统需求，对验证工作对象及职责进行规定
6.0 需求验证工作交付物	规定需求验证工作最终交付物
7.0 需求管理工具	对需求管理工具进行规定和说明
8.0 需求验证工作内容及流程 · 验证流程 · 研制保证等级和需求验证严苛等级 · 系统验证方法及证据的捕获 · 需求验证状态管理 · 假设的管理与验证 · 需求验证矩阵模板 · 需求验证矩阵的签署 · 编制验证总结并签署	明确定义系统需求验证工作流程，包括捕获需求、确定研制保证等级、确定需求验证的严苛级别、定义需求验证方法、确定需求验证执行人、开展需求正确性完整性检查、需求验证矩阵填写、形成需求验证总结报告
附件	

D5　过程保证计划模板

章　节	描　述
1.0 范围	概要说明本文件的内容、目的和范围 建议采用下列典型用语： "本文件规定了 XX 系统研制过程保证计划相关要求。" "本文件适用于……"
2.0 引用文件	对本文件中所使用的其他文件进行索引，应包括政府法规文件、适航规章、工业标准、供应商文件或其他文件
3.0 缩略语	应对本文件中出现及引用的所有缩略语的含义进行解释

章　节	描　述
4.0 过程保证工作体系与责任分工	确保系统的研制计划、适航计划、V&V 计划、安全性计划、构型管理计划等与项目管理计划、飞机级研制计划及其他相关顶层研制计划保持一致，并且在各个阶段的研制工作按计划执行。过程的工作责任与分工： （1）…… （2）……
5.0 过程保证方法 · 过程状态评审 · 系统设计文档评审 · 活动评审 · 定期过程保证评审	详细规定和说明 XX 系统研制过程保证方法 · 系统状态评审主要是在系统研制的各个工程阶段对系统研制的状态进行工程评审，确保系统研制按计划执行 · 过程保证需要在项目研制的前期对计划类的文件进行评审，确保各类计划文件与质量要求、项目研制流程、项目研制要求以及其他系统要求相匹配 · 设计活动评审主要是对研制过程中一些重要的设计活动或是设计状态进行评审检查，确保在项目研制周期内的重要研制活动在过程保证体系下开展 · 在整个项目研制周期内，需要进行定期的过程保证评审，确保设计保证体系可以正常地运行以及所有的研制活动都能够在过程保证体系下进行
6.0 过程保证活动 · 系统研制流程评审 · 系统研制工作过程评审 · 偏离项控制与计划更改管理 · 构型审核	详细规定和说明 XX 系统的过程保证活动 · 对系统的研制流程评审的开展进行规定，确保其符合整个质量管理要求 · 系统过程保证的主要工作就是对系统研制工作的各个阶段进行监控，确保其是按照预先制订的计划进行的，对与计划发生偏离的研制活动，要进行追踪并及时调整相关计划 · 详细规定对偏离项控制与计划更改的管理，包括偏离项控制、计划更改管理
7.0 系统过程保证活动计划	对一般的评审活动明确要求，并针对不同的设计活动评审还有具体的评审要求
8.0 系统供应商过程保证计划	对系统供应商过程保证计划的编制及签署管理进行规定
附件	

D6　构型管理计划模板

章　　节	描　　述
1.0 范围	概要说明本文件的内容、目的和范围 建议采用下列典型用语： "本文件规定了 XX 系统研制过程构型管理计划相关要求。" "本文件适用于……"
2.0 引用文件	对本文件中所使用的其他文件进行索引，应包括政府法规文件适航规章、工业标准、供应商文件或其他文件
3.0 缩略语	应对本文件中出现及引用的所有缩略语的含义进行解释
4.0 构型管理组织与职责	对本系统的构型管理工作进行简要说明，并说明本系统构型管理主要负责人的职务和工作团队，以及团队内各成员的职责。简要说明供应商的构型管理工作，包括供应商构型管理组织体系以及各部分的职责。简要说明本系统构型管理工作与对应供应商的构型管理工作的分工与界面联系。相关描述应与其他系统文档保持一致，语句简单、清晰、无歧义
5.0 构型管理文件体系	分别简要介绍本系统/供应商构型管理的相关文件（包括文件名和概述），包括构型管理的顶层规划、构型标识（文件/图样/数模/产品的标识、发布流程）、更改控制、构型状态纪实、构型审核等
6.0 构型管理 ・ 构型标识 ・ 构型控制 ・ 构型状态纪实 ・ 构型审核	详细规定和说明 XX 系统研制过程构型管理工作 ・ 对构型标识工作进行详细描述 ・ 对构型控制工作进行详细描述，所有的说明都应提供相应的支持文件和材料 ・ 对构型状态纪实工作进行详细描述，说明本系统计划开展的构型管理活动记录、报告和分析等活动 ・ 对构型审核工作进行详细描述，说明本系统计划开展的功能构型审核和物理构型审核等活动

章　节	描　述
7.0 构型管理审核	对构型管理审核工作的相关说明
8.0 其他	根据实际需要增加其他有利于本系统构型管理工作开展的相关安排和计划，如组织相关的培训，开展交流活动等
附件	

D7　合格审定计划模板

章　节	描　述
1.0 引言	概要说明合格审定计划（certification plan, CP）的内容和目的
2.0 范围	本文件适用于 XX 系统（或专业/专题）及相关专业的符合性验证工作和有关研制活动
3.0 引用文件	分节说明与本 CP 有关的适航规章、咨询通告、工业界指导材料、标准等，以及申请方的顶层设计文件、设计规范等
4.0 缩略语	本章为可选要素，如无，应注明"不适用（N/A）"
5.0 引用/关联的审定计划	本章节用来说明本 CP 中验证活动与其他 CP 中验证活动之间的关系，主要分为引用和关联两类
6.0 系统或专业/专题描述	
7.0 系统安全性要求	
8.0 构型管理	
9.0 运行要求	
10.0 审定基础	包括适用的适航规章条款、专用条件、豁免条款、等效安全等。对于被专用条件替代、申请等效安全或豁免的适航规章条款，应在该条款的备注栏予以注明

章　　节	描　　述
11.0 条款符合性验证思路 ・研发保证过程 ・系统确认和验证 ・过程保证	按照条款，逐条逐款地描述符合性验证思路，以此作为符合性方法和验证文件清单的来源，可以按照适当的方式对条款分类，按照类别描述验证思路，其目的是建立适航条款与验证任务之间的联系，使申请方与审查方均明确地知道完成某条款验证所需要进行的工作
12.0 符合性方法	针对每项适航要求列出所选用的各种符合性方法（MOC0 ~ MOC9）
13.0 供应商验证工作	简要描述供应商概述、供应商所承担的符合性验证工作与主制造商的工作接口关系，以及供应商的持续适航责任。明确供应商应提交的符合性资料、供应商对符合性验证活动（包括文件评审、制造符合性检查、试验目击等）的支持。给出 TSO/VDA 取证项目清单，明确取证计划、相关验证工作等
14.0 对持续适航的说明	对持续适航文件进行说明，包括审定维修要求（CMR）、适航限制项目（ALI）和主最低设备清单（MMEL）等需要交付的持续适航文件，需说明本系统/专业有哪些问题需在以上项目中体现或对以上项目产生影响
15.0 符合性验证试验清单	根据符合性验证思路和符合性方法，提出符合性验证试验（含试飞）项目。对每项符合性验证试验，注明所验证的条款，以及与项目里程碑的逻辑关系。对于每项符合性验证试验还需写明需特殊说明的试验件或试验装置以及制造检查所需考虑的特别要求
16.0 符合性文件清单	列出本 CP 各项符合性验证活动产生的所有符合性文件并注明提交局方的节点以及批准方式，并在 CP 实施计划中注明批准人员
17.0 实施计划	本节内容描述如下：本 CP 所确定的符合性验证工作将制订 CP 实施计划来开展。CP 实施计划主要包括每项符合性验证工作细化的工作内容，针对每一细化的工作，落实具体的负责人、负责单位、实施时间和地点

D8　集成管理计划（IMP)模板

活　动	主要事件/阶段成果/准则	WBS 对应编号
A	主要事件 A——试验就绪评审/生产就绪评审（TRR/PRR）	—
A01	完成首件制造、组装和检查	X.X.X
A01a	完成首件材料的采购和制造	X.X.X.X
A01b	完成首件组装和检查/测试	X.X.X.X
A02	支持和测试设备可用	X.X.X
A02a	设备和采购设备	X.X.X.X
A03	完成试验规划	X.X.X
A03a	首件鉴定计划/程序可用	X.X.X.X
A03b	接受试验程序（ATP）可用	X.X.X.X
A04	完成制造规划	X.X.X
A04a	完成制造规划更新	X.X.X.X
A04b	完成试验设施规划	X.X.X.X
A04c	完成质量完善计划	X.X.X.X
A04d	最初的质量符合性样本检查结果可用	X.X.X.X
A05	完成 TRR/PRR	X.X.X
A05a	完成详细设计评审会议纪要和行动项关闭计划	X.X.X.X
A05b	召开 TRR/PRR 会议	X.X.X.X
A05c	形成 TRR/PRR 会议纪要和行动项	X.X.X.X

D9　接口定义文件模板

章　节	描　述
1.0 范围	概要说明本文件的内容、目的和范围 建议采用下列典型用语： "本文件规定了 XX 系统与 XX 系统的接口定义。" "本文件适用于……"

章　节	描　述
2.0 引用文件	对本文件中所使用的其他文件进行索引，应包括政府法规文件、适航规章、工业标准、供应商文件或其他文件
3.0 缩略语	应对本文件中出现及引用的所有缩略语的含义进行解释
4.0 系统描述	对 XX 系统及交联 XX 系统分别进行概述，对其连接架构和主要功能进行说明，并给出系统连接框图。相关描述应与其他系统文档保持一致，语句简单、清晰、无歧义
5.0 接口定义 · 功能接口定义 · 物理接口定义 · 接口数据 · 电气接口	详细规定和说明 XX 系统与 XX 系统的接口 · 功能接口定义及描述 · 物理接口定义及描述 · 定义所有与接口相关的性能数据 · 电气接口定义及描述
6.0 责任	描述对 XX 系统与 XX 系统的接口定义工作负责人员和联系人员，包括相关的联系方式
附件	

D10　需求文件编制要求模板

章　节	描　述
1.0 范围	概要说明本文件的内容、目的和范围 建议采用下列典型用语："本文件介绍了……" "本文件适用于……"
2.0 引用文件	对本文件中所使用的其他文件进行索引，应包括政府法规文件、适航规章、工业标准、供应商文件或其他文件
3.0 缩略语	应对本文件中出现及引用的所有缩略语的含义进行解释
4.0 需求编写准则	描述好的需求一般应满足的原则，对每一个原则进行详细介绍

章　　节	描　　述
5.0需求的书写技巧	应至少包括如下内容： · 需求的语法分析 · 需求编写质量指南 · 需求质量检查单
6.0一些典型的错误示例	描述典型的错误案例，包括需求不清楚、不可验证、层级错误和多重需求等
7.0需求汇总表	需求汇总表格是需求捕获团队开展需求捕获的成果，体现有序的汇总表格为将需求导入DOORS数据库提供基础。应包括序号、顶层需求捕获、需求描述、需求来源/背景需求类型等

附录 E　专题简介

E1　系统工程管理计划

在产品全生命周期过程中，各类系统工程活动（如需求确认、设计综合、构型管理等）相互作用、相互影响、相互制约，而如何确保这些系统工程活动之间能够协调统一，实现全局最优，体现了一个项目或一家企业系统工程的综合治理能力。

早在 1974 年，美国便在 MIL–STD–499A《工程管理》这份标准中提出了"系统工程管理计划"（SEMP）的概念与内涵。该标准旨在统筹协调产品研制过程中系统工程相关活动，以发挥系统工程在项目中的最大作用。SEMP 标准经过漫长岁月的演化与丰富，几经更替，目前已独立形成 ISO/IEC/IEEE 24748–4《系统和软件工程——系统工程计划》，并将 SEMP 进一步定义为管理系统工程工作的顶层技术计划，用于定义项目的技术层面如何被组织、架构、执行，以及系统工程过程如何被控制，从而提供满足利益攸关方需求的产品。

此外，INCOSE 因 SEMP 可识别系统工程需要，协调系统工程活动，同时可监控项目进度，识别并控制项目风险，在 2010 年的"系统工程竞争力框架"中明确提出项目团队要具备制订 SEMP 的能力。而第五版《INCOSE 系统工程手册》（2023 年）则进一步指出，SEMP 是集成系统工程工作的"关键"技术管理计划。

美国航空立法委员会（ARC）在向 FAA 提交的一份报告中也提到，SEMP

是一个技术计划文档，用于开发、监管、维持工业界各个领域的项目和过程。它应该与项目计划配合使用，用于技术计划和更改的集成，涉及成本、进度、人员、设备和交付物等内容。该报告同样指出，SEMP 可用于帮助 FAA 理解被审查单位的运作流程，确认被审查单位遵照流程开展工作，从而设计出符合适航规章的产品。

FAA 系统工程手册（2014 年）指出，SEMP 集成了项目中的所有系统工程活动，将用于达成项目成本、性能、进度目标的系统工程元素联结在一起。

NASA 系统工程手册（2016 年）认为，SEMP 是项目执行技术和工程活动的基础，在项目限制条件内定义项目如何开展技术管理，表达系统工程管理技术如何在项目全生命周期应用。

SEMP 的运用同样在航空行业备受推崇。

（1）诺斯罗普·格鲁门（Northrop Grumman）。

20 世纪 80 年代，美国诺斯罗普·格鲁门公司根据 MIL－STD－499A 为 B－2 轰炸机项目量身制订了 SEMP，而该计划的引入"成功地将 B－2 项目研制的需求、计划与项目管理控制工作结合或连接起来……有效地支持了 B－2 的设计、试验、评估和向生产过渡的协同工作"。

（2）空客公司（Airbus）。

空客公司下属防务与空间部在系统之系统（SoS）的框架中，将 SEMP 作为统筹各类系统工程活动的计划（见图 E－1），是各类计划过程的顶层计划和输出，用以组织和控制系统工程活动。而在 *Intelligence-Based Systems Engineering* 一书中，则将此称为"系统之系统工程管理计划"（SoSEMP）。

（3）波音公司（Boeing）。

波音公司项目管理最佳实践（PMBP）评估小组针对多用途运输机项目发现多个改进方向，其中第一个就是为该项目制订 SEMP。在实施 SEMP 以及提供系统工程培训两年后，系统可靠性与维修性等关键指标大幅改善，PMBP 评估结果显著提升。该对比结果说明，系统工程核心组与 IPT 共同编制的 SEMP 促使系统开发活动处于成本、进度、系统性能的最佳平衡中，保障项目有序快速推进。

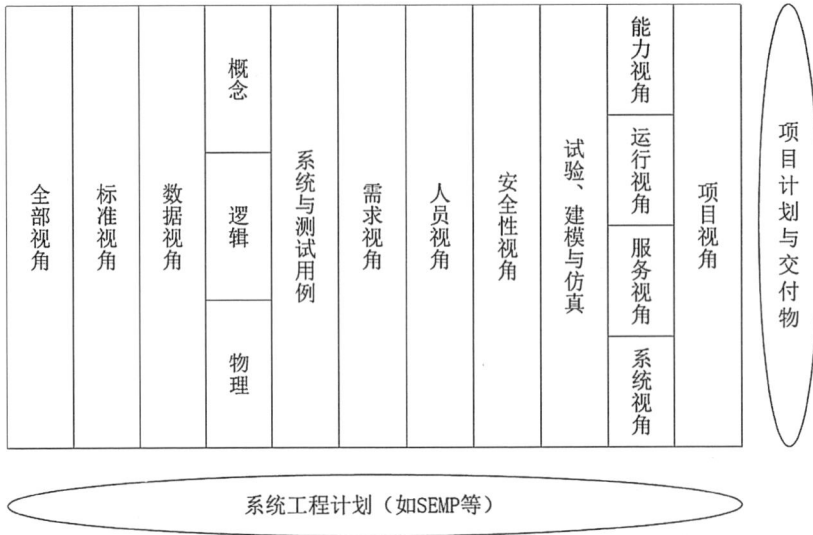

图 E-1 空客防务与空间部系统之系统框架示意图

E2 系统成熟度评估

随着系统日趋复杂，为了在整个全生命周期中做出更为明智的系统级技术和管理决策，越来越有必要对系统的开发状态或"系统成熟度"情况进行一个更为全面的理解。而这个潜在的对系统的量化自然必须更加关注各个系统组件之间的集成。针对大规模研发项目，对全生命周期多个关键点的系统成熟情况进行评估能极力避免只因评估一两次而导致的缺陷。2019 年，国际系统成熟度评估同盟（ISRACOI）提出了系统成熟度评估（SRA）流程方法，该流程让整个系统可视化，并为整个研发全生命周期提供系统与外部实体的接口。SRA 将有效改善系统绩效管理，降低项目风险或技术风险，SRA 还能促使系统开发管理和集成更为高效，从而最终缩短交付时间。

与技术成熟度评估（TRA）相比，SRA 评估流程提供一个对"整个系统"的视角，可以追溯到整个系统技术和集成成熟情况。但 SRA 评估流程将显著增强，或者说是对当前 TRA 评估流程提供了一系列额外好处，其中包括如下内容：

（1）量化所有系统组件的成熟情况。

（2）重点关注系统内部组件之间的集成成熟情况，并掌握外部依赖关系。

（3）在整个系统全生命周期中执行多次，而不仅在需要重大决策时才执行。

SRA 应该在项目早期就开始进行，以便项目管理人员理解并确定所构建系统的范围。第一次 SRA 最好在系统开发全生命周期的初始阶段执行，但也可以在全生命周期的其他时候执行。通过提供一个全面的系统视角，SRA 有助于研发人员和系统工程师进行设计权衡，并有效地做出关键决定。SRA 还可以为项目经理提供一个完整的系统视角，以便其将资源更有效地投入最相关的领域。SRA 还支持项目组合管理（portfolio management），如果将 SRA 同时应用于系统和企业，那么 SRA 将展示一幅研发和运营系统的全景图，不仅可以洞察单个系统组件和功能的准备就绪情况，还可以洞察任务能力准备就绪情况。

E3 新技术引入

在任何项目实施过程中应充分考虑新技术的引入和融合，从而确保项目产品的先进性和竞争力。但是新技术的引入，可能会由于技术不成熟等因素带来潜在的风险，对项目成功会产生负面影响，甚至会导致项目的延迟、成本超支甚至取消和失败，这成为困扰很多企业的难题，因此，对新技术的引入需要有科学的方法。而基于技术成熟度等级（TRL）的评估是评估一项新技术的成熟度的有效方法和工具。

技术成熟度指技术应用于某个具体产品所处的发展状态，它可以反映应用该技术对于实现产品预期目标的满足程度。TRL 是对技术成熟度进行量化的一种标识，它是基于事物的发展规律，将技术从起始到成功应用于产品的整个过程划分为若干阶段，可判断应用该技术实现产品目标的满足程度。

TRL 的概念是由 NASA 在 20 世纪 70 年代末最早提出的，在 20 世纪 80 年代中后期，"挑战者"号航天飞机的失事使 NASA 更加注重对 TRL 的评估，TRL 应用在美国发布新空间开发提案（space exploration initiative）背景下得到扩展，20 世纪 90 年代，美国空军研究实验室（AFRL）最先开始运用 TRL。随后，NASA 的约翰·C.曼金斯（John C. Mankins）撰写的《技术就绪水平白皮书》一书讨论了 TRL 的应用问题，将 TRL 等级从 7 级深化为 9 级，并对每级 TRL 进行了详细说明。后续美国国防部大量运用此项技术于系统采办中的技术成熟度评估活动，同时也把此概念进行扩展，在《国防部技术成熟度评估手册》中除了 TRL 之外，还引入了制造成熟度等级（MRL）等概念。

TRL 的 9 个等级划分如表 E-1 所示。

表 E-1 TRL 划分

TRL	定 义	详 细 说 明
1	提出基本原理	提出应用该技术的基本原理，或沿用已有的原理，作为提出应用设想的基础
2	提出应用设想	基于基本原理，提出实际应用的设想，但有待进行试验或者详细的分析
3	完成应用设想的可行性验证	进行试验或者详细的分析，验证应用设想的可行性
4	以原理样机或部件为载体完成实验室环境验证	完成产品关键部件，并将部件集成于原理样机，进行实验室环境验证，初步判断技术可行性
5	以演示样机或部件为载体完成相关环境验证	通过部件或分系统级演示样机在中逼真度模拟相关环境中的测试验证，功能和性能指标满足要求
6	以分系统或原型样机为载体完成相关环境验证	完成了分系统或系统级原型样机的集成，在典型模拟使用环境下演示试验，功能和性能指标满足要求，工程应用可行性和实用性得到验证
7	以工程样机为载体完成典型使用环境验证	样机尽可能接近实际产品的要求，并且在典型使用环境中进行测试和演示验证

TRL	定　　义	详　细　说　明
8	以实际产品为载体完成使用环境验证	技术完工并且经过测试验证，产品达到最终的构型，在预期使用环境中的演示验证没有出现明显的设计问题
9	实际产品成功完成使用任务	产品通过了实际使用验证，技术指标全部满足要求，具备稳定的生产能力和客户服务能力

一般认为，某项技术应达到 TRL 6 级以上，才能足够成熟，进入正式的产品研制中，即从技术研究人员手中转到项目人员手中，完成一个新技术从研究到运用的引入过程。

基于技术成熟度等级的技术成熟度评估，是一个正式的、系统性的、基于量化的对研发系统中应用的技术成熟度等级进行评估的活动。

一种建议的技术成熟度评估流程如图 E-2 所示。

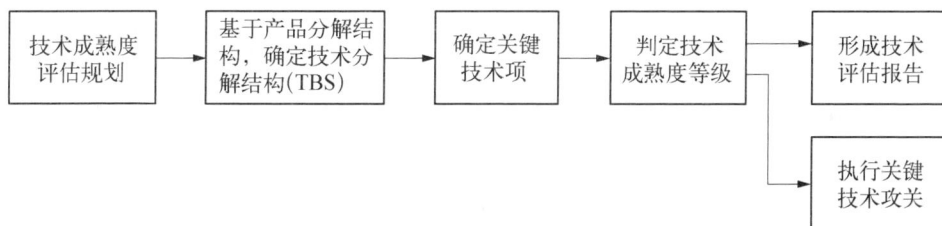

图 E-2　一种建议的技术成熟度评估流程

主要工作包括如下内容：

（1）技术成熟度评估规划工作包括技术成熟度水平、评价准则和指标体系的确定和细化，形成专家技术评估团队和独立评估小组，确定评估周期进度安排等。

（2）基于产品分解结构（PBS）的工作项内容，确定系统、子系统、设备和组件对应的技术项，围绕产品组成项和总体技术项，建立各级产品技术的关联性，最终形成产品的技术分解结构（TBS）。TBS 是指实现产品最终功能和性能需具备的、具有层次结构的产品技术的集合，技术分解结构中的层次化的技术项将会最终形成此项产品成功研制的所有技术内容。

（3）针对 TBS 中所有技术，对其中的关键技术项进行遴选，确保备选关键技术项清单，并进行有效的筛选和更改，最终确定关键技术项清单，并基于识别的关键技术项，准备技术成熟度评估和证明材料，提供给评估方。关键技术项选择工作应该在需求分析与概念阶段，在形成初步概念方案后即可进行。

（4）组织评估组，对关键技术项进行技术成熟度评估，根据预定的评价准则，进行技术成熟度评估，定出技术成熟度等级，其中的评估和确定等级的工作可以借鉴各类评估、决策、权衡研究等方法。

（5）形成技术成熟度评估报告，同时，针对成熟度低于新技术运用标准要求（如6级）的技术，开展关键技术攻关等工作。在产品研制过程中，应在项目前期及时地开展技术成熟度评估工作，基于评估结果，对薄弱、成熟度较低、关键度较高的技术进行重点关键技术攻关，降低项目的风险，确保项目的成功。

E4　特性工程

特性工程（specialty engineering）是系统工程的重要组成部分。特性工程提供了专业领域的信息，运用到了产品研发中需求分析、设计决策、系统性能均衡优化和可承受性评估等方面。

特性工程虽然种类繁多，内容各异，但主要工作模式如下：确认形成系统的特性工程需求，确保系统方案对特性工程需求的满足，通过对生命周期成本、开发进度、产品技术性能指标和运行使用等方面的影响分析平衡这些需求和方案。即特性工程的主要工作是针对系统、子系统、设备的需求和设计，采用专业的方法、工具和模型，进行不同层次的专业分析。

在飞机产品及子系统的研制中，应充分考虑各个不同方面的专业，在这里如果缺少对某些专业领域要求的充分考虑，将会导致系统产品方案的不成熟，最终导致系统在这些方面的低效甚至无效，如在某系统实现过程中未考虑电磁兼容，则设计的产品可能会对电磁效应敏感，导致某些环境场景下的系统失效；另如在某系统实现过程中未充分考虑人机友好，可能设计出来的产品会非常难以使用，增加飞行员、地面维护人员等操作人员的工作量并增加引入人为错误的概率。因此，应确保在系统工程管理活动中有效地集成有关的特性工程活动。而把不同的特性工程领域内容有机地集成到项目中，是系统工程管理的重要目标。通过建立有效的系统工程过程，从而确保各不同专业在项目中的有效介入，并在技术权衡分析和项目决策中发挥应有的作用。

特性工程的需求很多时候表现为设计约束。在系统设计过程中应充分均衡这些约束，把这些约束和产品功能、性能等需求一起在整体进度、成本、风险等约束条件下去综合优化，从而获得一个最优统一协调的系统要求。

特性工程与一般的传统工程专业不一样，传统工程中的各专业主要针对某个领域（domain）的系统，对飞机产品而言，如电子工程主要对象为飞机上的航电系统等，结构工程主要对象为飞机机体和系统结构等，而特性工程一般针对的是综合性的，普遍适用于飞机所有系统的专业，一般表现为产品的各种"特性"（-ilities），如安全性是针对飞机及其所有子系统的安全性特性，人为因素是适用于飞机和所有系统的人机接口协调统一的特性。

如图 E-3 所示，系统工程在产品生命周期过程中起到"胶水"的作用，把传统工程、特性工程的知识、方法和工具，通过过程集成的方式，进行有机综合，形成从"需要"到"产品"的复杂产品有效技术体系。

举例而言，一些典型的特性工程工作包括如下内容。

（1）可承受性（affordability），具体参见 E5.4 节。

（2）人机工程（HSI）和人为因素（human factor）：人机工程是考虑系统研制与人的有效集成的一个跨学科技术和管理活动，这里包括操作、运行、支持、维护和培训等要素，而人为因素是考虑这个过程中人的学习、感知、物理和精神等因素下的设计约束。

（3）可靠性、可用性和维修性（reliability，availability and maintainability）：

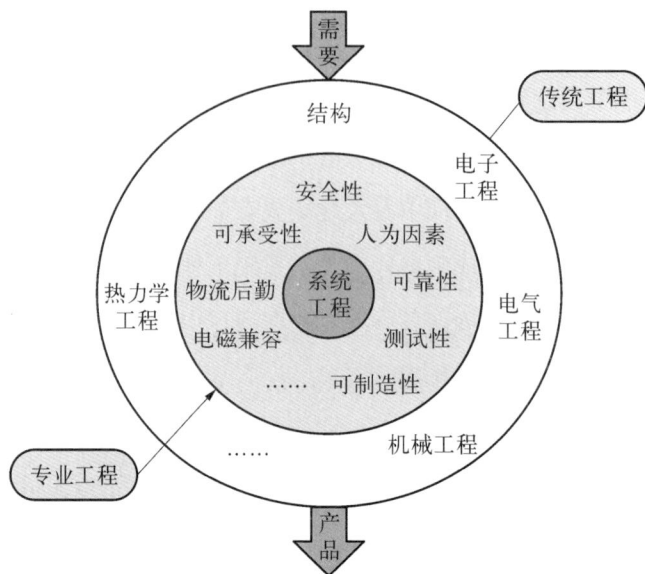

图 E-3 系统工程、传统工程与特性工程关系

系统的 3 个特性，属于可靠性工程的范畴，可靠性是一个系统在特定环境下一段时间内执行预期功能不失效的概率，可用性是一个可修复的系统在一段时间内可运行的概率，维修性是系统在一段时间内可被修复的概率，这些指标均影响产品的全生命周期成本。

（4）安全性（safety）：关注系统失效或错误对人安全的影响程度。

（5）共通性、互换性、互操作性（commonality, interchangeability, interoperability）：基于产品的互换性和产品系列的共通要求，需要考虑同类产品外形、功能和接口一致化、通用化和模块化。

（6）环境工程（environment engineering）：考虑产品的在不同运行的自然环境下的要求，同时考虑产品排放、废弃等对自然环境和人类的影响。

（7）支持工程（support engineering）：关注与维持产品运行和维护的支持资源和系统，如供应链系统，包括对产品的支持使能系统的设计、实现和支持性分析。

（8）安保工程（security engineering）：关注系统在被攻击或错误情况下的安

全保密，关注系统对脆弱性攻击进行移除的分析、设计和实现的流程、工具和方法。

（9）重量特性工程（MPE），考虑产品的重量、重心、惯量等重量特征要素。

（10）电磁兼容性（EMC），考虑产品在电磁环境中的行为，不会对其他产品产生影响，并且不会被其他产品和环境电磁影响导致功能异常。

（11）可制造性（manufacturability），对产品是否便于制造进行分析。

E5　面向 X 的设计

面向 X 的设计（DFX）是一种系统工程的设计理念，即在产品设计初期就充分考虑产品全生命周期中的各个环节，从而减少后续研制过程中不必要的迭代或返工。这里的"X"是个变量，可以指代产品全生命周期中的某个环节，如制造、装配、维修、测试等，也可指代某种产品竞争力或与竞争力相关的某种属性，如可承受性、成本、质量、共通性等。

面向 X 的设计最初是以面向可制造性的设计（DFM）和面向装配的设计（DFA）出现的，指在设计中应充分考虑制造和装配的便利，后进一步扩展到产品全生命周期的多个专业领域，并逐渐形成一个技术族，力图在设计过程中充分考虑产品的好造、好修、好用等特性。

E5.1　面向可制造性的设计

可制造性要求实际上是企业当前的生产制造能力对于产品方案设计带来的约束和限制条件。产品设计方案未充分考虑可制造性要求可能会造成设计图纸难以加工实现，导致生产成本的大幅上升、生产周期延长、产品质量不稳定、制造难度增加或根本不可制造。例如，某典型的可制造性要求为"在设计中应利用尺寸链分析等手段，计算飞机在各分离面产生的累积偏差和变形情况，明确各分离面所允许的加垫量和打磨量，以便在产品装配阶段使用工艺补偿"。

面向可制造性的设计（DFM），包括面向装配的设计（DFA）是产品全生命周期设计需要考虑的重点之一。在设计前期尽早考虑与生产制造有关的约束，全面评价和及时改进产品设计，对于争取产品制造阶段一次性成功，从而对于降低研制成本、提高质量、缩短产品开发周期具有重要作用。

面向可制造性的设计关键在于把产品设计和工艺设计集成起来，从而使设计的产品易于制造，易于装配，在满足用户要求的前提下降低产品成本，缩短产品开发周期。DFM在产品设计过程中充分考虑产品制造的相关约束，全面评价产品设计和工艺设计方案。提供改进信息，优化产品的总体性能，以保证其可制造性，DFM是并行设计的核心，它在信息集成与共享的基础上实现产品开发过程的功能集成。

对于可制造性设计的实施，从已有的设计和制造实践中可以总结提取出来一些设计准则。这些准则既能指导设计保持良好的可制造性，又能发挥设计者的创造性。它类似于传统的结构工艺性设计规则。下面列举一些典型的DFM准则：

（1）在设计中要尽量减少零件的数量。

（2）在设计中要尽量减少零件的种类。

（3）尽量使用标准件。

（4）相似特征尽量设计为统一尺寸。

（5）改内表面加工为外表面加工。

在商用飞机型号研制中开展可制造性的设计，首先要认识到它的必要性，尤其是生产制造和设计研发部门，使设计人员在考虑产品功能实现这一首要目标的基础上，兼顾生产制造方面的问题。

其次，统一设计部门和生产部门之间的信息，建立有效的沟通机制。这样设计人员就能在设计的同时考虑生产过程，使自己的设计利于生产制造。

再次，选择有丰富生产经验的人员参与设计，对设计成果进行可制造性方面的测试和评估，辅助设计人员工作。

最后，安排合理的时间给设计人员，以及DFM工程师到生产第一线了解生产工艺流程及生产设备，了解生产中的问题，以便更好、更系统地改善自己的设计。

E5.2　面向可维修性的设计

可维修性是指故障产品在规定的条件下和规定的时间内，按规定的程序和方法进行维修时，保持或恢复其规定状态的能力。在设计前期就要重点考虑可维修性源于这样的事实，即维修和相关费用累计超过了产品的购置费用，维修费用已经成为产品全生命周期费用的重要组成；由维修需求导致的设计变更费用也会随着设计工作的推进而呈指数级增加。

面向可维修性的设计（DFMain）是指在产品设计时，以满足用户需求为前提，通过分析和研究产品全生命周期中各阶段的特征，进行综合评价和权衡，提高产品的维修性及相关特性（可靠性、保障性、测试性等），使得产品能以最小的维修资源（维修时间、维修人力、维修费用、维修设备等）消耗获得最大的可用性的设计原则、方法和技术。

DFMain 是飞机设计工作的重要组成部分。商用飞机型号的维修性设计过程与飞机主产品的研制过程是相辅相成的。伴随飞机本体的研制不断深入，维修作为一种配套的服务产品，其开发过程也在同步进行。从系统工程的角度来看，整个维修性研制过程包括维修需求的捕获、设计分析、确认/验证，持续改进。虽然维修性设计作为 DFMain 的核心有其特定的工作内容、程序和方法，但在飞机研制过程中，维修性设计必须与其他设计工作紧密结合，及时交互有关设计资料，进行必要的设计协调，才能保证设计的飞机易于使用和维修，减少或避免由于技术上不协调导致的设计返工和对人力、物力、财力的浪费。

DFMain 主要包括如下工作：

（1）提出维修性的基本思想，即对生命周期内如何提供维修保障以保证飞机正常工作给予明确说明。这是整个飞机设计和维修性设计的基本依据，根据维修思想可建立维修性模型，协调开展飞机设计和维修性设计工作。

（2）在选择飞机设计方案时，为设计部门提供与维修性设计相关的技术支持，提供适用于各类系统和零部件的定性和定量的数据资料和相关信息，并提出维修性设计准则。

（3）参加飞机零部件材料和结构的选择，开展维修性分析工作，确定可维修性特性要求。按要求进行详细的权衡研究，提出设计和修改建议。

（4）利用特定的模型或设计手段进行维修性验证与评估工作，以确定最合适的设计方案。

E5.3　面向共通性的设计（design for commonality）

"共通性"（commonality）是商用飞机的一种属性，指商用飞机的同系列产品之间，乃至与其他制造商的产品间，从产品顶层到各下层系统，从产品设计、制造到运营/维护全过程，在设计理念、采用标准、操作/维护逻辑，飞行员和维护人员在人机交互中的角色、操作环境、操作程序、操作感受和所需支持设备与设施，飞机和系统整体架构、不同层次的组成单元、材料、标识和标准件、连接方式，制造工艺、采购方式和主要供应商，维修原则和维修大纲、维修用工具设施、航材保障、实施客户服务的任务、程序和手段，产品定义（含客户使用/维护产品必须信息和提供客户的服务）的表达，信息管理（包括文件体系架构和格式）等领域，针对提高客户增值的综合权衡，全局优化，各个方面分别达到范围恰当的一致性或高度相似性。

共通性设计的主旨是制造商为了以客户为中心，以市场效益为导向，开拓市场，扩大市场份额，而刻意实现的现代商用飞机，特别是大型商用飞机的相似性或一致性，并在此基础上降低研发成本，提高研发效率。

实现飞机型号共通性是为了提高客户熟悉该商用飞机产品和组织相应运营体系的效率，降低客户包含培训、资质认证、航材保障、维修、工程支援等运营体系支持要素的采购、转型和运行的成本，充分利用客户原已投入的相关资源，以利于客户接受和运营该产品，从而使制造商能够成功开拓市场，扩大市场分享量，同时也在自身的产品研制、生产和客户服务各环节降低成本，获取制造商和客户的双赢，具体包括如下方面：

（1）通过在人机界面、维护界面及相应操作程序实现共通或相似，降低客户运营成本。

（2）通过在主要结构部件、系统、标准材料选择、设备工具等方面尽可能共通，降低客户维护成本。

（3）通过在制造和装配工装、工艺有尽可能多的共通性，降低制造和总装成本。

（4）通过主要设计理念、典型布局、操纵性能和系统集成、使用特征等尽可能共通，降低研发和适航取证成本。

E5.4　面向可承受性的设计

可承受性是指在系统生命周期里，通过系统性能、成本和进度约束的均衡，满足项目任务要求，符合企业战略投资和组织需要，从而确保项目成功。如图 E-4 所示，可承受性主要关注系统的成本、性能、进度三大要素的综合优化，而三者之间互为约束关系。

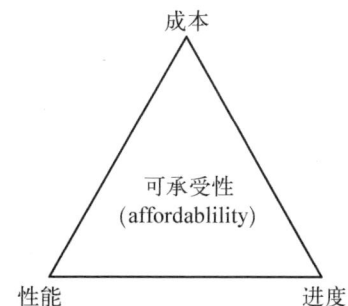

图 E-4　可承受性三大要素/约束

面向可承受性的设计（design for affordability）是指在设计过程中，把可承受性作为一个设计特征或者约束进行充分考虑。

当前，由于行业对手的不断增加的竞争压力、大规模系统研制中难以控制的考虑进度和资源成本超支等因素，要求在系统研制过程中，需要不断改进提升可承受性，追求全生命周期的最好的费效比（cost-effective），即努力用尽量小的成本获得尽量好的性能，并缩短研制周期。

为了获得高可承受性采取的举措举例如下：

（1）采用系统工程思想，在项目前期精准捕获客户需要，早期引入建模仿真等手段确认需求和架构，减少后续更改带来的成本剧增。

（2）设计前期充分考虑 DFX，设计中考虑便于后续制造、维护、运行支持等活动，将后续工作开销降到最低。

（3）明确系统可靠性等要求，提高产品运行可用性，降低运行成本。

（4）系统设计采用通用模块化方式，便于重用，同时使得更改过程中的影响最小。

（5）采用精益等手段消除过程浪费，从而减少过程成本。

系统工程活动的一个重要目的就是使研制过程有序和合理化，从而提高质量、缩短周期，降低成本，最终提高可承受性。

在系统的生命周期内，一方面鉴于客观原因和现实水平，另一方面项目具有不同的可承受性的目标约束，同时不同要素之间又存在各种关系，因此必然存在一个可能范围的解的集合，这些集合形成了可承受性权衡空间（trade space），而根据项目约束目标的优先级，在此空间中寻找时间、性能和进度的均衡，进行方案解的评估和指标取舍，最终寻求最合适的方案，能最好地满足项目约束和要求。

权衡空间的约束条件和功能参数包括如下几点：

（1）系统性能，包括功能数量、性能指标要求以及安全性、可靠性、维修性、支持性等特性工程的系统特性指标等。

（2）成本，包括研制成本、批量单机成本、运行支持和维护成本等。

（3）进度，包括研制进度的考虑。

在某项目产品的权衡空间中，应存在性能、成本和进度之间的量化关系，这些量化关系可以通过过往项目度量等方式获得，通过这些量化关系，可以使分析工作数学化，可以借助相关工具方法，实现分析工作的可视化。

图 E-5 为性能与成本之间的简易关系示意图，图中项目存在最高可承担成本约束和存在系统的最小性能要求,而图中曲线为最优解,即在当前最好的能力水平下,能实现系统某个水平性能下的最小可能成本。

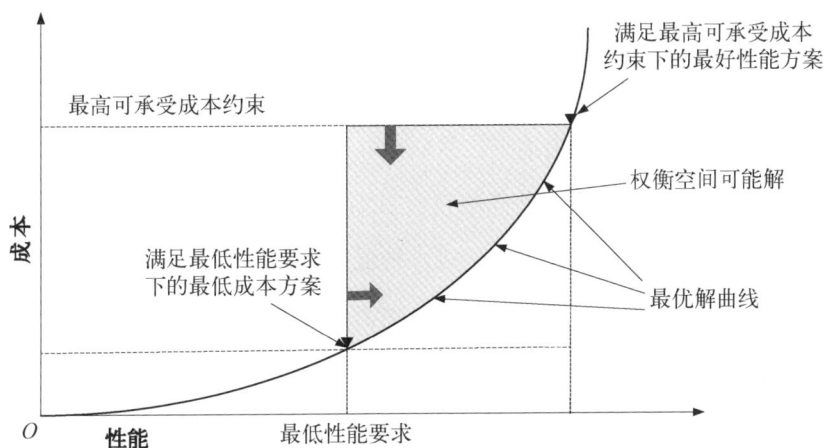

图 E-5 关于性能和成本的可承受性权衡空间示意图

因此,可承受性的权衡空间为项目要求的最小性能要求、最高可承担成本和当前能力水平要求的最优解曲线下的区域(见图中灰色区域),而在此权衡空间中,选择哪一个可能的方案解,则主要看项目目标的优先级,例如,如果要求成本最小,则可能选择最低性能要求的最低成本方案;如果要求性能最好,从成本因素考虑,则可以选择最高可承受成本约束下的最好性能方案,而在实施过程中,为了尽量逼近最优解,则需要充分考虑面向可承受性的设计,通过各类手段来降低成本。

需要注意的是,可承受性中的性能、成本和进度为三个大项,每个大项包括非常多的具体子项,这些子项相互之间存在不同的线性和非线性的关系,关系远比图中的复杂。

由于项目存在持续的变化和系统产品状态的演进等情况,因此可承受性分析工作不仅仅在项目的某个时间点进行,还应考虑一个持续的生命周期的分析。

对于系统的特征而言,对其进行可承受性方面的优化会改善成本和性能,因此，需充分理解每个功能属性对成本和性能的影响，从而对系统的研制进行优化，而在实施过程中，如何评估实施某个更改对可承受性的影响，主要进行费效分析（CEA），确保对于任何工作而言，选择的方案都能在开销最小的前提下取得最大的收效。

可承受性的另一个比较重要的分析即是生命周期成本（life cycle cost）分析，这个分析考虑产品全生命周期，从研制、制造、使用、维修保养和废弃处理的所有成本综合，对全生命周期而不仅仅针对某个阶段的成本，进行总体考虑，在不同方案之间，选择全生命周期的成本较低的方案，而生命周期成本的分析的结果随着项目开展的深入、产品定义的清晰而愈加准确。

在项目的关键评审点、控制点和较为重要的决策中存在较大更改时，应进行可承受性分析和评审，尤其在项目立项和初步设计转阶段时期，此评审应该是一个充分评估和分析决策的过程。

E6　工业工程

E6.1　概述

工业工程是一门综合了应用数学、物理学和社会科学，同时利用工程分析和设计的原理与方法，来对人员、物料、设备、能源和信息所组成的集成系统进行规划、设计、评价、改进（创新）的学科。例如，在工厂的生产线设计中，工业工程师要考虑如何安排设备的位置，使得物料运输距离最短，工人操作最方便，这涉及空间布局、人员动作、设备选型等多方面的综合考量。

工业工程起源于 20 世纪初美国，弗雷德里克·温斯洛·泰勒（Frederick Winslow Taylor）等人的科学管理运动为工业工程的发展奠定了基础。当时，工业生产规模不断扩大，企业需要提高生产效率、降低成本，工业工程应运而生，应用于制造业的工厂管理和生产流程优化。例如，泰勒通过时间研究和动作研究来确定合理的工作定额和标准操作方法，这是早期工业工程的典型应用。随着工业生产规模的扩大和复杂程度的增加，工业工程在 20 世纪中叶得到了进一步的发展。运筹学的出现为工业工程提供了新的理论和方法，如线性规划、排队论等。工业工程师开始运用这些数学工具来解决生产计划、库存管理等复杂问题。同时，人因工程也逐渐成为工业工程的一个重要分支。人因工程研究人与机器、环境之间的相互关系，例如在飞机驾驶舱的设计中，考虑飞行员的视觉、触觉和操作习惯，合理布局各种仪表和控制装置，以提高飞行安全性和舒适性。进入21世纪，工业工程与信息技术紧密结合。计算机辅助设计（CAD）/计算机辅助制造（CAM）、企业资源规划（ERP）、制造执行系统（MES）等技术在工业工程中得到广泛应用。

E6.2　主要内容

根据美国工业工程师协会、中国机械工程学会工业工程分会等权威组织给出描述，工业工程要素主要包括了工作研究、设施规划与物流分析、人因工程、生产计划与控制等。

1）工作研究

工作研究包括方法研究和时间研究。方法研究是对现有的或拟议的工作方法进行系统的记录和严格的考查，开发出更简单、更有效的工作方法。例如，在一个电子产品组装车间，通过对工人组装动作的观察和分析，重新设计组装流程，减少不必要的动作，提高组装效率。时间研究则是确定在标准状态下，按规定的工作方法完成某项工作所需的时间。它是制订工时定额、安排作业计划、进行成本核算等工作的基础。

2）设施规划与物流分析

设施规划主要涉及工厂、仓库等设施的布局设计。它要考虑物料的流动、设备的配置、人员的走动等因素，以实现设施的高效利用。例如，在一个汽车零部件配送中心的布局设计中，根据零部件的出入库频率、体积、重量等因素，合理安排货架位置和搬运设备的路线，使物料搬运成本最小化。物流分析则是研究物料的输入、搬运、储存和输出过程，包括物料搬运设备的选择、运输路线的规划等。

3）人因工程

人因工程主要研究人在工作环境中的生理和心理特点，以及人与机器、环境之间的相互关系。例如，在办公家具的设计中，考虑人的坐姿、视线高度、手臂活动范围等因素，设计出舒适的办公桌和座椅。在自动化生产线上，人因工程会考虑如何让工人更方便地操作设备，如控制按钮的大小、位置和操作力度等，同时还要考虑工作环境的照明、噪声、温度等对工人的影响。

4）生产计划与控制

生产计划是对企业的生产任务进行统筹安排，包括确定生产产品的品种、数量、交货期等。例如，根据市场订单和企业的生产能力，制订月度或季度的生产计划。生产控制则是对生产过程进行监督和调节，确保生产计划的顺利执行。它包括对生产进度的控制、在制品库存的控制、质量的控制等。如果发现生产进度落后，就要及时采取措施，如加班、调整生产流程或增加设备等。

E6.3 工业工程与系统工程的关系

1）学科基础的相通性

两者都以数学、物理学等自然科学和运筹学、管理学等社会科学作为学科基础。例如，在进行系统建模或者工业工程中的生产计划优化时，都需要运用数学中的线性规划、概率论等知识，以此来提供定量分析的工具。同时，也会涉及运筹学中的排队论、库存论等内容，用于处理资源分配和流程优化等问题。

2）目标的一致性

工业工程和系统工程都以实现系统的整体优化为目标。工业工程侧重工业生产系统的优化，通过对人员、设备、物料等要素的合理配置和改进，提高生产效率、降低成本、保证质量。系统工程则是从更广泛的系统视角出发，确保系统在功能、性能、效益等方面达到最优状态。它们都致力于提高系统的性能和效率。工业工程主要关注工业系统内的生产效率提升、资源利用率提高等，系统工程则着眼于提升复杂系统的稳定性、可靠性和适应性等综合性能。

3）方法的相互借鉴

系统工程中的系统分析和建模方法对工业工程有很大的借鉴意义。工业工程在研究复杂的工业生产系统时，可以运用系统工程的方法建立系统模型，更好地理解系统的结构和行为。

4）应用领域的交叉

在许多实际应用场景中，工业工程和系统工程的应用领域存在交叉。例如，在制造业系统升级改造项目中，既需要工业工程的专业知识来优化生产流程、改善车间布局和提高设备利用率等；也需要系统工程的理念和方法来综合考虑制造系统与企业内部其他系统（如供应链系统、质量控制系统、信息管理系统等）之间的相互关系，确保整个企业系统的协调运作。再比如，在现代物流与供应链管理领域，工业工程对物流设施和操作流程的优化是供应链系统高效运行的基础，而系统工程则为构建完整的供应链系统，包括供应商选择、库存管理、运输配送等多个环节的协同优化提供了整体的方法和策略。

E6.4　在航天航空领域的应用

航空航天产品的制造具有零部件多、精度要求极高、质量管控严格等特点，工业工程在航空航天制造中发挥着关键作用。例如，在飞机零部件制造过程中，工业工程师会利用先进的生产计划与排程系统，协调众多供应商的零部件交付时间，确保总装线的顺利进行。同时，在飞机总装车间，通过设施规划，合理布局大型工装设备和零部件储存区域，优化飞机装配流程，提高装配效率和质量。并且，人因工程在航空航天制造中也很重要，因为一些复杂的装配工作需要工人在狭小空间内操作，良好的工作环境设计可以减少工人疲劳，降低操作失误率。

工业工程在物流中心的设施规划中起到关键作用，主要用于物流中心的设施规划和物流作业流程优化。例如，根据货物的流量、重量、体积等因素，合理设计仓库的货架布局、分拣区域的大小和位置、装卸货平台的数量和位置等。同时，工业工程可以优化物流中心的物流设备配置，如选择合适的叉车、传送带等设备，并规划其运行路线，提高货物的储存和搬运效率。在库存管理方面，工业工程可以利用库存控制模型，确定合理的库存水平，减少库存积压和缺货现象。

在物流运输配送环节，工业工程可以用于优化配送路线规划。例如，通过收集交通信息、客户位置和货物重量等数据，利用数学模型和算法［如车辆路径问题（VRP）模型］，计算出最优的配送路线，降低运输成本，提高配送准时率。同时，工业工程可以对运输车辆的装载进行优化，根据货物的形状、尺寸和重量，合理安排车内货物的堆放方式，提高车辆的装载率。

附录 F　LQ‐H型号案例功能建模分析

F1　案例简介

F1.1　研究背景

在航空运输领域，航空发动机一直使用化石燃料作为能源。化石燃料通过燃烧将化学能转化为热能，经过热机转化为动能，在这过程中产生大量的二氧化碳、氮氧化物、颗粒物等污染物排放，同时还产生严重的噪声，随着公众环保意识增强和航空监管机构对飞机环保性制定的标准日趋严格，航空运输业对新能源的呼声日渐增强。新能源飞机是指可以采用新能源形式取代常规化石燃料为飞机提供动力的飞机。太阳能飞机受制于太阳能电池的转化效率低，导致其功率低、速度慢、载重有限。近年来，随着氢氧燃料电池效率的提高，人们对氢能的关注骤增。

燃料电池动力系统使用氢气作为燃料，通过反应堆与氧气进行反应，进而产生电能。反应产物只有水，可以实现零碳排放，即使使用化石燃料重整的含氢物，由于不经过燃烧过程，也可以大大降低碳氢化物、氮氢化物以及二氧化碳的排放。

美国在2006年成功首飞了世界上第一架燃料电池无人机。2009年设计"离子虎"（Ion Tiger）燃料电池长航时无人机创造了氢燃料电池动力无人机飞行时间记录：26小时1分钟。"离子虎"重约37磅[①]，可携带4~5磅有效载荷。机上

---

① 磅（lb），质量非法定单位，1 lb = 0.453 592 kg。

采用 550 瓦燃料电池作为动力，其能量转换效率为相近功率内燃机的 4 倍，并且可以提供相同重量电池 7 倍的电量。同时，燃料电池体积小、噪声低、热量低和零碳排放等特点将有助于提高其隐身性能。在 2013 年"离子虎"连续飞行了 48 小时。

由于氢气能量密度高，无污染，零碳排放，是理想的清洁能源。为此有必要研究燃料电池无人机的可行性，以及将来应用到商用飞机上的可能性。由于目前燃料电池技术的限制，现阶段应从小功率燃料电池系统开始，然后逐步扩大燃料电池的功率，进一步扩大应用范围。可以从代替辅助动力装置开始，直至能为动力系统供能。

F1.2　功能与设计指标

LQ‑H（灵雀‑H）新能源验证机旨在验证燃料电池无人机的可行性，并对无人机的气动布局、参数辨识等方面进行探索，平台布局如图 F‑1 所示。其运载平台方案为大展弦比与 T 形尾翼的常规布局，用于探索航时性能。

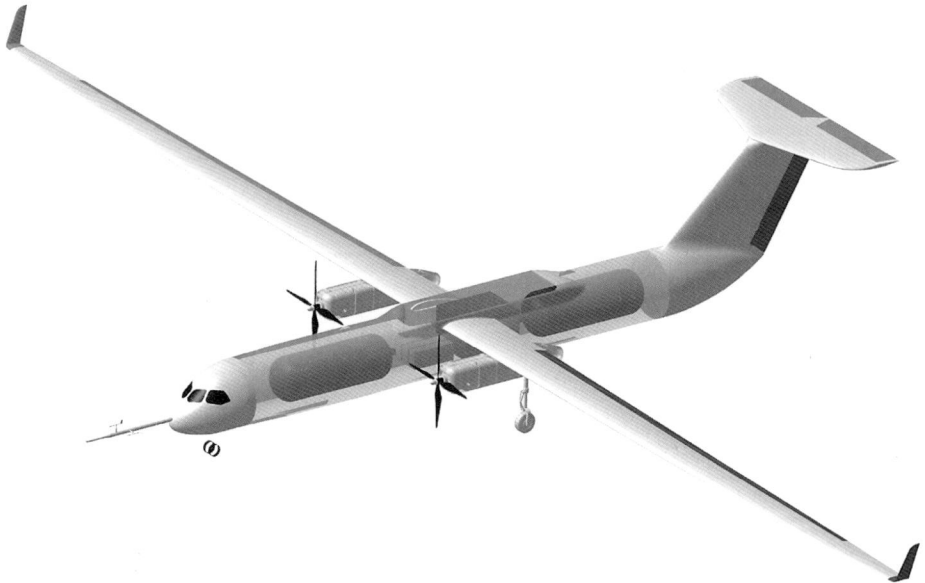

图 F‑1　LQ‑H 新能源验证机平台布局

F2　技术路径与建模思路

LQ－H 设计流程分为项目定义、飞机详细设计、集成验证三个阶段，项目定义阶段主要包括需求建立与管理、功能建模、飞机级逻辑模型建立。

F2.1　技术路径

本项目主要采用基于模型的系统工程（MBSE）的方法实现项目定义阶段的需求模型建立与管理、功能模型建立、逻辑仿真。方法论、建模语言、建模软件是 MBSE 方法实践的三大支柱。通过对国内外 MBSE 研究现状的调研，最终确定在该案例中的技术路径如下：依照 MagicGrid 方法论，采用 SysML 建模语言，使用 Cameo Systems Modeler 建模工具对 LQ－H 长航时无人机进行需求捕获和功能架构分析等，实现正向概念设计。

F2.2　建模思路

F2.2.1　系统之系统与关注系统

在对目标问题进行功能建模前，我们要明确目标问题里的两个对象：系统之系统（SoS）和关注系统（SoI）。

1）系统之系统

在一般情况下，当我们需要理解一个系统时，可以递归地将其分解为几个部分，直到理解起来足够简单为止，然后重新组装这些部分，以便理解整个系统。然而当处理复杂系统时，在拆卸和重新组装系统部件过程中，它们的性能和行为可能会发生变化，这将产生错误并影响整个系统。为了解决这个问题，我们可以通过定义整个环境结构作为模型构建的起点，并在拆卸和重新组装部件期间保持其正常运行。

2）关注系统

SoI 是系统中所有相互关联和相互依赖的元素的集合，它是目标问题中考虑建模和实现的系统。SoI 被认为是 SoS 下的一个子系统，SoI 与其他系统的关系在 SoS 中定义。

在本案例中，目标问题是建立 LQ－H 长航时无人机的功能模型，所以无人机系统是我们案例中的 SoI，但 SoI 需要其他系统的参与才能完成完整运行任务。能执行完整运行任务的也就是无人机运行体系，所以整个无人机运行体系为目标问题的 SoS。无人机运行体系还包括了其他与 SoI 组合在一起共同完成无人机运行这项任务的系统，在本案例中为支持无人机运行的其他系统有地面站系统、导航卫星系统、其他管理系统等。

F2.2.2　模型的组织

模型组织方式与结构如图 F－2 所示。

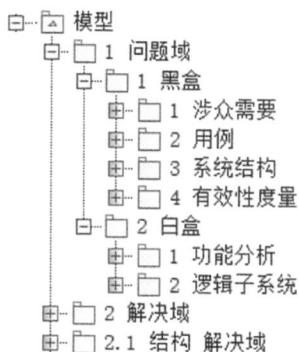

图 F－2　模型组织方式与结构

在模型的组织结构中：

（1）顶层包表示域，如问题域和解决域。

（2）中层包表示层级，如黑盒和白盒。

（3）底层包表示单元，如利益攸关方需要等。

F2.2.3　建模顺序

根据 MagicGrid 架构方法论，问题域建模顺序应从黑盒需求开始，从需求（requirements）出发，对顶层用例（use case）进行建模。获取用例后，根据用例和场景对系统结构建模。同时根据用例进一步构建更详细的系统活动，绘制活动图（activity diagram）。从系统活动出发，进一步提取对系统的设计要求。在系统结构和活动建模基本完成时，根据这两个模型，使用内部块图（internal block diagram）对系统内的相互联系进行建模。随后，根据已完成的内容，可以构建参数图（parameter diagram）对系统部分参数性能进行有效性量化（measurements of effectiveness）。

以下将聚焦无人机功能模型的问题域，来对建模过程和模型本身进行阐述。

F3 问题域

问题域定义的目的是分析利益攸关方需要，并使用 SysML 模型元素对其进行细化，以获得对 SoI 的清晰逻辑和一致描述。

在问题域第一阶段，SoI 被认为是一个黑盒，我们主要关注它如何与环境交互，而不需要了解它的内部结构和行为。换句话说，执行 SoI 的操作分析。

在问题域第二阶段，我们打开黑盒，从白盒的角度分析 SoI，这有助于详细了解系统应该如何运行。换句话说，执行 SoI 的功能分析。

F3.1 黑盒阶段建模与分析

从黑盒视角对问题域进行分析和定义是识别指系统所需解决问题的第一步。在问题域定义阶段，SoI 被认为是一个黑盒，这意味着只分析系统的输入和输出，而不需要了解其内部结构和行为。而是分析 SoS 系统环境中的 SoI、其他系统以及用户与 SoI 之间的交互。

F3.1.1 利益攸关方需要（B1-W1）

本例主要包含四个方面利益攸关方需要，分别是合作使用者需要、研发团队需要、试验使用者需要和机场及空域提供者需要，如图 F-3 所示[①]。四个利益攸

---

① 附录 F 中各图源自绘图软件，在各类型绘图软件中，有些词翻译成中文会造成读者困惑，故保留英文。

关方需要分别有其具体要求，可通过表格形式体现。

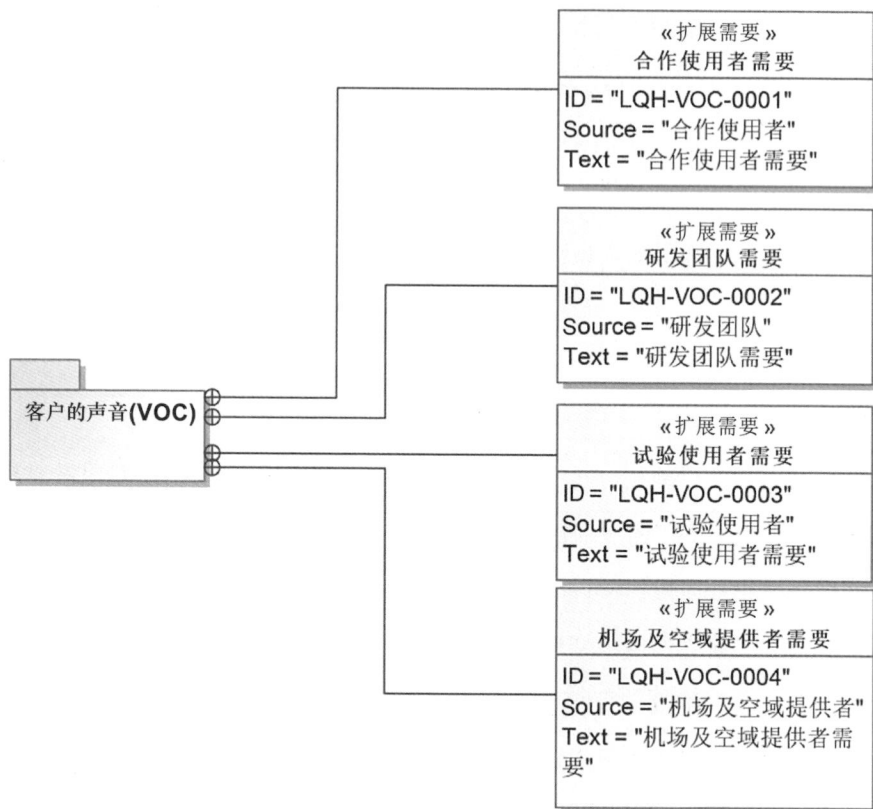

图 F-3　利益攸关方需要

F3.1.2　SoI 用例（B2）

与利益攸关方需要相比，用例图能更精确地描述人们对系统的期望以及他们希望通过 SoI 来实现的功能。通过分析利益攸关者需要，我们能够确定无人机系统的四个顶层用例，依照用例执行场景的时间顺序：航前检查、起飞准备、执行飞行任务、回收检查。其中顶层用例又包含或衍生出更细的用例。用例图如图 F-4 所示。

用例层级应该按照功能的逻辑关系划分，而不是按照实体系统元素层级划分，更不是按照组织层级划分。不过在实际操作中，用例层级非常容易受实体系

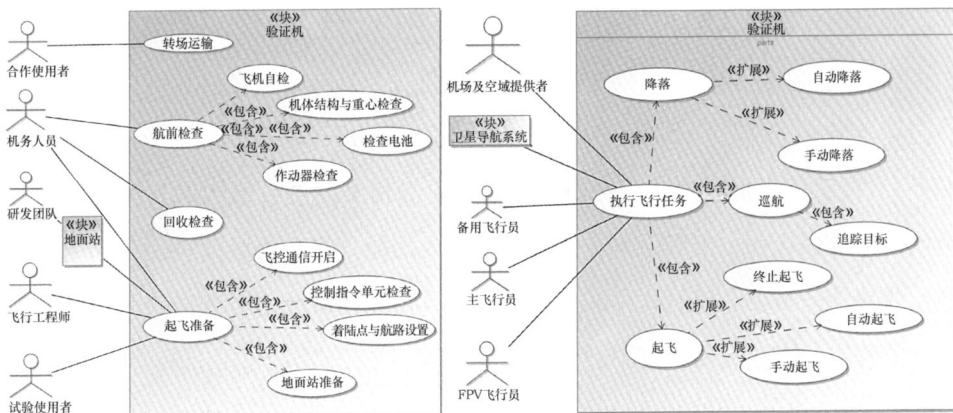

图 F-4　用　例　图

统元素层级、组织层级、生产关系等因素影响。进一步说，对于复杂系统，所谓的"黑盒"与"白盒"，两者之间的功能界面划分往往是混乱的。

F3.1.3　系统外部结构（B3）

系统的使用环境决定系统的外部结构视图，该视图必须引入不属于 SoI 但是与其有行为和功能交互的元素，也就是无人机运行系统中的其他元素：卫星导航系统、地面站、机场和周边环境，以及飞行员。

需求分析/需求分解，功能分析/功能分解，功能分配，设计综合/系统架构定义，是不断迭代的过程，而不是线性的，验证机系统外部结构视图如图 F-5 所示。

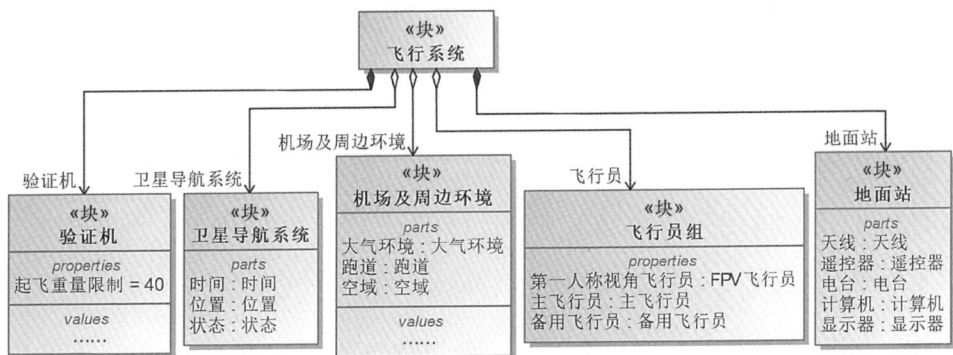

图 F-5　系统外部结构

F3.1.4　活动（B2）

在明确了 SoI 的使用环境中还有哪些参与者与其他系统之后，可以指定哪个参与者负责执行哪个行为。对此有一个通用术语：将行为分配给结构。如图 F-6 所示，每个泳道分别代表飞行系统中的相关设备、结构或人员主体。泳道内的每个块代表一个应由该主体完成的行为功能。实心圆点代表活动起始，圆环点代表活动结束。通过这样的活动图表示，可以在设计之初清晰地表示系统的活动流程，并能够提前检查设计方案的合理性。

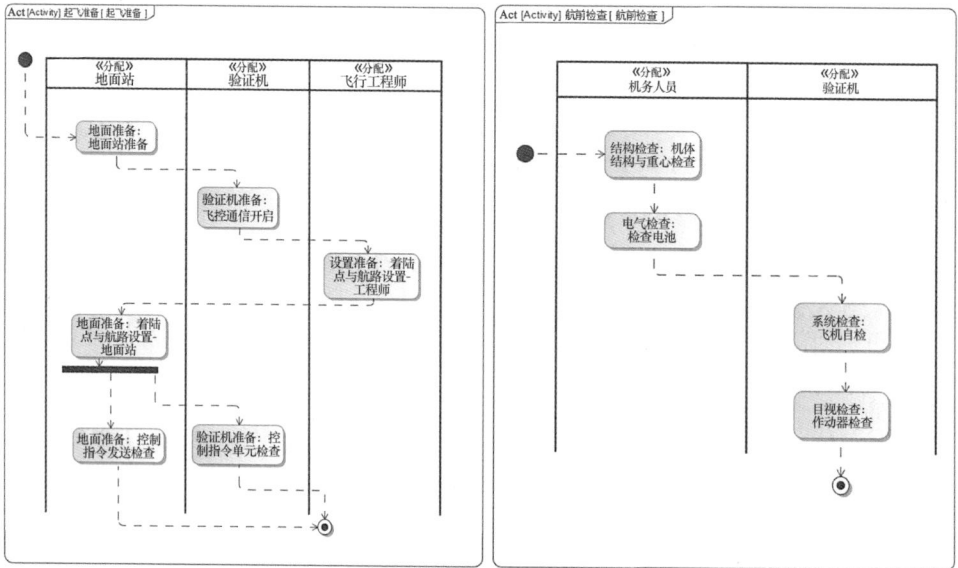

图 F-6　系统活动图

F3.1.5　系统外部交互（B3）

在 B3 单元的最后阶段需要明确：在 B3 初始阶段定义的每一个外部系统与 SoI 之间的交互和关系流。如图 F-7 所示，系统 IBD 图将验证机与外部环境及其他外部设备装置的交联关系通过块（block）和接口（port）表示出来，帮助设计人员确定与 SoI 有关的外部环境，并根据其具体交互情况进行下一步方案的设计修改。

卫星导航系统：卫星导航系统
位置：位置
时间：时间
状态：状态

全球定位系统(GPS)

飞行员：飞行员
用户界面

机场及周边环境：机场及周边环境
空域：空域
距离
高度

大气环境：大气环境
场压高度　风速
湿度　风向　温度

跑道：跑道
摩擦系数
跑道方位
跑道长度
跑道宽度
跑道高度
跑道坡度
跑道经纬度

外部环境

用户界面

验证机：验证机

GPS

外部环境

外部环境

外部环境

飞行数据　指令

地面：地面站

飞行数据
天线：天线
遥控器：遥控器
指令

飞行数据
指令

电台：电台
飞行数据
飞行数据　指令

显示器：显示器
飞行数据
计算机：计算机

611

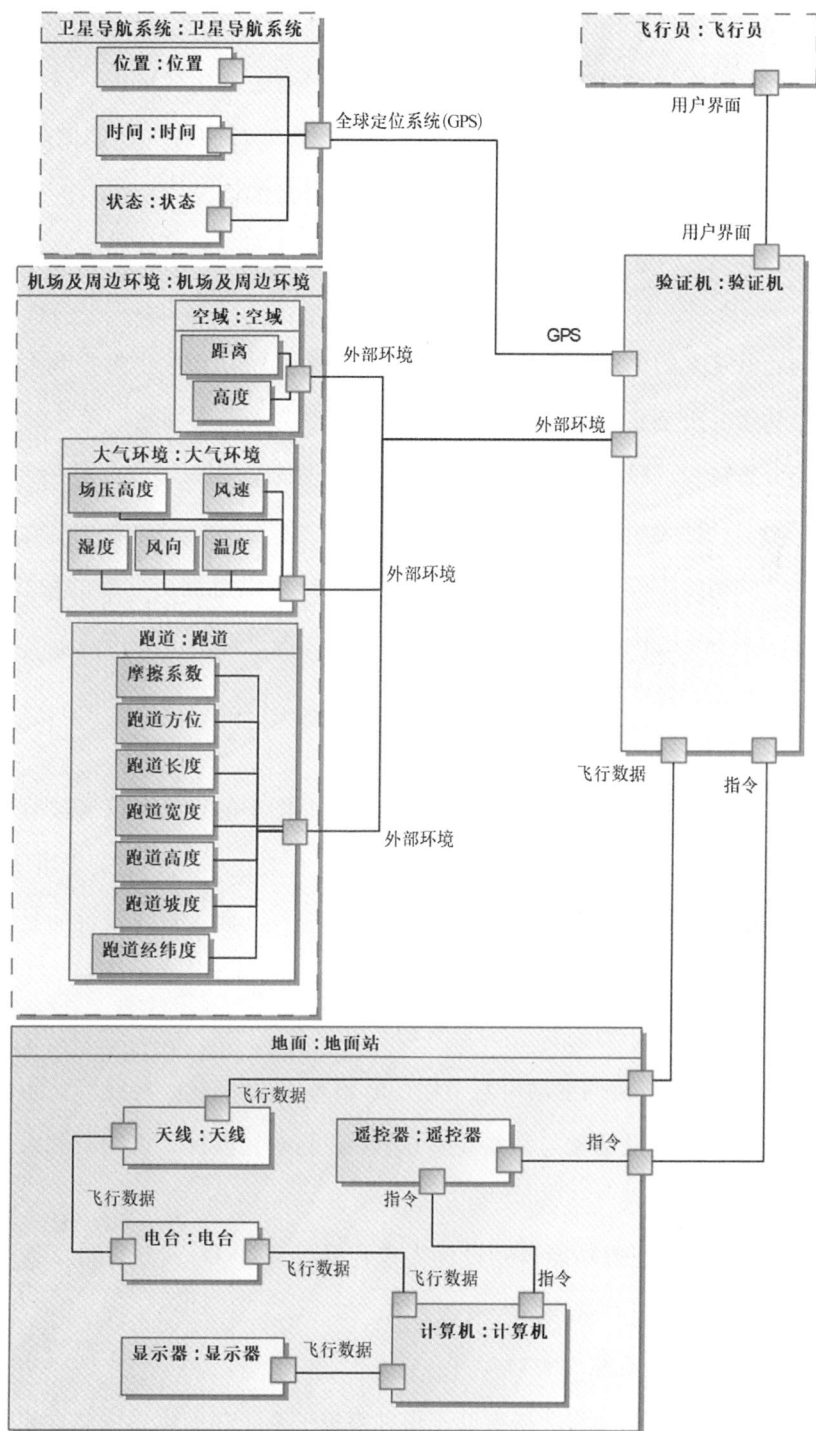

图 F-7　系统 IBD 图

F3.1.6　有效性量化（B4）

在这个单元中，非功能性利益攸关方需求通过有效量化（MoEs）得到细化，MoEs 以数值格式捕获 SoI 的特征。MoEs 是在系统工程领域广泛使用的一个术语，用来描述一个系统在特定的使用环境中执行任务的情况。

F3.2　白盒阶段建模与分析

在问题域定义的第二阶段，我们应该深入分析系统功能，也称为 SoI 的逻辑子系统。功能分析是实现系统结构分析的第一步。为了获得问题域定义的相关粒度，功能分解过程可以根据需要对其进行尽可能多的迭代。

F3.2.1　功能分析（W2）

在 W2 的初始阶段，SoI 执行的顶层功能被分解以得到更详细的系统行为。这有助于识别 SoI 中执行这些功能的子系统，也称为逻辑子系统。

选择 B2 单元中需要细化的行为对应的活动，可以对其构建更细一层级的活动图。图 F-8 为部分细化的活动。

值得注意的是，在设计该建模阶段，上述这些图中的行为并没有被分配到泳道图中，也就是没有将行为或活动分配给结构。需要在 W3 中定义逻辑子系统，然后需要回到 W2 来指定哪一个子系统负责执行哪一功能，这里呈现的是最终的功能分析模型。

F3.2.2　利益攸关方需要（B1-W1）

B2 中的验证机负责的活动可对 B1 中的 VOC 进行细化，构建细化矩阵，此矩阵可以通过用例以及活动与利益攸关方需要进行对比验证，以检查利益攸关方需要是否被满足。

由 VOC 和产品预想功能得到设计需求与目标（DRO），并且可以通过衍生矩阵观察 VOC 是否被 DRO 覆盖。

F3.2.3　逻辑子系统（W3）

虽然在 W2 阶段的功能分析有助于识别逻辑子系统，但本单元将在模型中定义它们。逻辑子系统一般被认为是一组执行一个或多个 SoI 功能的相互之间有交

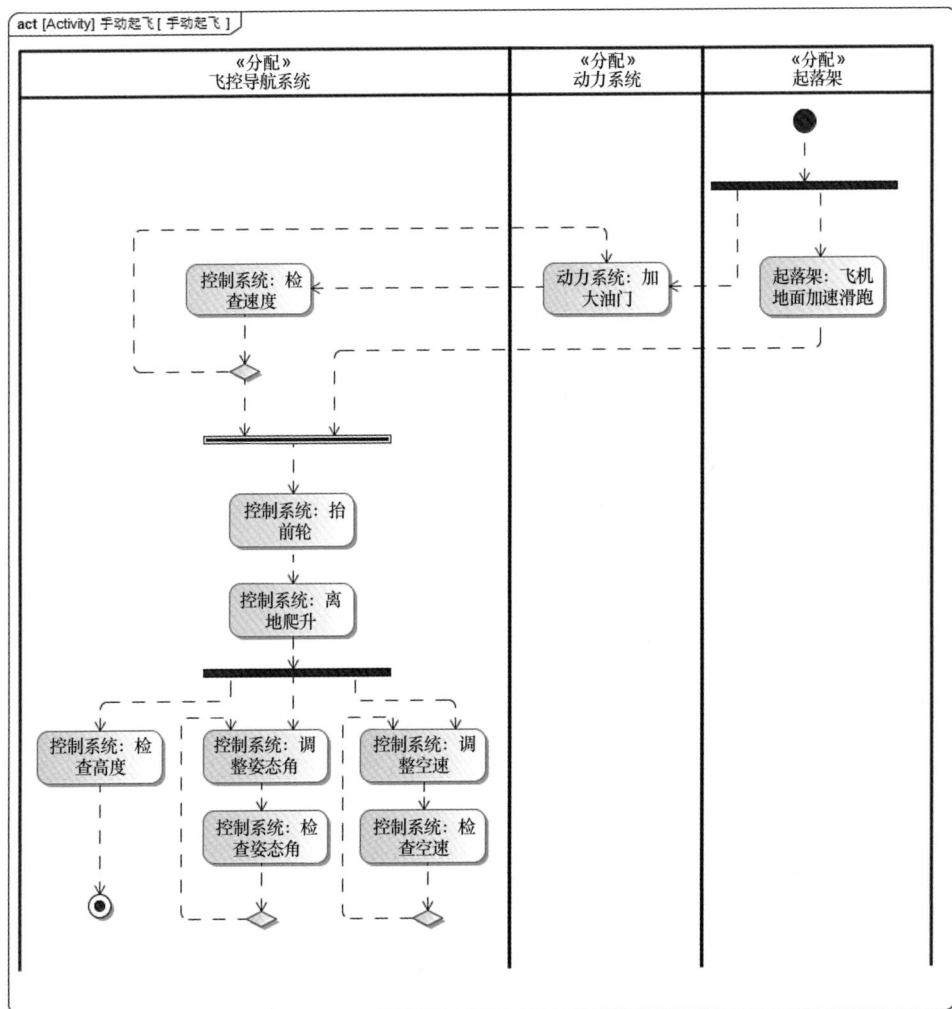

图F‐8　部分细化活动图

互的元素，并存在于 SoI 系统边界内。如图 F‐9 所示，验证机的各逻辑子系统通过包含关系表示，表明验证机所具有的逻辑子系统。

F3.2.4　利益攸关方需要（B1‐W1）

为了拥有一个完整的问题域模型，我们需要在利益攸关方需求与 SoI 的功能、逻辑结构和非功能特征元素之间建立可跟踪关系。可以通过建立需求与活动之间的细化矩阵，观察 DRO 是否都被 W2 中的活动细化覆盖。

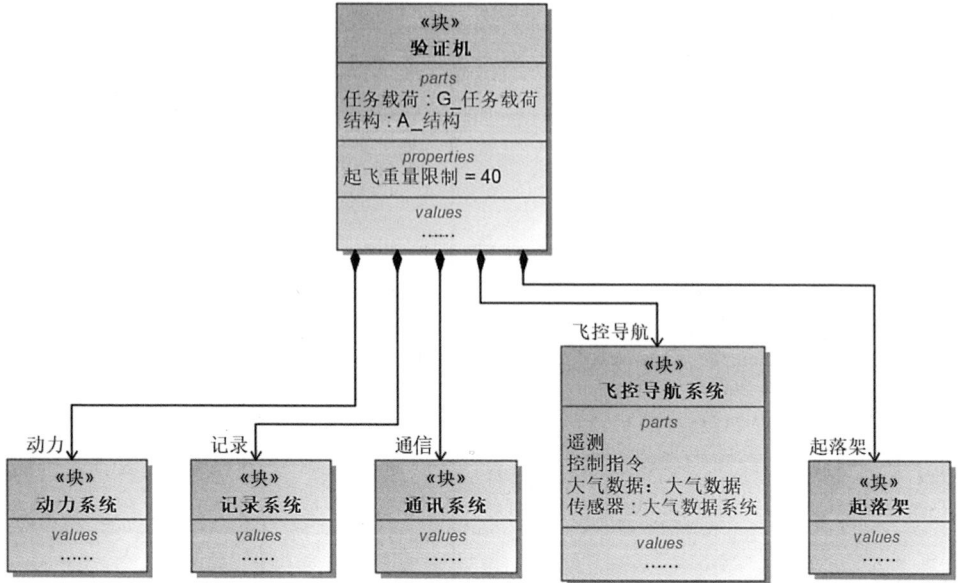

图 F-9　逻辑子系统结构

如图 F-10 所示，第一行代表部分验证机的设计需求，第一列代表验证机所能完成的行为及功能。通过验证矩阵形式，可将特定功能满足的需求进行追溯。

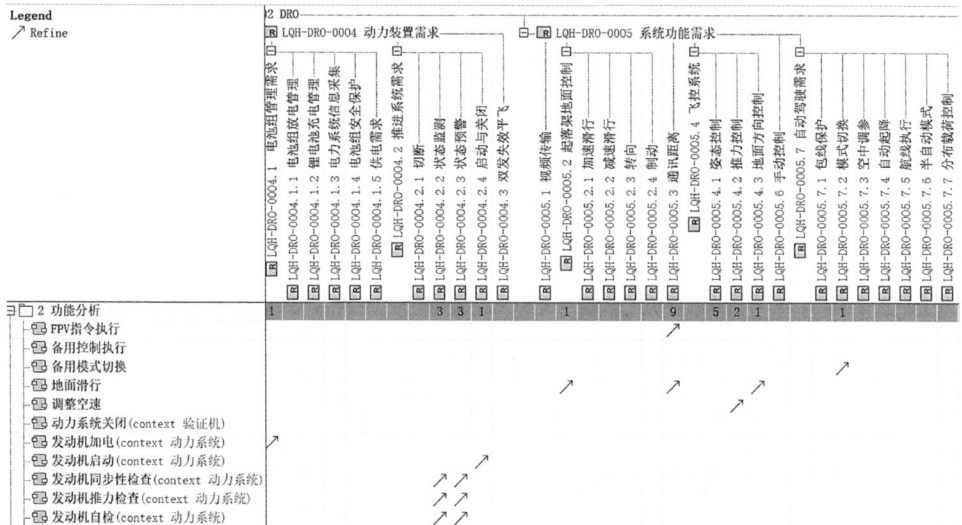

图 F-10　功能-DRO 验证矩阵

完成功能至需求的追溯后，能够检查未被满足的需求，在此基础上对设计方案进行设计修改，保证验证机系统最终满足全部的设计需求及需要。

至此，问题域模型建立全部结束，但后续可能会因为目标问题的不断细化和设计需求的改变，对其进行迭代更改。

术　语

下列术语适用于本书。

安全性（safety）

风险可接受的状态。

安全性评估（safety assessment）

用于表明对合格审定要求（如 CCAR‒25 部第 1309 条）的符合性。

产品集成（integration）

把低层次产品组件进行组装、组合形成高层级产品，并保证实现其功能的过程。

产品确认（product validation）

用于确认已完成验证的型号产品本身及其内部各个层级上的子系统能够满足利益攸关方的初始需要。

产品实施（implementation）

将产品由虚拟的方案转化为实物的过程。

产品实现（product realization）

通过制造、购买或重新使用一个产品，或者将次级已实现产品重新组装和集成为新产品，并通过验证和确认产品满足相应需求后将新产品交付到客户的行为。

产品系统工程（PSE）

将系统工程理论运用到产品系统领域，聚焦产品，把系统工程的定义、分析、实现、控制和持续改进等工程方法用于产品系统生命周期活动的系统工程。

场景 （scenario）

系统在使用过程中与其操作者、外部环境对象之间相互交互、相互作用过程中的事件或某个画面。

处置 （disposal）

退役的飞机系统，进行回收处理的过程。

递归 （recursion）

一个过程或函数在其定义或说明中直接或间接调用自身的一种方法。

迭代 （iteration）

迭代是重复反馈过程的活动，其目的通常是逼近所需目标或结果。每一次对过程的重复称为一次迭代，而每一次迭代得到的结果会作为下一次迭代的初始值。

分析 （analysis）

基于计算数据和来自低层级的系统结构目标产品确认的数据，运用数学模型和解析技术预测系统设计与预期需求的符合程度。

风险 （risk）

一种不期望的状况或环境，很可能发生并将导致不利后果。

服务通告 （SB）

服务通告是对航空产品实施检查、重复检查、改装或使用寿命更改等工作的技术要求。

概念 （concept）

在系统工程认知过程中，对事物/对象本质特征的抽象和概括。

更改请求 （CR）

为了实施对过程、产品等要素的更改而提出的请求。

工业工程 （industrial engineering）

工业工程是对人、物料、设备、能源和信息等所组成的集成系统，进行设计、改善和实施的一门学科，它综合运用数学、物理和社会科学的专门知识和技术，结合工程分析和设计的原理与方法，对该系统所取得的成果进行确认、预测和评价。

功能（function）

一种用户期望的产品行为，建立在对一组用户需要的定义之上，且定义功能时不考虑其具体实现。

功能分析（functional analysis）

将利益攸关方需要转换成系统的功能性特征和功能架构的过程。

功能研制保证等级（FDAL）

针对功能的研制保证任务的严酷等级［注：FDAL 等级与飞机∕系统的功能息息相关，用于识别 SAE ARP 4754A∕B、ED‑79 标准中的目标（objective）］。

构建块（building block）

构成某个系统的基本组成单元，定义了满足利益攸关方需要的整套方案。

构型管理（configuration management）

在产品生命周期内，保证产品需求、产品构型信息与产品属性之间一致性。

构型控制委员会（CCB）

负责构型管理和控制的顶层机构，委员来自型号项目所有利益攸关方集团和相关工程学科团队，任何针对需求的变更均须通过该委员会的批准。

构型索引（CI）

记录系统构型中所有组件的构型信息，以及维持系统安全的约束和限制，包括任何影响满足适航要求的系统安全性约束的系统设计特征或能力。

关注系统（SOI）

指研究讨论或引述的目标对象，在系统工程实践中可以是广泛的系统概念，包括但不限于运输系统、飞机、实现功能的系统及其子系统、设备等。

过程保证（process assurance）

确信飞机和系统的研制以规范的方式完成，并限制影响飞机安全性的研制错误产生的可能性，将高度综合与复杂系统出现研制错误的可能性降至可以接受的程度，以确保飞机安全。

过程改进（process improvement）

为了更有效地达到优化研制过程而实施的改善活动。过程改进的实施是基于现有过程，利用过程运作和监控中所获得的反馈信息，发现过程中存在的问题和缺陷，提出改进的意见，进而实现过程的改进和完善。

航空器评审组（AEG）

在航空器型号合格审定中，负责对与航空器运行及维护方面相关要求评估工作的局方团队，以组织评审委员会的方式，对航空器有关的持续适航文件、运行配置、机组和执照训练要求、MMEL 等文件进行评审的机构。

基线（baseline）

一个各方同意的产品内容包括需求、设计或文档的技术状态的集合，通过正式的审批和监控流程保证系统变更能够受控。

基于模型的系统工程（MBSE）

运用正式的应用建模技术来支持系统的需求、设计、分析、验证与确认，从概念设计阶段直至生命周期的后期各个阶段，持续贯穿整个产品的研制过程。

集成产品团队（IPT）

企业为了特定的产品开发任务而按照一定的宗旨和结构形式有目的、有系统地建立起来的一个多功能集成产品开发小组。包括了来自市场、设计、工艺、生产技术准备、制造、采购、销售、维修、服务以及用户和供应商等产品生命周期中所有相关环节的代表组成的跨部门、多学科的产品开发团队。

集成产品研制（IPD）

一种整合产品生命周期各项要素，实现研制目标的系统化研制方法。

交付（delivery）

将飞机的监管和支持从一个组织实体转移给另一组织实体的过程。

接口（interface）

不同对象之间静态和动态的相互连接关系。

接口控制文件（ICD）

用于记录系统（物理/功能）接口及其变更信息的文件。

决策（decision making）

在飞机研制过程中做出的决定或选择，一般包括一个从多个方案中进行选择的过程。

可承受性（affordability）

通过在系统全生命周期内费用和性能、风险和进度约束之间综合均衡，最终使得系统能够满足战略投资、组织需要并实现利益攸关方价值。

可靠性（reliability）

系统、子系统、组件或部件在一定时间内、一定条件下执行指定功能的能力或可能性。

可维修性（maintenance）

根据设计要求，航空器通过维修所能保持和恢复其在使用中的可靠性程度。

可制造性（manufacturability）

航空器本身的物理特征与制造系统各部分之间的适应性，即产品的物理特性适于制造加工的程度。

客户服务（customer service）

由飞机主制造商独立或联合供应商及第三方客户服务机构，以其专有技术向飞机客户（包括飞机用户、法定所有者、MRO 等）提供飞机运行支持和服务的集合，如客户培训、飞行运行支援、维修与工程服务、航材支援等。

客户服务产品（customer service product）

由机主制造商提供，用于保障"承运人运营飞机"以及"飞机主制造商提供客户与支持"所需的设备、软件、数据、文件等"使能产品"的集合，如地面支援设备（GSE）、技术出版物、培训设备、数字化服务平台等。

客户需要（customer needs）

本书泛指利益攸关方需要。

里程碑（milestone）

飞机型号研制过程中的在项目时间轴上的标志性事件点。

利益攸关方（stakeholder）

也称"相关利益者""干系人"，是指能影响项目决策、活动或结果的个人、群体或组织，以及会受或自认为会受项目决策、活动或结果影响的个人、群体或组织。

面向X的设计（DFX）

面向 X 的设计最初是以面向可制造性的设计（design for manufacturability）和面向装配的设计（design for assembly）出现的，指在设计中应充分考虑到便于制造和装配。DFX 技术中的 X 是将面向可制造性的设计和面向装配的设计进一步扩展到产品全生命周期的多个领域专业，并逐渐形成一个技术族，力图在设计过程中充分考虑到产品的好造、好修、好用等特性。

DFX 包括但不限于面向可制造性的设计、面向装配的设计、面向维修性的设计、面向回收的设计、面向质量的设计、面向成本的设计、面向包装运输的设计、面向测试的设计、面向服务的设计和面向环境的设计等。

商用飞机产品系统（A/C system）

商用飞机产品系统包括飞机产品及支持运行的使能产品。其组成不仅包括飞机（飞行器）本身，还包括支持飞机运行的培训设备、支援设备、设施和人员 4 个要素，飞机只是其中一个要素。每个要素又可以继续向下分解。

敏捷系统工程（ASE）

将传统的产品系统工程过程"轻量化"，优先去满足那些最为迫切的用户需求，包括迅速引入新技术，加速产品的技术研制和交付过程，以适应快速变化的需求并赢得市场竞争。

企业系统工程（ESE）

将系统工程的原理、概念、方法应用于企业的整体规划、产品设计、生产、改进及运营的工程方法。

权衡研究（trade-off study）

通过科学有效的方法，从多个备选方案中进行决策选择的研究活动。

全生命周期模型（life cycle model）

所谓全生命周期，是指飞机也会经历从产品概念的产生，到方案的形成，到产品不断成熟和完善，到报废回收的过程。采用系统工程方法对上述过程进行建模，包括从市场分析开始，听取客户声音，将其逐步转化为功能、需求以及架构，继而开展各个层级的设计及验证工作，并进行设备、系统以及飞机的制造、组装、集成、试验工作等，所形成的模型，即飞机的全生命周期模型。

确认与验证（V&V）

确认（validation）是证明需求是否正确和完整，实现是否满足利益攸关方需要的活动。

验证（verification）是证明实施过程和结果是否已满足需求的活动。

人为因素（human factor）

人为因素是一个多学科领域，致力于优化人类性能和减少人为错误。它包括行为和社会科学、工程学和生理学的方法和原则。

设计验证（design verification）

在系统工程"V"模型的左半边，通过建模/仿真的方式确保各个层级（飞机级、系统级和设备级）上的设计能够满足各个层级需求。

设计综合（design synthesis）

根据功能架构中的各个子功能寻找其相应的物理实现形式，并进行组合，形成产品的物理架构的过程。

生产许可证（PC）

表明申请人已建立并能管理好生产质量保证系统，经民用航空局方（如中国民用航空局）确认后给予的生产批准证件。

实施验证（implement verification）

在系统工程"V"模型的右半边，确保每个层级的物理产品/系统实现都能够满足对应层级的需求，从而保证目标产品/系统能够被正确地实现。

使能产品（enabling product）

为目标产品的全生命周期研制、运行和使用提供保障的产品和服务（如生产、试验、部署、训练、维护和处置）。由于目标产品及其辅助产品是相互独立的，两者的组合被视为一个系统。这样，项目的职责就扩展到了在产品生命周期的每个阶段从相关的使能产品中获取服务。当不存在合适的使能产品时，项目应为所负责的目标产品创建并使用其使能产品。

适航（airworthiness）

指在允许的限制条件内，航空器或航空部件满足了在安全状态下飞行的必要要求。

特性工程（specialty engineering）

在系统工程领域中，特性工程指适用于系统的综合性的专业学科，通过专业的分析对系统需求和架构进行确定、评估、分析、设计决策，从而平衡系统性能和可承受性，如安全性、可靠性、电磁兼容性、人为因素等。

维修指导小组-3（MSG-3）

MSG-3 是针对维修工作的分析逻辑。根据 MSG-3 制订的维修大纲，主要针对飞机的系统/分系统的维修工作。采用自顶向下或称"故障结果"逻辑方法，从飞机系统的最高管理层面而不是在部件层面进行故障分析，确定适合的计划维修任务，以防止故障发生和保证系统的固有可靠性水平。

系统工程（systems engineering）

以满足客户需求为目的，围绕产品全生命周期，通过产品集成与过程集成，实现全局最优的一种跨专业、跨部门、跨企业的技术和管理方法。

系统之系统（SoS）

在一系列已有系统的基础之上，以任务为导向，整合所有相关资源，构筑一个新的、更为复杂的大系统，并且这个大系统能够呈现超越单个系统所能提供的全新的功能和性能。

623

项目（project）

由一组有起止日期的、相互协调的受控活动组织的独特过程，该过程要达到符合包括时间、成本和资源的约束条件在内的规定要求的目标。

项目管理（project management）

将知识、技能、工具与技术应用于项目活动，使项目能够在有限资源限定条件下，满足项目的要求的行为。

项目群（program）

是基于飞机产品系列化发展而产生的一组相互关联且需协调管理的项目。

系统工程管理计划（SEMP）

在型号项目早期，贯穿整个产品生命周期的系统工程活动的技术内容规划，规定了针对项目的范围和内容，及其对应的系统工程技术活动、对应的完成这些活动的组织人员、资源，对应的生命周期的进度安排、关键节点的目标和输出产物等。

主集成规划/集成主进度计划（IMP/IMS）

项目主集成规划（IMP）是项目执行的基线，是基于事件的计划，包括一个项目所有事件的层级架构，这些主要事件由具体的阶段成果组成，这些阶段成果的完成需要相关联的具体准则得到满足。

项目集成主进度计划（IMS）来源于 IMP，捕获了其中所有的主要事件、阶段成果和准则，对 IMP 的内容进行了细化，提供了支撑的任务（task）及其关联关系，是一个基于日期的进度安排。

项目研制保证等级（IDAL）

针对项目（item）研制保证任务的严酷等级，例如，在 DO‑178B/ED‑12B 中 IDAL 等级是相应的软件等级，IDAL 等级也是项目需要满足的 DO‑254/ED‑80 标准中的目标的研制保证等级。

效能指标（MOE）

通过评估生产和交付的最终产品/系统相关的技术特征，判断利益攸关方期望是否得以满足的定量指标，如飞机的油耗、噪声指标等。

型号合格证（TC）

民用航空局方（如中国民用航空局）颁发的，用以证明民用航空产品符合相应适航规章和环境保护要求的证件。

需求（requirements）

针对产品或服务应具备的功能、性能或者设计约束的正式陈述，一般而言，从利益攸关方需要到形成需求，应有需求分析、功能分析和需求确认工作。

需求确认（requirements validation）

确保所定义需求的正确性和完整性，确保根据需求研制的型号产品能够满足客户、用户、供应商、维护人员、审定局方以及飞机、系统和项目研制人员的需要；并限定系统内出现非预期功能或相关系统间出现非预期功能的潜在可能性。

需要（needs）

利益攸关方对产品或服务的原始期望和要求，一般而言利益攸关方需要有可能是定性的、不明确的、非正式的。

演示（demonstration）

一种验证方法，类似于试验，区别在于演示不需要复杂的仪器/仪表。

涌现性（emergence）

所谓"涌现"，是指由多个要素组成系统后，出现了系统组成前单个要素所不具有的性质，这个性质并不存在于任何单个要素当中，而是系统在低层次构成高层次时才表现出来。

运行（operation）

飞机投入使用到退役之间的过程。

运行概念（ConOps）

构想系统在其全生命周期的各个阶段如何使用以达到利益攸关方期望的过程。它从运行使用的视角来描述系统特性，并通过这种方式促进对系统目标的理解，为后续系统设计及运行使用规划活动提供基础。

挣值（EV）

在给定的进度时刻，对于已完成或进行中的产品实际完成的任务和生产相应预算费用的总和。

运行支持（operation support）

运行支持是为了支持民用飞机顺利交付用户并投入运行，需要确保民用飞机在全生命周期内持续满足运行规章要求和客户需求，并为航空器运行人、所有人等客户的训练、维修、航材、地面设备等方面提供基本保证，以及在全生命周期内采取必要的持续改进的过程。

质量功能展开（QFD）

一套分析用户需求并将其落实到产品生产与质量控制的具体措施中的方法。其核心是将质量的定义从满足设计需求转变为满足客户需求，并将这些需求转换成飞机型号的设计特征，继而配置到制造过程的各工序上和生产计划中。

追溯性（traceability）

追溯所考虑对象的历史、应用情况或所处场所的能力。

自顶向下/自底向上（top down/bottom up）

自顶向下（top down）是将复杂的完整大问题逐级分解为相对简单的小问题，找出每个问题的关键、重点所在，然后用精确的思维定性、定量地去描述问题。其核心本质是"整体"和"分解"。

自底向上（bottom up）则是先详细规范定义下一层级组件或子系统，并相互关联形成更大系统，最终逐级形成完整顶层系统的过程。

缩 略 语

AAO	advanced assembly outline	先行装配大纲
AAP	agile architecture pattern	敏捷架构模式
AC	aircraft certificate	单机适航证
ACN	aircraft classification number	飞机等级号
ADC	agile development cycle	敏捷开发周期
ADIRU	air data inertial reference unit	空气数据惯性基准组件
ADRO	aircraft development requirements and objectives	飞机研制需求与目标
AEG	aircraft evaluation group	航空器评审组
AFHA	aircraft functional hazard assessment	飞机功能危险性评估
AFRA	aircraft functional reliability assessment	飞机级功能可靠性评估
AFRL	Air Force Research laboratory	美国空军研究实验室
AHP	analytic hierarchy process	层次分析法
AIA	Aircraft Industries Association	美国飞机工业协会
ALCM	agile life-cycle model	敏捷全生命周期模型
AO	assembly outline	装配大纲
AOG	aircraft on ground	飞机停飞在地面
ARA	aircraft reliability assessment	飞机级可靠性评估
ARC	Aviation Rulemaking Committee	美国航空立法委员会
ARD	aircraft-level requirements document	飞机级需求文件

ARINC	Aeronautical Radio Incorporated	航空无线电通信公司（美国）
ASA	aircraft safety assessment	飞机安全性评估
ASD	Aerospace and Defence Industries Association of Europe	欧洲航空航天与防务工业协会
ASE	agile system engineering	敏捷系统工程
ASELCM	agile system engineering life-cycle model	敏捷系统工程全生命周期模型
ATA	Air Transport Association of American	美国航空运输协会
BIT	built-in-test	机内自检
BOE	basis of estimate	预算基线
BRO	business requirements and objectives	商业需求与目标
BS	brain storm	头脑风暴
CA	control account	控制账户
CAD	computer aided design	计算机辅助设计
CAE	computer aided engineering	计算机辅助工程
CAM	control account manager	控制账户经理
CBT	computer based training	计算机辅助训练
CCA	common cause analysis	共因分析
CCAR	China Civil Aviation Regulations	中国民航规章
CCB	configuration control board	构型控制委员会
CCT	configuration control team	构型控制小组
CEA	cost-effective analysis	费效分析
CMA	common mode analysis	共模分析
CMMI	capability maturity model integration	能力成熟度模型集成
CMP	configuration management plan	构型管理规划
ConOps	concept of operations	运行概念

CP	certification plan	审定计划
CPP	certification project plan	审定项目计划
CRL	component readiness level	组件成熟度
CSA	configuration status accounting	构型状态纪实
CT	communication technology	通信技术
CTLC	common takeoff and landing credit	共用起飞和着陆认同
CTP	critical to process	关键过程特性
CTQ	critical to quality	关键质量特性
DA	disciplined agile	规范化敏捷
DAR	decision analysis and resolution	决策分析与解决方案
DAS	design assurance system	设计保证系统
DBSE	data based systems engineering	基于数据的系统工程
DD	dependence diagram	相关图
DFA	design for assembly	面向装配的设计
DFM	design for manufacturability	面向可制造的设计
DFMain	design for maintainability	面向可维修性的设计
DFSS	design for six-sigma	六西格玛设计
DIF	difficulty, importance, frequency	困难性、重要性和频繁性
DKI	design key indicators	方案关键指标
DOC	direct operation cost	直接运行成本
DP	development plan	研制规划
DRO	design requirements and objectives	设计需求与目标
E3	electromagnetic environment effects	电磁环境效应
EA	enterprise architect	企业架构工具
ECP	engineering change proposal	工程更改建议
EFB	electrical flight bag	电子飞行包
EIA	Electronic Industries Alliance	美国电子工业协会

EICD	electrical interface control document	电子接口控制文件
EIS	entry into service	投入运营
EMC	electromagnetic compatibility	电磁兼容性
EPG	engineering process group	工程过程组
ESA	European Space Agency	欧洲航天局
ESE	enterprise system engineering	企业系统工程
ETOPS	extended range operations	延程运行
EWIS	electrical wiring interconnection system	电气线路互联系统
FAA	Federal Aviation Administration	美国联邦航空局
FC	failure condition	失效状态
FCA	functional configuration audit	功能构型审核
FCOMB	flight crew operation manual bulletin	飞行机组操作手册通告
FDAL	function development assurance level	功能研制保证等级
FFBD	functional flow block diagrams	功能框流图
FFS	full flight simulator	全动飞行模拟器
FHA	functional hazard assessment	功能危险性评估
FICD	functional interface control document	功能接口控制文件
FMEA	failure modes and effects analysis	失效模式及影响分析
FMES	failure modes and effects summary	失效模式及影响摘要
FMTD	flight maintenance training device	飞行维护训练器
FO	fabricate outline	制造大纲
FOT	flight operations telex	飞行操作通告
FRD	functional requirement document	功能性需求文件
FuSE	future of systems engineering	未来系统工程
FTA	fault tree analysis	故障树分析
GG	generic goals	通用目标
GP	generic practice	通用实践

HALT	highly accelerated life test	高加速寿命试验
HASS	highly accelerated stress screen	高加速应力筛选
HoQ	house of quality	质量屋
HRMP	human resource management plan	人力资源管理规划
HUD	head up display	平视显示器
IATA	International Air Transport Association	国际航空运输协会
IBSE	intelligence based systems engineering	基于智能的系统工程
ICAO	International Civil Aviation Organization	国际民用航空组织
ICD	interface control document	接口控制文件
IDAL	item development assurance level	项目研制保证等级
IEC	International Electrotechnical Commission	国际电工委员会
IEEE	Institute of Electrical and Electronics Engineers	美国电气与电子工程师协会
IMA	integrated modular avionics	综合模块化航电
IMP	integrated master plan	主集成规划
IMS	integrated master schedule	主集成计划
INCOSE	International Council on Systems Engineering	系统工程国际委员会
IPD	integrated product development	集成产品开发
IPT	integrated product team	集成产品团队
IRL	integration readiness level	集成成熟度
ISA	international standard atmosphere	国际标准大气压
ISRACOI	International SRA Community of Interest	国际系统成熟度评估同盟
KPI	key performance indicator	关键绩效指标
KSA	knowledge, skill, attitude	知识、技能和意识
LOI	letter of intention	意向书
LRC	long range cruise	远程巡航
LRU	line replaceable unit	航线可更换单元

MA	measurement and analysis	度量与分析
MBSA	model based safety analysis	基于模型的安全性分析
MBSE	model based system engineering	基于模型的系统工程
MICD	mechanical interface control document	机械接口控制文件
ML	machine learning	机器学习
MOC	means of compliance	符合性方法
MOE	measure of effectiveness	效能指标
MPE	mass properties engineering	重量特性工程
MRO	market requirements and objectives	市场需求与目标
MSG-3	maintenance steering group-3	维修指导小组-3
MTBF	mean time between failures	平均失效间隔时间
MTTR	mean time to repair	平均修复时间
NASA	National Aeronautics and Space Administration	美国国家航空航天局
NFRD	non-functional requirement document	非功能性需求
NGO	non-government organization	非政府组织
NKI	need key indicators	需要关键指标
NLP	natural language processing	自然语言处理
NSIA	National Security Industries Association	美国国家安全工业协会
OB	operation bulletin	操作通告
OHMS	onboard health management system	机载健康管理系统
OT	operational technology	操作技术
PA	process area	过程域
PASA	preliminary aircraft safety assessment	初步飞机级安全性评估
PAL	process assert library	过程资产库
PBN	performance based navigation	基于性能的导航
PBS	product breakdown structure	产品分解结构
PBSE	pattern based system engineering	基于模式的系统工程

PC	production certificate	生产许可证
PCA	physical configuration audit	物理构型审核
PCN	pavement classification number	道面等级号
PDM	product data management	产品数据管理
PDPC	process decision program chart	过程决策程序图
PERT	program evaluation and review technique	项目评审技术
PFMEA	process failure modes and effects analysis	过程失效模式及后果分析
PLE	product line engineering	产品线工程
PMBP	program management best practice	项目管理最佳实践
PMI	project management institute	项目管理协会
PMMEL	proposal of master minimum equipment list	主最低设备清单建议书
PICD	physical interface control document	物理接口控制文件
PIO	pilot induced oscillation	飞行员诱发震荡
PRA	particular risk analysis	特定风险分析
PS	product specifications	产品规范
PSCP	project specific certification plan	专项合格审定计划
PSE	product systems engineering	产品系统工程
PSSA	preliminary system safety assessment	初步系统安全性评估
QAR	quick access record	快速存储记录器
QFD	quality function deployment	质量功能展开
RAM	responsible assignment matrix	责任分配矩阵
RBS	risk breakdown structure	风险分解结构
REQM	requirement management	需求管理
RFI	request for information	信息征询书
RFP	request for proposal	招标书
RKI	requirement key indicators	需求关键指标
RMP	requirements management plan	需求管理大纲

RNAV	aero navigation	区域导航
RNP	required navigation performance	所需性能导航
RO	requirements and objectives	需求与目标
ROI	rate of interest	利润率
ROM	rough order of magnitude	粗量估算
RSKM	risk management	风险管理
RTS	request to send	发送请求
RVSM	reduced vertical separation minimum	缩小垂直间隔
SAE	Society of Automotive Engineers	国际自动机工程师学会
SAFe	scaled agile framework	规模化敏捷框架
SB	service bulletin	服务通告
SCAMPI	standard CMMI appraisal method for process improvement	标准 CMMI 评估方法
SCDD	safety common data document	安全性公共数据文件
SEMP	systems engineering management plan	系统工程管理计划
SFHA	system functional hazard assessment	系统功能危险性评估
SG	specific goals	特定目标
SIPOC	supplier-input-process-output-customer	提供方—输入—过程—输出—使用方
SME	subject matter expert	主题专家
SOI	system of interested	关注系统
SoS	system of systems	系统之系统
SoSE	system of systems engineering	系统之系统工程
SOW	statement of work	工作说明书
SP	specific practice	特定实践
SRA	system readiness assessment	系统成熟度评估
SRAA	safety and reliability analysis for aircraft	飞机安全性和可靠性分析

SRD	system requirements document	系统级需求文件
SSA	system safety assessment	系统安全性评估
SWOT	strengths，weakness，opportunity，threats	优势、劣势、机会和威胁
SysML	system modeling language	系统建模语言
TBS	technology breakdown structure	技术分解结构
TC	type certificate	型号合格证
TOGA	take off go around	起飞复飞
TRA	technology readiness assessment	技术成熟度评估
TRL	technology readiness levels	技术成熟度等级
TSO	technical standards orders	技术标准规定
UML	universal modeling language	统一建模语言
VMT	virtual maintenance trainer	虚拟维护训练器
VOC	voice of customer	客户的声音
WBS	work breakdown structure	工作分解结构
ZSA	zonal safety analysis	区域安全性分析

参考文献

［1］SAE ARP 4754A. Guidelines for development of civil aircraft and systems ［S］. ［s. l. ］：SAE International，2010.

［2］ISO/IEC/IEEE 15288：2015. Systems and software engineering-system life cycle processes ［S］. ［s. l. ］：ISO/IEC/IEEE，2015.

［3］EIA‐632. Processes for engineering a system ［S］. ［s. l. ］：EIA，1999.

［4］SEI CMMI V2. 0. Capability maturity model integration ［S］. ［s. l. ］：SEI，2019.

［5］Project Management Institute. 项目管理知识体系指南 ［M］.北京：电子工业出版社，2013.

［6］MIL‐STD‐499B （DRAFT）. Military standard：system engineering management ［S］. ［s. l. ］：DoD，1993.

［7］IEEE 1220. IEEE standard for application and management of the systems ［S］. ［s. l. ］：IEEE，2005.

［8］FAA. FAA 系统工程手册 ［M］.汤锦辉，陆岩，刘忠训，等译. 北京：电子工业出版社，2017.

［9］NASA Headquarters. Systems engineering handbook ［M］. Houston：Book Express Publishing，2007.

［10］PETERSEN T J，SUTCLIFFE P L. Systems engineering as applied to the Boeing 777 ［J］. Lenservator，2013，1 （2）：20‐24.

［11］钱学森.论系统工程 ［M］.长沙：湖南科学技术出版社，1982.

［12］JACKSON S. Systems engineering for commercial aircraft：a domain-specific adaptation ［M］. 2nd ed. Califonia：Ashgate，2015.

［13］KOSSIAKOFF A，SWEET W N，SEYMOUR S J，et al. Systems engineering principles and practice ［M］. New Jersey：John Wiley & Sons, Inc. ，2011.

［14］阿尔特菲尔德. 商用飞机项目：复杂高端产品的研发管理 ［M］. 唐长红，等译. 北京：航空工业出版社，2013.

［15］ADCOCK R D. Guide to the systems engineering body of knowledge （SEBoK）［M］. New York：BKCASE，2015.

［16］SANDERS A，KLEIN J. Systems engineering framework for integrated product and industrial design including trade study optimization ［J］. Procedia Compater Science，2012，8（2）：413－419.

［17］DOVE R. Fundamental principles for agile systems engineering，March，2005 ［C］. Hoboken：Conference on Systems Engineering Research （CSER），2005.

［18］BUTTERFIELD M L，SHIVANANDA A，SCHWARZ D. The Boeing system of systems engineering （SoSE）process and its use in developing legacy-based net-centric systems of systems，October 26 － 29，2009 ［C］. San Diego：National Defense Industrial Association （NDIA） 12th Annual Systems Engineering Conference，2009.

［19］Measurement Working Group International Council on Systems Engineering （INCOSE）. Systems engineering measurement primer：a basic introduction to measurement concepts and use for systems engineering ［R］. ［s. l.］：INCOSE，2010.

［20］NDIA Systems Engineering Division M & S Committee. Final report of the model based engineering （MBE） ［R］. ［s. l.］：Strengte Throughindustry & Technology，2011.

［21］SIMONS R，MATUZIC P. The road to agile systems engineering ［R］.

［s. l.］：Boeing，2011.

［22］CHANG G S，PERNG H L，JUANG J N. A review of systems engineering standards and processes ［J］. Journal of Biomechatronics Engineering，2008，1（1）：71－85.

［23］STEM D E，BOITO M，YOUNOSSI O. Systems engineering and program management，trends and costs for aircraft and guided weapons programs ［M］. Califonia：The RAND Corporation，2006.

［24］DoD. Systems engineering guide for systems of systems ［M］. ［s. l.］：DoD，2008.

［25］INCOSE. System engineering handbook：a guide for system life cycle processes and activities ［R］. ［s. l.］：INCOSE，2006.

［26］ATA. Specification 2200（iSpec 2200）information standards for aviation maintenance ［S］. ［s. l.］：Air Transport Association of America Inc.，2000.

［27］BIBEIRO J S，GOMES J. Proposed framework for end-of-life aircraft recycling ［J］. Procedia CIRP，2015，26：311－316.

［28］严善法，刘磊. 商用飞机市场工作指南 ［M］. 北京：航空工业出版社，1992.

［29］保罗·克拉克. 大飞机选购策略：航空公司机队规划 ［M］. 邵龙，译. 北京：航空工业出版社，2009.

［30］JIAO J，CHEN C H. Customer requirement management in product development：a review of research issues ［J］. Concurrent Engineering：Research and Application，2006，14（3）：173－185.

［31］RIOS J，ROY R，SACKETT P J. Requirements engineering and management for manufacturing ［M］. London：SME Blue Book，2006.

［32］PAHL G，BEITZ W. Engineering design：a systematic approach ［M］. 2nd ed. London：Springer，1996.

［33］PRASAD B. Review of QFD and related deployment techniques ［J］. Journal of Manufacturing Systems, 1998, 17 (3): 221 - 234.

[34] PRASAD B. A concurrent function deployment technique for a workgroup-based engineering design process [J]. Journal of Engineering Design, 2000, 11 (2): 103 - 119.

[35] MILES L D. Techniques of value analysis and engineering [M]. New York: McGraw-Hill, 1972.

[36] LARMAN C. Applying UML and patterns: an introduction to object-oriented analysis and design [J]. Prentice Hall PIR, 2004, 3 (9): 525 - 535.

[37] WANG C B, CHEN Y J, CHEN Y M, et al. Development of technology for customer requirement-based reference design retrieval [J]. Robotics and Computer-Integrated Manufacturing, 2006, 22: 33 - 46.

[38] VIKAS K, DURWARD J K. Linking design process to customer satisfaction through virtualdesign of experiments [J]. Research In Engineering Design, 2006, 17: 59 - 71.

[39] ALEXANDER I F, STEVENS R. Writing better requirements [M]. London: Addison-Wesley, 2001.

[40] SAE AS 9100C. Quality management systems: requirements for aviation, space and defense organizations [S]. U. S. A. : SAE Aerospace, 2009.

[41] RTCA DO - 254. Design assurance guidance for airborne electronic hardware [S]. Hampton: NASA Langley Research Center, 2000.

[42] 徐德康，王玉芳. 各国民用飞机发展道路的借鉴和启示 [M]. 北京：航空工业出版社，2007.

[43] DOUGLASS B P. Agile systems engineering [M]. Waltham: Morgan Kaufmann, 2016.

[44] SCHINDEL W D, LEWIS S A, SHEREY J J, et al. Accelerating MBSE impacts across the enterprise: model based S* patterns [J]. INCOSE International Symposium, 2015, 25 (1): 1159 - 1176.

［45］ SCHINDEL W. What is the smallest model of a system? ［J］. INCOSE International Symposium, 2011, 21 （1）: 99 − 113.

［46］ SHEREY J J. Capitalizing on systems engineering ［J］. INCOSE International Symposium, 2006, 16 （1）: 762 − 774.

［47］ Bill S. Where do systems come from, and where do they go? S * patterns in model-based systems engineering: emergence of purpose, fitness, value, resilience ［C/OL］. ISSS2016 Plenary Ⅷ Panel: Prospects for Scientific Systemic Synthesis. 2016. https: //www. omgwiki. org/MBSE/lib/exe/ fetch. php? media = mbse: patterns: isss_ 2016_ plenary_ v1. 2. 4. pdf.

［48］ SCHINDEL W, SMITH V. Results of applying a families-of-systems approach to systems engineering of product line families ［R］. ［s. l. ］: SAE Technical Paper, 2002.

［49］ DOVE R, SCHINDEL W, GARLINGTON K. Case study: agile systems engineering at lockheed martin aeronautics integrated fighter group ［J］. INCOSE International Symposium, 2018, 28 （1）: 303 − 320.

［50］ DOVE R, SCHINDEL B. Case study: agile SE process for centralized SOS sustainment at northrop grumman ［J］. INCOSE International Symposium, 2017, 27 （1）: 115 − 135.

［51］ COOK D, SCHINDEL W D. Utilizing MBSE patterns to accelerate system verification ［J］. Insight, 2017, 20 （1）: 32 − 41.

［52］ DOVE R, SCHINDEL W, HARTNEY R W. Case study: agile hardware/ firmware/software product line engineering at rockwell collins ［C］. 2017 Annual IEEE International Systems Conference （SysCon）. IEEE, 2017: 1 − 8.

［53］ TOLK A, ADAMS K M G, KEATING C B. Towards intelligence-based systems engineering and system of systems engineering ［M］ //TOLK A, JAIN L C. Intelligence-based systems engineering. Berlin: Springer Berlin

Heidelberg, 2011: 1-22.

[54] SCHINDEL B. The Innovation ecosystem: introduction to the INCOSE ASELCM pattern [C/OL]. Texas: INCOSE North Texas Chapter Meeting, 2021 (2021 - 12 - 14). https://www. omgwiki. org/MBSE/lib/exe/fetch. php? media = mbse: patterns: incose_ north_ texas_ pg m_ 12. 14. 2021_ v1. 2. 2. pdf.

[55] SCHINDEL W D. System life cycle trajectories: tracking innovation paths using system DNA [J]. INCOSE International Symposium, 2015, 25 (1): 648-633.

[56] INCOSE Patterns Working Group. MBSE methodology summary: pattern-based systems engineering (PBSE), based on S* MBSE models [EB/OL]. [2023 - 10 - 23]. http://www. omgwiki. org/MBSE/doku. php? id = mbse: pbse.

[57] SCHINDEL W, PETERSON T. Introduction to pattern-based systems engineering (PBSE): leveraging MBSE techniques [J]. INCOSE International Symposium, 2013, 23 (1): 1639.

[58] BEIHOFF B C, SCHINDEL W D. Systems of innovation I: summary models of SOI health and pathologies [J]. INCOSE International Symposium, 2012, 22 (1): 115-130.

[59] SCHINDEL W D. Systems of innovation II: the emergence of purpose [J]. INCOSE International Symposium, 2013, 23 (1): 1006-1021.

[60] SCHINDEL B. Got phenomena? Science-based disciplines for emerging systems challenges [J]. INCOSE International Symposium, 2016, 26 (1): 2256-2271.

[61] SCHINDEL W D. Implications for future SE practice, education, research: SE foundation elements—discussion inputs to INCOSE vision 2035 theoretical foundations section [EB/OL]. https://www. omgwiki. org/MBSE/lib/exe/

fetch. php? media = mbse：patterns：science_ math_ foundations_ for _ systems _ and_ systems_ engineering—1_ hr_ awareness_ v2. 3. 2a. pdf.

［62］ISO/IEC/IEEE 24748 - 4. Systems and software engineering：life cycle management part 4：systems engineering planning ［S］. ［s. l. ］：ISO/IEC/ IEEE，2016.

［63］INCOSE. Systems engineering handbook：a guide for system life cycle processes and activities ［R］. U. S. A. ：INCOSE，2023.

［64］程普强. 诺斯罗普-格鲁门公司创新发展之路 ［M］. 北京：航空工业出版 社，2019.

［65］ALBERTS D S. Information age transformation：getting to a 21st century military ［M］. Revised. ［s. l. ］：DoD Command and Control Research Program（CCRP），2002.

［66］DOVE R，LABARGE R. Fundamentals of agile systems engineering：part 1, June 30 - July 3，2014 ［C］. Los Angeles：International Council on Systems Engineering IS14，2014.

［67］CLOUTTER R，SAUSER B，BONE M，et al. Transitioning systems thinking to model-based systems engineering：systemigrams to SysML models ［J］. IEEE Transactions on Systems Man & Cybernetics Systems，2015，45（4）： 662 - 674.

［68］DOVE R. Lean and agile：synergy, contrast, and emerging structure, November 29 - December 2，1993 ［C］. San Francisco：Defense Manufacturing Conference，1993.

［69］FRICKE E，GEBHARD B，NEGELE H，etc. Coping with changes：causes, findings, and strategies ［J］. Systems Engineering，2000，3（4）：169 - 179.

［70］QUMER G A，HENDERSON-SELLERS B. Crystallization of agility：back to basics September 11 - 14，2006 ［C］. Setúbal：First International Conference on Software and Data Technologies，2006.

［71］ ALBERTS D S. The agility advantage：a survival guide for complex enterprises and endeavors ［R］. Washington：DoD Command and Control Research Program（CCRP）. 2011.

［72］ DOUGLASS B P. 敏捷系统工程 ［M］. 张新国，谷炼，译. 北京：清华大学出版社，2018.

［73］ ZONNENSHAIN A，OPPENHEIM B，DOVE R，et al. Agile and lean systems engineering ［J］. Insight，2013，16（3）：15.

［74］ HABERFELLNER R，DE WECK A. Agile systems engineering versus agile systems engineering July 10 – 15，2005 ［C］. Rochester：Fifteenth Annual International Symposium of the INCOSE，2005.

［75］ 敏捷开发中的 Scrum 模式介绍 ［EB/OL］. ［2021 – 08 – 20］. https：// zhuanlan. zhihu. com/p/401811225.

［76］ 浅谈 Agile 和 Scrum ［EB/OL］. ［2021 – 05 – 24］. https：//zhuanlan. zhihu. com/p/374929449.

［77］ DOVE R，SCHINDEL B. Case study：agile SE process for centralized SoS sustainment at northrop grumman July 15 – 20，2017 ［C］. Adelaide：27th Annual INCOSE International Symposium，2017.

［78］ STELZMANN E. Contextualizing agile systems engineering ［J］. IEEE Aerospace&Electronic Systems Magazine，2012，27（5）：17 – 22.

［79］ Tolk A，JAIN L C. Intelligence-based systems engineering ［M］. Berlin：Springer，2011.

［80］ THOMAS A. McDermott，Peter Adam Beling，M. R. Blackburn，Mary A. Bone，AI4SE and SE4AI：a research roadmap ［J］. Insight，2020，23（1）：8 – 14.

［81］ DICK J，HULL E，JACKSON K. Requirements engineering ［M］. Berlin：Springer，2017.

［82］ ISO/IEC/IEEE 24748 – 4. Systems and software engineering：life cycle management//Part 4：Systems engineering planning ［S］. ［s. l. ］：ISO/IEC/

IEEE, 2016.

[83] INCOSE. Systems engineering handbook: a guide for system life cycle processes and activities, v5 [R]. [s. l.]: INCOSE, 2023.

[84] 程普强. 诺斯罗普-格鲁门公司创新发展之路 [M]. 北京: 航空工业出版社, 2019.

[85] SHARPLES R A. Implementation of human system integration (HSI) and non-functional characteristics into the systems engineering lifecycle: a practical approach at Airbus Defence and Space, Jul 26 – 30, 2015 [C]. Las Vegas: 6th International Conference on Applied Human Factors and Ergonomics (AHFE) and the Affiliated Conferences, 2015.

[86] SIMO F, ERNADOTE D, LENNE D. Towards modelling of modelling in SE, April 18 – 21, 2016 [C]. Orlando: International Symposium on Systems Engineering (ISSE), 2016.

[87] SON S K, KIM S K. The contingent effects of implementing systems engineering in program management on program performance lessons learned from the Boeing Company [J]. Information (Japan), 2013, 16 (4): 2721 – 2738.

[88] TOLK A, JAIN L C. Intellignece-based systems engineering [M]. Berlin: Springer, 2011.

[89] McDERMOTT T A, DAN D L, BELING P, etc. AI4SE and SE4AI: a research roadmap [J]. Insight, 2020, 23 (1): 8 – 14.

[90] WALDEN D D. INCOSE systems engineering handbook [M]. 5th ed. Hoboken, NJ: John Wiley & Sons Ltd, 2023.

[91] INCOSE. Systems engineering vision 2035 [M/OL]. [s. l.]: INCOSE, 2021 [2024 – 11 – 25]. https://www. incose. org/about-systems-engineering/se-vision-2035. Google Scholar.

[92] MARBACH P, ROSSER L, OSVALDS G, et al. Principles for agile

development ［J/OL］. INCOSE International Symposium, 2015, 25 （1）:
524 - 537. DOI: 10. 1002/j. 2334-5837. 2015. 00079. x.

［93］ SAFe 6. 0 framework ［EB/OL］. ［2025 - 04 - 02］. https://framework.
scaledagile. com/.

［94］ DOVE R, LUNNEY K, OROSZ M, et al. Agile systems engineering - eight
core aspects ［J/OL］. INCOSE International Symposium, 2023, 33 （1）:
823 - 837. DOI: 10. 1002/iis2. 13055.

［95］ DOVE R, SCHINDEL B. Agile systems engineering life cycle model for mixed
discipline engineering ［J/OL］. INCOSE International Symposium, 2019,
29 （1）: 86 - 104. DOI: 10. 1002/j. 2334-5837. 2019. 00591. x.

［96］ ISO/IEC/IEEE. ISO/IEC/IEEE international standard - systems and software
engineering—system life cycle processes ［S/OL］. ［s. l.］: IEEE, 2023
［2023 - 10 - 12］. https://ieeexplore. ieee. org/document/10123367/. DOI:
10. 1109/IEEESTD. 2023. 10123367.

［97］ ISO/IEC/IEEE. ISO/IEC/IEEE international standard - systems and software
engineering: life cycle management//part 1: guidelines for life cycle
management. ［s. l.］: IEEE, 2024 ［2024 - 10 - 04］ DOI: 10. 1109/
IEEESTD. 2024. 10476385.

［98］ PMI. Agile practice guide ［M］. Newton Square, Pennsylvania: Project
Management Institute Inc. , 2017.

［99］ DOVE R, SCHINDEL W, HARTNEY R W. Case study: agile hardware/
firmware/software product line engineering at rockwell collins ［C/OL］.
Annual IEEE International Systems Conference （syscon）. Montreal: IEEE,
2017: 1 - 8 ［2017 - 09 - 29］. http://ieeexplore. ieee. org/document/
7934807/. DOI: 10. 1109/SYSCON. 2017. 7934807.

［100］ DOVE R, SCHINDEL B. Case study: agile SE process for centralized SoS
sustainment at northrop grumman ［J/OL］. INCOSE International Symposium,

2017, 27（1）: 115‒135. DOI: 10. 1002/j. 2334-5837. 2017. 00349. x.

[101] DOVE R, SCHINDEL W（Bill）, GARLINGTON K. Case study: agile systems engineering at lockheed martin aeronautics integrated fighter group [J/OL]. INCOSE International Symposium, 2018, 28（1）: 303‒320. DOI: 10. 1002/j. 2334-5837. 2018. 00483. x.

[102] MARSDEN J, WINDISCH A, MAYO R, et al. ED‒12C/DO‒178C vs. Agile manifesto‒a solution to agile development of certifiable avionics systems [C]. Toulouse: 9th European Congress on Embedded Real Time Software and Systems（ERTS 2018）, 2018.

索　引